건강보험
심사평가원

NCS + 전공 + 최종점검 모의고사 4회

시대에듀

2025 최신판 시대에듀 All-New 건강보험심사평가원(심평원) NCS + 전공 + 최종점검 모의고사 4회 + 무료NCS특강

Always **with you**

사람의 인연은 길에서 우연하게 만나거나 함께 살아가는 것만을 의미하지는 않습니다.
책을 펴내는 출판사와 그 책을 읽는 독자의 만남도 소중한 인연입니다.
시대에듀는 항상 독자의 마음을 헤아리기 위해 노력하고 있습니다. 늘 독자와 함께하겠습니다.

머리말 PREFACE

안전하고 수준 높은 의료환경을 만들어 국민의 건강한 삶에 기여하기 위해 끊임없이 노력하는 건강보험심사평가원은 2025년에 신규직원을 채용할 예정이다. 건강보험심사평가원의 채용절차는 「공고 및 접수 ➡ 서류심사 ➡ 필기시험 및 인성검사 ➡ 면접심사 ➡ 임용서류 검토 ➡ 수습 임용」 순서로 진행된다. 필기시험은 직업기초능력평가와 직무수행능력평가로 진행하며, 직업기초능력평가의 경우 의사소통능력, 수리능력, 문제해결능력, 정보능력을 평가한다. 직무수행능력평가는 직종별로 내용이 다르므로 반드시 확정된 채용공고를 확인해야 한다. 또한, 필기시험 고득점자 순으로 심사직(4급)을 제외한 모든 직종에서 채용예정인원의 3배수를 선발하여 면접심사를 진행하므로 고득점을 받기 위해 다양한 유형에 대한 폭넓은 학습과 문제풀이 능력을 높이는 등 철저한 준비가 필요하다.

건강보험심사평가원 필기시험 합격을 위해 시대에듀에서는 건강보험심사평가원 판매량 1위의 출간경험을 토대로 다음과 같은 특징을 가진 도서를 출간하였다.

도서의 특징

❶ **기출복원문제를 통한 출제 유형 확인!**
   - 2024년 하반기 건강보험심사평가원 기출문제를 복원하여 건강보험심사평가원 출제경향을 파악할 수 있도록 하였다.
   - 2024년 하반기 주요 공기업 NCS 및 2024~2023년 전공 기출문제를 복원하여 공기업별 NCS 및 전공 필기 유형까지 파악할 수 있도록 하였다.

❷ **건강보험심사평가원 필기시험 출제 영역 맞춤형 문제를 통한 실력 상승!**
   - 직업기초능력평가 대표기출유형&기출응용문제를 수록하여 유형별로 대비할 수 있도록 하였다.
   - 보건의료지식 및 전공지식 적중예상문제를 수록하여 필기시험에 완벽히 대비할 수 있도록 하였다.

❸ **최종점검 모의고사를 통한 완벽한 실전 대비!**
   - 철저한 분석을 통해 실제 유형과 유사한 최종점검 모의고사를 수록하여 자신의 실력을 점검할 수 있도록 하였다.

❹ **다양한 콘텐츠로 최종 합격까지!**
   - 건강보험심사평가원 채용 가이드와 면접 예상&기출질문을 수록하여 채용을 준비하는 데 부족함이 없도록 하였다.
   - 온라인 모의고사를 무료로 제공하여 필기시험에 대비할 수 있도록 하였다.

끝으로 본 도서를 통해 건강보험심사평가원 채용을 준비하는 모든 수험생 여러분이 합격의 기쁨을 누리기를 진심으로 기원한다.

SDC(Sidae Data Center) 씀

◇ 미션

안전하고 수준 높은 의료환경을 만들어 국민의 건강한 삶에 기여한다

◇ 비전

공정한 심사평가, 탄탄한 보건의료체계, 신뢰받는 국민의료관리 전문기관

◇ 핵심가치

| 신뢰받는 심사 | 공정한 평가 | 열린 전문성 | 함께하는 소통 | 지속적인 혁신 |

◇ 슬로건

의료 수준은 높게, 국민 건강엔 날개를

Smart HIRA, Better Health

보건의료를 가치있게, 온 국민을 건강하게

◇ **전략방향 및 전략과제**

| 신뢰받는 심사 기반 적정진료 환경 조성 | ▶ | • 의학적 타당성 기반 심사체계 고도화
• 심사 숲 단계 관리체계 강화
• ICT 기반 심사 효율화 |

| 평가체계 개선을 통한 의료 수준 향상 | ▶ | • 성과·목표 중심 평가체계 고도화
• 국민중심 평가 수행 및 정보 접근성 향상
• 평가 관리체계 강화 및 환류 |

| 지속가능한 건강보험 체계 강화 | ▶ | • 필수의료 강화를 위한 공정한 보상체계 확립
• 합리적 의료 공급·이용체계 구축
• 급여 관리체계 고도화 |

| 디지털 기반 국민서비스 체감 향상 | ▶ | • 대국민 서비스 혁신 및 안전 강화
• 데이터 안전 강화 및 활용 촉진
• 디지털혁신 체계·역량 강화 |

| 경영혁신을 통한 책임·ESG경영 강화 | ▶ | • ESG·안전경영 선도
• 청렴·윤리경영 확립
• 혁신 기반 조직운영 및 경영 효율성 제고 |

◇ **인재상**

창의성과 열린 전문성을 갖추고
공정한 업무수행으로 국민에게 신뢰받는 심평인

| 국민을 위하는 인재 | 공정함으로 신뢰받는 인재 | 소통하고 협력하는 인재 | 열린 전문성을 갖춘 창의적 인재 | 혁신적 사고로 성장하는 인재 |

신입 채용 안내 INFORMATION

◇ **지원자격(공통)**

❶ 대한민국 국적을 가진 자

❷ 병역법 제76조의 병역의무 불이행자에 해당하지 않는 자

※ 군필, 미필, 면지 및 임용(예정)일 이전 전역예정자는 지원 가능

❸ 건강보험심사평가원 인사규정 제71조에 따라 수습 임용(예정)일 기준 정년(만 60세)에 도래하지 않은 자

❹ 건강보험심사평가원 인사규정 제14조 임용결격사유에 해당하지 않는 자

❺ 공직자윤리법 제17조 퇴직공직자의 취업제한에 해당하지 않는 자

❻ 수습 임용(예정)일부터 근무 가능한 자

◇ **필기시험**

구분	직종	내용	문항 수
직업기초능력평가	행정직 · 심사직(5급) · 전산직	의사소통능력, 수리능력, 문제해결능력, 정보능력	40문항
직무수행능력평가	행정직	보건의료지식	10문항
		직무 관련 전공지식 (법학, 행정학, 경영학, 경제학 등 통합전공지식)	30문항
	심사직(5급)	보건의료지식	40문항
	전산직	직무 관련 전공지식 (프로그래밍 언어, 데이터베이스, 정보통신분야 지식 등)	40문항

◇ **면접심사**

구분	직종	내용
다대일 집중면접	행정직 · 심사직(5급) · 전산직	직무적합성, 직업기초능력 등 개인별 역량 평가, 조직 적합도 및 종합인성 평가(심층면접 · 인성면접)
	심사직(4급)	조직 적합도 및 인성 등 종합평가(인성면접)
다대다 토론면접	행정직 · 심사직(5급)	개인들 간 상호작용 및 집단 내에서의 개인행동 평가

❖ 위 채용 안내는 2024년 하반기 채용공고를 기준으로 작성하였으므로 세부사항은 확정된 채용공고를 확인하기 바랍니다.

총평

건강보험심사평가원의 필기시험은 PSAT형 중심 피듈형으로 출제되었다. 직업기초능력평가의 경우 난이도가 꽤 높았고 시간이 부족했다는 후기가 많았다. 특히 의사소통능력은 건강보험심사평가원 관련 지문이 출제되었으며, 정보능력은 알고리즘 문제가 출제되었다. 직무수행능력평가의 경우 난이도는 평이했다는 후기가 많았으며, 보건의료지식은 개념 위주로 출제되었다. 따라서 영역별 이론 및 개념을 확실하게 알아두고, 꼼꼼하게 풀이하여 불필요한 시간 소모를 줄이는 것이 필요해 보인다.

◇ **영역별 출제 비중**

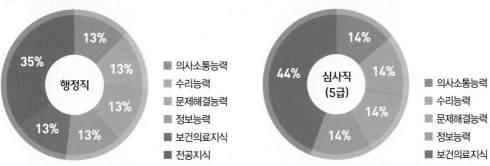

구분	출제 특징	출제 키워드
의사소통능력	• 심평원 관련 문제가 출제됨 • 맞춤법 문제가 출제됨	• 합격률, 이직률 등
수리능력	• 응용 수리 문제가 출제됨 • 경우의 수 문제가 출제됨	• 인원, 비례식 등
문제해결능력	• 명제 추론 문제가 출제됨 • 자료 해석 문제가 출제됨	거짓말, 물품, 게시규 등
정보능력	• 알고리즘 문제가 출제됨 • 엑셀 문제가 출제됨	• 개인정보, COUNTIF 등
보건의료지식	• DUR, 선별급여, 구상권, 포괄수가제, 사회보험, 공공부조 등	
전공지식	• 고소, 고발, 이의신청, 보수주의, BCG매트릭스, ESG경영, 이슈네트워크, 대체재, 보완재, IM곡선 등	

PSAT형

| 수리능력

04 다음은 신용등급에 따른 아파트 보증률에 대한 사항이다. 자료와 상황에 근거할 때, 갑(甲)과 을(乙)의 보증료의 차이는 얼마인가?(단, 두 명 모두 대지비 보증금액은 5억 원, 건축비 보증금액은 3억 원이며, 보증서 발급일로부터 입주자 모집공고 안에 기재된 입주 예정 월의 다음 달 말일까지의 해당 일수는 365일이다)

- (신용등급별 보증료)=(대지비 부분 보증료)+(건축비 부분 보증료)
- 신용평가 등급별 보증료율

구분	대지비 부분	건축비 부분				
		1등급	2등급	3등급	4등급	5등급
AAA, AA		0.178%	0.185%	0.192%	0.203%	0.221%
A^+		0.194%	0.208%	0.215%	0.226%	0.236%
A^-, BBB^+		0.216%	0.225%	0.231%	0.242%	0.261%
BBB^-	0.138%	0.232%	0.247%	0.255%	0.267%	0.301%
$BB^+ \sim CC$		0.254%	0.276%	0.296%	0.314%	0.335%
C, D		0.404%	0.427%	0.461%	0.495%	0.531%

※ (대지비 부분 보증료)=(대지비 부분 보증금액)×(대지비 부분 보증료율)×(보증서 발급일로부터 입주자 모집공고 안에 기재된 입주 예정 월의 다음 달 말일까지의 해당 일수)÷365

※ (건축비 부분 보증료)=(건축비 부분 보증금액)×(건축비 부분 보증료율)×(보증서 발급일로부터 입주자 모집공고 안에 기재된 입주 예정 월의 다음 달 말일까지의 해당 일수)÷365

- 기여고객 할인율 : 보증료, 거래기간 등을 기준으로 기여도에 따라 6개 군으로 분류하며, 건축비 부분 요율에서 할인 가능

구분	1군	2군	3군	4군	5군	6군
차감률	0.058%	0.050%	0.042%	0.033%	0.025%	0.017%

〈상황〉

- 갑 : 신용등급은 A^+이며, 3등급 아파트 보증금을 내야 한다. 기여고객 할인율에서는 2군으로 선정되었다.
- 을 : 신용등급은 C이며, 1등급 아파트 보증금을 내야 한다. 기여고객 할인율은 3군으로 선정되었다.

① 554,000원
② 566,000원
③ 582,000원
④ 591,000원
⑤ 623,000원

특징
▶ 대부분 의사소통능력, 수리능력, 문제해결능력을 중심으로 출제(일부 기업의 경우 자원관리능력, 조직이해능력을 출제)
▶ 자료에 대한 추론 및 해석 능력을 요구

대행사
▶ 엑스퍼트컨설팅, 커리어넷, 태드솔루션, 한국행동과학연구소(행과연), 휴노 등

모듈형

| 문제해결능력

41 문제해결절차의 문제 도출 단계는 (가)와 (나)의 절차를 거쳐 수행된다. 다음 중 (가)에 대한 설명으로 적절하지 않은 것은?

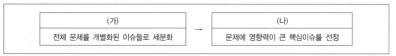

① 문제의 내용 및 영향 등을 파악하여 문제의 구조를 도출한다.
② 본래 문제가 발생한 배경이나 문제를 일으키는 메커니즘을 분명히 해야 한다.
③ 현상에 얽매이지 말고 문제의 본질과 실제를 봐야 한다.
④ 눈앞의 결과를 중심으로 문제를 바라봐야 한다.
⑤ 문제 구조 파악을 위해서 Logic Tree 방법이 주로 사용된다.

특징
▶ 이론 및 개념을 활용하여 푸는 유형
▶ 채용 기업 및 직무에 따라 NCS 직업기초능력평가 10개 영역 중 선발하여 출제
▶ 기업의 특성을 고려한 직무 관련 문제를 출제
▶ 주어진 상황에 대한 판단 및 이론 적용을 요구

대행사 ▶ 인트로맨, 휴스테이션, ORP연구소 등

피듈형(PSAT형 + 모듈형)

| 자원관리능력

07 다음 자료를 근거로 판단할 때, 연구모임 A ~ E 중 세 번째로 많은 지원금을 받는 모임은?

〈지원계획〉

• 지원을 받기 위해서는 한 모임당 5명 이상 9명 미만으로 구성되어야 한다.
• 기본지원금은 모임당 1,500천 원을 기본으로 지원한다. 단, 인원 배정을 위한 모임에 9명 이상 2,000천 원을 지원한다.
• 추가지원금

등급	상	중	하
추가지원금(천 원/명)	120	100	70

※ 추가지원금은 연구 계획 사전평가결과에 따라 달라진다.
• 협업 장려를 위해 협업이 인정되는 모임에는 위의 두 지원금을 합한 금액의 30%를 별도로 지원한다.

〈연구모임 현황 및 평가결과〉

특징
▶ 기초 및 응용 모듈을 구분하여 푸는 유형
▶ 기초인지모듈과 응용업무모듈로 구분하여 출제
▶ PSAT형보다 난도가 낮은 편
▶ 유형이 정형화되어 있고, 유사한 유형의 문제를 세트로 출제

대행사 ▶ 사람인, 스카우트, 인크루트, 커리어케어, 트리피, 한국사회능력개발원 등

주요 공기업 적중 문제 TEST CHECK

건강보험심사평가원

03 다음 〈보기〉에서 개인정보 유출 방지에 대한 설명으로 옳지 않은 것을 모두 고르면?

> **보기**
>
> ㄱ. 회원 가입 시 개인정보보호와 이용자 권리에 관한 조항을 유심히 읽어야 한다.
> ㄴ. 제3자에 대한 정보 제공이 이루어지는 곳에는 개인정보를 제공해서는 안 된다.
> ㄷ. 제시된 정보수집 및 이용목적에 적합한 정보를 요구하는지 확인하여야 한다.
> ㄹ. 비밀번호는 주기적으로 변경해야 하며, 비밀번호 관리를 위해 동일한 비밀번호를 사용하는 것이 좋다.
> ㅁ. 제공한 정보가 가입 해지 시 파기되는지 여부를 확인하여야 한다.

① ㄱ, ㄴ   ② ㄱ, ㄷ
③ ㄴ, ㄹ   ④ ㄴ, ㅁ

---

01 다음 자료를 근거로 할 때, 하루 동안 고용할 수 있는 최대 인원은?

〈총예산과 인건비〉

총예산	본예산	500,000원
	예비비	100,000원
인건비	1인당 수당	50,000원
	산재보험료	(수당)×0.504%
	고용보험료	(수당)×1.3%

※ (하루에 고용할 수 있는 인원수)=[(본예산)+(예비비)]÷(하루 1인당 인건비)
※ (1인당 하루 인건비)=(1인당 수당)+(산재보험료)+(고용보험료)

① 10명   ② 11명
③ 12명   ④ 13명

국민건강보험공단

05

감시용으로만 사용되는 CCTV가 최근에 개발된 신기술과 융합되면서 그 용도가 점차 확대되고 있다. 대표적인 것이 인공지능(AI)과의 융합이다. CCTV가 지능을 가지게 되면 단순 행동 감지에서 벗어나 객체를 추적해 행위를 판단할 수 있게 된다. 단순히 사람의 눈을 대신하던 CCTV가 사람의 두뇌를 대신하는 형태로 진화하고 있는 셈이다.

인공지능을 장착한 CCTV는 범죄현장에서 이상 행동을 하는 사람을 선별하고, 범인을 추적하거나 도주 방향을 예측해 통합관제센터로 통보할 수 있다. 또 수상한 사람의 행동 패턴에 따라 지속적인 추적이나 감시를 수행하고, 차량번호 및 사람 얼굴 등을 인식해 관련 정보를 분석해 제공할 수 있다. 한국전자통신연구원(ETRI)에서는 CCTV 등의 영상 데이터를 활용해 특정 인물이 어떤 행동을 할지를 사전에 예측하는 영상분석 기술을 연구 중인 것으로 알려져 있다. 인공지능 CCTV는 범인 추적뿐만 아니라 자연재해를 예측하는 데 사용할 수도 있다. 장마철이나 국지성 집중호우 때 홍수로 범람하는 하천의 수위를 감지하는 것은 물론 산이나 도로 등의 붕괴 예측 등 다양한 분야에 적용될 수 있기 때문이다.

① AI와 융합한 CCTV의 진화
② 범죄를 예측하는 CCTV
③ 당신을 관찰한다, CCTV의 폐해
④ CCTV와 AI의 현재와 미래

03 다음 문단을 논리적 순서대로 바르게 나열한 것은?

(가) 흡연자와 비흡연자 사이의 후두암, 폐암 등의 질병별 발생위험도에 대해서 건강보험공단은 유의미한 연구결과를 내놓기도 했는데, 연구결과에 따르면 흡연자는 비흡연자에 비해서 후두암 발생률이 6.5배, 폐암 발생률이 4.6배 등 각종 암에 걸릴 확률이 높은 것으로 나타났다.

(나) 건강보험공단은 이에 대해 담배회사가 피해자 폐해 보상으로 치를 있는 것에 그치지 않는다 하여 비판을 제기하고 있다. 아직 소송이 처음 시작한 만큼 담배회사와 건강보험공단 간의 '담배 소송'의 결과를 보려면 오랜 시간을 기다려야 할 것이다.

(다) 이와 같은 담배의 유해성 때문에 건강보험공단은 현재 담배회사와 소송을 진행하고 있는데, 당해 소송에서는 담배의 유해성에 관한 인과관계 입증 이전에 다른 문제가 부상하였다. 건강보험공단이 소송당사자가 될 수 있는지가 문제가 된 것이다.

(라) 담배는 임진왜란 때 일본으로부터 호박, 고구마 등과 함께 들어온 것으로 알려져 있다. 그러나 선조들이 알고 있던 것과는 달리, 담배는 약초가 아니다. 담배의 유해성은 우선 담뱃갑이 스스로를 경고하는 경고 문구에 나타나 있다. 담뱃갑에는 '흡연은 폐암 등 각종 질병의 원인'이라는 문구를 시작으로, '담배 연기에는 발암성 물질인 나프틸아민, 벤젠, 비닐 크롤라이드, 비소, 카드뮴이 들어 있다.'라고 적시하고 있다.

① (가) - (다) - (라) - (나)   ② (가) - (라) - (다) - (나)
③ (라) - (가) - (다) - (나)   ④ (라) - (다) - (가) - (나)

주요 공기업 적중 문제 TEST CHECK

문장 삽입 ▶ 유형

2024년 적중

07 다음 글에서 〈보기〉의 문장이 들어갈 위치로 가장 적절한 곳은?

(가) 1783년 영국 자연철학자 존 미첼은 빛은 입자라는 생각과 뉴턴의 중력이론을 결합한 이론을 제시하였다. 그는 우선 별들이 어떻게 보일 것인지 사고 실험을 통해 예측하였다.
별의 표면에서 얼마간의 초기 속도로 입자를 쏘아 올려 아무런 방해 없이 위로 올라간다고 가정해보자. (나) 만약에 초기 속도가 충분히 빠르지 않으면 별의 중력은 입자의 속도를 점점 느리게 할 것이며, 결국 그 입자를 별의 표면으로 되돌아가게 할 것이다. 만약 초기 속도가 충분히 빠르면 입자는 중력을 극복하고 별을 탈출할 수 있을 것이다. 이렇게 입자가 별을 탈출할 수 있는 최소한의 초기 속도는 '탈출 속도'라고 불린다.
(다) 이를 바탕으로 미첼은 '임계 둘레'라는 것도 추론해냈다. 임계 둘레란 탈출 속도와 빛의 속도를 같게 만드는 별의 둘레를 말한다. 빛 입자는 다른 입자들처럼 중력의 영향을 받는다. 그로 인해 빛은 임계 둘레보다 작은 둘레를 가진 별에서는 탈출할 수 없다. 그런 별에서 약 30만 km/s의 초기 속도로 빛 입자를 쏘아 올렸을 때 입자는 우선 위로 날아갈 것이다. (라) 그런 다음 멈출 때까지 느려지다가, 결국 별의 표면으로 되돌아갈 것이다. 미첼은 임계 둘레를 쉽게 계산할 수 있었다. 태양과 동일한 질량을 가진 별의 임계 둘레는 약 19 km로 계산되었다. (마) 이러한 사고 실험을 통해 미첼은 임계 둘레보다 작은 둘레를 가진 암흑의 별들이 무척 많을 테고, 그 별들에선 빛 입자가 빠져나올 수 없기에 지구에서는 볼 수 없을 것으로 추측했다.

보기
미첼은 뉴턴의 중력이론을 이용해서 탈출 속도를 계산할 수 있었으며, 그 속도가 별 질량을 별의

증감률 ▶ 키워드

2024년 적중

05 다음은 K국가의 2018년부터 2022년까지 GDP 대비 공교육비 비율에 대한 그래프이다. 공교육비 비율의 전년 대비 증감률이 가장 큰 해와 민간재원 공교육비 비율의 전년 대비 증감률이 가장 큰 해를 순서대로 나열한 것은?

〈GDP 대비 공교육비 비율〉

※ (공교육비 비율)=(정부재원)+(민간재원)

① 2019년, 2019년
② 2019년, 2021년
③ 2019년, 2022년
④ 2022년, 2019년
⑤ 2022년, 2022년

한국산업인력공단

가중치 ▶ 키워드

2024년 적중

03 다음은 과일의 종류별 무게에 따른 가격표이다. 종류별 무게를 가중치로 적용하여 가격에 대한 가중평균을 구하면 42만 원이다. 이때 빈칸 ㉠에 들어갈 수치로 옳은 것은?

〈과일 종류별 가격 및 무게〉

(단위 : 만 원, kg)

구분	(가)	(나)	(다)	(라)
가격	25	40	60	㉠
무게	40	15	25	20

① 40

② 45

③ 50

④ 55

⑤ 60

한국산업인력공단 ▶ 키워드

2024년 적중

03 다음은 임금피크제 운용지침을 발췌한 것이다. 이를 이해한 내용으로 적절하지 않은 것은?

〈임금피크제 운용지침〉

목적(제1조) 이 지침은 보수규정 제5조에 따라 한국산업인력공단의 임금피크제 운용에 관한 제반 사항을 정함을 목적으로 한다.

용어의 정의(제2조) 이 지침에서 사용하는 용어의 정의는 다음과 같다.

1. 임금피크제란 일정 연령의 도달 또는 생산성 등을 고려하여 피크임금의 수준을 결정하고 이를 기준으로 임금을 조정하는 임금체계를 말한다.
2. 임금피크제 대상 직원이란 임금피크제의 적용기준에 도달하는 직원을 말한다.
3. 별도정원이란 임금피크제 대상 직원 중 정년 보장인 1, 2급 직원은 정년퇴직일 1년 전, 정년연장자인 3급 이하 직원은 정년연장기간인 정년퇴직일 3년 전 기간 동안의 인원으로 별도직무군과 초임직급군 정원을 합한 인원으로 한다.
4. 별도직무군이란 임금피크제 대상 직원 중 기존 정원에서 제외되어 별도정원으로 관리되는 별도 직무를 수행하는 직무군을 말한다.
5. 초임직급군이란 신규채용인원 중 정원으로 편입되지 않고 별도정원으로 관리되는 직급군을 말한다.

적용범위(제3조) 임금피크제 운용에 관해 법령, 정관 및 규정에서 따로 정한 것을 제외하고는 이 지침에 따른다.

임금피크제 적용대상(제4조) 임금피크제의 적용 대상은 정규직 및 무기계약 직원으로 한다.

적용시기(제5조) 임금피크제의 적용 시기는 다음 각 호와 같이 정한다.

1. 정년퇴직예정일 3년 전부터 임금피크제를 적용한다.
2. 정년퇴직예정일이 6월 30일인 경우 3년 전 7월 1일부터, 정년퇴직예정일이 12월 31일인 경우 3년 전 1월 1일부터 임금피크제를 적용한다.

피크임금(제6조)

① 임금피크제 대상 직원의 임금 조정을 위한 피크임금은 제5조의 적용 전 1년간의 급여 총액 중 가족수당, 자녀학비보조금, 직무급(직책급 등 이와 유사항목 포함), 경영평가성과급을 제외한 금액을 말한다.

② 제1항의 급여 총액이라 함은 보수규정 등 취업규칙에서 정한 급여 항목의 지급 총액을 말한다.

임금피크제 적용 임금의 산정 및 지급(제7조)

도서 200% 활용하기 STRUCTURES

1 기출복원문제로 출제경향 파악

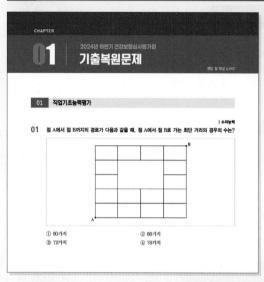

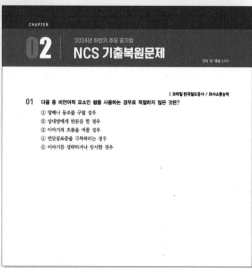

▶ 2024년 하반기 건강보험심사평가원 기출문제를 복원하여 건강보험심사평가원 출제경향을 파악할 수 있도록 하였다.
▶ 2024년 하반기 주요 공기업 NCS 및 2024~2023년 전공 기출문제를 복원하여 공기업별 NCS 및 전공 필기 유형까지 파악할 수 있도록 하였다.

2 출제 영역 맞춤형 문제로 필기시험 완벽 대비

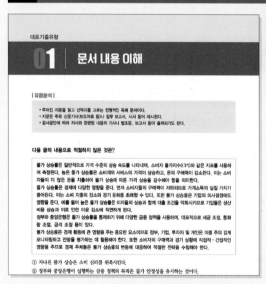

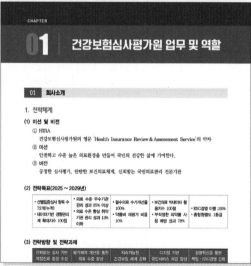

▶ NCS 출제 영역에 대한 대표기출유형 및 기출응용문제를 수록하여 유형별로 대비할 수 있도록 하였다.
▶ 보건의료지식 및 전공지식(법학 · 행정학 · 경영학 · 경제학) 적중예상문제를 수록하여 전공까지 효과적으로 학습할 수 있도록 하였다.

3 최종점검 모의고사 + OMR을 활용한 실전 연습

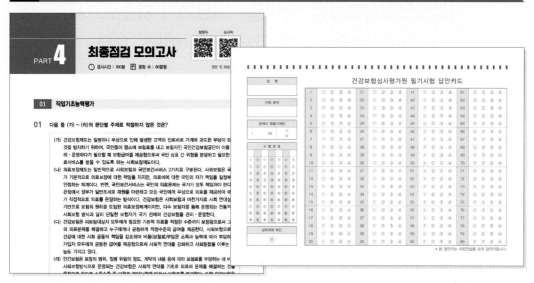

▶ 최종점검 모의고사와 OMR 답안카드를 수록하여 실제로 시험을 보는 것처럼 마무리 연습을 할 수 있도록 하였다.
▶ 모바일 OMR 답안채점/성적분석 서비스를 통해 필기시험에 대비할 수 있도록 하였다.

4 인성검사부터 면접까지 한 권으로 최종 마무리

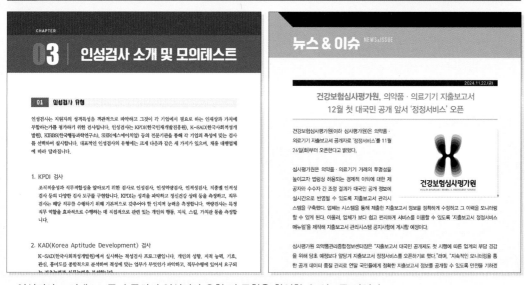

▶ 인성검사 모의테스트를 수록하여 인성검사 유형 및 문항을 확인할 수 있도록 하였다.
▶ 건강보험심사평가원 면접 예상&기출질문을 통해 실제 면접에서 나오는 질문을 미리 파악하고 연습할 수 있도록 하였다.

2024.11.22.(금)

건강보험심사평가원, 의약품 · 의료기기 지출보고서 12월 첫 대국민 공개 앞서 '정정서비스' 오픈

건강보험심사평가원(이하 심사평가원)은 의약품 · 의료기기 지출보고서 공개자료 '정정서비스'를 11월 26일(화)부터 오픈한다고 밝혔다.

심사평가원은 의약품 · 의료기기 거래의 투명성을 높이고자 법령상 허용되는 경제적 이익에 대한 제공자와 수수자 간 조정 결과가 대국민 공개 정보에 실시간으로 반영될 수 있도록 지출보고서 관리시스템을 구축했다. 업체는 시스템을 통해 제출한 지출보고서 정보를 정확하게 수정하고 그 이력을 모니터링할 수 있게 된다. 아울러, 업체가 보다 쉽고 편리하게 서비스를 이용할 수 있도록 '지출보고서 정정서비스 매뉴얼'을 제작해 지출보고서 관리시스템 공지사항에 게시할 예정이다.

심사평가원 의약품관리종합정보센터장은 "지출보고서 대국민 공개제도 첫 시행에 따른 업계의 부담 경감을 위해 당초 예정보다 앞당겨 지출보고서 정정서비스를 오픈하기로 했다."라며, "지속적인 모니터링을 통한 공개 데이터 품질 관리로 연말 국민들에게 정확한 지출보고서 정보를 공개할 수 있도록 만전을 기하겠다."라고 밝혔다.

▌ Keyword

▸ 정정서비스 : 제약 · 의료기기 회사 등이 제출한 지출보고서 공개 자료에 대해서 정정할 수 있는 기회를 제공하고, 공개 자료를 제출하지 못한 업체도 추가로 제출할 수 있도록 함으로써 업계의 부담은 낮추고 국민에게 정확한 정보를 공개하기 위해 추진하는 서비스이다.

▌ 예상 면접 질문

▸ 심사평가원 지출보고서 공개자료 정정서비스에 대해 아는 대로 말해 보시오.
▸ 국민들에게 정확한 정보를 제공하기 위해 실시할 수 있는 또 다른 사업 방안에 대해 말해 보시오.

2024.11.18.(월)

건강보험심사평가원,
2024년 '행복해 지구나 이음(E) 프로젝트' 기부금 전달

건강보험심사평가원(이하 심사평가원)은 지난 15일 국립평창청소년수련원에서 열린 '행복해 지구나 이음(E) 프로젝트'(이하 프로젝트) 수료식에서 '지속가능발전청소년포럼 YESDO' 사업 지원을 위한 기부금을 전달했다. 프로젝트 참여 청소년들은 탄소중립 활동을 주도적으로 실천하며, '행가래' 모바일 어플(App)을 통해 탄소중립 활동 포인트를 적립했다. 심사평가원은 해당 포인트를 250만 원의 기부금으

로 조성하여, 이를 YESDO 사업을 추진하는 원주지속가능발전협의회에 전달했다. 앞서 심사평가원은 '행동하는 생태환경교육 지금 바로'('21년)를 시작으로 매년 환경성질환 환우와 환경문제 개선을 위한 기부금을 전달한 바 있다. 특히, 6월에는 '세계 환경의 날'을 맞아 10개 협력기관, 23개 참여학교를 대표하여 프로젝트 공동선언식을 개최하며, 탄소중립 실천 확산을 위한 공동협력과 의지를 표명했다.

심사평가원 보험수가상임이사는 "기후위기는 이를 인식하는 것에서 더 나아가 직접 행동하는 것이 중요하다."라며, "심사평가원은 건강한 생태환경을 만들기 위한 다양한 이에스지(ESG) 활동에 적극 참여하여, 청소년들이 지속가능한 미래환경에서 꿈을 키워나갈 수 있도록 노력하겠다."라고 전했다.

Keyword

▶ 행복해 지구나 이음(E) 프로젝트 : 강원지역 청소년을 대상으로 환경교육을 통해 환경보전을 실천 · 행동하고, 이를 사회기부와 연결(이음)하는 프로젝트로, 행가래 어플 기반 청소년들의 탄소중립 실천 활동을 통해 환경문제의 개선과 지원에 기여하는 프로젝트이다.
▶ 지속가능발전청소년포럼 YESDO : 원주시 지속가능발전교육을 대표하는 프로그램으로 2015년부터 10년간 매년 100여 명의 청소년, 다양한 전문가 그룹과 함께 직접 '지역사회'와 '지속가능발전'을 주제로 문제를 발견하고 학습하여 해결방안을 제시하는 청소년 포럼이다.

예상 면접 질문

▶ 심사평가원의 '행복해 지구나 이음(E) 프로젝트'에 대해 아는 대로 말해 보시오.
▶ 심사평가원이 지속가능한 건강보험 체계 강화를 위해 실시할 수 있는 사업이나 방안 등에 대해 말해 보시오.

2024.11.15.(금)

건강보험심사평가원–하나은행,
공동 이에스지(ESG), 김장김치 나눔 활동 전개

강보험심사평가원(이하 심사평가원)은 14일 하나은행과 이에스지(ESG) 공동사업으로 김장김치 나눔 활동을 실시했다.

이번 나눔활동은 심사평가원과 1사1촌 자매결연을 맺은 원주시 신림면 삼송마을 주민이 직접 재배한 배추, 고춧가루 등 김장에 필요한 모든 재료를 구매해 진행했으며, 도움의 손길이 필요한 이웃들의 월

동지원을 위해 마련됐다. 이날 행사에는 심사평가원 임직원 봉사단 20여 명과 삼송마을 주민들이 함께 참여해 어려운 이웃에게 나누어 줄 김장김치(1,000kg) 담그기 행사에 온정을 보탰다. 또한 직접 담근 김장김치는 원주시사회복지협의회, 원주장애인자립생활센터, 강원아동복지센터를 통해 독거노인, 장애인, 복지시설아동 등 지역 주민들에게 골고루 나누어졌다.

심사평가원 홍보실장은 "올해로 13년째를 맞이한 김장김치 나눔 행사가 지역의 어려운 이웃들에게 작으나마 따뜻한 월동준비에 보탬이 되었으면 좋겠다."라며, "앞으로도 지역 소외계층에 실질적인 도움을 줄 수 있도록 생활지원과 나눔 활동을 지속적으로 추진하겠다."고 밝혔다.

Keyword

▶ 김장김치 나눔 활동 : 심사평가원은 상호 유대 강화와 지역 발전을 도모하기 위해 2011년 삼송마을과 '1기관 1촌 자매결연'을 체결했으며, 2012년부터 13년 연속 김장김치 나눔 활동을 지속하고 있다.

예상 면접 질문

▶ 심사평가원이 이에스지(ESG)경영을 추진하기 위해 노력하고 있는 점에 대해 말해 보시오.
▶ 이에스지(ESG)경영을 강화하기 위해 실천할 수 있는 또 다른 방안에 대해 말해 보시오.

건강보험심사평가원,
'컨슈머소사이어티 코리아 2024' 참여

건강보험심사평가원(이하 심사평가원)은 13일 서울 서초구 더케이호텔에서 (재)소비자재단과 (사)소비자권익포럼이 주최한 '컨슈머소사이어티 코리아 2024'에 참여해 국민의 건강한 의료생활을 위한 심사평가원의 제도를 알렸다.

심사평가원은 소비자단체 및 일반 국민을 대상으로 ▲비급여 진료비 공개 ▲비급여 진료비 고지 및 사전설명제도 등 비급여 진료비용 관리제도 ▲내가 먹는 약! 한눈에 서비스 ▲질환별 재택의료 시범사업 ▲일차의료 방문진료수가 시범사업 ▲DUR(의약품안전사용서비스) 점검을 안내했으며, 국민이 심평원의 '건강e음' 앱을 통해 비급여 진료비 정보 등을 확인하는 방법을 직접 체험할 수 있도록 제공했다. 심사평가원은 국민의 알 권리 충족과 정보 접근성 강화를 위한 노력을 지속하고 있으며, 특히, '비급여 진료비용 공개제도' 운영을 통해 국민에게 비급여 진료비와 관련한 투명한 정보를 쉽게 얻을 수 있도록 돕고, 의료기관의 자율 가격 설정으로 발생할 수 있는 정보의 비대칭 문제를 해결할 계획이다.

심사평가원 급여전략실장은 "비급여 진료와 비용에 대해 다양한 정보 제공을 통해 국민이 공정한 가격으로 의료 서비스를 이용할 수 있도록 지원하겠다."라며, "의료 서비스 이용 시 선택의 폭을 넓힐 수 있도록 비급여 진료비용 관리제도를 더욱 발전시켜 나가겠다."라고 밝혔다.

Keyword

▶ 컨슈머소사이어티 코리아 2024 : 정부와 기업, 전문가, 소비자가 협력하여 소비자 중심 사회를 구현하기 위한 소비자운동의 새로운 의제를 개발하고자 마련한 자리로, 소비자운동의 목표와 방향, 구체적인 내용을 알리고 정리하는 작업을 통해 한국 소비자운동의 현황을 파악하여 소비자운동의 시너지 효과를 내는 이슈 페스티벌 형식의 행사이다.

예상 면접 질문

▶ 심사평가원에서 시행하고 있는 제도나 서비스에 대해 아는 대로 말해 보시오.
▶ 심사평가원이 국민의 알 권리 충족과 정보 접근성 강화를 위해 노력할 수 있는 또 다른 점에 대해 말해 보시오.

이 책의 차례 CONTENTS

Add+

합격의 공식 시대에듀 www.sdedu.co.kr

특별부록

※ 기출복원문제는 수험생들의 후기를 통해 시대에듀에서 복원한 문제로 실제 문제와 다소 차이가 있을
   수 있으며, 본 저작물의 무단전재 및 복제를 금합니다.

┃ 수리능력

01 점 A에서 점 B까지의 경로가 다음과 같을 때, 점 A에서 점 B로 가는 최단 거리의 경우의 수는?

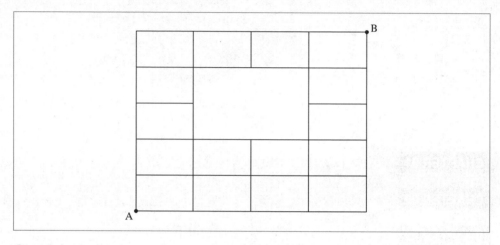

① 60가지
② 66가지
③ 72가지
④ 78가지

┃ 수리능력

02 S공사는 2024년 상반기에 신입사원을 채용하였다. 전체 지원자 중 채용에 불합격한 남성 수와 여성 수의 비율은 같으며, 합격한 남성 수와 여성 수의 비율은 2 : 3이다. 남성 전체 지원자와 여성 전체 지원자의 비율이 6 : 7일 때, 합격한 남성 수가 32명이라면 전체 지원자는 몇 명인가?

① 192명
② 200명
③ 208명
④ 216명

03 다음은 직장가입자 보수월액보험료에 대한 자료이다. A씨가 〈조건〉에 따라 장기요양보험료를 납부할 때, A씨의 2023년 보수월액은?(단, 소수점 첫째 자리에서 반올림한다)

〈직장가입자 보수월액보험료〉

- 개요 : 보수월액보험료는 직장가입자의 보수월액에 보험료율을 곱하여 산정한 금액에 경감 등을 적용하여 부과한다.
- 보험료 산정 방법
  - 건강보험료는 다음과 같이 산정한다.
    (건강보험료)=(보수월액)×(건강보험료율)
    ※ 보수액 : 동일사업장에서 당해 연도에 지급받은 보수총액을 근무월수로 나눈 금액
  - 장기요양보험료는 다음과 같이 산정한다.
    2022.12.31. 이전 : (장기요양보험료)=(건강보험료)×(장기요양보험료율)
    2023.01.01. 이후 : (장기요양보험료)=(건강보험료)×$\dfrac{(장기요양보험료율)}{(건강보험료율)}$

〈2020 ~ 2024년 보험료율〉

(단위 : %)

구분	2020년	2021년	2022년	2023년	2024년
건강보험료율	6.67	6.86	6.99	7.09	7.09
장기요양보험료율	10.25	11.52	12.27	0.9082	0.9182

조건
- A씨는 S공사에서 2011년 3월부터 2023년 9월까지 근무하였다.
- A씨는 3개월 후 2024년 1월부터 S공사에서 현재까지 근무하고 있다.
- A씨의 2023년 장기요양보험료는 35,120원이었다.

① 3,866,990원   ② 3,974,560원
③ 4,024,820원   ④ 4,135,970원

---

04 다음 중 밑줄 친 단어가 맞춤법상 옳지 않은 것은?

① 지난 분기 매출을 조사하여 증가량을 <u>백분율</u>로 표기하였다.
② 젊은 세대를 중심으로 빠른 이직 트렌드가 형성되어 <u>이직률</u>이 높아지고 있다.
③ 이번 학기 <u>출석율</u>이 이전보다 크게 향상되어 학생들의 참여도가 높아지고 있다.
④ 이번 시험의 <u>합격률</u>이 역대 최고치를 기록하며 수험생들에게 희망을 안겨주었다.

05 다음 중 빈칸에 들어갈 내용으로 가장 적절한 것은?

주의력 결핍 과잉행동장애(ADHD)는 학령기 아동에게 흔히 나타나는 질환으로, 주의력 결핍, 과잉행동, 충동성의 증상을 보인다. 이는 아동의 학교 및 가정생활에 큰 영향을 미치며, 적절한 치료와 관리가 필요하다. ADHD의 원인은 신경화학적 요인과 유전적 요인이 복합적으로 작용하는 것으로 여겨진다. 도파민과 노르에피네프린 같은 신경전달물질의 불균형이 주요 원인으로 지목되며, 가족력이 있는 경우 ADHD 발병 확률이 높아진다. 연구에 따르면, ADHD는 상당한 유전적 연관성을 보이며, 부모나 형제 중에 ADHD를 가진 사람이 있을 경우 발병 확률이 증가한다.

환경적 요인도 ADHD 발병에 영향을 줄 수 있다. 임신 중 음주, 흡연, 약물 사용 등이 발병 확률을 높일 수 있으며, 조산이나 저체중 출산도 연관성이 있다. 이러한 환경적 요인들은 태아의 뇌 발달에 영향을 주며 ADHD 발병 가능성을 증가시킬 수 있다. 그러나 이러한 요인들이 단독으로 ADHD를 유발하는 것은 아니며, 다양한 요인이 복합적으로 작용하여 증상이 나타난다.

ADHD 치료는 약물요법과 비약물요법으로 나뉜다. 약물요법에서는 메틸페니데이트 같은 중추신경 자극제가 널리 사용된다. 이 약물은 도파민과 노르에피네프린의 재흡수를 억제해 증상을 완화한다. 이러한 약물은 주의력 향상과 충동성 감소에 효과적이며, 많은 연구에서 그 효능이 입증되었다. 비약물요법으로는 행동개입 요법과 심리사회적 프로그램이 있다. 이는 구조화된 환경에서 집중을 방해하는 요소를 최소화하고, 연령에 맞는 개입방법을 적용한다. 예를 들어, 학령기 아동에게는 그룹 부모훈련과 교실 내 행동개입 프로그램이 추천된다.

가정에서는 부모가 아이가 해야 할 일을 목록으로 작성하도록 돕고, 한 번에 한 가지씩 처리하도록 지도해야 한다. 특히 아이의 바람직한 행동은 칭찬하고, 잘못된 행동에는 책임을 지도록 하는 것이 중요하다. 이러한 방법은 아이의 자존감을 높이고 긍정적인 행동을 강화하는 데 도움이 된다. 학교에서는 과제를 짧게 나누고, 수업이 지루하지 않도록 하며, 규칙과 보상을 일관되게 유지해야 한다. 교사는 ADHD 아동이 주의가 산만해질 수 있는 환경적 요소를 제거하고, 많은 격려와 칭찬을 통해 학습 동기를 유발해야 한다.

ADHD는 완치가 어려운 만성 질환이지만 적절한 치료와 관리를 통해 증상을 개선할 수 있다. 약물 치료와 비약물 치료를 병행하고 가정과 학교에서 적절한 지원이 이루어지면 ADHD 아동도 건강하고 행복한 삶을 영위할 수 있다. 결론적으로, ADHD는 _____ 따라서 다양한 원인에 부합하는 맞춤형 치료와 환경 조성을 통해 아동의 잠재력을 최대한 발휘할 수 있도록 지원해야 한다. 이는 아동이 자신의 능력을 충분히 발휘하고 성공적인 삶을 살아가는 데 중요한 역할을 한다.

① 완벽한 치료가 불가능한 불치병이다.
② 약물 치료를 통해 쉽게 치료가 가능하다.
③ 다양한 원인이 복합적으로 작용하는 질환이다.
④ 아동에게 적극적으로 개입해 충동성을 감소시켜야 하는 질환이다.

06 S문구의 회원인 A사원은 제시된 품목들을 구매하려고 한다. 구매 조건에 따라 예산 60,000원으로 최대한 많은 물품을 구매하려고 할 때, A사원은 물품을 최대 몇 개까지 구매할 수 있는가?

〈S문구 품목별 가격 및 할인정보〉

품목	단위	가격	할인
스테이플러	1개	5,000원	2개 이상 구매 시 20% 할인
메모홀더	1개	5,000원	5개 이상 구매 시 20% 할인
다용도 테이프	1개	3,000원	S문구 회원 10% 할인
화이트보드	1개	20,000원	S문구 회원 20% 할인
서류꽂이	1개	10,000원	S문구 회원 10% 할인

〈구매 조건〉
- 모든 품목을 반드시 1개 이상 구입한다.
- 한 품목당 5개 이상은 구매할 수 없다.

① 9개 　　　　　　　　　　　　② 10개
③ 11개 　　　　　　　　　　　　④ 12개

07 A~D는 어제 있었던 회의 참석 여부에 대해 진술하고 있다. 회의에는 모두 3명이 참석했으며, A~D 중 한 명은 항상 거짓을 말한다고 할 때, 어제 회의에 참석하지 않은 사람은?

A : C는 회의에 참석했어.
B : D는 회의에 참석하지 않았어.
C : A랑 D는 모두 회의에 참석했어.
D : B는 회의에 참석했어.

① A 　　　　　　　　　　　　② B
③ C 　　　　　　　　　　　　④ D

08 다음 중 개인정보보호법에서 사용하는 용어에 대한 정의로 옳지 않은 것은?

① '가명처리'란 추가 정보 없이도 특정 개인을 알아볼 수 있도록 처리하는 것을 말한다.

② '정보주체'란 처리되는 정보에 의하여 알아볼 수 있는 사람으로서 그 정보의 주체가 되는 사람을 말한다.

③ '개인정보'란 살아 있는 개인에 관한 정보로서 성명, 주민등록번호 및 영상 등을 통하여 개인을 알아볼 수 있는 정보를 말한다.

④ '처리'란 개인정보의 수집, 생성, 연계, 연동, 기록, 저장, 보유, 가공, 편집, 검색, 출력, 정정, 복구, 이용, 제공, 공개, 파기, 그 밖에 이와 유사한 행위를 말한다.

09 다음은 생활보조금 신청자의 소득 및 결과에 대한 자료이다. 월 소득이 100만 원 이하인 사람은 보조금 지급이 가능하고, 100만 원을 초과한 사람은 보조금 지급이 불가능할 때, 보조금 지급을 받는 사람의 수를 구하는 함수로 옳은 것은?

〈생활보조금 신청자 소득 및 결과〉

	A	B	C	D	E
1	지원번호	소득(만 원)	결과		
2	1001	150	불가능		
3	1002	80	가능		보조금 지급 인원 수
4	1003	120	불가능		
5	1004	95	가능		
6	⋮	⋮	⋮		
7					

① =COUNTIF(A:C, "< =100")

② =COUNTIF(A:C, < =100)

③ =COUNTIF(B:B, "< =100")

④ =COUNTIF(B:B, < =100)

10 다음은 초등학생의 주 차별 용돈에 대한 자료이다. 빈칸에 들어갈 함수를 바르게 짝지은 것은?(단, 한 달은 4주로 한다)

<초등학생 주 차별 용돈>

	A	B	C	D	E	F
1	학생번호	1주	2주	3주	4주	합계
2	1	7,000	8,000	12,000	11,000	(A)
3	2	50,000	60,000	45,000	55,000	
4	3	70,000	85,000	40,000	55,000	
5	4	10,000	6,000	18,000	14,000	
6	5	24,000	17,000	34,000	21,000	
7	6	27,000	56,000	43,000	28,000	
8	한 달 용돈이 150,000원 이상인 학생 수					(B)

	(A)	(B)
①	=SUM(B2:E2)	=COUNTIF(F2:F7, ">=150,000")
②	=SUM(B2:E2)	=COUNTIF(B2:E2, ">=150,000")
③	=SUM(B2:E2)	=COUNTIF(B2:E7, ">=150,000")
④	=SUM(B2:E7)	=COUNTIF(F2:F7, ">=150,000")
⑤	=SUM(B2:E7)	=COUNTIF(B2:F2, ">=150,000")

11 다음 중 빅데이터 분석 기획 절차를 순서대로 바르게 나열한 것은?

① 범위 설정 → 프로젝트 정의 → 위험 계획 수립 → 수행 계획 수립

② 범위 설정 → 프로젝트 정의 → 수행 계획 수립 → 위험 계획 수립

③ 프로젝트 정의 → 범위 정의 → 위험 계획 수립 → 수행 계획 수립

④ 프로젝트 정의 → 범위 설정 → 수행 계획 수립 → 위험 계획 수립

01 다음은 이의신청에 대한 내용이다. 빈칸 ㉠, ㉡에 들어갈 내용이 바르게 연결된 것은?

> 공단·심사평가원의 처분에 대한 이의신청은 처분이 있음을 안 날부터 ___㉠___ 이내에 문서로 하여야 하며 처분이 있은 날부터 ___㉡___ 을 지나면 제기하지 못한다.

	㉠	㉡
①	30일	60일
②	60일	90일
③	80일	120일
④	90일	180일

02 다음 중 환자가 입원해서 퇴원할 때까지 발생하는 진료에 대하여 질병마다 미리 정해진 금액을 내는 포괄수가제의 장점으로 옳은 것은?

① 의료서비스가 좋아진다.
② 진료량이 규격화된다.
③ 합병증에 따른 추가비용이 감소한다.
④ 건강보험의 보장성이 확대된다.

03 다음 중 건강보험심사평가원의 업무인 보험급여 비용의 심사와 보험급여의 적정성 평가와 관련하여 대통령령으로 정하는 업무는?

① 심사기준 및 평가기준의 개발
② 국민건강보험법에 따라 위탁받은 업무
③ 심사평가원 업무를 수행하기 위한 환자 분류체계의 개발·관리
④ 요양급여비용의 심사의 규정에 따른 업무와 관련된 조사연구 및 국제협력

04 다음 중 부가급여의 정의로 옳은 것은?

① 요양급여 외에 임신·출산 진료비, 장제비, 상병수당, 그 밖의 급여이다.

② 경제성 또는 치료효과성 등이 불확실하여 그 검증을 위하여 추가적인 근거가 필요한 경우에 실시하는 급여이다.

③ 가입자 또는 피부양자가 질병이나 부상으로 거동이 불편한 경우에 가입자 또는 피부양자를 직접 방문하는 급여이다.

④ 경제성이 낮아도 가입자와 피부양자의 건강회복에 잠재적 이득이 있는 경우에 실시하는 급여이다.

05 다음 중 상급종합병원에서 1단계 요양급여를 받을 수 있는 사람으로 옳은 것은?

① 치과에서 요양급여를 받은 자

② 외과적 작업치료가 필요하다고 인정된 자

③ 해당 요양기관에서 근무하는 가입자의 배우자

④ 응급증상으로 진행될 가능성이 있다고 주장하는 자

06 다음 중 요양급여심사 청구명세서 접수에 대한 내용으로 옳은 것은?

① 요양병원의 환자평가표는 해당 진료분의 명세서 접수 후에 제출하여야 한다.

② 의약품관리료는 30일을 초과하여 입원진료를 하는 경우에는 월단위로 분할 청구할 수 있다.

③ 요양병원형 수가를 적용하는 요양급여비용은 청구매체 및 입원기간에 따라 주 단위로 구분하여 청구한다.

④ 정보통신망으로 요양급여비용을 청구할 경우 입원진료는 퇴원일이 속한 날의 다음 주 월요일부터 청구할 수 있다.

07 다음 중 약품비고가도지표(PCI)의 정의로 옳은 것은?

① 요양급여에 사용된 약제의 구입금액을 말한다.

② 사업대상기간의 상병별로 발생한 실제 약품비를 말한다.

③ 요양기관의 약품비 발생수준을 나타내는 상대평가 지표를 말한다.

④ 전년도 동일 기간의 상병분류별 투약일당 약품비를 기준으로 사업대상기간의 투약일수를 반영한 약품비를 말한다.

08 다음 〈보기〉 중 사회보험, 공공부조, 사회서비스 정의의 내용으로 옳은 것을 모두 고르면?

> **보기**
>
> ㉠ 공공부조 : 생활능력이 있는 저소득층을 위해 정부가 국고지원금으로 지원한다.
> ㉡ 사회서비스 : 복지사회 건설을 목적으로 특정인에게 사회보장 급여를 실시한다.
> ㉢ 공공부조 : 저소득계층의 경제적 자립을 위해 보험으로 재정기금으로 마련해 주는 것이다.
> ㉣ 사회보험 : 질병·상해·실업 등으로부터 국민들을 보호하기 위해 국가가 보험 가입을 의무화한다.
> ㉤ 사회보험 : 개인의 필요에 따라 임의로 가입할 수 있고 주로 정액제 형태로 보험료를 부담한다.
> ㉥ 사회서비스 : 연금 제도하의 노령자나 과부, 고아와 같은 특별한 사유가 있는 자를 대상으로 국가가 재정부담하여 실시하는 주는 것이다.

① ㉠, ㉡, ㉤
② ㉠, ㉢, ㉣
③ ㉡, ㉣, ㉥
④ ㉢, ㉣, ㉥

09 다음 중 공단의 자료제공 요청에 대한 설명으로 옳은 것은?

① 국가가 공단 또는 심사평가원에 제공하는 자료에 대하여는 수수료를 제외한 사용료를 지불한다.
② 보건복지부장관은 관계 행정기관 장에게 약제에 대한 요양급여비용 상한금액의 감액을 위하여 필요한 자료를 제공하도록 요청할 수 있다.
③ 심사평가원은 국가나 지방자치단체에 대하여 건강보험사업의 수행을 위하여 국세·지방세 등의 자료를 제공하도록 요청할 수 있다.
④ 보건복지부장관은 보험회사 및 보험료율 산출 기관에 자료의 제공을 요청하는 경우 자료제공요청서를 발송하여야 한다.

10 다음 중 약제의 결정 및 조정기준에서 이미 고시된 약제의 상한금액 또는 요양급여 대상의 조정을 신청할 수 있는 사유가 아닌 것은?

① 고시된 약제의 하한금액을 인상하려고 하는 경우
② 고시된 약제의 상한금액을 인하하려고 하는 경우
③ 고시된 약제의 상한금액이 현저히 불합리하다고 판단되는 경우
④ 고시된 약제의 요양급여결정이 현저히 불합리하다고 판단되는 경우

01 다음 중 자유권과 생존권의 비교에서 그 내용이 옳지 않은 것은?

	자유권	생존권
①	자유주의·개인주의	단체주의·사회적 기본권
②	추상적 권리	구체적 권리
③	소극적·방어적 권리	적극적 권리
④	재판규범성이 강함	재판규범성이 약함

02 다음 중 범죄피해자의 고소나 고발이 있어야만 공소를 제기할 수 있는 범죄는?

① 친고죄   ② 무고죄
③ 협박죄   ④ 폭행죄

03 다음 중 범죄의 성립요건에 대한 설명으로 옳지 않은 것은?

① 일개의 행위가 원칙적으로 법률이 규정한 수개의 죄에 해당하는 경우여야 한다.
② 행위자가 자신의 행위에 대한 사실의 인식과 위법성의 인식이 있어야 한다.
③ 법률이 정하는 구성요건에 해당하는 행위를 하여야 한다.
④ 당해 행위를 한 주체인 행위자에 대한 비난가능성, 즉 책임능력자의 고의 또는 과실이 있어야 한다.

04 다음 중 재판의 기초가 되는 사실 및 증거의 수집과 제출을 당사자의 책임과 권능으로 하는 소송심리의 원칙을 무엇이라고 하는가?

① 처분권주의   ② 직권탐지주의
③ 집중심리주의   ④ 변론주의

01 다음 〈보기〉 중 정부의 역할에 대한 입장으로 옳은 것을 모두 고르면?

> **보기**
>
> ㄱ. 진보주의 정부관에 따르면 정부에 대한 불신이 강하고 정부실패를 우려한다.
> ㄴ. 공공선택론의 입장은 정부를 공공재의 생산자로 규정하고 대규모 관료제에 의한 행정의 효율성을 높이는 것이 중요하다고 본다.
> ㄷ. 보수주의 정부관은 자유방임적 자본주의를 옹호한다.
> ㄹ. 신공공서비스론 입장에 따르면 정부의 역할은 시민들로 하여금 공유된 가치를 창출하고 충족시킬 수 있도록 봉사하는 데 있다.
> ㅁ. 행정국가 시대에는 '최대의 봉사가 최선의 정부'로 받아들여졌다.

① ㄱ, ㄴ, ㄷ   ② ㄱ, ㄹ, ㅁ

③ ㄴ, ㄷ, ㄹ   ④ ㄷ, ㄹ, ㅁ

02 다음 중 우리나라의 지방자치제도에 대한 설명으로 옳지 않은 것은?

① 지방의회는 법률에 위배되는 내용을 포함한 조례를 제정할 수 없다.
② 우리나라 지방자치단체의 기관구성 형태는 기관통합형이다.
③ 지방의회는 지방자치단체의 장을 감시하고 통제하는 기능을 하지만, 지방자치단체의 장에 대한 불신임권은 갖고 있지 않다.
④ 조례안이 지방의회에서 의결되면 의장은 의결된 날부터 5일 이내에 그 지방자치단체의 장에게 이를 이송하여야 한다.

03 다음 중 정책네트워크에 대한 설명으로 옳지 않은 것은?

① 정책공동체의 경우, 하위정부모형에 비해 정책참여자의 범위가 더 제한적이다.
② 이슈네트워크는 참여자의 범위에 제한을 두지 않아 개방적 의견수렴이 가능하다.
③ 정책공동체는 동일한 목표를 공유하는 사회주체들에 의해 정책적 의사결정이 이루어진다.
④ 하위정부모형은 의회 상임위원회, 정부관료, 이익집단에 의해 정책적 의사결정이 이루어진다고 본다.

01 다음 중 BCG 매트릭스에 대한 설명으로 옳은 것은?

① 횡축은 시장성장률, 종축은 상대적 시장점유율이다.

② 물음표 영역은 시장성장률이 높고, 상대적 시장점유율은 낮아 계속적인 투자가 필요하다.

③ 별 영역은 시장성장률이 낮고, 상대적 시장점유율은 높아 현상유지를 해야 한다.

④ 자금젖소 영역은 현금창출이 많지만, 상대적 시장점유율이 낮아 많은 투자가 필요하다.

02 다음 〈보기〉 중 JIT 시스템의 장점으로 옳지 않은 것을 모두 고르면?

> **보기**
> ㉠ 현장 낭비 제거를 통한 생산성 향상
> ㉡ 다기능공 활용을 통한 작업자 노동부담 경감
> ㉢ 소 LOT 생산을 통한 재고율 감소
> ㉣ 단일 생산을 통한 설비 이용률 향상

① ㉠, ㉡

② ㉠, ㉢

③ ㉡, ㉢

④ ㉡, ㉣

01 다음 〈보기〉 중 수요공급 곡선의 이동에 대한 설명으로 옳은 것을 모두 고르면?

> **보기**
> ㉠ 생산비용이 줄어들거나 생산기술이 발전하면 공급곡선이 오른쪽으로 이동한다.
> ㉡ 정상재의 경우 수입이 증가하면 수요곡선은 왼쪽으로 이동한다.
> ㉢ A와 B가 대체재인 경우 A의 가격이 높아지면 B의 수요곡선은 오른쪽으로 이동한다.
> ㉣ 상품의 가격이 높아질 것으로 예상되면 공급곡선은 오른쪽으로 이동한다.

① ㉠, ㉡   ② ㉠, ㉢
③ ㉡, ㉢   ④ ㉡, ㉣

02 S국의 구리에 대한 국내 수요곡선은 $Q = 12 - 2P$이고, 국내 공급곡선은 $Q = P$이다. 구리의 국제 시장가격이 5라면, S국 구리 생산업체들의 국내 판매량과 수출량은?(단, Q는 수량, P는 가격을 나타내고, 이 나라는 소규모 개방경제라고 가정한다)

	국내 판매량	수출량
①	2	3
②	3	2
③	3	3
④	4	1

| 코레일 한국철도공사 / 의사소통능력

01 다음 중 비언어적 요소인 쉼을 사용하는 경우로 적절하지 않은 것은?

① 양해나 동조를 구할 경우

② 상대방에게 반문을 할 경우

③ 이야기의 흐름을 바꿀 경우

④ 연단공포증을 극복하려는 경우

⑤ 이야기를 생략하거나 암시할 경우

| 코레일 한국철도공사 / 의사소통능력

02 다음 밑줄 친 부분에 해당하는 키슬러의 대인관계 의사소통 유형은?

> 의사소통 시 이 유형의 사람은 따뜻하고 인정이 많고 자기희생적이나 타인의 요구를 거절하지 못하므로 타인과의 정서적인 거리를 유지하는 노력이 필요하다.

① 지배형   ② 사교형

③ 친화형   ④ 고립형

⑤ 순박형

03 다음 글을 통해 알 수 있는 철도사고 발생 시 행동요령으로 적절하지 않은 것은?

> 철도사고는 지하철, 고속철도 등 철도에서 발생하는 사고를 뜻한다. 많은 사람이 한꺼번에 이용하며 무거운 전동차가 고속으로 움직이는 특성상 철도사고가 발생할 경우 인명과 재산에 큰 피해가 발생한다.
> 철도사고는 다양한 원인에 의해 발생하며 사고 유형 또한 다양하게 나타나는데, 대표적으로는 충돌사고, 탈선사고, 열차화재사고가 있다. 이 사고들은 철도안전법에서 철도교통사고로 규정되어 있으며, 많은 인명피해를 야기하므로 철도사업자는 반드시 이를 예방하기 위한 조치를 취해야 한다. 또한 승객들은 위험으로부터 빠르게 벗어나기 위해 사고 시 대피요령을 파악하고 있어야 한다.
> 국토교통부는 철도사고 발생 시 인명과 재산을 보호하기 위한 국민행동요령을 제시하고 있다. 이 행동요령에 따르면 지하철에서 사고가 발생할 경우 가장 먼저 객실 양 끝에 있는 인터폰으로 승무원에게 사고를 알려야 한다. 만약 화재가 발생했다면 곧바로 119에 신고하고, 여유가 있다면 객실 양 끝에 비치된 소화기로 불을 꺼야 한다. 반면 화재의 진화가 어려울 경우 입과 코를 젖은 천으로 막고 화재가 발생하지 않은 다른 객실로 이동해야 한다. 전동차에서 대피할 때는 안내방송과 승무원의 안내에 따라 질서 있게 대피해야 하며 이때 부상자, 노약자, 임산부가 먼저 대피할 수 있도록 배려하고 도와주어야 한다. 만약 전동차의 문이 열리지 않으면 반드시 열차가 멈춘 후에 안내방송에 따라 비상핸들이나 비상콕크를 돌려 문을 열고 탈출해야 한다. 전동차가 플랫폼에 멈췄을 경우 스크린도어를 열고 탈출해야 하는데, 손잡이를 양쪽으로 밀거나 빨간색 비상바를 밀고 탈출해야 한다. 반대로 역이 아닌 곳에서 멈췄을 경우 감전의 위험이 있으므로 반드시 승무원의 안내에 따라 반대편 선로의 열차 진입에 유의하며 대피 유도등을 따라 침착하게 비상구로 대피해야 한다.
> 이와 같이 승객들은 철도사고 발생 시 신고, 질서 유지, 빠른 대피를 중점적으로 유념하여 행동해야 한다. 철도사고는 사고 자체가 일어나지 않도록 철저한 안전관리와 예방이 필요하지만, 다양한 원인으로 예상치 못하게 발생한다. 따라서 철도교통을 이용하는 승객 또한 평소에 안전 수칙을 준수하고 비상 상황에서 침착하게 대처하는 훈련이 필요하다.

① 침착함을 잃지 않고 승무원의 안내에 따라 대피해야 한다.
② 화재사고 발생 시 규모가 크지 않다면 빠르게 진화 작업을 해야 한다.
③ 선로에서 대피할 경우 승무원의 안내와 대피 유도등을 따라 대피해야 한다.
④ 열차에서 대피할 때는 탈출이 어려운 사람부터 대피할 수 있도록 도와야 한다.
⑤ 열차사고 발생 시 탈출을 위해 우선 비상핸들을 돌려 열차의 문을 개방해야 한다.

04 다음 글을 읽고 알 수 있는 하향식 읽기 모형의 사례로 적절하지 않은 것은?

> 글을 읽는 것은 단순히 책에 쓰인 문자를 해독하는 것이 아니라 그 안에 담긴 의미를 파악하는 과정이다. 그렇다면 사람들은 어떤 방식으로 글의 의미를 파악할까? 세상의 모든 어휘를 알고 있는 사람은 없을 것이다. 그러나 대부분의 사람들, 특히 고등교육을 받은 성인들은 자신이 잘 모르는 어휘가 있더라도 글의 전체적인 맥락과 의미를 파악할 수 있다. 이를 설명해 주는 것이 바로 하향식 읽기 모형이다.
>
> 하향식 읽기 모형은 독자가 이미 알고 있는 배경지식과 경험을 바탕으로 글의 전체적인 맥락을 먼저 파악하는 방식이다. 하향식 읽기 모형은 독자의 능동적인 참여를 활용하는 읽기로, 여기서 독자는 단순히 글을 받아들이는 수동적인 존재가 아니라 자신의 지식과 경험을 활용하여 글의 의미를 구성해 나가는 주체적인 역할을 한다. 이때 독자는 글의 내용을 예측하고 추론하며, 심지어 자신의 생각을 더하여 글에 대한 이해를 넓혀갈 수 있다.
>
> 하향식 읽기 모형의 장점은 빠르고 효율적인 독서가 가능하다는 것이다. 글의 전체적인 맥락을 먼저 파악하기 때문에 글의 핵심 내용을 빠르게 파악할 수 있고, 배경지식을 활용하여 더 깊이 있는 이해를 얻을 수 있다. 또한 예측과 추론을 통한 능동적인 독서는 독서에 대한 흥미를 높여 주는 효과도 있다.
>
> 그러나 하향식 읽기 모형은 독자의 배경지식에 의존하여 읽는 방법이므로 배경지식이 부족한 경우 글의 의미를 정확하게 파악하기 어려울 수 있으며, 배경지식에 의존하여 오해를 할 가능성도 크다. 또한 글의 내용이 복잡하다면 많은 배경지식을 가지고 있더라도 글의 맥락을 적극적으로 가정하거나 추측하기 어려운 것 또한 하향식 읽기 모형의 단점이 된다.
>
> 하향식 읽기 모형은 글의 내용을 빠르게 이해하고 독자 스스로 내면화할 수 있으므로 독서 능력 향상에 유용한 방법이다. 그러나 모든 글에 동일하게 적용할 수 있는 읽기 모델은 아니므로 글의 종류와 독자의 배경지식에 따라 적절한 읽기 전략을 사용해야 한다. 따라서 하향식 읽기 모형과 함께 상향식 읽기(문자의 정확한 해독), 주석 달기, 소리 내어 읽기 등 다양한 읽기 전략을 활용하여야 한다.

① 회의 자료를 읽기 전 회의 주제를 먼저 파악하여 회의 안건을 예상하였다.
② 기사의 헤드라인을 먼저 읽어 기사의 내용을 유추한 뒤 상세 내용을 읽었다.
③ 제품 설명서를 읽어 제품의 기능과 각 버튼의 용도를 파악하고 기계를 작동시켰다.
④ 요리법의 전체적인 조리 과정을 파악하고 단계별로 필요한 재료와 순서를 확인하였다.
⑤ 서문이나 목차를 통해 책의 전체적인 흐름을 파악하고 관심 있는 부분을 집중적으로 읽었다.

05 농도가 15%인 소금물 200g과 농도가 20%인 소금물 300g을 섞었을 때, 섞인 소금물의 농도는?

① 17%

② 17.5%

③ 18%

④ 18.5%

⑤ 19%

06 남직원 A ~ C, 여직원 D ~ F 6명이 일렬로 앉고자 한다. 여직원끼리 인접하지 않고, 여직원 D와 남직원 B가 서로 인접하여 앉는 경우의 수는?

① 12가지

② 20가지

③ 40가지

④ 60가지

⑤ 120가지

07 다음과 같이 일정한 규칙으로 수를 나열할 때 빈칸에 들어갈 수로 옳은 것은?

−23	−15	−11	5	13	25	( )	45	157	65

① 49

② 53

③ 57

④ 61

⑤ 65

08 다음은 K시의 유치원, 초·중·고등학교, 고등교육기관의 취학률 및 초·중·고등학교의 상급학교 진학률에 대한 자료이다. 이에 대한 설명으로 옳지 않은 것은?

〈유치원, 초·중·고등학교, 고등교육기관 취학률〉

(단위 : %)

구분	2014년	2015년	2016년	2017년	2018년	2019년	2020년	2021년	2022년	2023년
유치원	45.8	45.2	48.3	50.6	51.6	48.1	44.3	45.8	49.7	52.8
초등학교	98.7	99	98.6	98.9	99.3	99.6	98.1	98.1	99.5	99.9
중학교	98.5	98.6	98.1	98	98.9	98.5	97.1	97.6	97.5	98.2
고등학교	95.3	96.9	96.2	95.4	96.2	94.7	92.1	93.7	95.2	95.6
고등교육 기관	65.6	68.9	64.9	66.2	67.5	69.2	70.8	71.7	74.3	73.5

〈초·중·고등학교 상급학교 진학률〉

(단위 : %)

구분	2014년	2015년	2016년	2017년	2018년	2019년	2020년	2021년	2022년	2023년
초등학교	100	100	100	100	100	100	100	100	100	100
중학교	99.7	99.7	99.7	99.7	99.7	99.7	99.7	99.7	99.7	99.6
고등학교	93.5	91.8	90.2	93.2	91.7	90.5	91.4	92.6	93.9	92.8

① 중학교의 취학률은 매년 97% 이상이다.
② 매년 취학률이 가장 높은 기관은 초등학교이다.
③ 고등교육기관의 취학률이 70%를 넘긴 해는 2020년부터이다.
④ 2023년에 중학교에서 고등학교로 진학하지 않은 학생의 비율은 전년 대비 감소하였다.
⑤ 고등교육기관의 취학률이 가장 낮은 해와 고등학교의 상급학교 진학률이 가장 낮은 해는 같다.

09 다음은 A기업과 B기업의 2024년 1 ~ 6월 매출액에 대한 자료이다. 이를 그래프로 옮겼을 때의 개형으로 옳은 것은?

〈2024년 1 ~ 6월 A, B기업 매출액〉

(단위 : 억 원)

구분	2024년 1월	2024년 2월	2024년 3월	2024년 4월	2024년 5월	2024년 6월
A기업	307.06	316.38	315.97	294.75	317.25	329.15
B기업	256.72	300.56	335.73	313.71	296.49	309.85

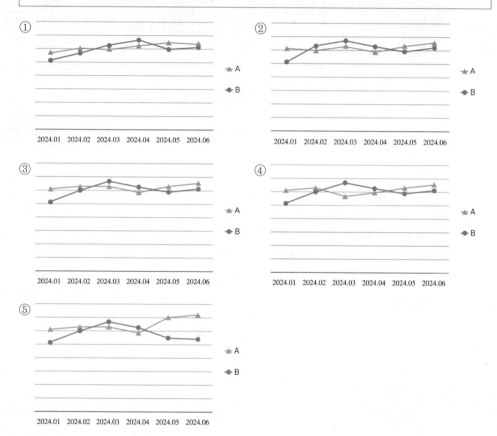

10 다음은 스마트 팜을 운영하는 K사에 대한 SWOT 분석 결과이다. 이에 따른 전략이 나머지와 다른 것은?

<K사 스마트 팜 SWOT 분석 결과>

구분		분석 결과
내부환경요인	강점 (Strength)	• 차별화된 기술력 : 기존 스마트 팜 솔루션과 차별화된 센서 기술, AI 기반 데이터 분석 기술 보유 • 젊고 유연한 조직 : 빠른 의사결정과 시장 변화에 대한 적응력 • 정부 사업 참여 경험 : 스마트 팜 관련 정부 사업 참여 가능성
	약점 (Weakness)	• 자금 부족 : 연구개발, 마케팅 등에 필요한 자금 확보 어려움 • 인력 부족 : 다양한 분야의 전문 인력 확보 필요 • 개발력 부족 : 신규 기술 개발 속도 느림
외부환경요인	기회 (Opportunity)	• 스마트 팜 시장 성장 : 스마트 팜에 대한 관심 증가와 이에 따른 정부의 적극적인 지원 • 해외 시장 진출 가능성 : 글로벌 스마트 팜 시장 진출 기회 확대 • 활발한 관련 연구 : 스마트 팜 관련 공동연구 및 포럼, 설명회 등 정보교류가 활발하게 논의
	위협 (Threat)	• 경쟁 심화 : 후발 주자의 등장과 기존 대기업의 시장 장악 가능성 • 기술 변화 : 빠르게 변화하는 기술 트렌드에 대한 대응 어려움 • 자연재해 : 기후 변화 등 예측 불가능한 자연재해로 인한 피해 가능성

① 정부 지원을 바탕으로 연구개발에 필요한 자금을 확보
② 스마트 팜 관련 공동연구에 참가하여 빠르게 신규 기술을 확보
③ 스마트 팜에 대한 높은 관심을 바탕으로 온라인 펀딩을 통해 자금을 확보
④ 포럼 등 설명회에 적극적으로 참가하여 전문 인력 확충을 위한 인맥을 확보
⑤ 스마트 팜 관련 정부 사업 참여 경험을 바탕으로 정부의 적극적인 지원을 확보

11 다음 대화에서 공통적으로 나타나는 논리적 오류로 가장 적절한 것은?

> A : 반려견 출입 금지라고 쓰여 있는 카페에 갔는데 거절당했어. 반려견 출입 금지면 고양이는 괜찮은 거 아니야?
> B : 어제 직장동료가 "조심히 들어가세요."라고 했는데 집에 들어갈 때만 조심하라는 건가?
> C : 친구가 비가 와서 우울하다고 했는데, 비가 안 오면 행복해지겠지?
> D : 이웃을 사랑하라는 선생님의 가르침을 실천하기 위해 사기를 저지른 이웃을 숨겨 주었어.
> E : 의사가 건강을 위해 채소를 많이 먹으라고 하던데 앞으로는 채소만 먹으면 되겠어.
> F : 긍정적인 생각을 하면 좋은 일이 생기니까 아무리 나쁜 일이 있어도 긍정적으로만 생각하면 될 거야.

① 무지의 오류
② 연역법의 오류
③ 과대해석의 오류
④ 허수아비 공격의 오류
⑤ 권위나 인신공격에 의존한 논증

12 A ~ E열차를 운행거리가 가장 긴 순서대로 나열하려고 한다. 운행시간 및 평균 속력이 다음과 같을 때, C열차는 몇 번째로 운행거리가 긴 열차인가?(단, 열차 대기시간은 고려하지 않는다)

〈A ~ E열차 운행시간 및 평균 속력〉

구분	운행시간	평균 속력
A열차	900분	50m/s
B열차	10시간 30분	150km/h
C열차	8시간	55m/s
D열차	720분	2.5km/min
E열차	10시간	2.7km/min

① 첫 번째
② 두 번째
③ 세 번째
④ 네 번째
⑤ 다섯 번째

13 다음 글에서 나타난 문제해결 절차의 단계로 가장 적절한 것은?

> K대학교 기숙사는 최근 학생들의 불만이 끊이지 않고 있다. 특히, 식사의 질이 낮고, 시설이 노후화되었으며, 인터넷 연결 상태가 불안정하다는 의견이 많았다. 이에 K대학교 기숙사 운영위원회는 문제해결을 위해 긴급회의를 소집했다.
>
> 회의에서 학생 대표들은 식단의 다양성 부족, 식재료의 신선도 문제, 식당 내 위생 상태 불량 등을 지적했다. 또한, 시설 관리 담당자는 건물 외벽의 균열, 낡은 가구, 잦은 누수 현상 등 시설 노후화 문제를 강조했다. IT 담당자는 기숙사 내 와이파이 연결 불안정, 인터넷 속도 저하 등 통신환경 문제를 제기했다.
>
> 운영위원회는 이러한 다양한 의견을 종합하여 문제를 더욱 구체적으로 분석하기로 결정했다. 먼저, 식사 문제의 경우 학생들의 식습관 변화에 따른 메뉴 구성의 문제점, 식자재 조달 과정의 비효율성, 조리 시설의 부족 등의 문제점을 파악했다. 시설 문제는 건물의 노후화로 인한 안전 문제, 에너지 효율 저하, 학생들의 편의성 저하 등으로 세분화했다. 마지막으로, 통신환경 문제는 기존 네트워크 장비의 노후화, 학생 수 증가에 따른 네트워크 부하 증가 등의 세부 문제가 제시되었다.

① 문제 인식　　　　　　　　　　② 문제 도출
③ 원인 분석　　　　　　　　　　④ 해결안 개발
⑤ 실행 및 평가

14 다음 중 빈칸에 들어갈 단어로 가장 적절한 것은?

> 감사원의 조사 결과 J공사는 공공사업을 위해 투입된 세금을 본래의 목적에 사용하지 않고 무단으로 _____했음이 밝혀졌다.

① 전용(轉用)　　　　　　　　　② 남용(濫用)
③ 적용(適用)　　　　　　　　　④ 활용(活用)
⑤ 준용(遵用)

15 다음 중 비행을 하기 위한 시조새의 신체 조건으로 가장 적절한 것은?

시조새(Archaeopteryx)는 약 1억 5천만 년 전 중생대 쥐라기 시대에 살았던 고대 생물로, 조류와 공룡의 중간 단계에 위치한 생물이다. 1861년 독일 바이에른 지방에 있는 졸른호펜 채석장에서 화석이 발견된 이후, 시조새는 조류의 기원과 공룡에서 새로의 진화 과정을 밝히는 데 중요한 단서를 제공해 왔다. '시조(始祖)'라는 이름에서 알 수 있듯이 시조새는 현대 조류의 조상으로 여겨지며 고생물학계에서 매우 중요한 연구 대상으로 취급된다.

시조새는 오늘날의 새와는 여러 가지 차이점이 있다. 이빨이 있는 부리, 긴 척추뼈로 이루어진 꼬리, 그리고 날개에 있는 세 개의 갈고리 발톱은 공룡의 특징을 잘 보여준다. 비록 현대 조류처럼 가슴뼈가 비행에 최적화된 형태로 발달되지는 않았지만, 갈비뼈와 팔에 강한 근육이 붙어있어 짧은 거리를 활강하거나 나뭇가지 사이를 오르내리며 이동할 수 있었던 것으로 추정된다.

한편, 시조새는 비대칭형 깃털을 가진 최초의 동물 중 하나로, 이는 비행을 하기에 적합한 형태이다. 시조새의 깃털은 현대의 날 수 있는 조류처럼 바람을 맞는 곳의 깃털은 짧고, 뒤쪽은 긴 형태인데, 이러한 비대칭형 깃털은 양력을 제공해 짧은 거리의 활강을 가능하게 했으며, 새의 조상으로서 비행의 초기 형태를 보여준다. 이로 인해 시조새는 공룡에서 새로 이어지는 진화 과정을 이해하는 데 있어 중요한 생물학적 증거로 여겨지고 있다.

시조새의 화석 연구는 당시의 생태계에 대한 정보도 제공하고 있다. 시조새는 열대 우림이나 활엽수림 근처에서 생활하며 나뭇가지를 오르내렸을 가능성이 큰 것으로 추정된다. 시조새의 이동 방식에 대해서는 여러 가설이 존재하지만, 짧은 거리의 활강을 통해 먹이를 찾고 이동했을 것이라는 주장이 유력하다.

결론적으로 시조새는 공룡과 새의 특성을 모두 가진 중간 단계의 생물로, 진화의 과정을 이해하는 데 핵심적인 역할을 한다. 시조새의 다양한 신체적 특징들은 공룡에서 새로 이어지는 진화의 연결고리를 보여주며, 조류 비행의 기원을 이해하는 중요한 증거로 평가된다.

① 날개 사이에 근육질의 익막이 있다.
② 날개에는 세 개의 갈고리 발톱이 있다.
③ 날개의 깃털이 비대칭 구조로 형성되어 있다.
④ 척추뼈가 꼬리까지 이어지는 유선형 구조이다.
⑤ 현대 조류처럼 가슴뼈가 비행에 최적화된 구조이다.

16 다음 글의 주제로 가장 적절한 것은?

> 사람들에게 의학을 대표하는 인물을 물어본다면 대부분 히포크라테스(Hippocrates)를 떠올릴 것이다. 히포크라테스는 당시 신의 징벌이나 초자연적인 힘으로 생각되었던 질병을 관찰을 통해 자연적 현상으로 이해하였고, 당시 마술이나 철학으로 여겨졌던 의학을 분리하였다. 이에 따라 의사라는 직업이 과학적인 기반 위에 만들어지게 되었다. 현재에는 의학의 아버지로 불리며 히포크라테스 선서라고 불리는 의사의 윤리적 기준을 저술한 것으로 알려져 있다. 이처럼 히포크라테스는 서양의학의 상징으로 받아들여지지만, 서양의학에 절대적인 영향을 준 사람은 클라우디오스 갈레노스(Claudius Galenus)이다.
>
> 갈레노스는 로마 시대 검투사 담당의에서 황제 마르쿠스 아우렐리우스의 주치의로 활동한 의사로, 해부학, 생리학, 병리학에 걸친 방대한 의학체계를 집대성하여 이후 1,000년 이상 서양의학의 토대를 닦았다. 당시에는 인체의 해부가 금지되어 있었기 때문에 갈레노스는 원숭이, 돼지 등을 사용하여 해부학적 지식을 쌓았으며, 임상 실험을 병행하여 의학적 지식을 확립하였다. 이러한 해부 및 실험을 통해 갈레노스는 여러 장기의 기능을 밝히고, 근육과 뼈를 구분하였으며, 심장의 판막이나 정맥과 동맥의 차이점 등을 밝혀내거나, 혈액이 혈관을 통해 신체 말단까지 퍼져나가며 신진대사를 조절하는 물질을 운반한다고 밝혀냈다. 물론 갈레노스도 히포크라테스가 주장한 4원소에 따른 4체액설(혈액, 담즙, 황담즙, 흑담즙)을 믿거나 피를 뽑아 치료하는 사혈법을 주장하는 등 현대 의학과는 거리가 있지만, 당시에 의학 이론을 해부와 실험을 통해 증명하고 방대한 저술을 남겼다는 놀라운 업적을 가지고 있으며, 이것이 실제로 가장 오랫동안 서양의학을 실제로 지배하는 토대가 되었다.

① 갈레노스의 생애와 의학의 발전
② 고대에서 현대까지 해부학의 발전 과정
③ 히포크라테스 선서에 의한 전문직의 도덕적 기준
④ 히포크라테스와 갈레노스가 서양의학에 끼친 영향과 중요성
⑤ 히포크라테스와 갈레노스의 4체액설이 현대 의학에 끼친 영향

17 다음 중 제시된 단어와 가장 비슷한 단어는?

> 비상구

① 진입로　　　　　　　　　② 출입구
③ 돌파구　　　　　　　　　④ 여울목
⑤ 탈출구

18 A열차가 어떤 터널을 진입하고 5초 후 B열차가 같은 터널에 진입하였다. 그로부터 5초 후 B열차가 터널을 빠져나왔고 5초 후 A열차가 터널을 빠져나왔다. A열차가 터널을 빠져나오는 데 걸린 시간이 14초일 때, B열차는 A열차보다 몇 배 빠른가?(단, A열차와 B열차 모두 속력의 변화는 없으며, 두 열차의 길이는 서로 같다)

① 2배　　　　　　　　　　② 2.5배
③ 3배　　　　　　　　　　④ 3.5배
⑤ 4배

19 A팀은 5일부터 5일마다 회의실을 사용하고, B팀은 4일부터 4일마다 회의실을 사용하기로 하였으며, 두 팀이 사용하고자 하는 날이 겹칠 경우에는 A, B팀이 번갈아가며 사용하기로 하였다. 어느 날 A팀과 B팀이 사용하고자 하는 날이 겹쳤을 때, 겹친 날을 기준으로 A팀이 9번, B팀이 8번 회의실을 사용했다면, 이때까지 A팀은 회의실을 최대 몇 번 이용하였는가?(단, 회의실 사용일이 첫 번째로 겹친 날에는 A팀이 먼저 사용하였으며, 회의실 사용일은 주말 및 공휴일도 포함한다)

① 61회　　　　　　　　　② 62회
③ 63회　　　　　　　　　④ 64회
⑤ 65회

20 다음 모스 굳기 10단계에 해당하는 광물 A～C가 〈조건〉을 만족할 때, 이에 대한 설명으로 옳은 것은?

〈모스 굳기 10단계〉

단계	1단계	2단계	3단계	4단계	5단계
광물	활석	석고	방해석	형석	인회석
단계	6단계	7단계	8단계	9단계	10단계
광물	정장석	석영	황옥	강옥	금강석

- 모스 굳기 단계의 단계가 낮을수록 더 무른 광물이고, 단계가 높을수록 단단한 광물이다.
- 단계가 더 낮은 광물로 단계가 더 높은 광물을 긁으면 긁힘 자국이 생기지 않는다.
- 단계가 더 높은 광물로 단계가 더 낮은 광물을 긁으면 긁힘 자국이 생긴다.

조건

- 광물 A로 광물 B를 긁으면 긁힘 자국이 생기지 않는다.
- 광물 A로 광물 C를 긁으면 긁힘 자국이 생긴다.
- 광물 B로 광물 C를 긁으면 긁힘 자국이 생긴다.
- 광물 B는 인회석이다.

① 광물 C는 석영이다.
② 광물 A는 방해석이다.
③ 광물 A가 가장 무르다.
④ 광물 B가 가장 단단하다.
⑤ 광물 B는 모스 굳기 단계가 7단계 이상이다.

※ 다음은 에너지바우처 사업에 대한 자료이다. 이어지는 질문에 답하시오. [21~22]

〈에너지바우처〉

1. 에너지바우처란?

    국민 모두가 시원한 여름, 따뜻한 겨울을 보낼 수 있도록 에너지 취약계층을 위해 에너지바우처(이용권)를 지급하여 전기, 도시가스, 지역난방, 등유, LPG, 연탄을 구입할 수 있도록 지원하는 제도

2. 신청대상 : 소득기준과 세대원 특성기준을 모두 충족하는 세대
    - 소득기준 : 국민기초생활 보장법에 따른 생계급여 / 의료급여 / 주거급여 / 교육급여 수급자
    - 세대원 특성기준 : 주민등록표 등본상 기초생활수급자(본인) 또는 세대원이 다음 중 어느 하나에 해당하는 경우
        - 노인 : 65세 이상
        - 영유아 : 7세 이하의 취학 전 아동
        - 장애인 : 장애인복지법에 따라 등록한 장애인
        - 임산부 : 임신 중이거나 분만 후 6개월 미만인 여성
        - 중증질환자, 희귀질환자, 중증난치질환자 : 국민건강보험법 시행령에 따라 보건복지부장관이 정하여 고시하는 중증질환, 희귀질환, 중증난치질환을 가진 사람
        - 한부모가족 : 한부모가족지원법에 따른 '모' 또는 '부'로서 아동인 자녀를 양육하는 사람
        - 소년소녀가정 : 보건복지부에서 정한 아동분야 지원대상에 해당하는 사람(아동복지법에 의한 가정위탁보호 아동 포함)
    - 지원 제외 대상 : 세대원 모두가 보장시설 수급자
    - 다음의 경우 동절기 에너지바우처 중복 지원 불가
        - 긴급복지지원법에 따라 동절기 연료비를 지원받은 자(세대)
        - 한국에너지공단의 등유바우처를 발급받은 자(세대)
        - 한국광해광업공단의 연탄쿠폰을 발급받은 자(세대)
        ※ 하절기 에너지바우처를 사용한 수급자가 동절기에 위 사업들을 신청할 경우 동절기 에너지바우처를 중지 처리한 후 신청(중지사유 : 타동절기 에너지이용권 수급)
        ※ 단, 동절기 에너지바우처를 일부 사용한 경우 위 사업들은 신청 불가

3. 바우처 지원금액

구분	1인 세대	2인 세대	3인 세대	4인 이상 세대
하절기	55,700원	73,800원	90,800원	117,000원
동절기	254,500원	348,700원	456,900원	599,300원
총액	310,200원	422,500원	547,700원	716,300원

4. 지원방법
    - 요금차감
        - 하절기 : 전기요금 고지서에서 요금을 자동으로 차감
        - 동절기 : 도시가스 / 지역난방 중 하나를 선택하여 고지서에서 요금을 자동으로 차감
    - 실물카드 : 동절기 도시가스, 등유, LPG, 연탄을 실물카드(국민행복카드)로 직접 결제

21 다음 중 에너지바우처에 대한 설명으로 옳지 않은 것은?

① 36개월의 아이가 있는 의료급여 수급자 A는 에너지바우처를 신청할 수 있다.

② 혼자서 아이를 3명 키우는 교육급여 수급자 B는 1년에 70만 원을 넘게 지원받을 수 있다.

③ 보장시설인 양로시설에 살면서 생계급여를 받는 70세 독거노인 C는 에너지바우처를 신청할 수 있다.

④ 에너지바우처 기준을 충족하는 D는 겨울에 연탄보일러를 사용하므로 실물카드를 받는 방법으로 지원을 받아야 한다.

⑤ 희귀질환을 앓고 있는 어머니와 함께 단둘이 사는 생계급여 수급자 E는 에너지바우처를 통해 여름에 전기비에서 73,800원이 차감될 것이다.

22 다음은 A, B가족의 에너지바우처 정보이다. A, B가족이 올해 에너지바우처를 통해 지원받는 금액의 총합은 얼마인가?

〈A, B가족의 에너지바우처 정보〉

구분	세대 인원	소득기준	세대원 특성기준	특이사항
A가족	5명	의료급여 수급자	영유아 2명	연탄쿠폰 발급받음
B가족	2명	생계급여 수급자	소년소녀가정	지역난방 이용

① 190,800원

② 539,500원

③ 948,000원

④ 1,021,800원

⑤ 1,138,800원

23 J공사는 지방에 있는 지점 사무실을 공유 오피스로 이전하고자 한다. 다음 사무실 이전 조건을 참고할 때, 〈보기〉 중 이전할 오피스로 가장 적절한 곳은?

〈사무실 이전 조건〉

- 지점 근무 인원 : 71명
- 사무실 예상 이용 기간 : 5년
- 교통 조건 : 역이나 버스 정류장에서 도보 10분 이내
- 시설 조건 : 자사 홍보영상 제작을 위한 스튜디오 필요, 회의실 필요
- 비용 조건 : 다른 조건이 모두 가능한 공유 오피스 중 가장 저렴한 곳(1년 치 비용 선납 가능)

보기

구분	가용 인원수	보유시설	교통 조건	임대비용
A오피스	100인	라운지, 회의실, 스튜디오, 복사실, 탕비실	A역에서 도보 8분	1인당 연간 600만 원
B오피스	60인	회의실, 스튜디오, 복사실	B정류장에서 도보 5분	1인당 월 40만 원
C오피스	100인	라운지, 회의실, 스튜디오	C역에서 도보 7분	월 3,600만 원
D오피스	90인	회의실, 복사실, 탕비실	D정류장에서 도보 4분	월 3,500만 원 (1년 치 선납 시 8% 할인)
E오피스	80인	라운지, 회의실, 스튜디오	E역과 연결된 사무실	월 3,800만 원 (1년 치 선납 시 10% 할인)

① A오피스   ② B오피스

③ C오피스   ④ D오피스

⑤ E오피스

24 다음 C 프로그램을 실행하였을 때의 결과로 옳은 것은?

```c
#include <stdio.h>
int main( ) {
    int result=0;
    while (result<2) {
        result=result+1;
        printf("%d\n",result);
        result=result-1;
    }
}
```

① 실행되지 않는다.

② 0
   1

③ 0
  −1

④ 1
  1

⑤ 1이 무한히 출력된다.

25 다음은 A국과 B국의 물가지수 동향에 대한 자료이다. [E2] 셀에 「=ROUND(D2,−1)」를 입력하였을 때, 출력되는 값은?

〈A, B국 물가지수 동향〉

	A	B	C	D	E
1		A국	B국	평균 판매지수	
2	2024년 1월	122.313	112.36	117.3365	
3	2024년 2월	119.741	110.311	115.026	
4	2024년 3월	117.556	115.379	116.4675	
5	2024년 4월	124.739	118.652	121.6955	
6	⋮	⋮	⋮	⋮	
7					

① 100

② 105

③ 110

④ 115

⑤ 120

26 검은색 바둑돌과 흰색 바둑돌을 다음과 같이 놓았을 때, 100번째에 놓인 바둑돌의 개수는?

① 191개
② 195개
③ 199개
④ 203개

27 다음은 2021 ~ 2023년 광업 및 제조업의 출하액 및 원재료비에 대한 자료이다. 2023년의 광업 및 제조업 전체의 원재료비는 2021년에 비해 몇 % 증가하였는가?

〈2021 ~ 2023년 광업 및 제조업체 출하액 · 원재료비〉

(단위 : 십억 원)

구분	2021년		2022년		2023년	
	출하액	원재료비	출하액	원재료비	출하액	원재료비
광업	3,000	400	3,300	600	3,500	600
제조업	1,504,200	803,000	1,765,600	983,000	2,040,300	1,171,600

① 약 35.6%
② 약 37.1%
③ 약 40.7%
④ 약 45.9%

28 밑변과 높이의 비가 3 : 4인 직각삼각형 ABC의 빗변 위의 점 O가 세 꼭짓점에서 같은 거리에 있는 점일 때, 삼각형 OAC와 삼각형 OBC의 둘레의 길이의 차는?

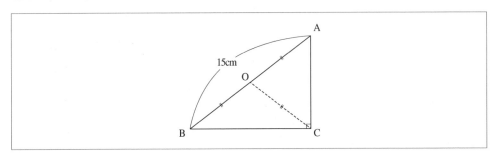

① 1.5cm

② 2cm

③ 2.5cm

④ 3cm

29 다음 제시된 사례에서 나타나는 논리적 오류로 가장 적절한 것은?

> • 음주운전으로 적발된 A씨는 다른 유명 연예인들도 음주운전 전과가 있지만 정상적으로 방송활동을 하는데, 본인이 음주운전으로 적발된 것은 너무 억울하다고 불만을 토로하였다.
> • 소매치기 현행범으로 검거된 B씨는 체포 과정에서 경찰에게 당신도 어렸을 때 짝꿍 지우개를 허락도 없이 쓴 적이 있었으니 체포할 자격이 없다며 저항하였다.

① 확증 편향의 오류

② 무지에 호소하는 오류

③ 피장파장의 오류

④ 논점 일탈의 오류

30 다음 중 문제해결 절차에 대한 설명으로 옳지 않은 것은?

① 해결안 개발은 가장 마지막 단계에서 행해야 할 단계이다.

② SWOT 분석, 3C 분석 등의 분석 기법을 통해 문제점 및 해결 전략을 수립할 수 있다.

③ 문제 인식 단계는 해결해야 할 문제를 파악하여 우선순위를 정하고, 목표를 명확히 하는 단계이다.

④ 원인 분석 단계는 파악된 핵심 문제에 대한 분석을 통해 근본 원인을 도출하는 단계이다.

※ 다음은 A, B의 아르바이트 근무 일정에 대한 자료이다. 이어지는 질문에 답하시오(단, 주말 및 공휴일에도 근무하며, 2월은 28일로 가정하고, A, B 모두 일정한 규칙으로 근무한다). [31~32]

⟨A, B의 아르바이트 근무 일정⟩

(단위 : 명)

근무일	02/01	02/02	02/03	02/04	02/05	02/06	02/07	02/08	02/09	02/10
A				■	■				■	■
B				■	■	■				■

근무일	02/11	02/12	02/13	02/14	02/15	02/16	02/17	02/18	02/19	02/20
A				■	■				■	■
B		■	■						■	■

※ ☐ : 근무 / ■ : 휴무

31 다음 중 A, B가 3월에 동시에 쉬는 날은 모두 며칠인가?

① 6일 ② 7일
③ 8일 ④ 9일

32 B는 2월 중 A의 휴무일과 자신의 휴무일을 바꾸어 5일을 연이어 쉬고자 한다. 이때, B의 휴무일은 언제인가?(단, A와 B가 동시에 쉬거나, 동시에 근무하는 날은 조정하지 않는다)

① 2월 8일 ~ 12일 ② 2월 12일 ~ 16일
③ 2월 16일 ~ 20일 ④ 2월 24일 ~ 28일

33 다음은 서울과 각 국가의 도시와의 시차에 대한 자료이다. 자료를 바탕으로 도시의 현지 시각을 나타낼 때, 각 도시의 현지 시각이 바르게 연결되지 않은 것은?

> 그리니치 평균시(GMT)는 영국 런던 소재의 그리니치 천문대를 시점, 뉴질랜드의 웰링턴을 종점으로 하는 경도를 사용하는 협정 세계시이다.
> 런던을 기준으로 시간이 더 빠르면 (+), 더 느리면 (−)로 나타낸다.

〈국가 도시별 GMT〉

구분	런던	방콕	서울	도쿄	워싱턴
GMT	GMT+0	GMT+7	GMT+9	GMT+9	GMT−4

① 런던, 13일 08시 — 서울, 13일 17시
② 방콕, 14일 7시 — 도쿄, 14일 9시
③ 서울, 12일 9시 — 워싱턴, 12일 4시
④ 도쿄, 15일 0시 — 런던, 14일 15시

34 다음 중 밑줄 친 부분의 단어가 어법상 옳은 것은?

> K씨는 항상 ㉠ 짜깁기 / 싸집기한 자료로 보고서를 작성했다. 처음에는 아무도 눈치체지 못했지만, 시간이 지나면서 K씨의 작업이 다른 사람들의 것과 비교해 질적으로 떨어지는 것이 분명해졌다. K씨는 결국 동료들 사이에서 ㉡ 뒤처지기 / 뒤쳐지기 시작했고, 격차를 좁히기 위해 더 많은 시간을 투자해야 했다.

	㉠	㉡
①	짜깁기	뒤처지기
②	짜깁기	뒤쳐지기
③	짜집기	뒤처지기
④	짜집기	뒤쳐지기

35 다음 중 공문서 작성 시 유의해야 할 점으로 옳지 않은 것은?

① 한 장에 담아내는 것이 원칙이다.

② 부정문이나 의문문의 형식은 피한다.

③ 마지막엔 반드시 '끝'자로 마무리한다.

④ 날짜 다음에 괄호를 사용할 경우에는 반드시 마침표를 찍는다.

36 영서가 어머니와 함께 40분 동안 만두를 60개 빚었다고 한다. 어머니가 혼자서 1시간 동안 만두를 빚을 수 있는 개수가 영서가 혼자서 1시간 동안 만두를 빚을 수 있는 개수보다 10개 더 많을 때, 영서는 1시간 동안 만두를 몇 개 빚을 수 있는가?

① 30개   ② 35개

③ 40개   ④ 45개

37 대칭수는 순서대로 읽은 수와 거꾸로 읽은 수가 같은 수를 가리키는 말이다. 예컨대, 121, 303, 1,441, 85058 등은 대칭수이다. 1,000 이상 50,000 미만의 대칭수는 모두 몇 개인가?

① 180개   ② 325개

③ 405개   ④ 490개

38 어떤 자연수 '25□'가 3의 배수일 때, □에 들어갈 수 있는 모든 자연수의 합은?

① 12

② 13

③ 14

④ 15

39 바이올린, 호른, 오보에, 플루트 4가지의 악기를 다음 〈조건〉에 따라 좌우로 4칸인 선반에 각각 1대씩 보관하려 한다. 각 칸에는 한 대의 악기만 배치할 수 있을 때, 왼쪽에서 두 번째 칸에 배치할 수 없는 악기는?

> **조건**
> • 호른은 바이올린 바로 왼쪽에 위치한다.
> • 오보에는 플루트 왼쪽에 위치하지 않는다.

① 바이올린

② 호른

③ 오보에

④ 플루트

40 다음 중 비영리 조직에 해당하지 않는 것은?

① 교육기관

② 자선단체

③ 사회적 기업

④ 비정부기구

41 다음은 D기업의 분기별 재무제표에 대한 자료이다. 2022년 4분기의 영업이익률은 얼마인가?

⟨D기업 분기별 재무제표⟩

(단위 : 십억 원, %)

구분	2022년 1분기	2022년 2분기	2022년 3분기	2022년 4분기	2023년 1분기	2023년 2분기	2023년 3분기	2023년 4분기
매출액	40	50	80	60	60	100	150	160
매출원가	30	40	70	80	100	100	120	130
매출총이익	10	10	10	( )	−40	0	30	30
판관비	3	5	5	7	8	5	7.5	10
영업이익	7	5	5	( )	−8	−5	22.5	20
영업이익률	17.5	10	6.25	( )	−80	−5	15	12.5

※ (영업이익률)=(영업이익)÷(매출액)×100
※ (영업이익)=(매출총이익)−(판관비)
※ (매출총이익)=(매출액)−(매출원가)

① −30% ② −45%
③ −60% ④ −75%

42 5km/h의 속력으로 움직이는 무빙워크를 이용하여 이동하는 데 36초가 걸렸다. 무빙워크 위에서 무빙워크와 같은 방향으로 4km/h의 속력으로 걸어 이동할 때 걸리는 시간은?

① 10초 ② 15초
③ 20초 ④ 25초

43 다음은 A프로그램을 찾는 과정을 나타낸 순서도이다. A프로그램은 찾을 수 없으나 관련 데이터만 찾았을 때, 출력되는 메시지는 무엇인가?

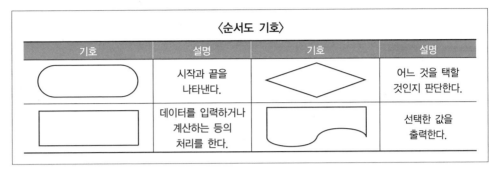

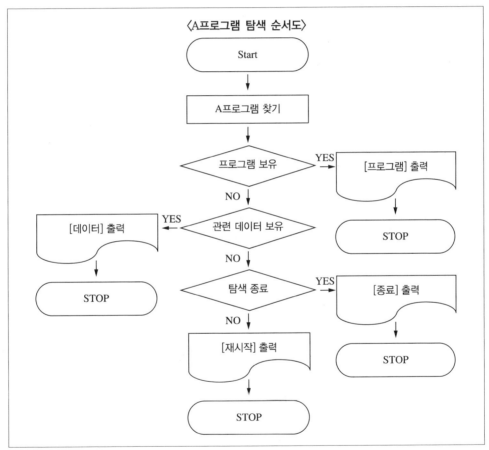

① 프로그램 메시지
② 데이터 메시지
③ 재시작 메시지
④ 종료 메시지
⑤ 메시지가 출력되지 않는다.

44 다음은 A컴퓨터 A/S센터의 하드디스크 수리 방문접수 과정에 대한 순서도이다. 하드디스크 데이터 복구를 문의할 때, 출력되는 도형은 무엇인가?

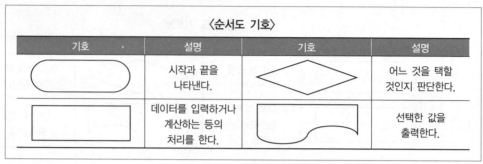

〈순서도 기호〉

기호	설명	기호	설명
	시작과 끝을 나타낸다.		어느 것을 택할 것인지 판단한다.
	데이터를 입력하거나 계산하는 등의 처리를 한다.		선택한 값을 출력한다.

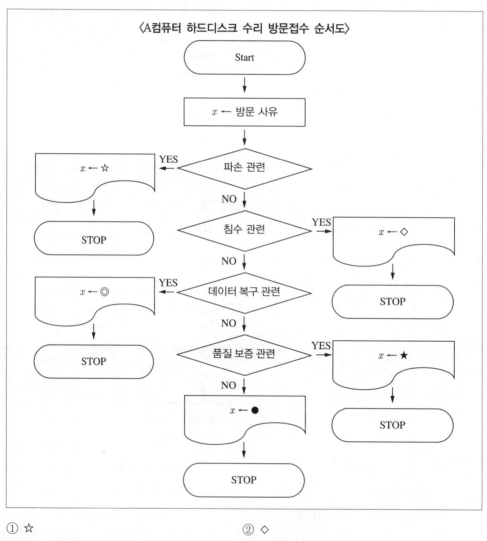

① ☆

② ◇

③ ◎

④ ★

⑤ ●

45 다음은 EAN-13 바코드 부여 규칙에 대한 자료이다. 상품코드의 맨 앞 자릿수가 9일 때, 2 ~ 7번째 자릿수가 '387655'라면 이를 이진코드로 바르게 변환한 것은?

〈EAN-13 바코드 부여 규칙〉

1. 13자리 상품코드의 맨 앞 자릿수에 따라 다음과 같이 변환한다.

상품코드 번호	2 ~ 7번째 자릿수	8 ~ 13번째 자릿수
0	AAAAAA	CCCCCC
1	AABABB	CCCCCC
2	AABBAB	CCCCCC
3	AABBBA	CCCCCC
4	ABAABB	CCCCCC
5	ABBAAB	CCCCCC
6	ABBBAA	CCCCCC
7	ABABAB	CCCCCC
8	ABABBA	CCCCCC
9	ABBABA	CCCCCC

2. A, B, C는 다음과 같이 상품코드 번호를 이진코드로 변환한 값이다.

상품코드 번호	A	B	C
0	0001101	0100111	1110010
1	0011001	0110011	1100110
2	0010011	0011011	1101100
3	0111101	0100001	1000010
4	0100011	0011101	1011100
5	0110001	0111001	1001110
6	0101111	0000101	1010000
7	0111011	0010001	1000100
8	0110111	0001001	1001000
9	0001011	0010111	1110100

	2번째 수	3번째 수	4번째 수	5번째 수	6번째 수	7번째 수
①	0111101	0001001	0010001	0101111	0111001	0110001
②	0100001	0001001	0010001	0000101	0111101	0111101
③	0111101	0110111	0111011	0101111	0111001	0111101
④	0100001	0101111	0010001	0010111	0100111	0001011
⑤	0111101	0011001	0010001	0101111	0011001	0111001

※ 다음은 청소 유형별 청소기 사용 방법 및 고장 유형별 확인 사항에 대한 자료이다. 이어지는 질문에
답하시오. [46~47]

〈청소 유형별 청소기 사용 방법〉

유형	사용 방법
일반 청소	1. 기본형 청소구를 장착해 주세요. 2. 작동 버튼을 눌러 주세요.
틈새 청소	1. 기본형 청소구의 입구 돌출부를 누르고 잡아당기면 좁은 흡입구를 꺼낼 수 있습니다. 반대로 돌출부를 누르면서 밀어 넣으면 좁은 흡입구를 안쪽으로 정리할 수 있습니다. 2. 1.의 좁은 흡입구를 꺼낸 상태에서 돌출부를 시계 방향으로 돌리면 돌출부를 고정할 수 있습니다. 3. 좁은 흡입구를 고정한 후 작동 버튼을 눌러 주세요. (좁은 흡입구에는 솔이 함께 들어 있습니다)
카펫 청소	1. 별도의 돌기 청소구로 교체해 주세요. (기본형으로도 카펫 청소를 할 수 있으나, 청소 효율이 떨어집니다) 2. 작동 버튼을 눌러 주세요.
스팀 청소	1. 별도의 스팀 청소구로 교체해 주세요. 2. 스팀 청소구의 물통에 물을 충분히 채운 후 뚜껑을 잠가 주세요. ※ 반드시 전원을 분리한 상태에서 진행해 주세요. 3. 걸레판에 걸레를 부착한 후 스팀 청소구의 노즐에 장착해 주세요. ※ 반드시 전원을 분리한 상태에서 진행해 주세요. 4. 스팀 청소 버튼을 누르고 안전 스위치를 눌러 주세요. ※ 안전을 위해 안전 스위치를 누르는 동안에만 스팀이 발생합니다. ※ 스팀 청소 작업 도중 및 완료 직후에 청소기를 거꾸로 세우거나 스팀 청소구를 눕히면 뜨거운 물이 새어 나와 화상을 입을 수 있습니다. 5. 스팀 청소 완료 후 물이 충분히 식은 후 물통 및 스팀 청소구를 분리해 주세요. ※ 충분히 식지 않은 상태에서 분리 시 뜨거운 물이 새어 나와 화상의 위험이 있습니다.

〈고장 유형별 확인 사항〉

유형	확인 사항
흡입력 약화	• 흡입구, 호스, 먼지통, 먼지분리기에 크기가 큰 이물질이 걸려 있는지 확인해 주세요. • 필터를 교체해 주세요. • 먼지통, 먼지분리기, 필터의 조립 상태를 확인해 주세요.
청소기 미작동	• 전원이 제대로 연결되어 있는지 확인해 주세요.
물 보충 램프 깜빡임	• 물통에 물이 충분한지 확인해 주세요. • 물이 충분히 채워졌어도 꺼질 때까지 시간이 다소 걸립니다. 잠시 기다려 주세요.
스팀 안 나옴	• 물통에 물이 충분한지 확인해 주세요. • 안전 스위치를 눌렀는지 확인해 주세요.
바닥에 물이 남음	• 스팀 청소구를 너무 자주 좌우로 기울이면 물이 소량 새어 나올 수 있습니다. • 걸레가 많이 젖었으므로 걸레를 교체해 주세요.
악취 발생	• 제품 기능상의 문제는 아니므로 고장이 아닙니다. • 먼지통 및 필터를 교체해 주세요. • 스팀 청소구의 물통 등 청결 상태를 확인해 주세요.
소음 발생	• 흡입구, 호스, 먼지통, 먼지분리기에 크기가 큰 이물질이 걸려 있는지 확인해 주세요. • 먼지통, 먼지분리기, 필터의 조립 상태를 확인해 주세요.

46 다음 중 청소 유형별 청소기 사용 방법에 대한 설명으로 옳지 않은 것은?

① 기본형 청소구로 카펫 청소가 가능하다.
② 스팀 청소 직후 통을 분리하면 화상의 위험이 있다.
③ 기본형 청소구를 이용하여 좁은 틈새를 청소할 수 있다.
④ 안전 스위치를 1회 누르면 별도의 외부 입력 없이 스팀을 지속하여 발생시킬 수 있다.
⑤ 스팀 청소 시 물 보충 및 걸레 부착 작업은 반드시 전원을 분리한 상태에서 진행해야 한다.

47 다음 중 고장 유형별 확인 사항이 바르게 연결되어 있지 않은 것은?

① 물 보충 램프 깜빡임 : 잠시 기다리기
② 악취 발생 : 스팀 청소구의 청결 상태 확인하기
③ 흡입력 약화 : 먼지통, 먼지분리기, 필터 교체하기
④ 바닥에 물이 남음 : 물통에 물이 너무 많이 있는지 확인하기
⑤ 소음 발생 : 흡입구, 호스, 먼지통, 먼지분리기의 이물질 걸림 확인하기

48 다음 중 동료의 피드백을 장려하기 위한 방안으로 적절하지 않은 것은?

① 행동과 수행을 관찰한다.

② 즉각적인 피드백을 제공한다.

③ 뛰어난 수행성과에 대해서는 인정한다.

④ 간단하고 분명한 목표와 우선순위를 설정한다.

⑤ 긍정적인 상황에서는 피드백을 자제하는 것도 나쁘지 않다.

49 다음 중 내적 동기를 유발하는 방법으로 적절하지 않은 것은?

① 변화를 두려워하지 않는다.

② 업무 관련 교육을 생략한다.

③ 주어진 일에 책임감을 갖는다.

④ 창의적인 문제해결법을 찾는다.

⑤ 새로운 도전의 기회를 부여한다.

50 다음은 갈등 정도와 조직 성과의 관계에 대한 그래프이다. 이에 대한 설명으로 옳지 않은 것은?

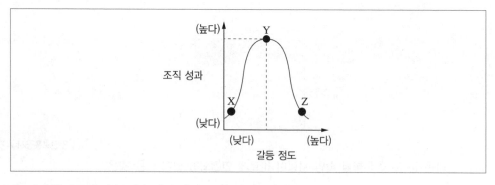

① 적절한 갈등이 있을 경우 가장 높은 조직 성과를 얻을 수 있다.

② 갈등이 없을수록 조직 내부가 결속되어 높은 조직 성과를 보인다.

③ Y점에서는 갈등의 순기능, Z점에서는 갈등의 역기능이 작용한다.

④ 갈등이 없을 경우 낮은 조직 성과를 얻을 수 있다.

⑤ 갈등이 잦을 경우 낮은 조직 성과를 얻을 수 있다.

03 | 2024~2023년 주요 공기업
전공 기출복원문제

정답 및 해설 p.023

01 | 법학

| 서울교통공사

01 다음 중 노동법의 성질이 다른 하나는?

① 산업안전보건법

② 남녀고용평등법

③ 산업재해보상보험법

④ 근로자참여 및 협력증진에 관한 법

⑤ 고용보험법

| 서울교통공사

02 다음 〈보기〉 중 용익물권에 해당하는 것을 모두 고르면?

> **보기**
>
> 가. 지상권   나. 점유권
> 다. 지역권   라. 유치권
> 마. 전세권   바. 저당권

① 가, 다, 마   ② 가, 라, 바

③ 나, 라, 바   ④ 다, 라, 마

⑤ 라, 마, 바

03 다음 중 선고유예와 집행유예의 내용에 대한 분류가 옳지 않은 것은?

구분	선고유예	집행유예
실효	유예한 형을 선고	유예선고의 효력 상실
요건	1년 이하 징역·금고, 자격정지, 벌금	3년 이하 징역·금고, 500만 원 이하의 벌금형
유예기간	1년 이상 5년 이하	2년
효과	면소	형의 선고 효력 상실

① 실효   ② 요건
③ 유예기간   ④ 효과
⑤ 없음

04 다음 〈보기〉 중 형법상 몰수가 되는 것은 모두 몇 개인가?

> **보기**
> • 범죄행위에 제공한 물건
> • 범죄행위에 제공하려고 한 물건
> • 범죄행위로 인하여 생긴 물건
> • 범죄행위로 인하여 취득한 물건
> • 범죄행위의 대가로 취득한 물건

① 1개   ② 2개
③ 3개   ④ 4개
⑤ 5개

05 다음 중 상법상 법원이 아닌 것은?

① 판례   ② 조례
③ 상관습법   ④ 상사자치법
⑤ 보통거래약관

| K-water 한국수자원공사

01 다음 중 예산원칙의 예외에 대한 설명으로 옳지 않은 것은?

① 특별회계는 단일성의 원칙에 대한 예외이다.
② 준예산제도는 사전의결의 원칙에 대한 예외이다.
③ 예산의 이용(移用)은 한계성의 원칙에 대한 예외이다.
④ 목적세는 공개성의 원칙에 대한 예외이다.

| K-water 한국수자원공사

02 다음 중 정책집행에 대한 설명으로 옳지 않은 것은?

① 사바티어(Sabatier)는 정책집행의 하향식 접근법과 상향식 접근법의 통합모형을 제시했다.
② 버만(Berman)은 집행현장에서 집행조직과 정책사업 사이의 상호적응의 중요성을 강조하였다.
③ 프레스만과 윌다브스키(Pressman & Wildavsky)는 집행과정상의 공동행위의 복잡성을 강조하였다.
④ 나카무라와 스몰우드(Nakamura & Smallwood)의 정책 집행자 유형 중 관료적 기업가형은 정책의 대략적인 방향을 정책결정자가 정하고 정책집행자들은 이 목표의 구체적 집행에 필요한 폭넓은 재량권을 위임받아 정책을 집행하는 유형이다.

| K-water 한국수자원공사

03 다음 중 정책참여자에 대한 설명으로 옳지 않은 것은?

① 의회와 지방자치단체는 모두 공식적 참여자에 해당된다.
② 정당과 NGO는 비공식적 참여자에 해당된다.
③ 사회구조가 복잡해진 현대에는 공식적 참여자의 중요도가 상승하였다.
④ 사회과 의사결정에서 정부의 역할이 줄어들수록 비공식적 참여자의 중요도가 높아진다.

| K-water 한국수자원공사

04 다음 중 정책문제에 대한 설명으로 옳지 않은 것은?

① 정책문제는 정책결정의 대상으로, 공적인 성격이 강하고 공익성을 추구하는 성향을 갖는다.
② 주로 가치판단의 문제를 포함하고 있어 계량화가 난해하다.
③ 정책문제 해결의 주요 주체는 정부이다.
④ 기업경영에서의 의사결정에 비해 고려사항이 단순하다.

05 다음 중 회사모형의 특징에 대한 설명으로 옳은 것은?

① 사이어트와 드로어가 주장한 모형으로, 조직의 의사결정 방식에 대해 설명하는 이론이다.

② 합리적 결정과 점증적 결정이 누적 및 혼합되어 의사결정이 이루어진다고 본다.

③ 조직들 간의 연결성이 강하지 않은 경우를 전제로 하고 있다.

④ 정책결정 단계를 초정책결정 단계, 정책결정 단계, 후정책결정 단계로 구분하여 설명한다.

06 다음 〈보기〉 중 블라우와 스콧이 주장한 조직 유형에 대한 설명으로 옳지 않은 것을 모두 고르면?

> 보기
>
> ㄱ. 호혜조직의 1차적 수혜자는 조직 내 의사결정의 참여를 보장받는 구성원이며, 은행, 유통업체 등이 해당된다.
> ㄴ. 사업조직의 1차적 수혜자는 조직의 소유자이며, 이들의 주목적은 이윤 추구이다.
> ㄷ. 봉사조직의 1차적 수혜자는 이들을 지원하는 후원조직으로, 서비스 제공을 위한 인프라 및 자금조달을 지원한다.
> ㄹ. 공공조직의 1차적 수혜자는 공공서비스의 수혜자인 일반대중이며, 경찰, 소방서, 군대 등이 공공조직에 해당된다.

① ㄱ, ㄴ   ② ㄱ, ㄷ

③ ㄴ, ㄷ   ④ ㄷ, ㄹ

07 다음 중 우리나라 직위분류제의 구조에 대한 설명으로 옳지 않은 것은?

① 직군 : 직위분류제의 구조 중 가장 상위의 구분 단위이다.

② 직위 : 개인에게 부여되는 직무와 책임이다.

③ 직류 : 동일 직렬 내 직무가 동일한 것이다.

④ 직렬 : 일반적으로 해당 구성원 간 동일한 보수 체계를 적용받는 구분이다.

08 다음 중 엽관주의와 실적주의에 대한 설명으로 옳지 않은 것은?

① 민주주의적 평등 이념의 실현을 위해서는 엽관주의보다 실적주의가 유리하다.

② 엽관주의와 실적주의 모두 조직 수반에 대한 정치적 정합성보다 정치적 중립성 확보가 강조된다.

③ 공공조직에서 엽관주의적 인사가 이루어지면 구성원들의 신분이 불안정해진다는 단점이 있다.

④ 미국은 엽관주의의 폐단에 대한 대안으로 펜들턴 법의 제정에 따라 인사행정에 실적주의가 도입되었다.

09 다음 중 발생주의 회계의 특징으로 옳은 것은?

① 현금의 유출입 발생 시 회계 장부에 기록하는 방법을 의미한다.

② 실질적 거래의 발생을 회계처리에 정확히 반영할 수 있다는 장점이 있다.

③ 회계연도 내 경영활동과 성과에 대해 정확히 측정하기 어렵다는 한계가 있다.

④ 재화나 용역의 인수 및 인도 시점을 기준으로 장부에 기입한다.

⑤ 수익과 비용이 대응되지 않는다는 한계가 있다.

10 다음 〈보기〉 중 맥그리거(D. McGregor)의 인간관에 대한 설명으로 옳지 않은 것을 모두 고르면?

> 보기
>
> ㄱ. X이론은 부정적이고 수동적인 인간관에 근거하고 있고, Y이론은 긍정적이고 적극적인 인간관에 근거하고 있다.
> ㄴ. X이론에서는 보상과 처벌을 통한 통제보다는 직원들에 대한 조언과 격려에 의한 경영전략을 강조하였다.
> ㄷ. Y이론에서는 자율적 통제를 강조하는 경영전략을 제시하였다.
> ㄹ. X이론의 적용을 위한 대안으로 권한의 위임 및 분권화, 직무 확대 등을 제시했다.

① ㄱ, ㄴ   ② ㄱ, ㄷ

③ ㄴ, ㄷ   ④ ㄴ, ㄹ

⑤ ㄷ, ㄹ

11 다음 중 대한민국 중앙정부의 인사조직형태에 대한 설명으로 옳지 않은 것은?

① 실적주의의 인사행정을 위해서는 독립합의형보다 비독립단독형 인사조직이 적절하다.

② 비독립단독형 인사기관은 독립합의형 인사기관에 비해 의사결정이 신속하다는 특징이 있다.

③ 독립합의형 인사기관의 경우 비독립단독형 인사기관에 비해 책임소재가 불분명하다는 특징이 있다.

④ 독립합의형 인사기관은 일반적으로 일반행정부처에서 분리되어 있으며, 독립적 지위를 가진 합의체의 형태를 갖는다.

12 다음 〈보기〉 중 정부실패의 원인으로 옳지 않은 것을 모두 고르면?

⊙ 정부가 민간주체보다 정보에 대한 접근성이 높아서 발생한다.
ⓒ 공공부문의 불완전경쟁으로 인해 발생한다.
ⓒ 정부행정이 사회적 필요에 비해 장기적 관점에서 추진되어 발생한다.
ⓔ 정부의 공급은 공공재라는 성격을 가지기 때문에 발생한다.

① ⊙, ⓒ   ② ⊙, ⓒ
③ ⓒ, ⓒ   ④ ⓒ, ⓔ

13 다음 〈보기〉의 행정의 가치 중 수단적 가치가 아닌 것을 모두 고르면?

⊙ 공익   ⓒ 자유
ⓒ 합법성   ⓔ 민주성
ⓜ 복지

① ⊙, ⓒ, ⓔ   ② ⊙, ⓒ, ⓜ
③ ⊙, ⓒ, ⓔ   ④ ⊙, ⓔ, ⓜ

14 다음 중 신공공관리론과 뉴거버넌스에 대한 설명으로 옳은 것은?

① 뉴거버넌스는 민영화, 민간위탁을 통한 서비스의 공급을 지향한다.
② 영국의 대처주의, 미국의 레이거노믹스는 모두 신공공관리론에 토대를 둔 정치기조이다.
③ 뉴거버넌스는 정부가 사회의 문제해결을 주도하여 민간 주체들의 적극적 참여를 유도하는 것을 추구한다.
④ 신공공관리론은 정부실패를 지적하며 등장한 이론으로, 민간에 대한 충분한 정보력을 갖춘 크고 완전한 정부를 추구한다.

15 다음 중 사물인터넷을 사용하지 않은 경우는?

① 스마트 팜 시스템을 도입하여 작물 재배의 과정을 최적화, 효율화한다.

② 비상전력체계를 이용하여 재난 및 재해 등 위기상황으로 전력 차단 시 동력을 복원한다.

③ 커넥티드 카를 이용하여 차량 관리 및 운행 현황 모니터링을 자동화한다.

④ 스마트홈 기술을 이용하여 가정 내 조명, 에어컨 등을 원격 제어한다.

16 다음 〈보기〉 중 수평적 인사이동에 해당하지 않는 것을 모두 고르면?

> **보기**
>
> ㄱ. 강임   ㄴ. 승진
> ㄷ. 전보   ㄹ. 전직

① ㄱ, ㄴ   ② ㄱ, ㄷ

③ ㄴ, ㄷ   ④ ㄷ, ㄹ

17 다음 〈보기〉 중 유료 요금제에 해당하지 않는 것을 모두 고르면?

> **보기**
>
> ㄱ. 국가지정문화재 관람료
> ㄴ. 상하수도 요금
> ㄷ. 국립공원 입장료

① ㄱ   ② ㄷ

③ ㄱ, ㄴ   ④ ㄴ, ㄷ

┃코레일 한국철도공사

01 다음 중 테일러의 과학적 관리법과 관계가 없는 것은?

① 시간연구　　　　　　　　② 동작연구
③ 동등 성과급제　　　　　　④ 과업관리
⑤ 표준 작업조건

┃코레일 한국철도공사

02 다음 중 근로자가 직무능력 평가를 위해 개인능력평가표를 활용하는 제도는 무엇인가?

① 자기신고제도　　　　　　② 직능자격제도
③ 평가센터제도　　　　　　④ 직무순환제도
⑤ 기능목록제도

┃코레일 한국철도공사

03 다음 중 데이터베이스 마케팅에 대한 설명으로 옳지 않은 것은?

① 기업 규모와 관계없이 모든 기업에서 활용이 가능하다.
② 기존 고객의 재구매를 유도하며, 장기적인 마케팅 전략 수립이 가능하다.
③ 인구통계, 심리적 특성, 지리적 특성 등을 파악하여 고객별 맞춤 서비스가 가능하다.
④ 단방향 의사소통으로 고객과 1 : 1 관계를 구축하여 즉각적으로 반응을 확인할 수 있다.
⑤ 고객자료를 바탕으로 고객 및 매출 증대에 대한 마케팅 전략을 실행하는 데 목적이 있다.

┃코레일 한국철도공사

04 다음 중 공정성 이론에서 절차적 공정성에 해당하지 않는 것은?

① 접근성　　　　　　　　　② 반응속도
③ 형평성　　　　　　　　　④ 유연성
⑤ 적정성

05 다음 중 e-비즈니스 기업의 장점으로 옳지 않은 것은?

① 빠른 의사결정을 진행할 수 있다.
② 양질의 고객서비스를 제공할 수 있다.
③ 배송, 물류비 등 각종 비용을 절감할 수 있다.
④ 소비자에게 더 많은 선택권을 부여할 수 있다.
⑤ 기업이 더 높은 가격으로 제품을 판매할 수 있다.

06 다음 중 조직시민행동에 대한 설명으로 옳지 않은 것은?

① 조직 구성원이 수행하는 행동에 대해 의무나 보상이 존재하지 않는다.
② 조직 구성원의 자발적인 참여가 바탕이 되며, 대부분 강제적이지 않다.
③ 조직 내 바람직한 행동을 유도하고, 구성원의 조직 참여도를 제고한다.
④ 조직 구성원의 처우가 좋지 않을수록 조직시민행동은 자발적으로 일어난다.
⑤ 조직의 리더가 구성원으로부터 신뢰를 받을 때 구성원의 조직시민행동이 크게 증가한다.

07 다음 중 분배적 협상의 특징으로 옳지 않은 것은?

① 협상에 따른 이익을 정해진 비율로 분배한다.
② 정보를 숨겨 필요한 정보만 선택적으로 활용한다.
③ 협상을 통해 공동의 이익을 확대(Win – Win)한다.
④ 상호 목표 배치 시 자기의 입장을 명확히 주장한다.
⑤ 간부회의, 밀실회의 등을 통한 의사결정을 주로 진행한다

08 다음 글에서 설명하는 직무분석방법은?

> • 여러 직무활동을 동시에 기록할 수 있다.
> • 직무활동 전체의 모습을 파악할 수 있다.
> • 직무성과가 외형적일 때 적용이 가능하다.

① 관찰법   ② 면접법
③ 워크 샘플링법   ④ 질문지법
⑤ 연구법

09 다음 중 전문품에 대한 설명으로 옳지 않은 것은?

① 가구, 가전제품 등이 해당된다.
② 제품의 가격이 상대적으로 비싼 편이다.
③ 특정 브랜드에 대한 높은 충성심이 나타난다.
④ 충분한 정보 제공 및 차별화가 중요한 요소로 작용한다.
⑤ 소비자가 해당 브랜드에 대한 충분한 지식이 없는 경우가 많다.

10 다음 중 연속생산에 대한 설명으로 옳은 것은?

① 단위당 생산원가가 낮다.
② 운반비용이 많이 소요된다.
③ 제품의 수명이 짧은 경우 적합한 방식이다.
④ 제품의 수요가 다양한 경우 적합한 방식이다.
⑤ 작업자의 숙련도가 떨어질 경우 작업에 참여시키지 않는다.

11 다음 중 주식 관련 상품에 대한 설명으로 옳지 않은 것은?

① ELF : ELS와 ELD의 중간 형태로, ELS를 기초 자산으로 하는 펀드를 말한다.
② ELB : 채권, 양도성 예금증서 등 안전자산에 주로 투자하며, 원리금이 보장된다.
③ ELD : 수익률이 코스피200지수에 연동되는 예금으로, 주로 정기예금 형태로 판매한다.
④ ELS : 주가지수 또는 종목의 주가 움직임에 따라 수익률이 결정되며, 만기가 없는 증권이다.
⑤ ELT : ELS를 특정금전신탁 계좌에 편입하는 신탁상품으로, 투자자의 의사에 따라 운영한다.

12 다음 중 인사와 관련된 이론에 대한 설명으로 옳지 않은 것은?

① 로크는 인간이 합리적으로 행동한다는 가정하에 개인이 의식적으로 얻으려고 설정한 목표가 동기와 행동에 영향을 미친다고 주장하였다.
② 브룸은 동기 부여에 대해 기대이론을 적용하여 기대감, 적합성, 신뢰성을 통해 구성원의 직무에 대한 동기 부여를 결정한다고 주장하였다.
③ 매슬로는 욕구의 위계를 생리적 욕구, 안전의 욕구, 애정과 공감의 욕구, 존경의 욕구, 자아실현의 욕구로 나누어 단계별로 욕구가 작용한다고 설명하였다.
④ 맥그리거는 인간의 본성에 대해 부정적인 관점인 X이론과 긍정적인 관점인 Y이론이 있으며, 경영자는 조직목표 달성을 위해 근로자의 본성(X, Y)을 파악해야 한다고 주장하였다.
⑤ 허즈버그는 욕구를 동기요인과 위생요인으로 나누었으며, 동기요인에는 인정감, 성취, 성장 가능성, 승진, 책임감, 직무 자체가 해당되고, 위생요인에는 보수, 대인관계, 감독, 직무안정성, 근무환경, 회사의 정책 및 관리가 해당된다.

13 다음 글에 해당하는 마케팅 STP 단계는 무엇인가?

> • 서로 다른 욕구를 가지고 있는 다양한 고객들을 하나의 동질적인 고객집단으로 나눈다.
> • 인구, 지역, 사회, 심리 등을 기준으로 활용한다.
> • 전체시장을 동질적인 몇 개의 하위시장으로 구분하여 시장별로 차별화된 마케팅을 실행한다.

① 시장세분화
② 시장매력도 평가
③ 표적시장 선정
④ 포지셔닝
⑤ 재포지셔닝

14 다음 중 변혁적 리더십의 구성요소에 해당하지 않는 것은?

① 감정적 치유
② 카리스마
③ 영감적 동기화
④ 지적 자극

15 다음 중 변혁적 리더십의 특성으로 옳지 않은 것은?

① 구성원들은 리더가 이상적이며 높은 수준의 기준과 능력을 지니고 있다고 생각한다.
② 리더는 구성원 모두가 공감할 수 있는 바람직한 목표를 설정하고, 그들이 이를 이해하도록 한다.
③ 리더는 구성원들의 생각, 가치, 신념 등을 발전시키고, 그들이 창의적으로 행동하도록 이끈다.
④ 구성원들을 리더로 얼마나 육성했는지보다 구성원의 성과 측정을 통해 객관성을 가질 수 있다는 효과가 있다.

16 다음 중 BCG 매트릭스에 대한 설명으로 옳지 않은 것은?

① X축은 상대적 시장 점유율, Y축은 성장률을 의미한다.
② 1970년대 미국 보스턴컨설팅그룹에 의해 개발된 경영전략 분석기법이다.
③ 수익이 많고 안정적이어서 현상을 유지하는 것이 필요한 사업은 스타(Star)이다.
④ 물음표(Question), 스타(Star), 현금젖소(Cash Cow), 개(Dog)의 4개 영역으로 구성된다.

17 다음 중 매트릭스 조직의 단점으로 옳지 않은 것은?

① 책임, 목표, 평가 등에 대한 갈등이 유발되어 혼란을 줄 수 있다.
② 관리자 및 구성원 모두에게 역할 등에 대한 스트레스를 유발할 수 있다.
③ 힘의 균형을 유지하기 어려워 경영자의 개입이 빈번하게 일어날 수 있다.
④ 구성원의 창의력을 저해하고, 문제해결에 필요한 전문지식이 부족할 수 있다.

18 다음 중 가치사슬 분석을 통해 얻을 수 있는 효과로 옳지 않은 것은?

① 프로세스 혁신　　　　　　　　② 원가 절감

③ 매출 확대　　　　　　　　　　④ 품질 향상

19 다음 K기업 재무회계 자료를 참고할 때, 기초부채를 계산하면 얼마인가?

- 기초자산 : 100억 원
- 기말자본 : 65억 원
- 총수익 : 35억 원
- 총비용 : 20억 원

① 30억 원　　　　　　　　　　② 40억 원

③ 50억 원　　　　　　　　　　④ 60억 원

20 다음 중 ERG 이론에 대한 설명으로 옳지 않은 것은?

① 매슬로의 욕구 5단계설을 발전시켜 주장한 이론이다.

② 인간의 욕구를 중요도 순으로 계층화하여 정의하였다.

③ 인간의 욕구를 존재욕구, 관계욕구, 성장욕구의 3단계로 나누었다.

④ 상위에 있는 욕구를 충족시키지 못하면 하위에 있는 욕구는 더욱 크게 감소한다.

21 다음 중 기업이 사업 다각화를 추진하는 목적으로 볼 수 없는 것은?

① 기업의 지속적인 성장 추구　　　② 사업위험 분산

③ 유휴자원의 활용　　　　　　　④ 기업의 수익성 강화

22 다음 중 종단분석과 횡단분석의 비교가 옳지 않은 것은?

구분	종단분석	횡단분석
방법	시간적	공간적
목표	특성이나 현상의 변화	집단의 특성 또는 차이
표본 규모	큼	작음
횟수	반복	1회

① 방법
② 목표
③ 표본 규모
④ 횟수

23 다음 중 향후 채권이자율이 시장이자율보다 높아질 것으로 예상될 때 나타날 수 있는 현상으로 옳은 것은?

① 1년 만기 은행채, 장기신용채 등의 발행이 늘어난다.
② 만기에 가까워질수록 채권가격 상승에 따른 이익을 얻을 수 있다.
③ 채권가격이 액면가보다 높은 가격에 거래되는 할증채 발행이 증가한다.
④ 별도의 이자 지급 없이 채권발행 시 이자금액을 공제하는 방식을 선호하게 된다.

24 다음 중 BCG 매트릭스에 대한 설명으로 옳은 것은?

① 스타(Star) 사업 : 높은 시장점유율로 현금창출은 양호하나, 성장 가능성은 낮은 사업이다.
② 현금젖소(Cash Cow) 사업 : 성장 가능성과 시장점유율이 모두 낮아 철수가 필요한 사업이다.
③ 개(Dog) 사업 : 성장 가능성과 시장점유율이 모두 높아서 계속 투자가 필요한 유망 사업이다.
④ 물음표(Question Mark) 사업 : 신규 사업 또는 현재 시장점유율은 낮으나, 향후 성장 가능성이 높은 사업이다.

25 다음 중 테일러의 과학적 관리법의 특징에 대한 설명으로 옳지 않은 것은?

① 작업량에 따라 임금을 차등하여 지급한다.
② 작업능률을 최대로 높이기 위하여 노동의 표준량을 정한다.
③ 관리에 대한 전문화를 통해 노동자의 태업을 사전에 방지한다.
④ 작업에 사용하는 도구 등을 개별 용도에 따라 다양하게 제작하여 성과를 높인다.

┃ 서울교통공사

01 다음 중 수요의 가격탄력성에 대한 설명으로 옳지 않은 것은?

① 수요의 가격탄력성은 가격의 변화에 따른 수요의 변화를 의미한다.
② 분모는 상품 가격의 변화량을 상품 가격으로 나눈 값이다.
③ 대체재가 많을수록 수요의 가격탄력성은 탄력적이다.
④ 가격이 1% 상승할 때 수요가 2% 감소하였으면 수요의 가격탄력성은 2이다.
⑤ 가격탄력성이 0보다 크면 탄력적이라고 할 수 있다.

┃ 서울교통공사

02 다음 중 대표적인 물가지수인 GDP 디플레이터를 구하는 계산식으로 옳은 것은?

① (실질 GDP)÷(명목 GDP)×100
② (명목 GDP)÷(실질 GDP)×100
③ (실질 GDP)+(명목 GDP)÷2
④ (명목 GDP)−(실질 GDP)÷2
⑤ (실질 GDP)÷(명목 GDP)×2

┃ 서울교통공사

03 다음 〈조건〉을 참고할 때, 한계소비성향(MPC) 변화에 따른 현재 소비자들의 소비 변화폭은?

> **조건**
> • 기존 소비자들의 연간 소득은 3,000만 원이며, 한계소비성향은 0.6을 나타내었다.
> • 현재 소비자들의 연간 소득은 4,000만 원이며, 한계소비성향은 0.7을 나타내었다.

① 700   ② 1,100
③ 1,800   ④ 2,500
⑤ 3,700

04 다음 글의 빈칸에 들어갈 단어가 바르게 나열된 것은?

- 환율이 _____㉠_____ 하면 순수출이 증가한다.
- 국내이자율이 높아지면 환율은 _____㉡_____ 한다.
- 국내물가가 오르면 환율은 _____㉢_____ 한다.

	㉠	㉡	㉢
①	하락	상승	하락
②	하락	상승	상승
③	하락	하락	하락
④	상승	하락	상승
⑤	상승	하락	하락

05 다음 중 독점적 경쟁시장에 대한 설명으로 옳지 않은 것은?

① 독점적 경쟁시장은 완전경쟁시장과 독점시장의 중간 형태이다.
② 대체성이 높은 제품의 공급자가 시장에 다수 존재한다.
③ 시장진입과 퇴출이 자유롭다.
④ 독점적 경쟁기업의 수요곡선은 우하향하는 형태를 나타낸다.
⑤ 가격경쟁이 비가격경쟁보다 활발히 진행된다.

06 다음 중 고전학파와 케인스학파에 대한 설명으로 옳지 않은 것은?

① 케인스학파는 경기가 침체할 경우, 정부의 적극적 개입이 바람직하지 않다고 주장하였다.
② 고전학파는 임금이 매우 신축적이어서 노동시장이 항상 균형상태에 이르게 된다고 주장하였다.
③ 케인스학파는 저축과 투자가 국민총생산의 변화를 통해 같아지게 된다고 주장하였다.
④ 고전학파는 실물경제와 화폐를 분리하여 설명한다.
⑤ 케인스학파는 단기적으로 화폐의 중립성이 성립하지 않는다고 주장하였다.

07 다음 사례에서 나타나는 현상으로 옳은 것은?

> • 물은 사용 가치가 크지만 교환 가치가 작은 반면, 다이아몬드는 사용 가치가 작지만 교환 가치는 크게 나타난다.
> • 한계효용이 작을수록 교환 가치가 작으며, 한계효용이 클수록 교환 가치가 크다.

① 매몰비용의 오류　　　　　　　　② 감각적 소비

③ 보이지 않는 손　　　　　　　　　④ 가치의 역설

⑤ 희소성

08 다음 자료를 참고하여 실업률을 구하면 얼마인가?

> • 생산가능인구 : 50,000명
> • 취업자 : 20,000명
> • 실업자 : 5,000명

① 10%　　　　　　　　　　　　　② 15%

③ 20%　　　　　　　　　　　　　④ 25%

⑤ 30%

09 J기업이 다음 〈조건〉과 같이 생산량을 늘린다고 할 때, 한계비용은 얼마인가?

> 조건
> • J기업의 제품 1단위당 노동가격은 4, 자본가격은 6이다.
> • J기업은 제품 생산량을 50개에서 100개로 늘리려고 한다.
> • 평균비용 $P = 2L + K + \dfrac{100}{Q}$ (L : 노동가격, K : 자본가격, Q : 생산량)

① 10　　　　　　　　　　　　　　② 12

③ 14　　　　　　　　　　　　　　④ 16

10 다음은 A국과 B국이 노트북 1대와 TV 1대를 생산하는 데 필요한 작업 시간을 나타낸 자료이다. A국과 B국의 비교우위에 대한 설명으로 옳은 것은?

구분	노트북	TV
A국	6시간	8시간
B국	10시간	8시간

① A국이 노트북, TV 생산 모두 비교우위에 있다.

② B국이 노트북, TV 생산 모두 비교우위에 있다.

③ A국은 노트북 생산, B국은 TV 생산에 비교우위가 있다.

④ A국은 TV 생산, B국은 노트북 생산에 비교우위가 있다.

11 다음 중 다이내믹 프라이싱에 대한 설명으로 옳지 않은 것은?

① 동일한 제품과 서비스에 대한 가격을 시장 상황에 따라 변화시켜 적용하는 전략이다.

② 호텔, 항공 등의 가격을 성수기 때 인상하고, 비수기 때 인하하는 것이 대표적인 예이다.

③ 기업은 소비자별 맞춤형 가격을 통해 수익을 극대화할 수 있다.

④ 소비자 후생이 증가해 소비자의 만족도가 높아진다.

12 다음 〈보기〉 중 빅맥 지수에 대한 설명으로 옳은 것을 모두 고르면?

보기

㉠ 빅맥 지수를 최초로 고안한 나라는 미국이다.

㉡ 각 나라의 물가수준을 비교하기 위해 고안된 지수로, 구매력 평가설을 근거로 한다.

㉢ 맥도날드 빅맥 가격을 기준으로 한 이유는 전 세계에서 가장 동질적으로 판매되고 있는 상품이기 때문이다.

㉣ 빅맥 지수를 구할 때 빅맥 가격은 제품 가격과 서비스 가격의 합으로 계산한다.

① ㉠, ㉡

② ㉠, ㉢

③ ㉡, ㉢

④ ㉡, ㉣

13 다음 중 확장적 통화정책의 영향으로 옳은 것은?

① 건강보험료가 인상되어 정부의 세금 수입이 늘어난다.
② 이자율이 하락하고, 소비 및 투자가 감소한다.
③ 이자율이 상승하고, 환율이 하락한다.
④ 은행이 채무불이행 위험을 줄이기 위해 더 높은 이자율과 담보 비율을 요구한다.

14 다음 중 노동의 수요공급곡선에 대한 설명으로 옳지 않은 것은?

① 노동 수요는 파생수요라는 점에서 재화시장의 수요와 차이가 있다.
② 상품 가격이 상승하면 노동 수요곡선은 오른쪽으로 이동한다.
③ 토지, 설비 등이 부족하면 노동 수요곡선은 오른쪽으로 이동한다.
④ 노동에 대한 인식이 긍정적으로 변화하면 노동 공급곡선은 오른쪽으로 이동한다.

15 다음 〈조건〉에 따라 S씨가 할 수 있는 최선의 선택은?

> **조건**
> • S씨는 퇴근 후 운동을 할 계획으로 헬스, 수영, 자전거, 달리기 중 하나를 고르려고 한다.
> • 각 운동이 주는 만족도(이득)는 헬스 5만 원, 수영 7만 원, 자전거 8만 원, 달리기 4만 원이다.
> • 각 운동에 소요되는 비용은 헬스 3만 원, 수영 2만 원, 자전거 5만 원, 달리기 3만 원이다.

① 헬스
② 수영
③ 자전거
④ 달리기

아이들이 답이 있는 질문을 하기 시작하면 그들이 성장하고 있음을 알 수 있다.

- 존 J. 플롬프 -

PART 1

합격의 공식 시대에듀 www.sdedu.co.kr

직업기초능력평가

01

의사소통능력

합격 Cheat Key

의사소통능력은 평가하지 않는 공사·공단이 없을 만큼 필기시험에서 중요도가 높은 영역으로, 세부 유형은 문서 이해, 문서 작성, 의사 표현, 경청, 기초 외국어로 나눌 수 있다. 문서 이해·문서 작성과 같은 지문에 대한 주제 찾기, 내용 일치 문제의 출제 비중이 높으며, 문서의 특성을 파악하는 문제도 출제되고 있다.

1 문제에서 요구하는 바를 먼저 파악하라!

의사소통능력에서 가장 중요한 것은 제한된 시간 안에 빠르고 정확하게 답을 찾아내는 것이다. 의사소통능력에서는 지문이 아니라 문제가 주인공이므로 지문을 보기 전에 문제를 먼저 파악해야 하며, 문제에 따라 전략적으로 빠르게 풀어내는 연습을 해야 한다.

2 잠재되어 있는 언어 능력을 발휘하라!

세상에 글은 많고 우리가 학습할 수 있는 시간은 한정적이다. 이를 극복할 수 있는 방법은 다양한 글을 접하는 것이다. 실제 시험장에서 어떤 내용의 지문이 나올지 아무도 예측할 수 없으므로 평소에 신문, 소설, 보고서 등 여러 글을 접하는 것이 필요하다.

3 **상황을 가정하라!**

업무 수행에 있어 상황에 따른 언어 표현은 중요하다. 같은 말이라도 상황에 따라 다르게 해석될 수 있기 때문이다. 그런 의미에서 자신의 의견을 효과적으로 전달할 수 있는 능력을 평가하는 것이다. 업무를 수행하면서 발생할 수 있는 여러 상황을 가정하고 그에 따른 올바른 언어표현을 정리하는 것이 필요하다.

4 **말하는 이의 입장에서 생각하라!**

잘 듣는 것 또한 하나의 능력이다. 상대방의 이야기에 귀 기울이고 공감하는 태도는 업무를 수행하는 관계 속에서 필요한 요소이다. 그런 의미에서 다양한 상황에서 듣는 능력을 평가하는 것이다. 말하는 이가 요구하는 듣는 이의 태도를 파악하고, 이에 따른 판단을 할 수 있도록 언제나 말하는 사람의 입장이 되는 연습이 필요하다.

01 | 문서 내용 이해

| 유형분석 |

- 주어진 지문을 읽고 선택지를 고르는 전형적인 독해 문제이다.
- 지문은 주로 신문기사(보도자료 등)나 업무 보고서, 시사 등이 제시된다.
- 공사공단에 따라 자사와 관련된 내용의 기사나 법조문, 보고서 등이 출제되기도 한다.

다음 글의 내용으로 적절하지 않은 것은?

> 물가 상승률은 일반적으로 가격 수준의 상승 속도를 나타내며, 소비자 물가지수(CPI)와 같은 지표를 사용하여 측정된다. 높은 물가 상승률은 소비재와 서비스의 가격이 상승하고, 돈의 구매력이 감소한다. 이는 소비자들이 더 많은 돈을 지출하여 물가 상승에 따른 가격 상승을 감수해야 함을 의미한다.
>
> 물가 상승률은 경제에 다양한 영향을 준다. 먼저 소비자들의 구매력이 저하되므로 가계소득의 실질 가치가 줄어든다. 이는 소비 지출의 감소와 경기 둔화를 초래할 수 있다. 또한 물가 상승률은 기업의 의사결정에도 영향을 준다. 예를 들어 높은 물가 상승률은 이자율의 상승과 함께 대출 조건을 악화시키므로 기업들은 생산 비용 상승과 이로 인한 이윤 감소에 직면하게 된다.
>
> 정부와 중앙은행은 물가 상승률을 통제하기 위해 다양한 금융 정책을 사용하며, 대표적으로 세금 조정, 통화량 조절, 금리 조정 등이 있다.
>
> 물가 상승률은 경제 활동에 큰 영향을 주는 중요한 요소이므로 정부, 기업, 투자자 및 개인은 이를 주의 깊게 모니터링하고 전망을 평가하는 데 활용해야 한다. 또한 소비자의 구매력과 경기 상황에 직접적・간접적인 영향을 주므로 경제 주체들은 물가 상승률의 변동에 대응하여 적절한 전략을 수립해야 한다.

① 지나친 물가 상승은 소비 심리를 위축시킨다.
② 정부와 중앙은행이 실행하는 금융 정책의 목적은 물가 안정성을 유지하는 것이다.
③ 중앙은행의 금리 조정으로 지나친 물가 상승을 진정시킬 수 있다.
④ 소비재와 서비스의 가격이 상승하므로 기업의 입장에서는 물가 상승률이 커질수록 이득이다.

정답 ④

높은 물가 상승률은 이자율의 상승과 함께 대출 조건을 악화시키므로 기업들은 생산 비용 상승과 이로 인한 이윤 감소에 직면하게 된다.

풀이 전략!

주어진 선택지에서 키워드를 체크한 후, 지문의 내용과 비교해 가면서 내용의 일치 유무를 빠르게 판단한다.

01 다음 글의 내용으로 가장 적절한 것은?

> 미국 로체스터대 교수 겸 노화연구센터 공동책임자인 베라 고부노바는 KAIST 글로벌전략연구소
> 가 '포스트 코로나, 포스트 휴먼 – 의료·바이오 혁명'을 주제로 개최한 제3차 온라인 국제포럼에
> 서 "대다수 포유동물보다 긴 수명을 가진 박쥐는 바이러스를 체내에 보유하고 있으면서도 염증 반
> 응이 일어나지 않는다."며 "박쥐의 염증 억제 전략을 생물학적으로 이해하면 코로나19는 물론 자
> 가면역질환 등 다양한 염증 질환 치료제에 활용할 수 있을 것"이라고 말했다.
> 박쥐는 밀도가 높은 군집 생활을 한다. 또한, 포유류 중 유일하게 날개를 지닌 생물로서 뛰어난 비행
> 능력과 비행 중에도 고온의 체온을 유지하는 것 등의 능력으로 먼 거리까지 무리를 지어 날아다니기
> 때문에 쉽게 질병에 노출되기도 한다. 그럼에도 오랜 기간 지구상에 존재하며 바이러스에 대항하는
> 면역 기능이 발달된 것으로 추정된다. 박쥐는 에볼라나 코로나 바이러스에 감염되어도 염증 반응이
> 일어나지 않기 때문에 대표적인 바이러스 숙주로 지목되고 있다.
> 고부노바 교수는 "인간이 도시에 모여 산 것도, 비행기를 타고 돌아다닌 것도 사실상 약 100년 정도
> 로 오래되지 않아 박쥐만큼 바이러스 대항 능력이 강하지 않다."며 "박쥐처럼 약 6000~7000만
> 년에 걸쳐 진화할 수도 없다."고 설명했다. 그러면서 "박쥐 연구를 통해 박쥐의 면역체계를 이해하
> 고 바이러스에 따른 다양한 염증 반응 치료제를 개발하는 전략이 필요하다."고 강조했다.
> 고부노바 교수는 "이 같은 비교생물학을 통해 노화를 억제하고 퇴행성 질환에 대응하기 위한 방법을
> 찾을 수 있다."며 "안전성이 확인된 연구 결과물들을 임상에 적용해 더욱 발전해 나가는 것이 필요
> 하다."고 밝혔다.

① 박쥐의 수명은 긴 편이지만 평균적인 포유류 생물의 수명보다는 짧다.
② 박쥐는 날개가 있는 유일한 포유류지만 짧은 거리만 날아서 이동이 가능하다.
③ 박쥐는 현재까지도 바이러스에 취약한 생물이지만 긴 기간 지구상에 존재할 수 있었다.
④ 박쥐가 많은 바이러스를 보유하고 있는 것은 무리생활과 더불어 수명과도 관련이 있다.

02 다음 글의 내용으로 적절하지 않은 것은?

> 오픈뱅킹은 핀테크 기업이 금융서비스를 개발할 수 있도록 은행 등 금융서비스를 표준화하여 제공한 인프라로, 크게 오픈 API와 테스트베드가 있다.
>
> 오픈 API(Application Programming Interface)는 핀테크 기업이 응용프로그램과 서비스를 개발할 수 있게 공개한 프로그램 도구로, 서비스 API와 인증·관리 API를 제공하고, 테스트베드는 개발된 서비스 등이 금융전산망에서 작동하는 데 문제가 없는지 테스트 할 수 있는 인프라이다. 이 두 가지를 통해 핀테크 기업은 기존의 금융서비스에 IT 기술을 합쳐서 다양한 핀테크 서비스를 출시할 수 있다.
>
> 기존에는 핀테크 서비스를 출시하려면 모든 관련 은행과 개별적으로 협약을 맺어야 했고, 전산표준이 은행마다 다르기도 하여서 어려움이 많았다. 이를 해결하기 위해 은행과 핀테크 기업이 서비스 개발 과정부터 서로 소통할 수 있는 오픈플랫폼을 구축하였으며, 은행뿐 아니라 제2금융권의 참여 확대를 위해 오픈플랫폼을 오픈뱅킹 공동업무 서비스로 전환하였다.
>
> 오픈뱅킹의 기대효과로는 이용기관은 다양한 핀테크 서비스를 제공할 수 있고, 고객은 핀테크 서비스를 이용하여 더 쉽고 편하게 금융에 접근할 수 있게 되고, 참가기관은 신규 고객 등을 유치함으로써 수익기회를 얻을 수 있다는 것 등이 있다.
>
> 금융서비스 중 제외되는 서비스는 출금대행과 납부서비스가 있으며, 이용대상으로는 핀테크 사업자, 핀테크 산업 분류업종 기업, 전자금융업자, 오픈뱅킹 운영기관 인정기업, 일반고객 등이 있다.

① 오픈뱅킹은 금융서비스를 개발하고 테스트하는 것을 모두 포함한다.
② 오픈뱅킹을 통하면 여러 은행과 개별적 협약 없이도 핀테크 서비스를 출시할 수 있다.
③ 일반 은행이 아닌 제2금융권은 참여할 수 없다.
④ 일반고객뿐 아니라 금융업자도 참여할 수 있다.

03 다음 글을 읽고 이해한 내용으로 가장 적절한 것은?

> 1896년 『독립신문』 창간을 계기로 여러 가지의 애국가 가사가 신문에 게재되기 시작했는데, 어떤 곡조에 따라 이 가사들을 노래로 불렀는지는 명확하지 않다. 다만, 대한제국이 서구식 군악대를 조직해 1902년 '대한제국 애국가'라는 이름의 국가(國歌)를 만들어 나라의 주요 행사에 사용했다는 기록은 남아 있다. 오늘날 우리가 부르는 애국가의 노랫말은 외세의 침략으로 나라가 위기에 처해있던 1907년을 전후하여 조국애와 충성심을 북돋우기 위하여 만들어졌다.
>
> 1935년 해외에서 활동 중이던 안익태는 오늘날 우리가 부르고 있는 국가를 작곡하였다. 대한민국 임시정부는 이 곡을 애국가로 채택해 사용했으나 이는 해외에서만 퍼져나갔을 뿐, 국내에서는 광복 이후 정부수립 무렵까지 애국가 노랫말을 스코틀랜드 민요에 맞춰 부르고 있었다. 그러다가 1948년 대한민국 정부가 수립된 이후 현재의 노랫말과 함께 안익태가 작곡한 곡조의 애국가가 정부의 공식 행사에 사용되고 각급 학교 교과서에도 실리면서 전국적으로 애창되기 시작하였다.
>
> 애국가가 국가로 공식화되면서 1950년대에는 대한뉴스 등을 통해 적극적으로 홍보가 이루어졌다. 그리고 '국기게양 및 애국가 제창 시의 예의에 관한 지시(1966)' 등에 의해 점차 국가의례의 하나로 간주되었다.
>
> 1970년대 초에는 공연장에서 본공연 전에 애국가가 상영되기 시작하였다. 이후 1980년대 중반까지 주요 방송국에서 국기강하식에 맞춰 애국가를 방송하였다. 주요 방송국의 국기강하식 방송, 극장에서의 애국가 상영 등은 1980년대 후반 중지되었으며, 음악회와 같은 공연 시 애국가 연주도 이때 자율화되었다.
>
> 오늘날 주요 행사 등에서 애국가를 제창할 때에는 부득이한 경우를 제외하고 4절까지 제창하여야 한다. 애국가는 모두 함께 부르는 경우에는 전주곡을 연주한다. 다만, 약식 절차로 국민의례를 행할 때 애국가를 부르지 않고 연주만 하는 의전행사(외국에서 하는 경우 포함)나 시상식·공연 등에서는 전주곡을 연주해서는 안 된다.

① 1940년에 해외에서는 안익태가 만든 애국가 곡조를 들을 수 없었다.
② 1990년대 초반에는 국기강하식 방송과 극장에서의 애국가 상영이 의무화되었다.
③ 오늘날 우리가 부르는 애국가의 노랫말은 1896년 『독립신문』에 게재되지 않았다.
④ 안익태가 애국가 곡조를 작곡한 해로부터 대한민국 정부 공식 행사에 사용될 때까지 채 10년이 걸리지 않았다.

02 | 글의 주제 · 제목

| 유형분석 |

- 주어진 지문을 파악하여 전달하고자 하는 핵심 주제를 고르는 문제이다.
- 정보를 종합하고 중요한 내용을 구별하는 능력이 필요하다.
- 설명문부터 주장, 반박문까지 다양한 성격의 지문이 제시되므로 글의 성격별 특징을 알아두는 것이 좋다.

다음 글의 주제로 가장 적절한 것은?

멸균이란 곰팡이, 세균, 박테리아, 바이러스 등 모든 미생물을 사멸시켜 무균 상태로 만드는 것을 의미한다. 멸균 방법에는 물리적, 화학적 방법이 있으며, 멸균 대상의 특성에 따라 적절한 멸균 방법을 선택하여 실시할 수 있다. 먼저 물리적 멸균법에는 열이나 화학약품을 사용하지 않고 여과기를 이용하여 세균을 제거하는 여과법, 병원체를 불에 태워 없애는 소각법, 100℃에서 10 ~ 20분간 물품을 끓이는 자비소독법, 미생물을 자외선에 직접 노출시키는 자외선 소독법, 160 ~ 170℃의 열에서 1 ~ 2시간 동안 건열 멸균기를 사용하는 건열법, 포화된 고압증기 형태의 습열로 미생물을 파괴시키는 고압증기 멸균법 등이 있다. 다음으로 화학적 멸균법은 화학약품이나 가스를 사용하여 미생물을 파괴하거나 성장을 억제하는 방법으로, E.O 가스, 알코올, 염소 등 여러 가지 화학약품이 사용된다.

① 멸균의 중요성
② 뛰어난 멸균 효과
③ 다양한 멸균 방법
④ 멸균 시 발생할 수 있는 부작용

정답 ③

제시문에서는 멸균에 대해 언급하며, 멸균 방법을 물리적·화학적으로 구분하여 다양한 멸균 방법에 대해 설명하고 있다. 따라서 글의 주제로는 ③이 가장 적절하다.

풀이 전략!

'결국', '즉', '그런데', '그러나', '그러므로' 등의 접속어 뒤에 주제가 드러나는 경우가 많다는 것에 주의하면서 지문을 읽는다.

01 S사원은 사보 담당자인 G주임에게 다음 달 기고할 사설 원고를 전달하였다. G주임은 문단마다 소제목을 붙였으면 좋겠다는 의견을 보냈다. S사원이 G주임의 의견을 반영하여 (가) ~ (라) 문단별 소제목을 붙였을 때, 적절하지 않은 것은?

> (가) 떨어질 줄 모르는 음주율은 정신건강 지표와도 연결된다. 아무래도 생활에서 스트레스를 많이 느끼는 사람들이 음주를 통해 긴장을 풀고자 하는 욕구가 많기 때문이다. 특히 퇴근 후 혼자 한적하고 조용한 술집을 찾아 맥주 1 ~ 2캔을 즐기는 혼술 문화는 젊은 연령층에서 급속히 퍼지고 있는 트렌드이기도 하다. 이렇게 혼술 문화가 대중적으로 널리 퍼지게 된 원인은 1인 가구의 증가와 사회적 관계망이 헐거워진 데 있다는 것이 지배적인 분석이다.
>
> (나) 혼술은 간단하게 한 잔, 긴장을 푸는 데 더없이 좋은 효과를 주기도 하지만 그 이면에는 '음주 습관의 생활화'라는 문제도 있다. 혼술이 습관화되면 알코올중독으로 병원 신세를 질 가능성이 9배 늘어난다는 최근 연구결과도 있다. 실제로 가톨릭대 알코올의존치료센터에 따르면 5년 동안 알코올의존 상담환자 중 응답자 75.4%가 평소 혼술을 즐겼다고 답했다.
>
> (다) 2016년 보건복지부와 국립암센터에서는 국민 암 예방 수칙의 하나인 '술은 하루 2잔 이내로 마시기' 수칙을 '하루 한두 잔의 소량 음주도 피하기'로 개정했다. 뉴질랜드 오타고대 연구진의 최신 연구에 따르면 술이 7종 암과 직접적인 관련이 있는 것으로 밝혀졌고 이런 영향력은 적당한 음주에도 예외가 아닌 것으로 나타났다. 연구를 이끈 제니 코너 박사는 "음주 습관은 소량에서 적당량을 섭취했을 때도 몸에 상당한 부담으로 작용한다."고 밝혔다.
>
> (라) 흡연과 함께 하는 음주는 1군 발암요인이기도 하다. 몸속에서 알코올과 니코틴 등의 독성물질이 만나면 더 큰 부작용과 합병증을 일으키기 때문이다. 일본 도쿄대 나카무라 유스케 교수는 '체질과 생활습관에 따른 식도암 발병률'이라는 논문에서 하루에 캔 맥주 1개 이상을 마시고 흡연을 같이할 경우 유해물질이 인체에서 상승작용을 한다는 것을 밝혀냈다. 또한 술, 담배를 함께 하는 사람의 식도암 발병 위험이 다른 사람들에 비해 190배나 높은 것으로 나타났다. 우리나라는 세계적으로도 식도암 발병률이 높은 나라이기도 하다. 이것이 우리가 음주습관 형성에 특히 주의를 기울여야 하는 이유다.

① (가) : 1인 가구, 혼술 문화의 유행
② (나) : 혼술습관, 알코올중독으로 발전할 수 있어
③ (다) : 가벼운 음주, 대사 촉진에 도움이 돼
④ (라) : 흡연과 음주를 동시에 즐기면 식도암 위험률 190배

우리는 주변에서 신호등 음성 안내기, 휠체어 리프트, 점자 블록 등의 장애인 편의 시설을 많이 볼 수 있다. 우리는 이런 편의 시설을 장애인들이 지니고 있는 국민으로서의 기본 권리를 인정한 것이라는 시각에서 바라보고 있다. 물론, 장애인의 일상생활 보장이라는 측면에서 이 시각은 당연한 것이다. 하지만 또 다른 시각이 필요하다. 그것은 바로 편의 시설이 장애인만을 위한 것이 아니라 일상생활에서 활동에 불편을 겪는 모두를 위한 것이라는 시각이다. 편리하고 안전한 시설은 장애인뿐만 아니라 우리 모두에게 유용하기 때문이다. 예를 들어, 건물의 출입구에 설치되어 있는 경사로는 장애인들의 휠체어만 다닐 수 있도록 설치해 놓은 것이 아니라, 몸이 불편해서 계단을 오르내릴 수 없는 노인이나 유모차를 끌고 다니는 사람들도 편하게 다닐 수 있도록 만들어 놓은 시설이다. 결국 이 경사로는 우리 모두에게 유용한 시설인 것이다.

그런 의미에서 근래에 대두되고 있는 '보편적 디자인', 즉 '유니버설 디자인(Universal Design)'이라는 개념은 우리에게 좋은 시사점을 제공해 준다. 보편적 디자인은 가능한 모든 사람이 이용할 수 있도록 제품, 건물, 공간을 디자인한다는 의미를 가지고 있다. 이러한 시각으로 바라본다면 장애인 편의 시설은 우리 모두에게 편리하고 안전한 시설로 인식될 것이다.

① 우리 주변에서는 장애인 편의 시설을 많이 볼 수 있다.
② 보편적 디자인은 근래에 대두되고 있는 중요한 개념이다.
③ 어떤 집단의 사람들이라도 이용할 수 있는 제품을 만들어야 한다.
④ 보편적 디자인이라는 관점에서 장애인 편의 시설을 바라볼 필요가 있다.

03 S일보에 근무 중인 A기자는 나들이가 많은 요즘 자동차 사고를 예방하고자 다음과 같은 기사를 작성하였다. 기사의 제목으로 가장 적절한 것은?

예전에 비해 많은 사람이 안전띠를 착용하지만, 우리나라의 안전띠 착용률은 여전히 매우 낮다. 2013년 일본과 독일에서 조사한 승용차 앞좌석 안전띠 착용률은 각각 98%와 97%를 기록했다. 하지만 같은 해 우리나라는 84.4%에 머물렀다. 특히 뒷좌석 안전띠 착용률은 19.4%로, OECD 국가 중 최하위에 머물렀다.

지난 4월 13일 M공단은 경기도 화성에 있는 자동차안전연구원에서 '부적절한 안전띠 착용 위험성 실차 충돌시험'을 실시했다. 국내에서 처음 시행한 이번 시험은 안전띠 착용 상태에서 안전띠를 느슨하게 풀어주는 장치 사용(성인, 운전석), 안전띠 미착용 상태에서 안전띠를 느슨하게 풀어주는 장치 사용(성인, 운전석), 뒷좌석에 놀이방 매트 설치 및 안전띠와 카시트 모두 미착용(어린이, 뒷좌석) 총 세 가지 상황으로 실시했다.

성인 인체모형 2조와 3세 어린이 인체모형 1조를 활용해 승용 자동차가 시속 56km로 고정 벽에 정면충돌하도록 했다. 충돌시험 결과 놀랍게도 안전띠의 부적절한 사용은 중상 가능성이 최대 99.9%로, 안전띠를 제대로 착용했을 때보다 최대 9배 높게 나타났다.

충돌시험의 결과를 세 가지 상황별로 살펴보자. 먼저 안전띠를 느슨하게 풀어주는 장치를 사용할 경우이다. 중상 가능성은 49.7%로, 올바른 안전띠 착용보다 약 5배 높게 나타났다. 느슨해진 안전띠로 인해 차량 충돌 시 탑승객을 효과적으로 구속하지 못하기 때문이다. 또한 안전띠 경고음 차단 클립을 사용한 경우에는 중상 가능성이 80.3%로 더욱 높아졌다. 에어백이 충격 일부를 흡수하기는 하지만 머리는 앞면 창유리에, 가슴은 크래시 패드에 심하게 부딪친 결과이다. 마지막으로 뒷좌석 놀이방 매트 위에 있던 3세 어린이 인체 모형은 중상 가능성이 99.9%로, 생명에 치명적 위험을 초래하는 것으로 나타났다. 어린이 인체모형은 자동차 충격 때문에 튕겨 나가 앞좌석 등받이와 심하게 부딪쳤고, 안전띠와 카시트를 착용한 경우보다 머리 중상 가능성이 99.9%, 가슴 중상 가능성이 93.9% 이상 높았다.

또한, 안전띠를 제대로 착용하지 않으면 에어백의 효과도 줄어든다는 사실을 알 수 있었다. 안전띠를 정상적으로 착용하지 않으면, 자동차 충돌 시 탑승자가 앞으로 튕겨 나가려는 힘을 안전띠가 효과적으로 막아주지 못한다. 이러한 상황에서 탑승자가 에어백과 부딪치면 에어백의 흡수 가능 충격량을 초과한 힘이 탑승자에게 가해져 상해율이 높아지는 것이다.

① 안전띠! 제대로 맵시다.
② 우리나라 안전띠 착용률 OCED 국가 중 최하위!
③ 안전띠 경고음 차단 클립의 위험성을 경고한다.
④ 어린이는 차량 뒷좌석에 앉히세요!

03 | 문단 나열

| 유형분석 |

- 각 문단의 내용을 파악하고 논리적 순서에 맞게 배열하는 복합적인 문제이다.
- 전체적인 글의 흐름을 이해하는 것이 중요하며, 각 문장의 지시어나 접속어에 주의한다.

다음 문단을 논리적 순서대로 바르게 나열한 것은?

(가) 여기에 반해 동양에서는 보름달에 좋은 이미지를 부여한다. 예를 들어, 우리나라의 처녀귀신이나 도깨비는 달빛이 흐린 그믐 무렵에나 활동하는 것이다. 그런데 최근에는 동서양의 개념이 마구 뒤섞여 보름달을 배경으로 악마의 상징인 늑대가 우는 광경이 동양의 영화에 나오기도 한다.

(나) 동양에서 달은 '음(陰)'의 기운을, 해는 '양(陽)'의 기운을 상징한다는 통념이 자리를 잡았다. 그래서 달을 '태음', 해를 '태양'이라고 불렀다. 동양에서는 해와 달의 크기가 같은 덕에 음과 양도 동등한 자격을 갖춘다. 즉, 음과 양은 어느 하나가 좋고 다른 하나는 나쁜 것이 아니라 서로 보완하는 관계를 이루는 것이다.

(다) 옛날부터 형성된 이러한 동서양 간의 차이는 오늘날까지 영향을 끼치고 있다. 동양에서는 달이 밝으면 달맞이를 하는데, 서양에서는 달맞이를 자살 행위처럼 여기고 있다. 특히 보름달은 서양인들에게 거의 공포의 상징과 같은 존재이다. 예를 들어, 13일의 금요일에 보름달이 뜨게 되면 사람들이 외출조차 꺼린다.

(라) 하지만 서양의 경우는 다르다. 서양에서 낮은 신이, 밤은 악마가 지배한다는 통념이 자리를 잡았다. 따라서 밤의 상징인 달에 좋지 않은 이미지를 부여하게 되었다. 이는 해와 달의 명칭을 보면 알 수 있다. 라틴어로 해를 'Sol', 달을 'Luna'라고 하는데 정신병을 뜻하는 단어 'Lunacy'의 어원이 바로 'Luna'이다.

① (가) - (나) - (라) - (다)
② (나) - (라) - (가) - (다)
③ (나) - (라) - (다) - (가)
④ (라) - (다) - (가) - (나)

정답 ③

제시문은 동양과 서양에서 서로 다른 의미를 부여하고 있는 달에 대해 설명하고 있는 글이다. 따라서 (나) 동양에서 나타나는 해와 달의 의미 → (라) 동양과 상반되는 서양에서의 해와 달의 의미 → (다) 최근까지 지속되고 있는 달에 대한 서양의 부정적 의미 → (가) 동양에서의 변화된 달의 이미지의 순서대로 나열하는 것이 적절하다.

풀이 전략!

상대적으로 시간이 부족하다고 느낄 때는 선택지를 참고하여 문장의 순서를 생각해 본다.

※ 다음 문단을 논리적 순서대로 바르게 나열한 것을 고르시오. [1~3]

01

(가) 하지만 지금은 고령화 시대를 맞아 만성질환이 다수다. 꾸준히 관리받아야 건강을 유지할 수 있다. 치료보다 치유가 대세다. 이 때문에 미래 의료는 간호사 시대라고 말한다. 그럼에도 간호사에 대한 활용은 시대 흐름과 동떨어져 있다.

(나) 인간의 질병 구조가 변하면 의료 서비스의 비중도 바뀐다. 과거에는 급성질환이 많았다. 맹장염(충수염)이나 위궤양 등 수술로 해결해야 할 상황이 잦았다. 따라서 질병 관리 대부분을 의사의 전문성에 의존해야 했다.

(다) 현재 2년 석사과정을 거친 전문 간호사가 대거 양성되고 있다. 하지만 이들의 활동은 건강보험 의료수가에 반영되지 않고, 그러니 병원이 전문 간호사를 적극적으로 채용하려 하지 않는다. 의사의 손길이 닿지 못하는 곳은 전문성을 띤 간호사가 그 역할을 대신해야 함에도 말이다.

(라) 고령 장수 사회로 갈수록 간호사의 역할은 커진다. 병원뿐 아니라 다양한 공간에서 환자를 돌보고 건강관리가 이뤄지는 의료 서비스가 중요해졌다. 간호사 인력 구성과 수요는 빠르게 바뀌어 가는데 의료 환경과 제도는 한참 뒤처져 있어 안타깝다.

① (나) - (가) - (다) - (라)　　　　② (나) - (라) - (가) - (다)

③ (다) - (가) - (라) - (나)　　　　④ (다) - (라) - (가) - (나)

02

(가) 19세기 초 헤겔은 시민사회라는 용어를 국가와 구분하여 정교하게 정의하였다. 그가 활동하던 시기에 유럽의 후진국인 프러시아에는 미성숙한 산업 자본주의로 인해 심각한 빈부 격차나 계급 갈등 등의 사회 문제를 해결해야 하는 시대적 과제가 있었다.

(나) 따라서 그는 시민사회가 개인들의 사익을 추구하며 살아가는 생활 영역이자 그 욕구를 사회적 의존 관계 속에서 추구하게 하는 공동체 윤리성의 영역이어야 한다고 생각했다. 특히 시민사회 내에서 사익 조정과 공익 실현에 기여하는 직업 단체와 복지 및 치안 문제를 해결하는 복지 행정 조직의 역할을 설정하여 시민사회를 이상적인 국가로 이끌고자 하였다.

(다) 하지만 이러한 시민사회 내에서도 빈곤과 계급 갈등은 근원적으로 해결될 수 없었다. 결국 그는 국가를 사회 문제 해결과 공적 질서 확립의 최종 주체로 설정하고, 시민사회가 국가에 협력해야 한다고 생각했다.

(라) 헤겔은 공리주의가 사익의 극대화를 통해 국부(國富)를 증대해 줄 수 있으나, 그것이 시민사회 내에서 개인들의 무한한 사익 추구가 일으키는 빈부 격차나 계급 갈등 등의 사회문제를 해결할 수는 없다고 보았다.

① (가) - (나) - (다) - (라)　　　　② (가) - (다) - (나) - (라)

③ (가) - (라) - (나) - (다)　　　　④ (나) - (다) - (라) - (가)

03

(가) 결국 이를 다시 생각하면, 과거와 현재의 문화 체계와 당시 사람들의 의식 구조, 생활상 등을 역추적할 수 있다는 말이 된다. 즉, 동물의 상징적 의미가 문화를 푸는 또 하나의 열쇠이자 암호가 되는 것이다. 그리고 동물의 상징적 의미를 통해 인류의 총체인 문화의 실타래를 푸는 것은 우리는 어떤 존재인가라는 정체성에 대한 답을 하는 과정이 될 수 있다.

(나) 인류는 선사시대부터 생존을 위한 원초적 본능에서 동굴이나 바위에 그림을 그리는 일종의 신앙 미술을 창조했다. 신앙 미술은 동물에게 여러 의미를 부여하기 시작했고, 동물의 상징적 의미는 현재까지도 이어지고 있다. 1억 원 이상 복권 당첨자의 23%가 돼지꿈을 꿨다거나, 황금돼지해에 태어난 아이는 만복을 타고난다는 속설 때문에 결혼과 출산이 줄을 이었고, 대통령 선거에서 후보들은 '두 돼지가 나타나 두 뱀을 잡아 먹는다.'는 식으로 홍보를 하기도 했다. 이렇게 동물의 상징적 의미는 우리 시대에도 여전히 유효한 관념으로 남아 있다.

(다) 동물의 상징적 의미는 시대나 나라에 따라 변하고 새로운 역사성을 담기도 했다. 예를 들면, 뱀은 다산의 상징이자 불사의 존재이기도 했지만, 사악하고 차가운 간사한 동물로 여겨지기도 했다. 하지만 그리스에서 뱀은 지혜의 신이자, 아테네의 상징물이었고, 논리학의 상징이었다. 그리고 과거에 용은 숭배의 대상이었으나, 상상의 동물일 뿐이라는 현대의 과학적 사고는 지금의 용에 대한 믿음을 약화시키고 있다.

(라) 동물의 상징적 의미가 이렇게 다양하게 변하는 것은 문화가 살아 움직이기 때문이다. 문화는 인류의 지식, 신념, 행위의 총체로서, 동물의 상징적 의미 또한 문화에 속한다. 문화는 항상 현재 진행형이기 때문에 현재의 생활이 바로 문화이며, 이것은 미래의 문화로 전이된다. 문화는 과거, 현재, 미래가 따로 떨어진 게 아니라 뫼비우스의 띠처럼 연결되어 있는 것이다. 다시 말하면 그 속에 포함된 동물의 상징적 의미 또한 거미줄처럼 얽히고설켜 형성된 것으로, 그 시대의 관념과 종교, 사회·정치적 상황에 따라 의미가 달라질 수밖에 없다.

① (가) - (다) - (라) - (나)　　　　　② (나) - (다) - (라) - (가)

③ (나) - (라) - (다) - (가)　　　　　④ (다) - (나) - (라) - (가)

04 다음 글에서 앞뒤 문맥을 고려할 때 이어질 문장을 논리적 순서대로 바르게 나열한 것은?

전쟁 소설 중에는 실제로 일어났던 전쟁을 배경으로 한 작품들이 있다. 이런 작품들은 허구를 매개로 실재 전쟁을 새롭게 조명하고 있다.

(가) 가령, 작자 미상의 조선 후기 소설 『박씨전』의 후반부는 조선이 패전했던 병자호란에 등장하는 실존 인물 '용골대'와 그의 군대를 허구의 여성인 '박씨'가 물리치는 허구의 내용인데, 이는 패전의 치욕을 극복하고 싶은 수많은 조선인의 바람을 반영한 것이다.

(나) 한편, 1964년 박경리가 발표한 『시장과 전장』은 극심한 이념 갈등 사이에서 생존을 위해 몸부림치는 인물을 통해 6·25 전쟁이 남긴 상흔을 직시하고 이에 좌절하지 않으려는 작가의 의지를 드러낸다.

(다) 또한 『시장과 전장』에서는 전쟁터를 재현하여 전쟁의 폭력과 맞닥뜨린 개인의 연약함을 강조하고, 무고한 희생을 목격한 인물의 내면을 드러냄으로써 개인의 존엄을 탐색한다.

(라) 박씨와 용골대 사이의 대립 구도 아래 전개되는 허구의 이야기는 조선인들의 슬픔을 위로하고 희생자를 추모함으로써 공동체로서의 연대감을 강화하였다.

우리는 이러한 작품들을 통해 전쟁의 성격을 탐색할 수 있다. 전쟁이 폭력적인 것은 공동체 사이의 갈등 과정에서 사람들이 죽기 때문만은 아니다. 전쟁의 명분은 폭력을 정당화하기 때문에 적군의 죽음은 불가피한 것으로, 아군의 죽음은 불의한 적군에 의한 희생으로 간주한다. 전쟁은 냉혹하게도 피아(彼我)를 막론하고 민간인의 죽음조차 외면하거나 자신의 명분에 따라 이를 이용하게 한다는 점에서 폭력성을 띠는 것이다.

두 작품에서 사람들이 죽는 장소가 군사들이 대치하는 전선만이 아니라는 점도 주목할 수 있다. 전쟁터란 전장과 후방, 가해자와 피해자가 구분하기 힘든 혼돈의 현장이다.

이 혼돈 속에서 사람들은 고통을 받으면서도 생의 의지를 추구해야 한다는 점에서 전쟁의 비극성은 극대화된다. 이처럼, 전쟁의 허구화를 통해 우리는 전쟁에 대한 인식을 새롭게 할 수 있다.

① (가) – (다) – (나) – (라) 　　② (가) – (다) – (라) – (나)
③ (가) – (라) – (나) – (다) 　　④ (나) – (가) – (라) – (다)

04 | 빈칸 삽입

| 유형분석 |

- 주어진 지문을 바탕으로 빈칸에 들어갈 내용을 찾는 문제이다.
- 선택지의 내용을 정확하게 확인하고 빈칸 앞뒤 문맥을 파악하는 능력이 필요하다.

다음 글의 빈칸에 들어갈 내용으로 가장 적절한 것은?

힐링(Healing)은 사회적 압박과 스트레스 등으로 손상된 몸과 마음을 치유하는 방법을 포괄적으로 일컫는 말이다. 우리보다 먼저 힐링이 정착된 서구에서는 질병 치유의 대체 요법 또는 영적·심리적 치료 요법 등을 지칭하고 있다. 국내에서도 최근 힐링과 관련된 갖가지 상품이 유행하고 있다. 간단한 인터넷 검색을 통해 수천 가지의 상품을 확인할 수 있을 정도이다. 종교적 명상, 자연 요법, 운동 요법 등 다양한 형태의 힐링 상품이 존재한다. 심지어 고가의 힐링 여행이나 힐링 주택 등의 상품도 나오고 있다. 그러나 _____ 우선 명상이나 기도 등을 통해 내면에 눈뜨고, 필라테스나 요가를 통해 육체적 건강을 회복하여 자신감을 얻는 것부터 출발할 수 있다.

① 힐링이 먼저 정착된 서구의 힐링 상품들을 참고해야 할 것이다.

② 많은 돈을 들이지 않고서도 쉽게 할 수 있는 일부터 찾는 것이 좋을 것이다.

③ 이러한 상품들의 값이 터무니없이 비싸다고 느껴지지는 않을 것이다.

④ 자신을 진정으로 사랑하는 법을 알아야 할 것이다.

정답 ②

빈칸의 전후 문장을 통해 내용을 파악해야 한다. 우선 '그러나'라는 접속어를 통해 빈칸에는 앞의 내용에 상반되는 내용이 오는 것임을 알 수 있다. 따라서 수천 가지의 힐링 상품이나 고가의 상품들을 참고하는 것과는 상반된 내용을 찾으면 된다. 또한, 빈칸 뒤의 내용이 주위에서 쉽게 할 수 있는 힐링 방법을 통해 자신감을 얻는 것부터 출발해야 한다는 내용이므로, 빈칸에는 많은 돈을 들이지 않고도 쉽게 할 수 있는 일부터 찾아야 한다는 내용이 담긴 문장이 오는 것이 적절하다.

풀이 전략!

빈칸 앞뒤의 문맥을 파악한 후 선택지에서 가장 어울리는 내용을 찾는다. 빈칸 앞에 접속어가 있다면 이를 활용한다.

대표기출유형 04 기출응용문제

01 다음 글에서 〈보기〉가 들어갈 위치로 가장 적절한 곳은?

일반적으로 법률에서는 일정한 법률 효과와 함께 그것을 일으키는 요건을 규율한다. 이를테면, 민법 제750조에서는 불법 행위에 따른 손해 배상 책임을 규정하는데, 그 배상 책임의 성립 요건을 다음과 같이 정한다. '고의나 과실'로 말미암은 '위법 행위'가 있어야 하고, '손해가 발생'하여야 하며, 바로 그 위법 행위 때문에 손해가 생겼다는, 이른바 '인과 관계'가 있어야 한다. 이 요건들이 모두 충족되어야, 법률 효과로서 가해자는 피해자에게 손해를 배상할 책임이 생기는 것이다.

소송에서는 이런 요건들을 입증해야 한다. (가) 어떤 사실의 존재 여부에 대해 법관이 확신을 갖지 못하면, 다시 말해 입증되지 않으면 원고와 피고 가운데 누군가는 패소의 불이익을 당하게 된다. 이런 불이익을 받게 될 당사자는 입증의 부담을 안을 수밖에 없고, 이를 입증 책임이라 부른다. (나) 대체로 어떤 사실이 존재함을 증명하는 것이 존재하지 않음을 증명하는 것보다 쉽다. 이 둘 가운데 어느 한 쪽에 부담을 지워야 한다면, 쉬운 쪽에 지우는 것이 공평할 것이다. 이런 형평성을 고려하여 특정한 사실의 발생을 주장하는 이에게 그 사실의 존재에 대한 입증 책임을 지도록 하였다. (다) 그리하여 상대방에게 불법 행위의 책임이 있다고 주장하는 피해자는 소송에서 원고가 되어, 앞의 민법 조문에서 규정하는 요건들이 이루어졌다고 입증해야 한다. (라)

그런데 이들 요건 가운데 인과 관계는 그 입증의 어려움 때문에 공해 사건 등에서 문제가 된다. 공해에 관하여는 현재의 과학 수준으로도 해명되지 않는 일이 많다. 그런데도 피해자에게 공해와 손해 발생 사이의 인과 관계를 하나하나의 연결 고리까지 자연 과학적으로 증명하도록 요구한다면, 사실상 사법적 구제를 거부하는 일이 될 수 있다. 더구나 관련 기업은 월등한 지식과 기술을 가지고 훨씬 더 쉽게 원인 조사를 할 수 있는 상황이기에, 피해자인 상대방에게만 엄격한 부담을 지우는 데 대한 형평성 문제도 제기된다.

보기

소송에서 입증은 주장하는 사실을 법관이 의심 없이 확신하도록 만드는 일이다.

---

① (가) ② (나)
③ (다) ④ (라)

02 다음 중 (가) ~ (다)에 들어갈 문장을 〈보기〉에서 찾아 순서대로 바르게 나열한 것은?

소리를 내는 것, 즉 음원의 위치를 판단하는 일은 복잡한 과정을 거친다. 사람의 청각은 '청자의 머리와 두 귀가 소리와 상호작용하는 방식'을 단서로 음원의 위치를 파악한다.

음원의 위치가 정중앙이 아니라 어느 한쪽으로 치우쳐 있으면, 소리가 두 귀 중에서 어느 한쪽에 먼저 도달한다. (가) 따라서 소리가 두 귀에 도달하는 데 걸리는 시간차를 이용하면 소리가 오는 방향을 알아낼 수 있다. 소리가 두 귀에 도달하는 시간의 차이는 음원이 정중앙에서 한쪽으로 치우칠수록 커진다.

양 귀를 이용해 음원의 위치를 알 수 있는 또 다른 단서는 두 귀에 도달하는 소리의 크기 차이이다. 왼쪽에서 나는 소리는 왼쪽 귀에 더 크게 들리고, 오른쪽에서 나는 소리는 오른쪽 귀에 더 크게 들린다. 이런 차이는 머리가 소리 전달을 막는 장애물로 작용하기 때문이다. (나) 따라서 소리가 저주파로만 구성되어 있는 경우 소리의 크기 차이를 이용한 위치 추적은 효과적이지 않다.

또 다른 단서는 음색의 차이이다. 고막에 도달하기 전에 소리는 머리와 귓바퀴를 지나는데, 이때 머리와 귓바퀴의 굴곡은 소리를 변형시키는 필터 역할을 한다. (다) 이러한 차이를 통해 음원의 위치를 파악할 수 있다.

> **보기**
>
> ⊙ 이 때문에 두 고막에 도달하는 소리의 음색 차이가 생겨난다.
> ⓒ 하지만 이런 차이는 소리에 섞여 있는 여러 음파들 중 고주파에서만 일어나고 저주파에서는 일어나지 않는다.
> ⓒ 왼쪽에서 나는 소리는 왼쪽 귀가 먼저 듣고, 오른쪽에서 나는 소리는 오른쪽 귀가 먼저 듣는다.

	(가)	(나)	(다)
①	⊙	ⓒ	ⓒ
②	⊙	ⓒ	ⓒ
③	ⓒ	⊙	ⓒ
④	ⓒ	ⓒ	⊙

03 다음 글의 빈칸에 들어갈 내용으로 가장 적절한 것은?

소독이란 물체의 표면 및 그 내부에 있는 병원균을 죽여 전파력 또는 감염력을 없애는 것이다. 이때, 소독의 가장 안전한 형태로는 멸균이 있다. 멸균이란 대상으로 하는 물체의 표면 또는 그 내부에 분포하는 모든 세균을 완전히 죽여 무균의 상태로 만드는 조작으로, 살아있는 세포뿐만 아니라 포자, 박테리아, 바이러스 등을 완전히 파괴하거나 제거하는 것이다.

물리적 멸균법은 열, 햇빛, 자외선, 초단파 따위를 이용하여 균을 죽여 없애는 방법이다. 열(Heat)에 의한 멸균에는 건열 방식과 습열 방식이 있는데, 건열 방식은 소각과 건식오븐을 사용하여 멸균하는 방식이다. 건열 방식이 활용되는 예로는 미생물 실험실에서 사용하는 많은 종류의 기구를 물 없이 멸균하는 것이 있다. 이는 습열 방식을 활용했을 때 유리를 포함하는 기구가 파손되거나 금속 재질로 이루어진 기구가 습기에 의해 부식할 가능성을 보완한 방법이다. 그러나 건열 멸균법은 습열 방식에 비해 멸균 속도가 느리고 효율이 떨어지며, 열에 약한 플라스틱이나 고무제품은 대상물의 변성이 이루어져 사용할 수 없다. 예를 들어 많은 세균의 내생포자는 습열 멸균 온도 조건(121℃)에서는 5분 이내에 사멸되나, 건열 멸균법을 활용할 경우 이보다 더 높은 온도(160℃)에서도 약 2시간 정도가 지나야 사멸되는 양상이 나타난다. 반면, 습열 방식은 바이러스, 세균, 진균 등의 미생물들을 손쉽게 사멸시킨다. 습열은 효소 및 구조단백질 등의 필수 단백질의 변성을 유발하고, 핵산을 분해하며 세포막을 파괴하여 미생물을 사멸시킨다. 끓는 물에 약 10분간 노출하면 대개의 영양세포나 진핵포자를 충분히 죽일 수 있으나, 100℃의 끓는 물에서는 세균의 내생포자를 사멸시키지는 못한다. 따라서 물을 끓여서 하는 열처리는 _____ 멸균을 시키기 위해서는 100℃가 넘는 온도(일반적으로 121℃)에서 압력(약 1.1kg/cm²)을 가해 주는 고압증기멸균기를 이용한다. 고압증기멸균기는 물을 끓여 증기를 발생시키고 발생한 증기와 압력에 의해 멸균을 시키는 장치이다. 고압증기멸균기 내부가 적정 온도와 압력(121℃, 약 1.1kg/cm²)에 이를 때까지 뜨거운 포화 증기를 계속 유입시킨다. 해당 온도에서 포화 증기는 15분 이내에 모든 영양세포와 내생포자를 사멸시킨다. 고압증기멸균기에 의해 사멸되는 미생물은 고압에 의해서라기보다는 고압하에서 수증기가 얻을 수 있는 높은 온도에 의해 사멸되는 것이다.

① 더 많은 세균을 사멸시킬 수 있다.

② 멸균 과정에서 더 많은 비용이 소요된다.

③ 멸균 과정에서 더 많은 시간이 소요된다.

④ 소독을 시킬 수는 있으나, 멸균을 시킬 수는 없다.

05 | 내용 추론

| 유형분석 |

- 주어진 지문을 바탕으로 도출할 수 있는 내용을 찾는 문제이다.
- 선택지의 내용을 정확하게 확인하고 지문의 정보와 비교하여 추론하는 능력이 필요하다.

다음 글을 읽고 추론한 내용으로 적절하지 않은 것은?

1977년 개관한 퐁피두 센터의 정식명칭은 국립 조르주 퐁피두 예술문화 센터로, 공공정보기관(BPI), 공업창작센터(CCI), 음악·음향의 탐구와 조정연구소(IRCAM), 파리 국립 근현대 미술관(MNAM) 등이 있는 종합 문화예술 공간이다. 퐁피두라는 이름은 이 센터의 창설에 힘을 기울인 조르주 퐁피두 대통령의 이름을 딴 것이다.

1969년 당시 대통령이었던 퐁피두는 파리의 중심지에 미술관이면서 동시에 조형예술과 음악, 영화, 서적 그리고 모든 창조적 활동의 중심이 될 수 있는 문화 복합센터를 지어 프랑스 미술을 더욱 발전시키고자 했다. 요즘 미술관들은 미술관의 이러한 복합적인 기능과 역할을 인식하고 변화를 시도하는 곳이 많다. 미술관은 더 이상 전시만 보는 곳이 아니라 식사도 하고 영화도 보고 강연도 들을 수 있는 곳으로, 대중과의 거리 좁히기를 시도하고 있는 것도 그리 특별한 일은 아니다. 그러나 이미 40년 전에 21세기 미술관의 기능과 역할을 미리 내다볼 줄 아는 혜안을 가지고 설립된 퐁피두 미술관은 프랑스가 왜 문화강국이라 불리는지를 알 수 있게 해준다.

① 퐁피두 미술관의 모습은 기존 미술관의 모습과 다를 것이다.
② 퐁피두 미술관을 찾는 사람들의 목적은 다양할 것이다.
③ 퐁피두 미술관은 전통적인 예술작품들을 선호할 것이다.
④ 퐁피두 미술관은 파격적인 예술작품들을 배척하지 않을 것이다.

정답 ③

제시문에 따르면 퐁피두 미술관은 모든 창조적 활동을 위한 공간이므로, 퐁피두가 전통적인 예술작품을 선호할 것이라는 내용은 추론할 수 없다.

풀이 전략!

주어진 지문이 어떠한 내용을 다루고 있는지 파악한 후 선택지의 키워드를 확실하게 체크하고, 지문의 정보에서 도출할 수 있는 내용을 찾는다.

01 다음 글 뒤에 이어질 내용으로 가장 적절한 것은?

'모든 사람이 건강보험 혜택을 받아야 한다.'는 네덜란드 법에 명시된 '건강권' 조항의 내용이다. 취약계층을 비롯한 모든 국민이 차별 없이 건강 보호를 받아야 하고, 단순히 질병 치료만이 아니라 건강증진과 재활 등의 영역에 이르기까지 충분한 보건의료 서비스를 보장받아야 한다는 취지이다. GGD는 네덜란드 국민의 건강 형평성을 위해 설립된 기관으로, 네덜란드 모든 지역에 공공보건서비스를 제공하기 위해 GGD를 설립하여 운영하고 있다. 네덜란드 국민이라면 생애 한 번 이상은 GGD를 방문한다. 임신한 여성은 산부인과 병원이 아닌 GGD를 찾아 임신부 관리를 받고, 어린 자녀를 키우는 부모는 정기적으로 GGD 어린이 건강 센터를 찾아 아이의 성장과 건강을 확인한다. 열대지방을 여행하고 돌아온 사람은 GGD의 여행 클리닉에서 예방 접종을 받으며, 바퀴벌레나 쥐 때문에 골치 아픈 시민이라면 GGD에 해충 방제 서비스를 요청해 문제를 해결한다. 성병에 걸렸거나 알코올중독 · 마약중독으로 고통을 겪는 환자도 GGD에서 검사와 치료를 받을 수 있다. 가정폭력 피해자의 상담과 치료도 이곳에서 지원한다. 예방프로그램 제공, 의료환경 개선, 아동보건의료 제공, 전염성질환 관리가 모두 GGD에서 이뤄진다. 특히, 경제적 취약계층을 위한 보건의료서비스를 GGD가 책임진다.

GGD는 한국의 보건의료원과 비슷한 역할을 하지만, 그보다 지원 대상과 영역이 방대하고 더 적극적으로 지원 대상을 발굴한다. 특히, 전체 인력 중 의료진이 절반 이상으로 전문성을 갖췄다. GGD 암스테르담에 근무하는 약 1,100명의 직원 가운데 의사와 간호사는 600명이 넘는다. 이 가운데 의사가 100여 명으로 감염, 법의학, 정신질환 등을 담당한다. 500여 명의 간호사는 의사들과 팀을 이뤄 활동하고 있다. 이곳 의사는 모두 GGD 소속 공무원이다. 반면 한국 보건소, 보건지소, 보건의료원 의사 대부분은 병역의무를 대신해 3년만 근무하는 공중보건의이다. 하지만 공중보건의도 최근 7년 사이 1,500명 이상 줄어들면서 공공의료 공백 우려도 있다.

'평등한 건강권'은 최근 국내에서 개헌 논의가 시작되면서 본격적으로 논의되기 시작한 개념이다. 기존 헌법에 '모든 국민은 보건에 관하여 국가의 보호를 받는다.'는 조항이 포함되어 있지만, 아직 건강권의 보장 범위가 협소하고 애매하다. 한국은 건강 불평등 격차가 큰 나라 중 하나이다. 국제구호개발기구가 2013년 발표한 전 세계 176개국의 '건강 불평등 격차'에서 우리나라는 33위를 차지했다. 건강 불평등 격차는 보건서비스에 접근이 쉬운 사람과 그렇지 않은 사람 사이의 격차가 얼마나 큰지 나타내는 지수로, 격차가 클수록 가난한 사람들의 보건 교육, 예방, 치료 등이 보장되지 않음을 의미한다.

① 네덜란드의 보험 제도 또한 많은 문제점을 지니고 있다.
② 네덜란드의 보험 제도를 참고하여 우리나라의 건강 불평등 해소 방향을 생각해볼 수 있다.
③ 한국의 건강보험공단은 네덜란드의 보험 제도 개혁에 있어 많은 도움을 줄 수 있을 것이다.
④ 우리나라의 건강 불평등 격차를 줄이기 위해서는 무엇보다도 개헌이 시급하다.

02 다음 글을 토대로 〈보기〉를 바르게 해석한 것은?

바이러스는 생명체와 달리 세포가 아니기 때문에 스스로 생장이 불가능하다. 그래서 바이러스는 살아있는 숙주 세포에 기생하고, 그 안에서 증식함으로써 살아간다. 바이러스의 감염 가능 여부는 숙주 세포 수용체의 특성에 따라 결정되며, 우리 몸은 바이러스가 감염되는 다양한 과정을 통해 지속감염이 일어나기도 하고 급성감염이 일어나기도 한다. 급성감염은 일반적으로 짧은 기간 안에 일어나는데, 바이러스는 감염된 숙주 세포를 증식 과정에서 죽이고 바이러스가 또 다른 숙주 세포에서 증식하며 질병을 일으킨다. 시간이 흐르면서 체내의 방어 체계에 의해 바이러스를 제거해 나가면 체내에는 더 이상 바이러스가 남아 있지 않게 된다. 반면 지속감염은 급성감염에 비해 상대적으로 오랜 기간 동안 바이러스가 체내에 잔류한다. 지속감염에서는 바이러스가 장기간 숙주 세포를 파괴하지 않으면서도 체내의 방어 체계를 회피하며 생존한다. 지속감염은 바이러스의 발현 양상에 따라 잠복감염과 만성감염, 지연감염으로 나뉜다. 잠복감염은 초기 감염으로 인한 증상이 나타난 후 한동안 증상이 사라졌다가 특정 조건에서 바이러스가 재활성화되어 증상을 다시 동반한다. 이때 같은 바이러스에 의한 것임에도 첫 번째와 두 번째 질병이 다르게 발현되기도 한다. 잠복감염은 질병이 재발하기까지 바이러스가 감염성을 띠지 않고 잠복하게 되는데, 이러한 상태의 바이러스를 프로바이러스라고 부른다. 반면 만성감염은 감염성 바이러스가 숙주로부터 계속 배출되어 항상 검출되고 다른 사람에게 옮길 수 있는 감염 상태이다. 하지만 사람에 따라서 질병이 발현되거나 되지 않기도 하며 때로는 뒤늦게 발현될 수도 있다는 특성이 있다. 마지막으로 지연감염은 초기 감염 후 특별한 증상이 나타나지 않다가 장기간에 걸쳐 감염성 바이러스의 수가 점진적으로 증가하여 반드시 특정 질병을 유발하는 특성이 있다.

<보기>

C형 간염 바이러스(HCV)에 감염된 환자의 약 80%는 해당 바이러스를 보유하고도 증세가 나타나지 않아 감염 여부를 인지하지 못하다가 나중에 나타난 증세를 통해 알게 되기도 한다. 감염 환자의 약 20%는 간에 염증이 나타나고 이에 따른 합병증이 나타나기도 한다.

① C형 간염 바이러스에 감염된 사람은 간에 염증이 나타나지 않는다면 바이러스가 검출되지 않을 것이다.

② C형 간염 바이러스에 감염된 사람은 증세가 사라지더라도 특정 조건에서 다시 바이러스가 재활성화될 수 있다.

③ C형 간염 바이러스에 감염된 사람은 일정 연령이 되면 반드시 간 염증과 그에 따른 합병증이 나타날 것이다.

④ C형 간염 바이러스에 감염된 사람은 합병증이 나타나지 않더라도 다른 사람에게 바이러스를 옮길 수 있을 것이다.

03 다음 글을 읽고 추론한 내용으로 적절하지 않은 것은?

> 다의어란 두 가지 이상의 의미를 가진 단어로, 기본이 되는 핵심 의미를 중심 의미라고 하고 중심 의미에서 확장된 의미를 주변 의미라고 한다. 중심 의미는 일반적으로 주변 의미보다 언어 습득의 시기가 빠르며 사용 빈도가 높다.
>
> 다의어가 주변 의미로 사용되었을 때는 문법적 제약이 나타나기도 한다. 예를 들어 '한 살을 먹다.'는 가능하지만, '한 살이 먹히다.'나 '한 살을 먹이다.'는 어법에 맞지 않는다. 또한 '손'이 '노동력'의 의미로 쓰일 때는 '부족하다, 남다' 등 몇 개의 용언과만 함께 쓰여 중심 의미로 쓰일 때보다 결합하는 용언의 수가 적다.
>
> 다의어의 주변 의미는 기존의 의미가 확장되어 생긴 것으로서, 새로 생긴 의미는 기존의 의미보다 추상성이 강화되는 경향이 있다. '손'의 중심 의미가 확장되어 '손이 부족하다.', '손에 넣다.'처럼 각각 '노동력', '권한이나 범위'로 쓰이는 것이 그 예이다.
>
> 다의어의 의미들은 서로 관련성을 갖는다. 예를 들어 '줄'의 중심 의미는 '새끼 따위와 같이 무엇을 묶거나 동이는 데 쓸 수 있는 가늘고 긴 물건'인데 길게 연결되어 있는 모양이 유사하여 '길이로 죽 벌이거나 늘여 있는 것'의 의미를 갖게 되었다. 또한, 연결이라는 속성이나 기능이 유사하여 '사회생활에서의 관계나 인연'의 뜻도 지니게 되었다.
>
> 그런데 다의어의 의미들이 서로 대립적 관계를 맺는 경우가 있다. 예를 들어 '앞'은 '향하고 있는 쪽이나 곳'이 중심 의미인데 '앞 세대의 입장', '앞으로 다가올 일'에서는 각각 '이미 지나간 시간'과 '장차 올 시간'을 가리킨다. 이것은 시간의 축에서 과거나 미래 중 어느 방향을 바라보는지에 따른 차이로서 이들 사이의 의미적 관련성은 유지된다.

① 동음이의어와 다의어는 단어의 문법적 제약이나 의미의 추상성 및 관련성 등으로 구분할 수 있을 것이다.

② '손에 넣다.'에서 '손'은 '권한이나 범위'의 의미로 사용될 수 있지만, '노동력'의 의미로는 사용될 수 없을 것이다.

③ '먹다'가 중심 의미인 '음식 따위를 입을 통하여 배 속에 들여보내다.'로 사용된다면 '먹히다', '먹이다'로 제약 없이 사용될 것이다.

④ '줄'의 '사회생활에서의 관계나 인연'의 의미는 '길이로 죽 벌이거나 늘여 있는 것'의 의미보다 사용 빈도가 높을 것이다.

06 | 맞춤법 · 어휘

| 유형분석 |

- 맞춤법에 맞는 단어를 찾거나 주어진 지문의 내용에 어울리는 단어를 찾는 문제가 주로 출제된다.
- 단어 사이의 관계에 대한 문제가 출제되므로 비슷하거나 반대되는 단어를 함께 학습하는 것이 좋다.
- 자주 출제되는 단어나 헷갈리는 단어에 대한 학습을 꾸준히 하는 것이 좋다.

다음 중 밑줄 친 단어와 바꿔 사용할 수 있는 것은?

최저임금법 시행령 제5조 제1항 제2호 및 제3호는 주 단위 또는 월 단위로 지급된 임금에 대해 1주 또는 월의 소정근로시간 수로 나눈 금액을 시간에 대한 임금으로 규정하고 있다. 그러나 최저임금 산정을 위한 소정근로시간 수에 대해 고용노동부와 대법원의 해석이 <u>어긋나</u> 눈길을 끈다. 고용노동부는 소정근로시간에 유급주휴시간을 포함하여 계산하여 통상임금 산정기준 근로시간 수와 동일하게 본 반면, 대법원은 최저임금 산정을 위한 소정근로시간 수에 유급주휴시간을 제외하고 산정하였다.

① 배치되어　　　　　　　　　　　② 도치되어
③ 대두되어　　　　　　　　　　　④ 전도되어

정답 ①
- 어긋나다 : 방향이 비껴서 서로 만나지 못하다.
- 배치하다 : 서로 반대로 되어 어그러지거나 어긋나다.

오답분석
② 도치하다 : 차례나 위치 따위를 서로 뒤바꾸다.
③ 대두하다 : 어떤 세력이나 현상이 새롭게 나타나다.
④ 전도하다 : 거꾸로 되거나 거꾸로 하다.

풀이 전략!

문제에서 물어보는 단어를 정확히 확인해야 하고, 문제에서 다루고 있는 단어의 앞뒤 내용을 읽고 글의 전체적 흐름을 생각하며 문제에 접근해야 한다.

01   다음 중 빈칸 ㉠~㉢에 들어갈 접속어로 가장 적절한 것은?

> 감기와 독감은 엄연히 다르다. 감기는 코, 목, 기관지 등 호흡기 점막에 생기는 염증성·알레르기성 질환으로 200여 종이 넘는 다양한 바이러스에 의해 발생한다. ___㉠___ 독감은 특정 인플루엔자 바이러스로 인한 급성 호흡기 질환으로, A, B, C형의 3가지 유형이 대표적이다. 감기는 원인이 되는 바이러스가 200여 종이 넘기 때문에 예방이 어렵다. ___㉡___ 독감은 특정 인플루엔자 바이러스로 인한 것이므로 접종을 통해 예방할 수 있다. 독감 백신은 접종 후 2주부터 항체가 생겨 6개월 동안 지속된다. ___㉢___ 독감 유행이 시작되기 전인 10월부터 11월 사이에 접종하는 것이 좋다.

	㉠	㉡	㉢
①	그리고	게다가	즉
②	그러므로	게다가	그러나
③	그러므로	그러나	따라서
④	그러나	그러나	따라서

02   다음 중 밑줄 친 부분이 맞춤법상 옳지 않은 것은?

① 바리스타로서 자부심을 가지고 커피를 내렸다.
② 어제는 왠지 피곤한 하루였다.
③ 용감한 시민의 제보로 진실이 드러났다.
④ 점심을 먹은 뒤 바로 설겆이를 했다.

03   다음 중 밑줄 친 ㉠, ㉡의 관계와 가장 유사한 것은?

> 남성적 특성과 여성적 특성을 모두 가지고 있는 사람이 남성적 특성 혹은 여성적 특성만 지니고 있는 사람에 비하여 훨씬 더 다양한 ㉠자극에 대하여 다양한 ㉡반응을 보일 수 있다. 이렇게 여러 개의 반응 레퍼토리를 가지고 있다는 것은 다시 말하면, 그때그때 상황의 요구에 따라 적합한 반응을 보일 수 있다는 것이며, 이는 곧 사회적 환경에 더 유연하고 효과적으로 대처할 수 있다는 것을 의미한다.

① 개인 – 사회   ② 정신 – 육체
③ 물고기 – 물   ④ 입력 – 출력

수리능력

합격 Cheat Key

수리능력은 사칙 연산·통계·확률의 의미를 정확하게 이해하고 이를 업무에 적용하는 능력으로, 기초 연산과 기초 통계, 도표 분석 및 작성의 문제 유형으로 출제된다. 수리능력 역시 채택하지 않는 공사·공단이 거의 없을 만큼 필기시험에서 중요도가 높은 영역이다.

특히, 난이도가 높은 공사·공단의 시험에서는 도표 분석, 즉 자료 해석 유형의 문제가 많이 출제되고 있고, 응용 수리 역시 꾸준히 출제하는 공사·공단이 많기 때문에 기초 연산과 기초 통계에 대한 공식의 암기와 자료 해석 능력을 기를 수 있는 꾸준한 연습이 필요하다.

1 응용 수리의 공식은 반드시 암기하라!

응용 수리는 공사·공단마다 출제되는 문제는 다르지만, 사용되는 공식은 비슷한 경우가 많으므로 자주 출제되는 공식을 반드시 암기하여야 한다. 문제에서 묻는 것을 정확하게 파악하여 그에 맞는 공식을 적절하게 적용하는 꾸준한 노력과 공식을 암기하는 연습이 필요하다.

2 자료의 해석은 자료에서 즉시 확인할 수 있는 지문부터 확인하라!

수리능력 중 도표 분석, 즉 자료 해석 능력은 많은 시간을 필요로 하는 문제가 출제되므로, 증가·감소 추이와 같이 눈으로 확인이 가능한 지문을 먼저 확인한 후 복잡한 계산이 필요한 지문을 확인하는 방법으로 문제를 풀이한다면 시간을 조금이라도 아낄 수 있다. 또한, 여러 가지 보기가 주어진 문제 역시 지문을 잘 확인하고 문제를 풀이한다면 불필요한 계산을 생략할 수 있으므로 항상 지문부터 확인하는 습관을 들여야 한다.

3 도표 작성에서 지문에 작성된 도표의 제목을 반드시 확인하라!

도표 작성은 하나의 자료 혹은 보고서와 같은 수치가 표현된 자료를 도표로 작성하는 형식으로 출제되는데, 대체로 표보다는 그래프를 작성하는 형태로 많이 출제된다. 지문을 살펴보면 각 지문에서 주어진 도표에도 소제목이 있는 경우가 대부분이다. 이때, 자료의 수치와 도표의 제목이 일치하지 않는 경우 함정이 존재하는 문제일 가능성이 높으므로 도표의 제목을 반드시 확인하는 것이 중요하다.

01 | 응용 수리

| 유형분석 |

- 문제에서 제공하는 정보를 파악한 뒤, 사칙연산을 활용하여 계산하는 전형적인 수리문제이다.
- 문제를 풀기 위한 정보가 산재되어 있는 경우가 많으므로 주어진 조건 등을 꼼꼼히 확인해야 한다.

세희네 가족의 올해 휴가비용은 작년 대비 교통비는 15%, 숙박비는 24% 증가하였고, 전체 휴가비용은 20% 증가하였다. 작년 전체 휴가비용이 36만 원일 때, 올해 숙박비는?(단, 전체 휴가비는 교통비와 숙박비의 합이다)

① 160,000원

② 184,000원

③ 200,000원

④ 248,000원

정답 ④

작년 교통비를 x원, 숙박비를 y원이라 하자.

$1.15x+1.24y=1.2(x+y)\cdots$ ㉠

$x+y=36\cdots$ ㉡

㉠과 ㉡을 연립하면 $x=16$, $y=20$이다.

따라서 올해 숙박비는 $20\times1.24=24.8$만 원이다.

풀이 전략!

문제에서 묻는 바를 정확하게 확인한 후, 필요한 조건 또는 정보를 구분하여 신속하게 풀어 나간다. 단, 계산에 착오가 생기지 않도록 유의한다.

01 예선 경기에서 우승한 8명의 선수들이 본선 경기를 진행하려고 한다. 경기 방식은 토너먼트이고 작년에 우승한 1 ~ 4위까지의 선수들이 첫 경기에서 만나지 않도록 대진표를 정한다. 이때 가능한 대진표의 경우의 수는?

① 60가지　　　　　　　　　　　　② 64가지

③ 68가지　　　　　　　　　　　　④ 72가지

02 농도가 10%인 A소금물 200g과 농도가 20%인 B소금물 300g이 있다. A소금물에는 ag의 물을 첨가하고, B소금물은 bg을 버렸다. 늘어난 A소금물과 줄어든 B소금물을 합친 결과, 농도가 10%인 500g의 소금물이 되었을 때, A소금물에 첨가한 물의 양은?

① 100g　　　　　　　　　　　　② 120g

③ 150g　　　　　　　　　　　　④ 180g

03 길이가 40m인 열차가 200m의 터널을 완전히 통과하는 데 10초가 걸렸다. 이 열차가 320m인 터널을 완전히 통과하는 데 걸리는 시간은 몇 초인가?

① 15초　　　　　　　　　　　　② 17초

③ 19초　　　　　　　　　　　　④ 20초

04 수호가 집에서 1.5km 떨어진 학원을 가는데 15분 안에 도착해야 한다. 처음에는 분속 40m로 걷다가 지각하지 않기 위해 남은 거리는 분속 160m로 달렸다. 수호가 걸어간 거리는 몇 m인가?

① 280m　　　　　　　　　　　　② 290m

③ 300m　　　　　　　　　　　　④ 310m

다과회를 준비하는 총무팀의 S사원은 인터넷 쇼핑몰을 통해 사과와 배, 귤을 각각 20개 이상씩 총 20,000원의 예산에 딱 맞춰 구입하였다. 인터넷 쇼핑몰에서 판매하는 사과와 배, 귤의 가격이 각각 개당 120원, 260원, 40원이고, 배를 가장 많이 구입하였다면 구입한 배의 최소 개수는?

① 47개 　　　　　　　　　　　　　② 48개

③ 49개 　　　　　　　　　　　　　④ 50개

S공사에서는 신입사원을 채용하려고 한다. 부서별 배정 인원이 다음과 같을 때, 전체 신입사원의 수는?(단, 인사부, 총무부, 연구부, 마케팅부만 있다)

전체 신입사원 중 $\frac{1}{5}$ 은 인사부, $\frac{1}{4}$ 은 총무부, $\frac{1}{2}$ 의 인원은 연구부이며, 마케팅부에 배정할 인원은 100명이다.

① 1,000명 　　　　　　　　　　　② 1,200명

③ 1,500명 　　　　　　　　　　　④ 2,000명

빨간색 카드에는 숫자 2, 3, 4가 쓰여 있고 흰색 카드에는 숫자 1, 7, 9가 적혀 있다. 빨간색은 1번, 흰색은 2번을 임의로 뽑아 선택한 숫자로 세 자리 수를 만들 때, 만들 수 있는 가장 큰 수와 가장 작은 수의 차이는 얼마인가?(단, 흰색 카드는 한 장씩 뽑으며, 뽑은 카드는 다시 넣는다)

① 662 　　　　　　　　　　　　　② 750

③ 880 　　　　　　　　　　　　　④ 882

08 원가의 20%를 추가한 금액을 정가로 하는 제품을 15% 할인해서 50개를 판매한 금액이 127,500원일 때, 이 제품의 원가는 얼마인가?

① 1,500원   ② 2,000원

③ 2,500원   ④ 3,000원

09 철수는 다음과 같은 길을 따라 A에서 C까지 최단 거리로 이동하려고 한다. 최단 거리로 이동하는 동안 점 B를 거쳐서 이동하는 경우의 수는?

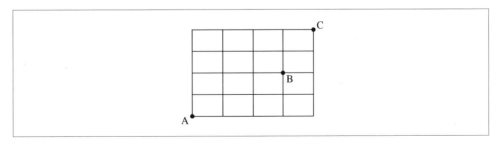

① 15가지   ② 24가지

③ 28가지   ④ 30가지

02 | 자료 계산

| 유형분석 |

- 문제에 주어진 도표를 분석하여 계산하는 문제이다.
- 주로 그래프와 표로 제시되며, 경영·경제·산업 등과 관련된 최신 이슈를 많이 다룬다.
- 자료 간의 증감률·합계·차이 등을 자주 묻는다.

다음 자료를 근거로 할 때, 하루 동안 고용할 수 있는 최대 인원은?

총예산	본예산	500,000원
	예비비	100,000원
인건비	1인당 수당	50,000원
	산재보험료	(수당)×0.504%
	고용보험료	(수당)×1.3%

① 10명   ② 11명

③ 12명   ④ 13명

정답 ②

- (1인당 하루 인건비)=(1인당 수당)+(산재보험료)+(고용보험료)

  =50,000+50,000×0.504%+50,000×1.3%

  =50,000+252+650=50,902원

- (하루에 고용할 수 있는 인원수)=[(본예산)+(예비비)]÷(하루 1인당 인건비)

  =600,000÷50,902≒11.8

따라서 하루 동안 고용할 수 있는 최대 인원은 11명이다.

풀이 전략!

계산을 위해 필요한 정보를 도표에서 확인하도록 하며, 복잡한 계산을 하기 전에 조건을 꼼꼼하게 확인하여 실수를 줄일 수 있도록 한다.

01 다음은 4개 국가의 연도별 관광·수입 및 지출을 나타낸 자료이다. 2023년 관광 수입이 가장 많은 국가와 가장 적은 국가의 2024년 관광 지출 대비 관광 수입 비율의 차이는 얼마인가?(단, 소수점 둘째 자리에서 반올림한다)

〈국가별 관광 수입 및 지출〉

(단위 : 백만 달러)

구분	관광 수입			관광 지출		
	2022년	2023년	2024년	2022년	2023년	2024년
한국	15,214	17,300	13,400	25,300	27,200	30,600
중국	44,969	44,400	32,600	249,800	250,100	257,700
홍콩	36,150	32,800	33,300	23,100	24,100	25,400
인도	21,013	22,400	27,400	14,800	16,400	18,400

① 27.5%p

② 28.3%p

③ 30.4%p

④ 31.1%p

02 다음은 S공사 영업부의 분기별 영업 실적을 나타낸 그래프이다. 전체 실적에서 1 ~ 2분기와 3 ~ 4분기가 각각 차지하는 비중을 바르게 연결한 것은?(단, 비중은 소수점 둘째 자리에서 반올림한다)

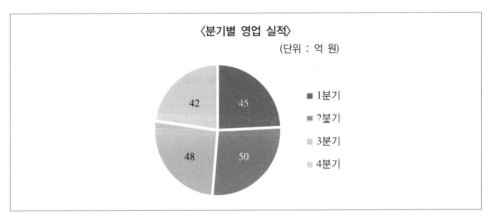

〈분기별 영업 실적〉

(단위 : 억 원)

	1 ~ 2분기	3 ~ 4분기
①	48.6%	51.4%
②	46.8%	50.1%
③	50.1%	46.8%
④	51.4%	48.6%

※ S사는 이번 달부터 직원들에게 자기개발 프로그램 신청 시 보조금을 지원해 준다고 한다. 다음은 이번 달에 부서별 프로그램 신청자 수 현황과 프로그램별 세부사항에 대한 그래프이다. 이어지는 질문에 답하시오. [3~5]

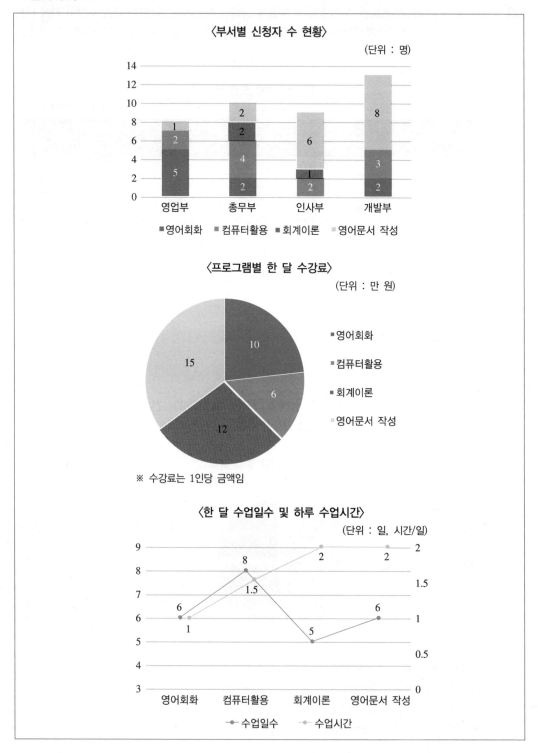

〈부서별 신청자 수 현황〉

〈프로그램별 한 달 수강료〉

※ 수강료는 1인당 금액임

〈한 달 수업일수 및 하루 수업시간〉

03 S사에서 '컴퓨터활용'을 신청한 직원이 전체 부서 직원에서 차지하는 비율은?

① 25%
② 27.5%
③ 30%
④ 32.5%

04 S사에서 자기개발 프로그램 신청 시 수강료 전액을 지원해 준다고 할 때, 이번 달 '영어회화'와 '회계이론'에 지원해 주는 금액은 총 얼마인가?

① 120만 원
② 122만 원
③ 124만 원
④ 126만 원

05 자기개발 프로그램 중 한 달에 가장 적은 시간을 수업해 주는 프로그램과 그 프로그램의 한 달 수강료를 바르게 나열한 것은?

① 영어문서 작성, 15만 원
② 컴퓨터활용, 6만 원
③ 영어회화, 10만 원
④ 회계이론, 12만 원

03 | 자료 이해

| 유형분석 |

- 제시된 표를 분석하여 선택지의 정답 유무를 판단하는 문제이다.
- 표의 수치 등을 통해 변화량이나 증감률, 비중 등을 비교하여 판단하는 문제가 자주 출제된다.
- 지원하고자 하는 기업이나 산업과 관련된 자료 등이 문제의 자료로 많이 다뤄진다.

다음은 성별 국민연금 가입자 현황이다. 이에 대한 설명으로 옳은 것은?

〈성별 국민연금 가입자 수〉

(단위 : 명)

구분	사업장가입자	지역가입자	임의가입자	임의계속가입자	합계
남자	8,059,994	3,861,478	50,353	166,499	12,138,324
여자	5,775,011	3,448,700	284,127	296,644	9,804,482
합계	13,835,005	7,310,178	334,480	463,143	21,942,806

① 남자 사업장가입자 수는 남자 지역가입자 수의 2배 미만이다.
② 여자 사업장가입자 수는 이를 제외한 항목의 여자 가입자 수를 모두 합친 것보다 적다.
③ 전체 지역가입자 수는 전체 사업장가입자 수의 50% 미만이다.
④ 전체 가입자 중 여자 가입자 수의 비율은 40% 이상이다.

정답 ④

전체 가입자 중 여자 가입자 수의 비율은 $\frac{9,804,482}{21,942,806} \times 100 \fallingdotseq 44.7\%$이다.

오답분석

① 남자 사업장가입자 수는 8,059,994명이며, 남자 지역가입자 수의 2배인 3,861,478×2=7,722,956명보다 많다.
② 전체 여자 가입자 수인 9,804,482명에서 여자 사업장가입자 수인 5,775,011명을 빼면 4,029,471명이다. 따라서 여자 사업장
  가입자 수가 이를 제외한 항목의 여자 가입자 수를 모두 합친 것보다 많다.
③ 전체 지역가입자 수는 전체 사업장가입자 수의 $\frac{7,310,178}{13,835,005} \times 100 \fallingdotseq 52.8\%$이다.

풀이 전략!

평소 변화량이나 증감률, 비중 등을 구하는 공식을 알아두고 있어야 하며, 지원하는 기업이나 산업에 관한 자료 등을 확인하여
비교하는 연습 등을 한다.

01 다음은 약품 A ~ C 투입량에 따른 오염물질 제거량을 측정한 자료이다. 이에 대한 설명으로 옳은 것을 〈보기〉에서 모두 고르면?

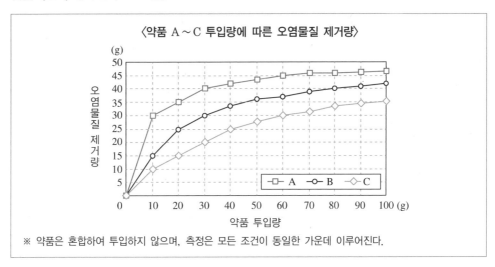

〈약품 A ~ C 투입량에 따른 오염물질 제거량〉

※ 약품은 혼합하여 투입하지 않으며, 측정은 모든 조건이 동일한 가운데 이루어진다.

보기

ㄱ. 각 약품의 투입량이 20g일 때와 60g일 때를 비교하면, A의 오염물질 제거량 차이가 가장 작다.
ㄴ. 각 약품의 투입량이 20g일 때, 오염물질 제거량은 A가 C의 2배 이상이다.
ㄷ. 오염물질 30g을 제거하기 위해 필요한 투입량이 가장 적은 약품은 B이다.
ㄹ. 약품 투입량이 같으면 B와 C의 오염물질 제거량 차이는 7g 미만이다.

① ㄱ, ㄴ
② ㄴ, ㄹ
③ ㄷ, ㄹ
④ ㄱ, ㄴ, ㄷ

02 다음은 2017 ~ 2023년 사고유형별 사고발생 현황에 대한 자료이다. 이에 대한 설명으로 옳지 않은 것은?

〈사고유형별 사고발생 현황〉

(단위 : 건)

구분	2017년	2018년	2019년	2020년	2021년	2022년	2023년
전체	280,607	286,851	303,707	294,707	297,337	315,736	303,578
도로교통	226,878	221,711	223,656	215,354	223,552	232,035	220,917
화재	41,863	43,875	43,249	40,932	42,135	44,435	43,413
산불	282	277	197	296	492	623	391
열차	181	177	130	148	130	85	62
지하철	136	100	110	84	79	53	61
폭발	41	49	48	61	48	41	51
해양	1,627	1,750	1,632	1,052	1,418	2,740	2,839
가스	134	126	125	72	72	72	122
유도선	1	−	11	5	11	21	25
환경오염	102	68	92	244	316	246	116
공단 내 시설	22	11	11	20	43	41	31
광산	34	27	60	82	41	32	37
전기(감전)	585	581	557	605	569	558	546
승강기	129	97	133	88	71	61	42

① 전기(감전) 사고는 2020년부터 매년 감소하는 모습을 보이고 있다.
② 화재 사고는 전체 사고 건수에서 매년 13% 이상 차지하고 있다.
③ 2023년에 해양 사고는 2017년 대비 약 74.5%p의 증가율을 보였다.
④ 환경오염 사고는 2023년에 전년 대비 약 −45.3%p의 감소율을 보였다.

03 다음은 지역별 마약류 단속에 대한 자료이다. 이에 대한 설명으로 옳은 것은?

〈지역별 마약류 단속 건수〉

(단위 : 건, %)

구분	대마	마약	향정신성 의약품	합계	비중
서울	49	18	323	390	22.1
인천·경기	55	24	552	631	35.8
부산	6	6	166	178	10.1
울산·경남	13	4	129	146	8.3
대구·경북	8	1	138	147	8.3
대전·충남	20	4	101	125	7.1
강원	13	0	35	48	2.7
전북	1	4	25	30	1.7
광주·전남	2	4	38	44	2.5
충북	0	0	21	21	1.2
제주	0	0	4	4	0.2
전체	167	65	1,532	1,764	100.0

※ 수도권은 서울과 인천·경기를 합한 지역이다.
※ 마약류는 대마, 마약, 향정신성의약품으로만 구성된다.

① 대마 단속 전체 건수는 마약 단속 전체 건수의 3배 이상이다.
② 수도권의 마약류 단속 건수는 마약류 단속 전체 건수의 50% 이상이다.
③ 마약 단속 건수가 없는 지역은 5곳이다.
④ 향정신성의약품 단속 건수는 대구·경북 지역이 광주·전남 지역의 4배 이상이다.

문제해결능력

합격 Cheat Key

문제해결능력은 업무를 수행하면서 여러 가지 문제 상황이 발생하였을 때, 창의적이고 논리적인 사고를 통하여 이를 올바르게 인식하고 적절히 해결하는 능력으로, 하위 능력에는 사고력과 문제처리능력이 있다.

문제해결능력은 NCS 기반 채용을 진행하는 대다수의 공사·공단에서 채택하고 있으며, 다양한 자료와 함께 출제되는 경우가 많아 어렵게 느껴질 수 있다. 특히, 난이도가 높은 문제로 자주 출제되기 때문에 다른 영역보다 더 많은 노력이 필요할 수는 있지만 그렇기에 차별화를 할 수 있는 득점 영역이므로 포기하지 말고 꾸준하게 노력해야 한다.

1 질문의 의도를 정확하게 파악하라!

문제해결능력은 문제에서 무엇을 묻고 있는지 정확하게 파악하여 먼저 풀이 방향을 설정하는 것이 가장 효율적인 방법이다. 특히, 조건이 주어지고 답을 찾는 창의적·분석적인 문제가 주로 출제되고 있기 때문에 처음에 정확한 풀이 방향이 설정되지 않는다면 문제를 제대로 풀지 못하게 되므로 첫 번째로 출제 의도 파악에 집중해야 한다.

2 중요한 정보는 반드시 표시하라!

출제 의도를 정확히 파악하기 위해서는 문제의 중요한 정보를 반드시 표시하거나 메모하여 하나의 조건, 단서도 잊고 넘어가는 일이 없도록 해야 한다. 실제 시험에서는 시간의 압박과 긴장감으로 정보를 잘못 적용하거나 잊어버리는 실수가 많이 발생하므로 사전에 충분한 연습이 필요하다.

3 반복 풀이를 통해 취약 유형을 파악하라!

문제해결능력은 특히 시간관리가 중요한 영역이다. 따라서 정해진 시간 안에 고득점을 할 수 있는 효율적인 문제 풀이 방법을 찾아야 한다. 이때, 반복적인 문제 풀이를 통해 자신이 취약한 유형을 파악하는 것이 중요하다. 정확하게 풀 수 있는 문제부터 빠르게 풀고 취약한 유형은 나중에 푸는 효율적인 문제 풀이를 통해 최대한 고득점을 맞는 것이 중요하다.

01 │ 명제 추론

| 유형분석 |

- 주어진 문장을 토대로 논리적으로 추론하여 참 또는 거짓을 구분하는 문제이다.
- 대체로 연역추론을 활용한 명제 문제가 출제된다.
- 자료를 제시하고 새로운 결과나 자료에 주어지지 않은 내용을 추론해 가는 형식의 문제가 출제된다.

S공사는 공휴일 세미나 진행을 위해 인근의 가게 A∼F에서 필요한 물품을 구매하고자 한다. 다음 〈조건〉을 참고할 때, 공휴일에 영업하는 가게의 수는?

조건

- C는 공휴일에 영업하지 않는다.
- B가 공휴일에 영업하지 않으면, C와 E는 공휴일에 영업한다.
- E 또는 F가 영업하지 않는 날이면, D는 영업한다.
- B가 공휴일에 영업하면, A와 E는 공휴일에 영업하지 않는다.
- B와 F 중 한 곳만 공휴일에 영업한다.

① 2곳 ② 3곳
③ 4곳 ④ 5곳

정답 ①

주어진 조건을 순서대로 논리 기호화하면 다음과 같다.
- 첫 번째 조건 : ∼C
- 두 번째 조건 : ∼B → (C ∧ E)
- 세 번째 조건 : (∼E ∨ ∼F) → D
- 네 번째 조건 : B → (∼A ∧ ∼E)

첫 번째 조건이 참이므로 두 번째 조건의 대위[(∼C ∨ ∼E) → B]에 따라 B는 공휴일에 영업한다. 이때 네 번째 조건에 따라 A와 E는 영업하지 않고, 다섯 번째 조건에 따라 F도 영업하지 않는다. 마지막으로 세 번째 조건에 따라 D는 영업한다. 따라서 공휴일에 영업하는 가게는 B와 D 2곳이다.

풀이 전략!

명제와 관련한 기본적인 논법에 대해서는 미리 학습해 두며, 이를 바탕으로 각 문장에 있는 핵심단어 또는 문구를 기호화하여 정리한 후, 선택지와 비교하여 참 또는 거짓을 판단한다.

대표기출유형 01 **기출응용문제**

01 A~E 5명은 팀을 이루어 총싸움을 하는 온라인 게임에 한 팀으로 참전하였다. 이때, 각각 늑대 인간과 드라큘라 중 하나의 캐릭터를 선택할 수 있다. 다음 〈조건〉을 참고할 때, 항상 옳은 것은?

> **조건**
> • A, B, C는 상대팀을 향해 총을 쏘고 있다.
> • D, E는 상대팀에게 총을 맞은 상태로 관전만 가능하다.
> • 늑대 인간은 2명만이 살아남아 총을 쏘고 있다.
> • A는 늑대 인간 캐릭터를 선택하였다.
> • D와 E의 캐릭터는 서로 같지 않다.

① 3명은 늑대 인간 캐릭터를, 2명은 드라큘라 캐릭터를 선택했다.
② B는 드라큘라 캐릭터를 선택했다.
③ C는 늑대 인간 캐릭터를 선택했다.
④ 드라큘라의 수가 늑대 인간의 수보다 많다.

02 S공사의 A대리는 다음과 같이 보고서 작성을 위한 방향을 구상 중이다. 〈조건〉의 명제가 모두 참일 때, 공장을 짓는다는 결론을 얻기 위해 빈칸에 필요한 명제는?

> **조건**
> • 재고가 있다.
> • 설비투자를 늘리지 않는다면, 재고가 있지 않다.
> • 건설투자를 늘릴 때에만, 설비투자를 늘린다.
> • _____

① 설비투자를 늘린다.
② 건설투자를 늘리지 않는다.
③ 재고가 있거나 설비투자를 늘리지 않는다.
④ 건설투자를 늘린다면, 공장을 짓는다.

03 A대리는 사내 체육대회의 추첨에서 당첨된 직원들에게 나누어줄 경품을 선정하고 있다. 〈조건〉의 명제가 모두 참일 때, 다음 중 반드시 참인 것은?

> **조건**
> • A대리는 펜, 노트, 가습기, 머그컵, 태블릿PC, 컵받침 중 3종류의 경품을 선정한다.
> • 머그컵을 선정하면 노트는 경품에 포함하지 않는다.
> • 노트는 반드시 경품에 포함된다.
> • 태블릿PC를 선정하면, 머그컵을 선정한다.
> • 태블릿PC를 선정하지 않으면, 가습기는 선정되고 컵받침은 선정되지 않는다.

① 가습기는 경품으로 선정되지 않는다.
② 머그컵과 가습기 모두 경품으로 선정된다.
③ 컵받침은 경품으로 선정된다.
④ 펜은 경품으로 선정된다.

04 다음 〈조건〉을 바탕으로 할 때, 항상 옳은 것은?

> **조건**
> • 분야별 인원 구성
> – A분야 : a(남자), b(남자), c(여자)
> – B분야 : 가(남자), 나(여자)
> – C분야 : 갑(남자), 을(여자), 병(여자)
> • 4명씩 나누어 총 2팀(1팀, 2팀)으로 구성한다.
> • 같은 분야의 같은 성별인 사람은 같은 팀에 들어갈 수 없다.
> • 각 팀에는 분야별로 적어도 한 명 이상이 들어가야 한다.
> • 한 분야의 모든 사람이 한 팀에 들어갈 수는 없다.

① 갑과 을이 한 팀이 된다면 가와 나도 한 팀이 될 수 있다.
② 4명으로 나뉜 두 팀에는 남녀가 각각 2명씩 들어간다.
③ a가 1팀으로 간다면 c는 2팀으로 가야 한다.
④ 가와 나는 한 팀이 될 수 없다.

05 S공사 기획팀은 신입사원 입사로 인해 자리 배치를 바꾸려고 한다. 다음 자리 배치표와 〈조건〉을 참고하여 자리를 배치하였을 때, 배치된 자리와 직원이 바르게 연결된 것은?

〈자리 배치표〉

출입문				
1 – 신입사원	2	3	4	5
6	7	8 – A사원	9	10

• 기획팀 팀원 : A사원, B부장, C대리, D과장, E차장, F대리, G과장

조건
• B부장은 출입문과 가장 먼 자리에 앉는다.
• C대리와 D과장은 마주보고 앉는다.
• E차장은 B부장과 마주보거나 B부장의 옆자리에 앉는다.
• C대리는 A사원 옆자리에 앉는다.
• E차장 옆자리에는 아무도 앉지 않는다.
• F대리와 마주보는 자리에는 아무도 앉지 않는다.
• D과장과 G과장은 옆자리 또는 마주보고 앉지 않는다.
• 빈자리는 2자리이며 옆자리 또는 마주보는 자리이다.

① 2 – G과장
② 3 – B부장
③ 5 – E차장
④ 6 – F대리

02 | 규칙 적용

| 유형분석 |

- 주어진 상황과 규칙을 종합적으로 활용하여 풀어 가는 문제이다.
- 일정, 비용, 순서 등 다양한 내용을 다루고 있어 유형을 한 가지로 단일화하기 어렵다.

갑은 다음 규칙을 참고하여 알파벳 단어를 숫자로 변환하고자 한다. 〈보기〉의 ㉠ ~ ㉣ 단어에서 알파벳 Z에 해당하는 자연수들을 모두 더한 값은?

〈규칙〉

① 알파벳 'A'부터 'Z'까지 순서대로 자연수를 부여한다.

  예 A=2라고 하면 B=3, C=4, D=5이다.

② 단어의 음절에 같은 알파벳이 연속되는 경우 ①에서 부여한 숫자를 알파벳이 연속되는 횟수만큼 거듭제 곱한다.

  예 A=2이고 단어가 'AABB'이면 AA는 '2^2'이고, BB는 '3^2'이므로 '49'로 적는다.

보기

㉠ AAABBCC는 100000010201110404로 변환된다.

㉡ CDFE는 3465로 변환된다.

㉢ PJJYZZ는 1712126729로 변환된다.

㉣ QQTSR은 625282726으로 변환된다.

① 154

② 176

③ 199

④ 212

정답 ④

㉠ A=100, B=101, C=102이다. 따라서 Z=125이다.

㉡ C=3, D=4, E=5, F=6이다. 따라서 Z=26이다.

㉢ P가 17임을 볼 때, J=11, Y=26, Z=27이다.

㉣ Q=25, R=26, S=27, T=28이다. 따라서 Z=34이다.

따라서 해당하는 Z값을 모두 더하면 125+26+27+34=212이다.

풀이 전략!

문제에 제시된 조건이나 규칙을 정확히 파악한 후, 선택지나 상황에 적용하여 문제를 풀어 나간다.

01 A~E 5명이 순서대로 퀴즈게임을 해서 벌칙 받을 사람 1명을 선정하고자 한다. 다음 게임 규칙과 결과에 근거할 때, 항상 옳은 것을 〈보기〉에서 모두 고르면?

- 규칙
  - A → B → C → D → E 순서대로 퀴즈를 1개씩 풀고, 모두 한 번씩 퀴즈를 풀고 나면 한 라운드가 끝난다.
  - 퀴즈 2개를 맞힌 사람은 벌칙에서 제외되고, 다음 라운드부터는 게임에 참여하지 않는다.
  - 라운드를 반복하여 맨 마지막까지 남는 한 사람이 벌칙을 받는다.
  - 벌칙에서 제외되는 4명이 확정되면 라운드 중이라도 더 이상 퀴즈를 출제하지 않으며, 이 외에는 라운드 끝까지 퀴즈를 출제한다.
  - 게임 중 동일한 문제는 출제하지 않는다.
- 결과
  3라운드에서 A는 참가자 중 처음으로 벌칙에서 제외되었고, 4라운드에서는 오직 B만 벌칙에서 제외되었으며, 벌칙을 받을 사람은 5라운드에서 결정되었다.

보기

ㄱ. 5라운드까지 참가자들이 정답을 맞힌 퀴즈는 총 9개이다.
ㄴ. 게임이 종료될 때까지 총 22개의 퀴즈가 출제되었다면, E는 5라운드에서 퀴즈의 정답을 맞혔다.
ㄷ. 게임이 종료될 때까지 총 21개의 퀴즈가 출제되었다면, 퀴즈를 푸는 순서가 벌칙을 받을 사람 선정에 영향을 준 것으로 볼 수 있다.

---

① ㄱ

② ㄴ

③ ㄱ, ㄷ

④ ㄴ, ㄷ

02 다음 자료를 참고할 때, 〈보기〉의 주민등록번호 빈칸에 해당하는 숫자로 옳은 것은?

우리나라에서 국민에게 발급하는 주민등록번호는 각각의 번호가 고유한 번호로, 13자리 숫자로 구성된다. 13자리 숫자는 생년, 월, 일, 성별, 출생신고지역, 접수번호, 검증번호로 구분된다.

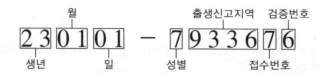

여기서 13번째 숫자인 검증번호는 주민등록번호의 정확성 여부를 검사하는 번호로, 앞의 12자리 숫자를 이용해서 구해지는데 계산법은 다음과 같다.

• 1단계 : 주민등록번호의 앞 12자리 숫자에 가중치 2, 3, 4, 5, 6, 7, 8, 9, 2, 3, 4, 5를 곱한다.
• 2단계 : 가중치를 곱한 값의 합을 계산한다.
• 3단계 : 가중치의 합을 11로 나눈 나머지를 구한다.
• 4단계 : 11에서 나머지를 뺀 수를 10으로 나눈 나머지가 검증번호가 된다.

> **보기**
>
> 240202-803701( )

① 4   ② 5
③ 6   ④ 7

03 A사원은 전세버스 대여를 전문으로 하는 여행업체인 S사에 근무하고 있다. 지난 10년 동안 상당한 규모로 성장해 온 S사는 현재 보유하고 있는 버스의 현황을 실시간으로 파악할 수 있도록 식별 코드를 부여하였다. 식별 코드 부여 방식과 자사보유 전세버스 현황이 다음과 같을 때, 옳지 않은 것은?

〈식별 코드 부여 방식〉

[버스등급] − [승차인원] − [제조국가] − [모델번호] − [제조연월]

버스등급	코드	제조국가	코드
대형버스	BX	한국	KOR
중형버스	MF	독일	DEU
소형버스	RT	미국	USA

예 BX − 45 − DEU − 15 − 2310

2023년 10월 독일에서 생산된 45인승 대형버스 15번 모델

〈자사보유 전세버스 현황〉

BX − 28 − DEU − 24 − 1308	MF − 35 − DEU − 15 − 0910	RT − 23 − KOR − 07 − 0628
MF − 35 − KOR − 15 − 1206	BX − 45 − USA − 11 − 0712	BX − 45 − DEU − 06 − 1105
MF − 35 − DEU − 20 − 1110	BX − 41 − DEU − 05 − 1408	RT − 16 − USA − 09 − 0712
RT − 25 − KOR − 18 − 0803	RT − 25 − DEU − 12 − 0904	MF − 35 − KOR − 17 − 0901
BX − 28 − USA − 22 − 1404	BX − 45 − USA − 19 − 1108	BX − 28 − USA − 15 − 1012
RT − 16 − DEU − 23 − 1501	MF − 35 − KOR − 16 − 0804	BX − 45 − DEU − 19 − 1312
MF − 35 − DEU − 20 − 1005	BX − 45 − USA − 14 − 1007	−

① 보유하고 있는 소형버스의 절반 이상은 독일에서 생산되었다.

② 대형버스 중 28인승은 3대이며, 한국에서 생산된 차량은 없다.

③ 보유 중인 대형버스는 전체의 40% 이상을 차지한다.

④ 중형버스는 3대 이상이며, 모두 2013년 이전에 생산되었다.

03 | 자료 해석

| 유형분석 |

- 주어진 자료를 해석하고 활용하여 풀어가는 문제이다.
- 꼼꼼하고 분석적인 접근이 필요한 다양한 자료들이 출제된다.

다음 중 정수장 수질검사 현황에 대해 바르게 설명한 사람은?

〈정수장 수질검사 현황〉

급수 지역	항목						검사결과	
	일반세균 100 이하 (CFU/mL)	대장균 불검출 (수/100mL)	NH3-N 0.5 이하 (mg/L)	잔류염소 4.0 이하 (mg/L)	구리 1 이하 (mg/L)	망간 0.05 이하 (mg/L)	적합	기준 초과
함평읍	0	불검출	불검출	0.14	0.045	불검출	적합	없음
이삼읍	0	불검출	불검출	0.27	불검출	불검출	적합	없음
학교면	0	불검출	불검출	0.13	0.028	불검출	적합	없음
엄다면	0	불검출	불검출	0.16	0.011	불검출	적합	없음
나산면	0	불검출	불검출	0.12	불검출	불검출	적합	없음

① A사원 : 함평읍의 잔류염소는 가장 낮은 수치를 보였고, 기준치에 적합하네.

② B사원 : 모든 급수지역에서 일반세균이 나오지 않았어.

③ C사원 : 기준치를 초과한 곳은 없었지만 적합하지 않은 지역은 있어.

④ D사원 : 대장균과 구리가 검출되면 부적합 판정을 받는구나.

정답 ②

오답분석

① 잔류염소에서 가장 낮은 수치를 보인 지역은 나산면(0.12)이고, 함평읍(0.14)은 세 번째로 낮다.

③ 기준치를 초과한 곳도 없고, 모두 적합 판정을 받았다.

④ 함평읍과 학교면, 엄다면은 구리가 검출되었지만 적합 판정을 받았다.

풀이 전략!

문제 해결을 위해 필요한 정보가 무엇인지 먼저 파악한 후, 제시된 자료를 분석적으로 읽고 해석한다.

01 경영기획실에서 근무하는 A씨는 매년 부서별 사업계획을 정리하는 업무를 맡고 있다. 부서별 사업계획을 간략하게 정리한 보고서를 보고 A씨가 할 수 있는 생각으로 옳은 것은?

〈사업별 기간 및 소요예산〉

- A사업 : 총사업기간은 2년으로, 첫해에는 1조 원, 둘째 해에는 4조 원의 예산이 필요하다.
- B사업 : 총사업기간은 3년으로, 첫해에는 15조 원, 둘째 해에는 18조 원, 셋째 해에는 21조 원의 예산이 필요하다.
- C사업 : 총사업기간은 1년으로, 총소요예산은 15조 원이다.
- D사업 : 총사업기간은 2년으로, 첫해에는 15조 원, 둘째 해에는 8조 원의 예산이 필요하다.
- E사업 : 총사업기간은 3년으로, 첫해에는 6조 원, 둘째 해에는 12조 원, 셋째 해에는 24조 원의 예산이 필요하다.

올해를 포함한 향후 5년간 위의 5개 사업에 투자할 수 있는 예산은 아래와 같다.

〈연도별 가용예산〉

(단위 : 조 원)

1차 연도(올해)	2차 연도	3차 연도	4차 연도	5차 연도
20	24	28.8	34.5	41.5

〈규정〉

- 모든 사업은 한번 시작하면 완료될 때까지 중단할 수 없다.
- 예산은 당해 사업연도에 남아도 상관없다.
- 각 사업연도의 예산은 이월될 수 없다.
- 모든 사업을 향후 5년 이내에 반드시 완료한다.

① B사업을 세 번째 해에 시작하고 C사업을 최종연도에 시행한다.

② A사업과 D사업을 첫해에 동시에 시작한다.

③ 첫해에는 E사업만 시작한다.

④ D사업을 첫해에 시작한다.

02 다음 자료와 〈조건〉을 바탕으로 철수, 영희, 민수, 철호가 상품을 구입한 쇼핑몰을 바르게 나열한 것은?

〈이용약관의 주요 내용〉

쇼핑몰	주문 취소	환불	배송비	포인트 적립
A	주문 후 7일 이내 취소 가능	10% 환불수수료+송금수수료 차감	무료	구입 금액의 3%
B	주문 후 10일 이내 취소 가능	환불수수료+송금수수료 차감	20만 원 이상 무료	구입 금액의 5%
C	주문 후 7일 이내 취소 가능	환불수수료+송금수수료 차감	1회 이용 시 1만 원	없음
D	주문 후 당일에만 취소 가능	환불수수료+송금수수료 차감	5만 원 이상 무료	없음
E	취소 불가능	고객 귀책 사유에 의한 환불 시에만 10% 환불수수료	1만 원 이상 무료	구입 금액의 10%
F	취소 불가능	원칙적으로 환불 불가능 (사업자 귀책 사유일 때만 환불 가능)	100g당 2,500원	없음

조건

- 철수는 부모님의 선물로 등산용품을 구입하였는데, 판매자의 업무착오로 배송이 지연되어 판매자에게 전화로 환불을 요구하였다. 판매자는 판매금액 그대로를 통장에 입금해 주었고 구입 시 발생한 포인트도 유지하여 주었다.
- 영희는 옷을 구매할 때 배송료를 고려하여 한 가지씩 여러 번에 나누어 구매하기보다는 가능한 한꺼번에 주문하곤 하였다.
- 인터넷 사이트에서 영화티켓을 20,000원에 주문한 민수는 다음날 같은 티켓을 18,000원에 파는 가게를 발견하고 전날 주문한 물건을 취소하려 했지만 취소가 되지 않아 곤란을 겪은 적이 있다.
- 가방을 100,000원에 구매한 철호는 도착한 물건의 디자인이 마음에 들지 않아 환불 및 송금수수료와 배송료를 감수하는 손해를 보면서도 환불할 수밖에 없었다.

	철수	영희	민수	철호
①	E	B	C	D
②	F	E	D	B
③	E	D	F	C
④	F	C	E	B

03 S공사는 워크숍에서 팀을 나눠 배드민턴 게임을 하기로 했다. 배드민턴 복식 경기방식을 따르며, 전략팀 직원 A, B와 총무팀 직원 C, D가 먼저 대결을 한다고 할 때, 다음과 같은 경기상황에 이어질 서브 방향 및 선수 위치로 가능한 것은?

〈배드민턴 복식 경기방식〉

- 점수를 획득한 팀이 서브권을 갖는다. 다만, 서브권이 상대팀으로 넘어가기 전까지는 팀 내에서 같은 선수가 연속해서 서브권을 갖는다.
- 서브하는 팀은 자신의 팀 점수가 0이거나 짝수인 경우는 우측에서, 점수가 홀수인 경우는 좌측에서 서브한다.
- 서브하는 선수로부터 코트의 대각선 위치에 선 선수가 서브를 받는다.
- 서브를 받는 팀은 자신의 팀으로 서브권이 넘어오기 전까지는 팀 내에서 선수끼리 서로 코트 위치를 바꾸지 않는다.

※ 좌측, 우측은 각 팀이 네트를 바라보고 인식하는 좌, 우이다.

〈경기상황〉

- 전략팀(A · B), 총무팀(C · D) 간 복식 경기 진행
- 3 : 3 동점 상황에서 A가 C에 서브하고 전략팀(A · B)이 1점 득점

점수	서브 방향 및 선수 위치	득점한 팀
3 : 3	D C / A B	전략팀

---

①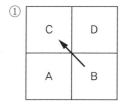

②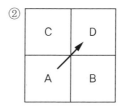

③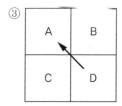

④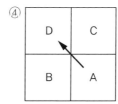

04 | SWOT 분석

| 유형분석 |

- 상황에 대한 환경 분석 결과를 통해 주요 과제를 도출하는 문제이다.
- 주로 3C 분석 또는 SWOT 분석을 활용한 문제들이 출제되고 있으므로 해당 분석도구에 대한 사전 학습이 요구된다.

다음 설명을 참고하였을 때 〈보기〉의 S자동차가 취할 수 있는 전략으로 가장 적절한 것은?

'SWOT'는 Strength(강점), Weakness(약점), Opportunity(기회), Threat(위협)의 머리글자를 따서 만든 단어로, 경영 전략을 세우는 방법론이다. SWOT로 도출된 조직의 내·외부 환경을 분석하고, 이 결과를 통해 대응전략을 구상할 수 있다. 'SO전략'은 기회를 활용하기 위해 강점을 사용하는 전략이고, 'WO전략'은 약점을 보완 또는 극복하여 시장의 기회를 활용하는 전략이다. 'ST전략'은 위협을 피하기 위해 강점을 활용하는 방법이며, 'WT전략'은 위협요인을 피하기 위해 약점을 보완하는 전략이다.

보기

- 새로운 정권의 탄생으로 자동차 업계 내 새로운 바람이 불 것으로 예상된다. A당선인이 이번 선거에서 친환경차 보급 확대를 주요 공약으로 내세웠고, 공약에 따라 공공기관용 친환경차 비율을 70%로 상향시키기로 하고, 친환경차 보조금 확대 등을 통해 친환경차 보급률을 높이겠다는 계획을 세웠다. 또한 최근 환경을 생각하는 국민 의식의 향상과 친환경차의 연비 절감 부분이 친환경차 구매 욕구 상승에 기여하고 있다.
- S자동차는 기존의 전기자동차 모델들을 꾸준히 출시하여 성장세가 두드러지고 있는 데다가 고객들의 다양한 구매 욕구를 충족시킬 만한 전기자동차 상품의 다양성을 확보하였다. 또한, S자동차의 전기자동차 미국 수출이 증가하고 있는 만큼 앞으로의 전망도 밝을 것으로 예상된다.

① SO전략 ② WO전략
③ ST전략 ④ WT전략

정답 ①

- Strength(강점) : S자동차는 전기자동차 모델들을 꾸준히 출시하여 성장세가 두드러지고 있는 데다가 고객들의 다양한 구매 욕구를 충족시킬 만한 전기자동차 상품의 다양성을 확보하였다.
- Opportunity(기회) : 새로운 정권에서 친환경차 보급 확대에 적극 나설 것으로 보인다는 점과 환경을 생각하는 국민 의식의 향상과 친환경차의 연비 절감 부분이 친환경차 구매 욕구 상승에 기여하고 있으며 S자동차의 미국 수출이 증가하고 있다.

따라서 해당 기사를 분석하면 SO전략이 가장 적절하다.

풀이 전략!

문제에 제시된 분석도구를 확인한 후, 분석 결과를 종합적으로 판단하여 각 선택지의 전략 과제와 일치 여부를 판단한다.

01 최근 라면시장이 3년 만에 마이너스 성장한 것으로 나타남에 따라 S사에 근무하는 A대리는 신제품 개발 이전 라면시장에 대한 환경 분석과 관련된 보고서를 제출하라는 과제를 받았다. 다음 중 A대리가 작성한 SWOT 분석의 기회 요인에 작성할 수 있는 내용으로 옳지 않은 것은?

〈라면시장에 대한 SWOT 분석 결과〉

강점(Strength)	약점(Weakness)
• 식품그룹으로서의 시너지 효과 • 그룹 내 위상·역할 강화 • M제품의 성공적인 개발 경험	• 유통업체의 영향력 확대 • 과도한 신제품 개발 • 신상품의 단명 • 유사상품의 영역침범 • 경쟁사의 공격적인 마케팅 대응 부족 • 원재료의 절대적 수입 비중
기회(Opportunity)	위협(Threat)
	• 저출산, 고령화로 취식인구 감소 • 소득증가 • 언론, 소비단체의 부정적인 이미지 이슈화 • 정보의 관리·감독 강화

① 1인 가구의 증대(간편식, 편의식) ② 조미료에 대한 부정적인 인식 개선
③ 라면 먹방의 유행 ④ 난공불락의 B라면회사

02 다음 중 SWOT 분석을 이해한 내용으로 가장 적절한 것은?

SWOT 분석에서 강점은 경쟁기업과 비교하여 소비자로부터 강점으로 인식되는 것이 무엇인지, 약점은 경쟁기업과 비교하여 소비자로부터 약점으로 인식되는 것이 무엇인지, 기회는 외부환경에서 유리한 기회요인은 무엇인지, 위협은 외부환경에서 불리한 위협요인은 무엇인지를 찾아내는 것이다. SWOT 분석의 가장 큰 장점은 기업의 내부 및 외부환경의 변화를 동시에 파악할 수 있다는 것이다.

① 제품의 우수한 품질은 기회 요인으로 볼 수 있다.
② 초고령화 사회는 실버산업에 있어 기회 요인으로 볼 수 있다.
③ 기업의 비효율적인 업무 프로세스는 위협 요인으로 볼 수 있다.
④ 살균제 달걀 논란은 빵집에게 있어 약점 요인으로 볼 수 있다.

정보능력

정보능력은 업무를 수행함에 있어 기본적인 컴퓨터를 활용하여 필요한 정보를 수집, 분석, 활용하는 능력을 의미한다. 또한 업무와 관련된 정보를 수집하고, 이를 분석하여 의미 있는 정보를 얻는 능력이다. 국가직무능력표준에 따르면 정보능력의 세부 유형은 컴퓨터 활용·정보 처리로 나눌 수 있다.

1 평소에 컴퓨터 활용 스킬을 틈틈이 익혀라!

윈도우(OS)에서 어떠한 설정을 할 수 있는지, 응용프로그램(엑셀 등)에서 어떠한 기능을 활용할 수 있는지를 평소에 직접 사용해 본다면 문제를 보다 수월하게 해결할 수 있다. 여건이 된다면 컴퓨터 활용 능력에 관련된 자격증 공부를 하는 것도 이론과 실무를 익히는 데 도움이 될 것이다.

2 문제의 규칙을 찾는 연습을 하라!

일반적으로 코드체계나 시스템 논리체계를 제공하고 이를 분석하여 문제를 해결하는 유형이 출제된다. 이러한 문제는 문제해결능력과 같은 맥락으로 규칙을 파악하여 접근하는 방식으로 연습이 필요하다.

3 현재 보고 있는 그 문제에 집중하라!

정보능력의 모든 것을 공부하려고 한다면 양이 너무나 방대하다. 그렇기 때문에 수험서에서 본인이 현재 보고 있는 문제들을 집중적으로 공부하고 기억하려고 해야 한다. 그러나 엑셀의 함수 수식, 연산자 등 암기를 필요로 하는 부분들은 필수적으로 암기를 해서 출제가 되었을 때 오답률을 낮출 수 있도록 한다.

4 사진·그림을 기억하라!

컴퓨터 활용 능력을 파악하는 영역이다 보니 컴퓨터 속 옵션, 기능, 설정 등의 사진·그림이 문제에 같이 나오는 경우들이 있다. 그런 부분들은 직접 컴퓨터를 통해서 하나하나 확인을 하면서 공부한다면 더 기억에 잘 남게 된다. 조금 귀찮더라도 한 번씩 클릭하면서 확인을 해보도록 한다.

01 | 정보 이해

| 유형분석 |

- 정보능력 전반에 대한 이해를 확인하는 문제이다.
- 정보능력 이론이나 새로운 정보 기술에 대한 문제가 자주 출제된다.

다음 중 정보의 가공 및 활용에 대한 설명으로 옳지 않은 것은?

① 정보는 원형태 그대로 혹은 가공하여 활용할 수 있다.

② 수집된 정보를 가공하여 다른 형태로 재표현하는 방법도 가능하다.

③ 정적정보의 경우, 이용한 이후에도 장래활용을 위해 정리하여 보존한다.

④ 비디오테이프에 저장된 영상정보는 동적정보에 해당한다.

정답 ④

저장매체에 저장된 자료는 시간이 지나도 언제든지 동일한 형태로 재생이 가능하므로 정적정보에 해당한다.

오답분석

① 정보는 원래 형태 그대로 활용하거나, 분석, 정리 등 가공하여 활용할 수 있다.

② 정보를 가공하는 것뿐 아니라 일정한 형태로 재표현하는 것도 가능하다.

③ 시의성이 사라지면 정보의 가치가 떨어지는 동적정보와 달리 정적정보의 경우, 이용 후에도 장래에 활용을 하기 위해 정리하여 보존하는 것이 좋다.

풀이 전략!

자주 출제되는 정보능력 이론을 확인하고, 확실하게 암기해야 한다. 특히 새로운 정보 기술이나 컴퓨터 전반에 대해 관심을 가지는 것이 좋다.

01 A사원은 최근 회사 내 업무용 개인 컴퓨터의 보안을 강화하기 위하여 다음과 같은 메일을 받았다. 메일 내용을 토대로 귀하가 취해야 할 행동으로 옳지 않은 것은?

발신 : 전산보안팀

수신 : 전 임직원

제목 : 업무용 개인 컴퓨터 보안대책 공유

내용 :
안녕하십니까. 전산팀 ○○○ 팀장입니다.
최근 개인정보 유출 등 전산보안 사고가 자주 발생하고 있어 각별한 주의가 필요한 상황입니다. 이에 따라 자사에서도 업무상 주요 정보가 유출되지 않도록 보안프로그램을 업그레이드하는 등 전산보안을 더욱 강화하고 있습니다. 무엇보다 업무용 개인 컴퓨터를 사용하는 분들이 특히 신경을 많이 써주셔야 철저한 보안이 실천됩니다. 번거로우시더라도 아래와 같은 사항을 따라주시기 바랍니다.

• 인터넷 익스플로러를 종료할 때마다 검색기록이 삭제되도록 설정해주세요.
• 외출 또는 외근으로 장시간 컴퓨터를 켜두어야 하는 경우에는 인터넷 검색기록을 직접 삭제해주세요.
• 인터넷 검색기록 삭제 시, 기본 설정되어 있는 항목 외에도 '다운로드 기록', '양식 데이터', '암호', '추적방지, ActiveX 필터링 및 Do Not Track 데이터'를 모두 체크하여 삭제해주세요(단, 즐겨찾기 웹사이트 데이터 보존 부분은 체크 해제할 것).
• 인터넷 익스플로러에서 방문한 웹 사이트 목록을 저장하는 기간을 5일로 변경해주세요.
• 자사에서 제공 중인 보안프로그램은 항시 업데이트하여 최신 상태로 유지해주세요.

위 사항을 적용하는 데 어려움이 있을 경우에는 이미지와 함께 설명이 친절하게 되어 있는 아래의 첨부파일을 참고하시기 바랍니다.

〈첨부〉 업무용 개인 컴퓨터 보안대책 적용 방법 설명(이미지).zip

---

① 장시간 외출할 경우에는 [인터넷 옵션]의 '일반' 카테고리에 있는 [삭제]를 클릭해 직접 삭제한다.
② 인터넷 익스플로러에서 [도구(또는 톱니바퀴 모양)]를 클릭하여 [인터넷 옵션]의 '일반' 카테고리에 있는 [종료할 때 검색기록 삭제]를 체크한다.
③ 검색기록 삭제 시 [인터넷 옵션]의 '일반' 카테고리에 있는 [삭제]를 클릭하여 기존에 설정되어 있는 항목을 포함한 모든 항목을 체크하여 삭제한다.
④ [인터넷 옵션]의 '일반' 카테고리 중 검색기록 부분에서 [설정]을 클릭하고, '기록' 카테고리의 [페이지 보관일수]를 5일로 설정한다.

02 RFID 기술이 확산됨에 따라 S유통업체는 RFID를 물품관리시스템에 도입하여 긍정적인 효과를 얻고 있다. 다음 중 RFID에 대한 설명으로 옳지 않은 것은?

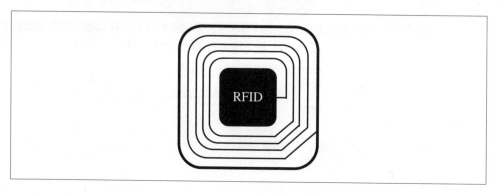

① 바코드와 달리 물체에 직접 접촉하지 않고도 데이터를 인식할 수 있다.

② 여러 개의 정보를 동시에 인식하거나 수정할 수 있다.

③ 바코드에 비해 많은 양의 데이터를 허용한다.

④ 종류에 따라 반복적으로 데이터를 기록할 수 있지만 단기적으로만 이용할 수 있다.

03 다음 중 바이오스(BIOS; Basic Input Output System)에 대한 설명으로 옳은 것은?

① 한번 기록한 데이터를 빠른 속도로 읽을 수 있지만, 다시 기록할 수 없는 메모리이다.

② 기억된 정보를 읽어내기도 하고, 다른 정보를 기억시킬 수도 있는 메모리이다.

③ 컴퓨터에서 전원을 켜면 맨 처음 컴퓨터의 제어를 맡아 가장 기본적인 기능을 처리해 주는 프로그램이다.

④ 주변 장치와 컴퓨터 처리 장치 간에 데이터를 전송할 때 처리 지연을 단축하기 위해 보조 기억 장치를 완충 기억 장치로 사용하는 것이다.

04 다음 중 빈칸에 들어갈 용어로 가장 적절한 것은?

> 이것은 기업이 경쟁에서 우위를 확보하려고 구축·이용하는 것이다. 기존의 정보시스템이 기업 내 업무의 합리화·효율화에 역점을 두었던 것에 반해, 기업이 경쟁에서 승리해 살아남기 위한 필수적인 시스템이라는 뜻에서 _____(이)라고 한다. 그 요건으로는 경쟁 우위의 확보, 신규 사업의 창출이나 상권의 확대, 업계 구조의 변혁 등을 들 수 있다. 실례로는 금융 기관의 대규모 온라인시스템, 체인점 등의 판매시점관리(POS)를 들 수 있다.

① 비지니스 프로세스 관리(BPM; Business Process Management)
② 전사적 자원관리(ERP; Enterprise Resource Planning)
③ 경영정보 시스템(MIS; Management Information System)
④ 전략정보 시스템(SIS; Strategic Information System)

05 다음 글을 읽고 정보관리의 3원칙을 바르게 나열한 것은?

> '구슬이 서말이라도 꿰어야 보배'라는 속담처럼 여러 가지 채널과 갖은 노력 끝에 입수한 정보가 우리가 필요한 시점에 즉시 활용되기 위해서는 모든 정보가 차곡차곡 정리되어 있어야 한다. 이처럼 정보의 관리란 수집된 다양한 형태의 정보를 어떤 문제해결이나 결론도출에 사용하기 쉬운 형태로 바꾸는 일이다. 정보를 관리할 때에는 특히 정보에 대한 사용목표가 명확해야 하며, 정보를 쉽게 작업할 수 있어야 하고, 즉시 사용할 수 있어야 한다.

① 목적성, 용이성, 유용성
② 다양성, 용이성, 통일성
③ 용이성, 통일성, 다양성
④ 통일성, 목적성, 유용성

02 | 엑셀 함수

- 컴퓨터 활용과 관련된 상황에서 문제를 해결하기 위한 행동이 무엇인지 묻는 문제이다.
- 주로 업무수행 중에 많이 활용되는 대표적인 엑셀 함수(COUNTIF, ROUND, MAX, SUM, COUNT, AVERAGE …)가 출제된다.
- 종종 엑셀시트를 제시하여 각 셀에 들어갈 함수식이 무엇인지 고르는 문제가 출제되기도 한다.

다음 시트에서 판매수량과 추가판매의 합계를 구하기 위해서 [B6] 셀에 들어갈 수식으로 옳은 것은?

	A	B	C
1	일 자	판매수량	추가판매
2	06월19일	30	8
3	06월20일	48	
4	06월21일	44	
5	06월22일	42	12
6	합 계	184	

① =SUM(B2,C2,C5)

② =LEN(B2:B5, 3)

③ =COUNTIF(B2:B5, ">=12")

④ =SUM(B2:B5,C2,C5)

정답 ④

「=SUM(합계를 구할 처음 셀:합계를 구할 마지막 셀)」으로 표시해야 한다. 판매수량과 추가판매를 더하는 것은 비연속적인 셀을 더하는 것이므로 연속하는 영역을 입력하고 ','로 구분해 준 다음 영역을 다시 지정해야 한다. 따라서 [B6] 셀에 작성해야 할 수식으로는 「=SUM(B2:B5,C2,C5)」이 옳다.

풀이 전략!

제시된 상황에서 사용할 엑셀 함수가 무엇인지 파악한 후, 선택지에서 적절한 함수식을 골라 식을 만들어야 한다. 평소 대표적으로 문제에 자주 출제되는 몇몇 엑셀 함수를 익혀두면 풀이시간을 단축할 수 있다.

01　S공사는 2026년 1월에 정년퇴임식을 할 예정이다. T사원은 퇴직자 명단을 엑셀로 정리하고 〈조건〉에 따라 행사물품을 준비하려고 한다. 〈보기〉 중 옳은 것을 모두 고르면?

▲	A	B	C	D	E
1	퇴직자	소속부서	팀원 수	팀장인원	입사년도
2	A씨	회계	8	1	2008년
3	B씨	기획	12	2	1999년
4	C씨	인사	11	1	2005년
5	D씨	사무	15	2	2009년
6	E씨	영업	30	5	2007년
7	F씨	관리	21	4	2003년
8	G씨	생산	54	7	2010년
9	H씨	품질관리	6	1	2018년
10	I씨	연구	5	1	2002년
11	J씨	제조	34	6	2010년

조건
- 행사에는 퇴직자가 속한 부서의 팀원들만 참석한다.
- 퇴직하는 직원이 소속된 부서당 화분 1개가 필요하다.
- 퇴직자를 포함하여 근속연수 20년 이상인 직원에게 감사패를 준다.
- 볼펜은 행사에 참석한 직원 1인당 1개씩 지급한다.
- 팀원에는 팀장도 포함되어 있다.

보기
ㄱ 화분은 총 9개가 필요하다.
ㄴ 감사패는 4개 필요하다.
ㄷ 볼펜은 [C2:C11]의 합계만큼 필요하다.

① ㄱ
② ㄴ
③ ㄷ
④ ㄱ, ㄴ, ㄷ

02 다음 시트에서 상품이 '하모니카'인 악기의 평균매출액을 구하려고 할 때, [E11] 셀에 입력할 수식으로 옳은 것은?

	A	B	C	D	E
1	모델명	상품	판매금액	판매수량	매출액
2	D7S	통기타	189,000	7	1,323,000
3	LC25	우쿨렐레	105,000	11	1,155,000
4	N1120	하모니카	60,000	16	960,000
5	MS083	기타	210,000	3	630,000
6	H904	하모니카	63,000	25	1,575,000
7	C954	통기타	135,000	15	2,025,000
8	P655	기타	193,000	8	1,544,000
9	N1198	하모니카	57,000	10	570,000
10		하모니카의 평균 판매수량			17
11		하모니카 평균매출액			1,035,000

① =COUNTIF(B2:B9, "하모니카")

② =AVERAGE(E2:E9)

③ =AVERAGEIFS(B2:B9, E2:E9, "하모니카")

④ =AVERAGEIF(B2:B9, "하모니카", E2:E9)

03 다음 워크시트를 참조하여 작성한 수식 「=INDEX(B2:D9, 2, 3)」의 결괏값은?

	A	B	C	D
1	코드	정가	판매수량	판매가격
2	L-001	25,400	503	12,776,000
3	D-001	23,200	1,000	23,200,000
4	D-002	19,500	805	15,698,000
5	C-001	28,000	3,500	98,000,000
6	C-002	20,000	6,000	96,000,000
7	L-002	24,000	750	18,000,000
8	L-003	26,500	935	24,778,000
9	D-003	22,000	850	18,700,000

① 1,000

② 19,500

③ 12,776,000

④ 23,200,000

04 다음은 S공사 영업팀의 실적을 정리한 파일이다. 고급 필터의 조건 범위를 [E1:G3] 영역으로 지정한 후 고급 필터를 실행했을 때 나타나는 데이터에 대한 설명으로 옳은 것은?(단, [G3] 셀에는 「=C2>=AVERAGE($C$2:$C$8)」가 입력되어 있다]

	A	B	C	D	E	F	G
1	부서	사원	실적		부서	사원	식
2	영업2팀	최지원	250,000		영업1팀	*수	
3	영업1팀	김창수	200,000		영업2팀		TRUE
4	영업1팀	김홍인	200,000				
5	영업2팀	홍상진	170,000				
6	영업1팀	홍상수	150,000				
7	영업1팀	김성민	120,000				
8	영업2팀	황준하	100,000				

① 부서가 '영업1팀'이고 이름이 '수'로 끝나거나, 부서가 '영업2팀'이고 실적이 평균 이상인 데이터

② 부서가 '영업1팀'이거나 이름이 '수'로 끝나고, 부서가 '영업2팀'이거나 실적이 평균 이상인 데이터

③ 부서가 '영업1팀'이고 이름이 '수'로 끝나거나, 부서가 '영업2팀'이고 실적의 평균이 250,000 이상인 데이터

④ 부서가 '영업1팀'이거나 이름이 '수'로 끝나고, 부서가 '영업2팀'이거나 실적의 평균이 250,000 이상인 데이터

05 다음 중 [D2] 셀에 수식 「=UPPER(TRIM(A2))&"KR"」를 입력했을 경우 결괏값으로 옳은 것은?

	A	B	C	D
1	도서코드	출판사	출판년도	변환도서코드
2	mng-002	대한도서	2008	
3	pay-523	믿음사	2009	
4	mng-091	정일도서	2007	

① MNG-002-kr

② MNG-KR

③ MNG 002-KR

④ MNG-002KR

03 | 프로그램 언어(코딩)

| 유형분석 |

- 프로그램의 실행 결과를 코딩을 통해 파악하여 이를 풀이하는 문제이다.
- 대체로 문제에서 규칙을 제공하고 있으며, 해당 규칙을 적용하여 새로운 코드번호를 만들거나 혹은 만들어진 코드번호를 해석하는 등의 문제가 출제된다.

다음 C 프로그램의 실행 결과에서 p의 값으로 옳은 것은?

```
#include <stdio.h>
int main()
{
    int x, y, p;
    x = 3;
    y = x++;
    printf("x = %d y = %d\n", x, y);
    x = 10;
    y = ++x;
    printf("x = %d y = %d\n", x, y);
    p = ++x++y++;
    printf("x = %d y = %d\n", x, y);
    printf("p = %d\n", p);
    return 0;
}
```

① p=22
② p=23
③ p=24
④ p=25

정답 ②

x값을 1 증가하여 x에 저장하고, 변경된 x값과 y값을 덧셈한 결과를 p에 저장한 후 y값을 1 증가하여 y에 저장한다.
따라서 x=10+1=11, y=x+1=12 → p=x+y=23이다.

풀이 전략!

문제에서 실행 프로그램 내용이 주어지면 핵심 키워드를 확인한다. 코딩 프로그램을 통해 요구되는 내용을 알아맞혀 정답 유무를 판단한다.

※ 다음 프로그램을 보고 이어지는 질문에 답하시오. [1~3]

```c
#include <stdio.h>
void main()
{

    while (sum < 50)
                                    sum *=2;

    printf("%d", sum);
}
```

01   다음 중 위 프로그램에서 정상적으로 출력하기 위해 필요한 정수 sum의 정의는?

① int sum=1;   ② float sum=1;

③ double sum=1;   ④ long double sum=1;

02   다음 중 위 프로그램에서 정수 sum을 2로 정의하고 실행하였을 때 옳은 것은?

① 0   ② 2

③ 20   ④ 64

03   다음 중 위 프로그램에서 정수 sum을 5로 정의하고 실행하였을 때 옳은 것은?

① 0   ② 2

③ 80   ④ 100

04 | 알고리즘

| 유형분석 |

- 알고리즘 순서도를 파악하여 풀이하는 문제이다.
- 출력되는 값이나 배열 순서를 묻는 문제가 자주 출제된다.

다음 순서도에 의해 출력되는 값은 얼마인가?

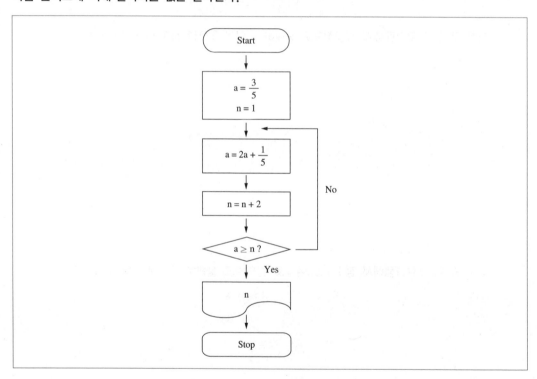

① 5   ② 7

③ 9   ④ 11

정답 ④

퀵 정렬 알고리즘은 가장 큰 수를 오른쪽으로 차례대로 배열하며 자리를 바꾼다. ④는 2번째로 작은 수를 왼쪽 2번째 자리와 바꾸었으므로 퀵 정렬 알고리즘의 과정으로 옳지 않다.

풀이 전략!

알고리즘의 순서를 파악한 후, 제시된 상황에 맞는 정답을 도출한다.

01 다익스트라 알고리즘을 구현할 때 선형 탐색의 시간복잡도와 우선순위 큐의 시간복잡도를 바르게 구한 것은?(단, 노드의 개수는 N개이고, 간선의 수는 E개이다)

	선형 탐색	우선순위 큐
①	$O(N)$	$O(N^2)$
②	$O(N)$	$O(E \log N)$
③	$O(N^2)$	$O(N)$
④	$O(N^2)$	$O(E \log N)$

02 다음 순서도에서 출력되는 result 값은?

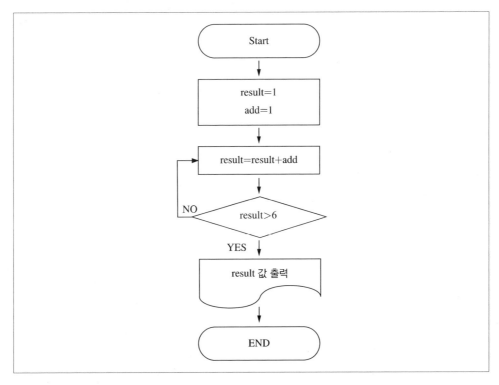

① 10   ② 8

③ 8   ④ 7

많이 보고 많이 겪고 많이 공부하는 것은 배움의 세 기둥이다.

– 벤자민 디즈라엘리 –

PART **2**

보건의료지식

01 | 건강보험심사평가원 업무 및 역할

01 회사소개

1. 전략체계

(1) 미션 및 비전

① HIRA

건강보험심사평가원의 영문 'Health Insurance Review & Assessment Service'의 약자

② 미션

안전하고 수준 높은 의료환경을 만들어 국민의 건강한 삶에 기여한다.

③ 비전

공정한 심사평가, 탄탄한 보건의료체계, 신뢰받는 국민의료관리 전문기관

(2) 전략목표(2025 ~ 2029년)

• 선별집중심사 항목 수 72개(누적) • 데이터 기반 경향관리제 확대지수 100점	• 의료 수준 우수기관 관리 성과 35% 이상 • 의료 수준 향상 취약기관 관리 성과 13% 이하	• 필수의료 수가개선율 100% • 약품비 재평가 비율 10%	• 보건의료 빅데이터 활용지수 100점 • 부적절한 의약품 사용 예방 성과 78%	• ESG경영 이행 100% • 종합청렴도 1등급

(3) 전략방향 및 전략과제

신뢰받는 심사 기반 적정진료 환경 조성	평가체계 개선을 통한 의료 수준 향상	지속가능한 건강보험 체계 강화	디지털 기반 국민서비스 체감 향상	경영혁신을 통한 책임·ESG경영 강화
• 의학적 타당성 기반 심사체계 고도화 • 심사 全 단계 관리체계 강화 • ICT기반 심사 효율화	• 성과·목표 중심 평가체계 고도화 • 국민 중심 평가 수행 및 정보 접근성 향상 • 평가 관리체계 강화 및 환류	• 필수의료 강화를 위한 공정한 보상체계 확립 • 합리적 의료 공급·이용체계 구축 • 급여 관리체계 고도화	• 대국민 서비스 혁신 및 안전 강화 • 데이터 안전 강화 및 활용 촉진 • 디지털혁신 체계·역량 강화	• ESG·안전경영 선도 • 청렴·윤리경영 확립 • 혁신기반 조직운영 및 경영 효율성 제고

(4) 핵심가치

신뢰받는 심사	공정한 평가	열린 전문성	함께하는 소통	지속적인 혁신

(5) 인재상

창의성과 열린 전문성을 갖추고, 공정한 업무수행으로 국민에게 신뢰받는 심평인				
국민을 위하는 인재	공정함으로 신뢰받는 인재	소통하고 협력하는 인재	열린 전문성을 갖춘 창의적 인재	혁신적 사고로 성장하는 인재
국민 안전과 건강 증진을 최우선으로 생각하는 인재	공정하고 균형 잡힌 업무수행으로 신뢰받는 인재	상호존중의 자세로 내·외부와 협력하는 인재	열린 사고로 전문성을 키우고 창의성을 발휘하는 인재	혁신적 사고로 변화에 유연하며 끊임없이 성장하는 인재

(6) 슬로건

의료 질은 높게, 국민 건강엔 날개를	Smart HIRA, Better Health	보건의료를 가치있게, 온 국민을 건강하게

(7) 연혁

의료보험협의회 (1976 ~ 1977)	전국의료보험협의회 (1977.11 ~ 1981)	의료보험조합연합회 (1981.10 ~ 1987)	의료보험연합회 (1987.12 ~ 2000.6)	건강보험심사평가원 (2000.7 ~ 현재)

2 HIRA 시스템

(1) 개요

① 의료자원의 효율적 사용으로 의료의 질 향상과 비용의 적정성을 보장하는 가치 중심 보건의료 서비스 실현 시스템

② 보건의료서비스 지출 효율화 기관으로서 다양한 기능을 통합적으로 운영하여 업무 상호 간 시너지 효과를 창출

(2) 주요 기능

① 의료서비스 기준 설정

급여기준(행위, 약, 치료재료) 관리 : 행위별수가제도상의 RBRVS 책정, 의약품가격결정, 치료재료 가격산정 및 코드 관리, 질병군 포괄수가를 관리하는 시스템

② 모니터링 & 피드백

ㄱ 진료비 청구 운영 : 의료공급자가 인터넷망을 이용하여 진료비 내역을 건강보험심사평가원에 직접 송신하고 건강보험심사평가원의 심사결과를 수신하는 시스템

ㄴ 진료비 심사 운영 : 의료공급자가 청구한 진료비 내역이 보험급여 기준에 맞는지 점검하는 시스템(합리적인 건강보험재정 관리)

ㄷ 의료의 질 평가 운영 : 의료공급자가 제공한 진료·의약품서비스의 의·약학적, 비용 효과성을 평가하는 시스템(의료의 질 향상, 의료선택권 보장)

ㄹ 의약품안심서비스(DUR) : 의사 혹은 약사가 환자에게 의약품을 처방·조제할 때 발생할 수 있는 의약품 부작용 위험정보를 실시간으로 전달하는 시스템(부적절한 약물사용을 사전 차단)

ㅁ 현지조사 : 진료비용에 대한 사실관계 및 적법여부를 현지 확인·조사하는 시스템(사전예방 및 자율개선 유도)

ⓑ 진료비 확인 서비스 : 환자가 병원에서 부담한 진료비를 법령에서 정한 기준에 맞게 부담하였는
지 확인하여 더 많이 낸 비용이 있다면 되돌려 받을 수 있도록 도와주는 시스템

③ 인프라 관리
ⓐ 의료자원관리 : 의료공급자의 인력현황, 시설현황, 의료장비 보유현황 등을 수집하여 심사·평가
업무에 활용하는 시스템
ⓑ 의약품유통정보관리 : 의약품 표준코드 부여를 통해 모든 완제의약품에 대한 생산, 수입, 유통정
보를 관리하는 시스템(의약품유통 투명화)
ⓒ 환자분류체계 개발 : 질병 및 시술 등의 정보를 이용하여 환자를 임상적 의미와 의료자원 측면에
서 유사한 그룹으로 분류하는 시스템
ⓓ 건강보험제도 운영교육 : 한국 건강보험제도에 대해 관심이 있거나 제도를 도입하려는 국가(기
관)들을 대상으로 한국건강보험, 심사평가시스템 운영절차 및 성과 등에 대한 이해도를 높이기
위한 교육
ⓔ 보건의료 빅데이터 분석 : 진료정보, 급여기준 정보, 의료자원 정보 등을 통합·분석하여 신속
공공에 민간영역의 보건의료서비스 가치 창출을 지원하는 시스템

(3) 장점

① 보건의료서비스 지출 효율화를 위한 맞춤형 공공시스템으로 국가보건의료 정책 지원
급여기준 설정, 의료자원 관리, 진료비용 심사 및 의료의 질 평가 등을 수행
② 국민의료비와 관련한 모든 정보의 수집관리로 국민, 정부 및 이해관계자에 대한 맞춤형 정보 제공
ⓐ 적정진료비 산정 및 질 높은 의료공급자 선택
ⓑ 보건의료통계 생산 및 효율적 자원 관리
ⓒ 신속한 진료 대가 지급 및 보건의료 데이터를 활용한 연구기능 강화
③ 수집정보 : 개인별 진료명세서와 처방·조제내역, 의료공급자의 인력·시설·장비현황, 의약품, 의
료장비, 치료재료 인허가정보, 의약품유통정보(생산, 수입, 공급) 등
④ 최적의 업무처리 기법을 적용한 세계적인 수준의 ICT 기반 시스템
ⓐ 첨단 ICT 기술을 수용할 수 있는 유연하고 개방적인 운영체계 : 의약품 RFID와 같은 사물인터넷
(IoT; Internet of Things) 및 모바일 기기 활용(병원위치 정보, 의약품 정보, 민원업무)
ⓑ ISO 9001, ISO 20000 인증과 진료비전자심사시스템의 국제특허 획득
ⓒ 국제 표준코드 기반의 국가 단일 코드체계 운영 : 급여기준 데이터베이스 관리(행위수가 84,000
여 개, 약가 50,000여 개, 치료재료 20,000여 개)
ⓓ 다양한 기능을 통합적으로 운영하며 업무 상호 간 시너지효과 창출 : 진료비 청구 자료의 99%
이상을 전자청구방식으로 교환하고 인공지능 전산심사를 통해 업무 생산성 극대화 등
⑤ 보건의료 환경개선과 보편적 의료보장(UHC; Universal Health Coverage)에 필요한 핵심기능 수행
ⓐ ICT 기반의 HIRA 시스템에 대한 건강보험 도입·개혁국가들의 관심 증가(ODA 요청 등)
ⓑ OECD, World Bank 및 WHO 등 국제기구의 높은 관심 및 개도국의 벤치마킹 대상

(4) 운영 성과

① 필요한 진료는 보장하고 불필요한 진료를 차단하여 국가보건의료와 건강보험 유지 발전에 기여
보건의료서비스에 대한 체계적인 관리와 합리적인 지출 효율화를 통해 연간 약 17조 원의 사회적
가치 창출

② 의료의 질 평가를 통한 국민의료수준 향상

  ㉠ 의료공급자의 의료서비스 수준을 의·약학적 측면과 비용 효과적 측면에서 평가

  ㉡ 평가 결과를 정부, 지방자치단체, 소비자단체 등에 공개하여 국민 의료선택권 지원

③ 의료자원의 효율적 사용 및 환자의 안전성 확보

  ㉠ 의료자원을 통합 관리하여 낭비 예방과 적절한 분배 지원(인력, 시설, 장비 등)

  ㉡ DUR을 통해 안전하고 적정한 의약품 사용(540만 건 약화사고 예방, 2013년 기준)

④ 신속·정확한 보건의료 통계생산으로 근거 기반 정책수립 지원 및 신뢰도 높은 국제 보건의료 통계 산출

  ㉠ 실시간 통계정보 생산으로 국가 보건의료 정책 지원(약 77만 회 이상, 2013년 기준)

  ㉡ 의료계 및 제약 산업 R&D 등 보건의료 연구 지원(2,300회 이상, 2013년 기준)

  ㉢ 의료의 질, 의료자원, 의약품 소비량 등 5개 그룹 196개 지표 생산(2013년 기준)

---

02 업무안내

1. 의료행위 관리

(1) 개요

① 약 84,000개의 의료행위가 과학적 방법과 투명한 절차에 의해 건강보험 적용 기준으로 선정되어 국가단위 표준코드로 분류관리

② 의사의 진료행위를 분류하고 행위별 표준코드를 부여하는 업무

③ 적정한 가격 산정과 급여기준 등을 설정하여 관리하는 업무

(2) 의료행위 관리 절차

① 보험 적용 여부 및 가격 결정

  대체 가능성, 비용·효과성 등을 평가하여 보험급여 대상 여부를 결정하고 급여 시 가격을 결정함

② 급여기준 설정

  ㉠ 급여기준의 대상, 범위 등을 검토하기 위해 국내외 임상연구 문헌과 기초자료를 조사하고 전문가 소견 등을 참고하여 다양한 각도로 검토함

  ㉡ 진료상의 필요성, 임상적 유용성, 비용 효과성 등을 고려하여 급여로 인정하는 횟수와 같은 급여기준을 만듦

③ 상대가치 재평가

  상대가치 구성요소인 의료자원이 변경되었을 때는 의료행위의 상대가치 점수를 개정함

(3) 운영 성과

① 의료행위 분류로 진료비 지불단위, 보건의료통계 및 연구 등의 기초자료로 활용
② 경제성 등을 고려한 가격 결정 및 보험 적용으로 국민의료비 절감
③ 통일된 표준코드를 기반으로 국가 전체의 질병 예측 및 국민의료서비스에 대한 통계 산출 용이
④ 의료공급자 등 이해관계자들과의 협의 절차를 통한 급여기준 설정으로 이해도 및 수용성 제고
⑤ 신의료기술의 적용프로세스 확립
⑥ 표준화된 코드를 통한 전산 시스템 간 연계 용이

2. 치료재료 관리

(1) 개요

① 약 30,000개의 치료재료가 국가단위 표준코드로 관리되어 비용 경제적으로 사용
② 스텐트, 인공관절, 임플란트 등을 분류하고 용도, 기능 등을 고려하여 코드를 부여하는 업무
③ 적정한 가격 산정과 급여기준 등을 설정하여 관리하는 업무

(2) 치료재료 관리 절차

① 보험 적용 여부 및 가격 결정
　기보험 적용 치료재료와의 의학적 타당성, 의료적 중대성, 치료 효과성, 비용 효과성, 환자의 비용 부담정보 및 사회적 편익 등을 평가하여 보험급여 대상 여부 및 상한금액 등을 결정함
② 급여기준 설정
　일부 품목은 적응증, 사용개수 등에 대한 급여기준을 만들어 그 범위 내에서만 급여함
③ 치료재료 재평가
　㉠ 고시된 치료재료는 관리의 효율성 제고를 위하여 3년에 한 번씩 재평가를 할 수 있음
　㉡ 평가와 재평가 단계에서 평가 결과에 이견이 있는 경우 독립적 검토 절차를 받아 재평가를 신청할 수 있음

(3) 운영 성과

① 경제성 등을 고려한 가격 결정 및 보험 적용으로 국민의료비 절감
② 통일된 표준코드를 기반으로 국가 전체의 질병 예측 및 국민의료서비스에 대한 통계 산출 용이
③ 의료공급자 등과 협의 절차를 통한 급여기준 설정으로 이해도 및 수용성 제고

3. 의약품 관리

(1) 개요

① 약 22,000개의 의약품이 국가단위 표준코드로 관리되고 국민 안전과 적정 가격을 보장
② 임상적으로 치료적 가치가 높은 의약품에 대해 적정한 가격을 책정하고 급여기준 등을 설정하여 관리하는 업무

(2) 의약품 관리 절차

① 보험 적용 여부 및 가격 결정

    ㉠ 안정성과 유효성을 확인하고, 임상정 유용성과 비용효과성을 평가함

    ㉡ 약제급여평가위원회를 통해 임상적 유용성과 비용 효과성을 검토하여 보험 여부를 결정함

    ㉢ 급여 대상으로 결정된 신약은 국민건강보험공단에서 제약사와 약가협상을 통해 최종 가격을 결정하고 제네릭은 동일 성분 신약의 일정 비율로 가격이 결정됨

② 급여기준 관리

    ㉠ 의학적 타당성과 대체 가능성, 비용 효과성 등을 검토함

    ㉡ 진료심사평가위원회와 암질환심의위원회의 심의를 거침

    ㉢ 허가초과 약제 비급여 사용승인 여부를 결정함

③ 사후관리

    ㉠ 퇴장방지의약품을 관리함

    ㉡ 사용범위 확대에 따른 약가를 사전인하함

    ㉢ 실거래가를 기반으로 약가를 인하함

    ㉣ 유통질서 문란약제의 처분을 지원함

(3) 운영 성과

① 국민이 질 좋은 약을 적정한 가격에 사용

② 경제성 등을 고려한 가격 결정 및 보험 적용으로 국민의료비 절감

③ 통일된 의약품 표준코드를 기반으로 국가 전체의 의약품 사용 관리 및 기타 의료서비스와 연계한 통계 산출 용이

④ 의료공급자 등과 협의 절차를 통한 급여기준 설정으로 이해도 및 수용성 제고

4. 진료비 청구 및 심사 운영

(1) 개요

국민건강보험법 등에서 정한 기준에 의해 진료비와 진료 내역이 올바르게 청구되었는지, 의·약학적으로 타당하고 비용 효과적으로 이루어졌는지를 확인하는 업무

(2) 진료비 심사처리 절차

① 청구명세서 접수

의료공급자가 건강보험심사평가원의 진료비청구프로그램을 이용하여 청구 전에 청구파일을 점검하고 인터넷 망을 통해 건강보험심사평가원에 직접 청구하고 심사결과를 통보받는 쉽고 편리한 청구운영서비스

② 전산 심사

모든 청구명세서의 환자 상병코드, 청구코드 및 가격의 오류 점검, 청구내역과 급여기준 등의 적합성 여부, 약제의 허가사항 초과 등에 대해 사람이 심사하는 것과 같이 로직화된 전산프로그램을 통해 심사가 이루어짐

③ 전문심사
  ㉠ 전문의학적 판단이 필요한 건을 심사자가 직접 심사하는 것으로, 일차적으로 심사직원에 의한 심사가 이루어짐
  ㉡ 심사위원 심사 : 전문의학적 판단을 위해 해당 분야 전문의사가 하는 심사
  ㉢ 심사위원회 심사 : 여러 전문가가 모여서 적정성 여부를 심사하는 심사
④ 심사 사후관리
  ㉠ 심사가 완료된 건 중 수진자별, 진료기간별 또는 의료공급자 간 연계가 되지 않아 미처 급여기준을 적용하지 못한 것에 대하여 추가적인 심사를 하여 지급된 비용을 환수함
  ㉡ 건강보험심사평가원의 심사 결정에 대하여 수용할 수 없다고 판단되는 경우에 관련 자료를 첨부하여 이의신청을 할 수 있음

(3) 운영 성과

① 진료비 청구 업무 간소화 및 진료비 지급기간 단축으로 의료공급자 경영효율화 지원
  심사기간(서면청구 40일 → 전자청구 15일)
② 청구데이터 암호화로 개인정보 유출방지 및 개인정보보호 강화
③ 빠르고 정확한 진료 내역 수집으로 상세한 국가 보건의료 정책자료 생산 기반 마련

5. 의료 질 평가 운영

(1) 개요

진찰·수술·의약품 사용 등 의료서비스에 대해 의약학적 측면과 비용·효과적인 측면에서 적정하게 행하였는지를 평가하는 업무

(2) 의료서비스 적정성 평가 절차

① 타당성 검증
  평가대상 우선순위에 따라 평가대상 선정 및 예비평가를 통한 평가의 타당성을 검증하고 평가항목에 대한 보건복지부 승인 후 평가 실시 2개월 전에 건강보험심사평가원 홈페이지, 보도자료 등에 평가 계획을 공개함
② 자료 수집
  평가를 위해 진료내역, 의료공급자 정보(인력, 시설, 장비), 사망자료 등 평가에 필요한 자료를 수집함
③ 결과 산출 및 결정
  ㉠ 수집된 자료의 정확도 확인을 위해 오류 및 신뢰도 점검을 하고 진료 경향 분석, 중증도 보정 후 기관별 평가지표 및 종합결과를 산출함
  ㉡ 대상기관, 평가지표 및 기준, 종합점수 산출 시 지표 값의 표준화, 가중치, 공개등급구간 등 평가 전반에 대해 전문가 자문회의체 회의 및 중앙평가위원회 심의를 거쳐 정함
  ㉢ 평가 결과는 건강보험심사평가원 홈페이지에 공개하여 국민의 의료이용 선택권을 보장하며, 가감지급 등에 활용하고 있음

(3) 운영 성과

① 의료공급자 간에 의료서비스 질의 상향평준화

② 평가 결과에 의한 가감지급으로 건강보험 재정의 합리적 지출

③ 국민에게 평가 결과에 대한 정보제공으로 합리적 의료공급자 선택 가능

④ 평가 결과를 보건의료제도 운영에 활용

지역거점 공공병원 선정, 권역별 응급의료센터 지정, 항생제 내성관리 종합대책 등

6. 의약품 안전사용서비스(DUR)

(1) 개요

① 실시간으로 환자의 투약이력까지 점검하는 세계 유일의 의약품 안전점검시스템

② 의사 및 약사에게 의약품 처방·조제 시 금기 등 의약품 안전성과 관련된 정보를 실시간으로 제공하여 부적절한 약물사용을 사전에 점검할 수 있도록 지원하는 업무

(2) DUR 서비스 절차

① 이력 확인

㉠ 처방단계에서 환자의 처방(의약품) 정보를 전송함

㉡ 환자의 투약이력 및 DUR 기준과 비교해서 문제되는 의약품이 있으면 의사의 컴퓨터 화면에 0.5초 이내로 경고 메시지를 띄움

② 처방

처방을 변경하거나 임상적 필요에 의해 부득이하게 처방 시에는 예외사유를 기재하여 처방을 완료하고, 그 정보를 전송함

③ 조제

㉠ 경고메시지가 있는 의약품에 대해 약사가 처방의사에게 변경여부를 물음

㉡ 변경에 동의하는 경우 변경하여 조제할 수 있으며, 조제 완료한 내역을 전송함

(3) 운영 성과

① 환자의 투약이력까지 실시간으로 점검하는 세계 유일의 시스템

② 신속한 응답속도 보장과 365일 24시간 부중난서비스 실시

③ 의약품 금기 및 안전성 정보 등의 실시간 제공으로 의사 및 약사 의약품 처방 및 조제 지원

④ 국민의 안전한 의약품 복용 지원

⑤ 적십자사와 헌혈금지 의약품 복약내역 정보공유로 안전한 혈액 사용

⑥ 의약품 실시간 사용내역 파악으로 국가차원의 의약품 감시망 운영(전염병 등)

7. 현지조사

(1) 개요

① 요양기관의 건전한 요양급여비용 청구 풍토 조성 및 불필요한 건강보험 재정 누수 방지
② 요양기관이 지급받은 요양급여비용 등에 대해 세부 진료내역을 근거로 사실관계 및 적법 여부를 확인·조사하는 업무
③ 그 결과에 따라 부당이득 환수 및 행정처분 등을 실시하는 보건복지부장관의 행정조사

(2) 현지조사 업무 처리 절차

① 부당청구 인지
  건강보험심사평가원의 요양급여 비용 심사·평가 과정 및 대외기관의 의뢰 등 다양한 경로를 통하여 이루어짐
② 현지조사
  ㉠ 거짓·부당청구의 개연성, 규모·정도, 조사의 필요성, 시급성 등을 감안하여 현지조사 대상기관을 선정하고 조사함
  ㉡ 요양기관의 거짓·부당청구 내역이 확인되면 이에 따른 부당금액을 산출함
  ㉢ 행정처분 기준에 부합할 경우 행정처분을 실시함
③ 사후관리
  ㉠ 일정한 기준에 부합한 경우 거짓청구 요양기관의 명단을 공표함
  ㉡ 요양기관이 업무정지 등의 행정처분을 정확하게 받고 있는지 여부를 확인하기 위하여 사후관리를 실시함

(3) 운영 성과

① 요양기관의 거짓·부당 청구 예방 및 건강보험 재정 누수 방지
② 요양기관의 건전한 요양급여비용 청구 풍토 조성 및 적정진료 유도
③ 건강보험 가입자의 수급권 보호 및 건전한 요양기관을 보호

8. 의약품 유통정보 관리

(1) 개요

① 50,000여 개의 의약품과 2,500개소의 의약품 제조·수입, 도매상의 생산·수입 유통정보를 관리
② 국내에서 유통되는 모든 의약품에 대해 국가 표준코드를 부여하는 업무
③ 생산·수입·공급·소비 실적을 수집하여 관리하는 업무

(2) 의약품 유통정보 관리 절차

① 의약품 정보화 관리(의약품 표준코드 관리)
  ㉠ 의약품 제조·수입자는 식품의약품안전처 허가 후 건강보험심사평가원 의약품관리종합정보센터 (KPIS)에 표준코드 부여를 신청함

ⓛ KPIS는 표준코드 신청접수 후 10일 이내에 표준코드를 공고함
- 국내 유통 의약품에 대해 정보 표준화
- 100% 정보 표시 및 ATC 코드와 연계
② 의약품 생산·수입·공급·소비 내역 관리 및 정보 제공
ⓐ 공급업체로부터 생산·수입·공급 실적을 수집하여 관리하고 식약처의 위해 의약품정보에 대해 각 공급업체에게 알림서비스를 제공함
ⓛ 정보분석시스템은 포털시스템에서 수집한 정보를 데이터웨어하우스(DW)로 구축, 각종 정책자료 및 통계정보를 생산하여 정부, 관련 기관, 국민 등에게 제공함

(3) 운영 성과
① 의약품 국가 표준코드 관리로 의약품 유통의 투명성 확보
② 의약품 유통정보 제공으로 제약 산업의 건전한 육성 도모
③ 의약품 공급내역과 사용내역 연계 분석을 통한 건강보험 재정 절감(70억, 2017 ~ 2021년 기준)
④ 사물인터넷 등 첨단 ICT 기술 활용을 통한 실시간 의약품 유통정보 관리로 국민건강 보호
⑤ 의약품 유통정보를 기반으로 국가통계 생산(생산, 수입실적 등)

9. 의료자원 관리

(1) 개요
① 의료자원(인력, 시설, 장비)의 통합관리로 한정된 의료자원의 합리적 배분과 활용
② 진료비 심사 및 의료서비스 질 평가에 기초자료가 되는 의료자원 현황(의료 인력·시설·장비 등)을 의료공급자로부터 신고 받아 전산 등록·관리하는 업무

(2) 의료자원 관리 업무 절차
① 기호 부여
의료공급자가 진료비를 청구할 수 있도록 의료공급자기호(8자리)를 부여하고 의료자원 정보를 통합 관리함
② 정보 확인
ⓐ 인력·상비·시설에 대한 신고 없이 진료비가 청구될 경우 해당 비용을 심사에서 자동으로 조정 할 수 있음
ⓛ 기관별 구축된 의료자원 정보를 기관별 평가 업무에 활용하고 있음
ⓒ 의료공급자가 신고한 의료자원 정보를 다양한 방식으로 점검하여 제공함으로써 정부정책 입안 및 실행에 도움을 줌
③ ETL(Extraction, Transformation, Load)
ⓐ 심사시스템에서 진료비 심사가 완료된 데이터는 매일 DW시스템으로 자동 전송됨
ⓛ 전송된 데이터는 변환, 정제과정을 거쳐 EDW(Enterprise Data Warehouse), Data Mart, Summary Tables로 관리됨

(3) 운영 성과

① 전국의 모든 의료자원의 통합관리를 통해 한정된 의료자원의 합리적 배분 및 활용
② 주요 의료장비의 유통 이력 추적으로 허위·중복 신고를 사전에 예방
③ 의료자원 정보를 진료비 심사 및 의료서비스 수준 평가와 연계하여 보험 재정 절감

10. 환자분류체계 개발

(1) 개요

① 한국 보건의료 정책(진료비 지불, 의료의 질 평가 등)의 초석
② 상병, 시술 등을 이용해서 외래나 입원환자를 자원소모나 임상적 측면에서 유사한 그룹으로 분류하는 체계
③ 의료기관 간 진료비나 질적 수준을 비교하기 위해서 비교 대상이 되는 의료기관의 환자구성을 동일하게 보정하는 업무

(2) 환자분류체계 종류

구분		명칭	질병군 개수	현재 사용버전
의과	입원	KDRG(일반용)	2,677개	Ver 4.6
		KDRG(신포괄용)	2,032개	Ver 1.4
		KRPG(재활)	899개	Ver 2.1
	외래	KOPG	601개	Ver 2.5
		588분류(보건기관)	591개	Ver 1.2
한의	입원	KDRG-KM	247개	Ver 2.0
	외래	KOPG-KM	221개	Ver 3.0

* (의과) KDRG; Korean Diagnosis Related Group
  KOPG; Korean Outpatient Group
  KRPG; Korean Rehabilitation Patient Group
* (한의) KOPG-KM; Korean Outpatient Group-Korean Medicine
  KDRG-KM; Korean Diagnosis Related Group-Korean Medicine

(3) 환자분류체계 개선 업무 수행 절차

1단계 개선 방향성 수립	2단계 분석자료 수집·구축	3단계 분류 타당성 검토	4단계 개선안 도출	5단계 개정 적용·공개
• 분류원칙 및 기준 설정 • 기존 환자분류 모니터링	• 진료비 자료 구축 및 정체 • 대내·외 개선 의견 수렴	• 임상적 타당성 • 자원소모 동질성 분석 • 임상전문가 자문	• 분류번호 및 명칭 • 우선순위 • 중증도 구분 • 전산프로그램 개발 및 검증	• 개선안 위원회 보고 • 분류집 개정 • 개정 내용 안내·공개

(4) 환자분류체계 활용

① 병원 간 비교(Benchmarking)

진료비용, 재원일수, 사망률, 기타 질 지표 등을 병원 간 비교 시 환자구성 보정 도구로 사용

② 진료비 지불(Payment or Financing)

포괄수가제(7개 질병군 및 신포괄지불)에서 지불단위로 사용

③ 의료기관 기능 평가

상급종합병원, 전문병원, 재활의료기관 등의 지정 기준에 사용

④ 기타

지표연동자율개선제, 처방·조제 약품비 절감 장려금 등

11. 보건의료 빅데이터 분석

(1) 개요

① 전 국민 진료정보, 의약품, 의료자원 정보 등을 축적한 자료
② 근거 기반의 국가 보건의료 정책 수립 및 학술 연구 등에 활용

(2) 특징

① 가치

㉠ 국가 중점개방 데이터 지정(행정자치부, 2015년 1월)
㉡ 데이터 품질 'Platinum Class' 인증(한국데이터진흥원, 2020년 12월)
㉢ 공공데이터 제공 운영실태 평가 '우수'(행정안전부, 2019~2020년 기준)

② 규모(양)

총 7종의 의료정보, 23개 관련 DB 보유(232TB)

③ 다양성

㉠ 전 국민 건강보험 진료 정보
㉡ 요양기관 진료내역
㉢ 의약품 사용 및 유통 정보
㉣ 의료자원(인력, 시설, 장비) 정보
㉤ 의료급여·자동차보험·보훈 진료 정보
㉥ 비급여 진료비 정보 능

④ 속도

포털을 통한 실시간 수집·저장·제공

(3) 보건의료 DB

분류	관리 항목
진료행위 정보	• 청구명세서 정보(환자, 의사, 의료기관, 진료내역 등) • 의료행위 정의 및 환자분류 • 수가마스터 정보(분류유형, 상대가치점수, 금액, 변경이력 등) • 의료행위 분류별 진료규모 정보(진료량, 금액) • 질병군(DRG) 및 요양병원 수가 마스터정보(분류군, 금액 등) • 질병군(DRG) 및 요양병원 진료규모 정보(진료량, 금액 등)
의약품 정보	• 급여의약품 마스터 정보(약효분류군, 성분, 제조사, 제품형태, 투여경로 등) • 의약품 생산·제조 및 도매상 정보 • 완제의약품 유통정보(제조·생산부터 유통 단계별 자료) • 급여의약품 사용 정보 • 의약품 안전관리 정보(병용금기, 연령금기, 임산부 금기 등)
치료재료 정보	• 치료재료 마스터 정보(재료대명, 제품번호, 관리번호, 구입일자, 제조사 등) • 의료기관 치료재료 구매 정보(구입일자, 구입단가, 구매수량 등) • 치료재료별 사용 정보 • 특수 치료재료 관련 정보(복강경시술, 조영제 등)
의료자원 정보	• 요양기관 개·폐업 정보 • 의료기관 시설 정보(병상, 집중치료실, 수술실 등) • 인력(의사, 간호사, 의료기사 등) 현황 및 자격 정보 • 장비 보유현황(장비별 이력관리)
의료 질 평가 정보	• 의료기관별 평가결과 정보 • 요양병원 환자평가표 등 의료 질 점검 조사표 정보
비급여 정보	• 비급여 항목 정보(수가, 유형 등) • 기관별 비급여 가격 정보
급여기준 정보	• 급여기준, 각종 분류체계 및 코드 등 이력 정보

(4) 빅데이터 분석 시스템

① 보건의료 정보분석시스템(HIRA DW)

보건의료 정책 수립 지원을 위한 통계 및 진료비 지표 산출 등 데이터 분석이 가능한 통합적·시계열적 데이터 집합체

② 보건의료 빅데이터 개방시스템(Opendata.hira.or.kr)

  ㉠ 내부 원천데이터를 망분리함

  ㉡ 개인정보 비식별화 조치가 완료된 별도의 데이터베이스를 구축하여 민간 활용을 지원하고 있음

(5) 빅데이터 활용 실적

① 국제보건통계(WHO, OECD) 및 국가승인통계 생산·제공

② 국가승인통계 생산·제공으로 근거 중심의 보건의료 정책 수립 지원

③ 진료비 지출 상시 모니터링으로 건강보험 재정 관리 지원

④ 감염병 모니터링 등 환자안전 조기 이상 감지 시스템 운영 등

⑤ 빅데이터 제공(68,961건, 2022년 기준)

⑥ 빅데이터 활용 분석 지원(2,133건, 2022년 기준)

1. ESG 추진전략

(1) 경영방향 · 경영목표 · 비전

① 경영방향

경영혁신을 통한 책임경영 강화

② 경영목표

ESG경영 이행 100%

③ 비전

실질적 ESG경영과 보건의료 사회적 책임 이행으로 지속가능경영 우수기관 달성

(2) ESG 전략방향 · 목표

전략방향	목표(장기)
경영전반 (ESG 가치 확산 & ESG경영 선도)	• 의료기관 ESG경영 수준 평가 및 반영 • HIR – Ray 100% 달성 • ESG경영 임직원 참여율 100%
환경 (환경경영 지속가능성 확보 & 탄소중립 실현)	• 폐의약품 안심처리사업 전국 확대 • 온실가스감축률(정부목표) 달성 • ISO 14001 환경경영시스템 인증 유지
사회 (사회적 책임 이행 & 공유가치 확산)	• 국민 의료이용 사각지대 Zero • 통합안전활동지수 99.6점(~ 2028년) • 인권경영 민간일자리 질 점수 94.8점(~ 2028년)
거버넌스 (열린 소통 & 부패 Zero 청렴기관)	• 이해관계자 중심 보건의료체계 확립 • 종합청렴도 1등급 · 무결점 통합공시 달성 • 윤리경영 표준모델 이행률 100%

(3) 추진방향 · 전략과제

① 추진방향

보건의료분야 · 지역사회 ESG 가치 확산

② 전략과제

보건의료분야			
1. 보건의료분야 ESG 선도 기관 도약	1. 의약품 통합관리로 보건의료계 탄소중립 선도 2. ICT 기반 서면업무 전산화를 통한 탄소저감 이행	1. 의료소외계층 맞춤형 의료서비스 지원 및 국민생명 직결 필수의료기반 강화 2. 우리원 인프라 활용 민간 지원 강화	1. 내국민 의료칭보 시비스 확대 및 편의제고 2. 이해관계자 지속 소통으로 국민건강 강화 거버넌스 선도
지역사회			
1. 지역사회 內 ESG 선순환 형성	1. 지속가능한 환경보전 활동 발굴 및 추진	1. 취약계층 동반성장 지원으로 지역사회 상생 · 발전	1. 대내외 거버넌스 강화로 청렴문화 안착

기관운영			
1. 내·외부 역량 활용하여 효과적 ESG경영 실현 2. 국민·직원 참여형 ESG 경영 강화	1. 환경경영체계 고도화 및 환경인식 확산 2. 친환경·저탄소 업무환경 조성	1. 인권경영체계 정착 및 인권체감도 제고 2. 경영전반 안전·보안체계 강화 3. 국민·직원이 함께 만드는 양질의 일자리	1. 공정한 윤리경영 실현 및 위험관리로 내부통제 강화 2. 준법윤리경영을 통한 맞춤형 청렴정책 강화 3. 효과적 의사결정과 능동적 경영정보 공개 확대

2. ESG 추진체계

(1) ESG 추진조직

(2) ESG 자문기구

① 지속가능경영위원회
② MSG(Mz-eSG, ESG 변화 관리자)
③ 외부전문가 자문
④ 환경자문단
⑤ 인권경영위원회
⑥ 산업안전보건위원회
⑦ 안전경영위원회
⑧ 윤리경영위원회
⑨ 윤리경영실무위원회
⑩ 이해충돌방지위원회
⑪ 청렴시민감사관
⑫ 반부패추진단

1. 사회적 책임 전략체계

(1) 비전 및 핵심가치

① 비전

국민의 삶을 보다 가치 있게

② 핵심가치

본업 연계, 나눔 실천, 책임경영

(2) 중점 추진전략 및 핵심 추진과제

중점 추진전략	핵심 추진과제
사람 중심의 사회적 책임 (Human)	고도의 윤리·인권문화가 확립된 국민의료 심사·평가 공공기관 • 가치 기반 심사평가 고도화 및 국민 중심 평가체계 혁신 • 인권경영 확립 및 윤리경영 표준모델 구축 • 부패방지 및 이해충돌 방지 체계 확립
지속가능경영과 연계하는 사회적 책임 (ESG)	환경 – 사회 – 거버넌스를 확립하여 지속가능경영 선도 공공기관 • 국민 맞춤형 의료보장 확대 및 비급여 등 국민 알권리 보장 • 안전·환경 경영체계 운영 고도화 • 참여기반 ESG 연계 및 효과적 측정체계 마련·운영
지역과 더불어 상생하는 사회적 책임 (Win – Win)	영향력 있는 사회공헌과 효과적인 상생협력을 추진하는 스마트 공공기관 • 보건의료 빅데이터 활용 역량 강화 • Social Impact가 있는 사회공헌 활동 • 지역발전을 위한 주민·소상공인 지원 및 사회적 경제기업 집중 육성

(3) HIRA 사회적 책임 추진체계

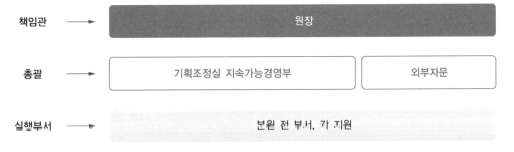

① HIRA 사회적 책임 전담조직

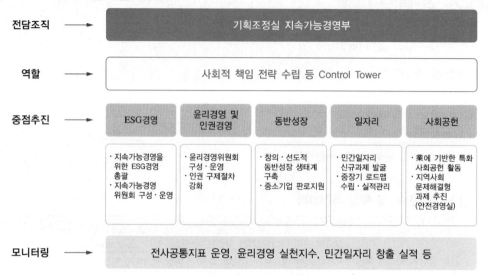

전담조직 ⟶	기획조정실 지속가능경영부				
역할 ⟶	사회적 책임 전략 수립 등 Control Tower				
중점추진 ⟶	ESG경영	윤리경영 및 인권경영	동반성장	일자리	사회공헌
	· 지속가능경영을 위한 ESG경영 총괄 · 지속가능경영 위원회 구성·운영	· 윤리경영위원회 구성·운영 · 인권 구제절차 강화	· 창의·선도적 동반성장 생태계 구축 · 중소기업 판로지원	· 민간일자리 신규과제 발굴 · 중장기 로드맵 수립·실적관리	· 業에 기반한 특화 사회공헌 활동 · 지역사회 문제해결형 과제 추진 (안전경영실)
모니터링 ⟶	전사공통지표 운영, 윤리경영 실천지수, 민간일자리 창출 실적 등				

② 외부 자문 / 협력기구

　　㉠ 시민참여위원회 : 심사, 평가 등 주요사업 추진 계획 자문

　　㉡ 국민참여열린경영위원회 : 혁신, 중장기경영 추진 계획 자문

　　㉢ 안전경영위원회 : 안전경영 심의·의결 기구

　　㉣ 지역발전협의회 : 혁신도시 이전공공기관 협력기구

　　㉤ 인권경영위원회 : 인권경영 연간계획 등 심의·의결

　　㉥ 윤리경영위원회 : 윤리경영 연간계획 등 심의·의결

③ 실행부서 : 건강보험심사평가원 전 부서, 각 본부

　　㉠ 건강보험심사평가원 사회적 책임 전략방향과 연계한 사업 실행

　　㉡ 전국 10개 본부는 각 지역적 특성에 맞는 사회적 책임 업무 수행(각 본부 국민참여열린경영위원회 활용)

2. 전략별 추진과제

(1) 사람 중심의 사회적 책임

① 환자 중심 의학적 근거 기반 분석심사 및 근거 중심 심사체계 강화

② 요양급여 적정성 평가체계 혁신(국민의 평가 참여) 및 활동 강화

③ 요양급여 등재 및 가격관리 제도 개선

④ 일·가정 양립을 위한 가족친화 경영 실천

⑤ 윤리경영 표준모델 구축

⑥ 인권경영 체계 강화

⑦ 청렴·윤리경영 조직문화 정착

⑧ 부패 방지 및 이해충돌 방지 체계 확립

(2) 지속가능경영과 연계하는 사회적 책임

① 국민 중심 비급여 진료비 확인 서비스 혁신

② 의학적 필수의료의 급여화 및 생애 맞춤형 의료보장 확대

③ 안전경영 체계 운영 고도화

④ 근로자·협력업체·지역사회를 포괄하는 안전강화 활동 및 현장관리

⑤ 환경경영 체계 구축 및 공감대 형성

⑥ 친환경 건물 및 저탄소 환경 구축

(3) 지역과 더불어 상생하는 사회적 책임

① 보건의료 빅데이터 활용확대 및 보건의료 데이터 역량 강화(산학관 연계 상생협력)

② 수혜자 맞춤형 사회공헌 활동

③ 지속 가능한 직·간접 민간일자리 창출

④ 지역발전을 위한 중소기업·소상공인 협력 강화

⑤ 사회형평적 인재 채용

⑥ 사회적 경제기업의 성장 견인

3. 사회공헌

(1) 사회공헌 추진체계

① 비전

나눔을 통한 건강한 삶, 참여를 통한 행복한 사회

② 추진전략 및 추진과제

본업 연계 사회공헌	지역 연계 사회공헌	참여형 사회공헌
• 희귀난치병 환우 치료비 지원 • 희귀난치병 환우 정서적 지원 • 보건의료 취약계층 지원	• 지역사회 나눔 지원 • 지역사회 문제해결형 지원 • 코로나19 극복 지원	• 심평원 봉사단 연중 운영 • 정기 및 수시 성금 운영 • HIRA 지바행 참여형 기부

③ 성과지표

사회적 가치 창출지수, 사회공헌 프로그램 참여자 만족도, 자율모금 참여율

④ 심평원 봉사단

자발적 참여로 나눔을 실천하는 봉사단

(2) 사회공헌 3대 추진전략

본업 연계 사회공헌	지역 연계 사회공헌	참여형 사회공헌
• 희귀난치병 환우 치료비 지원 • '건강+생명 나눔 헌혈' 및 헌혈증 기부 • 공공의료원 이용 취약계층 치료비 지원 • 지역사회 문제해결형 보건의료 사회공헌 아이디어 공모전 추진 • 의료취약계층 이동 편의를 위한 '우도 효도차 – 탑써', '영월 효도차 – 영차' 사업 지원 • 다문화가정 건강 지원을 위한 '레인보우 건강브릿지' 사업 지원	• 1사1촌 김장나눔 및 체험마을 지원 • 명절맞이 지역사회 나눔행사 • 노숙인 자활 프로그램 '도시농부 아카데미 하우스' 지원 • 중증장애인 카페 'I got everything' 운영 지원 • 저소득층 영아를 위한 '아가사랑 분유뱅크' 분유 지원 • 지역 학교와 연계한 환경성 질환 환우 치료비 지원	• 심평원 봉사단 연중 운영 • 정기성금 3종 및 수시성금 운영 • ESG 실천 모바일 앱을 활용한 일상 속 활동 실천 및 후원 연계 '지금 바로 행동 프로젝트' 운영

02 | 국민건강보험법

※ 수록 기준 : 법제처 법률 제19841호(시행 2024.12.27.)

01 총칙

1. 목적 및 정의

(1) 목적(제1조)

국민건강보험법은 국민의 질병·부상에 대한 예방·진단·치료·재활과 출산·사망 및 건강증진에 대하여 보험급여를 실시함으로써 국민보건 향상과 사회보장 증진에 이바지함을 목적으로 한다.

(2) 관장(제2조)

국민건강보험법에 따른 건강보험사업은 보건복지부장관이 맡아 주관한다.

(3) 정의(제3조)

국민건강보험법에서 사용하는 용어의 뜻은 다음과 같다.
1. 근로자 : 직업의 종류와 관계없이 근로의 대가로 보수를 받아 생활하는 사람(법인의 이사와 그 밖의 임원을 포함한다)으로서 공무원 및 교직원을 제외한 사람
2. 사용자 : 다음 각 목의 어느 하나에 해당하는 자
   가. 근로자가 소속되어 있는 사업장의 사업주
   나. 공무원이 소속되어 있는 기관의 장으로서 대통령령으로 정하는 사람
   다. 교직원이 소속되어 있는 사립학교(사립학교교직원 연금법 제3조에 규정된 사립학교를 말한다. 이하 이 조에서 같다)를 설립·운영하는 자

> **더 알아보기**
>
> 적용 범위(사립학교교직원 연금법 제3조)
> ① 사립학교교직원 연금법은 다음 각 호에 규정된 학교기관에서 근무하는 교직원에게 적용한다.
>   1. 사립학교법에 따른 사립학교 및 이를 설치·경영하는 학교경영기관
>   2. 초·중등교육법의 특수학교 중 사립학교 및 이를 설치·경영하는 학교경영기관
>   3. 제1호와 제2호에 해당하지 아니하는 사립학교 및 학교경영기관 중 특히 교육부장관이 지정하는 사립학교와 이를 설치·경영하는 학교경영기관
> ② 사립학교교직원 연금법은 다음 각 호의 어느 하나에 해당하는 사람에 대해서는 적용하지 아니한다.
>   1. 공무원연금법의 적용을 받는 공무원
>   2. 군인연금법의 적용을 받는 군인
>   3. 2017년 1월 1일 이후 교직원으로 신규 임용되는 경우로서 임용 당시 다음 각 목의 구분에 따른 정년을 초과한 교직원
>   가. 교원 : 교육공무원법에 따라 교육공무원에게 적용되는 정년
>   나. 사무직원 : 국가공무원법에 따라 일반직공무원에게 적용되는 정년

3. 사업장 : 사업소나 사무소

4. 공무원 : 국가나 지방자치단체에서 상시 공무에 종사하는 사람

5. 교직원 : 사립학교나 사립학교의 경영기관에서 근무하는 교원과 직원

2. 국민건강보험종합계획 및 건강보험정책심의위원회

(1) 국민건강보험종합계획의 수립 등(제3조의2)

① 종합계획의 수립·변경 : 보건복지부장관은 국민건강보험법에 따른 건강보험의 건전한 운영을 위하여 제4조에 따른 건강보험정책심의위원회의 심의를 거쳐 5년마다 국민건강보험종합계획("종합계획")을 수립하여야 한다. 수립된 종합계획을 변경할 때도 또한 같다.

② 종합계획에 포함되어야 하는 사항

  1. 건강보험정책의 기본목표 및 추진방향

  2. 건강보험 보장성 강화의 추진계획 및 추진방법

  3. 건강보험의 중장기 재정 전망 및 운영

  4. 보험료 부과체계에 관한 사항

  5. 요양급여비용에 관한 사항

  6. 건강증진 사업에 관한 사항

  7. 취약계층 지원에 관한 사항

  8. 건강보험에 관한 통계 및 정보의 관리에 관한 사항

  9. 그 밖에 건강보험의 개선을 위하여 필요한 사항으로 대통령령으로 정하는 사항

③ 시행계획의 수립 : 보건복지부장관은 종합계획에 따라 매년 연도별 시행계획("시행계획")을 건강보험정책심의위원회의 심의를 거쳐 수립·시행하여야 한다.

④ 추진실적의 평가 : 보건복지부장관은 매년 시행계획에 따른 추진실적을 평가하여야 한다.

⑤ 보고 사유 : 보건복지부장관은 다음 각 호의 사유가 발생한 경우 관련 사항에 대한 보고서를 작성하여 지체 없이 국회 소관 상임위원회에 보고하여야 한다.

  1. 제1항에 따른 종합계획의 수립 및 변경

  2. 제3항에 따른 시행계획의 수립

  3. 제4항에 따른 시행계획에 따른 추진실적의 평가

⑥ 자료의 제출 요구 : 보건복지부장관은 종합계획의 수립, 시행계획의 수립·시행 및 시행계획에 따른 추진실적의 평가를 위하여 필요하다고 인정하는 경우 관계 기관의 장에게 자료의 제출을 요구할 수 있다. 이 경우 자료의 제출을 요구받은 자는 특별한 사유가 없으면 이에 따라야 한다.

⑦ 그 밖에 제1항에 따른 종합계획의 수립 및 변경, 제3항에 따른 시행계획의 수립·시행 및 제4항에 따른 시행계획에 따른 추진실적의 평가 등에 필요한 사항은 대통령령으로 정한다.

(2) 건강보험정책심의위원회(제4조)

① 심의위원회의 심의·의결 : 건강보험정책에 관한 다음 각 호의 사항을 심의·의결하기 위하여 보건복지부장관 소속으로 건강보험정책심의위원회("심의위원회")를 둔다.

  1. 제3조의2 제1항 및 제3항에 따른 종합계획 및 시행계획에 관한 사항(의결은 제외한다)

  2. 제41조 제3항에 따른 요양급여의 기준

3. 제45조 제3항 및 제46조에 따른 요양급여비용에 관한 사항

4. 제73조 제1항에 따른 직장가입자의 보험료율

5. 제73조 제3항에 따른 지역가입자의 보험료율과 재산보험료부과점수당 금액

5의2. 보험료 부과 관련 제도 개선에 관한 다음 각 목의 사항(의결은 제외한다)

    가. 건강보험 가입자("**가입자**")의 소득 파악 실태에 관한 조사 및 연구에 관한 사항

    나. 가입자의 소득 파악 및 소득에 대한 보험료 부과 강화를 위한 개선 방안에 관한 사항

    다. 그 밖에 보험료 부과와 관련된 제도 개선 사항으로서 심의위원회 위원장이 회의에 부치는 사항

6. 그 밖에 건강보험에 관한 주요 사항으로서 대통령령으로 정하는 사항

② **심의위원회의 구성** : 심의위원회는 위원장 1명과 부위원장 1명을 포함하여 25명의 위원으로 구성한다.

③ **위원장·부위원장** : 심의위원회의 위원장은 보건복지부차관이 되고, 부위원장은 제4항 제4호의 위원 중에서 **위원장이 지명하는 사람**이 된다.

④ **위원의 임명·위촉** : 심의위원회의 위원은 다음 각 호에 해당하는 사람을 보건복지부장관이 임명 또는 위촉한다.

1. 근로자단체 및 사용자단체가 추천하는 각 2명

2. 시민단체(비영리민간단체지원법 제2조에 따른 비영리민간단체를 말한다. 이하 같다), 소비자단체, 농어업인단체 및 자영업자단체가 추천하는 각 1명

더 알아보기

> 비영리민간단체의 정의(비영리민간단체 지원법 제2조)
> "비영리민간단체"라 함은 영리가 아닌 공익활동을 수행하는 것을 주된 목적으로 하는 민간단체로서 다음 각 호의 요건을 갖춘 단체를 말한다.
> 1. 사업의 직접 수혜자가 불특정 다수일 것
> 2. 구성원 상호 간에 이익분배를 하지 아니할 것
> 3. 사실상 특정 정당 또는 선출직 후보를 지지·지원 또는 반대할 것을 주된 목적으로 하거나 특정 종교의 교리 전파를 주된 목적으로 설립·운영되지 아니할 것
> 4. 상시 구성원 수가 100인 이상일 것
> 5. 최근 1년 이상 공익활동 실적이 있을 것
> 6. 법인이 아닌 단체일 경우에는 대표자 또는 관리인이 있을 것

3. 의료계를 대표하는 단체 및 약업계를 대표하는 단체가 추천하는 8명

4. 다음 각 목에 해당하는 8명

    가. 대통령령으로 정하는 중앙행정기관 소속 공무원 2명

    나. 국민건강보험공단의 이사장 및 건강보험심사평가원의 원장이 추천하는 각 1명

    다. 건강보험에 관한 학식과 경험이 풍부한 4명

⑤ **위원의 임기** : 심의위원회 위원(제4항 제4호 가목에 따른 위원은 제외한다)의 임기는 3년으로 한다. 다만, 위원의 사임 등으로 새로 위촉된 위원의 임기는 전임위원 임기의 남은 기간으로 한다.

⑥ **보고** : 보건복지부장관은 심의위원회가 제1항 제5호의2에 따라 심의한 사항을 국회에 보고하여야 한다.

⑦ 심의위원회의 운영 등에 필요한 사항은 대통령령으로 정한다.

1. 적용 대상, 가입자 및 사업장

(1) 적용 대상 등(제5조)

① 건강보험 적용 대상자 : 국내에 거주하는 국민은 건강보험의 가입자 또는 피부양자가 된다. 다만, 다음 각 호의 어느 하나에 해당하는 사람은 제외한다.

1. 의료급여법에 따라 의료급여를 받는 사람("수급권자")

더 알아보기

수급권자(의료급여법 제3조 제1항)
1. 국민기초생활 보장법에 따른 의료급여 수급자
2. 재해구호법에 따른 이재민으로서 보건복지부장관이 의료급여가 필요하다고 인정한 사람
3. 의사상자 등 예우 및 지원에 관한 법률에 따라 의료급여를 받는 사람
4. 국내입양에 관한 특별법에 따라 입양된 18세 미만의 아동
5. 독립유공자예우에 관한 법률, 국가유공자 등 예우 및 지원에 관한 법률 및 보훈보상대상자 지원에 관한 법률의 적용을 받고 있는 사람과 그 가족으로서 국가보훈부장관이 의료급여가 필요하다고 추천한 사람 중에서 보건복지부장관이 의료급여가 필요하다고 인정한 사람
6. 무형문화재 보전 및 진흥에 관한 법률에 따라 지정된 국가무형유산의 보유자(명예보유자를 포함한다)와 그 가족으로서 문화재청장이 의료급여가 필요하다고 추천한 사람 중에서 보건복지부장관이 의료급여가 필요하다고 인정한 사람
7. 북한이탈주민의 보호 및 정착지원에 관한 법률의 적용을 받고 있는 사람과 그 가족으로서 보건복지부장관이 의료급여가 필요하다고 인정한 사람
8. 5·18 민주화운동 관련자 보상 등에 관한 법률에 따라 보상금 등을 받은 사람과 그 가족으로서 보건복지부장관이 의료급여가 필요하다고 인정한 사람
9. 노숙인 등의 복지 및 자립지원에 관한 법률에 따른 노숙인 등으로서 보건복지부장관이 의료급여가 필요하다고 인정한 사람
10. 그 밖에 생활유지 능력이 없거나 생활이 어려운 사람으로서 대통령령으로 정하는 사람

2. 독립유공자예우에 관한 법률 및 국가유공자 등 예우 및 지원에 관한 법률에 따라 의료보호를 받는 사람("유공자 등 의료보호대상자"). 다만, 다음 각 목의 어느 하나에 해당하는 사람은 가입자 또는 피부양자가 된다.

가. 유공자 등 의료보호대상자 중 건강보험의 적용을 보험자에게 신청한 사람

나. 건강보험을 적용받고 있던 사람이 유공자 등 의료보호대상자로 되었으나 건강보험의 적용배제신청을 보험자에게 하지 아니한 사람

② 피부양자 : 다음 각 호의 어느 하나에 해당하는 사람 중 직장가입자에게 주로 생계를 의존하는 사람으로서 소득 및 재산이 보건복지부령으로 정하는 기준 이하에 해당하는 사람

1. 직장가입자의 배우자
2. 직장가입자의 직계존속(배우자의 직계존속을 포함한다)
3. 직장가입자의 직계비속(배우자의 직계비속을 포함한다)과 그 배우자
4. 직장가입자의 형제·자매

③ 제2항에 따른 피부양자 자격의 인정 기준, 취득·상실시기 및 그 밖에 필요한 사항은 보건복지부령으로 정한다.

(2) 가입자의 종류(제6조)

① 가입자의 구분 : 직장가입자와 지역가입자로 구분

② 직장가입자 대상 : 모든 사업장의 근로자 및 사용자와 공무원 및 교직원은 직장가입자가 된다. 다만, 다음 각 호의 어느 하나에 해당하는 사람은 제외한다.

1. 고용 기간이 1개월 미만인 일용근로자
2. 병역법에 따른 현역병(지원에 의하지 아니하고 임용된 하사를 포함한다), **전환복무**된 사람 및 군 간부후보생
3. 선거에 당선되어 취임하는 공무원으로서 매월 보수 또는 보수에 준하는 급료를 받지 아니하는 사람
4. 그 밖에 사업장의 특성, 고용 형태 및 사업의 종류 등을 고려하여 대통령령으로 정하는 사업장의 근로자 및 사용자와 공무원 및 교직원

③ 지역가입자 대상 : 직장가입자와 그 피부양자를 제외한 가입자

(3) 사업장의 신고(제7조)

사업장의 사용자는 다음 각 호의 어느 하나에 해당하게 되면 그때부터 14일 이내에 보건복지부령으로 정하는 바에 따라 **보험자**에게 신고하여야 한다. 제1호에 해당되어 보험자에게 신고한 내용이 변경된 경우에도 또한 같다.

1. 제6조 제2항에 따라 직장가입자가 되는 근로자·공무원 및 교직원을 사용하는 사업장("**적용대상사업장**")이 된 경우
2. **휴업·폐업** 등 보건복지부령으로 정하는 사유가 발생한 경우

2. 자격의 취득 및 변동·상실 시기

(1) 자격의 취득 시기 등(제8조)

① 가입자의 자격 취득 : 가입자는 국내에 거주하게 된 날에 직장가입자 또는 지역가입자의 자격을 얻는다. 다만, 다음 각 호의 어느 하나에 해당하는 사람은 그 해당되는 날에 각각 자격을 얻는다.

1. 수급권자이었던 사람은 그 대상자에서 제외된 날
2. 직장가입자의 피부양자이었던 사람은 그 자격을 잃은 날
3. 유공자 등 의료보호대상자이었던 사람은 그 대상자에서 제외된 날
4. 제5조 제1항 제2호 가목에 따라 보험자에게 건강보험의 적용을 신청한 유공자 등 의료보호대상자는 그 신청한 날

② 신고 기한 : 제1항에 따라 자격을 얻은 경우 그 직장가입자의 **사용자** 및 지역가입자의 **세대주**는 그 명세를 보건복지부령으로 정하는 바에 따라 자격을 취득한 날부터 14일 이내에 **보험자**에게 신고하여야 한다.

(2) 자격의 변동 시기 등(제9조)

① 가입자의 자격 변동 : 가입자는 다음 각 호의 어느 하나에 해당하게 된 날에 그 자격이 변동된다.
　　1. 지역가입자가 적용대상사업장의 사용자로 되거나 근로자·공무원 또는 교직원("근로자 등")으로 사용된 날
　　2. 직장가입자가 다른 적용대상사업장의 사용자로 되거나 근로자 등으로 사용된 날
　　3. 직장가입자인 근로자 등이 그 사용관계가 끝난 날의 다음 날
　　4. 적용대상사업장에 제7조 제2호에 따른 사유가 발생한 날의 다음 날
　　5. 지역가입자가 다른 세대로 전입한 날
② 신고 기한 : 제1항에 따라 자격이 변동된 경우 직장가입자의 사용자와 지역가입자의 세대주는 다음 각 호의 구분에 따라 그 명세를 보건복지부령으로 정하는 바에 따라 자격이 변동된 날부터 14일 이내에 보험자에게 신고하여야 한다.
　　1. 제1항 제1호 및 제2호에 따라 자격이 변동된 경우 : 직장가입자의 사용자
　　2. 제1항 제3호부터 제5호까지의 규정에 따라 자격이 변동된 경우 : 지역가입자의 세대주
③ 법무부장관 및 국방부장관은 직장가입자나 지역가입자가 제54조 제3호 또는 제4호에 해당하면 보건복지부령으로 정하는 바에 따라 그 사유에 해당된 날부터 1개월 이내에 보험자에게 알려야 한다.

(3) 자격 취득·변동 사항의 고지(제9조의2)

공단은 제96조 제1항에 따라 제공받은 자료를 통하여 가입자 자격의 취득 또는 변동 여부를 확인하는 경우에는 자격 취득 또는 변동 후 최초로 제79조에 따른 납부의무자에게 보험료 납입 고지를 할 때 보건복지부령으로 정하는 바에 따라 자격 취득 또는 변동에 관한 사항을 알려야 한다.

(4) 자격의 상실 시기 등(제10조)

① 가입자 자격의 상실 시기 : 가입자는 다음 각 호의 어느 하나에 해당하게 된 날에 그 자격을 잃는다.
　　1. 사망한 날의 다음 날
　　2. 국적을 잃은 날의 다음 날
　　3. 국내에 거주하지 아니하게 된 날의 다음 날
　　4. 직장가입자의 피부양자가 된 날
　　5. 수급권자가 된 날
　　6. 건강보험을 적용받고 있던 사람이 유공자 등 의료보호대상자가 되어 건강보험의 적용배제신청을 한 날
② 신고 기한 : 제1항에 따라 자격을 잃은 경우 직장가입자의 사용자와 지역가입자의 세대주는 그 명세를 보건복지부령으로 정하는 바에 따라 자격을 잃은 날부터 14일 이내에 보험자에게 신고하여야 한다.

3. 자격취득 등의 확인 및 건강보험증

(1) 자격취득 등의 확인(제11조)

① 효력의 소급 : 가입자 자격의 취득·변동 및 상실은 제8조부터 제10조까지의 규정에 따른 자격의 취득·변동 및 상실의 시기로 소급하여 효력을 발생한다. 이 경우 보험자는 그 사실을 확인할 수 있다.

② 확인 청구 : 가입자나 가입자이었던 사람 또는 피부양자나 피부양자이었던 사람은 제1항에 따른 확인을 청구할 수 있다.

(2) 건강보험증(제12조)

① 건강보험증의 발급 : 국민건강보험공단은 가입자 또는 피부양자가 신청하는 경우 건강보험증을 발급하여야 한다.

② 건강보험증의 제출 : 가입자 또는 피부양자가 요양급여를 받을 때에는 제1항의 건강보험증을 제42조 제1항에 따른 요양기관("요양기관")에 제출하여야 한다. 다만, 천재지변이나 그 밖의 부득이한 사유가 있으면 그러하지 아니하다.

③ 건강보험증의 제출 생략 : 가입자 또는 피부양자는 제2항 본문에도 불구하고 주민등록증(모바일 주민등록증을 포함한다), 운전면허증, 여권, 그 밖에 보건복지부령으로 정하는 본인 여부를 확인할 수 있는 신분증명서로 요양기관이 그 자격을 확인할 수 있으면 건강보험증을 제출하지 아니할 수 있다.

④ 본인 여부 및 자격 확인 : 요양기관은 가입자 또는 피부양자에게 요양급여를 실시하는 경우 보건복지부령으로 정하는 바에 따라 건강보험증이나 신분증명서로 본인 여부 및 그 자격을 확인하여야 한다. 다만, 요양기관이 가입자 또는 피부양자의 본인 여부 및 그 자격을 확인하기 곤란한 경우로서 보건복지부령으로 정하는 정당한 사유가 있을 때에는 그러하지 아니하다.

⑤ 가입자·피부양자는 제10조 제1항에 따라 자격을 잃은 후 자격을 증명하던 서류를 사용하여 보험급여를 받아서는 아니 된다.

⑥ 누구든지 건강보험증이나 신분증명서를 다른 사람에게 양도하거나 대여하여 보험급여를 받게 하여서는 아니 된다.

⑦ 누구든지 건강보험증이나 신분증명서를 양도 또는 대여를 받거나 그 밖에 이를 부정하게 사용하여 보험급여를 받아서는 아니 된다.

⑧ 제1항에 따른 건강보험증의 신청 절차와 방법, 서식과 그 교부 및 사용 등에 필요한 사항은 보건복지부령으로 정한다.

1. 국민건강보험공단의 업무

(1) 보험자(제13조)

건강보험의 보험자는 국민건강보험공단("공단")으로 한다.

(2) 업무 등(제14조)

① 공단이 관장하는 업무
  1. 가입자 및 피부양자의 자격 관리
  2. 보험료와 그 밖에 국민건강보험법에 따른 **징수금의 부과·징수**
  3. **보험급여의 관리**
  4. 가입자 및 피부양자의 질병의 조기발견·예방 및 건강관리를 위하여 요양급여 실시 현황과 건강 검진 결과 등을 활용하여 실시하는 **예방사업**으로서 대통령령으로 정하는 사업
  5. 보험급여 **비용의 지급**
  6. 자산의 관리·운영 및 증식사업
  7. 의료시설의 운영
  8. 건강보험에 관한 **교육훈련 및 홍보**
  9. 건강보험에 관한 **조사연구 및 국제협력**
  10. 국민건강보험법에서 **공단의 업무로 정하고 있는 사항**
  11. 국민연금법, 고용보험 및 산업재해보상보험의 보험료징수 등에 관한 법률, 임금채권보장법 및 석면피해구제법("징수위탁근거법")에 따라 **위탁받은 업무**
  12. 그 밖에 국민건강보험법 또는 다른 법령에 따라 **위탁받은 업무**
  13. 그 밖에 건강보험과 관련하여 보건복지부장관이 필요하다고 인정한 업무
② **자산의 관리·운영·증식 방법** : 제1항 제6호에 따른 자산의 관리·운영 및 증식사업은 안정성과 수익성을 고려하여 다음 각 호의 방법에 따라야 한다.
  1. 체신관서 또는 은행법에 따른 은행에의 예입 또는 신탁
  2. 국가·지방자치단체 또는 은행법에 따른 은행이 직접 발행하거나 채무이행을 보증하는 유가증권 의 매입
  3. 특별법에 따라 설립된 법인이 발행하는 유가증권의 매입
  4. 자본시장과 금융투자업에 관한 법률에 따른 신탁업자가 발행하거나 같은 법에 따른 집합투자업 자가 발행하는 수익증권의 매입
  5. 공단의 업무에 사용되는 부동산의 취득 및 일부 임대
  6. 그 밖에 공단 자산의 증식을 위하여 대통령령으로 정하는 사업
③ 공단은 특정인을 위하여 업무를 제공하거나 공단 시설을 이용하게 할 경우 공단의 정관으로 정하는 바에 따라 그 업무의 제공 또는 시설의 이용에 대한 **수수료와 사용료를 징수**할 수 있다.
④ 공단은 공공기관의 정보공개에 관한 법률에 따라 건강보험과 관련하여 보유·관리하고 있는 정보를 공개한다.

2. 공단의 성립

(1) 법인격 등(제15조)
① 공단은 법인으로 한다.
② 공단은 주된 사무소의 소재지에서 설립등기를 함으로써 성립한다.

(2) 사무소(제16조)
① 공단의 주된 사무소의 소재지는 정관으로 정한다.
② 공단은 필요하면 정관으로 정하는 바에 따라 분사무소를 둘 수 있다.

(3) 정관(제17조)
① 공단의 정관에 적어야 하는 사항
    1. 목적
    2. 명칭
    3. 사무소의 소재지
    4. 임직원에 관한 사항
    5. 이사회의 운영
    6. 재정운영위원회에 관한 사항
    7. 보험료 및 보험급여에 관한 사항
    8. 예산 및 결산에 관한 사항
    9. 자산 및 회계에 관한 사항
    10. 업무와 그 집행
    11. 정관의 변경에 관한 사항
    12. 공고에 관한 사항
② 공단은 정관을 변경하려면 **보건복지부장관의 인가**를 받아야 한다.

(4) 등기(제18조)
공단의 설립등기에는 다음 각 호의 사항을 포함하여야 한다.
1. 목적
2. 명칭
3. 주된 사무소 및 분사무소의 소재지
4. 이사장의 성명·주소 및 주민등록번호

(5) 해산(제19조)
공단의 해산에 관하여는 법률로 정한다.

(6) 임원(제20조)

① **임원의 구성** : 공단은 임원으로서 이사장 1명, 이사 14명 및 감사 1명을 둔다. 이 경우 이사장, 이사 중 5명 및 감사는 상임으로 한다.

② **이사장의 임명** : 이사장은 공공기관의 운영에 관한 법률 제29조에 따른 임원추천위원회("임원추천위원회")가 복수로 추천한 사람 중에서 보건복지부장관의 제청으로 대통령이 임명한다.

더 알아보기

임원추천위원회(공공기관의 운영에 관한 법률 제29조)

① 공기업·준정부기관의 임원 후보자를 추천하고, 공기업·준정부기관의 장("기관장")후보자와의 계약안에 관한 사항의 협의 등을 수행하기 위하여 공기업·준정부기관에 임원추천위원회를 둔다.

② 임원추천위원회는 그 공기업·준정부기관의 비상임이사와 이사회가 선임한 위원으로 구성한다.

③ 공기업·준정부기관의 임직원과 공무원은 임원추천위원회의 위원이 될 수 없다. 다만, 그 공기업·준정부기관의 비상임이사, 교육공무원법에 따른 교원과 그 준정부기관의 주무기관 소속 공무원은 그러하지 아니하다.

④ 이사회가 선임하는 위원의 정수는 임원추천위원회 위원 정수의 2분의 1 미만으로 한다. 다만, 임원추천위원회 구성 당시 비상임이사가 1명인 경우에는 이사회가 선임하는 위원의 정수를 2분의 1로 할 수 있다.

⑤ 임원추천위원회의 위원장은 임원추천위원회 위원인 공기업·준정부기관의 비상임이사 중에서 임원추천위원회 위원의 호선으로 선출한다.

⑥ 임원추천위원회 구성 당시 비상임이사가 없는 공기업·준정부기관은 이사회가 선임한 외부위원으로 임원추천위원회를 구성하며, 위원장은 외부위원 중 호선으로 선출한다.

⑦ 임원추천위원회는 회의의 심의·의결 내용 등이 기록된 회의록을 작성·보존하고 이를 공개하여야 한다. 다만, 공공기관의 정보공개에 관한 법률 제9조 제1항 각 호의 어느 하나에 해당하는 경우에는 공개하지 아니할 수 있다.

⑧ 임원추천위원회의 구성, 운영 및 후보자 추천 기한 등에 관하여 필요한 사항은 대통령령으로 정한다.

③ **상임이사의 임명** : 상임이사는 보건복지부령으로 정하는 추천 절차를 거쳐 이사장이 임명한다.

④ **비상임이사의 임명** : 비상임이사는 다음 각 호의 사람을 보건복지부장관이 임명한다.

　1. 노동조합·사용자단체·시민단체·소비자단체·농어업인단체 및 노인단체가 추천하는 각 1명

　2. 대통령령으로 정하는 바에 따라 추천하는 관계 공무원 3명

⑤ **감사의 임명** : 감사는 임원추천위원회가 복수로 추천한 사람 중에서 기획재정부장관의 제청으로 대통령이 임명한다.

더 알아보기

이사회의 구성	
이사장(1인)	국민건강보험공단의 이사장
이사(14인)	• 상임이사 : 5인 • 비상임이사 : 9인 　- 노동조합, 사용자단체, 시민단체, 소비자단체, 농어업인단체, 노인단체에서 각각 1명씩 추천하는 6인 　- 기획재정부장관, 보건복지부장관, 인사혁신처장 등이 그 소속 3급 공무원 또는 고위 공무원단에 속하는 일반직 공무원 중에서 각각 1명씩 지명하는 3인
감사(1인)	임원추천위원회에서 추천하는 1인

⑥ **실비변상** : 제4항에 따른 비상임이사는 정관으로 정하는 바에 따라 실비변상을 받을 수 있다.

⑦ **임원의 임기** : 이사장의 임기는 3년, 이사(공무원인 이사는 제외한다)와 감사의 임기는 각각 2년으로 한다.

(7) 징수이사(제21조)

① **징수이사의 자격** : 상임이사 중 제14조 제1항 제2호 및 제11호의 업무를 담당하는 이사("징수이사")
는 경영, 경제 및 사회보험에 관한 학식과 경험이 풍부한 사람으로서 보건복지부령으로 정하는 자격
을 갖춘 사람 중에서 선임한다.

② **추천위원회의 설치** : 징수이사 후보를 추천하기 위하여 공단에 이사를 위원으로 하는 **징수이사추천
위원회**("추천위원회")를 둔다. 이 경우 추천위원회의 위원장은 이사장이 지명하는 이사로 한다.

③ **후보의 모집 및 조사** : 추천위원회는 주요 일간신문에 징수이사 후보의 모집 공고를 하여야 하며,
이와 별도로 적임자로 판단되는 징수이사 후보를 조사하거나 전문단체에 조사를 의뢰할 수 있다.

④ **심사와 협의** : 추천위원회는 제3항에 따라 모집한 사람을 보건복지부령으로 정하는 징수이사 후보
심사기준에 따라 심사하여야 하며, 징수이사 후보로 추천될 사람과 계약 조건에 관하여 협의하여야
한다.

⑤ **계약의 체결** : 이사장은 제4항에 따른 심사와 협의 결과에 따라 징수이사 **후보와 계약을 체결하여야**
하며, 이 경우 제20조 제3항에 따른 **상임이사의 임명**으로 본다.

⑥ 제4항에 따른 계약 조건에 관한 협의, 제5항에 따른 계약 체결 등에 필요한 사항은 보건복지부령으
로 정한다.

3. 공단의 조직 운영

(1) 임원의 직무(제22조)

① **이사장** : 공단을 대표하고 업무를 총괄하며, 임기 중 공단의 **경영성과**에 대하여 **책임**을 진다.

② **상임이사** : 이사장의 명을 받아 공단의 업무를 집행한다.

③ **직무대행** : 이사장이 부득이한 사유로 그 직무를 수행할 수 없을 때에는 정관으로 정하는 바에 따라
상임이사 중 1명이 그 직무를 대행하고, 상임이사가 없거나 그 직무를 대행할 수 없을 때에는 **정관으**
로 정하는 임원이 그 직무를 대행한다.

④ **감사** : 공단의 업무, 회계 및 재산 상황을 감사한다.

(2) 임원 결격사유(제23조)

다음 각 호의 어느 하나에 해당하는 사람은 공단의 임원이 될 수 없다.

1. 대한민국 국민이 아닌 사람
2. 공공기관의 운영에 관한 법률 제34조 제1항 각 호의 어느 하나에 해당하는 사람

> **더 알아보기**
>
> 결격사유(공공기관의 운영에 관한 법률 제34조 제1항)
> 다음 각 호의 어느 하나에 해당하는 사람은 공기업·준정부기관의 임원이 될 수 없다.
> 1. 국가공무원법 제33조(결격사유) 각 호의 어느 하나에 해당하는 사람
> 2. 해임된 날부터 3년이 지나지 아니한 사람

(3) 임원의 당연퇴임 및 해임(제24조)

① 당연퇴임 사유 : 임원이 제23조 각 호의 어느 하나에 해당하게 되거나 임명 당시 그에 해당하는 사람으로 확인되면 그 임원은 당연퇴임한다.

② 해임 사유 : 임명권자는 임원이 다음 각 호의 어느 하나에 해당하면 그 임원을 해임할 수 있다.
1. 신체장애나 정신장애로 직무를 수행할 수 없다고 인정되는 경우
2. 직무상 의무를 위반한 경우
3. 고의나 중대한 과실로 공단에 손실이 생기게 한 경우
4. 직무 여부와 관계없이 품위를 손상하는 행위를 한 경우
5. 국민건강보험법에 따른 보건복지부장관의 명령을 위반한 경우

(4) 임원의 겸직 금지 등(제25조)

① 겸직 금지 : 공단의 상임임원과 직원은 그 직무 외에 **영리를 목적으로 하는 사업**에 종사하지 못한다.

② 겸직 금지의 예외 : 공단의 상임임원이 임명권자 또는 제청권자의 허가를 받거나 공단의 직원이 이사장의 허가를 받은 경우에는 **비영리 목적의 업무**를 겸할 수 있다.

(5) 이사회(제26조)

① 설치 목적 : 공단의 주요 사항(공공기관의 운영에 관한 법률 제17조 제1항 각 호의 사항을 말한다)을 심의·의결하기 위하여 공단에 이사회를 둔다.

더 알아보기

공단의 주요 사항(공공기관의 운영에 관한 법률 제17조 제1항)
1. 경영목표, 예산, 운영계획 및 중장기재무관리계획
2. 예비비의 사용과 예산의 이월
3. 결산
4. 기본재산의 취득과 처분
5. 장기차입금의 차입 및 사채의 발행과 그 상환 계획
6. 생산 제품과 서비스의 판매가격
7. 잉여금의 처분
8. 다른 기업체 등에 대한 출자·출연
9. 다른 기업체 등에 대한 채무보증. 다만, 다른 법률에 따라 보증업무를 수행하는 공기업·준정부기관의 경우 그 사업 수행을 위한 채무보증은 제외한다.
10. 정관의 변경
11. 내규의 제정과 변경
12. 임원의 보수
13. 공기업·준정부기관의 장("기관장")이 필요하다고 인정하여 이사회의 심의·의결을 요청하는 사항
14. 그 밖에 이사회가 특히 필요하다고 인정하는 사항

---

② **이사회의 구성** : 이사회는 이사장과 이사로 구성한다.

③ **감사의 발언권** : 감사는 이사회에 출석하여 발언할 수 있다.

④ 이사회의 의결 사항 및 운영 등에 필요한 사항은 대통령령으로 정한다.

이사회의 회의(시행령 제12조 제2항부터 제4항)
- 회의
  - 정기회의 : 2월과 10월(연 2회)
  - 임시회의 : 이사장이 회의가 필요하다고 인정할 때 또는 재적이사 3분의 1 이상이 회의의 목적을 명시하여 서면으로 요구할 때(수시)
- 의결 방법 : 재적이사 과반수의 출석으로 개의하고, 재적이사 과반수의 찬성으로 의결함

(6) 직원의 임면(제27조)

이사장은 정관으로 정하는 바에 따라 직원을 임면한다.

(7) 벌칙 적용 시 공무원 의제(제28조)

공단의 임직원은 형법 제129조부터 제132조까지의 규정을 적용할 때 공무원으로 본다.

더 알아보기

공무원의 직무에 관한 죄(형법 제129조부터 제132조)
- 수뢰, 사전수뢰(제129조)
  ① 공무원 또는 중재인이 그 직무에 관하여 뇌물을 수수, 요구 또는 약속한 때에는 5년 이하의 징역 또는 10년 이하의 자격정지에 처한다.
  ② 공무원 또는 중재인이 될 자가 그 담당할 직무에 관하여 청탁을 받고 뇌물을 수수, 요구 또는 약속한 후 공무원 또는 중재인이 된 때에는 3년 이하의 징역 또는 7년 이하의 자격정지에 처한다.
- 제3자 뇌물제공(제130조) : 공무원 또는 중재인이 그 직무에 관하여 부정한 청탁을 받고 제3자에게 뇌물을 공여하게 하거나 공여를 요구 또는 약속한 때에는 5년 이하의 징역 또는 10년 이하의 자격정지에 처한다.
- 수뢰후부정처사, 사후수뢰(제131조)
  ① 공무원 또는 중재인이 전2조의 죄를 범하여 부정한 행위를 한 때에는 1년 이상의 유기징역에 처한다.
  ② 공무원 또는 중재인이 그 직무상 부정한 행위를 한 후 뇌물을 수수, 요구 또는 약속하거나 제3자에게 이를 공여하게 하거나 공여를 요구 또는 약속한 때에도 전항의 형과 같다.
  ③ 공무원 또는 중재인이었던 자가 그 재직 중에 청탁을 받고 직무상 부정한 행위를 한 후 뇌물을 수수, 요구 또는 약속한 때에는 5년 이하의 징역 또는 10년 이하의 자격정지에 처한다.
  ④ 전3항의 경우에는 10년 이하의 자격정지를 병과할 수 있다.
- 알선수뢰(제132조) : 공무원이 그 지위를 이용하여 다른 공무원의 직무에 속한 사항의 알선에 관하여 뇌물을 수수, 요구 또는 약속한 때에는 3년 이하의 징역 또는 7년 이하의 자격정지에 처한다.

(8) 규정 등(제29조)

공단의 조직·인사·보수 및 회계에 관한 규정은 이사회의 의결을 거쳐 보건복지부장관의 승인을 받아 정한다.

(9) 대리인의 선임(제30조)

이사장은 공단 업무에 관한 모든 **재판상의 행위** 또는 **재판 외의 행위**를 대행하게 하기 위하여 공단의 이사 또는 직원 중에서 대리인을 선임할 수 있다.

(10) 대표권의 제한(제31조)

① 이사장은 공단의 이익과 자기의 이익이 상반되는 사항에 대하여는 공단을 대표하지 못한다. 이 경우 감사가 공단을 대표한다.

② 공단과 이사장 사이의 소송은 제1항을 준용한다.

(11) 이사장 권한의 위임(제32조)

국민건강보험법에 규정된 이사장의 권한 중 **급여의 제한**, 보험료의 납입고지 등 대통령령으로 정하는 사항은 정관으로 정하는 바에 따라 **분사무소의 장에게 위임**할 수 있다.

(12) 재정운영위원회(제33조)

① 설치 목적 : 제45조 제1항에 따른 요양급여비용의 계약 및 제84조에 따른 결손처분 등 보험재정에 관련된 사항을 심의·의결하기 위하여 공단에 **재정운영위원회**를 둔다.

② 위원장의 선발 : 재정운영위원회의 위원장은 제34조 제1항 제3호에 따른 위원 중에서 호선한다.

(13) 재정운영위원회의 구성 등(제34조)

① 재정운영위원회는 다음 각 호의 위원으로 구성한다.

1. 직장가입자를 대표하는 위원 10명
2. 지역가입자를 대표하는 위원 10명
3. 공익을 대표하는 위원 10명

② 위원의 임명·위촉 : 제1항에 따른 위원은 다음 각 호의 사람을 보건복지부장관이 임명하거나 위촉한다.

1. 제1항 제1호의 위원은 **노동조합과 사용자단체**에서 추천하는 각 5명
2. 제1항 제2호의 위원은 대통령령으로 정하는 바에 따라 **농어업인단체·도시자영업자단체** 및 시민단체에서 추천하는 사람
3. 제1항 제3호의 위원은 대통령령으로 정하는 **관계 공무원** 및 건강보험에 관한 **학식과 경험이 풍부한 사람**

③ 위원의 임기 : 재정운영위원회 위원(공무원인 위원은 제외한다)의 임기는 2년으로 한다. 다만, 위원의 사임 등으로 새로 위촉된 위원의 임기는 전임위원 임기의 남은 기간으로 한다.

④ 재정운영위원회의 운영 등에 필요한 사항은 대통령령으로 정한다.

4. 공단의 회계 운영

(1) 회계(제35조)

① 회계연도 : 공단의 회계연도는 정부의 회계연도에 따른다.

② 재정의 통합 : 공단은 직장가입자와 지역가입자의 재정을 통합하여 운영한다.

③ 회계의 구분 : 공단은 건강보험사업 및 징수위탁근거법의 위탁에 따른 국민연금사업·고용보험사업·산업재해보상보험사업·임금채권보장사업에 관한 회계를 공단의 다른 회계와 구분하여 각각 회계처리하여야 한다.

(2) 예산(제36조)

공단은 회계연도마다 예산안을 편성하여 이사회의 의결을 거친 후 보건복지부장관의 승인을 받아야 한다. 예산을 변경할 때에도 또한 같다.

(3) 차입금(제37조)

공단은 지출할 현금이 부족한 경우에는 차입할 수 있다. 다만, 1년 이상 장기로 차입하려면 보건복지부장관의 승인을 받아야 한다.

(4) 준비금(제38조)

① 준비금의 적립 : 공단은 회계연도마다 결산상의 잉여금 중에서 그 연도의 보험급여에 든 비용의 100분의 5 이상에 상당하는 금액을 그 연도에 든 비용의 100분의 50에 이를 때까지 준비금으로 적립하여야 한다.

② 준비금의 사용 : 제1항에 따른 준비금은 부족한 보험급여 비용에 충당하거나 지출할 현금이 부족할 때 외에는 사용할 수 없으며, 현금 지출에 준비금을 사용한 경우에는 해당 회계연도 중에 이를 보전(補塡)하여야 한다.

③ 제1항에 따른 준비금의 관리 및 운영 방법 등에 필요한 사항은 보건복지부장관이 정한다.

(5) 결산(제39조)

① 결산의 보고 : 공단은 회계연도마다 결산보고서와 사업보고서를 작성하여 다음해 2월 말일까지 보건복지부장관에게 보고하여야 한다.

② 결산의 공고 : 공단은 제1항에 따라 결산보고서와 사업보고서를 보건복지부장관에게 보고하였을 때에는 보건복지부령으로 정하는 바에 따라 그 내용을 공고하여야 한다.

(6) 재난적의료비 지원사업에 대한 출연(제39조의2)

공단은 재난적의료비 지원에 관한 법률에 따른 재난적의료비 지원사업에 사용되는 비용에 충당하기 위하여 매년 예산의 범위에서 출연할 수 있다. 이 경우 출연 금액의 상한 등에 필요한 사항은 대통령령으로 정한다.

더 알아보기

재난적의료비
- "재난적의료비"란 재난적의료비 지원에 관한 법률에 따른 지원대상자가 속한 가구의 소득·재산 수준에 비추어 볼 때 지원대상자가 부담하기에 과도한 의료비로서 대통령령으로 정하는 기준에 따라 산정된 비용을 말한다(재난적의료비 지원에 관한 법률 제2조 제3호).
- 재난적의료비는 다음 각 호의 어느 하나에 해당하는 비용으로 한다(재난적의료비 지원에 관한 법률 시행령 제3조 제2항).
  1. 최종 입원진료 이전 1년 이내에 발생한 입원진료 비용과 그 진료 과정에서 발생한 의약품 또는 의료기기의 구입비용("의약품 등 구입비용")
  2. 최종 외래진료 이전 1년 이내에 발생한 외래진료 비용과 그 진료 과정에서 발생한 의약품 등 구입비용
  3. 삭제

(7) 민법의 준용(제40조)

공단에 관하여 국민건강보험법과 공공기관의 운영에 관한 법률에서 정한 사항 외에는 민법 중 재단법인에 관한 규정을 준용한다.

04 보험급여

1. 요양급여와 선별급여

(1) 요양급여(제41조)

① 요양급여의 실시 : 가입자와 피부양자의 질병, 부상, 출산 등에 대하여 다음 각 호의 요양급여를 실시한다.
  1. 진찰·검사
  2. 약제·치료재료의 지급
  3. 처치·수술 및 그 밖의 치료
  4. 예방·재활
  5. 입원
  6. 간호
  7. 이송
② 요양급여대상 : 제1항에 따른 요양급여의 범위("요양급여대상")는 다음 각 호와 같다.
  1. 제1항 각 호의 요양급여(제1항 제2호의 약제는 제외한다) : 제4항에 따라 보건복지부장관이 비급여대상으로 정한 것을 제외한 일체의 것
  2. 제1항 제2호의 약제 : 제41조의3에 따라 요양급여대상으로 보건복지부장관이 결정하여 고시한 것
③ 요양급여의 방법·절차·범위·상한 등의 기준은 보건복지부령으로 정한다.
④ 비급여대상 : 보건복지부장관은 제3항에 따라 요양급여의 기준을 정할 때 업무나 일상생활에 지장이 없는 질환에 대한 치료 등 보건복지부령으로 정하는 사항은 요양급여대상에서 제외되는 사항("비급여대상")으로 정할 수 있다.

(2) 약제에 대한 요양급여비용 상한금액의 감액 등(제41조의2)

① 보건복지부장관은 약사법 제47조 제2항의 위반과 관련된 제41조 제1항 제2호의 약제에 대하여는 요양급여비용 상한금액(제41조 제3항에 따라 약제별 요양급여비용의 상한으로 정한 금액을 말한다. 이하 같다)의 100분의 20을 넘지 아니하는 범위에서 그 금액의 일부를 감액할 수 있다.

> **더 알아보기**
>
> **의약품 등의 판매 질서(약사법 제47조 제2항)**
> 의약품공급자(법인의 대표자나 이사, 그 밖에 이에 종사하는 자를 포함하고, 법인이 아닌 경우 그 종사자를 포함한다. 이하 이 조에서 같다) 및 의약품공급자로부터 의약품의 판매촉진 업무를 위탁받은 자(법인의 대표자나 이사, 그 밖에 이에 종사하는 자를 포함한다. 이하 이 조에서 같다)는 의약품 채택·처방유도·거래유지 등 판매촉진을 목적으로 약사·한약사(해당 약국 종사자를 포함한다. 이하 이 조에서 같다)·의료인·의료기관 개설자(법인의 대표자나 이사, 그 밖에 이에 종사하는 자를 포함한다. 이하 이 조에서 같다) 또는 의료기관 종사자에게 경제적 이익 등을 제공하거나 약사·한약사·의료인·의료기관 개설자 또는 의료기관 종사자로 하여금 약국 또는 의료기관이 경제적 이익 등을 취득하게 하여서는 아니 된다. 다만, 견본품 제공, 학술대회 지원, 임상시험 지원, 제품설명회, 대금결제조건에 따른 비용할인, 시판 후 조사 등의 행위("견본품 제공 등의 행위")로서 식품의약품안전처장과 협의하여 보건복지령으로 정하는 범위 안의 경제적 이익 등인 경우에는 그러하지 아니하다.

② 보건복지부장관은 제1항에 따라 요양급여비용의 상한금액이 감액된 약제가 **감액된 날부터 5년의 범위에서 대통령령으로 정하는 기간 내에 다시** 제1항에 따른 **감액의 대상이 된 경우에는** 요양급여비용 상한금액의 100분의 40을 넘지 아니하는 범위에서 요양급여비용 상한금액의 **일부를 감액할 수** 있다.

③ 보건복지부장관은 제2항에 따라 요양급여비용의 상한금액이 감액된 약제가 **감액된 날부터 5년의 범위에서 대통령령으로 정하는 기간 내에 다시** 약사법 제47조 제2항의 위반과 관련된 경우에는 해당 약제에 대하여 1년의 범위에서 기간을 정하여 **요양급여의 적용을 정지할 수** 있다.

④ 제1항부터 제3항까지의 규정에 따른 요양급여비용 상한금액의 감액 및 요양급여 적용 정지의 기준, 절차, 그 밖에 필요한 사항은 대통령령으로 정한다.

(3) 행위·치료재료 및 약제에 대한 요양급여대상 여부의 결정 및 조정(제41조의3)

① 행위·치료재료에 대한 결정 신청 : 제42조에 따른 요양기관, 치료재료의 제조업자·수입업자 등 보건복지령으로 정하는 자는 요양급여대상 또는 비급여대상으로 결정되지 아니한 제41조 제1항 제1호·제3호·제4호의 요양급여에 관한 행위 및 제41조 제1항 제2호의 치료재료("행위·치료재료")에 대하여 요양급여대상 여부의 결정을 보건복지부장관에게 신청하여야 한다.

② 약제에 대한 결정 신청 : 약사법에 따른 약제의 제조업자·수입업자 등 보건복지령으로 정하는 자("약제의 제조업자 등")는 요양급여대상에 포함되지 아니한 제41조 제1항 제2호의 약제("약제")에 대하여 보건복지부장관에게 요양급여대상 여부의 결정을 신청할 수 있다.

③ 제1항 및 제2항에 따른 신청을 받은 보건복지부장관은 정당한 사유가 없으면 보건복지령으로 정하는 기간 이내에 요양급여대상 또는 비급여대상의 여부를 결정하여 신청인에게 통보하여야 한다.

④ 보건복지부장관은 제1항 및 제2항에 따른 신청이 없는 경우에도 환자의 진료상 반드시 필요하다고 보건복지령으로 정하는 경우에는 **직권으로** 행위·치료재료 및 약제의 **요양급여대상의 여부를 결정할 수** 있다.

⑤ 보건복지부장관은 제41조 제2항 제2호에 따라 요양급여대상으로 결정하여 고시한 약제에 대하여 보건복지부령으로 정하는 바에 따라 요양급여대상 여부, 범위, 요양급여비용 상한금액 등을 직권으로 조정할 수 있다.

⑥ 제1항 및 제2항에 따른 요양급여대상 여부의 결정 신청의 시기, 절차, 방법 및 업무의 위탁 등에 필요한 사항, 제3항과 제4항에 따른 요양급여대상 여부의 결정 절차 및 방법, 제5항에 따른 직권 조정 사유·절차 및 방법 등에 관한 사항은 보건복지부령으로 정한다.

(4) 선별급여(제41조의4)

① 선별급여 지정 : 요양급여를 결정함에 있어 경제성 또는 치료효과성 등이 불확실하여 그 검증을 위하여 추가적인 근거가 필요하거나 경제성이 낮아도 가입자와 피부양자의 건강회복에 잠재적 이득이 있는 등 대통령령으로 정하는 경우에는 예비적인 요양급여인 선별급여로 지정하여 실시할 수 있다.

② 적합성평가 : 보건복지부장관은 대통령령으로 정하는 절차와 방법에 따라 제1항에 따른 선별급여("선별급여")에 대하여 주기적으로 요양급여의 적합성을 평가하여 요양급여 여부를 다시 결정하고, 제41조 제3항에 따른 요양급여의 기준을 조정하여야 한다.

(5) 방문요양급여(제41조의5)

가입자 또는 피부양자가 질병이나 부상으로 거동이 불편한 경우 등 보건복지부령으로 정하는 사유에 해당하는 경우에는 가입자 또는 피부양자를 직접 방문하여 제41조에 따른 요양급여를 실시할 수 있다.

2. 요양기관과 요양급여비용

(1) 요양기관(제42조)

① 요양기관의 범위 : 요양급여(간호와 이송은 제외한다)는 다음 각 호의 요양기관에서 실시한다. 이 경우 보건복지부장관은 공익이나 국가정책에 비추어 요양기관으로 적합하지 아니한 대통령령으로 정하는 의료기관 등은 요양기관에서 제외할 수 있다.

1. 의료법에 따라 개설된 의료기관

> **더 알아보기**
>
> 의료기관(의료법 제3조 제1항·제2항)
> ① 의료기관 : 의료인이 공중 또는 특정 다수인을 위하여 의료·조산의 업("의료업")을 하는 곳
> ② 의료기관의 구분
>   1. 의원급 의료기관 : 의사, 치과의사 또는 한의사가 주로 외래환자를 대상으로 각각 그 의료행위를 하는 의료기관(의원, 치과의원, 한의원)
>   2. 조산원 : 조산사가 조산과 임산부 및 신생아를 대상으로 보건활동과 교육·상담을 하는 의료기관
>   3. 병원급 의료기관 : 의사, 치과의사 또는 한의사가 주로 입원환자를 대상으로 의료행위를 하는 의료기관(병원, 치과병원, 한방병원, 요양병원, 정신병원, 종합병원)

2. 약사법에 따라 등록된 약국
3. 약사법 제91조에 따라 설립된 한국희귀·필수의약품센터

한국희귀·필수의약품센터의 설립(약사법 제91조 제1항)
다음 각 호의 의약품에 대한 각종 정보 제공 및 공급(조제 및 투약 업무를 포함한다) 등에 관한 업무를 하기 위하여 <u>한국희귀·필수의약품센터</u>를 둔다.
1. 희귀의약품
2. 국가필수의약품
3. 그 밖에 국민 보건상 긴급하게 도입할 필요가 있거나 안정적 공급 지원이 필요한 의약품으로서 식품의약품안전 처장이 필요하다고 인정하는 의약품

    4. 지역보건법에 따른 보건소·보건의료원 및 보건지소
    5. 농어촌 등 보건의료를 위한 특별조치법에 따라 설치된 **보건진료소**
② **전문요양기관 인정** : 보건복지부장관은 효율적인 요양급여를 위하여 필요하면 보건복지부령으로 정하는 바에 따라 시설·장비·인력 및 진료과목 등 보건복지부령으로 정하는 기준에 해당하는 요양기관을 **전문요양기관**으로 인정할 수 있다. 이 경우 해당 전문요양기관에 인정서를 발급하여야 한다.
③ **전문요양기관 인정의 취소** : 보건복지부장관은 제2항에 따라 인정받은 요양기관이 다음 각 호의 어느 하나에 해당하는 경우에는 그 **인정**을 **취소**한다.
    1. 제2항 전단에 따른 **인정기준에 미달**하게 된 경우
    2. 제2항 후단에 따라 발급받은 **인정서를 반납**한 경우
④ 제2항에 따라 **전문요양기관**으로 인정된 요양기관 또는 의료법 제3조의4에 따른 **상급종합병원**에 대하여는 제41조 제3항에 따른 요양급여의 절차 및 제45조에 따른 요양급여비용을 다른 요양기관과 달리 할 수 있다.

상급종합병원 지정(의료법 제3조의4 제1항)
보건복지부장관은 다음 각 호의 요건을 갖춘 종합병원 중에서 <u>중증질환에 대하여 난이도가 높은 의료행위를 전문적으로 하는 종합병원</u>을 상급종합병원으로 지정할 수 있다.
1. 보건복지부령으로 정하는 20개 이상의 진료과목을 갖추고 각 진료과목마다 전속하는 전문의를 둘 것
2. 전문의가 되려는 자를 수련시키는 기관일 것
3. 보건복지부령으로 정하는 인력·시설·장비 등을 갖출 것
4. 질병군별 환자구성 비율이 보건복지부령으로 정하는 기준에 해당할 것

⑤ 제1항·제2항 및 제4항에 따른 요양기관은 정당한 이유 없이 요양급여를 거부하지 못한다.

(2) 요양기관의 선별급여 실시에 대한 관리(제42조의2)

① **실시조건의 충족** : 제42조 제1항에도 불구하고, 선별급여 중 자료의 축적 또는 의료 이용의 관리가 필요한 경우에는 보건복지부장관이 해당 선별급여의 실시조건을 사전에 정하여 이를 **충족**하는 요양기관만이 해당 선별급여를 실시할 수 있다.
② **자료의 제출** : 제1항에 따라 선별급여를 실시하는 요양기관은 제41조의4 제2항에 따른 해당 선별급여의 평가를 위하여 필요한 자료를 제출하여야 한다.
③ **실시 제한** : 보건복지부장관은 요양기관이 제1항에 따른 선별급여의 실시조건을 충족하지 못하거나 제2항에 따른 **자료를 제출**하지 아니할 경우에는 해당 선별급여의 실시를 제한할 수 있다.
④ 제1항에 따른 선별급여의 실시 조건, 제2항에 따른 자료의 제출, 제3항에 따른 선별급여의 실시 제한 등에 필요한 사항은 보건복지부령으로 정한다.

(3) 요양기관 현황에 대한 신고(제43조)

① 신고사항 : 요양기관은 제47조에 따라 요양급여비용을 최초로 청구하는 때에 요양기관의 시설·장비 및 인력 등에 대한 현황을 제62조에 따른 건강보험심사평가원("심사평가원")에 신고하여야 한다.

② 변경신고 : 요양기관은 제1항에 따라 신고한 내용(제45조에 따른 요양급여비용의 증감에 관련된 사항만 해당한다)이 변경된 경우에는 그 변경된 날부터 15일 이내에 보건복지부령으로 정하는 바에 따라 심사평가원에 신고하여야 한다.

③ 제1항 및 제2항에 따른 신고의 범위, 대상, 방법 및 절차 등에 필요한 사항은 보건복지부령으로 정한다.

(4) 비용의 일부부담(제44조)

① 본인일부부담금 : 요양급여를 받는 자는 대통령령으로 정하는 바에 따라 비용의 일부("본인일부부담금")를 본인이 부담한다. 이 경우 선별급여에 대해서는 다른 요양급여에 비하여 본인일부부담금을 상향 조정할 수 있다.

② 본인부담상한액 : 본인이 연간 부담하는 다음 각 호의 금액의 합계액이 대통령령으로 정하는 금액("본인부담상한액")을 초과한 경우에는 공단이 그 초과 금액을 부담하여야 한다. 이 경우 공단은 당사자에게 그 초과 금액을 통보하고, 이를 지급하여야 한다.

1. 본인일부부담금의 총액
2. 제49조 제1항에 따른 요양이나 출산의 비용으로 부담한 금액(요양이나 출산의 비용으로 부담한 금액이 보건복지부장관이 정하여 고시한 금액보다 큰 경우에는 그 고시한 금액으로 한다)에서 같은 항에 따라 요양비로 지급받은 금액을 제외한 금액

③ 제2항에 따른 본인부담상한액은 가입자의 소득수준 등에 따라 정한다.

④ 제2항 각 호에 따른 금액 및 합계액의 산정 방법, 본인부담상한액을 넘는 금액의 지급 방법 및 제3항에 따른 가입자의 소득수준 등에 따른 본인부담상한액 설정 등에 필요한 사항은 대통령령으로 정한다.

(5) 요양급여비용의 산정 등(제45조)

① 계약의 당사자 : 요양급여비용은 공단의 이사장과 대통령령으로 정하는 의약계를 대표하는 사람들의 계약으로 정한다. 이 경우 계약기간은 1년으로 한다.

② 제1항에 따라 계약이 체결되면 그 계약은 공단과 각 요양기관 사이에 체결된 것으로 본다.

③ 체결 기한 : 제1항에 따른 계약은 그 직전 계약기간 만료일이 속하는 연도의 5월 31일까지 체결하여야 하며, 그 기한까지 계약이 체결되지 아니하는 경우 보건복지부장관이 그 직전 계약기간 만료일이 속하는 연도의 6월 30일까지 심의위원회의 의결을 거쳐 요양급여비용을 정한다. 이 경우 보건복지부장관이 정하는 요양급여비용은 제1항 및 제2항에 따라 계약으로 정한 요양급여비용으로 본다.

④ 요양급여비용의 명세 : 제1항 또는 제3항에 따라 요양급여비용이 정해지면 보건복지부장관은 그 요양급여비용의 명세를 지체 없이 고시하여야 한다.

⑤ 계약의 심의·의결 : 공단의 이사장은 제33조에 따른 재정운영위원회의 심의·의결을 거쳐 제1항에 따른 계약을 체결하여야 한다.

⑥ 자료의 요청 : 심사평가원은 공단의 이사장이 제1항에 따른 계약을 체결하기 위하여 필요한 자료를 요청하면 그 요청에 성실히 따라야 한다.

⑦ 제1항에 따른 계약의 내용과 그 밖에 필요한 사항은 대통령령으로 정한다.

(6) 약제·치료재료에 대한 요양급여비용의 산정(제46조)

제41조 제1항 제2호의 약제·치료재료에 대한 요양급여비용은 제45조에도 불구하고 요양기관의 약제·치료재료 구입금액 등을 고려하여 대통령령으로 정하는 바에 따라 달리 산정할 수 있다.

(7) 요양급여비용의 청구와 지급 등(제47조)

① 지급청구 : 요양기관은 공단에 요양급여비용의 지급을 청구할 수 있다. 이 경우 제2항에 따른 요양급여비용에 대한 심사청구는 공단에 대한 요양급여비용의 청구로 본다.

② 심사청구 : 제1항에 따라 요양급여비용을 청구하려는 요양기관은 심사평가원에 요양급여비용의 심사청구를 하여야 하며, 심사청구를 받은 심사평가원은 이를 심사한 후 지체 없이 그 내용을 공단과 요양기관에 알려야 한다.

③ 요양급여비용의 지급 : 제2항에 따라 심사 내용을 통보받은 공단은 지체 없이 그 내용에 따라 요양급여비용을 요양기관에 지급한다. 이 경우 이미 낸 본인일부부담금이 제2항에 따라 통보된 금액보다 더 많으면 요양기관에 지급할 금액에서 더 많이 낸 금액을 공제하여 해당 가입자에게 지급하여야 한다.

④ 요양급여비용의 공제 : 공단은 제3항 전단에 따라 요양급여비용을 요양기관에 지급하는 경우 해당 요양기관이 제77조 제1항 제1호에 따라 공단에 납부하여야 하는 보험료 또는 그 밖에 국민건강보험법에 따른 징수금을 체납한 때에는 요양급여비용에서 이를 공제하고 지급할 수 있다.

⑤ 보험료 등과의 상계 : 공단은 제3항 후단에 따라 가입자에게 지급하여야 하는 금액을 그 가입자가 내야 하는 보험료와 그 밖에 국민건강보험법에 따른 징수금("보험료 등")과 상계할 수 있다.

⑥ 요양급여비용의 조정 : 공단은 심사평가원이 제47조의4에 따라 요양급여의 적정성을 평가하여 공단에 통보하면 그 평가 결과에 따라 요양급여비용을 가산하거나 감액 조정하여 지급한다. 이 경우 평가 결과에 따라 요양급여비용을 가산하거나 감액하여 지급하는 기준은 보건복지부령으로 정한다.

※ 요양급여비용의 가감지급 기준(규칙 제18조) : 평가대상 요양기관의 평가대상기간에 대한 심사결정 공단부담액의 100분의 10 범위에서 보건복지부장관이 정하여 고시한 기준에 따라 산정한 금액으로 한다.

⑦ 심사청구 대행기관 : 요양기관은 제2항에 따른 심사청구를 다음 각 호의 단체가 대행하게 할 수 있다.

1. 의료법 제28조 제1항에 따른 의사회·치과의사회·한의사회·조산사회 또는 같은 조 제6항에 따라 신고한 각각의 지부 및 분회

> **더 알아보기**
>
> 중앙회와 지부(의료법 제28조 제1항)
> 의사·치과의사·한의사·조산사 및 간호사는 대통령령으로 정하는 바에 따라 각각 전국적 조직을 두는 의사회·치과의사회·한의사회·조산사회 및 간호사회("중앙회")를 각각 설립하여야 한다.

2. 의료법 제52조에 따른 의료기관 단체

> **더 알아보기**
>
> 의료기관 단체의 설립(의료법 제52조 제1항)
> 병원급 의료기관의 장은 의료기관의 건전한 발전과 국민보건 향상에 기여하기 위하여 전국 조직을 두는 단체를 설립할 수 있다.

3. 약사법 제11조에 따른 약사회 또는 같은 법 제14조에 따라 신고한 지부 및 분회

더 알아보기

의료기관 단체의 설립(약사법 제11조 제1항)
약사(藥師)는 약사(藥事)에 관한 연구와 약사윤리 확립, 약사의 권익 증진 및 자질 향상을 위하여 대통령령으로 정하는 바에 따라 <u>대한약사회</u>("약사회")를 설립하여야 한다.

약사회 및 한약사회의 지부 등(약사법 제14조 제1항)
<u>약사회</u> 및 한약사회는 대통령령으로 정하는 바에 따라 특별시·광역시·특별자치시·도·특별자치도("시·도")에 지부를 설치하여야 하며, 특별시·광역시의 구와 시(특별자치도의 경우에는 행정시를 말한다. 이하 같다)·군에 분회를 설치할 수 있다.

⑧ 제1항부터 제7항까지의 규정에 따른 요양급여비용의 청구·심사·지급 등의 방법과 절차에 필요한 사항은 보건복지부령으로 정한다.

(8) 요양급여비용의 지급 보류(제47조의2)

① 요양급여비용 지급을 보류하는 경우 : 제47조 제3항에도 불구하고 공단은 요양급여비용의 지급을 청구한 요양기관이 의료법 제4조 제2항, 제33조 제2항·제8항 또는 약사법 제20조 제1항, 제21조 제1항을 위반하였거나 의료법 제33조 제10항 또는 약사법 제6조 제3항·제4항을 위반하여 개설·운영되었다는 사실을 수사기관의 수사 결과로 확인한 경우에는 해당 요양기관이 청구한 요양급여비용의 지급을 보류할 수 있다. 이 경우 요양급여비용 지급 보류 처분의 효력은 해당 요양기관이 그 처분 이후 청구하는 요양급여비용에 대해서도 미친다.

더 알아보기

의료기관의 개설 등(의료법 제33조 제2항)
다음 각 호의 어느 하나에 해당하는 자가 아니면 의료기관을 개설할 수 없다. 이 경우 의사는 종합병원·병원·요양병원·정신병원 또는 의원을, 치과의사는 치과병원 또는 치과의원을, 한의사는 한방병원·요양병원 또는 한의원을, 조산사는 조산원만을 개설할 수 있다.
1. 의사, 치과의사, 한의사 또는 조산사
2. 국가나 지방자치단체
3. 의료업을 목적으로 설립된 법인("의료법인")
4. 민법이나 특별법에 따라 설립된 비영리법인
5. 공공기관의 운영에 관한 법률에 따른 준정부기관, 지방의료원의 설립 및 운영에 관한 법률에 따른 지방의료원, 한국보훈복지의료공단법에 따른 한국보훈복지의료공단

의료기관의 개설 등(의료법 제33조 제10항)
의료기관을 개설·운영하는 의료법인 등은 다른 자에게 그 법인의 명의를 빌려주어서는 안 된다.

면허증 교부와 등록(약사법 제6조 제3항·제4항)
③ 약사 및 한약사는 제3조 및 제4조에 따라 받은 면허를 다른 사람에게 대여하여서는 안 된다.
④ 누구든지 제3조 및 제4조에 따라 받은 면허를 대여받아서는 안 되며 면허 대여를 알선하여서도 안 된다.

약국 개설등록(약사법 제20조 제1항)
약사 또는 한약사가 아니면 약국을 개설할 수 없다

② 의견 제출 : 공단은 제1항에 따라 요양급여비용의 지급을 보류하기 전에 해당 요양기관에 의견 제출의 기회를 주어야 한다.

③ 무죄 판결이 선고된 요양급여비용의 지급 : 공단은 요양기관이 의료법 제4조 제2항, 제33조 제2항·제8항 또는 약사법 제20조 제1항, 제21조 제1항을 위반한 혐의나 의료법 제33조 제10항 또는 약사법 제6조 제3항·제4항을 위반하여 개설·운영된 혐의에 대하여 법원에서 무죄 판결이 선고된 경우 그 선고 이후 실시한 요양급여에 한정하여 해당 요양기관이 청구하는 요양급여비용을 지급할 수 있다.

④ 이자의 가산 : 법원의 무죄 판결이 확정되는 등 대통령령으로 정하는 사유로 제1항에 따른 요양기관이 의료법 제4조 제2항, 제33조 제2항·제8항 또는 약사법 제20조 제1항, 제21조 제1항을 위반한 혐의나 의료법 제33조 제10항 또는 약사법 제6조 제3항·제4항을 위반하여 개설·운영된 혐의가 입증되지 아니한 경우에는 공단은 지급보류 처분을 취소하고, 지급 보류된 요양급여비용에 지급 보류된 기간 동안의 이자를 가산하여 해당 요양기관에 지급하여야 한다. 이 경우 이자는 민법 제379조에 따른 법정이율을 적용하여 계산한다.

⑤ 제1항 및 제2항에 따른 지급 보류 절차 및 의견 제출의 절차 등에 필요한 사항, 제3항에 따른 지급 보류된 요양급여비용 및 이자의 지급 절차 등에 필요한 사항은 대통령령으로 정한다.

(9) 요양급여비용의 차등 지급(제47조의3)

지역별 의료자원의 불균형 및 의료서비스 격차의 해소 등을 위하여 지역별로 요양급여비용을 달리 정하여 지급할 수 있다.

(10) 요양급여의 적정성 평가(제47조의4)

① 평가의 실시 : 심사평가원은 요양급여에 대한 의료의 질을 향상시키기 위하여 요양급여의 적정성 평가("평가")를 실시할 수 있다.

② 평가 사항 : 심사평가원은 요양기관의 인력·시설·장비, 환자안전 등 요양급여와 관련된 사항을 포함하여 평가할 수 있다.

③ 평가 결과의 통보 : 심사평가원은 평가 결과를 평가대상 요양기관에 통보하여야 하며, 평가 결과에 따라 요양급여비용을 가산 또는 감산할 경우에는 그 결정사항이 포함된 평가 결과를 가감대상 요양기관 및 공단에 통보하여야 한다.

④ 제1항부터 제3항까지에 따른 평가의 기준·범위·절차·방법 등에 필요한 사항은 보건복지부령으로 정한다.

(11) 요양급여 대상 여부의 확인 등(제48조)

① 여부 확인 요청 : 가입자나 피부양자는 본인일부부담금 외에 자신이 부담한 비용이 제41조 제4항에 따라 요양급여 대상에서 제외되는 비용인지 여부에 대하여 심사평가원에 확인을 요청할 수 있다.

② 확인 결과의 통보 : 제1항에 따른 확인 요청을 받은 심사평가원은 그 결과를 요청한 사람에게 알려야 한다. 이 경우 확인을 요청한 비용이 요양급여 대상에 해당되는 비용으로 확인되면 그 내용을 공단 및 관련 요양기관에 알려야 한다.

③ 과다본인부담금의 지급 : 제2항 후단에 따라 통보받은 요양기관은 받아야 할 금액보다 더 많이 징수한 금액("과다본인부담금")을 지체 없이 확인을 요청한 사람에게 지급하여야 한다. 다만, 공단은 해당 요양기관이 과다본인부담금을 지급하지 아니하면 해당 요양기관에 지급할 요양급여비용에서 과다본인부담금을 공제하여 확인을 요청한 사람에게 지급할 수 있다.

④ 제1항부터 제3항까지에 따른 확인 요청의 범위, 방법, 절차, 처리기간 등 필요한 사항은 보건복지부령으로 정한다.

(12) 요양비(제49조)

① 요양비의 지급 : 공단은 가입자나 피부양자가 보건복지부령으로 정하는 긴급하거나 그 밖의 부득이한 사유로 요양기관과 비슷한 기능을 하는 기관으로서 보건복지부령으로 정하는 기관(제98조 제1항에 따라 업무정지기간 중인 요양기관을 포함한다. 이하 "준요양기관"이라 한다)에서 **질병·부상·출산** 등에 대하여 요양을 받거나 요양기관이 아닌 장소에서 출산한 경우에는 그 요양급여에 상당하는 금액을 보건복지부령으로 정하는 바에 따라 가입자나 피부양자에게 요양비로 지급한다.

② 명세서·영수증의 발급 : 준요양기관은 보건복지부장관이 정하는 요양비 **명세서**나 요양 명세를 적은 **영수증**을 요양을 받은 사람에게 내주어야 하며, 요양을 받은 사람은 그 명세서나 영수증을 공단에 제출하여야 한다.

③ 요양비 지급청구의 위임 : 제1항 및 제2항에도 불구하고 준요양기관은 요양을 받은 가입자나 피부양자의 위임이 있는 경우 공단에 요양비의 지급을 직접 청구할 수 있다. 이 경우 공단은 지급이 청구된 내용의 적정성을 심사하여 준요양기관에 요양비를 지급할 수 있다.

④ 제3항에 따른 준요양기관의 요양비 지급 청구, 공단의 적정성 심사 등에 필요한 사항은 보건복지부령으로 정한다.

3. 부가급여, 장애인에 대한 특례, 건강검진

(1) 부가급여(제50조)

공단은 국민건강보험법에서 정한 요양급여 외에 대통령령으로 정하는 바에 따라 임신·출산 진료비, 장제비, 상병수당, 그 밖의 급여를 실시할 수 있다.

(2) 장애인에 대한 특례(제51조)

① 보조기기에 대한 보험급여 : 공단은 장애인복지법에 따라 등록한 장애인인 가입자 및 피부양자에게는 장애인·노인 등을 위한 보조기기 지원 및 활용촉진에 관한 법률 제3조 제2호에 따른 **보조기기**에 대하여 보험급여를 할 수 있다.

더 알아보기

보조기기(장애인·노인 등을 위한 보조기기 지원 및 활용촉진에 관한 법률 제3조 제2호)
"보조기기"란 장애인 등의 신체적·정신적 기능을 향상·보완하고 일상 활동의 편의를 돕기 위하여 사용하는 각종 기계·기구·장비로서 보건복지부령으로 정하는 다음 각 호의 어느 하나에 해당하는 것을 말한다(동법 시행규칙 제2조 제1항).
1. 개인 치료용 보조기기
2. 기술 훈련용 보조기기
3. 보조기 및 의지
4. 개인 관리 및 보호용 보조기기
5. 개인 이동용 보조기기
6. 가사용 보조기기
7. 가정·주택용 가구 및 개조용품
8. 의사소통 및 정보전달용 보조기기
9. 물건 및 기구 조작용 보조기기
10. 환경 개선 및 측정용 보조기기
11. 고용 및 직업훈련용 보조기기
12. 레크리에이션용 보조기기
13. 그 밖에 다른 법령에 따른 장애인 등을 위한 기계·기구·장비로서 보건복지부장관이 정하는 보조기기

② **보험급여 지급청구의 위임** : 장애인인 가입자 또는 피부양자에게 보조기기를 판매한 자는 **가입자나 피부양자의 위임**이 있는 경우 공단에 보험급여를 직접 청구할 수 있다. 이 경우 공단은 지급이 청구된 내용의 적정성을 심사하여 보조기기를 판매한 자에게 보조기기에 대한 보험급여를 지급할 수 있다.

③ 제1항에 따른 보조기기에 대한 보험급여의 범위·방법·절차, 제2항에 따른 보조기기 판매업자의 보험급여 청구, 공단의 적정성 심사 및 그 밖에 필요한 사항은 보건복지부령으로 정한다.

(3) 건강검진(제52조)

① **건강검진의 실시** : 공단은 가입자와 피부양자에 대하여 **질병의 조기 발견과 그에 따른 요양급여**를 하기 위하여 건강검진을 실시한다.

② **건강검진의 종류·대상** : 제1항에 따른 건강검진의 종류 및 대상은 다음 각 호와 같다.

   1. 일반건강검진 : 직장가입자, 세대주인 지역가입자, 20세 이상인 지역가입자 및 20세 이상인 피부양자

   2. 암검진 : 암관리법 제11조 제2항에 따른 암의 종류별 검진주기와 연령 기준 등에 해당하는 사람

더 알아보기

암검진사업
- 암검진사업의 범위, 대상자, 암의 종류·검진주기, 연령 기준 등에 관하여 필요한 사항은 대통령령으로 정한다. 이 경우 보건복지부장관은 <u>암의 발생률, 생존율, 사망률</u> 등 암 통계 및 치료에 관한 자료를 고려하여 암검진사업의 대상자, 암의 종류·검진주기 등을 정하여야 한다(암관리법 제11조 제2항).
- 암검진사업의 대상이 되는 암의 종류 : <u>위암, 간암, 대장암, 유방암, 자궁경부암, 폐암</u>(암관리법 시행령 제8조 제1항)
- 암의 종류별 검진주기와 연령 기준 등(암관리법 시행령 별표 1)

암의 종류	검진주기	연령 기준 등
위암	2년	40세 이상의 남·여
간암	6개월	40세 이상의 남·여 중 간암 발생 고위험군
대장암	1년	50세 이상의 남·여
유방암	2년	40세 이상의 여성
자궁경부암	2년	20세 이상의 여성
폐암	2년	54세 이상 74세 이하의 남·여 중 폐암 발생 고위험군

1. "간암 발생 고위험군"이란 간경변증, B형간염 항원 양성, C형간염 항체 양성, B형 또는 C형 간염 바이러스에 의한 만성 간질환 환자를 말한다.
2. "폐암 발생 고위험군"이란 30갑년[하루 평균 담배소비량(갑)×흡연기간(년)] 이상의 흡연력을 가진 현재 흡연자와 폐암 검진의 필요성이 높아 보건복지부장관이 정하여 고시하는 사람을 말한다.

---

   3. 영유아건강검진 : 6세 미만의 가입자 및 피부양자

③ **검진항목의 설계** : 제1항에 따른 건강검진의 검진항목은 **성별, 연령 등의 특성 및 생애 주기**에 맞게 설계되어야 한다.

④ 제1항에 따른 건강검진의 횟수·절차와 그 밖에 필요한 사항은 대통령령으로 정한다.

4. 보험급여

(1) 급여의 제한(제53조)

① 보험급여를 하지 않는 경우 : 공단은 보험급여를 받을 수 있는 사람이 다음 각 호의 어느 하나에 해당하면 보험급여를 하지 아니한다.

1. 고의 또는 중대한 과실로 인한 범죄행위에 그 원인이 있거나 고의로 사고를 일으킨 경우
2. 고의 또는 중대한 과실로 공단이나 요양기관의 요양에 관한 지시에 따르지 아니한 경우
3. 고의 또는 중대한 과실로 제55조에 따른 문서와 그 밖의 물건의 제출을 거부하거나 질문 또는 진단을 기피한 경우
4. 업무 또는 공무로 생긴 질병・부상・재해로 다른 법령에 따른 보험급여나 보상(報償) 또는 보상(補償)을 받게 되는 경우

② 공단은 보험급여를 받을 수 있는 사람이 다른 법령에 따라 국가나 지방자치단체로부터 **보험급여에 상당하는 급여를 받거나 보험급여에 상당하는 비용을 지급받게 되는 경우**에는 그 한도에서 보험급여를 하지 아니한다.

③ 공단은 가입자가 대통령령으로 정하는 기간 이상 다음 각 호의 보험료를 체납한 경우 그 **체납한 보험료를 완납할 때까지** 그 가입자 및 피부양자에 대하여 보험급여를 실시하지 아니할 수 있다. 다만, 월별 보험료의 총체납횟수(이미 납부된 체납보험료는 총체납횟수에서 제외하며, 보험료의 체납기간은 고려하지 아니한다)가 대통령령으로 정하는 횟수 미만이거나 가입자 및 피부양자의 소득・재산 등이 대통령령으로 정하는 기준 미만인 경우에는 그러하지 아니하다.

1. 제69조 제4항 제2호에 따른 보수 외 소득월액보험료
2. 제69조 제5항에 따른 세대단위의 보험료

④ 공단은 제77조 제1항 제1호에 따라 납부의무를 부담하는 사용자가 제69조 제4항 제1호에 따른 보수월액보험료를 체납한 경우에는 그 **체납에 대하여 직장가입자 본인에게 귀책사유가 있는 경우**에 한하여 제3항의 규정을 적용한다. 이 경우 해당 직장가입자의 피부양자에게도 제3항의 규정을 적용한다.

⑤ 제3항 및 제4항에도 불구하고 제82조에 따라 공단으로부터 **분할납부 승인을 받고 그 승인된 보험료를 1회 이상 낸 경우**에는 보험급여를 할 수 있다. 다만, 제82조에 따른 분할납부 승인을 받은 사람이 정당한 사유 없이 5회(같은 조 제1항에 따라 승인받은 분할납부 횟수가 5회 미만인 경우에는 해당 분할납부 횟수를 말한다. 이하 이 조에서 같다) 이상 그 승인된 보험료를 내지 아니한 경우에는 그러하지 아니하다.

⑥ 제3항 및 제4항에 따라 보험급여를 하지 아니하는 기간("**급여제한기간**")에 받은 보험급여는 다음 각 호의 어느 하나에 해당하는 경우에만 보험급여로 인정한다.

1. 공단이 급여제한기간에 보험급여를 받은 사실이 있음을 가입자에게 통지한 날부터 2개월이 지난 날이 속한 달의 납부기한 이내에 체납된 보험료를 완납한 경우
2. 공단이 급여제한기간에 보험급여를 받은 사실이 있음을 가입자에게 통지한 날부터 2개월이 지난 날이 속한 달의 납부기한 이내에 제82조에 따라 분할납부 승인을 받은 체납보험료를 1회 이상 낸 경우. 다만, 제82조에 따른 분할납부 승인을 받은 사람이 정당한 사유 없이 5회 이상 그 승인된 보험료를 내지 아니한 경우에는 그러하지 아니하다.

(2) 급여의 정지(제54조)

보험급여를 받을 수 있는 사람이 다음 각 호의 어느 하나에 해당하면 그 기간에는 **보험급여를 하지 아니**
한다. 다만, 제3호 및 제4호의 경우에는 제60조에 따른 **요양급여를** 실시한다.

1. 삭제
2. 국외에 체류하는 경우
3. 제6조 제2항 제2호에 해당하게 된 경우
4. 교도소, 그 밖에 이에 준하는 시설에 수용되어 있는 경우

(3) 급여의 확인(제55조)

공단은 보험급여를 할 때 필요하다고 인정되면 보험급여를 받는 사람에게 문서와 그 밖의 물건을 제출하
도록 요구하거나 관계인을 시켜 질문 또는 진단하게 할 수 있다.

5. 요양비 등

(1) 요양비 등의 지급(제56조)

공단은 국민건강보험법에 따라 지급의무가 있는 요양비 또는 부가급여의 청구를 받으면 지체 없이 이를
지급하여야 한다.

(2) 요양비 등 수급계좌(제56조의2)

① 요양비 등의 지급 방법 : 공단은 국민건강보험법에 따른 보험급여로 지급되는 현금("요양비 등")을
  받는 수급자의 신청이 있는 경우에는 요양비 등을 수급자 명의의 지정된 계좌("요양비 등 수급계좌")
  로 입금하여야 한다. 다만, 정보통신장애나 그 밖에 대통령령으로 정하는 불가피한 사유로 요양비
  등 수급계좌로 이체할 수 없을 때에는 직접 현금으로 지급하는 등 대통령령으로 정하는 바에 따라
  요양비 등을 지급할 수 있다.
② 요양비 등 수급계좌의 관리 : 요양비 등 수급계좌가 개설된 금융기관은 요양비 등 수급계좌에 요양
  비 등만이 입금되도록 하고, 이를 관리하여야 한다.
③ 제1항 및 제2항에 따른 요양비 등 수급계좌의 신청 방법·절차와 관리에 필요한 사항은 대통령령으
  로 정한다.

(3) 부당이득의 징수(제57조)

① 부당이득의 징수 : 공단은 속임수나 그 밖의 부당한 방법으로 보험급여를 받은 사람·준요양기관
  및 보조기기 판매업자나 보험급여 비용을 받은 요양기관에 대하여 그 보험급여나 보험급여 비용에
  상당하는 금액을 징수한다.
② 징수금 연대 납부 : 공단은 제1항에 따라 속임수나 그 밖의 부당한 방법으로 보험급여 비용을 받은
  요양기관이 다음 각 호의 어느 하나에 해당하는 경우에는 해당 요양기관을 개설한 자에게 그 요양기
  관과 연대하여 같은 항에 따른 징수금을 납부하게 할 수 있다.

1. 의료법 제33조 제2항을 위반하여 의료기관을 개설할 수 없는 자가 의료인의 면허나 의료법인 등의 명의를 대여받아 개설·운영하는 의료기관
2. 약사법 제20조 제1항을 위반하여 약국을 개설할 수 없는 자가 약사 등의 면허를 대여받아 개설·운영하는 약국
3. 의료법 제4조 제2항 또는 제33조 제8항·제10항을 위반하여 개설·운영하는 의료기관
4. 약사법 제21조 제1항을 위반하여 개설·운영하는 약국
5. 약사법 제6조 제3항·제4항을 위반하여 면허를 대여받아 개설·운영하는 약국

③ 사용자나 가입자의 거짓 보고나 거짓 증명(제12조 제5항을 위반하여 건강보험증이나 신분증명서를 양도·대여하여 다른 사람이 보험급여를 받게 하는 것을 포함한다), 요양기관의 거짓 진단이나 거짓 확인(제12조 제4항을 위반하여 건강보험증이나 신분증명서로 가입자 또는 피부양자의 본인 여부 및 그 자격을 확인하지 아니한 것을 포함한다) 또는 준요양기관이나 보조기기를 판매한 자의 속임수 및 그 밖의 부당한 방법으로 보험급여가 실시된 경우 공단은 이들에게 보험급여를 받은 사람과 연대하여 제1항에 따른 징수금을 내게 할 수 있다.

④ 공단은 속임수나 그 밖의 부당한 방법으로 보험급여를 받은 사람과 같은 세대에 속한 **가입자**(속임수나 그 밖의 부당한 방법으로 보험급여를 받은 사람이 피부양자인 경우에는 그 직장가입자를 말한다)에게 속임수나 그 밖의 부당한 방법으로 **보험급여를 받은 사람과 연대하여** 제1항에 따른 **징수금**을 내게 할 수 있다.

⑤ 요양기관이 가입자나 피부양자로부터 속임수나 그 밖의 부당한 방법으로 요양급여비용을 받은 경우 공단은 해당 **요양기관으로부터 이를 징수하여 가입자나 피부양자에게 지체 없이 지급**하여야 한다. 이 경우 공단은 가입자나 피부양자에게 지급하여야 하는 금액을 그 가입자 및 피부양자가 내야 하는 **보험료** 등과 상계할 수 있다.

(4) 부당이득 징수금 체납자의 인적사항 등 공개(제57조의2)

① 인적사항 등의 공개 : 공단은 제57조 제2항 각 호의 어느 하나에 해당하여 같은 조 제1항 및 제2항에 따라 징수금을 납부할 의무가 있는 요양기관 또는 요양기관을 개설한 자가 제79조 제1항에 따라 납입 고지 문서에 기재된 **납부기한의 다음 날부터 1년이 경과한 징수금을 1억 원 이상 체납**한 경우 징수금 발생의 원인이 되는 **위반행위**, **체납자의 인적사항 및 체납액 등 대통령령으로 정하는 사항**("**인적사항 등**")을 공개할 수 있다. 다만, 체납된 징수금과 관련하여 제87조에 따른 이의신청, 제88조에 따른 심판청구가 제기되거나 행정소송이 계류 중인 경우 또는 그 밖에 체납된 금액의 일부 납부 등 대통령령으로 정하는 사유가 있는 경우에는 그러하지 아니하다.

② 제1항에 따른 인적사항 등의 공개 여부를 심의하기 위하여 **공단에 부당이득징수금체납정보공개심의위원회**를 둔다.

③ 공개대상자의 선정 : 공단은 부당이득징수금체납정보공개심의위원회의 심의를 거친 인적사항 등의 공개대상자에게 공개대상자임을 서면으로 통지하여 **소명의 기회를 부여**하여야 하며, **통지일부터 6개월이 경과한 후 체납자의 납부이행 등을 고려하여 공개대상자를 선정**한다.

④ 인적사항 등의 공개 방법 : 제1항에 따른 인적사항 등의 공개는 관보에 게재하거나 공단 인터넷 홈페이지에 게시하는 방법으로 한다.

⑤ 제1항부터 제4항까지에서 규정한 사항 외에 인적사항 등의 공개 절차 및 부당이득징수금체납정보공개심의위원회의 구성·운영 등에 필요한 사항은 대통령령으로 정한다.

(5) 구상권(제58조)

① 손해배상 청구권 : 공단은 제3자의 행위로 보험급여사유가 생겨 가입자 또는 피부양자에게 보험급여를 한 경우에는 그 급여에 들어간 비용 한도에서 그 제3자에게 손해배상을 청구할 권리를 얻는다.

② 보험급여의 제한 : 제1항에 따라 보험급여를 받은 사람이 제3자로부터 이미 손해배상을 받은 경우에는 공단은 그 배상액 한도에서 보험급여를 하지 아니한다.

(6) 수급권 보호(제59조)

① 보험급여를 받을 권리는 양도하거나 압류할 수 없다.

② 제56조의2 제1항에 따라 요양비 등 수급계좌에 입금된 요양비 등은 압류할 수 없다.

(7) 현역병 등에 대한 요양급여비용 등의 지급(제60조)

① 요양급여비용과 요양비의 예탁 : 공단은 제54조 제3호 및 제4호에 해당하는 사람이 요양기관에서 대통령령으로 정하는 치료 등("요양급여")을 받은 경우 그에 따라 공단이 부담하는 비용("요양급여비용")과 제49조에 따른 요양비를 법무부장관·국방부장관·경찰청장·소방청장 또는 해양경찰청장으로부터 예탁받아 지급할 수 있다. 이 경우 법무부장관·국방부장관·경찰청장·소방청장 또는 해양경찰청장은 예산상 불가피한 경우 외에는 연간 들어갈 것으로 예상되는 요양급여비용과 요양비를 대통령령으로 정하는 바에 따라 미리 공단에 예탁하여야 한다.

② 준용 규정 : 요양급여, 요양급여비용 및 요양비 등에 관한 사항은 제41조, 제41조의4, 제42조, 제42조의2, 제44조부터 제47조까지, 제47조의2, 제48조, 제49조, 제55조, 제56조, 제56조의2 및 제59조 제2항을 준용한다.

(8) 요양급여비용의 정산(제61조)

공단은 산업재해보상보험법 제10조에 따른 근로복지공단이 국민건강보험법에 따라 요양급여를 받을 수 있는 사람에게 산업재해보상보험법 제40조에 따른 요양급여를 지급한 후 그 지급결정이 취소되어 해당 요양급여의 비용을 청구하는 경우에는 그 요양급여가 국민건강보험법에 따라 실시할 수 있는 요양급여에 상당한 것으로 인정되면 그 요양급여에 해당하는 금액을 지급할 수 있다.

---

05 **건강보험심사평가원**

1. 건강보험심사평가원의 업무

(1) 설립(제62조)

요양급여비용을 심사하고 요양급여의 적정성을 평가하기 위하여 건강보험심사평가원을 설립한다.

(2) 업무 등(제63조)

① 심사평가원이 관장하는 업무

1. 요양급여비용의 심사
2. 요양급여의 적정성 평가
3. 심사기준 및 평가기준의 개발
4. 제1호부터 제3호까지의 규정에 따른 업무와 관련된 조사연구 및 국제협력
5. 다른 법률에 따라 지급되는 급여비용의 심사 또는 의료의 적정성 평가에 관하여 위탁받은 업무
6. 그 밖에 국민건강보험법 또는 다른 법령에 따라 위탁받은 업무
7. 건강보험과 관련하여 보건복지부장관이 필요하다고 인정한 업무
8. 그 밖에 보험급여 비용의 심사와 보험급여의 적정성 평가와 관련하여 대통령령으로 정하는 업무

② 제1항 제8호에 따른 보험급여의 적정성 평가의 기준·절차·방법 등에 필요한 사항은 보건복지부장관이 정하여 고시한다.

2. 건강보험심사평가원의 성립

(1) 법인격 등(제64조)

① 심사평가원은 법인으로 한다.
② 심사평가원은 주된 사무소의 소재지에서 설립등기를 함으로써 성립한다.

(2) 임원(제65조)

① 임원의 구성 : 심사평가원에 임원으로서 원장, 이사 15명 및 감사 1명을 둔다. 이 경우 원장, 이사 중 4명 및 감사는 상임으로 한다.
② 원장의 임명 : 임원추천위원회가 복수로 추천한 사람 중에서 보건복지부장관의 제청으로 대통령이 임명한다.
③ 상임이사의 임명 : 보건복지부령으로 정하는 추천 절차를 거쳐 원장이 임명한다.
④ 비상임이사의 임명 : 다음 각 호의 사람 중에서 10명과 대통령령으로 정하는 바에 따라 추천한 관계 공무원 1명을 보건복지부장관이 임명한다.

1. 공단이 추천하는 1명
2. 의약관계단체가 추천하는 5명
3. 노동조합·사용자단체·소비자단체 및 농어업인단체가 추천하는 각 1명

⑤ 감사의 임명 : 임원추천위원회가 복수로 추천한 사람 중에서 기획재정부장관의 제청으로 대통령이 임명한다.
⑥ 실비변상 : 제4항에 따른 비상임이사는 정관으로 정하는 바에 따라 실비변상을 받을 수 있다.
⑦ 임원의 임기 : 원장의 임기는 3년, 이사(공무원인 이사는 제외한다)와 감사의 임기는 각각 2년으로 한다.

3. 진료심사평가위원회와 자금의 조달

(1) 진료심사평가위원회(제66조)

① **심사위원회의 설치** : 심사평가원의 업무를 효율적으로 수행하기 위하여 **심사평가원에 진료심사평가위원회("심사위원회")를 둔다.**

② **심사위원회의 구성** : 심사위원회는 위원장을 포함하여 **90명 이내의 상근 심사위원과 1,000명 이내의 비상근 심사위원으로 구성하며, 진료과목별 분과위원회를 둘 수 있다.**

③ **상근 심사위원의 임명** : 제2항에 따른 상근 심사위원은 **심사평가원의 원장이** 보건복지부령으로 정하는 사람 중에서 임명한다.

④ **비상근 심사위원의 위촉** : 제2항에 따른 비상근 심사위원은 **심사평가원의 원장이** 보건복지부령으로 정하는 사람 중에서 위촉한다.

⑤ **심사위원의 해임·해촉** : 심사평가원의 원장은 심사위원이 다음 각 호의 어느 하나에 해당하면 그 심사위원을 해임 또는 해촉할 수 있다.
   1. 신체장애나 정신장애로 직무를 수행할 수 없다고 인정되는 경우
   2. 직무상 의무를 위반하거나 직무를 게을리한 경우
   3. 고의나 중대한 과실로 심사평가원에 손실이 생기게 한 경우
   4. 직무 여부와 관계없이 품위를 손상하는 행위를 한 경우

⑥ 제1항부터 제5항까지에서 규정한 사항 외에 심사위원회 위원의 자격·임기 및 심사위원회의 구성·운영 등에 필요한 사항은 보건복지부령으로 정한다.

(2) 진료심사평가위원회 위원의 겸직(제66조의2)

① 고등교육법 제14조 제2항에 따른 교원 중 교수·부교수 및 조교수는 국가공무원법 제64조 및 사립학교법 제55조 제1항에도 불구하고 소속대학 **총장의 허가를** 받아 진료심사평가위원회 위원의 직무를 겸할 수 있다.

② 제1항에 따라 대학의 교원이 진료심사평가위원회 위원을 겸하는 경우 필요한 사항은 **대통령령으로** 정한다.

(3) 자금의 조달 등(제67조)

① **부담금의 징수** : 심사평가원은 제63조 제1항에 따른 업무(같은 항 제5호에 따른 업무는 제외한다)를 하기 위하여 공단으로부터 부담금을 징수할 수 있다.

② **업무의 위탁에 따른 수수료** : 심사평가원은 제63조 제1항 제5호에 따라 급여비용의 심사 또는 의료의 적정성 평가에 관한 업무를 위탁받은 경우에는 위탁자로부터 **수수료를 받을 수 있다.**

③ 제1항과 제2항에 따른 부담금 및 수수료의 금액·징수 방법 등에 필요한 사항은 보건복지부령으로 정한다.

(4) 준용 규정(제68조)

심사평가원에 관하여 제14조 제3항·제4항, 제16조, 제17조(같은 조 제1항 제6호 및 제7호는 제외한다), 제18조, 제19조, 제22조부터 제32조까지, 제35조 제1항, 제36조, 제37조, 제39조 및 제40조를 준용한다. 이 경우 "공단"은 "심사평가원"으로, "이사장"은 "원장"으로 본다.

1. 보험료의 부과

(1) 보험료(제69조)

① 보험료의 징수 : 공단은 건강보험사업에 드는 비용에 충당하기 위하여 제77조에 따른 **보험료의 납부의무자**로부터 보험료를 징수한다.

② 징수 기간 : 제1항에 따른 보험료는 가입자의 자격을 취득한 날이 속하는 달의 다음 달부터 가입자의 자격을 잃은 날의 전날이 속하는 달까지 징수한다. 다만, 가입자의 자격을 매월 1일에 취득한 경우 또는 제5조 제1항 제2호 가목에 따른 건강보험 적용 신청으로 가입자의 자격을 취득하는 경우에는 그 달부터 징수한다.

③ 자격 변동 시 징수 기준 : 제1항 및 제2항에 따라 보험료를 징수할 때 가입자의 자격이 변동된 경우에는 변동된 날이 속하는 달의 보험료는 변동되기 전의 자격을 기준으로 징수한다. 다만, 가입자의 자격이 매월 1일에 변동된 경우에는 변동된 자격을 기준으로 징수한다.

④ 직장가입자의 월별 보험료액 : 다음 각 호에 따라 산정한 금액으로 한다.

   1. 보수 외 보수월액보험료 : 제71조 제1항에 따라 산정한 보수 외 보수월액에 제73조 제1항 또는 제2항에 따른 보험료율을 곱하여 얻은 금액

   2. 소득월액보험료 : 제71조에 따라 산정한 소득월액에 제73조 제1항 또는 제2항에 따른 보험료율을 곱하여 얻은 금액

⑤ 지역가입자의 월별 보험료액 : 지역가입자의 월별 보험료액은 다음 각 호의 구분에 따라 산정한 금액을 합산한 금액으로 한다. 이 경우 보험료액은 세대 단위로 산정한다.

   1. 소득 : 제71조 제2항에 따라 산정한 **지역가입자의 소득월액**에 제73조 제3항에 따른 **보험료율**을 곱하여 얻은 금액

   2. 재산 : 제72조에 따라 산정한 **재산보험료부과점수**에 제73조 제3항에 따른 **재산보험료부과점수당 금액**을 곱하여 얻은 금액

⑥ 월별 보험료액의 상한·하한 : 제4항 및 제5항에 따른 월별 보험료액은 가입자의 보험료 평균액의 일정 비율에 해당하는 금액을 고려하여 대통령령으로 정하는 기준에 따라 **상한 및 하한**을 정한다.

(2) 보수월액(제70조)

① 직장가입자의 보수월액 산정 : 제69조 제4항 제1호에 따른 직장가입자의 보수월액은 직장가입자가 지급받는 보수를 기준으로 하여 산정한다.

② 휴직자 등의 보수월액 산정 : 휴직이나 그 밖의 사유로 보수의 전부 또는 일부가 지급되지 아니하는 가입자("휴직자 등")의 보수월액보험료는 해당 사유가 생기기 전 달의 보수월액을 기준으로 산정한다.

③ "보수"의 정의 : 제1항에 따른 보수는 근로자 등이 근로를 제공하고 사용자·국가 또는 지방자치단체로부터 지급받는 금품(실비변상적인 성격을 갖는 금품은 제외한다)으로서 대통령령으로 정하는 것을 말한다. 이 경우 보수 관련 자료가 없거나 불명확한 경우 등 대통령령으로 정하는 사유에 해당하면 보건복지부장관이 정하여 고시하는 금액을 보수로 본다.

④ 제1항에 따른 보수월액의 산정 및 보수가 지급되지 아니하는 사용자의 보수월액의 산정 등에 필요한 사항은 대통령령으로 정한다.

(3) 소득월액(제71조)

① **소득월액의 산정** : 직장가입자의 보수 외 소득월액은 제70조에 따른 보수월액의 산정에 포함된 보수를 제외한 직장가입자의 소득("보수 외 소득")이 대통령령으로 정하는 금액을 초과하는 경우 '[(연간 보수 외 소득) − (대통령령으로 정하는 금액)] × $\frac{1}{12}$'에 따른 값을 보건복지부령으로 정하는 바에 따라 산정한다.

② 지역가입자의 소득월액은 지역가입자의 연간 소득을 12개월로 나눈 값을 보건복지부령으로 정하는 바에 따라 평가하여 산정한다.

③ 제1항 및 제2항에 따른 소득의 구체적인 범위, 소득월액을 산정하는 기준, 방법 등 소득월액의 산정에 필요한 사항은 대통령령으로 정한다.

(4) 재산보험료부과점수(제72조)

① **재산보험료부과점수의 산정** : 제69조 제5항 제2호에 따른 재산보험료부과점수는 **지역가입자의 소득 및 재산을 기준으로 산정**한다. 다만, 대통령령으로 정하는 지역가입자가 실제 거주를 목적으로 대통령령으로 정하는 기준 이하의 주택을 구입 또는 임차하기 위하여 다음 각 호의 어느 하나에 해당하는 대출을 받고 그 사실을 공단에 통보하는 경우에는 **해당 대출금액을** 대통령령으로 정하는 바에 따라 평가하여 **재산보험료부과점수 산정 시 제외**한다.

1. 금융실명거래 및 비밀보장에 관한 법률 제2조 제1호에 따른 금융회사 등("**금융회사 등**")으로부터 받은 대출
2. 주택도시기금법에 따른 주택도시기금을 재원으로 하는 대출 등 보건복지부장관이 정하여 고시하는 대출

> **더 알아보기**
>
> 금융회사 등(금융실명거래 및 비밀보장에 관한 법률 제2조 제1호)
> 가. 은행법에 따른 은행
> 나. 중소기업은행법에 따른 중소기업은행
> 다. 한국산업은행법에 따른 한국산업은행
> 라. 한국수출입은행법에 따른 한국수출입은행
> 마. 한국은행법에 따른 한국은행
> 바. 자본시장과 금융투자업에 관한 법률에 따른 투자매매업자·투자중개업자·집합투자업자·신탁업자·증권금융회사·종합금융회사 및 명의개서대행회사
> 사. 상호저축은행법에 따른 상호저축은행 및 상호저축은행중앙회
> 아. 농업협동조합법에 따른 조합과 그 중앙회 및 농협은행
> 자. 수산업협동조합법에 따른 조합과 그 중앙회 및 수협은행
> 차. 신용협동조합법에 따른 신용협동조합 및 신용협동조합중앙회
> 카. 새마을금고법에 따른 금고 및 중앙회
> 타. 보험업법에 따른 보험회사
> 파. 우체국예금·보험에 관한 법률에 따른 체신관서
> 하. 그 밖에 대통령령으로 정하는 기관

② 제1항에 따라 재산보험료부과점수의 산정방법과 산정기준을 정할 때 법령에 따라 재산권의 행사가 제한되는 재산에 대하여는 다른 재산과 달리 정할 수 있다.

③ **금융정보 등의 제출** : 지역가입자는 제1항 단서에 따라 공단에 통보할 때 신용정보의 이용 및 보호에 관한 법률 제2조 제1호에 따른 **신용정보**, 금융실명거래 및 비밀보장에 관한 법률 제2조 제2호에 따

른 금융자산, 같은 조 제3호에 따른 금융거래의 내용에 대한 자료·정보 중 **대출금액** 등 대통령령으로 정하는 자료·정보("금융정보 등")를 공단에 제출하여야 하며, 제1항 단서에 따른 재산보험료부과점수 산정을 위하여 필요한 금융정보 등을 공단에 제공하는 것에 대하여 **동의한다는 서면**을 함께 제출하여야 한다.

> **더 알아보기**
>
> 금융자산(금융실명거래 및 비밀보장에 관한 법률 제2조 제2호)
> "금융자산"이란 금융회사 등이 취급하는 예금·적금·부금·계금·예탁금·출자금·신탁재산·주식·채권·수익증권·출자지분·어음·수표·채무증서 등 금전 및 유가증권과 그 밖에 이와 유사한 것으로서 총리령으로 정하는 것을 말한다.
>
> 금융거래(금융실명거래 및 비밀보장에 관한 법률 제2조 제3호)
> "금융거래"란 금융회사 등이 금융자산을 수입·매매·환매·중개·할인·발행·상환·환급·수탁·등록·교환하거나 그 이자, 할인액 또는 배당을 지급하는 것과 이를 대행하는 것 또는 그 밖에 금융자산을 대상으로 하는 거래로서 총리령으로 정하는 것을 말한다.

④ 제1항 및 제2항에 따른 재산보험료부과점수의 산정방법·산정기준 등에 필요한 사항은 대통령령으로 정한다.

(5) 보험료부과제도개선위원회(제72조의2)

삭제

(6) 보험료부과제도에 대한 적정성 평가(제72조의3)

① 적정성 평가 : 보건복지부장관은 제5조에 따른 피부양자 인정기준("인정기준")과 제69조부터 제72조까지의 규정에 따른 보험료, 보수월액, 소득월액 및 재산보험료부과점수의 산정 기준 및 방법 등("산정기준")에 대하여 적정성을 평가하고, 국민건강보험법 시행일로부터 **4년이 경과한 때** 이를 조정하여야 한다.

② 적정성 평가 시 고려 사항 : 보건복지부장관은 제1항에 따른 적정성 평가를 하는 경우에는 다음 각 호를 종합적으로 고려하여야 한다.

1. 제4조 제1항 제5호의2 나목에 따라 심의위원회가 심의한 가입자의 소득 파악 현황 및 개선방안
2. 공단의 소득 관련 자료 보유 현황
3. 소득세법 제4조에 따른 종합소득(종합과세되는 종합소득과 분리과세되는 종합소득을 포함한다) 과세 현황

> **더 알아보기**
>
> 종합소득(소득세법 제4조 제1항 제1호)
> 소득세법에 따라 과세되는 모든 소득에서 퇴직소득, 양도소득을 제외한 소득으로서, 이자소득·배당소득·사업소득·근로소득·연금소득, 기타소득을 합산한 것

4. 직장가입자에게 부과되는 보험료와 지역가입자에게 부과되는 보험료 간 형평성
5. 제1항에 따른 인정기준 및 산정기준의 조정으로 인한 보험료 변동
6. 그 밖에 적정성 평가 대상이 될 수 있는 사항으로서 보건복지부장관이 정하는 사항

③ 제1항에 따른 적정성 평가의 절차, 방법 및 그 밖에 적정성 평가를 위하여 필요한 사항은 대통령령으로 정한다.

(7) 보험료율 등(제73조)

① 직장가입자의 보험료율 : 1,000분의 80의 범위에서 심의위원회의 의결을 거쳐 대통령령으로 정한다.

② 국외에서 업무에 종사하고 있는 직장가입자에 대한 보험료율 : 제1항에 따라 정해진 보험료율의 100분의 50으로 한다.

③ 지역가입자의 보험료율과 재산보험료부과점수당 금액은 심의위원회의 의결을 거쳐 대통령령으로 정한다.

2. 보험료 부담의 면제 및 경감

(1) 보험료의 면제(제74조)

① 직장가입자의 보험료 면제 : 공단은 직장가입자가 제54조 제2호부터 제4호까지의 어느 하나에 해당하는 경우(같은 조 제2호에 해당하는 경우에는 1개월 이상의 기간으로서 대통령령으로 정하는 기간 이상 국외에 체류하는 경우에 한정한다. 이하 이 조에서 같다) 그 가입자의 보험료를 면제한다. 다만, 제54조 제2호에 해당하는 직장가입자의 경우에는 국내에 거주하는 피부양자가 없을 때에만 보험료를 면제한다.

② 지역가입자의 보험료부과점수 제외 : 지역가입자가 제54조 제2호부터 제4호까지의 어느 하나에 해당하면 그 가입자가 속한 세대의 보험료를 산정할 때 그 가입자의 제71조 제2항에 따른 소득월액 및 제72조에 따른 재산보험료부과점수를 제외한다.

③ 적용 기간 : 제1항에 따른 보험료의 면제나 제2항에 따라 보험료의 산정에서 제외되는 소득월액 및 재산보험료부과점수에 대하여는 제54조 제2호부터 제4호까지의 어느 하나에 해당하는 급여정지 사유가 생긴 날이 속하는 달의 다음 달부터 사유가 없어진 날이 속하는 달까지 적용한다. 다만, 다음 각 호의 어느 하나에 해당하는 경우에는 그 달의 보험료를 면제하지 아니하거나 보험료의 산정에서 소득월액 및 재산보험료부과점수를 제외하지 아니한다.

1. 급여정지 사유가 매월 1일에 없어진 경우
2. 제54조 제2호에 해당하는 가입자 또는 그 피부양자가 국내에 입국하여 입국일이 속하는 달에 보험급여를 받고 그 달에 출국하는 경우

(2) 보험료의 경감 등(제75조)

① 보험료 경감 대상 : 다음 각 호의 어느 하나에 해당하는 가입자 중 보건복지부령으로 정하는 가입자에 대하여는 그 가입자 또는 그 가입자가 속한 세대의 보험료의 일부를 경감할 수 있다.

1. 섬·벽지·농어촌 등 대통령령으로 정하는 지역에 거주하는 사람
2. 65세 이상인 사람
3. 장애인복지법에 따라 등록한 장애인
4. 국가유공자 등 예우 및 지원에 관한 법률 제4조 제1항 제4호, 제6호, 제12호, 제15호 및 제17호에 따른 국가유공자

적용 대상 국가유공자(국가유공자 등 예우 및 지원에 관한 법률 제4조 제1항)

- **전상군경** : 군인이나 경찰공무원으로서 전투 또는 이에 준하는 직무수행 중 상이를 입고 전역(퇴역·면역 또는 상근예비역 소집해제를 포함한다. 이하 같다)하거나 퇴직(면직을 포함한다. 이하 같다)한 사람(군무원으로서 1959년 12월 31일 이전에 전투 또는 이에 준하는 직무수행 중 상이를 입고 퇴직한 사람을 포함한다) 또는 6개월 이내에 전역이나 퇴직하는 사람으로서 그 상이 정도가 국가보훈부장관이 실시하는 신체검사에서 상이등급으로 판정된 사람(동항 제4호)
- **공상군경** : 군인이나 경찰·소방 공무원으로서 국가의 수호·안전보장 또는 국민의 생명·재산 보호와 직접적인 관련이 있는 직무수행이나 교육훈련 중 상이(질병을 포함한다)를 입고 전역하거나 퇴직한 사람 또는 6개월 이내에 전역이나 퇴직하는 사람으로서 그 상이 정도가 국가보훈부장관이 실시하는 신체검사에서 상이등급으로 판정된 사람(동항 제6호)
- **4·19혁명부상자** : 1960년 4월 19일을 전후한 혁명에 참가하여 상이를 입은 사람으로서 그 상이 정도가 국가보훈부장관이 실시하는 신체검사에서 상이등급으로 판정된 사람(동조 제12호)
- **공상공무원** : 국가공무원법 및 지방공무원법에 따른 공무원(군인과 경찰·소방 공무원은 제외한다)과 국가나 지방자치단체에서 일상적으로 공무에 종사하는 대통령령으로 정하는 직원으로서 국민의 생명·재산 보호와 직접적인 관련이 있는 직무수행이나 교육훈련 중 상이(질병을 포함한다)를 입고 퇴직하거나 6개월 이내에 퇴직하는 사람으로서 그 상이 정도가 국가보훈부장관이 실시하는 신체검사에서 상이등급으로 판정된 사람(동조 제15호)
- **국가사회발전 특별공로상이자** : 국가사회발전에 현저한 공이 있는 사람 중 그 공로와 관련되어 상이를 입은 사람으로서 그 상이 정도가 국가보훈부장관이 실시하는 신체검사에서 상이등급으로 판정되어 국무회의에서 국가유공자 등 예우 및 지원에 관한 법률의 적용 대상자로 의결된 사람(동조 제17호)

5. 휴직자

6. 그 밖에 생활이 어렵거나 천재지변 등의 사유로 보험료를 경감할 필요가 있다고 보건복지부장관이 정하여 고시하는 사람

② **재산상의 이익 제공** : 제77조에 따른 보험료 납부의무자가 다음 각 호의 어느 하나에 해당하는 경우에는 대통령령으로 정하는 바에 따라 **보험료를 감액하는 등 재산상의 이익**을 제공할 수 있다.

1. 제81조의6 제1항에 따라 보험료의 납입 고지 또는 독촉을 전자문서로 받는 경우

2. 보험료를 계좌 또는 신용카드 자동이체의 방법으로 내는 경우

③ 제1항에 따른 보험료 경감의 방법·절차 등에 필요한 사항은 보건복지부장관이 정하여 고시한다.

(3) 보험료의 부담(제76조)

① **보수월액보험료 부담 비율** : 직장가입자의 보수월액보험료는 직장가입자와 다음 각 호의 구분에 따른 자가 각각 보험료액의 100분의 50씩 부담한다. 다만, 직장가입자가 교직원으로서 사립학교에 근무하는 교원이면 보험료액은 그 직장가입자가 100분의 50을, 제3조 제2호 다목에 해당하는 사용자가 100분의 30을, 국가가 100분의 20을 각각 부담한다.

1. 직장가입자가 근로자인 경우에는 제3조 제2호 가목에 해당하는 사업주

2. 직장가입자가 공무원인 경우에는 그 공무원이 소속되어 있는 국가 또는 지방자치단체

3. 직장가입자가 교직원(사립학교에 근무하는 교원은 제외한다)인 경우에는 제3조 제2호 다목에 해당하는 사용자

② 직장가입자의 보수 외 소득월액보험료는 **직장가입자가** 부담한다.

③ 지역가입자의 보험료는 그 가입자가 속한 세대의 **지역가입자 전원이 연대**하여 부담한다.

④ 직장가입자가 교직원인 경우 제3조 제2호 다목에 해당하는 사용자가 부담액 전부를 부담할 수 없으면 그 부족액을 학교에 속하는 회계에서 부담하게 할 수 있다.

3. 보험료의 납부

(1) 보험료 납부의무(제77조)

① 직장가입자의 보험료 납부의무 부담 : 다음 각 호의 구분에 따라 그 각 호에서 정한 자가 납부한다.
  1. 보수월액보험료 : 사용자. 이 경우 사업장의 사용자가 2명 이상인 때에는 그 사업장의 사용자는 해당 직장가입자의 보험료를 연대하여 납부한다.
  2. 보수 외 소득월액보험료 : 직장가입자

② 지역가입자의 보험료 납무의무 부담 : 지역가입자의 보험료는 그 가입자가 속한 세대의 지역가입자 전원이 연대하여 납부한다. 다만, 소득 및 재산이 없는 미성년자와 소득 및 재산 등을 고려하여 대통령령으로 정하는 기준에 해당하는 미성년자는 납부의무를 부담하지 아니한다.

③ 보험료액의 공제 : 사용자는 보수월액보험료 중 직장가입자가 부담하여야 하는 그 달의 보험료액을 그 보수에서 공제하여 납부하여야 한다. 이 경우 직장가입자에게 공제액을 알려야 한다.

(2) 제2차 납부의무(제77조의2)

① 제2차 납무의무 부담 : 법인의 재산으로 그 법인이 납부하여야 하는 보험료, 연체금 및 체납처분비를 충당하여도 부족한 경우에는 해당 법인에게 보험료의 납부의무가 부과된 날 현재의 무한책임사원 또는 과점주주(국세기본법 제39조 각 호의 어느 하나에 해당하는 자를 말한다)가 그 부족한 금액에 대하여 제2차 납부의무를 진다. 다만, 과점주주의 경우에는 그 부족한 금액을 그 법인의 발행주식 총수(의결권이 없는 주식은 제외한다) 또는 출자총액으로 나눈 금액에 해당 과점주주가 실질적으로 권리를 행사하는 주식 수(의결권이 없는 주식은 제외한다) 또는 출자액을 곱하여 산출한 금액을 한도로 한다.

> **더 알아보기**
>
> 출자자의 제2차 납세의무(국세기본법 제39조)
> 법인(대통령령으로 정하는 증권시장에 주권이 상장된 법인은 제외한다. 이하 이 조에서 같다)의 재산으로 그 법인에 부과되거나 그 법인이 납부할 국세 및 체납처분비에 충당하여도 부족한 경우에는 그 국세의 납세의무 성립일 현재 다음 각 호의 어느 하나에 해당하는 자는 그 부족한 금액에 대하여 제2차 납세의무를 진다. 다만, 제2호에 따른 과점주주의 경우에는 그 부족한 금액을 그 법인의 발행주식 총수(의결권이 없는 주식은 제외한다. 이하 이 조에서 같다) 또는 출자총액으로 나눈 금액에 해당 과점주주가 실질적으로 권리를 행사하는 주식 수(의결권이 없는 주식은 제외한다) 또는 출자액을 곱하여 산출한 금액을 한도로 한다.
> 1. 무한책임사원으로서 다음 각 목의 어느 하나에 해당하는 사원
>   가. 합명회사의 사원
>   나. 합자회사의 무한책임사원
> 2. 주주 또는 다음 각 목의 어느 하나에 해당하는 사원 1명과 그의 특수관계인 중 대통령령으로 정하는 자로서 그들의 소유주식 합계 또는 출자액 합계가 해당 법인의 발행 주식 총수 또는 출자총액의 100분의 50을 초과하면서 그 법인의 경영에 대하여 지배적인 영향력을 행사하는 자들("과점주주")
>   가. 합자회사의 유한책임사원
>   나. 유한책임회사의 사원
>   다. 유한회사의 사원

② 양수인의 제2차 납부의무 : 사업이 양도·양수된 경우에 양도일 이전에 양도인에게 납부의무가 부과된 보험료, 연체금 및 체납처분비를 양도인의 재산으로 충당하여도 부족한 경우에는 **사업의 양수인**이 그 부족한 금액에 대하여 **양수한 재산의 가액을 한도로 제2차 납부의무**를 진다. 이 경우 양수인의 범위 및 양수한 재산의 가액은 대통령령으로 정한다.

(3) 보험료의 납부기한(제78조)

① 납부기한 : 제77조 제1항 및 제2항에 따라 보험료 납부의무가 있는 자는 가입자에 대한 그 달의 보험료를 그 다음 달 10일까지 납부하여야 한다. 다만, 직장가입자의 보수 외 소득월액보험료 및 지역가입자의 보험료는 보건복지부령으로 정하는 바에 따라 분기별로 납부할 수 있다.

② 납부기한의 연장 : 공단은 제1항에도 불구하고 납입 고지의 송달 지연 등 보건복지부령으로 정하는 사유가 있는 경우 납부의무자의 신청에 따라 제1항에 따른 납부기한부터 1개월의 범위에서 납부기한을 연장할 수 있다. 이 경우 납부기한 연장을 신청하는 방법, 절차 등에 필요한 사항은 보건복지부령으로 정한다.

(4) 가산금(제78조의2)

① 가산금의 부과 : 사업장의 사용자가 대통령령으로 정하는 사유에 해당되어 직장가입자가 될 수 없는 자를 제8조 제2항 또는 제9조 제2항을 위반하여 거짓으로 보험자에게 직장가입자로 신고한 경우 공단은 제1호의 금액에서 제2호의 금액을 뺀 금액의 100분의 10에 상당하는 가산금을 그 사용자에게 부과하여 징수한다.

  1. 사용자가 직장가입자로 신고한 사람이 직장가입자로 처리된 기간 동안 그 가입자가 제69조 제5항에 따라 부담하여야 하는 보험료의 총액

  2. 제1호의 기간 동안 공단이 해당 가입자에 대하여 제69조 제4항에 따라 산정하여 부과한 보험료의 총액

② 가산금의 부과 예외 : 제1항에도 불구하고 공단은 가산금이 소액이거나 그 밖에 가산금을 징수하는 것이 적절하지 아니하다고 인정되는 등 대통령령으로 정하는 경우에는 징수하지 아니할 수 있다.

(5) 보험료 등의 납입 고지(제79조)

① 납입 고지 문서 기재 사항 : 공단은 보험료 등을 징수하려면 그 금액을 결정하여 납부의무자에게 다음 각 호의 사항을 적은 문서로 납입 고지를 하여야 한다.

  1. 징수하려는 보험료 등의 종류

  2. 납부해야 하는 금액

  3. 납부기한 및 장소

② 삭제

③ 삭제

④ 납입 고지의 효력 : 직장가입자의 사용자가 2명 이상인 경우 또는 지역가입자의 세대가 2명 이상으로 구성된 경우 그 중 1명에게 한 고지는 해당 사업장의 다른 사용자 또는 세대 구성원인 다른 지역가입자 모두에게 효력이 있는 것으로 본다.

⑤ 납입 고지의 유예 : 휴직자 등의 보험료는 휴직 등의 사유가 끝날 때까지 보건복지부령으로 정하는 바에 따라 납입 고지를 유예할 수 있다.

⑥ 납입 고지 사실의 통지 : 공단은 제77조의2에 따른 제2차 납부의무자에게 납입의 고지를 한 경우에는 해당 법인인 사용자 및 사업 양도인에게 그 사실을 통지하여야 한다.

(6) 신용카드 등으로 하는 보험료 등의 납부(제79조의2)

① 신용카드 등으로의 납부 : 공단이 납입 고지한 보험료 등을 납부하는 자는 보험료 등의 납부를 대행할 수 있도록 대통령령으로 정하는 기관 등("보험료 등 납부대행기관")을 통하여 신용카드, 직불카드 등("신용카드 등")으로 납부할 수 있다.

② 납부일 : 제1항에 따라 신용카드 등으로 보험료 등을 납부하는 경우에는 보험료 등 납부대행기관의 승인일을 납부일로 본다.

③ 수수료 : 보험료 등 납부대행기관은 보험료 등의 납부자로부터 보험료 등의 납부를 대행하는 대가로 수수료를 받을 수 있다.

④ 보험료 등 납부대행기관의 지정 및 운영, 수수료 등에 필요한 사항은 대통령령으로 정한다.

4. 연체금과 체납처분

(1) 연체금(제80조)

① 연체금의 징수 : 공단은 보험료 등의 납부의무자가 납부기한까지 보험료 등을 내지 아니하면 그 납부기한이 지난 날부터 매 1일이 경과할 때마다 다음 각 호에 해당하는 연체금을 징수한다.

  1. 제69조에 따른 보험료 또는 제53조 제3항에 따른 보험급여 제한 기간 중 받은 보험급여에 대한 징수금을 체납한 경우 : 해당 체납금액의 1,500분의 1에 해당하는 금액. 이 경우 연체금은 해당 체납금액의 1,000분의 20을 넘지 못한다.

  2. 제1호 외에 국민건강보험법에 따른 징수금을 체납한 경우 : 해당 체납금액의 1,000분의 1에 해당하는 금액. 이 경우 연체금은 해당 체납금액의 1,000분의 30을 넘지 못한다.

② 연체금의 가산 : 공단은 보험료 등의 납부의무자가 체납된 보험료 등을 내지 아니하면 납부기한 후 30일이 지난 날부터 매 1일이 경과할 때마다 다음 각 호에 해당하는 연체금을 제1항에 따른 연체금에 더하여 징수한다.

  1. 제69조에 따른 보험료 또는 제53조 제3항에 따른 보험급여 제한 기간 중 받은 보험급여에 대한 징수금을 체납한 경우 : 해당 체납금액의 6,000분의 1에 해당하는 금액. 이 경우 연체금(제1항 제1호의 연체금을 포함한 금액을 말한다)은 해당 체납금액의 1,000분의 50을 넘지 못한다.

  2. 제1호 외에 국민건강보험법에 따른 징수금을 체납한 경우 : 해당 체납금액의 3,000분의 1에 해당하는 금액. 이 경우 연체금(제1항 제1호의 연체금을 포함한 금액을 말한다)은 해당 체납금액의 1,000분의 90을 넘지 못한다.

③ 공단은 제1항 및 제2항에도 불구하고 천재지변이나 그 밖에 보건복지부령으로 정하는 부득이한 사유가 있으면 제1항 및 제2항에 따른 연체금을 징수하지 아니할 수 있다.

(2) 보험료 등의 독촉 및 체납처분(제81조)

① 보험료 등의 독촉 : 공단은 제57조, 제77조, 제77조의2, 제78조의2 및 제101조 및 제101조의2에 따라 보험료 등을 내야 하는 자가 보험료 등을 내지 아니하면 기한을 정하여 독촉할 수 있다. 이 경우 직장가입자의 사용자가 2명 이상인 경우 또는 지역가입자의 세대가 2명 이상으로 구성된 경우에는 그 중 1명에게 한 독촉은 해당 사업장의 다른 사용자 또는 세대 구성원인 다른 지역가입자 모두에게 효력이 있는 것으로 본다.

② 납부기한 : 제1항에 따라 독촉할 때에는 10일 이상 15일 이내의 납부기한을 정하여 독촉장을 발부하여야 한다.

③ 보험료 등의 체납처분 : 공단은 제1항에 따른 독촉을 받은 자가 그 납부기한까지 보험료 등을 내지 아니하면 보건복지부장관의 승인을 받아 국세 체납처분의 예에 따라 이를 징수할 수 있다.

④ 통보서의 발송 : 공단은 제3항에 따라 체납처분을 하기 전에 보험료 등의 체납 내역, 압류 가능한 재산의 종류, 압류 예정 사실 및 국세징수법 제41조 제18호에 따른 소액금융재산에 대한 압류금지 사실 등이 포함된 통보서를 발송하여야 한다. 다만, 법인 해산 등 긴급히 체납처분을 할 필요가 있는 경우로서 대통령령으로 정하는 경우에는 그러하지 아니하다.

⑤ 공매의 대행 : 공단은 제3항에 따른 국세 체납처분의 예에 따라 압류하거나 제81조의2 제1항에 따라 압류한 재산의 공매에 대하여 전문지식이 필요하거나 그 밖에 특수한 사정으로 직접 공매하는 것이 적당하지 아니하다고 인정하는 경우에는 한국자산관리공사 설립 등에 관한 법률에 따라 설립된 한국자산관리공사("한국자산관리공사")에 공매를 대행하게 할 수 있다. 이 경우 공매는 공단이 한 것으로 본다.

⑥ 수수료의 지급 : 공단은 제5항에 따라 한국자산관리공사가 공매를 대행하면 보건복지부령으로 정하는 바에 따라 수수료를 지급할 수 있다.

(3) 부당이득 징수금의 압류(제81조의2)

① 부당이득 징수금의 압류 요건 : 제81조에도 불구하고 공단은 보험급여 비용을 받은 요양기관이 다음 각 호의 요건을 모두 갖춘 경우에는 제57조 제1항에 따른 징수금의 한도에서 해당 요양기관 또는 그 요양기관을 개설한 자(같은 조 제2항에 따라 해당 요양기관과 연대하여 징수금을 납부하여야 하는 자를 말한다. 이하 이 조에서 같다)의 재산을 보건복지부장관의 승인을 받아 압류할 수 있다.
   1. 의료법 제33조 제2항 또는 약사법 제20조 제1항을 위반하였다는 사실로 기소된 경우
   2. 요양기관 또는 요양기관을 개설한 자에게 강제집행, 국세 강제징수 등 대통령령으로 정하는 사유가 있어 그 재산을 압류할 필요가 있는 경우

② 부당이득 징수금의 압류 사실 통지 : 공단은 제1항에 따라 재산을 압류하였을 때에는 해당 요양기관 또는 그 요양기관을 개설한 자에게 문서로 그 압류 사실을 통지하여야 한다.

③ 압류 해제 : 공단은 다음 각 호의 어느 하나에 해당할 때에는 제1항에 따른 압류를 즉시 해제하여야 한다.
   1. 제2항에 따른 통지를 받은 자가 제57조 제1항에 따른 징수금에 상당하는 다른 재산을 담보로 제공하고 압류 해제를 요구하는 경우
   2. 법원의 무죄 판결이 확정되는 등 대통령령으로 정하는 사유로 해당 요양기관이 의료법 제33조 제2항 또는 약사법 제20조 제1항을 위반한 혐의가 입증되지 아니한 경우

④ 제1항에 따른 압류 및 제3항에 따른 압류 해제에 관하여 이 법에서 규정한 것 외에는 국세징수법을 준용한다.

(4) 체납 또는 결손처분 자료의 제공(제81조의3)

① 체납 등 자료의 제공 : 공단은 보험료 징수 및 제57조에 따른 징수금[같은 조 제2항 각 호의 어느 하나에 해당하여 같은 조 제1항 및 제2항에 따라 징수하는 금액에 한정한다("부당이득금")]의 징수 또는 공익목적을 위하여 필요한 경우에 신용정보의 이용 및 보호에 관한 법률 제25조 제2항 제1호의 종합신용정보집중기관에 다음 각 호의 어느 하나에 해당하는 체납자 또는 결손처분자의 인적사항·체납액 또는 결손처분액에 관한 자료("체납 등 자료")를 제공할 수 있다. 다만, 체납된 보험료나 부당이득금과 관련하여 행정심판 또는 행정소송이 계류 중인 경우, 제82조 제1항에 따라 분할납부를 승인받은 경우 중 대통령령으로 정하는 경우, 그 밖에 대통령령으로 정하는 사유가 있을 때에는 그러하지 아니하다.

종합신용정보집중기관(신용정보의 이용 및 보호에 관한 법률 제25조 제2항 제1호)
대통령령으로 정하는 금융기관 전체로부터의 신용정보를 집중관리·활용하는 <u>신용정보집중기관</u>

1. 국민건강보험법에 따른 납부기한의 다음 날부터 1년이 지난 보험료 및 그에 따른 연체금과 체납처분비의 총액이 500만 원 이상인 자
2. 국민건강보험법에 따른 납부기한의 다음 날부터 1년이 지난 부당이득금 및 그에 따른 연체금과 체납처분비의 총액이 1억 원 이상인 자
3. 제84조에 따라 결손처분한 금액의 총액이 500만 원 이상인 자

② 공단은 제1항에 따라 종합신용정보집중기관에 체납 등 자료를 제공하기 전에 해당 체납자 또는 결손처분자에게 그 사실을 서면으로 통지하여야 한다. 이 경우 통지를 받은 체납자가 체납액을 납부하거나 체납액 납부계획서를 제출하는 경우 공단은 종합신용정보집중기관에 체납 등 자료를 제공하지 아니하거나 체납 등 자료의 제공을 유예할 수 있다.
③ 체납 등 자료의 제공절차에 필요한 사항은 대통령령으로 정한다.
④ 제1항에 따라 체납 등 자료를 제공받은 자는 이를 업무 외의 목적으로 누설하거나 이용하여서는 아니 된다.

(5) 보험료의 납부증명(제81조의4)

① 납부사실의 증명 : 제77조에 따른 보험료의 납부의무자("납부의무자")는 국가, 지방자치단체 또는 공공기관의 운영에 관한 법률 제4조에 따른 공공기관으로부터 공사·제조·구매·용역 등 대통령령으로 정하는 계약의 대가를 지급받는 경우에는 보험료와 그에 따른 연체금 및 체납처분비의 납부사실을 증명하여야 한다. 다만, 납부의무자가 계약대금의 전부 또는 일부를 체납한 보험료로 납부하려는 경우 등 대통령령으로 정하는 경우에는 그러하지 아니하다.

공공기관(공공기관의 운영에 관한 법률 제4조 제1항)
기획재정부장관은 국가·지방자치단체가 아닌 법인·단체 또는 기관("기관")으로서 다음 각 호의 어느 하나에 해당하는 기관을 공공기관으로 지정할 수 있다.
1. 다른 법률에 따라 직접 설립되고 정부가 출연한 기관
2. 정부지원액(법령에 따라 직접 정부의 업무를 위탁받거나 독점적 사업권을 부여받은 기관의 경우에는 그 위탁업무나 독점적 사업으로 인한 수입액을 포함한다)이 총수입액의 2분의 1을 초과하는 기관
3. 정부가 100분의 50 이상의 지분을 가지고 있거나 100분의 30 이상의 지분을 가지고 임원 임명권한 행사 등을 통하여 해당 기관의 정책 결정에 사실상 지배력을 확보하고 있는 기관
4. 정부와 제1호부터 제3호까지의 어느 하나에 해당하는 기관이 합하여 100분의 50 이상의 지분을 가지고 있거나 100분의 30 이상의 지분을 가지고 임원 임명권한 행사 등을 통하여 해당 기관의 정책 결정에 사실상 지배력을 확보하고 있는 기관
5. 제1호부터 제4호까지의 어느 하나에 해당하는 기관이 단독으로 또는 2개 이상의 기관이 합하여 100분의 50 이상의 지분을 가지고 있거나 100분의 30 이상의 지분을 가지고 임원 임명권한 행사 등을 통하여 당해 기관의 정책 결정에 사실상 지배력을 확보하고 있는 기관
6. 제1호부터 제4호의 어느 하나에 해당하는 기관이 설립하고, 정부 또는 설립 기관이 출연한 기관

② 납부증명의 갈음 : 납부의무자가 제1항에 따라 납부사실을 증명하여야 할 경우 제1항의 계약을 담당하는 주무관서 또는 공공기관은 납부의무자의 동의를 받아 공단에 조회하여 보험료와 그에 따른 **연체금 및 체납처분비의 납부여부를 확인하는 것으로 제1항에 따른 납부증명을 갈음**할 수 있다.

(6) 서류의 송달(제81조의5)

제79조 및 제81조에 관한 서류의 송달에 관한 사항과 전자문서에 의한 납입 고지 등에 관하여 제81조의6에서 정하지 아니한 사항에 관하여는 국세기본법 제8조(같은 조 제2항 단서는 제외한다)부터 제12조까지의 규정을 준용한다. 다만, 우편송달에 의하는 경우 그 방법은 **대통령령**으로 정하는 바에 따른다.

(7) 전자문서에 의한 납입 고지 등(제81조의6)

① 납부의무자가 제79조 제1항에 따른 납입 고지 또는 제81조 제1항에 따른 독촉을 전자문서교환방식 등에 의한 전자문서로 해줄 것을 신청하는 경우에는 공단은 전자문서로 **고지 또는 독촉**할 수 있다. 이 경우 전자문서 고지 및 독촉에 대한 신청 방법·절차 등에 필요한 사항은 **보건복지부령**으로 정한다.
② 공단이 제1항에 따라 전자문서로 고지 또는 독촉하는 경우에는 전자문서가 보건복지부령으로 정하는 **정보통신망에 저장되거나 납부의무자가 지정한 전자우편주소에 입력된 때**에 납입 고지 또는 독촉이 그 납부의무자에게 도달된 것으로 본다.

(8) 체납보험료의 분할납부(제82조)

① 분할납부의 승인 조건 : 공단은 **보험료를 3회 이상 체납한 자**가 신청하는 경우 보건복지부령으로 정하는 바에 따라 분할납부를 승인할 수 있다.
② 분할납부 신청 안내 : 공단은 보험료를 3회 이상 체납한 자에 대하여 제81조 제3항에 따른 체납처분을 하기 전에 제1항에 따른 분할납부를 신청할 수 있음을 알리고, 보건복지부령으로 정하는 바에 따라 분할납부 신청의 절차·방법 등에 관한 사항을 안내하여야 한다.
③ 분할납부의 승인 취소 : 공단은 제1항에 따라 분할납부 승인을 받은 자가 정당한 사유 없이 5회(제1항에 따라 승인받은 분할납부 횟수가 5회 미만인 경우에는 해당 분할납부 횟수를 말한다) 이상 그 승인된 보험료를 납부하지 아니하면 그 분할납부의 승인을 취소한다.
④ 분할납부의 승인과 취소에 관한 절차·방법·기준 등에 필요한 사항은 보건복지부령으로 정한다.

(9) 고액·상습체납자의 인적사항 공개(제83조)

① 인적사항 등의 공개 : 공단은 국민건강보험법에 따른 납부기한의 다음 날부터 1년이 경과한 보험료, 연체금과 체납처분비(제84조에 따라 결손처분한 보험료, 연체금과 체납처분비로서 징수권 소멸시효가 완성되지 아니한 것을 포함한다)의 총액이 **1,000만 원 이상**인 체납자가 납부능력이 있음에도 불구하고 체납한 경우 그 인적사항·체납액 등("인적사항 등")을 공개할 수 있다. 다만, 체납된 보험료, 연체금과 체납처분비와 관련하여 제87조에 따른 **이의신청**, 제88조에 따른 **심판청구**가 제기되거나 **행정소송**이 계류 중인 경우 또는 그 밖에 체납된 금액의 일부 납부 등 대통령령으로 정하는 사유가 있는 경우에는 그러하지 아니하다.
② 인적사항 등의 공개 심의 : 제1항에 따른 체납자의 인적사항 등에 대한 공개 여부를 심의하기 위하여 공단에 **보험료정보공개심의위원회**를 둔다.

③ **공개대상자의 선정** : 공단은 보험료정보공개심의위원회의 심의를 거친 인적사항 등의 공개대상자에게 공개대상자임을 서면으로 통지하여 **소명의 기회**를 부여하여야 하며, **통지일부터 6개월이 경과한 후** 체납액의 납부이행 등을 감안하여 공개대상자를 선정한다.

④ **공개 방법** : 제1항에 따른 체납자 인적사항 등의 공개는 관보에 게재하거나 공단 인터넷 홈페이지에 게시하는 방법에 따른다.

⑤ 제1항부터 제4항까지의 규정에 따른 체납자 인적사항 등의 공개와 관련한 납부능력의 기준, 공개절차 및 위원회의 구성·운영 등에 필요한 사항은 대통령령으로 정한다.

(10) 결손처분(제84조)

① **결손처분 사유** : 공단은 다음 각 호의 어느 하나에 해당하는 사유가 있으면 **재정운영위원회의 의결**을 받아 보험료 등을 결손처분할 수 있다.

  1. 체납처분이 끝나고 체납액에 충당될 배분금액이 그 체납액에 미치지 못하는 경우
  2. 해당 권리에 대한 소멸시효가 완성된 경우
  3. 그 밖에 징수할 가능성이 없다고 인정되는 경우로서 대통령령으로 정하는 경우

② **결손처분의 취소** : 공단은 제1항 제3호에 따라 결손처분을 한 후 압류할 수 있는 다른 재산이 있는 것을 발견한 때에는 지체 없이 그 처분을 취소하고 체납처분을 하여야 한다.

(11) 보험료 등의 징수 순위(제85조)

보험료 등은 국세와 지방세를 제외한 다른 채권에 우선하여 징수한다. 다만, 보험료 등의 납부기한 전에 전세권·질권·저당권 또는 동산·채권 등의 담보에 관한 법률에 따른 담보권의 설정을 등기 또는 등록한 사실이 증명되는 재산을 매각할 때에 그 매각대금 중에서 보험료 등을 징수하는 경우 그 전세권·질권·저당권 또는 동산·채권 등의 담보에 관한 법률에 따른 담보권으로 담보된 채권에 대하여는 그러하지 아니하다.

(12) 보험료 등의 충당과 환급(제86조)

① **우선 충당** : 공단은 납부의무자가 보험료 등·연체금 또는 체납처분비로 낸 금액 중 과오납부한 금액이 있으면 대통령령으로 정하는 바에 따라 그 과오납금을 보험료 등·연체금 또는 체납처분비에 **우선 충당**하여야 한다.

② **환급** : 공단은 제1항에 따라 **충당하고 남은 금액이 있는 경우** 대통령령으로 정하는 바에 따라 납부의무자에게 환급하여야 한다.

③ 이자 : 제1항 및 제2항의 경우 과오납금에 대통령령으로 정하는 이자를 가산하여야 한다.

1. 이의신청과 심판청구

(1) 이의신청(제87조)

① 공단에 대한 이의신청 : 가입자 및 피부양자의 자격, 보험료 등, 보험급여, 보험급여 비용에 관한 공단의 처분에 이의가 있는 자는 공단에 이의신청을 할 수 있다.

② 심사평가원에 대한 이의신청 : 요양급여비용 및 요양급여의 적정성 평가 등에 관한 **심사평가원의** 처분에 이의가 있는 공단, 요양기관 또는 그 밖의 자는 **심사평가원**에 이의신청을 할 수 있다.

③ 이의신청 기한 : 제1항 및 제2항에 따른 이의신청("이의신청")은 처분이 있음을 안 날부터 90일 이내에 문서(전자문서를 포함한다)로 하여야 하며 처분이 있은 날부터 180일을 지나면 제기하지 못한다. 다만, 정당한 사유로 그 기간에 이의신청을 할 수 없었음을 소명한 경우에는 그러하지 아니하다.

④ 요양급여 대상 여부의 확인 등에 대한 이의신청 : 제3항 본문에도 불구하고 요양기관이 제48조에 따른 심사평가원의 확인에 대하여 이의신청을 하려면 같은 조 제2항에 따라 **통보받은 날부터 30일** 이내에 하여야 한다.

⑤ 제1항부터 제4항까지에서 규정한 사항 외에 이의신청의 방법·결정 및 그 결정의 통지 등에 필요한 사항은 대통령령으로 정한다.

(2) 심판청구(제88조)

① 건강보험분쟁조정위원회에 대한 심판청구 : 이의신청에 대한 결정에 불복하는 자는 제89조에 따른 건강보험분쟁조정위원회에 심판청구를 할 수 있다. 이 경우 심판청구의 제기기간 및 제기방법에 관하여는 제87조 제3항을 준용한다.

② 심판청구서의 제출 : 제1항에 따라 심판청구를 하려는 자는 대통령령으로 정하는 **심판청구서**를 제87조 제1항 또는 제2항에 따른 처분을 한 **공단** 또는 **심사평가원**에 제출하거나 제89조에 따른 건강보험분쟁조정위원회에 제출하여야 한다.

③ 제1항 및 제2항에서 규정한 사항 외에 심판청구의 절차·방법·결정 및 그 결정의 통지 등에 필요한 사항은 대통령령으로 정한다.

2. 건강보험분쟁조정위원회와 행정소송

(1) 건강보험분쟁조정위원회(제89조)

① 분쟁조정위원회의 설치 : 제88조에 따른 심판청구를 심리·의결하기 위하여 보건복지부에 건강보험분쟁조정위원회("분쟁조정위원회")를 둔다.

② 분쟁조정위원회의 구성 : 분쟁조정위원회는 위원장을 포함하여 60명 이내의 위원으로 구성하고, 위원장을 제외한 위원 중 1명은 당연직위원으로 한다. 이 경우 공무원이 아닌 위원이 전체 위원의 과반수가 되도록 하여야 한다.

③ 분쟁조정위원회의 회의의 구성 : 분쟁조정위원회의 회의는 위원장, 당연직위원 및 위원장이 매 회의마다 지정하는 7명의 위원을 포함하여 총 9명으로 구성하되, 공무원이 아닌 위원이 과반수가 되도록 하여야 한다.

④ 의결 조건 : 분쟁조정위원회는 제3항에 따른 구성원 **과반수의 출석**과 출석위원 **과반수의 찬성**으로 의결한다.

⑤ **사무국의 설치** : 분쟁조정위원회를 실무적으로 지원하기 위하여 분쟁조정위원회에 사무국을 둔다.

⑥ 제1항부터 제5항까지에서 규정한 사항 외에 분쟁조정위원회 및 사무국의 구성 및 운영 등에 필요한 사항은 대통령령으로 정한다.

⑦ **공무원 의제** : 분쟁조정위원회의 위원 중 공무원이 아닌 사람은 형법 제129조부터 제132조까지의 규정을 적용할 때 공무원으로 본다.

> **더 알아보기**
> ────────────────────────────────
> 공무원의 직무에 관한 죄(형법 제129조부터 제132조)
> • 수뢰, 사전수뢰(제129조)
> • 제3자 뇌물제공(제130조)
> • 수뢰후부정처사, 사후수뢰(제131조)
> • 알선수뢰(제132조)

(2) 행정소송(제90조)

공단 또는 심사평가원의 처분에 이의가 있는 자와 제87조에 따른 이의신청 또는 제88조에 따른 심판청구에 대한 결정에 불복하는 자는 행정소송법에서 정하는 바에 따라 행정소송을 제기할 수 있다.

08 보칙

1. 소멸시효와 근로자의 권익 보호

(1) 시효(제91조)

① **소멸시효의 완성** : 다음 각 호의 권리는 3년 동안 행사하지 아니하면 소멸시효가 완성된다.

  1. 보험료, 연체금 및 가산금을 징수할 권리
  2. 보험료, 연체금 및 가산금으로 과오납부한 금액을 환급받을 권리
  3. 보험급여를 받을 권리
  4. 보험급여 비용을 받을 권리
  5. 제47조 제3항 후단에 따라 과다납부된 본인일부부담금을 돌려받을 권리
  6. 제61조에 따른 근로복지공단의 권리

② **시효 중단 사유** : 제1항에 따른 시효는 다음 각 호의 어느 하나의 사유로 중단된다.

  1. 보험료의 고지 또는 독촉
  2. 보험급여 또는 보험급여 비용의 청구

③ **시효 정지 사유** : 휴직자 등의 보수월액보험료를 징수할 권리의 소멸시효는 제79조 제5항에 따라 고지가 유예된 경우 휴직 등의 사유가 끝날 때까지 진행하지 아니한다.

④ 제1항에 따른 소멸시효기간, 제2항에 따른 시효 중단 및 제3항에 따른 시효 정지에 관하여 국민건강보험법에서 정한 사항 외에는 민법에 따른다.

(2) 기간 계산(제92조)

국민건강보험법이나 국민건강보험법에 따른 명령에 규정된 기간의 계산에 관하여 국민건강보험법에서 정한 사항 외에는 민법의 기간에 관한 규정을 준용한다.

(3) 근로자의 권익 보호(제93조)

제6조 제2항 각 호의 어느 하나에 해당하지 아니하는 모든 사업장의 근로자를 고용하는 사용자는 그가 고용한 근로자가 국민건강보험법에 따른 직장가입자가 되는 것을 방해하거나 자신이 부담하는 부담금이 증가되는 것을 피할 목적으로 정당한 사유 없이 근로자의 승급 또는 임금 인상을 하지 아니하거나 해고나 그 밖의 불리한 조치를 할 수 없다.

(4) 신고 등(제94조)

① 신고 또는 서류 제출 : 공단은 사용자, 직장가입자 및 세대주에게 다음 각 호의 사항을 신고하게 하거나 관계 서류(전자적 방법으로 기록된 것을 포함한다. 이하 같다)를 제출하게 할 수 있다.
   1. 가입자의 거주지 변경
   2. 가입자의 보수·소득
   3. 그 밖에 건강보험사업을 위하여 필요한 사항
② 사실 여부의 확인 : 공단은 제1항에 따라 신고한 사항이나 제출받은 자료에 대하여 사실 여부를 확인할 필요가 있으면 소속 직원이 해당 사항에 관하여 조사하게 할 수 있다.
③ 증표의 제시 : 제2항에 따라 조사를 하는 소속 직원은 그 권한을 표시하는 증표를 지니고 관계인에게 보여주어야 한다.

(5) 소득 축소·탈루 자료의 송부 등(제95조)

① 문서의 송부 : 공단은 제94조 제1항에 따라 신고한 보수 또는 소득 등에 축소 또는 탈루가 있다고 인정하는 경우에는 보건복지부장관을 거쳐 소득의 축소 또는 탈루에 관한 사항을 문서로 국세청장에게 송부할 수 있다.
② 세무조사 결과의 송부 : 국세청장은 제1항에 따라 송부받은 사항에 대하여 국세기본법 등 관련 법률에 따른 세무조사를 하면 그 조사 결과 중 보수·소득에 관한 사항을 공단에 송부하여야 한다.
③ 제1항 및 제2항에 따른 송부 절차 등에 필요한 사항은 대통령령으로 정한다.

2. 자료 및 금융정보 등의 제공

(1) 자료의 제공(제96조)

① 공단이 요청할 수 있는 자료 : 공단은 국가, 지방자치단체, 요양기관, 보험업법에 따른 보험회사 및 보험료율 산출 기관, 공공기관의 운영에 관한 법률에 따른 공공기관, 그 밖의 공공단체 등에 대하여 다음 각 호의 업무를 수행하기 위하여 주민등록·가족관계등록·국세·지방세·토지·건물·출입국 관리 등의 자료로서 대통령령으로 정하는 자료를 제공하도록 요청할 수 있다.
   1. 가입자 및 피부양자의 자격 관리, 보험료의 부과·징수, 보험급여의 관리 등 건강보험사업의 수행
   2. 제14조 제1항 제11호에 따른 업무의 수행

② 심사평가원이 요청할 수 있는 자료 : 심사평가원은 국가, 지방자치단체, 요양기관, 보험업법에 따른 보험회사 및 보험료율 산출 기관, 공공기관의 운영에 관한 법률에 따른 공공기관, 그 밖의 공공단체 등에 대하여 요양급여비용을 심사하고 요양급여의 적정성을 평가하기 위하여 **주민등록 · 출입국관리 · 진료기록 · 의약품공급** 등의 자료로서 대통령령으로 정하는 자료를 제공하도록 요청할 수 있다.

③ 보건복지부장관이 요청할 수 있는 자료 : 보건복지부장관은 관계 행정기관의 장에게 제41조의2에 따른 약제에 대한 요양급여비용 상한금액의 감액 및 요양급여의 적용 정지를 위하여 필요한 자료를 제공하도록 요청할 수 있다.

④ 자료 제공 의무 : 제1항부터 제3항까지의 규정에 따라 자료 제공을 요청받은 자는 성실히 이에 따라야 한다.

⑤ 자료제공요청서 발송 : 공단 또는 심사평가원은 요양기관, 보험업법에 따른 보험회사 및 보험료율 산출 기관에 제1항 또는 제2항에 따른 자료의 제공을 요청하는 경우 자료 제공 요청 근거 및 사유, 자료 제공 대상자, 대상기간, 자료 제공 기한, 제출 자료 등이 기재된 자료제공요청서를 발송하여야 한다.

⑥ 비용의 면제 : 제1항 및 제2항에 따른 국가, 지방자치단체, 요양기관, 보험업법에 따른 보험료율 산출 기관 그 밖의 공공기관 및 공공단체가 공단 또는 심사평가원에 제공하는 자료에 대하여는 사용료와 수수료 등을 면제한다.

(2) 금융정보 등의 제공 등(제96조의2)

① 금융정보 등의 요청 : 공단은 제72조 제1항 단서에 따른 **지역가입자의 재산보험료부과점수 산정**을 위하여 필요한 경우 신용정보의 이용 및 보호에 관한 법률 제32조 및 금융실명거래 및 비밀보장에 관한 법률 제4조 제1항에도 불구하고 지역가입자가 제72조 제3항에 따라 제출한 동의 서면을 전자적 형태로 바꾼 문서에 의하여 신용정보의 이용 및 보호에 관한 법률 제2조 제6호에 따른 **신용정보 집중기관 또는 금융회사 등**("금융기관 등")의 장에게 **금융정보 등을 제공하도록** 요청할 수 있다.

② 금융정보 등의 제공 : 제1항에 따라 금융정보 등의 제공을 요청받은 **금융기관 등의 장**은 신용정보의 이용 및 보호에 관한 법률 제32조 및 금융실명거래 및 비밀보장에 관한 법률 제4조에도 불구하고 **명의인의 금융정보 등을 제공하여야** 한다.

③ 명의인에 대한 통보 : 제2항에 따라 금융정보 등을 제공한 금융기관 등의 장은 **금융정보 등의 제공 사실을 명의인에게 통보하여야** 한다. 다만, 명의인이 동의한 경우에는 신용정보의 이용 및 보호에 관한 법률 제32조 제7항, 제35조 제2항 및 금융실명거래 및 비밀보장에 관한 법률 제4조의2 제1항에도 불구하고 통보하지 아니할 수 있다.

④ 제1항부터 제3항까지에서 규정한 사항 외에 금융정보 등의 제공 요청 및 제공 절차 등에 필요한 사항은 대통령령으로 정한다.

(3) 가족관계등록 전산정보의 공동이용(제96조의3)

① 전산정보의 공동이용 : 공단은 제96조 제1항 각 호의 업무를 수행하기 위하여 전자정부법에 따라 가족관계의 등록 등에 관한 법률 제9조에 따른 **전산정보자료를 공동이용**(개인정보 보호법 제2조 제2호에 따른 처리를 포함한다)할 수 있다.

② 법원행정처장의 조치 : 법원행정처장은 제1항에 따라 공단이 전산정보자료의 공동이용을 요청하는 경우 그 공동이용을 위하여 필요한 조치를 취하여야 한다.

③ 목적 외의 용도로 이용 · 활용 금지 : 누구든지 제1항에 따라 공동이용하는 전산정보자료를 그 목적 외의 용도로 이용하거나 활용하여서는 아니 된다.

(4) 서류의 보존(제96조의4)

① 요양기관의 보존 사항 : 요양기관은 요양급여가 끝난 날부터 5년간 보건복지부령으로 정하는 바에 따라 제47조에 따른 요양급여비용의 청구에 관한 서류를 보존하여야 한다. 다만, 약국 등 보건복지부령으로 정하는 요양기관은 처방전을 요양급여비용을 청구한 날부터 3년간 보존하여야 한다.

② 사용자의 보존 사항 : 사용자는 3년간 보건복지부령으로 정하는 바에 따라 자격 관리 및 보험료 산정 등 건강보험에 관한 서류를 보존하여야 한다.

③ 준요양기관의 보존 사항 : 제49조 제3항에 따라 요양비를 청구한 준요양기관은 요양비를 지급받은 날부터 3년간 보건복지부령으로 정하는 바에 따라 **요양비 청구에 관한 서류**를 보존하여야 한다.

④ 보조기기에 대한 보존 사항 : 제51조 제2항에 따라 보조기기에 대한 보험급여를 청구한 자는 보험급여를 지급받은 날부터 3년간 보건복지부령으로 정하는 바에 따라 **보험급여 청구에 관한 서류**를 보존하여야 한다.

3. 보고 및 업무정지

(1) 보고와 검사(제97조)

① 보건복지부장관의 보고·검사 권한

㉠ 보건복지부장관은 **사용자, 직장가입자 또는 세대주**에게 가입자의 이동·보수·소득이나 그 밖에 필요한 사항에 관한 보고 또는 서류 제출을 명하거나 소속 공무원이 관계인에게 질문하게 하거나 관계 서류를 검사하게 할 수 있다(제1항).

㉡ 보건복지부장관은 요양기관(제49조에 따라 요양을 실시한 기관을 포함한다)에 대하여 **요양·약제의 지급 등 보험급여에 관한 보고** 또는 서류 제출을 명하거나 소속 공무원이 관계인에게 질문하게 하거나 관계 서류를 검사하게 할 수 있다(제2항).

㉢ 보건복지부장관은 **보험급여를 받은 자**에게 해당 **보험급여의 내용**에 관하여 보고하게 하거나 소속 공무원이 질문하게 할 수 있다(제3항).

㉣ 보건복지부장관은 제47조 제7항에 따라 **요양급여비용의 심사청구를 대행하는 단체**("**대행청구단체**")에 필요한 자료의 제출을 명하거나 소속 공무원이 대행청구에 관한 자료 등을 조사·확인하게 할 수 있다(제4항).

㉤ 보건복지부장관은 제41조의2에 따른 약제에 대한 요양급여비용 상한금액의 감액 및 요양급여의 적용 정지를 위하여 필요한 경우에는 약사법 제47조 제2항에 따른 **의약품공급자**에 대하여 금전, 물품, 편익, 노무, 향응, 그 밖의 경제적 이익 등 제공으로 인한 **의약품 판매 질서 위반 행위**에 관한 보고 또는 서류 제출을 명하거나 소속 공무원이 관계인에게 질문하게 하거나 관계 서류를 검사하게 할 수 있다(제5항).

② **증표의 제시** : 제1항부터 제5항까지의 규정에 따라 질문·검사·조사 또는 확인을 하는 소속 공무원은 그 권한을 표시하는 증표를 지니고 관계인에게 보여주어야 한다.

③ 보건복지부장관은 제1항부터 제5항까지에 따른 질문·검사·조사 또는 확인 업무를 효율적으로 수행하기 위하여 대통령령으로 정하는 바에 따라 공단 또는 심사평가원으로 하여금 그 업무를 지원하게 할 수 있다.

④ 제1항부터 제6항까지에 따른 질문·검사·조사 또는 확인의 내용·절차·방법 등에 관하여 이 법에서 정하는 사항을 제외하고는 행정조사기본법에서 정하는 바에 따른다.

(2) 업무정지(제98조)

① **업무정지의 명령** : 보건복지부장관은 요양기관이 다음 각 호의 어느 하나에 해당하면 그 요양기관에 대하여 1년의 범위에서 기간을 정하여 업무정지를 명할 수 있다. 이 경우 보건복지부장관은 그 사실을 공단 및 심사평가원에 알려야 한다.

    1. 속임수나 그 밖의 부당한 방법으로 보험자·가입자 및 피부양자에게 요양급여비용을 부담하게 한 경우

    2. 제97조 제2항에 따른 명령에 위반하거나 거짓 보고를 하거나 거짓 서류를 제출하거나 소속 공무원의 검사 또는 질문을 거부·방해 또는 기피한 경우

    3. 정당한 사유 없이 요양기관이 제41조의3 제1항에 따른 결정을 신청하지 아니하고 속임수나 그 밖의 부당한 방법으로 행위·치료재료를 가입자 또는 피부양자에게 실시 또는 사용하고 비용을 부담시킨 경우

② **요양급여 금지** : 제1항에 따라 업무정지 처분을 받은 자는 해당 업무정지기간 중에는 요양급여를 하지 못한다.

③ **업무정지 처분의 승계** : 제1항에 따른 업무정지 처분의 효과는 그 처분이 확정된 요양기관을 양수한 자 또는 합병 후 존속하는 법인이나 합병으로 설립되는 법인에 승계되고, 업무정지 처분의 절차가 진행 중인 때에는 양수인 또는 합병 후 존속하는 법인이나 합병으로 설립되는 법인에 대하여 그 절차를 계속 진행할 수 있다. 다만, 양수인 또는 합병 후 존속하는 법인이나 합병으로 설립되는 법인이 그 처분 또는 위반사실을 알지 못하였음을 증명하는 경우에는 그러하지 아니하다.

④ **행정처분의 고지** : 제1항에 따른 업무정지 처분을 받았거나 업무정지 처분의 절차가 진행 중인 자는 행정처분을 받은 사실 또는 행정처분절차가 진행 중인 사실을 보건복지부령으로 정하는 바에 따라 양수인 또는 합병 후 존속하는 법인이나 합병으로 설립되는 법인에 지체 없이 알려야 한다.

⑤ 제1항에 따른 업무정지를 부과하는 위반행위의 종류, 위반 정도 등에 따른 행정처분기준이나 그 밖에 필요한 사항은 대통령령으로 정한다.

4. 과징금 및 제조업자의 금지행위

(1) 과징금(제99조)

① **업무정지 처분의 갈음** : 보건복지부장관은 요양기관이 제98조 제1항 제1호 또는 제3호에 해당하여 업무정지 처분을 하여야 하는 경우로서 그 업무정지 처분이 해당 요양기관을 이용하는 사람에게 심한 불편을 주거나 보건복지부장관이 정하는 특별한 사유가 있다고 인정되면 업무정지 처분을 갈음하여 속임수나 그 밖의 부당한 방법으로 부담하게 한 금액의 5배 이하의 금액을 과징금으로 부과·징수할 수 있다. 이 경우 보건복지부장관은 12개월의 범위에서 분할납부를 하게 할 수 있다.

② **요양급여 적용 정지의 갈음** : 보건복지부장관은 제41조의2 제3항에 따라 약제를 요양급여에서 적용 정지하는 경우 다음 각 호의 어느 하나에 해당하는 때에는 요양급여의 적용 정지에 갈음하여 대통령령으로 정하는 바에 따라 다음 각 호의 구분에 따른 범위에서 과징금을 부과·징수할 수 있다. 이 경우 보건복지부장관은 12개월의 범위에서 분할납부를 하게 할 수 있다.

    1. 환자 진료에 불편을 초래하는 등 공공복리에 지장을 줄 것으로 예상되는 때 : 해당 약제에 대한 요양급여비용 총액의 100분의 200을 넘지 아니하는 범위

    2. 국민 건강에 심각한 위험을 초래할 것이 예상되는 등 특별한 사유가 있다고 인정되는 때 : 해당 약제에 대한 요양급여비용 총액의 100분의 60을 넘지 아니하는 범위

③ 보건복지부장관은 제2항 전단에 따라 과징금 부과 대상이 된 약제가 과징금이 부과된 날부터 5년의 범위에서 대통령령으로 정하는 기간 내에 다시 제2항 전단에 따른 과징금 부과 대상이 되는 경우에는 대통령령으로 정하는 바에 따라 다음 각 호의 구분에 따른 범위에서 과징금을 부과·징수할 수 있다.

1. 제2항 제1호에서 정하는 사유로 과징금 부과대상이 되는 경우 : 해당 약제에 대한 요양급여비용 총액의 100분의 350을 넘지 아니하는 범위

2. 제2항 제2호에서 정하는 사유로 과징금 부과대상이 되는 경우 : 해당 약제에 대한 요양급여비용 총액의 100분의 100을 넘지 아니하는 범위

④ 요양급여비용 총액의 결정 : 제2항 및 제3항에 따라 대통령령으로 해당 약제에 대한 요양급여비용 총액을 정할 때에는 그 약제의 과거 요양급여 실적 등을 고려하여 1년간의 요양급여 총액을 넘지 않는 범위에서 정하여야 한다.

⑤ 과징금 미납 시의 처분 : 보건복지부장관은 제1항에 따른 과징금을 납부하여야 할 자가 납부기한까지 이를 내지 아니하면 대통령령으로 정하는 절차에 따라 그 과징금 부과 처분을 취소하고 제98조 제1항에 따른 업무정지 처분을 하거나 국세 체납처분의 예에 따라 이를 징수한다. 다만, 요양기관의 폐업 등으로 제98조 제1항에 따른 업무정지 처분을 할 수 없으면 국세 체납처분의 예에 따라 징수한다.

⑥ 보건복지부장관은 제2항 또는 제3항에 따른 과징금을 납부하여야 할 자가 납부기한까지 이를 내지 아니하면 국세 체납처분의 예에 따라 징수한다.

⑦ 과세정보의 요청 : 보건복지부장관은 과징금을 징수하기 위하여 필요하면 다음 각 호의 사항을 적은 문서로 관할 세무관서의 장 또는 지방자치단체의 장에게 과세정보의 제공을 요청할 수 있다.

1. 납세자의 인적사항

2. 사용 목적

3. 과징금 부과 사유 및 부과 기준

⑧ 과징금의 용도 : 제1항부터 제3항까지의 규정에 따라 징수한 과징금은 다음 각 호 외의 용도로는 사용할 수 없다. 이 경우 제2항 제1호 및 제3항 제1호에 따라 징수한 과징금은 제3호의 용도로 사용하여야 한다.

1. 제47조 제3항에 따라 공단이 요양급여비용으로 지급하는 자금

2. 응급의료에 관한 법률에 따른 응급의료기금의 지원

3. 재난적의료비 지원에 관한 법률에 따른 재난적의료비 지원사업에 대한 지원

⑨ 제1항부터 제3항까지의 규정에 따른 과징금의 금액과 그 납부에 필요한 사항 및 제8항에 따른 과징금의 용도별 지원 규모, 사용 절차 등에 필요한 사항은 대통령령으로 정한다.

(2) 위반사실의 공표(제100조)

① 공표 사항 : 보건복지부장관은 관련 서류의 위조·변조로 요양급여비용을 거짓으로 청구하여 제98조 또는 제99조에 따른 행정처분을 받은 요양기관이 다음 각 호의 어느 하나에 해당하면 그 위반행위, 처분 내용, 해당 요양기관의 명칭·주소 및 대표자 성명, 그 밖에 다른 요양기관과의 구별에 필요한 사항으로서 대통령령으로 정하는 사항을 공표할 수 있다. 이 경우 공표 여부를 결정할 때에는 그 위반행위의 동기, 정도, 횟수 및 결과 등을 고려하여야 한다.

1. 거짓으로 청구한 금액이 1,500만 원 이상인 경우

2. 요양급여비용 총액 중 거짓으로 청구한 금액의 비율이 100분의 20 이상인 경우

② 공표심의위원회의 설치 : 보건복지부장관은 제1항에 따른 공표 여부 등을 심의하기 위하여 **건강보험 공표심의위원회**("공표심의위원회")를 설치·운영한다.

③ 진술 기회 부여 : 보건복지부장관은 공표심의위원회의 심의를 거친 공표대상자에게 공표대상자인 사실을 알려 소명자료를 제출하거나 출석하여 **의견을 진술할 기회**를 주어야 한다.

④ 공표대상자의 선정 : 보건복지부장관은 공표심의위원회가 제3항에 따라 제출된 소명자료 또는 진술된 의견을 고려하여 **공표대상자를 재심의**한 후 공표대상자를 선정한다.

⑤ 제1항부터 제4항까지에서 규정한 사항 외에 공표의 절차·방법, 공표심의위원회의 구성·운영 등에 필요한 사항은 대통령령으로 정한다.

(3) 제조업자 등의 금지행위 등(제101조)

① 금지행위의 기준 : 약사법에 따른 의약품의 제조업자·위탁제조판매업자·수입자·판매업자 및 의료기기법에 따른 의료기기 제조업자·수입업자·수리업자·판매업자·임대업자("제조업자 등")는 약제·치료재료와 관련하여 제41조의3에 따라 요양급여대상 여부를 결정하거나 제46조에 따라 요양급여비용을 산정할 때에 다음 각 호의 행위를 하여 보험자·가입자 및 피부양자에게 손실을 주어서는 아니 된다.

  1. 제98조 제1항 제1호에 해당하는 요양기관의 행위에 개입

  2. 보건복지부, 공단 또는 심사평가원에 거짓 자료의 제출

  3. 그 밖에 속임수나 보건복지부령으로 정하는 부당한 방법으로 요양급여대상 여부의 결정과 요양급여비용의 산정에 영향을 미치는 행위

② 위반 사실의 조사 : 보건복지부장관은 제조업자 등이 제1항에 위반한 사실이 있는지 여부를 확인하기 위하여 그 제조업자 등에게 관련 서류의 제출을 명하거나 소속 공무원이 관계인에게 질문을 하게 하거나 관계 서류를 검사하게 하는 등 **필요한 조사**를 할 수 있다. 이 경우 소속 공무원은 그 권한을 표시하는 증표를 지니고 이를 관계인에게 보여주어야 한다.

③ 손실 상당액의 징수 : 공단은 제1항을 위반하여 보험자·가입자 및 피부양자에게 손실을 주는 행위를 한 제조업자 등에 대하여 **손실에 상당하는 금액**("손실 상당액")을 징수한다.

④ 손실 상당액의 지급 : 공단은 제3항에 따라 징수한 손실 상당액 중 가입자 및 피부양자의 손실에 해당되는 금액을 그 가입자나 피부양자에게 지급하여야 한다. 이 경우 공단은 가입자나 피부양자에게 지급하여야 하는 금액을 그 가입자 및 피부양자가 내야 하는 **보험료 등과 상계**할 수 있다.

⑤ 제3항에 따른 손실 상당액의 산정, 부과·징수절차 및 납부방법 등에 관하여 필요한 사항은 대통령령으로 정한다.

(4) 약제에 대한 쟁송 시 손실상당액의 징수 및 지급(제101조의2)

① 공단은 제41조의2에 따른 요양급여비용 상한금액의 감액 및 요양급여의 적용 정지 또는 제41조의3에 따른 조정("조정 등")에 대하여 약제의 제조업자등이 청구 또는 제기한 행정심판법에 따른 행정심판 또는 행정소송법에 따른 행정소송에 대하여 행정심판위원회 또는 법원의 결정이나 재결, 판결이 다음 각 호의 요건을 모두 충족하는 경우에는 조정 등이 집행정지된 기간 동안 공단에 발생한 손실에 상당하는 금액을 **약제의 제조업자 등에게서 징수**할 수 있다.

  1. 행정심판위원회 또는 법원이 집행정지 결정을 한 경우

  2. 행정심판이나 행정소송에 대한 각하 또는 기각(일부 기각을 포함한다) 재결 또는 판결이 확정되거나 청구취하 또는 소취하로 심판 또는 소송이 종결된 경우

② 공단은 제1항의 심판 또는 소송에 대한 결정이나 재결, 판결이 다음 각 호의 요건을 모두 충족하는 경우에는 조정 등으로 인하여 약제의 제조업자 등에게 발생한 손실에 상당하는 금액을 지급하여야 한다.

   1. 행정심판위원회 또는 법원의 집행정지 결정이 없거나 집행정지 결정이 취소된 경우
   2. 행정심판이나 행정소송에 대한 인용(일부 인용을 포함한다) 재결 또는 판결이 확정된 경우

③ 제1항에 따른 손실에 상당하는 금액은 집행정지 기간 동안 공단이 지급한 요양급여비용과 집행정지가 결정되지 않았다면 공단이 지급하여야 할 **요양급여비용의 차액**으로 산정한다. 다만, 요양급여대상에서 제외되거나 요양급여의 적용을 정지하는 내용의 조정 등의 경우에는 요양급여비용 차액의 100분의 40을 초과할 수 없다.

④ 제2항에 따른 손실에 상당하는 금액은 해당 조정 등이 없었다면 공단이 지급하여야 할 요양급여비용과 조정 등에 따라 공단이 지급한 **요양급여비용의 차액**으로 산정한다. 다만, 요양급여대상에서 제외되거나 요양급여의 적용을 정지하는 내용의 조정 등의 경우에는 요양급여비용 차액의 100분의 40을 초과할 수 없다.

⑤ 공단은 제1항 또는 제2항에 따라 손실에 상당하는 금액을 징수 또는 지급하는 경우 **대통령령**으로 정하는 이자를 가산하여야 한다.

⑥ 그 밖에 제1항에 따른 징수절차, 제2항에 따른 지급절차, 제3항 및 제4항에 따른 손실에 상당하는 금액의 산정기준 및 기간, 제5항에 따른 가산금 등 징수 및 지급에 필요한 세부사항은 **보건복지부령**으로 정한다.

5. 정보의 유지 및 공단에 대한 감독

(1) 정보의 유지 등(제102조)

공단, 심사평가원 및 대행청구단체에 종사하였던 사람 또는 종사하는 사람은 다음 각 호의 행위를 하여서는 아니 된다.

1. 가입자 및 피부양자의 **개인정보**(개인정보 보호법 제2조 제1호의 개인정보를 말한다. 이하 "개인정보"라 한다)를 누설하거나 **직무상 목적 외의 용도로 이용** 또는 정당한 사유 없이 제3자에게 제공하는 행위

> **더 알아보기**
>
> 개인정보(개인정보 보호법 제2조 제1호)
> "개인정보"란 살아 있는 개인에 관한 정보로서 다음 각 목의 어느 하나에 해당하는 정보를 말한다.
> 가. 성명, 주민등록번호 및 영상 등을 통하여 개인을 알아볼 수 있는 정보
> 나. 해당 정보만으로는 특정 개인을 알아볼 수 없더라도 다른 정보와 쉽게 결합하여 알아볼 수 있는 정보. 이 경우 쉽게 결합할 수 있는지 여부는 다른 정보의 입수 가능성 등 개인을 알아보는 데 소요되는 시간, 비용, 기술 등을 합리적으로 고려하여야 한다.
> 다. 가목 또는 나목을 가명처리함으로써 원래의 상태로 복원하기 위한 추가 정보의 사용·결합 없이는 특정 개인을 알아볼 수 없는 정보("가명정보")

2. 업무를 수행하면서 알게 된 정보(제1호의 개인정보는 제외한다)를 누설하거나 **직무상 목적 외의 용도로 이용** 또는 제3자에게 제공하는 행위

(2) 공단 등에 대한 감독 등(제103조)

① 보건복지부장관은 공단과 심사평가원의 경영목표를 달성하기 위하여 다음 각 호의 사업이나 업무에 대하여 보고를 명하거나 그 사업이나 업무 또는 재산상황을 검사하는 등 감독을 할 수 있다.

1. 제14조 제1항 제1호부터 제13호까지의 규정에 따른 **공단의 업무** 및 제63조 제1항 제1호부터 제8호까지의 규정에 따른 **심사평가원의 업무**
2. 공공기관의 운영에 관한 법률 제50조에 따른 **경영지침의 이행과 관련된 사업**

> **더 알아보기**
>
> 경영지침(공공기관의 운영에 관한 법률 제50조)
> ① 기획재정부장관은 공기업·준정부기관의 운영에 관한 일상적 사항과 관련하여 공공기관운영위원회의 심의·의결을 거쳐 다음 각 호의 사항에 관한 지침("경영지침")을 정하고, 이를 공기업·준정부기관 및 주무기관의 장에게 통보하여야 한다.
> 　1. 조직 운영과 정원·인사 관리에 관한 사항
> 　2. 예산과 자금 운영에 관한 사항
> 　3. 그 밖에 공기업·준정부기관의 재무건전성 확보를 위하여 기획재정부장관이 필요하다고 인정하는 사항
> ② 공기업·준정부기관의 투명하고 공정한 인사운영과 윤리경영 등을 위하여 필요한 경우 소관 정책을 관장하는 관계 행정기관의 장은 경영지침에 관한 의견을 기획재정부장관에게 제시할 수 있다.

3. 국민건강보험법 또는 다른 법령에서 공단과 심사평가원이 **위탁받은 업무**
4. 그 밖에 관계 법령에서 정하는 사항과 관련된 사업

② 보건복지부장관은 제1항에 따른 감독상 필요한 경우에는 **정관이나 규정의 변경** 또는 그 밖에 필요한 처분을 명할 수 있다.

6. 포상금 및 유사명칭의 사용금지

(1) 포상금 등의 지급(제104조)

① **포상금의 지급** : 공단은 다음 각 호의 어느 하나에 해당하는 자 또는 재산을 **신고한 사람**에 대하여 **포상금**을 지급할 수 있다. 다만, 공무원이 그 직무와 관련하여 제4호에 따른 은닉재산을 신고한 경우에는 그러하지 아니한다.

1. 속임수나 그 밖의 부당한 방법으로 보험급여를 받은 사람
2. 속임수나 그 밖의 부당한 방법으로 다른 사람이 보험급여를 받도록 한 자
3. 속임수나 그 밖의 부당한 방법으로 보험급여 비용을 받은 요양기관 또는 보험급여를 받은 준요양기관 및 보조기기 판매업자
4. 제57조에 따라 징수금을 납부하여야 하는 자의 은닉재산

② **장려금의 지급** : 공단은 건강보험 재정을 효율적으로 운영하는 데에 이바지한 **요양기관**에 대하여 **장려금**을 지급할 수 있다.

③ **은닉재산에서 제외되는 재산** : 제1항 제4호의 "은닉재산"이란 징수금을 납부하여야 하는 자가 은닉한 현금, 예금, 주식, 그 밖에 재산적 가치가 있는 유형·무형의 재산을 말한다. 다만, 다음 각 호의 어느 하나에 해당하는 재산은 제외한다.

1. 민법 제406조 등 관계 법령에 따라 사해행위 취소소송의 대상이 되어 있는 재산
2. 공단이 은닉사실을 알고 조사 또는 강제징수 절차에 착수한 재산
3. 그 밖에 은닉재산 신고를 받을 필요가 없다고 인정되어 대통령령으로 정하는 재산

④ 제1항 및 제2항에 따른 포상금 및 장려금의 지급 기준과 범위, 절차 및 방법 등에 필요한 사항은 대통령령으로 정한다.

(2) 유사명칭의 사용금지(제105조)

① 공단이나 심사평가원이 아닌 자는 국민건강보험공단, 건강보험심사평가원 또는 이와 유사한 명칭을 사용하지 못한다.

② 국민건강보험법으로 정하는 건강보험사업을 수행하는 자가 아닌 자는 보험계약 또는 보험계약의 명칭에 국민건강보험이라는 용어를 사용하지 못한다.

7. 소액 처리 및 정부지원

(1) 소액 처리(제106조)

공단은 징수하여야 할 금액이나 반환하여야 할 금액이 1건당 2,000원 미만인 경우(제47조 제5항, 제57조 제5항 후단 및 제101조 제4항 후단에 따라 각각 상계 처리할 수 있는 본인일부부담금 환급금 및 가입자나 피부양자에게 지급하여야 하는 금액은 제외한다)에는 징수 또는 반환하지 아니한다.

(2) 끝수 처리(제107조)

보험료 등과 보험급여에 관한 비용을 계산할 때 국고금관리법 제47조에 따른 끝수는 계산하지 아니한다.

더 알아보기

국고금의 끝수 계산(국고금관리법 제47조, 동법 시행령 제109조의2)
① 국고금의 수입 또는 지출에서 10원 미만의 끝수가 있을 때에는 그 끝수는 계산하지 아니하고, 전액이 10원 미만일 때에도 그 전액을 계산하지 아니한다. 다만, 국고금을 분할하여 징수 또는 수납하거나 지급할 때 그 분할금액이 10원 미만일 때 또는 그 분할금액에 10원 미만의 끝수가 있을 때에 해당하여 그 분할금액 또는 끝수를 최초의 수입금 또는 지급금에 합산하는 경우에는 그러하지 아니하다.
② 국세의 과세표준액을 산정할 때 1원 미만의 끝수가 있으면 이를 계산하지 아니한다.
③ 지방자치단체, 그 밖에 대통령령으로 정하는 공공단체와 공공기관의 경우에는 제1항 및 제2항을 준용할 수 있다. 다만, 한국산업은행, 중소기업은행의 경우에는 그러하지 아니하다.

(3) 삭제(제108조)

(4) 보험재정에 대한 정부지원(제108조2)

① 국가는 매년 예산의 범위에서 해당 연도 보험료 예상 수입액의 100분의 14에 상당하는 금액을 국고에서 공단에 지원한다.

② 공단은 국민건강증진법에서 정하는 바에 따라 같은 법에 따른 국민건강증진기금에서 자금을 지원받을 수 있다.

③ 공단은 제1항에 따라 지원된 재원을 다음 각 호의 사업에 사용한다.

　　1. 가입자 및 피부양자에 대한 보험급여

　　2. 건강보험사업에 대한 운영비

　　3. 제75조 및 제110조 제4항에 따른 보험료 경감에 대한 지원

④ 공단은 제2항에 따라 지원된 재원을 다음 각 호의 사업에 사용한다.
　　1. 건강검진 등 건강증진에 관한 사업
　　2. 가입자와 피부양자의 흡연으로 인한 질병에 대한 보험급여
　　3. 가입자와 피부양자 중 65세 이상 노인에 대한 보험급여

8. 특례 조항

(1) 외국인 등에 대한 특례(제109조)

① 사용자가 외국 정부인 경우 : 정부는 외국 정부가 사용자인 사업장의 근로자의 건강보험에 관하여는 외국 정부와 한 합의에 따라 이를 따로 정할 수 있다.

② 직장가입자가 되는 기준 : 국내에 체류하는 재외국민 또는 외국인("국내체류 외국인 등")이 적용대상 사업장의 근로자, 공무원 또는 교직원이고 제6조 제2항 각 호의 어느 하나에 해당하지 아니하면서 다음 각 호의 어느 하나에 해당하는 경우에는 제5조에도 불구하고 직장가입자가 된다.

　　1. 주민등록법 제6조 제1항 제3호에 따라 등록한 사람

> **더 알아보기**
>
> 주민등록 대상자(주민등록법 제6조 제1항 제3호)
> 시장·군수 또는 구청장은 30일 이상 거주할 목적으로 그 관할 구역에 주소나 거소("거주지")를 가진 다음 각호의 사람("주민")을 주민등록법의 규정에 따라 등록하여야 한다. 다만, 외국인은 예외로 한다.
> 　3. 재외국민 : 재외동포의 출입국과 법적 지위에 관한 법률에 따른 국민으로서 해외이주법에 따른 영주귀국의 신고를 하지 아니한 사람 중 다음 각 목의 어느 하나의 경우
> 　　가. 주민등록이 말소되었던 사람이 귀국 후 재등록 신고를 하는 경우
> 　　나. 주민등록이 없었던 사람이 귀국 후 최초로 주민등록 신고를 하는 경우

　　2. 재외동포의 출입국과 법적 지위에 관한 법률 제6조에 따라 국내거소신고를 한 사람

> **더 알아보기**
>
> 국내거소신고(재외동포의 출입국과 법적 지위에 관한 법률 제6조)
> ① 재외동포체류자격으로 입국한 외국국적동포는 필요하면 대한민국 안에 거소를 정하여 그 거소를 관할하는 지방출입국·외국인관서의 장에게 국내거소신고를 할 수 있다.
> ② 제1항에 따라 신고한 국내거소를 이전한 때에는 14일 이내에 그 사실을 신거소가 소재한 시·군·구(자치구가 아닌 구를 포함한다. 이하 같다) 또는 읍·면·동의 장이나 신거소를 관할하는 지방출입국·외국인관서의 장에게 신고하여야 한다.
> ③ 제2항에 따라 거소이전 신고를 받은 지방출입국·외국인관서의 장은 신거소가 소재한 시·군·구 또는 읍·면·동의 장에게, 시·군·구 또는 읍·면·동의 장은 신거소를 관할하는 지방출입국·외국인관서의 장에게 각각 이를 통보하여야 한다.
> ④ 국내거소신고서의 기재 사항, 첨부 서류, 그 밖에 신고의 절차에 관하여 필요한 사항은 대통령령으로 정한다.

　　3. 출입국관리법 제31조에 따라 외국인등록을 한 사람

③ 지역가입자가 되는 기준 : 제2항에 따른 직장가입자에 해당하지 아니하는 국내체류 외국인 등이 다음 각 호의 요건을 모두 갖춘 경우에는 제5조에도 불구하고 지역가입자가 된다.

1. 보건복지부령으로 정하는 기간 동안 국내에 거주하였거나 해당 기간 동안 국내에 지속적으로 거주할 것으로 예상할 수 있는 사유로서 보건복지부령으로 정하는 사유에 해당될 것
2. 다음 각 목의 어느 하나에 해당할 것
   가. 제2항 제1호 또는 제2호에 해당하는 사람
   나. 출입국관리법 제31조에 따라 외국인등록을 한 사람으로서 보건복지부령으로 정하는 체류자격이 있는 사람
④ 피부양자가 되는 기준 : 제2항 각 호의 어느 하나에 해당하는 국내체류 외국인 등이 다음 각 호의 요건을 모두 갖춘 경우에는 제5조에도 불구하고 공단에 신청하면 피부양자가 될 수 있다.
1. 직장가입자와의 관계가 제5조 제2항 각 호의 어느 하나에 해당할 것
2. 제5조 제3항에 따른 피부양자 자격의 인정 기준에 해당할 것
3. 국내 거주기간 또는 거주사유가 제3항 제1호에 따른 기준에 해당할 것. 다만, 직장가입자의 배우자 및 19세 미만 자녀(배우자의 자녀를 포함한다)에 대해서는 그러하지 아니하다.
⑤ 가입자・피부양자가 될 수 없는 경우 : 제2항부터 제4항까지의 규정에도 불구하고 다음 각 호에 해당되는 경우에는 가입자 및 피부양자가 될 수 없다.
1. 국내체류가 법률에 위반되는 경우로서 대통령령으로 정하는 사유가 있는 경우
2. 국내체류 외국인 등이 외국의 법령, 외국의 보험 또는 사용자와의 계약 등에 따라 제41조에 따른 요양급여에 상당하는 의료보장을 받을 수 있어 사용자 또는 가입자가 보건복지부령으로 정하는 바에 따라 가입 제외를 신청한 경우
⑥ 자격의 취득・상실에 관한 준용 : 제2항부터 제5항까지의 규정에서 정한 사항 외에 국내체류 외국인 등의 가입자 또는 피부양자 자격의 취득 및 상실에 관한 시기・절차 등에 필요한 사항은 제5조부터 제11조까지의 규정을 준용한다. 다만, 국내체류 외국인 등의 특성을 고려하여 특별히 규정해야 할 사항은 대통령령으로 다르게 정할 수 있다.
⑦ 자격 상실 시의 보험료 징수 : 가입자인 국내체류 외국인 등이 매월 2일 이후 지역가입자의 자격을 취득하고 그 자격을 취득한 날이 속하는 달에 보건복지부장관이 고시하는 사유로 해당 자격을 상실한 경우에는 제69조 제2항 본문에도 불구하고 그 자격을 취득한 날이 속하는 달의 보험료를 부과하여 징수한다.
⑧ 국내체류 외국인 등이 지역가입자인 경우 보험료 납부기한 : 국내체류 외국인 등(제9항 단서의 적용을 받는 사람에 한정한다)에 해당하는 지역가입자의 보험료는 제78조 제1항 본문에도 불구하고 그 직전 월 25일까지 납부하여야 한다. 다만, 다음 각 호에 해당되는 경우에는 공단이 정하는 바에 따라 납부하여야 한다.
1. 자격을 취득한 날이 속하는 달의 보험료를 징수하는 경우
2. 매월 26일 이후부터 말일까지의 기간에 자격을 취득한 경우
⑨ 보험료 부과・징수에 관한 준용 : 제7항과 제8항에서 정한 사항 외에 가입자인 국내체류 외국인 등의 보험료 부과・징수에 관한 사항은 제69조부터 제86조까지의 규정을 준용한다. 다만, 대통령령으로 정하는 국내체류 외국인 등의 보험료 부과・징수에 관한 사항은 그 특성을 고려하여 보건복지부장관이 다르게 정하여 고시할 수 있다.
⑩ 보험급여의 정지 : 공단은 지역가입자인 국내체류 외국인 등(제9항 단서의 적용을 받는 사람에 한정한다)이 보험료를 대통령령으로 정하는 기간 이상 체납한 경우에는 제53조 제3항에도 불구하고 체납일부터 체납한 보험료를 완납할 때까지 보험급여를 하지 아니한다. 이 경우 제53조 제3항 각 호 외의 부분 단서 및 같은 조 제5항・제6항은 적용하지 아니한다.

⑪ 제10항에도 불구하고 체류자격 및 체류기간 등 국내체류 외국인 등의 특성을 고려하여 특별히 규정하여야 할 사항은 대통령령으로 다르게 정할 수 있다.

(2) 실업자에 대한 특례(제110조)

① **자격 유지의 신청** : 사용관계가 끝난 사람 중 직장가입자로서의 자격을 유지한 기간이 보건복지부령으로 정하는 기간 동안 통산 1년 이상인 사람은 지역가입자가 된 이후 최초로 제79조에 따라 지역가입자 보험료를 고지받은 날부터 그 납부기한에서 2개월이 지나기 이전까지 공단에 직장가입자로서의 자격을 유지할 것을 신청할 수 있다.

② **임의계속가입자의 자격 유지** : 제1항에 따라 공단에 신청한 가입자("임의계속가입자")는 제9조에도 불구하고 대통령령으로 정하는 기간 동안 직장가입자의 자격을 유지한다. 다만, 제1항에 따른 신청 후 최초로 내야 할 직장가입자 보험료를 그 납부기한부터 2개월이 지난 날까지 내지 아니한 경우에는 그 자격을 유지할 수 없다.

③ **임의계속가입자의 보수월액** : 보수월액보험료가 산정된 최근 12개월간의 보수월액을 평균한 금액으로 한다.

④ **임의계속가입자의 보험료 경감** : 임의계속가입자의 보험료는 보건복지부장관이 정하여 고시하는 바에 따라 그 일부를 경감할 수 있다.

⑤ **임의계속가입자의 보수월액보험료 납부 주체** : 임의계속가입자의 보수월액보험료는 제76조 제1항 및 제77조 제1항 제1호에도 불구하고 그 임의계속가입자가 전액을 부담하고 납부한다.

⑥ **급여제한에 관한 준용** : 임의계속가입자가 보험료를 납부기한까지 내지 아니하는 경우 그 급여제한에 관하여는 제53조 제3항·제5항 및 제6항을 준용한다. 이 경우 "제69조 제5항에 따른 세대단위의 보험료"는 "제110조 제5항에 따른 보험료"로 본다.

⑦ 임의계속가입자의 신청 방법·절차 등에 필요한 사항은 보건복지부령으로 정한다.

9. 위임·위탁 및 출연금

(1) 권한의 위임 및 위탁(제111조)

국민건강보험법에 따른 보건복지부장관의 권한은 대통령령으로 정하는 바에 따라 그 일부를 특별시장·광역시장·특별자치시장·도지사 또는 특별자치도지사에게 위임할 수 있다.

(2) 업무의 위탁(제112조)

① **위탁할 수 있는 업무** : 공단은 대통령령으로 정하는 바에 따라 다음 각 호의 업무를 체신관서, 금융기관 또는 그 밖의 자에게 위탁할 수 있다.

1. 보험료의 수납 또는 보험료납부의 확인에 관한 업무
2. 보험급여 비용의 지급에 관한 업무
3. 징수위탁근거법의 위탁에 따라 징수하는 연금보험료, 고용보험료, 산업재해보상보험료, 부담금 및 분담금 등("징수위탁보험료 등")의 수납 또는 그 납부의 확인에 관한 업무

② **업무의 위탁 대상** : 공단은 그 업무의 일부를 국가기관, 지방자치단체 또는 다른 법령에 따른 사회보험 업무를 수행하는 법인이나 그 밖의 자에게 위탁할 수 있다. 다만, 보험료와 징수위탁보험료 등의 징수 업무는 그러하지 아니하다.

③ 제2항에 따라 공단이 위탁할 수 있는 업무 및 위탁받을 수 있는 자의 범위는 보건복지부령으로 정한다.

(3) 징수위탁보험료 등의 배분 및 납입 등(제113조)

① 징수위탁보험료 등의 배분 : 공단은 자신이 징수한 보험료와 그에 따른 징수금 또는 징수위탁보험료 등의 금액이 징수하여야 할 총액에 부족한 경우에는 대통령령으로 정하는 기준, 방법에 따라 이를 배분하여 납부 처리하여야 한다. 다만, 납부의무자가 다른 의사를 표시한 때에는 그에 따른다.

② 징수위탁보험료 등의 납입 : 공단은 징수위탁보험료 등을 징수한 때에는 이를 지체 없이 해당 보험별 기금에 납입하여야 한다.

(4) 출연금의 용도 등(제114조)

① 출연금의 사용처 : 공단은 국민연금법, 산업재해보상보험법, 고용보험법 및 임금채권보장법에 따라 국민연금기금, 산업재해보상보험및예방기금, 고용보험기금 및 임금채권보장기금으로부터 각각 지급받은 출연금을 제14조 제1항 제11호에 따른 업무에 소요되는 비용에 사용하여야 한다.

② 제1항에 따라 지급받은 출연금의 관리 및 운용 등에 필요한 사항은 대통령령으로 정한다.

(5) 벌칙 적용에서 공무원 의제(제114조의2)

제4조 제1항에 따른 심의위원회 및 제100조 제2항에 따른 건강보험공표심의위원회 위원 중 공무원이 아닌 사람은 형법 제127조 및 제129조부터 제132조까지의 규정을 적용할 때에는 공무원으로 본다.

더 알아보기

공무원의 직무에 관한 죄(형법 제127조 및 제129조부터 제132조)
- **공무상 비밀의 누설**(제127조) : 공무원 또는 공무원이었던 자가 법령에 의한 직무상 비밀을 누설한 때에는 2년 이하의 징역이나 금고 또는 5년 이하의 자격정지에 처한다.
- 수뢰, 사전수뢰(제129조)
- 제3자 뇌물제공(제130조)
- 수뢰후부정처사, 사후수뢰(제131조)
- 알선수뢰(제132조)

1. 벌칙

(1) 벌칙(제115조)

① 제102조 제1호를 위반하여 가입자 및 피부양자의 개인정보를 누설하거나 직무상 목적 외의 용도로 이용 또는 정당한 사유 없이 제3자에게 제공한 자는 5년 이하의 징역 또는 5,000만 원 이하의 벌금에 처한다.

② 다음 각 호의 어느 하나에 해당하는 자는 3년 이하의 징역 또는 3,000만 원 이하의 벌금에 처한다.

1. 대행청구단체의 종사자로서 거짓이나 그 밖의 부정한 방법으로 요양급여비용을 청구한 자
2. 제102조 제2호를 위반하여 업무를 수행하면서 알게 된 정보를 누설하거나 직무상 목적 외의 용도로 이용 또는 제3자에게 제공한 자

③ 제96조의3 제3항을 위반하여 공동이용하는 전산정보자료를 같은 조 제1항에 따른 목적 외의 용도로 이용하거나 활용한 자는 3년 이하의 징역 또는 1,000만 원 이하의 벌금에 처한다.

④ 거짓이나 그 밖의 부정한 방법으로 보험급여를 받거나 타인으로 하여금 보험급여를 받게 한 사람은 2년 이하의 징역 또는 2,000만 원 이하의 벌금에 처한다.

⑤ 다음 각 호의 어느 하나에 해당하는 자는 1년 이하의 징역 또는 1,000만 원 이하의 벌금에 처한다.

1. 제42조의2 제1항 및 제3항을 위반하여 선별급여를 제공한 요양기관의 개설자

> **더 알아보기**
>
> 요양기관의 선별급여 실시에 대한 관리(법 제42조의2 제1항 및 제3항)
> ① 선별급여 중 자료의 축적 또는 의료 이용의 관리가 필요한 경우에는 보건복지부장관이 해당 선별급여의 실시 조건을 사전에 정하여 이를 충족하는 요양기관만이 해당 선별급여를 실시할 수 있다.
> ③ 보건복지부장관은 요양기관이 선별급여의 실시 조건을 충족하지 못하거나 자료를 제출하지 아니할 경우에는 해당 선별급여의 실시를 제한할 수 있다.

2. 제47조 제7항을 위반하여 대행청구단체가 아닌 자로 하여금 대행하게 한 자

> **더 알아보기**
>
> 요양급여비용의 청구와 지급 등(법 제47조 제7항)
> 요양기관은 심사청구를 다음 각 호의 단체가 대행하게 할 수 있다.
> 1. 의료법 제28조 제1항에 따른 의사회·치과의사회·한의사회·조산사회 또는 같은 조 제16항에 따라 신고한 각각의 지부 및 분회
> 2. 의료법 제52조에 따른 의료기관 단체
> 3. 약사법 제11조에 따른 약사회 또는 같은 법 제14조에 따라 신고한 지부 및 분회

3. 제93조를 위반한 사용자

> **더 알아보기**
>
> 근로자의 권익 보호(법 제93조)
> 제6조 제2항 각 호의 어느 하나에 해당하지 아니하는 모든 사업장의 근로자를 고용하는 사용자는 그가 고용한 근로자가 국민건강보험법에 따른 직장가입자가 되는 것을 방해하거나 자신이 부담하는 부담금이 증가되는 것을 피할 목적으로 정당한 사유 없이 근로자의 승급 또는 임금 인상을 하지 아니하거나 해고나 그 밖의 불리한 조치를 할 수 없다.

4. 제98조 제2항을 위반한 요양기관의 개설자

> **더 알아보기**
>
> 업무정지(법 제98조 제2항)
> 업무정지 처분을 받은 자는 해당 <u>업무정지기간 중에는 요양급여를 하지 못한다.</u>

(2) 벌칙(제116조)

제97조 제2항을 위반하여 보고 또는 서류 제출을 하지 아니한 자, 거짓으로 보고하거나 거짓 서류를 제출한 자, 검사나 질문을 거부 · 방해 또는 기피한 자는 1,000만 원 이하의 벌금에 처한다.

> **더 알아보기**
>
> 보고와 검사(법 제97조 제2항)
> 보건복지부장관은 요양기관(요양을 실시한 기관을 포함한다)에 대하여 요양 · 약제의 지급 등 보험급여에 관한 <u>보고 또는 서류 제출</u>을 명하거나 소속 공무원이 관계인에게 질문하게 하거나 관계 서류를 검사하게 할 수 있다.

(3) 벌칙(제117조)

제42조 제5항을 위반한 자 또는 제49조 제2항을 위반하여 요양비 명세서나 요양 명세를 적은 영수증을 내주지 아니한 자는 500만 원 이하의 벌금에 처한다.

> **더 알아보기**
>
> 요양기관(법 제42조 제5항)
> 요양기관은 정당한 이유 없이 <u>요양급여를 거부하지 못한다.</u>
>
> 요양비(법 제49조 제2항)
> 준요양기관은 보건복지부장관이 정하는 요양비 명세서나 요양 명세를 적은 영수증을 <u>요양을 받은 사람에게 내주어야 하며,</u> 요양을 받은 사람은 그 명세서나 영수증을 공단에 제출하여야 한다.

2. 양벌 규정 및 과태료

(1) 양벌 규정(제118조)

법인의 대표자나 법인 또는 개인의 대리인, 사용인, 그 밖의 종사자가 그 법인 또는 개인의 업무에 관하여 제115조부터 제117조까지의 규정 중 어느 하나에 해당하는 위반행위를 하면 그 **행위자를 벌하는 외**에 그 법인 또는 개인에게도 해당 조문의 벌금형을 과한다. 다만, 법인 또는 개인이 그 위반행위를 방지하기 위하여 해당 업무에 관하여 상당한 주의와 감독을 게을리하지 아니한 경우에는 그러하지 아니하다.

(2) 과태료(제119조)

① 삭제
② 삭제

③ 다음 각 호의 어느 하나에 해당하는 자에게는 500만 원 이하의 과태료를 부과한다.

1. 제7조를 위반하여 신고를 하지 아니하거나 거짓으로 신고한 사용자

더 알아보기

사업장의 신고(법 제7조)
사업장의 사용자는 다음 각 호의 어느 하나에 해당하게 되면 그때부터 14일 이내에 보건복지부령으로 정하는 바에 따라 <u>보험자에게</u> <u>신고하여야 한다.</u> 제1호에 해당되어 보험자에게 <u>신고한 내용이 변경된 경우</u>에도 또한 같다.
1. 제6조 제2항에 따라 직장가입자가 되는 근로자·공무원 및 교직원을 사용하는 사업장("적용대상사업장")이 된 경우
2. 휴업·폐업 등 보건복지부령으로 정하는 사유가 발생한 경우

2. 정당한 사유 없이 제94조 제1항을 위반하여 신고·서류제출을 하지 아니하거나 거짓으로 신고·서류제출을 한 자

더 알아보기

신고 등(법 제94조 제1항)
공단은 사용자, 직장가입자 및 세대주에게 다음 각 호의 사항을 <u>신고</u>하게 하거나 관계 서류(전자적 방법으로 기록된 것을 포함한다)를 <u>제출</u>하게 할 수 있다.
1. 가입자의 거주지 변경
2. 가입자의 보수·소득
3. 그 밖에 건강보험사업을 위하여 필요한 사항

3. 정당한 사유 없이 제97조 제1항, 제3항, 제4항, 제5항을 위반하여 보고·서류제출을 하지 아니하거나 거짓으로 보고·서류제출을 한 자

더 알아보기

보고와 검사(법 제97조 제1항, 제3항, 제4항, 제5항)
① 보건복지부장관은 사용자, 직장가입자 또는 세대주에게 가입자의 이동·보수·소득이나 그 밖에 필요한 사항에 관한 <u>보고 또는 서류 제출</u>을 명하거나 소속 공무원이 관계인에게 질문하게 하거나 관계 서류를 검사하게 할 수 있다.
③ 보건복지부장관은 보험급여를 받은 자에게 해당 보험급여의 내용에 관하여 <u>보고</u>하게 하거나 소속 공무원이 질문하게 할 수 있다.
④ 보건복지부장관은 요양급여비용의 심사청구를 대행하는 단체("대행청구단체")에 필요한 자료의 <u>제출</u>을 명하거나 소속 공무원이 대행청구에 관한 자료 등을 조사·확인하게 할 수 있다.
⑤ 보건복지부장관은 약제에 대한 요양급여비용 상한금액의 감액 및 요양급여의 적용 정지를 위하여 필요한 경우에는 약사법에 따른 의약품공급자에 대하여 금전, 물품, 편익, 노무, 향응, 그 밖의 경제적 이익 등 제공으로 인한 의약품 판매 질서 위반 행위에 관한 <u>보고 또는 서류 제출</u>을 명하거나 소속 공무원이 관계인에게 질문하게 하거나 관계 서류를 검사하게 할 수 있다.

4. 제98조 제4항을 위반하여 행정처분을 받은 사실 또는 행정처분절차가 진행 중인 사실을 지체 없이 알리지 아니한 자

더 알아보기

업무정지(법 제98조 제4항)
업무정지 처분을 받았거나 업무정지 처분의 절차가 진행 중인 자는 행정처분을 받은 <u>사실 또는 행정처분절차가 진행 중인 사실</u>을 보건복지부령으로 정하는 바에 따라 양수인 또는 합병 후 존속하는 법인이나 합병으로 설립되는 법인에 <u>지체 없이 알려야 한다.</u>

5. 정당한 사유 없이 제101조 제2항을 위반하여 서류를 제출하지 아니하거나 거짓으로 제출한 자

더 알아보기

제조업자 등의 금지행위 등(법 제101조 제2항)
보건복지부장관은 제조업자 등이 제1항에 위반한 사실이 있는지 여부를 확인하기 위하여 그 제조업자 등에게 관련 <u>서류의 제출</u>을 명하거나 소속 공무원이 관계인에게 질문을 하게 하거나 관계 서류를 검사하게 하는 등 필요한 조사를 할 수 있다. 이 경우 소속 공무원은 그 권한을 표시하는 증표를 지니고 이를 관계인에게 보여주어야 한다.

④ 다음 각 호의 어느 하나에 해당하는 자에게는 100만 원 이하의 과태료를 부과한다.
1. 삭제
2. 삭제
3. 제12조 제4항을 위반하여 정당한 사유 없이 건강보험증이나 신분증명서로 가입자 또는 피부양자의 본인 여부 및 그 자격을 확인하지 아니하고 요양급여를 실시한 자

더 알아보기

건강보험증(법 12조 제4항)
요양기관은 가입자 또는 피부양자에게 요양급여를 실시하는 경우 보건복지부령으로 정하는 바에 따라 <u>건강보험증이나 신분증명서로 본인 여부 및 그 자격을 확인</u>하여야 한다. 다만, 요양기관이 가입자 또는 피부양자의 본인 여부 및 그 자격을 확인하기 곤란한 경우로서 보건복지부령으로 정하는 정당한 사유가 있을 때에는 그러하지 아니하다.

4. 제96조의4를 위반하여 서류를 보존하지 아니한 자

더 알아보기

서류의 보존(법 제96조의4)
① 요양기관은 요양급여가 끝난 날부터 <u>5년간</u> 보건복지부령으로 정하는 바에 따라 <u>요양급여비용의 청구에 관한 서류를 보존</u>하여야 한다. 다만, 약국 등 보건복지부령으로 정하는 요양기관은 <u>처방전</u>을 요양급여비용을 청구한 날부터 <u>3년간</u> 보존하여야 한다.
② 사용자는 <u>3년간</u> 보건복지부령으로 정하는 바에 따라 자격 관리 및 보험료 산정 등 <u>건강보험에 관한 서류를 보존</u>하여야 한다.
③ 요양비를 청구한 준요양기관은 요양비를 지급받은 날부터 <u>3년간</u> 보건복지부령으로 정하는 바에 따라 <u>요양비 청구에 관한 서류를 보존</u>하여야 한다.
④ 보조기기에 대한 보험급여를 청구한 자는 보험급여를 지급받은 날부터 <u>3년간</u> 보건복지부령으로 정하는 바에 따라 <u>보험급여 청구에 관한 서류를 보존</u>하여야 한다.

5. 제103조에 따른 명령을 위반한 자

> **더 알아보기**
>
> 공단 등에 대한 감독 등(법 제103조)
> ① 보건복지부장관은 공단과 심사평가원의 경영목표를 달성하기 위하여 다음 각 호의 사업이나 업무에 대하여 <u>보고를 명하거나 그 사업이나 업무 또는 재산상황을 검사하는 등 감독을 할 수 있다.</u>
>   1. 공단의 업무 및 심사평가원의 업무
>   2. 공공기관의 운영에 관한 법률에 따른 경영지침의 이행과 관련된 사업
>   3. 국민건강보험법 또는 다른 법령에서 공단과 심사평가원이 위탁받은 업무
>   4. 그 밖에 관계 법령에서 정하는 사항과 관련된 사업
> ② 보건복지부장관은 감독상 필요한 경우에는 정관이나 규정의 변경 또는 그 밖에 <u>필요한 처분을 명할 수 있다.</u>

6. 제105조를 위반한 자

> **더 알아보기**
>
> 유사명칭의 사용금지(법 제105조)
> ① 공단이나 심사평가원이 아닌 자는 국민건강보험공단, 건강보험심사평가원 또는 이와 <u>유사한 명칭을 사용하지 못한다.</u>
> ② 국민건강보험법으로 정하는 건강보험사업을 수행하는 자가 아닌 자는 보험계약 또는 보험계약의 명칭에 <u>국민건강보험이라는 용어를 사용하지 못한다.</u>

⑤ 제3항 및 제4항에 따른 과태료는 대통령령으로 정하는 바에 따라 보건복지부장관이 부과·징수한다.

03 | 국민건강보험법 시행령

※ 수록 기준 : 법제처 대통령령 제34844호(시행 2025. 1. 1.)

01　총칙

1. 목적 및 기타 사항

(1) 목적(제1조)

국민건강보험법 시행령은 국민건강보험법에서 위임된 사항과 그 시행에 필요한 사항을 규정함을 목적으로 한다.

(2) 사용자인 기관장(제2조)

국민건강보험법("법") 제3조 제2호 나목에서 "대통령령으로 정하는 사람"이란 별표 1에 따른 기관장을 말한다. 다만, 법 제13조에 따른 국민건강보험공단("공단")은 소관 업무를 능률적으로 처리하기 위하여 필요하다고 인정할 때에는 기관의 소재지, 인원, 그 밖의 사정을 고려하여 별표 1에 따른 기관장에게 소속되어 있는 기관의 장을 사용자인 기관의 장으로 따로 지정할 수 있다.

(3) 국민건강보험종합계획의 수립 등(제2조의2)

① 계획의 수립 기한 : 보건복지부장관은 법 제3조의2 제1항 전단에 따른 국민건강보험종합계획("종합계획") 및 같은 조 제3항에 따른 연도별 시행계획("시행계획")을 수립하는 경우에는 다음 각 호의 구분에 따른 시기까지 수립하여야 한다.
　1. 종합계획 : 시행 연도 전년도의 9월 30일까지
　2. 시행계획 : 시행 연도 전년도의 12월 31일까지
② 공표 방법 : 보건복지부장관은 종합계획 및 시행계획을 수립하거나 변경한 경우에는 다음 각 호의 구분에 따른 방법으로 공표하여야 한다.
　1. 종합계획 : 관보에 고시
　2. 시행계획 : 보건복지부 인터넷 홈페이지에 게시
③ 통보 대상 : 보건복지부장관은 종합계획 및 시행계획을 수립하거나 변경한 경우에는 관계 중앙행정기관의 장, 공단의 이사장 및 법 제62조에 따른 건강보험심사평가원("심사평가원")의 원장에게 그 내용을 알려야 한다.
④ 평가결과의 반영 : 보건복지부장관은 법 제3조의2 제4항에 따라 시행계획에 따른 추진실적을 평가한 경우에는 그 평가결과를 다음에 수립하는 종합계획 및 시행계획에 각각 반영하여야 한다.
⑤ 제1항부터 제4항까지에서 규정한 사항 외에 종합계획 또는 시행계획의 수립·시행·평가 등에 필요한 세부사항은 보건복지부장관이 정하여 고시한다.

(4) 종합계획에 포함될 사항(제2조의3)

법 제3조의2 제2항 제9호에서 "대통령령으로 정하는 사항"이란 다음 각 호의 사항을 말한다.

1. 건강보험의 제도적 기반 조성에 관한 사항
2. 건강보험과 관련된 국제협력에 관한 사항
3. 그 밖에 건강보험의 개선을 위하여 보건복지부장관이 특히 필요하다고 인정하는 사항

2. 위원

(1) 심의위원회의 심의·의결사항(제3조)

법 제4조 제1항 제6호에서 "대통령령으로 정하는 사항"이란 다음 각 호의 사항을 말한다.

1. 제21조 제2항에 따른 요양급여 각 항목에 대한 상대가치점수
2. 제22조에 따른 약제·치료재료별 요양급여비용의 상한
3. 그 밖에 제23조에 따른 부가급여에 관한 사항 등 건강보험에 관한 주요사항으로서 법 제4조에 따른 건강보험정책심의위원회("심의위원회")의 위원장이 회의에 부치는 사항

(2) 공무원인 위원(제4조)

법 제4조 제4항 제4호 가목에서 "대통령령으로 정하는 중앙행정기관 소속 공무원"이란 기획재정부와 보건복지부 소속의 3급 공무원 또는 고위공무원단에 속하는 일반직공무원 중에서 그 소속 기관의 장이 1명씩 지명하는 사람을 말한다.

(3) 심의위원회 위원의 해임 및 해촉(제4조의2)

보건복지부장관은 법 제4조 제4항 각 호에 따른 심의위원회 위원이 다음 각 호의 어느 하나에 해당하는 경우에는 해당 심의위원회 위원을 해임하거나 해촉할 수 있다.

1. 심신장애로 인하여 직무를 수행할 수 없게 된 경우
2. 직무와 관련된 비위사실이 있는 경우
3. 직무태만, 품위손상이나 그 밖의 사유로 인하여 위원으로 적합하지 아니하다고 인정되는 경우
4. 위원 스스로 직무를 수행하는 것이 곤란하다고 의사를 밝히는 경우

(4) 심의위원회의 위원장 등(제5조)

① 위원장의 역할 : 심의위원회의 위원장은 심의위원회를 대표하며, 그 업무를 총괄한다.
② 부위원장의 역할 : 심의위원회의 부위원장은 위원장을 보좌하며, 위원장이 부득이한 사유로 직무를 수행할 수 없을 때에는 그 직무를 대행한다.

(5) 심의위원회의 회의(제6조)

① 위원장의 역할 : 심의위원회의 위원장은 심의위원회의 회의를 소집하고, 그 의장이 된다.
② 회의 소집 요건 : 심의위원회의 회의는 재적위원 3분의 1 이상이 요구할 때 또는 위원장이 필요하다고 인정할 때에 소집한다.

③ 개의·의결 정족수 : 심의위원회의 회의는 재적위원 과반수의 출석으로 개의하고, 출석위원 과반수의 찬성으로 의결한다.

④ 심의위원회의 위원장은 제3항에 따른 의결에 참여하지 아니한다. 다만, 가부동수일 때에는 위원장이 정한다.

⑤ 소위원회의 구성 : 심의위원회는 효율적인 심의를 위하여 필요한 경우에는 분야별로 소위원회를 구성할 수 있다.

⑥ 제1항부터 제5항까지에서 규정한 사항 외에 심의위원회와 소위원회의 운영 등에 필요한 사항은 심의위원회의 의결을 거쳐 위원장이 정한다.

(6) 심의위원회의 간사(제7조)

① 심의위원회의 사무를 처리하기 위하여 심의위원회에 간사 1명을 둔다.

② 간사는 보건복지부 소속 4급 이상 공무원 또는 고위공무원단에 속하는 일반직공무원 중에서 위원장이 지명한다.

(7) 심의위원회 위원의 수당 등(제8조)

심의위원회의 회의에 출석한 위원에게는 예산의 범위에서 수당·여비, 그 밖에 필요한 경비를 지급할 수 있다. 다만, 공무원인 위원이 소관 업무와 직접 관련하여 출석하는 경우에는 그러하지 아니하다.

02　가입자

1. 가입자

(1) 직장가입자에서 제외되는 사람(제9조)

법 제6조 제2항 제4호에서 "대통령령으로 정하는 사업장의 근로자 및 사용자와 공무원 및 교직원"이란 다음 각 호의 어느 하나에 해당하는 사람을 말한다.

1. 비상근 근로자 또는 1개월 동안의 소정근로시간이 60시간 미만인 단시간근로자
2. 비상근 교직원 또는 1개월 동안의 소정근로시간이 60시간 미만인 시간제공무원 및 교직원
3. 소재지가 일정하지 아니한 사업장의 근로자 및 사용자
4. 근로자가 없거나 제1호에 해당하는 근로자만을 고용하고 있는 사업장의 사업주

1. 공단의 업무 및 공무원인 임원

(1) 공단의 업무(제9조의2)

법 제14조 제1항 제4호에서 "대통령령으로 정하는 사업"이란 다음 각 호의 사업을 말한다.

1. 가입자 및 피부양자의 건강관리를 위한 전자적 건강정보시스템의 구축·운영
2. 생애주기별·사업장별·직능별 건강관리 프로그램 또는 서비스의 개발 및 제공
3. 연령별·성별·직업별 주요 질환에 대한 정보 수집, 분석·연구 및 관리방안 제공
4. 고혈압·당뇨 등 주요 만성질환에 대한 정보 제공 및 건강관리 지원
5. 지역보건법 제2조 제1호에 따른 지역보건의료기관과의 연계·협력을 통한 지역별 건강관리 사업 지원

> **더 알아보기**
>
> 지역보건 의료기관(지역보건법 제2조 제1호)
> 지역주민의 건강을 증진하고 질병을 예방·관리하기 위하여 지역보건법에 따라 설치·운영하는 보건소, 보건의료원, 보건지소 및 건강생활지원센터를 말한다.

6. 그 밖에 제1호부터 제5호까지에 준하는 사업으로서 가입자 및 피부양자의 건강관리를 위하여 보건복지부장관이 특히 필요하다고 인정하는 사업

(2) 공무원인 임원(제10조)

법 제20조 제4항 제2호에 따라 기획재정부장관, 보건복지부장관 및 인사혁신처장은 해당 기관 소속의 3급 공무원 또는 고위공무원단에 속하는 일반직공무원 중에서 각 1명씩을 지명하는 방법으로 공단의 비상임이사를 추천한다.

2. 이사회

(1) 이사회의 심의·의결사항(제11조)

법 제26조 제4항에 따라 다음 각 호의 사항은 공단의 이사회("이사회")의 심의·의결을 거쳐야 한다. 다만, 법 제4조 제1항에 따른 심의위원회의 심의·의결사항 및 법 제33조에 따른 재정운영위원회의 심의·의결사항은 제외한다.

1. 사업운영계획 등 공단 운영의 기본방침에 관한 사항
2. 예산 및 결산에 관한 사항
3. 정관 변경에 관한 사항
4. 규정의 제정·개정 및 폐지에 관한 사항
5. 보험료와 그 밖의 법에 따른 징수금("보험료 등") 및 보험급여에 관한 사항
6. 법 제37조에 따른 차입금에 관한 사항
7. 법 제38조에 따른 준비금, 그 밖에 중요재산의 취득·관리 및 처분에 관한 사항
8. 그 밖에 공단 운영에 관한 중요 사항

(2) 이사회의 회의(제12조)

① 회의의 구분 : 이사회의 회의는 정기회의와 임시회의로 구분한다.

② 정기회의의 소집 : 정기회의는 매년 2회 정관으로 정하는 시기에 이사회의 의장이 소집한다.

③ 임시회의의 소집 : 임시회의는 재적이사(이사장을 포함한다. 이하 같다) 3분의 1 이상이 요구할 때 또는 이사장이 필요하다고 인정할 때에 이사회의 의장이 소집한다.

④ 개의·의결 정족수 : 이사회의 회의는 재적이사 과반수의 출석으로 개의하고, 재적이사 과반수의 찬성으로 의결한다.

⑤ 의장 : 이사회의 의장은 이사장이 된다.

⑥ 이사회의 회의 소집 절차 등 이사회 운영에 필요한 그 밖의 사항은 공단의 정관으로 정한다.

(3) 이사장 권한의 위임(제13조)

법 제32조에서 "대통령령으로 정하는 사항"이란 다음 각 호의 권한을 말한다.

1. 법 제5조 및 제8조부터 제10조까지의 규정에 따른 자격 관리에 관한 권한

2. 법 제7조에 따른 사업장 관리에 관한 권한

3. 법 제53조에 따른 보험급여의 제한에 관한 권한

4. 법 제57조·제69조·제79조 및 제81조에 따른 보험료 등의 부과·징수, 납입 고지, 독촉 및 국세체납 처분의 예에 따른 징수에 관한 권한

5. 법 제58조에 따른 손해배상을 청구할 권리의 행사에 관한 권한

6. 법 제75조에 따른 보험료의 경감에 관한 권한

7. 법 제82조에 따른 분할납부 승인 및 승인취소에 관한 권한

8. 법 제109조 및 제110조에 따른 가입자 및 피부양자의 자격관리, 보험급여 제한 및 보험료의 부과·징수에 관한 권한

9. 국민연금법, 고용보험 및 산업재해보상보험의 보험료징수 등에 관한 법률, 임금채권보장법 및 석면 피해구제법("징수위탁근거법")에 따라 위탁받은 연금보험료, 고용보험료, 산업재해보상보험료, 부담금 및 분담금 등("징수위탁보험료 등")의 납입 고지 및 독촉·체납처분 등 징수에 관한 권한

10. 그 밖에 법에 따른 공단 업무의 효율적인 수행을 위하여 공단의 정관으로 정하는 권한

3. 재정운영위원회

(1) 재정운영위원회의 구성(제14조)

① 법 제34조 제2항 제2호에 따라 농어업인 단체, 도시자영업자단체 및 시민단체는 다음 각 호의 구분에 따라 같은 조 제1항 제2호에 따른 위원을 추천한다.

1. 농어업인 단체 및 도시자영업자단체 : 각각 3명씩 추천

2. 시민단체 : 4명 추천

② 법 제34조 제2항 제3호에서 "대통령령으로 정하는 관계 공무원"이란 기획재정부장관 및 보건복지부장관이 해당 기관 소속의 4급 이상 공무원 또는 고위공무원단에 속하는 일반직공무원 중에서 각각 1명씩 지명하는 사람을 말한다.

(2) 재정운영위원회의 운영(제15조)

① 회의의 구분 : 재정운영위원회의 회의는 정기회의와 임시회의로 구분한다.

② 정기회의의 소집 : 정기회의는 매년 1회 정관으로 정하는 시기에 재정운영위원회의 위원장이 소집한다.

③ 임시회의의 소집 : 임시회의는 공단 이사장 또는 재적위원 3분의 1 이상이 요구할 때 또는 재정운영위원회의 위원장이 필요하다고 인정할 때에 위원장이 소집한다.

④ 개의·의결 정족수 : 재정운영위원회의 위원장은 재정운영위원회 회의의 의장이 되며, 회의는 재적위원 과반수의 출석으로 개의하고, 출석위원 과반수의 찬성으로 의결한다.

⑤ 재정운영위원회의 회의 소집 절차 등 재정운영위원회 운영에 필요한 그 밖의 사항은 공단의 정관으로 정한다.

(3) 재정운영위원회의 간사(제16조)

① 재정운영위원회의 사무를 처리하기 위하여 재정운영위원회에 간사 1명을 둔다.

② 간사는 공단 소속 직원 중에서 위원장이 지명한다.

(4) 재정운영위원회의 회의록(제17조)

① 회의록의 관리 : 위원장은 재정운영위원회의 회의록을 작성하여 보관하여야 한다.

② 회의록의 기록 내용 : 제1항에 따른 회의록에는 회의 경과, 심의사항 및 의결사항을 기록하고 위원장과 출석한 위원이 서명하거나 날인하여야 한다.

(5) 재난적의료비 지원사업에 대한 출연 금액의 상한(제17조의2)

법 제39조의2에 따라 공단이 재난적의료비 지원에 관한 법률에 따른 재난적의료비 지원사업에 출연하는 금액의 상한은 전전년도 보험료 수입액의 1,000분의 1로 한다.

---

04 보험급여

1. 요양급여 및 선별 급여

(1) 요양기관에서 제외되는 의료기관 등(제18조)

① 법 제42조 제1항 각 호 외의 부분 후단에서 "대통령령으로 정하는 의료기관 등"이란 다음 각 호의 의료기관 또는 약국을 말한다.

　1. 의료법 제35조에 따라 개설된 부속 의료기관

　2. 사회복지사업법 제34조에 따른 사회복지시설에 수용된 사람의 진료를 주된 목적으로 개설된 의료기관

3. 제19조 제1항에 따른 본인일부부담금을 받지 아니하거나 경감하여 받는 등의 방법으로 가입자나 피부양자를 유인하는 행위 또는 이와 관련하여 과잉 진료행위를 하거나 부당하게 많은 진료비를 요구하는 행위를 하여 다음 각 목의 어느 하나에 해당하는 업무정지 처분 등을 받은 의료기관

   가. 법 제98조에 따른 업무정지 또는 법 제99조에 따른 과징금 처분을 5년 동안 2회 이상 받은 의료기관

   나. 의료법 제66조에 따른 면허자격정지 처분을 5년 동안 2회 이상 받은 의료인이 개설·운영하는 의료기관

4. 법 제98조에 따른 업무정지 처분 절차가 진행 중이거나 업무정지 처분을 받은 요양기관의 개설자가 개설한 의료기관 또는 약국

② 제외신청 : 제1항 제1호 및 제2호에 따른 의료기관은 요양기관에서 제외되려면 보건복지부장관이 정하는 바에 따라 **요양기관 제외신청**을 하여야 한다.

③ 요양기관 제외 기간 : 의료기관 등이 요양기관에서 제외되는 기간은 제1항 제3호의 경우에는 1년 이하로 하고, 제1항 제4호의 경우에는 해당 **업무정지기간**이 끝나는 날까지로 한다.

(2) 약제에 대한 요양급여비용 상한금액의 감액 및 요양급여의 적용 정지 기준 등(제18조의2)

① 내역의 기록·관리 : 보건복지부장관은 법 제41조의2에 따라 약제에 대한 요양급여비용의 상한금액(법 제41조 제3항에 따라 약제별 요양급여비용의 상한으로 정한 금액을 말한다. 이하 "상한금액"이라 한다)을 감액하거나 요양급여의 적용을 정지한 경우에는 그 사실을 공단과 심사평가원에 통보하여 상한금액 감액 및 요양급여의 적용 정지 내역을 기록·관리하도록 하여야 한다.

② 법 제41조의2 제2항 및 제3항에서 "대통령령으로 정하는 기간"이란 각각 5년을 말한다.

③ 상한금액을 감액하지 않는 약제 : 보건복지부장관은 법 제41조의2 제1항 또는 제2항에 따른 상한금액 감액의 대상이 되는 약제 중 다음 각 호의 어느 하나에 해당하는 약제에 대해서는 상한금액을 감액하지 아니할 수 있다.

    1. 퇴장방지의약품(환자의 진료에 반드시 필요하나 경제성이 없어 약사법에 따른 제조업자·위탁제조판매업자·수입자가 생산 또는 수입을 기피하는 약제로서 보건복지부장관이 지정·고시하는 의약품을 말한다. 이하 같다)

    2. 희귀의약품(적절한 대체의약품이 없어 긴급히 생산 또는 수입하여야 하는 약제로서 식품의약품안전처장이 정하는 의약품을 말한다. 이하 같다)

    3. 저가의약품(상한금액이 보건복지부장관이 정하여 고시하는 기준금액 이하인 약제로서 보건복지부장관이 정하여 고시하는 의약품을 말한다)

④ 법 제41조의2 제1항부터 제3항까지의 규정에 따른 약제에 대한 상한금액의 감액 및 요양급여의 적용 정지 기준은 별표 4의2와 같다.

(3) 청문(제18조의3)

삭제

(4) 선별급여(제18조의4)

① 선별급여 실시 : 법 제41조의4 제1항에 따른 선별급여("선별급여"를 실시할 수 있는 경우는 다음 각 호와 같다.

    1. 경제성 또는 치료효과성 등이 불확실하여 그 검증을 위하여 추가적인 근거가 필요한 경우

    2. 경제성이 낮아도 가입자와 피부양자의 건강회복에 잠재적 이득이 있는 경우

    3. 제1호 또는 제2호에 준하는 경우로서 요양급여에 대한 사회적 요구가 있거나 국민건강 증진의 강화를 위하여 보건복지부장관이 특히 필요하다고 인정하는 경우

② 적합성평가 : 법 제41조의4 제2항에 따른 선별급여의 적합성평가는 다음 각 호의 구분에 따른다.

    1. 평가주기 : 선별급여를 실시한 날부터 5년마다 평가할 것. 다만, 보건복지부장관은 해당 선별급여의 내용·성격 또는 효과 등을 고려하여 신속한 평가가 필요하다고 인정하는 경우에는 그 평가주기를 달리 정할 수 있다.

    2. 평가항목 : 다음 각 목의 사항을 평가할 것

        가. 치료 효과 및 치료 과정의 개선에 관한 사항

        나. 비용 효과에 관한 사항

        다. 다른 요양급여와의 대체가능성에 관한 사항

        라. 국민건강에 대한 잠재적 이득에 관한 사항

        마. 그 밖에 가목부터 라목까지의 규정에 준하는 사항으로서 보건복지부장관이 적합성평가를 위하여 특히 필요하다고 인정하는 사항

    3. 평가방법 : 서면평가의 방법으로 실시할 것. 다만, 보건복지부장관이 필요하다고 인정하는 경우에는 현장조사·문헌조사 또는 설문조사 등의 방법을 추가하여 실시할 수 있다.

③ 평가 의뢰 : 보건복지부장관은 적합성평가와 관련하여 전문적·심층적 검토가 필요하다고 인정하는 경우에는 보건의료 관련 연구기관·단체 또는 전문가 등에게 그 평가를 의뢰하여 실시할 수 있다.

④ 자료의 제출 요청 : 보건복지부장관은 적합성평가를 위하여 필요하다고 인정하는 경우에는 관계 중앙 행정기관, 지방자치단체, 공공기관의 운영에 관한 법률에 따른 공공기관 또는 보건의료 관련 법인·단체·전문가 등에게 필요한 자료 또는 의견의 제출을 요청할 수 있다.

⑤ 제2항부터 제4항까지에서 규정한 사항 외에 적합성평가의 절차 및 방법 등에 필요한 사항은 보건복지부장관이 정하여 고시한다.

(5) 비용의 본인부담(제19조)

① 법 제44조 제1항에 따른 본인일부부담금("본인일부부담금")의 부담률 및 부담액은 별표 2와 같다.

② 본인일부부담금의 납부 : 본인일부부담금은 요양기관의 청구에 따라 요양급여를 받는 사람이 요양기관에 납부한다. 이 경우 요양기관은 법 제41조 제3항 및 제4항에 따라 보건복지부령으로 정하는 요양급여사항 또는 비급여사항 외에 입원보증금 등 다른 명목으로 비용을 청구해서는 아니 된다.

③ 본인일부부담금의 총액 : 법 제44조 제2항 전단에 따른 본인일부부담금의 총액은 요양급여를 받는 사람이 연간 부담하는 본인일부부담금을 모두 더한 금액으로 한다. 다만, 다음 각 호의 어느 하나에 해당하는 본인일부부담금은 더하지 않는다.

1. 별표 2 제1호 가목 1)에 따라 상급종합병원·종합병원·병원·한방병원·요양병원(장애인복지법 제58조 제1항 제4호에 따른 의료재활시설로서 의료법 제3조의2의 요건을 갖춘 의료기관인 요양병원으로 한정한다)·정신병원 일반입원실의 2인실·3인실 및 정신과 입원실의 2인실·3인실을 이용한 경우 그 입원료로 부담한 금액

1의2. 별표 2 제1호 다목 3)에 따라 보건복지부장관이 정하여 고시하는 질병을 주 질병·부상으로 상급종합병원에서 받은 외래진료에 대해 같은 표 제1호 나목 또는 제3호 너목에 따라 부담한 금액. 다만, 다음 각 목의 어느 하나에 해당하는 사람이 부담한 금액은 제외한다.

　가. 임신부

　나. 6세 미만의 사람

　다. 별표 2 제1호 나목에 따른 의약분업 예외환자

　라. 별표 2 제3호 카목에 따라 보건복지부장관이 정하여 고시하는 난임진료를 받은 사람

　마. 다음 법률 규정에 따라 의료지원을 받는 의료지원 대상자

　　1) 5·18 민주유공자예우 및 단체설립에 관한 법률 제33조

　　2) 고엽제후유의증 등 환자지원 및 단체설립에 관한 법률 제6조 제2항

　　3) 국가유공자 등 예우 및 지원에 관한 법률 제41조

　　4) 독립유공자예우에 관한 법률 제17조

　　5) 보훈보상대상자 지원에 관한 법률 제50조

　　6) 제대군인지원에 관한 법률 제20조

　　7) 참전유공자 예우 및 단체설립에 관한 법률 제7조

　　8) 특수임무유공자 예우 및 단체설립에 관한 법률 제32조

2. 별표 2 제3호 라목 5)·6)·9) 및 10)에 따라 부담한 금액

3. 별표 2 제3호 사목 및 거목에 따라 부담한 금액

4. 별표 2 제4호에 따라 부담한 금액

4의2. 별표 2 제5호의2에 따라 부담한 금액

5. 별표 2 제6호에 따라 부담한 금액

④ 본인부담상한액의 산정 : 법 제44조 제2항 각 호 외의 부분 전단에 따른 본인부담상한액("본인부담
상한액")은 별표 3의 산정방법에 따라 산정된 금액을 말한다.
⑤ 본인부담상한액 초과액의 지급 방법 : 법 제44조 제2항 각 호 외의 부분 후단에 따라 공단이 본인부
담상한액을 넘는 금액을 지급하는 경우에는 당사자가 지정하는 예금계좌(우체국예금·보험에 관한
법률에 따른 체신관서 및 은행법에 따른 은행에서 개설된 예금계좌 등 보건복지부장관이 정하는 예
금계좌를 말한다)로 지급해야 한다. 다만, 해당 예금계좌로 입금할 수 없는 불가피한 사유가 있는
경우에는 보건복지부장관이 정하는 방법으로 지급할 수 있다.
⑥ 제2항 및 제5항에서 정한 사항 외에 본인일부부담금의 납부방법이나 본인부담상한액을 넘는 금액의
지급방법 등에 필요한 사항은 보건복지부장관이 정하여 고시한다.

(6) 요양급여비용계약의 당사자(제20조)

법 제45조 제1항에 따른 요양급여비용의 계약 당사자인 의약계를 대표하는 사람은 다음 각 호와 같다.
1. 의료법 제3조 제2항 제1호 가목에 따른 의원에 대한 요양급여비용 : 같은 법 제28조 제1항에 따른
   의사회의 장
2. 의료법 제3조 제2항 제1호 나목 및 제3호 나목에 따른 치과의원 및 치과병원에 대한 요양급여비용
   : 같은 법 제28조 제1항에 따른 치과의사회의 장
3. 의료법 제3조 제2항 제1호 다목 및 제3호 다목에 따른 한의원 및 한방병원에 대한 요양급여비용
   : 같은 법 제28조 제1항에 따른 한의사회의 장
4. 의료법 제3조 제2항 제2호에 따른 조산원에 대한 요양급여비용 : 같은 법 제28조 제1항에 따른 조산
   사회 또는 간호사회의 장 중 1명
5. 의료법 제3조 제2항 제3호 가목 및 라목부터 바목까지의 규정에 따른 병원·요양병원·정신병원 및
   종합병원에 대한 요양급여비용 : 같은 법 제52조에 따른 단체의 장

> **더 알아보기**
>
> 의료기관 구분(의료법 제3조 제2항)
> 1. 의원급 의료기관 : 의사, 치과의사 또는 한의사가 주로 외래환자를 대상으로 각각 그 의료행위를 하는 의료기관으로
>   서 그 종류는 다음 각 목과 같다.
>   가. 의원
>   나. 치과의원
>   다. 한의원
> 2. 조산원 : 조산사가 조산과 임산부 및 신생아를 대상으로 보건활동과 교육·상담을 하는 의료기관을 말한다.
> 3. 병원급 의료기관 : 의사, 치과의사 또는 한의사가 주로 입원환자를 대상으로 의료행위를 하는 의료기관으로서 그
>   종류는 다음 각 목과 같다.
>   가. 병원
>   나. 치과병원
>   다. 한방병원
>   라. 요양병원(장애인복지법에 따른 의료재활시설로서 제3조의2의 요건을 갖춘 의료기관을 포함한다)
>   마. 정신병원
>   바. 종합병원

6. 약사법 제2조 제3호에 따른 약국 및 같은 법 제91조에 따른 한국희귀·필수의약품센터에 대한 요양
   급여비용 : 같은 법 제11조 제1항에 따른 대한약사회의 장
7. 지역보건법에 따른 보건소·보건의료원 및 보건지소와 농어촌 등 보건의료를 위한 특별조치법에 따
   라 설치된 보건진료소에 대한 요양급여비용 : 보건복지부장관이 지정하는 사람

(7) 계약의 내용 등(제21조)

① 계약의 당사자 및 내용 : 법 제45조 제1항에 따른 계약은 공단의 이사장과 제20조 각 호에 따른 사람이 유형별 요양기관을 대표하여 체결하며, 계약의 내용은 요양급여의 각 항목에 대한 상대가치 점수의 점수당 단가를 정하는 것으로 한다.

② 상대가치점수 : 제1항에 따른 요양급여 각 항목에 대한 상대가치점수는 요양급여에 드는 시간·노력 등 업무량, 인력·시설·장비 등 자원의 양, 요양급여의 위험도 및 요양급여에 따른 사회적 편익 등을 고려하여 산정한 요양급여의 가치를 각 항목 사이에 상대적인 점수로 나타낸 것으로 하며, 보건복지부장관이 심의위원회의 심의·의결을 거쳐 보건복지부령으로 정하는 바에 따라 고시한다.

③ 상대가치점수의 산정 : 제2항에도 불구하고 다음 각 호의 경우에는 다음 각 호의 구분에 따른 방법으로 요양급여의 상대가치점수를 산정할 수 있다.

  1. 의료법 제3조 제2항 제3호 라목에 따른 요양병원(장애인복지법 제58조 제1항 제4호에 따른 장애인 의료재활시설로서 의료법 제3조의2의 요건을 갖춘 의료기관인 요양병원은 제외한다)에서 입원진료를 받는 경우 : 해당 진료에 필요한 요양급여 각 항목의 점수와 약제·치료재료의 비용을 합산하여 증세의 경중도의 구분에 따른 1일당 상대가치점수로 산정

  2. 의료법 제3조 제2항 제1호 가목에 따른 의원, 같은 항 제3호 가목에 따른 병원, 같은 호 라목에 따른 요양병원, 같은 호 마목에 따른 정신병원, 같은 호 바목에 따른 종합병원, 같은 법 제3조의4에 따른 상급종합병원 또는 지역보건법 제12조에 따른 보건의료원에서 보건복지부장관이 정하여 고시하는 질병군[진단명, 시술명, 중증도, 나이 등을 기준으로 분류한 환자집단을 말한다]에 대하여 입원진료를 받는 경우 : 해당 진료에 필요한 요양급여 각 항목의 점수와 약제·치료재료의 비용을 포괄하여 입원 건당 하나의 상대가치점수로 산정

  3. 호스피스·완화의료 및 임종과정에 있는 환자의 연명의료결정에 관한 법률 제28조에 따라 호스피스·완화의료를 받는 경우 : 해당 진료에 필요한 요양급여 각 항목의 점수와 약제·치료재료의 비용을 합산하여 1일당 상대가치점수로 산정

더 알아보기

보건의료원(지역보건법 제12조)
보건소 중 의료법(제3조 제2항 제3호 가목)에 따른 병원의 요건을 갖춘 보건소는 보건의료원이라는 명칭을 사용할 수 있다.

호스피스의 신청(호스피스·완화의료 및 임종과정에 있는 환자의 연명의료결정에 관한 법률 제28조)
① 호스피스대상환자가 호스피스전문기관에서 호스피스를 이용하려는 경우에는 호스피스 이용동의서(전자문서로 된 동의서를 포함한다)와 의사가 발급하는 호스피스대상환자임을 나타내는 의사소견서(전자문서로 된 소견서를 포함한다)를 첨부하여 호스피스전문기관에 신청하여야 한다.
② 호스피스대상환자가 의사결정능력이 없을 때에는 미리 지정한 지정대리인이 신청할 수 있고 지정대리인이 없을 때에는 제17조 제1항 제3호 각 목의 순서대로 신청할 수 있다.
③ 호스피스대상환자는 언제든지 직접 또는 대리인을 통하여 호스피스의 신청을 철회할 수 있다.
④ 호스피스의 신청 및 철회 등에 필요한 사항은 보건복지부령으로 정한다.

④ 새로운 요양급여 항목의 비용에 대한 계약 : 제1항에 따라 계약을 체결할 때 상대가치점수가 고시되지 아니한 새로운 요양급여 항목의 비용에 대한 계약은 제2항에 따라 보건복지부장관이 같은 항목의 상대가치점수를 고시하는 날에 체결된 것으로 본다. 이 경우 그 계약은 그 고시일 이후 최초로 실시된 해당 항목의 요양급여부터 적용한다.

(8) 약제·치료재료의 요양급여비용(제22조)

① 약제·치료재료에 대한 요양급여비용의 결정 : 법 제46조에 따라 법 제41조 제1항 제2호의 약제·치료재료(제21조 제2항 및 제3항에 따른 상대가치점수가 적용되는 약제·치료재료는 제외한다. 이하 이 조에서 같다)에 대한 요양급여비용은 다음 각 호의 구분에 따라 결정한다. 이 경우 구입금액(요양기관이 해당 약제 및 치료재료를 구입한 금액을 말한다. 이하 이 조에서 같다)이 상한금액(보건복지부장관이 심의위원회의 심의를 거쳐 해당 약제 및 치료재료별 요양급여비용의 상한으로 고시하는 금액을 말한다. 이하 같다)보다 많을 때에는 구입금액은 상한금액과 같은 금액으로 한다.

1. 한약제 : 상한금액
2. 한약제 외의 약제 : 구입금액
3. 삭제
4. 치료재료 : 구입금액

② 제1항에 따른 약제 및 치료재료에 대한 요양급여비용의 결정 기준·절차, 그 밖에 필요한 사항은 보건복지부장관이 정하여 고시한다.

(9) 요양급여비용의 지급 보류 등(제22조의2)

① 문서 통지 사항 : 공단은 법 제47조의2 제1항에 따라 요양급여비용의 지급을 보류하려는 경우에는 해당 요양기관에 미리 다음 각 호의 사항을 적은 **문서로 통지**해야 한다.

1. 해당 요양기관의 명칭, 대표자 및 주소
2. 지급 보류의 원인이 되는 사실과 지급 보류의 대상이 되는 요양급여비용 및 법적 근거
3. 제2호의 사항에 대하여 의견을 제출할 수 있다는 뜻과 의견을 제출하지 아니하는 경우의 처리 방법

② 이의의 제기 : 제1항에 따라 통지를 받은 요양기관은 지급 보류에 이의가 있는 경우에는 **통지를 받은 날부터 7일 이내**에 요양급여비용의 지급 보류에 대한 의견서에 이의 신청의 취지와 이유를 적고 필요한 자료를 첨부하여 공단에 제출하여야 한다.

③ 검토 결과의 통보 : 공단은 제2항에 따라 요양기관이 제출한 의견서를 검토한 후 그 결과를 **문서로 통보**하여야 한다.

④ 이자의 가산 지급 사유 : 법 제47조의2 제4항 전단에서 "법원의 무죄 판결이 확정되는 등 대통령령으로 정하는 사유"란 다음 각 호의 어느 하나에 해당하는 사유를 말한다. 다만, 제2호 또는 제3호의 경우 불송치 또는 불기소를 받은 이후 해당 사건이 다시 수사 및 기소되어 법원의 판결에 따라 유죄가 확정된 경우는 제외한다.

1. 무죄 판결의 확정
2. 불송치(혐의 없음 또는 죄가 안 됨으로 한정한다. 이하 같다)
3. 불기소(혐의 없음 또는 죄가 안 됨으로 한정한다. 이하 같다)

⑤ 공단에 대한 통지 : 법 제47조의2 제1항 전단에 따라 요양급여비용의 지급 보류 결정을 받은 요양기관은 무죄 판결이나 불송치 또는 불기소를 받은 경우 **그 사실을 공단에 통지**해야 한다.

⑥ 이자의 지급 : 제5항에 따라 통지를 받은 공단은 지체 없이 **지급 보류된 요양급여비용과 지급 보류된 기간 동안의 이자를 지급**해야 한다.

⑦ 제1항부터 제6항까지에서 규정한 사항 외에 요양급여비용의 지급 보류 등에 필요한 해당 요양기관에 통지할 의견서 서식과 의견이 제출된 경우의 처리방법 등 세부사항은 공단이 정한다.

2. 부가급여 및 건강검진

(1) 부가급여(제23조)

① 법 제50조에 따른 부가급여는 임신·출산(유산 및 사산을 포함한다. 이하 같다) 진료비로 한다.

② 제1항에 따른 임신·출산 진료비 지원 대상은 다음 각 호와 같다.

    1. 임신·출산한 가입자 또는 피부양자

    2. 2세 미만인 가입자 또는 피부양자("2세 미만 영유아")의 법정대리인(출산한 가입자 또는 피부양 자가 사망한 경우에 한정한다)

③ 이용권 발급 : 공단은 제2항 각 호의 어느 하나에 해당하는 사람에게 다음 각 호의 구분에 따른 비용 을 결제할 수 있는 임신·출산 진료비 이용권("이용권")을 발급할 수 있다.

    1. 임신·출산한 가입자 또는 피부양자의 진료에 드는 비용

    2. 임신·출산한 가입자 또는 피부양자의 약제·치료재료의 구입에 드는 비용

    3. 2세 미만 영유아의 진료에 드는 비용

    4. 2세 미만 영유아에게 처방된 약제·치료재료의 구입에 드는 비용

④ 제출 서류 : 이용권을 발급받으려는 사람("신청인")은 보건복지부령으로 정하는 발급 신청서에 제2 항 각 호의 어느 하나에 해당한다는 사실을 확인할 수 있는 증명서를 첨부해 공단에 제출해야 한다.

⑤ 지원 대상 해당 여부 확인 : 제4항에 따라 이용권 발급 신청을 받은 공단은 신청인이 제2항 각 호의 어느 하나에 해당하는지를 확인한 후 신청인에게 이용권을 발급해야 한다.

⑥ 이용권 사용 기간 : 이용권을 사용할 수 있는 기간은 제5항에 따라 이용권을 발급받은 날부터 다음 각 호의 구분에 따른 날까지로 한다.

    1. 임신·출산한 가입자 또는 피부양자 : 출산일(유산 및 사산의 경우 그 해당일)부터 2년이 되 는 날

    2. 2세 미만 영유아의 법정대리인 : 2세 미만 영유아의 출생일부터 2년이 되는 날

⑦ 결제 상한액 : 이용권으로 결제할 수 있는 금액의 상한은 다음 각 호의 구분에 따른다. 다만, 보건복 지부장관이 필요하다고 인정하여 고시하는 경우에는 다음 각 호의 상한을 초과하여 결제할 수 있다.

    1. 하나의 태아를 임신·출산한 경우 : 100만 원

    2. 둘 이상의 태아를 임신·출산한 경우 : 140만 원

⑧ 제2항부터 제7항까지에서 규정한 사항 외에 임신·출산 진료비의 지급 절차와 방법, 이용권의 발급 과 사용 등에 필요한 사항은 보건복지부령으로 정한다.

(2) 이용권 사용 요양기관(제24조)

삭제

(3) 건강검진(제25조)

① **건강검진의 횟수** : 법 제52조에 따른 건강검진은 2년마다 1회 이상 실시하되, 사무직에 종사하지 않는 직장가입자에 대해서는 1년에 1회 실시한다. 다만, 암검진은 암관리법 시행령에서 정한 바에 따르며, 영유아건강검진은 영유아의 나이 등을 고려하여 보건복지부장관이 정하여 고시하는 바에 따라 검진주기와 검진횟수를 다르게 할 수 있다.

② **건강검진 실시 기관** : 건강검진은 건강검진기본법 제14조에 따라 지정된 건강검진기관("검진기관")에서 실시해야 한다.

③ **건강검진의 실시 통보** : 공단은 건강검진을 실시하려면 건강검진의 실시에 관한 사항을 다음 각 호의 구분에 따라 통보해야 한다.

    1. 일반건강검진 및 암검진 : **직장가입자**에게 실시하는 건강검진의 경우에는 해당 **사용자**에게, 직장가입자의 피부양자 및 **지역가입자**에게 실시하는 건강검진의 경우에는 **검진을 받는 사람**에게 통보

    2. 영유아건강검진 : **직장가입자**의 피부양자인 영유아에게 실시하는 건강검진의 경우에는 그 **직장가입자**에게, 지역가입자인 영유아에게 실시하는 건강검진의 경우에는 해당 **세대주**에게 통보

④ **건강검진의 결과 통보** : 건강검진을 실시한 검진기관은 공단에 건강검진의 결과를 통보해야 하며, 공단은 이를 건강검진을 받은 사람에게 통보해야 한다. 다만, 검진기관이 건강검진을 받은 사람에게 직접 통보한 경우에는 공단은 그 통보를 생략할 수 있다.

⑤ 건강검진의 검사항목, 방법, 그에 드는 비용, 건강검진 결과 등의 통보 절차, 그 밖에 건강검진을 실시하는 데 필요한 사항은 보건복지부장관이 정하여 고시한다.

3. 급여의 제한 및 신청 방법

(1) 급여의 제한(제26조)

① 법 제53조 제3항 각 호 외의 부분 본문에서 "대통령령으로 정하는 기간"이란 1개월을 말한다.

② 법 제53조 제3항 각 호 외의 부분 단서에서 "대통령령으로 정하는 횟수"란 6회를 말한다.

③ 법 제53조 제3항 각 호 외의 부분 단서에서 "대통령령으로 정하는 기준 미만인 경우"란 다음 각 호의 **요건을 모두 충족한 경우**를 말한다. 이 경우 소득은 제41조 제1항에 따른 소득을 말하고, 재산은 제42조 제1항 제1호에 따른 재산을 말한다.

    1. 법 제53조 제3항 제2호의 보험료를 체납한 가입자가 속한 세대의 소득이 336만 원 미만이고, 그 세대의 재산에 대한 지방세법 제10조의2부터 제10조의6까지 규정에 따른 **과세표준이 450만 원 미만일 것**. 다만, 가입자가 미성년자, 65세 이상인 사람 또는 장애인복지법에 따라 등록한 장애인인 경우에는 그 소득 및 재산에 대한 과세표준이 각각 공단이 정하는 금액 미만일 것

    2. 법 제53조 제3항 제2호의 보험료를 체납한 가입자가 소득세법 제168조 제1항에 따른 **사업자등록**을 한 사업에서 발생하는 소득이 없을 것

> **더 알아보기**
>
> 사업자등록 및 고유번호의 부여(소득세법 제168조 제1항)
> 새로 사업을 시작하는 사업자는 대통령령으로 정하는 바에 따라 사업장 소재지 관할 세무서장에게 등록하여야 한다.

④ 제3항에 따른 소득 및 재산의 확인 절차, 방법 및 시기 등에 관한 구체적인 사항은 공단이 정한다.

(2) 요양비 등 수급계좌의 신청 방법 및 절차 등(제26조의2)

① 신청 방법 : 법 제56조의2 제1항 본문에 따라 요양비 등을 수급자 명의의 지정된 계좌("요양비 등 수급계좌")로 받으려는 사람은 요양비 지급청구서와 보조기기 급여 지급청구서 등에 요양비 등 수급계좌의 계좌번호를 기재하고, 예금통장(계좌번호가 기록되어 있는 면을 말한다) 사본을 첨부하여 공단에 제출해야 한다. 요양비 등 수급계좌를 변경하는 경우에도 또한 같다.

② 현금 지급 사유 : 공단은 법 제56조의2 제1항 단서에 따라 수급자가 요양비 등 수급계좌를 개설한 금융기관이 폐업 또는 업무정지나 정보통신장애 등으로 정상영업이 불가능하거나 이에 준하는 불가피한 사유로 이체할 수 없을 때에는 직접 현금으로 지급한다.

4. 부당이득 징수금 및 현역병

(1) 부당이득 징수금 체납자의 인적사항 공개 및 공개 제외 사유 등(제26조의3)

① 공개되는 인적사항 등 : 법 제57조의2 제1항 본문에서 "대통령령으로 정하는 사항"이란 징수금 발생의 원인이 되는 위반행위, 체납자의 성명(법인의 대표자 성명을 포함한다), 상호(법인의 명칭을 포함한다), 나이, 주소, 체납액(체납된 징수금, 연체금 및 체납처분비를 말한다. 이하 이 조에서 같다)의 종류·납부기한·금액 및 체납요지 등을 말한다.

② 공개 제외 사유 : 법 제57조의2 제1항 단서에서 "체납된 금액의 일부 납부 등 대통령령으로 정하는 사유가 있는 경우"란 다음 각 호의 어느 하나에 해당하는 경우를 말한다.

1. 법 제57조의2 제3항에 따른 통지 당시 체납액의 100분의 10 이상을 그 통지일부터 6개월 이내에 납부한 경우
2. 채무자 회생 및 파산에 관한 법률 제243조에 따른 회생계획인가의 결정에 따라 체납액의 징수를 유예받고 그 유예기간 중에 있거나 체납액을 회생계획의 납부일정에 따라 납부하고 있는 경우
3. 징수금 발생의 원인이 되는 위반행위로 인하여 수사가 진행 중이거나 형사재판이 계속 중인 경우
4. 재해 등으로 재산에 심한 손실을 입은 경우 등으로서 법 제57조의2 제2항에 따른 부당이득징수금체납정보공개심의위원회가 같은 조 제1항에 따른 인적사항 등을 공개할 실익이 없다고 인정하는 경우

③ 공단은 법 제57조의2 제3항에 따른 통지를 할 때에는 체납액의 납부를 촉구하고, 같은 조 제1항 단서에 따른 경우에 해당하면 그에 관한 소명자료를 제출하도록 안내해야 한다.

(2) 부당이득징수금체납정보공개심의위원회의 구성 및 운영(제26조의4)

① 구성 : 부당이득징수금체납정보공개심의위원회는 위원장 1명을 포함한 9명의 위원으로 구성한다.

② 위원장과 위원 : 부당이득징수금체납정보공개심의위원회의 위원장은 공단의 임원 중 해당 업무를 담당하는 상임이사가 되고, 위원은 공단의 이사장이 임명하거나 위촉하는 다음 각 호의 사람으로 한다.

1. 공단 소속 직원 3명
2. 보험급여 비용의 부당이득 징수에 관한 사무를 담당하는 보건복지부 소속 4급 또는 5급 공무원 1명
3. 법률, 회계 또는 사회보험에 관한 학식과 경험이 풍부한 사람 4명

③ 제2항 제3호에 따른 위원의 임기는 2년으로 하며, 한 차례만 연임할 수 있다.

④ 개의·의결 정족수 : 부당이득징수금체납정보공개심의위원회의 회의는 위원장을 포함한 재적위원 과반수의 출석으로 개의하고, 출석위원 과반수의 찬성으로 의결한다.

⑤ 제1항부터 제4항까지에서 규정한 사항 외에 부당이득징수금체납정보공개심의위원회의 구성 및 운영에 필요한 사항은 공단이 정한다.

(3) 현역병 등에 대한 요양급여비용 등의 지급(제27조)

① 요양급여비용 등의 지급 : 법 제60조 제1항 전단에서 "대통령령으로 정하는 치료 등"이란 법 제41조 제1항 제1호부터 제3호까지 및 제5호에 따른 요양급여를 말한다.

② 요양급여비용 등의 예탁 : 법 제60조 제1항 후단에 따라 법무부장관·국방부장관·경찰청장·소방청장 또는 해양경찰청장("기관장")은 해당 기관에서 연간 들어갈 것으로 예상되는 요양급여비용과 법 제49조에 따른 요양비를 공단이 지정한 계좌에 예탁해야 한다.

③ 예탁금 집행 현황 통보 : 공단은 예탁금 집행 현황을 분기별로 보건복지부장관 및 해당 기관장에게 통보하여야 한다.

④ 부족액의 청구 : 공단은 제2항에 따라 기관장이 예탁한 요양급여비용과 요양비가 공단이 부담해야 할 요양급여비용과 요양비에 미치지 못할 때에는 기관장에게 이를 즉시 청구하고, 기관장은 공단의 청구에 따라 요양급여비용과 요양비를 공단에 지급해야 한다.

⑤ 이자의 사용처 : 공단은 제2항에 따라 기관장이 예탁한 요양급여비용과 요양비에서 발생한 이자를 공단이 부담해야 할 요양급여비용에 사용할 수 있다.

05 건강보험심사평가원

1. 업무 및 성립

(1) 업무(제28조)

① 보험급여 비용의 심사와 보험급여의 적정성 평가와 관련한 업무 : 법 제63조 제1항 제8호에서 "대통령령으로 정하는 업무"란 다음 각 호의 업무를 말한다.

1. 법 제47조에 따른 요양급여비용의 심사청구와 관련된 소프트웨어의 개발·공급·검사 등 전산 관리
2. 법 제47조의4에 따른 요양급여의 적정성 평가 결과의 공개
3. 법 제49조 제1항에 따라 지급되는 요양비 중 보건복지부령으로 정하는 기관에서 받은 요양비에 대한 심사
4. 법 제63조 제1항 제1호부터 제7호까지 및 이 항 제1호부터 제3호까지의 업무를 수행하기 위한 환자 분류체계 및 요양급여 관련 질병·부상 분류체계의 개발·관리
5. 법 제63조 제1항 제1호부터 제7호까지 및 이 항 제1호부터 제4호까지의 업무와 관련된 교육·홍보

② 제1항 제1호·제2호·제4호에 따른 전산 관리, 적정성 평가 결과의 공개, 환자 분류체계 및 요양급여 관련 질병·부상 분류체계의 개발·관리의 절차·기준·방법과 그 밖에 필요한 사항은 보건복지부장관이 정하여 고시한다.

(2) 공무원인 임원(제29조)

법 제65조 제4항에 따라 보건복지부장관은 보건복지부의 3급 공무원 또는 고위공무원단에 속하는 공무원 중에서 1명을 지명하는 방법으로 심사평가원의 비상임이사를 추천한다.

(3) 진료심사평가위원회 위원의 겸직(제29조의2)

① 법 제66조의2 제1항에 따라 진료심사평가위원회("심사위원회") 위원의 직무를 겸하려는 교수·부교수 및 조교수("교수 등")는 소속대학 총장에게 겸직 허가를 신청해야 한다. 이 경우 신청을 받은 소속대학 총장은 지체 없이 허가 여부를 해당 교수 등에게 통보해야 한다.
② 제1항에서 규정한 사항 외에 근무조건, 보수 등 교수 등이 심사위원회의 위원을 겸하기 위하여 필요한 세부 사항은 심사평가원의 정관으로 정한다.

(4) 원장 권한의 위임(제30조)

법 제68조에 따라 준용되는 법 제32조에 따라 심사평가원의 원장이 분사무소의 장에게 위임할 수 있는 사항은 의료법 제3조의 4에 따른 상급종합병원을 제외한 요양기관에 대한 다음 각 호의 권한으로 한다.
1. 법 제43조 제1항 및 제2항에 따른 요양기관 현황신고 및 변경신고에 대한 처리 권한
2. 법 제47조 제2항에 따른 요양급여비용에 대한 심사 권한
3. 법 제48조 제1항 및 제2항에 따른 요양급여 대상 여부의 확인 요청에 대한 처리 권한
4. 법 제87조 제2항에 따른 이의신청에 대한 결정 권한
5. 그 밖에 법에 따른 심사평가원 업무의 효율적인 수행을 위하여 심사평가원의 정관으로 정하는 사항

(5) 준용 규정(제31조)

심사평가원 이사회의 심의·의결사항 및 회의에 관하여는 제11조(제5호는 제외한다) 및 제12조를 준용한다. 이 경우 "공단"은 "심사평가원"으로, "이사장"은 "원장"으로 본다.

---

06 보험료

1. 보험료의 결정

(1) 월별 보험료액의 상한과 하한(제32조)

법 제69조 제6항에 따른 월별 보험료액의 상한 및 하한은 다음 각 호의 구분에 따른다.
1. 월별 보험료액의 상한은 다음 각 목과 같다.
  가. 직장가입자의 보수월액보험료 : 보험료가 부과되는 연도의 전전년도 직장가입자 평균 보수월액보험료("전전년도 평균 보수월액보험료")의 30배에 해당하는 금액을 고려하여 보건복지부장관이 정하여 고시하는 금액
  나. 직장가입자의 보수 외 소득월액보험료 및 지역가입자의 월별 보험료액 : 보험료가 부과되는 연도의 전전년도 평균 보수월액보험료의 15배에 해당하는 금액을 고려하여 보건복지부장관이 정하여 고시하는 금액

2. 월별 보험료액의 하한은 다음 각 목과 같다.

　　가. 직장가입자의 보수월액보험료 : 보험료가 부과되는 연도의 전전년도 평균 보수월액보험료의 1,000분의 50 이상 1,000분의 85 미만의 범위에서 보건복지부장관이 정하여 고시하는 금액

　　나. 지역가입자의 월별 보험료액 : 가목에 따른 보수월액보험료의 100분의 90 이상 100분의 100 이하의 범위에서 보건복지부장관이 정하여 고시하는 금액

(2) 보수에 포함되는 금품 등(제33조)

① 보수의 범위 : 법 제70조 제3항 전단에서 "대통령령으로 정하는 것"이란 근로의 대가로 받은 봉급, 급료, 보수, 세비, 임금, 상여, 수당, 그 밖에 이와 유사한 성질의 금품으로서 다음 각 호의 것을 제외한 것을 말한다.

　1. 퇴직금

　2. 현상금, 번역료 및 원고료

　3. 소득세법에 따른 비과세근로소득. 다만, 소득세법 제12조 제3호 차목·파목 및 거목에 따라 비과세되는 소득은 제외한다.

② 보건복지부장관이 정하여 고시하는 금액을 보수로 보는 경우 : 법 제70조 제3항 후단에서 "보수 관련 자료가 없거나 불명확한 경우 등 대통령령으로 정하는 사유"란 다음 각 호의 어느 하나에 해당하는 경우를 말한다.

　1. 보수 관련 자료가 없거나 불명확한 경우

　2. 최저임금법 제5조에 따른 최저임금액 등을 고려할 때 보수 관련 자료의 신뢰성이 없다고 공단이 인정하는 경우

> **더 알아보기**
>
> 최저임금액(최저임금법 제5조)
> ① 최저임금액(최저임금으로 정한 금액을 말한다. 이하 같다)은 시간·일·주 또는 월을 단위로 하여 정한다. 이 경우 일·주 또는 월을 단위로 하여 최저임금액을 정할 때에는 시간급으로도 표시하여야 한다.
> ② 1년 이상의 기간을 정하여 근로계약을 체결하고 수습 중에 있는 근로자로서 수습을 시작한 날부터 3개월 이내인 사람에 대하여는 대통령령으로 정하는 바에 따라 제1항에 따른 최저임금액과 다른 금액으로 최저임금액을 정할 수 있다. 다만, 단순노무업무로 고용노동부장관이 정하여 고시한 직종에 종사하는 근로자는 제외한다.
> ③ 임금이 통상적으로 도급제나 그 밖에 이와 비슷한 형태로 정하여져 있는 경우로서 최저임금액을 정하는 것이 적당하지 아니하다고 인정되면 대통령령으로 정하는 바에 따라 최저임금액을 따로 정할 수 있다.

③ 현물로 보수를 지급하는 경우 : 보수의 전부 또는 일부가 현물로 지급되는 경우에는 그 지역의 시가를 기준으로 공단이 정하는 가액을 그에 해당하는 보수로 본다.

④ 법 제70조 제3항 후단에 따라 보건복지부장관이 고시하는 금액이 적용되는 기간 중에 사업장 근로자의 보수가 확인되는 경우에는 공단이 확인한 날이 속하는 달의 다음 달부터 그 고시 금액을 적용하지 아니한다.

(3) 직장가입자에 대한 보수월액보험료 부과의 원칙(제34조)

① 법 제70조 제1항에 따라 직장가입자에 대한 보수월액보험료는 매년 다음 각 호의 구분에 따라 산정된 보수월액을 기준으로 하여 부과하고, 다음 해에 확정되는 해당 연도의 보수 총액을 기준으로 제39조에 따라 보수월액을 다시 산정하여 정산한다. 다만, 법 제70조 제3항 후단에 따라 보건복지부장관이 고시하는 금액이 적용되는 직장가입자에 대해서는 그 고시하는 금액이 적용되는 기간 동안 부과한 보수월액보험료의 정산을 생략할 수 있다.

　　1. 직장가입자의 자격을 취득하거나 다른 직장가입자로 자격이 변동되거나 지역가입자에서 직장가입자로 자격이 변동된 사람 : 제37조에 따른 자격 취득 또는 변동 시의 보수월액

　　2. 제1호에 해당하지 아니하는 직장가입자 : 전년도에 받은 보수의 총액을 기준으로 제36조에 따라 산정한 보수월액

② 보수월액 적용기간 : 제1항 각 호에 따른 보수월액의 적용기간은 다음 각 호와 같다.

　　1. 제1항 제1호의 가입자 : 자격 취득 또는 변동일이 속하는 달(매월 2일 이후에 자격이 변동된 경우에는 그 자격 변동일이 속한 달의 다음 달을 말한다)부터 다음 해 3월까지

　　2. 제1항 제2호의 가입자 : 매년 4월부터 다음 해 3월까지

(4) 보수월액 산정을 위한 보수 등의 통보(제35조)

① 사용자가 공단에 통보해야 하는 사항 : 사용자는 법 제70조 제1항에 따른 보수월액의 산정을 위하여 매년 3월 10일까지 전년도 직장가입자에게 지급한 보수의 총액(법 제70조 및 이 영 제33조에 따라 산정된 금액으로서 가입자별로 1월부터 12월까지 지급한 보수의 총액을 말한다. 이하 같다)과 직장가입자가 해당 사업장·국가·지방자치단체·사립학교 또는 그 학교경영기관("사업장 등")에 종사한 기간 등 보수월액 산정에 필요한 사항을 공단에 통보하여야 한다. 이 경우 법 제70조 제3항 후단의 적용을 받는 직장가입자에 대해서는 통보를 생략할 수 있다.

② 사용자는 법 제70조 제1항에 따른 보수월액 산정을 위하여 그 사업장이 다음 각 호의 어느 하나에 해당하면 그때까지 사용·임용 또는 채용한 모든 직장가입자(제3호의 경우에는 해당 직장가입자를 말한다)에게 지급한 보수의 총액 등 보수월액 산정에 필요한 사항을 공단에 통보하여야 한다.

　　1. 사업장이 폐업·도산하거나 이에 준하는 사유가 발생한 경우

　　2. 사립학교가 폐교된 경우

　　3. 일부 직장가입자가 퇴직한 경우

③ 제1항 전단에도 불구하고 사용자가 소득세법 제164조3 제1항에 따라 전년도 직장가입자에게 지급한 보수의 총액에 관한 간이지급명세서를 원천징수 관할 세무서장, 지방국세청장 또는 국세청장에게 제출한 경우에는 제1항 전단에 따른 통보를 한 것으로 본다. 다만, 공단이 해당 간이지급명세서에서 기재 사항의 누락·오류 등으로 인하여 보수월액 산정에 필요한 사항을 확인할 수 없는 경우에는 그러하지 아니하다.

(5) 보수월액의 결정 등(제36조)

① 보수월액 산정 방법 : 공단은 제35조에 따라 통보받은 보수의 총액을 전년도 중 직장가입자가 그 사업장 등에 종사한 기간의 개월수로 나눈 금액을 매년 보수월액으로 결정한다. 다만, 사용자가 그 사업장 등의 해당 연도 보수의 평균 인상률 또는 인하율을 공단에 통보한 경우에는 본문에 따라 계산한 금액에 그 평균 인상률 또는 인하율을 반영하여 산정한 금액을 매년 보수월액으로 결정한다.

② **보수월액의 변경 신청** : 사용자는 해당 직장가입자의 보수가 인상되거나 인하되었을 때에는 공단에 보수월액의 변경을 신청할 수 있다. 다만, 상시 100명 이상의 근로자가 소속되어 있는 사업장의 사용자는 다음 각 호에 따라 공단에 그 보수월액의 변경을 신청하여야 한다.

1. 해당 월의 보수가 14일 이전에 변경된 경우 : 해당 월의 15일까지
2. 해당 월의 보수가 15일 이후에 변경된 경우 : 해당 월의 다음 달 15일까지

③ 공단은 사용자가 제35조에 따른 통보를 하지 아니하거나 통보 내용이 사실과 다른 경우에는 법 제94조에 따라 그 사실을 조사하여 보수월액을 산정·변경할 수 있으며, 제2항에 따른 보수월액의 변경 신청을 받은 경우에는 보수가 인상된 달 또는 인하된 달부터 보수월액을 변경할 수 있다.

④ 직장가입자가 둘 이상의 건강보험 적용 사업장에서 보수를 받고 있는 경우에는 각 사업장에서 받고 있는 보수를 기준으로 각각 보수월액을 결정한다.

⑤ 직장가입자의 보수월액을 제33조부터 제38조까지의 규정에 따라 산정하기 곤란하거나 보수를 확인할 수 있는 자료가 없는 경우 보수월액의 산정방법과 보수의 인상·인하 시 보수월액의 변경신청 등 필요한 사항은 재정운영위원회의 의결을 거쳐 공단의 정관으로 정한다.

(6) 직장가입자의 자격 취득·변동 시 보수월액의 결정(제37조)

공단은 직장가입자의 자격을 취득하거나 다른 직장가입자로 자격이 변동되거나 지역가입자에서 직장가입자로 자격이 변동된 사람이 있을 때에는 다음 각 호의 구분에 따른 금액을 해당 직장가입자의 보수월액으로 결정한다.

1. 연·분기·월·주 또는 그 밖의 일정기간으로 보수가 정해지는 경우 : 그 보수액을 그 기간의 총 일수로 나눈 금액의 30배에 상당하는 금액
2. 일·시간·생산량 또는 도급으로 보수가 정해지는 경우 : 직장가입자의 자격을 취득하거나 자격이 변동된 달의 전 1개월 동안에 그 사업장에서 해당 직장가입자와 같은 업무에 종사하고 같은 보수를 받는 사람의 보수액을 평균한 금액
3. 제1호 및 제2호에 따라 보수월액을 산정하기 곤란한 경우 : 직장가입자의 자격을 취득하거나 자격이 변동된 달의 전 1개월 동안 같은 업무에 종사하고 있는 사람이 받는 보수액을 평균한 금액

(7) 보수가 지급되지 않는 사용자의 보수월액 결정(제38조)

① **보수월액 산정 방법** : 법 제70조 제4항에 따른 보수가 지급되지 아니하는 사용자의 보수월액은 다음 각 호의 방법으로 산정한다. 이 경우 사용자는 매년 5월 31일까지[소득세법 제70조의2에 따라 세무서장에게 성실신고확인서를 제출한 사용자("성실신고사용자")인 경우에는 6월 30일까지] 수입을 증명할 수 있는 자료를 제출하거나 수입금액을 공단에 통보하여야 하며, 산정된 보수월액은 내년 6월부터 다음 해 5월까지(성실신고사용자의 경우에는 매년 7월부터 다음 해 6월까지) 적용한다.

1. 해당 연도 중 해당 사업장에서 발생한 보건복지부령으로 정하는 수입으로서 객관적인 자료를 통하여 확인된 금액
2. 수입을 확인할 수 있는 객관적인 자료가 없는 경우에는 사용자의 신고금액

성실신고확인서 제출(소득세법 제70조의2)

① 성실한 납세를 위하여 필요하다고 인정되어 수입금액이 업종별로 대통령령으로 정하는 일정 규모 이상의 사업 자("성실신고확인대상사업자")는 종합소득과세표준 확정신고를 할 때에 제70조 제4항 각 호의 서류에 더하여 비치·기록된 장부와 증명서류에 의하여 계산한 사업소득금액의 적정성을 세무사 등 대통령령으로 정하는 자 가 대통령령으로 정하는 바에 따라 확인하고 작성한 확인서("성실신고확인서")를 납세지 관할 세무서장에게 제출하여야 한다.

② 제1항에 따라 성실신고확인대상사업자가 성실신고확인서를 제출하는 경우에는 제70조 제1항에도 불구하고 종합소득과세표준 확정신고를 그 과세기간의 다음 연도 5월 1일부터 6월 30일까지 하여야 한다.

③ 납세지 관할 세무서장은 제1항에 따라 제출된 성실신고확인서에 미비한 사항 또는 오류가 있을 때에는 그 보정을 요구할 수 있다.

② **준용 규정** : 보수가 지급되지 아니하는 사용자의 보수월액을 결정하거나 변경하는 절차 등에 관하여 는 제34조 제1항, 제35조 제2항 및 제36조를 준용한다.

③ **예외 규정** : 제1항 및 제2항에도 불구하고 다음 각 호의 어느 하나에 해당하는 경우 사용자의 보수월 액은 그 각 호에서 정하는 금액으로 한다.

1. 제1항 제1호 및 제2호에 따른 확인금액 또는 신고금액을 기준으로 산정한 보수월액이 해당 사업 장에서 가장 높은 보수월액을 적용받는 근로자의 보수월액보다 낮은 경우(제2호 나목에 해당하 는 경우는 제외한다) : 해당 사업장에서 가장 높은 보수월액을 적용받는 근로자의 보수월액

2. 다음 각 목의 어느 하나에 해당하는 경우 : 해당 사업장 근로자의 보수월액을 평균한 금액
   가. 사용자가 제1항 각 호 외의 부분 후단에 따른 자료 제출과 수입금액 통보를 하지 않고, 같은 항 제1호에 따른 수입을 확인할 수 있는 객관적인 자료도 없는 경우
   나. 제1항 제1호에 따른 확인금액이 0원 이하인 경우

2. 보험료의 납부

(1) 보수월액보험료의 정산 및 분할납부(제39조)

① **보수월액보험료의 반환 및 추가 징수** : 공단은 원래 산정·징수한 보수월액보험료의 금액이 제34조 부터 제38조까지의 규정에 따라 다시 산정한 보수월액보험료의 금액을 초과하는 경우에는 그 **초과 액을 사용자에게 반환**하여야 하며, 부족한 경우에는 그 **부족액을 사용자로부터 추가로 징수**하여야 한다.

② **보수월액보험료의 정산** : 사용자는 직장가입자의 사용·임용·채용 관계가 끝난 경우에는 해당 직 장가입자가 납부한 보수월액보험료를 다시 산정하여 **근로자와 정산한 후 공단과 정산** 절차를 거쳐야 한다. 다만, 법 제70조 제3항 후단에 따라 보건복지부장관이 고시하는 금액이 적용되는 직장가입자 에 대해서는 그 고시하는 금액이 적용되는 기간에 부과한 보수월액보험료의 정산을 생략할 수 있다.

③ **직장가입자와의 정산** : 사용자는 제1항에 따라 반환받은 금액 또는 추가 납부한 금액 중 직장가입자 가 반환받을 금액 및 부담하여야 할 금액에 대해서는 해당 직장가입자와 정산하여야 한다.

④ 추가징수금액의 납부 : 공단은 제1항에 따라 추가로 징수해야 할 금액("추가징수금액") 중 직장가입자가 부담하는 금액이 해당 직장가입자가 부담하는 **보수월액보험료**(추가징수금액을 고지하는 날이 속하는 달의 보수월액보험료를 말한다) 이상인 경우에는 사용자의 신청에 따라 12회 이내의 범위에서 **분할**하여 납부하게 할 수 있다.

⑤ 제1항부터 제4항까지에서 규정한 사항 외에 보수월액보험료의 정산 및 분할납부에 필요한 세부 사항은 공단의 정관으로 정한다.

(2) 공무원의 전출 시의 보수월액보험료 납부(제40조)

공무원인 직장가입자가 다른 기관으로 전출된 경우 전출된 날이 속하는 달의 보수월액보험료는 **전출 전 기관의 장**이 전출된 공무원에게 지급할 보수에서 이를 공제하여 납부한다. 다만, 전출한 기관의 장이 전출한 날이 속하는 달의 보수를 지급하지 아니한 경우에는 전입받은 기관의 장이 보수에서 공제하여 납부한다.

3. 소득월액 및 보험료 산정기준

(1) 소득월액(제41조)

① 소득월액 산정 포함 소득 : 소득월액(직장가입자의 경우에는 법 제71조 제1항에 따른 보수 외 소득월액을 말하고, 지역가입자의 경우에는 같은 조 제2항에 따른 소득월액을 말한다. 이하 같다) 산정에 포함되는 소득은 다음 각 호와 같다. 이 경우 소득세법에 따른 **비과세소득**은 **제외**한다.

　1. 이자소득 : 소득세법 제16조에 따른 소득
　2. 배당소득 : 소득세법 제17조에 따른 소득
　3. 사업소득 : 소득세법 제19조에 따른 소득
　4. 근로소득 : 소득세법 제20조에 따른 소득
　5. 연금소득 : 소득세법 제20조의3에 따른 소득. 다만, 같은 조 제1항 제1호의 공적연금소득의 경우에는 같은 조 제2항을 적용하지 않고 해당 과세기간에 발생한 연금소득 전부를 연금소득으로 한다.
　6. 기타소득 : 소득세법 제21조에 따른 소득

② 소득의 산정방법 : 제1항 각 호의 소득의 구체적인 산정방법은 보건복지부령으로 정한다.

③ 소득 자료의 반영시기 : 제1항 각 호의 소득 자료의 반영시기는 다음 각 호의 구분에 따른다. 다만, 천재지변 등 부득이한 사유가 발생한 경우에는 공단의 정관으로 정하는 바에 따라 반영시기를 조정할 수 있다.

　1. 매년 1월부터 10월까지의 소득월액 산정 시 : 소득월액보험료(직장가입자의 경우에는 보수 외 소득월액보험료를 말하고, 지역가입자의 경우에는 소득에 대한 월별 보험료를 말한다. 이하 같다)가 부과되는 연도의 **전전년도** 자료. 다만, 제1항 제5호의 연금소득 자료는 소득월액보험료가 부과되는 연도의 **전년도** 자료로 한다.
　2. 매년 11월 및 12월의 소득월액 산정 시 : 소득월액보험료가 부과되는 연도의 **전년도** 자료

④ 법 제71조 제1항 계산식 외의 부분 및 같은 항의 계산식에서 "대통령령으로 정하는 금액"이란 각각 **연간 2,000만 원**을 말한다.

⑤ 소득월액의 산정 : 제1항부터 제4항까지에서 규정한 사항 외에 소득 자료의 구체적인 종류 등 소득월액의 산정에 필요한 세부 사항은 공단의 정관으로 정한다.

(2) 소득월액의 조정 등(제41조의2)

① **소득월액의 조정 신청** : 가입자는 폐업, 경영 실적의 변동 등 공단의 정관으로 정하는 사유로 제41조 제1항 각 호의 어느 하나에 해당하는 소득("사업소득 등")이 감소하거나 증가한 경우 그 사유에 해당함을 증명하는 서류를 첨부하여 소득월액보험료가 부과되는 시점의 **사업소득 등 자료를 소득월액** 산정에 반영하여 조정해 줄 것을 공단에 신청할 수 있다.

② **소득월액의 조정** : 제1항의 조정 신청을 받은 공단은 제41조 제3항에도 불구하고 소득월액보험료 부과 시점의 **사업소득 등 자료를 소득월액 산정에 반영하여 소득월액을 조정**할 수 있으며, 이후 부과하는 해당 연도의 소득월액보험료는 조정된 소득월액을 기준으로 산정한다.

③ **사업소득 등 신고** : 제1항의 조정 신청을 한 가입자는 제2항에 따라 소득월액을 조정한 이후에 해당 연도의 사업소득 등이 발생한 경우에는 그 사업소득 등이 발생한 날이 속하는 달의 다음 달 1일부터 1개월 이내에 사업소득 등의 발생 사실과 그 금액을 공단에 신고해야 하며, 그 이후 공단이 부과하는 해당 연도의 소득월액보험료는 신고한 사업소득 등을 반영하여 조정된 소득월액을 기준으로 산정한다.

④ **소득월액보험료의 정산** : 공단은 제2항 또는 제3항에 따라 소득월액을 조정한 이후에 해당 연도의 사업소득 등이 확인된 경우에는 그 확인된 사업소득 등을 기준으로 해당 연도의 소득월액을 다시 산정하여 소득월액보험료를 정산할 수 있다.

⑤ **부족액의 추가 징수** : 공단은 제2항 또는 제3항에 따라 소득월액을 조정하여 산정한 소득월액보험료의 금액이 제4항에 따라 다시 정산한 소득월액보험료의 금액보다 적은 경우에는 그 부족액을 가입자로부터 추가로 징수해야 한다.

⑥ **소득월액보험료의 분할 납부** : 공단은 제5항에 따라 추가로 징수하는 소득월액보험료를 12회 이내의 범위에서 분할하여 납부하게 할 수 있다.

⑦ **초과액 지급** : 공단은 제2항 또는 제3항에 따라 소득월액을 조정하여 산정한 소득월액보험료의 금액이 제4항에 따라 다시 정산한 **소득월액보험료의 금액보다 많은 경우**에는 그 초과액을 가입자에게 **지급**해야 한다. 이 경우 공단은 가입자에게 지급해야 하는 금액을 그 가입자가 내야 하는 보험료 등과 상계할 수 있다.

⑧ 제1항부터 제7항까지에서 규정한 사항 외에 소득월액의 조정 신청 절차, 소득월액의 조정 이후 사업소득 등의 발생 신고 절차, 소득월액보험료의 산정·정산 및 분할 납부 등에 필요한 세부 사항은 공단의 정관으로 정한다.

(3) 재산보험료부과점수의 산정기준(제42조)

① **고려 사항** : 법 제72조 제1항에 따른 재산보험료부과점수("재산보험료부과점수")는 다음 각 호의 사항을 고려하여 산정하되, 구체적인 산정방법은 별표 4와 같다.

1. 지방세법 제105조에 따른 재산세의 과세대상이 되는 토지, 건축물, 주택, 선박 및 항공기. 다만, 종중재산, 마을 공동재산, 그 밖에 이에 준하는 공동의 목적으로 사용하는 건축물 및 토지는 제외한다.

> **더 알아보기**
>
> 과세대상(지방세법 제105조)
> 재산세는 토지, 건축물, 주택, 항공기 및 선박("재산")을 과세대상으로 한다.

2. 주택을 소유하지 않은 지역가입자의 경우에는 임차주택에 대한 보증금 및 월세금액

② 준용 규정 : 제1항에서 규정한 사항 외에 재산보험료부과점수의 산정에 필요한 세부 사항은 공단의 정관으로 정한다.

(4) 주택 관련 대출금액의 재산보험료부과점수 제외(제42조의2)

① 법 제72조 제1항 단서에서 "대통령령으로 정하는 지역가입자"란 다음 각 호의 어느 하나에 해당하는 지역가입자를 말한다.

  1. 보건복지부장관이 정하여 고시하는 1세대 1주택 세대에 속하는 지역가입자로서 다음 각 목의 요건을 모두 갖춘 지역가입자("1세대 1주택자")

    가. 해당 세대가 소유한 주택에 거주하기 위하여 소유자(소유자와 주민등록상 동일 세대를 구성하는 배우자나 직계존비속을 포함한다)가 금융실명거래 및 비밀보장에 관한 법률에 따른 금융회사 등("금융회사 등")으로부터 주택을 담보로 하는 대출 등 보건복지부장관이 정하여 고시하는 대출[대출 이자율을 낮추거나 대출 기간을 연장하기 위하여 해당 주택을 담보로 새로 대출을 받아 대출일과 같은 날 종전의 대출을 상환한 경우 새로 받은 대출("주택담보전환대출")을 포함한다. 이하 이 조에서 "주택담보대출 등"이라 한다]을 받을 것

    나. 해당 세대가 주택에 대하여 최초로 주택담보대출 등(주택담보전환대출은 제외한다)을 받은 날이 주택 소유권을 취득한 날의 전후 3개월 이내일 것

  2. 보건복지부장관이 정하여 고시하는 1세대 무주택 세대에 속하는 지역가입자로서 다음 각 목의 요건을 모두 갖춘 지역가입자("1세대무주택자")

    가. 해당 세대가 임차한 주택에 거주하기 위하여 임차인(임차인과 주민등록상 동일 세대를 구성하는 배우자나 직계존비속을 포함한다)이 금융회사 등으로부터 임차주택의 보증금을 담보로 하는 대출 등 보건복지부장관이 정하여 고시하는 대출[대출 이자율을 낮추거나 대출 기간을 연장하기 위하여 해당 임차주택의 보증금을 담보로 새로 대출을 받아 대출일과 같은 날 종전의 대출을 상환한 경우 새로 받은 대출("보증금담보전환대출")을 포함한다. 이하 이 조에서 "보증금담보대출 등"이라 한다]을 받을 것

    나. 해당 세대가 주택에 대하여 최초로 보증금담보대출 등(보증금담보전환대출은 제외한다)을 받은 날이 주택임대차보호법 제3조의2 제2항에 따른 임대차계약증서의 입주일과 전입일(외국인의 경우에는 출입국관리법에 따른 외국인등록표의 체류지 등록일 또는 변경신고일, 재외동포의 출입국과 법적 지위에 관한 법률에 따른 국내거소신고일 또는 이전신고일을 말한다) 중 빠른 날부터 전후 3개월(임대차계약을 변경·연장 또는 갱신하면서 대출받는 경우에는 임대차계약 변경일, 연장일 또는 갱신일부터 전후 3개월을 말한다) 이내일 것

② 법 제72조 제1항 단서에서 "대통령령으로 정하는 기준 이하의 주택"이란 다음 각 호의 구분에 따른 요건을 충족하는 주택을 말한다.

  1. 1세대 1주택자의 경우 : 주택담보대출 등을 받아 구입한 주택의 재산세 과세표준금액이 소득세법 제52조 제5항 본문에 따른 주택 기준시가에 지방세법 시행령 제109조의 공정시장가액비율을 곱한 금액 이하일 것

  2. 1세대 무주택자의 경우 : 보증금담보대출 등을 받아 임차한 임차주택의 보증금 및 월세금액을 보건복지부령으로 정하는 기준에 따라 평가한 금액이 소득세법 제52조 제5항 본문에 따른 주택 기준시가의 30% 이하인 주택일 것

③ 법 제72조 제1항 단서에 따라 대출금액을 평가한 금액은 다음 각 호의 구분에 따른 금액으로 한다. 이 경우 주택담보전환대출 금액이나 보증금담보전환대출 금액이 종전의 대출금액보다 큰 경우에는 그 차액을 제외한 대출금액을 기준으로 평가한다.

1. 1세대 1주택자의 경우 : 주택담보대출 등 금액의 합산액(상환한 금액은 제외한다)에 지방세법 시행령 제109조의 공정시장가액비율을 곱한 금액. 이 경우 그 금액이 해당 주택의 재산세 과세표준금액보다 큰 경우에는 재산세 과세표준금액으로 하며, 그 금액이 5,000만 원을 넘는 경우에는 5,000만 원으로 한다.

2. 1세대 무주택자의 경우 : 보증금담보대출 등 금액의 합산액(상환한 금액은 제외한다)의 30%. 이 경우 그 금액이 보증금의 30%에 해당하는 금액보다 큰 경우에는 보증금의 30%로 한다.

④ 대출금액 등 대통령령으로 정하는 자료·정보 : 법 제72조 제3항에서 "대출금액 등 대통령령으로 정하는 자료·정보"란 다음 각 호의 자료·정보를 말한다.

1. 주택담보대출 등 또는 보증금담보대출 등을 받은 사람의 성명과 주민등록번호

2. 주택담보대출 등 또는 보증금담보대출 등의 종류, 기간, 금액, 담보 등 현황에 관한 정보

3. 그 밖에 재산보험료부과점수 산정에 필요한 자료·정보로서 보건복지부장관이 정하여 고시하는 자료·정보

⑤ 제1항부터 제4항까지에서 규정한 사항 외에 법 제72조 제1항 단서에 따른 대출금액 평가에 필요한 세부 사항은 보건복지부장관이 정하여 고시한다.

4. 제도개선위원회

(1) 보험료부과제도개선위원회의 구성 등(제42조의3)

삭제

(2) 제도개선위원회 위원의 해임 및 해촉(제42조의4)

삭제

(3) 제도개선위원회의 회의(제42조의5)

삭제

(4) 간사(제42조의6)

삭제

5. 적정성 평가

(1) 보험료 부과제도에 대한 적정성 평가(제42조의7)

① 적정성 평가 : 보건복지부장관은 법 제72조의3 제1항에 따른 적정성 평가("적정성 평가")를 위한 조사 및 연구를 실시할 수 있다.

② 조사·연구의 의뢰 : 보건복지부장관은 제1항에 따라 실시하는 조사 및 연구를 보험료 부과제도에 관한 전문성을 갖춘 연구기관, 대학, 비영리법인 또는 단체 등에 의뢰하여 실시할 수 있다.

③ 의견·자료의 제출 요청 : 보건복지부장관은 관계 중앙행정기관, 지방자치단체 및 공공기관의 운영에 관한 법률에 따른 공공기관 등에 대하여 적정성 평가에 관한 의견 또는 자료의 제출을 요청할 수 있다.

④ 보건복지부장관은 제1항에 따른 적정성 평가를 실시한 경우 그 결과를 심의위원회에 알려야 한다.

6. 지역가입자의 세대 분리 및 보험료율

(1) 지역가입자의 세대 분리(제43조)

공단은 지역가입자가 다음 각 호의 어느 하나의 사람에 해당하는 경우에는 그 가입자를 해당 세대에서 분리하여 별도 세대로 구성할 수 있다.

1. 해당 세대와 가계단위 및 생계를 달리하여 공단에 세대 분리를 신청한 사람
2. 별표 2 제3호 라목에 따른 희귀난치성질환자 등으로서 본인부담액을 경감받는 사람
3. 병역법 제21조 또는 제26조에 따라 소집되어 상근예비역 또는 사회복무요원으로 복무하는 사람

더 알아보기

상근예비역소집의 대상 및 선발(병역법 제21조)

① 상근예비역소집은 징집에 의하여 상근예비역소집 대상으로 입영하여 1년의 기간 내에서 대통령령으로 정하는 현역 복무기간을 마치고 예비역에 편입된 사람과 제65조 제3항에 따라 예비역에 편입된 사람을 대상으로 한다.

② 지방병무청장은 현역병으로 입영할 사람 중에서 징집에 의하여 상근예비역소집 대상자를 거주지별로 선발한다.

③ 상근예비역소집 대상자 선발기준은 거주지와 신체등급·학력·연령 등 자질을 고려하여 병무청장이 정한다.

④ 지방병무청장은 상근예비역소집 대상자로 선발된 사람 중 신상변동 등으로 인하여 처음 선발된 지역에서 상근예비역으로 근무할 수 없는 사람에 대하여는 상근예비역소집 대상자의 선발을 취소할 수 있다. 다만, 제2항에 따라 상근예비역소집 대상자로 선발된 사람이 현역병으로 입영한 후에는 그 선발의 취소는 각 군 참모총장이 한다.

⑤ 취소의 요건 및 절차 등에 필요한 사항은 병무청장이 정한다. 다만, 제4항 단서의 경우에는 각 군 참모총장이 정한다.

사회복무요원의 업무 및 소집 대상(병역법 제26조)

① 사회복무요원은 다음 각 호의 어느 하나에 해당하는 업무에 복무하게 하여야 한다.

   1. 국가기관·지방자치단체·공공단체 및 사회복지시설의 공익목적에 필요한 사회복지, 보건·의료, 교육·문화, 환경·안전 등 사회서비스업무의 지원업무

   2. 국가기관·지방자치단체·공공단체의 공익목적에 필요한 행정업무 등의 지원업무

② 삭제

③ 사회복무요원이 복무하여야 할 분야의 분류 등에 필요한 사항은 대통령령으로 정한다.

④ 사회복지시설에서 복무하여야 할 사회복무요원은 지방병무청장이 선발하되, 선발의 기준 및 절차 등에 필요한 사항은 병무청장이 정한다.

⑤ 삭제

---

4. 대체역의 편입 및 복무 등에 관한 법률 제17조에 따라 소집되어 대체복무요원으로 복무하는 사람

(2) 보험료율 및 재산보험료부과점수당 금액(제44조)

① 법 제73조 제1항에 따른 직장가입자의 보험료율 및 같은 조 제3항에 따른 지역가입자의 보험료율은 각각 10,000분의 709로 한다.
② 법 제73조 제3항에 따른 지역가입자의 재산보험료부과점수당 금액은 208.4원으로 한다.

7. 보험료 면제 및 경감

(1) 보험료가 면제되는 국외 체류기간(제44조의2)

법 제74조 제1항 본문에서 "대통령령으로 정하는 기간"이란 3개월을 말한다. 다만, 업무에 종사하기 위해 국외에 체류하는 경우라고 공단이 인정하는 경우에는 1개월을 말한다.

(2) 보험료 경감 대상지역(제45조)

법 제75조 제1항 제1호에서 "섬·벽지·농어촌 등 대통령령으로 정하는 지역"이란 다음 각 호의 어느 하나에 해당하는 지역을 말한다.
1. 요양기관까지의 거리가 멀거나 대중교통으로 이동하는 시간이 오래 걸리는 지역으로서 보건복지부장관이 정하여 고시하는 섬·벽지 지역
2. 다음 각 목의 어느 하나에 해당하는 농어촌지역
   가. 군 및 도농복합 형태 시의 읍·면 지역
   나. 지방자치법 제2조 제1항 제2호에 따른 시와 군의 지역 중 동(洞) 지역으로서 국토의 계획 및 이용에 관한 법률 제36조 제1항 제1호에 따라 지정된 주거지역·상업지역 및 공업지역을 제외한 지역
   다. 농어촌주민의 보건복지 증진을 위한 특별법 제33조에 해당하는 지역

> **더 알아보기**
>
> 지방자치단체의 종류(지방자치법 제2조 제1항)
> 지방자치단체는 다음의 두 가지 종류로 구분한다.
> 1. 특별시, 광역시, 특별자치시, 도, 특별자치도
> 2. 시, 군, 구
>
> 준농어촌에 대한 특례(농어촌주민의 보건복지 증진을 위한 특별법 제33조)
> 농어촌 외의 지역으로서 다음 각 호의 어느 하나에 해당하는 지역은 농어촌으로 보아 그 지역에 거주하는 주민에게는 대통령령으로 정하는 바에 따라 필요한 지원을 할 수 있다. 다만, 제2호의2 및 제3호 단서의 특별관리지역에 대한 지원은 제27조에 따른 보험료의 지원에 한정한다.
> 1. 농지법 제28조에 따라 지정된 농업진흥지역
> 2. 개발제한구역의 지정 및 관리에 관한 특별조치법 제3조에 따라 지정된 개발제한구역
> 2의2. 공공주택 특별법 제6조의2 제1항에 따른 특별관리지역
> 3. 개발제한구역의 지정 및 관리에 관한 특별조치법 제3조에 따라 개발제한구역에서 해제된 지역으로서 대통령령으로 정하는 지역. 다만, 그 지역 주변에 있는 농경지가 개발제한구역 또는 공공주택 특별법 제6조의2 제1항에 따른 특별관리지역으로 남아 있는 지역만 해당한다.

3. 요양기관의 이용이 제한되는 근무지의 특성을 고려하여 보건복지부장관이 인정하는 지역

(3) 계좌이체자 등에 대한 보험료 감액 등(제45조의2)

공단은 법 제75조 제2항에 따라 전자문서로 납입 고지를 받거나 계좌 또는 신용카드 자동이체의 방법으로 보험료를 내는 납부의무자에 대해서는 그에 따라 절감되는 우편요금 등 행정비용의 범위에서 공단의 정관으로 정하는 바에 따라 보험료를 감액하거나 감액하는 금액에 상당하는 금품을 제공할 수 있다.

(4) 지역가입자의 보험료 연대납부의무 면제 대상 미성년자(제46조)

법 제77조 제2항 단서에서 "대통령령으로 정하는 기준에 해당하는 미성년자"란 다음 각 호의 어느 하나에 해당하는 미성년자를 말한다. 다만, 제41조 제1항 제2호의 배당소득 또는 같은 항 제3호의 사업소득으로서 소득세법 제168조 제1항에 따른 사업자등록을 한 사업에서 발생하는 소득이 있는 미성년자는 제외한다.

1. 다음 각 목의 요건을 모두 갖춘 미성년자
   가. 제41조 제1항에 따른 소득의 합이 연간 100만 원 이하일 것
   나. 제42조 제1항 제1호에 따른 재산 중 같은 조 제3항 제1호에 해당하는 재산이 없을 것
2. 부모가 모두 사망한 미성년자로서 제1호 가목의 요건을 갖춘 미성년자

8. 2차 납부의무 및 가산금

(1) 사업의 양도·양수에 따른 제2차 납부의무(제46조의2)

① **사업의 양도·양수에 따른 제2차 납부의무** : 법 제77조의2 제2항 후단에 따라 제2차 납부의무를 지는 사업의 양수인은 사업장별로 그 사업에 관한 **모든 권리**(미수금에 관한 것은 제외한다)와 모든 의무(미지급금에 관한 것은 제외한다)를 포괄적으로 승계한 자로 한다.

② 제2차 납부의무의 한도가 되는 사업양수 재산의 가액 : 법 제77조의2 제2항 후단에 따라 제2차 납부의무의 한도가 되는 사업양수 재산의 가액은 다음 각 호의 금액으로 한다. 다만, 제2호에 따른 금액은 제1호에 따른 금액이 없거나 불분명한 경우에 한정하여 적용한다.

   1. 양수인이 양도인에게 **지급하였거나 지급하여야** 할 금액이 있는 경우에는 그 금액
   2. 양수한 자산 및 부채를 공단이 상속세 및 증여세법 제60조부터 제66조까지의 규정을 준용하여 평가한 후 그 **자산총액에서 부채총액을 뺀** 가액

③ 제2항에도 불구하고 다음 각 호의 어느 하나에 해당하는 경우에 사업양수 재산의 가액은 같은 항 제1호의 방법에 따라 산정한 금액과 제2호의 방법에 따라 **산정한 금액 중 큰 금액**으로 한다.

   1. 제2항 제1호에 따른 금액과 상속세 및 증여세법 제60조에 따른 **시가의 차액이 3억 원 이상**인 경우
   2. 제2항 제1호에 따른 금액과 상속세 및 증여세법 제60조에 따른 **시가의 차액이 그 시가의 100분의 30에 상당하는 금액 이상**인 경우

> **더 알아보기**
>
> 평가의 원칙 등(상속세 및 증여세법 제60조)
> ① 상속세 및 증여세법에 따라 상속세나 증여세가 부과되는 재산의 가액은 <u>상속개시일 또는 증여일</u>("평가기준일") <u>현재의 시가(時價)</u>에 따른다.
> ② 제1항에 따른 <u>시가</u>는 불특정 다수인 사이에 자유롭게 거래가 이루어지는 경우에 통상적으로 성립된다고 인정되는 <u>가액</u>으로 하고 수용가격·공매가격 및 감정가격 등 대통령령으로 정하는 바에 따라 시가로 인정되는 것을 포함한다.
> ③ 제1항을 적용할 때 시가를 산정하기 어려운 경우에는 해당 재산의 종류, 규모, 거래 상황 등을 고려하여 제61조부터 제65조까지에 규정된 방법으로 평가한 가액을 시가로 본다.
> ④ 제1항을 적용할 때 상속재산의 가액에 가산하는 증여재산의 가액은 증여일 현재의 시가에 따른다.
> ⑤ 감정가격을 결정할 때에는 대통령령으로 정하는 바에 따라 둘 이상의 감정기관(대통령령으로 정하는 금액 이하의 부동산의 경우에는 하나 이상의 감정기관)에 감정을 의뢰하여야 한다. 이 경우 관할 세무서장 또는 지방국세청장은 감정기관이 평가한 감정가액이 다른 감정기관이 평가한 감정가액의 100분의 80에 미달하는 등 대통령령으로 정하는 사유가 있는 경우에는 대통령령으로 정하는 바에 따라 대통령령으로 정하는 절차를 거쳐 1년의 범위에서 기간을 정하여 해당 감정기관을 시가불인정 감정기관으로 지정할 수 있으며, 시가불인정 감정기관으로 지정된 기간 동안 해당 시가불인정 감정기관이 평가하는 감정가액은 시가로 보지 아니한다.

(2) 가산금(제46조의3)

① **직장가입자가 될 수 없는 사유** : 법 제78조의2 제1항 각 호 외의 부분에서 "대통령령으로 정하는 사유"란 다음 각 호의 어느 하나에 해당하는 경우를 말한다.

   1. 근로자, 공무원 또는 교직원이 아닌 경우
   2. 법 제6조 제2항 각 호의 어느 하나에 해당하는 경우

② 가산금의 부과 예외 : 법 제78조의2 제2항에서 "가산금이 소액이거나 그 밖에 가산금을 징수하는 것이 적절하지 아니하다고 인정되는 등 대통령령으로 정하는 경우"란 다음 각 호의 어느 하나에 해당하는 경우를 말한다.

1. 가산금(법 제78조의2 제1항에 따른 가산금을 말한다. 이하 같다)이 3,000원 미만인 경우
2. 가산금을 징수하는 것이 적절하지 아니하다고 공단이 인정하는 부득이한 사유가 있는 경우

9. 보험료 납부, 체납처분 전 통보 예외 및 부당이득 징수금의 압류

(1) 신용카드 등에 의한 보험료 등의 납부(제46조의4)

① 삭제
② 보험료 등 납부 대행 기관 : 법 제79조의2 제1항에서 "대통령령으로 정하는 기관 등"이란 다음 각 호의 기관을 말한다.

1. 민법 제32조에 따라 금융위원회의 허가를 받아 설립된 금융결제원

> **더 알아보기**
>
> 비영리법인의 설립과 허가(민법 제32조)
> 학술, 종교, 자선, 기예, 사교, 기타 영리 아닌 사업을 목적으로 하는 사단 또는 재단은 주무관청의 허가를 얻어 이를 법인으로 할 수 있다.

2. 정보통신망을 이용하여 신용카드, 직불카드 등("신용카드 등")에 의한 결제를 수행하는 기관 중 시설, 업무수행능력 및 자본금 규모 등을 고려하여 공단이 지정하는 기관

③ 납부대행 수수료의 승인 : 법 제79조의2 제3항에 따른 납부대행 수수료는 공단이 납부대행기관의 운영경비 등을 종합적으로 고려하여 승인한다. 이 경우 납부대행 수수료는 해당 보험료 등 납부금액의 1,000분의 10을 초과할 수 없다.
④ 공단은 신용카드 등에 의한 보험료 등의 납부에 필요한 사항을 정할 수 있다.

(2) 보험료 등의 체납처분 전 통보 예외(제46조의5)

법 제81조 제4항 단서에서 "대통령령으로 정하는 경우"란 보험료 등을 체납한 자가 다음 각 호의 어느 하나에 해당하는 경우를 말한다.

1. 국세의 체납으로 체납처분을 받는 경우
2. 지방세 또는 공과금(국세기본법 제2조 제8호 또는 지방세기본법 제2조 제1항 제26호에 따른 공과금을 말한다. 이하 같다)의 체납으로 체납처분을 받는 경우
3. 강제집행을 받는 경우
4. 어음법 및 수표법에 따른 어음교환소에서 거래정지처분을 받는 경우
5. 경매가 시작된 경우
6. 법인이 해산한 경우
7. 재산의 은닉・탈루, 거짓 계약이나 그 밖의 부정한 방법으로 체납처분의 집행을 면하려는 행위가 있다고 인정되는 경우

(3) 부당이득 징수금의 압류(제46조의6)

① 법 제81조의2 제1항 제2호에서 "강제집행, 국세 강제징수 등 대통령령으로 정하는 사유"란 다음 각 호의 어느 하나에 해당하는 경우를 말한다.

 1. 국세, 지방세 또는 공과금의 체납으로 강제징수 또는 체납처분이 시작된 경우

 2. 강제집행이 시작된 경우

 3. 어음법 및 수표법에 따른 어음교환소에서 거래정지처분을 받은 경우

 4. 경매가 시작된 경우

 5. 법인이 해산한 경우

 6. 재산의 은닉·탈루, 거짓 계약이나 그 밖의 부정한 방법으로 징수금을 면탈하려는 행위가 있다고 인정되는 경우

 7. 채무자 회생 및 파산에 관한 법률에 따른 회생절차개시, 간이회생절차개시 또는 파산선고의 결정이 있는 경우

 8. 국내에 주소 또는 거소를 두지 않게 된 경우

 9. 법 제57조 제1항 또는 제2항에 따른 징수금이 5억 원 이상인 경우

② 법 제81조의2 제3항 제2호에서 "법원의 무죄 판결이 확정되는 등 대통령령으로 정하는 사유"란 다음 각 호의 어느 하나에 해당하는 경우를 말한다.

 1. 법원의 무죄 판결이 확정된 경우

 2. 검사가 공소를 취소한 경우

10. 결손처분 및 기타사항

(1) 체납 또는 결손처분 자료 제공의 제외 사유(제47조)

① 법 제81조의3 제1항 각 호 외의 부분 단서에서 "대통령령으로 정하는 경우"란 법 제82조 제1항에 따라 공단의 분할납부 승인을 받고 1회 이상 승인된 보험료를 납부하는 경우를 말한다. 다만, 법 제82조 제3항에 따라 분할납부의 승인이 취소된 경우는 제외한다.

② 법 제81조의3 제1항 각 호 외의 부분 단서에서 "대통령령으로 정하는 사유가 있을 때"란 다음 각 호의 어느 하나에 해당하는 때를 말한다.

 1. 체납자가 채무자 회생 및 파산에 관한 법률 제243조에 따른 회생계획인가의 결정에 따라 **체납액의 징수를 유예받고 그 유예기간 중에 있거나 체납액을 회생계획의 납부일정에 따라 내고 있는 때**

 2. 체납자가 다음 각 목의 어느 하나에 해당하는 사유로 **체납액을 낼 수 없다고 공단이 인정하는 때**

 가. 재해 또는 도난으로 재산이 심하게 손실되었을 때

 나. 사업이 현저하게 손실을 입거나 중대한 위기에 처하였을 때

(2) 체납 또는 결손처분 자료의 제공절차(제47조의2)

① 삭제

② 공단은 법 제81조의3 제1항에 따라 신용정보의 이용 및 보호에 관한 법률 제25조 제2항 제1호의 **종합신용정보집중기관**("신용정보집중기관")에 체납 등 자료(법 제81조의3 제1항 각 호 외의 부분 본문에 따른 체납 등 자료를 말한다. 이하 이 조에서 같다)를 제공할 때에는 문서로 제공하거나 정보통

신망을 이용하여 전자적인 형태의 파일(자기테이프, 자기디스크, 그 밖에 이와 유사한 매체에 체납 등 자료가 기록·보관된 것을 말한다)로 제공할 수 있다.

③ 공단은 제2항에 따라 체납 등 자료를 제공한 후 체납액의 납부, 결손처분의 취소 등의 사유가 발생한 경우에는 해당 사실을 그 사유가 발생한 날부터 15일 이내에 해당 체납 등 자료를 제공한 신용정보 집중기관에 알려야 한다.

④ 제2항 및 제3항에서 규정한 사항 외에 체납 등 자료의 제공에 필요한 사항은 공단이 정한다.

(3) 보험료의 납부증명 등(제47조의3)

① **납부사실을 증명해야 하는 계약** : 법 제81조의4 제1항 본문에서 "공사·제조·구매·용역 등 대통령령으로 정하는 계약"이란 다음 각 호의 어느 하나에 해당하는 계약을 말한다.

1. 국가를 당사자로 하는 계약에 관한 법률 제2조에 따른 계약. 다만, 국고금 관리법 시행령 제31조에 따른 관서운영경비로 그 대가를 지급받는 계약은 제외한다.

2. 지방자치단체를 당사자로 하는 계약에 관한 법률 제2조에 따른 계약. 다만, 지방회계법 시행령 제38조에 따른 일상경비로 그 대가를 지급받는 계약은 제외한다.

3. 공공기관의 운영에 관한 법률에 따른 공공기관이 체결하는 계약. 다만, 일상경비적 성격의 자금으로서 보건복지부장관이 정하여 고시하는 자금으로 그 대가를 지급받는 계약은 제외한다.

② **납부사실을 증명하지 않는 계약** : 법 제81조의4 제1항 단서에서 "납부의무자가 계약대금의 전부 또는 일부를 체납한 보험료로 납부하려는 경우 등 대통령령으로 정하는 경우"란 다음 각 호의 어느 하나에 해당하는 경우를 말한다.

1. 납부의무자가 지급받는 대가의 전부를 보험료와 그에 따른 연체금 및 체납처분비로 납부하거나 그 대가의 일부를 보험료와 그에 따른 연체금 및 체납처분비 전액으로 납부하려는 경우

2. 법 제81조에 따른 체납처분에 따라 공단이 그 계약 대가를 지급받는 경우

3. 채무자 회생 및 파산에 관한 법률에 따른 파산관재인이 납부증명을 하지 못하여 관할법원이 파산절차를 원활하게 진행하기 곤란하다고 인정하는 경우로서 파산관재인이 공단에 납부증명의 예외를 요청하는 경우

4. 채무자 회생 및 파산에 관한 법률에 따른 회생계획에서 보험료와 그에 따른 연체금 및 체납처분비의 징수를 유예하거나 체납처분에 의한 재산의 환가를 유예하는 내용을 정한 경우. 이 경우 납부사실을 증명하지 아니하여도 되는 보험료와 그에 따른 연체금 및 체납처분비는 해당 징수유예 또는 환가유예된 금액만 해당한다.

③ **공단에 대한 증명 요청** : 법 제77조에 따른 보험료 납부의무자가 법 제81조의4 제1항 본문에 따라 보험료와 그에 따른 연체금 및 체납처분비 납부사실의 증명을 받으려는 경우에는 보건복지부장관이 정하여 고시하는 바에 따라 공단에 그 증명을 요청하여야 한다. 다만, 계약 대가를 지급받는 자가 원래의 계약자가 아닌 경우에는 다음 각 호의 구분에 따른 자가 납부사실의 증명을 요청하여야 한다.

1. 채권양도로 인한 경우 : 양도인과 양수인

2. 법원의 전부명령에 따르는 경우 : 압류채권자

3. 하도급거래 공정화에 관한 법률 제14조 제1항 제1호 및 제2호에 따라 건설공사의 하도급대금을 직접 지급받는 경우 : 수급사업자

(4) 우편송달(제47조의4)

공단이 법 제81조의5 단서에 따라 법 제79조 및 제81조에 따른 서류를 우편으로 송달할 때에는 일반우편으로 송달할 수 있다.

(5) 고액·상습체납자의 인적사항 공개 및 공개 제외 사유 등(제48조)

① 인적사항 등의 공개 제외 사유 : 법 제83조 제1항 단서에서 "체납된 금액의 일부 납부 등 대통령령으로 정하는 사유가 있는 경우"란 다음 각 호의 어느 하나에 해당하는 경우를 말한다.

　1. 법 제83조 제3항에 따른 통지 당시 체납된 보험료, 연체금 및 체납처분비("체납액")의 100분의 30 이상을 그 통지일부터 6개월 이내에 납부한 경우

　2. 채무자 회생 및 파산에 관한 법률 제243조에 따른 회생계획인가의 결정에 따라 체납액의 징수를 유예받고 그 유예기간 중에 있거나 체납액을 회생계획의 납부일정에 따라 내고 있는 경우

　3. 재해 등으로 재산에 심한 손실을 입었거나 사업이 중대한 위기에 처한 경우 등으로서 법 제83조 제2항에 따른 보험료정보공개심의위원회("보험료정보공개심의위원회")가 체납자의 인적사항·체납액 등("인적사항 등")을 공개할 실익이 없다고 인정하는 경우

② 공개대상자 선정 시 고려 사항 : 공단과 보험료정보공개심의위원회는 법 제83조 제3항에 따른 인적사항 등의 공개대상자를 선정할 때에는 체납자의 재산상태, 소득수준, 미성년자 여부, 그 밖의 사정을 종합적으로 고려하여 납부능력이 있는지를 판단하여야 한다.

③ 공개대상자에 대한 통지·안내 사항 : 공단은 법 제83조 제3항에 따라 인적사항 등 공개대상자임을 통지할 때에는 체납액의 납부를 촉구하고, 같은 조 제1항 단서에 따른 인적사항 등의 공개 제외 사유에 해당하면 그에 관한 소명자료를 제출하도록 안내하여야 한다.

④ 공개 내용 : 공단은 법 제83조 제4항에 따라 인적사항 등을 공개할 때에는 체납자의 성명, 상호(법인의 명칭을 포함한다), 나이, 주소, 업종·직종, 체납액의 종류·납부기한·금액, 체납요지 등을 공개하여야 하고, 체납자가 법인인 경우에는 법인의 대표자를 함께 공개하여야 한다.

(6) 보험료정보공개심의위원회의 구성 및 운영(제49조)

① 위원회의 구성 : 위원회는 위원장 1명을 포함한 11명의 위원으로 구성한다.

② 위원회장과 위원 : 보험료정보공개심의위원회의 위원장은 공단의 임원 중 해당 업무를 담당하는 상임이사가 되고, 위원은 공단의 이사장이 임명하거나 위촉하는 다음 각 호의 사람으로 한다.

　1. 공단 소속 직원 4명

　2. 보험료 징수에 관한 사무를 담당하는 보건복지부 소속 3급 또는 4급 공무원 1명

　3. 국세청의 3급 또는 4급 공무원 1명

　4. 법률, 회계 또는 사회보험에 관한 학식과 경험이 풍부한 사람 4명

③ 제2항 제4호에 따른 위원의 임기는 2년으로 한다.

④ 개의·의결 정족수 : 보험료정보공개심의위원회의 회의는 재적위원 과반수의 출석으로 개의하고, 출석위원 과반수의 찬성으로 의결한다.

⑤ 제1항부터 제4항까지에서 규정한 사항 외에 보험료정보공개심의위원회의 구성 및 운영에 필요한 사항은 공단이 정한다.

(7) 결손처분(제50조)

법 제84조 제1항 제3호에서 "대통령령으로 정하는 경우"란 다음 각 호의 경우를 말한다.

1. 체납자의 재산이 없거나 체납처분의 목적물인 총재산의 견적가격이 체납처분비에 충당하고 나면 남을 여지가 없음이 확인된 경우
2. 체납처분의 목적물인 총재산이 보험료 등보다 우선하는 국세, 지방세, 전세권·질권·저당권 또는 동산·채권 등의 담보에 관한 법률에 따른 담보권에 따라 담보된 채권 등의 변제에 충당하고 나면 남을 여지가 없음이 확인된 경우
3. 그 밖에 징수할 가능성이 없다고 재정운영위원회에서 의결한 경우

11. 과오납금

(1) 과오납금의 충당 순서(제51조)

① 충당 순서 : 공단은 법 제86조 제1항에 따라 같은 항에 따른 과오납금("과오납금")을 다음 각 호의 구분에 따라 각 목의 순서대로 충당해야 한다.

1. 보험료와 그에 따른 연체금을 과오납부한 경우
   가. 체납처분비
   나. 체납된 보험료와 그에 따른 연체금
   다. 앞으로 내야 할 1개월분의 보험료(납부의무자가 동의한 경우만 해당한다)
2. 법 제57조에 따른 징수금("징수금")과 그에 따른 연체금을 과오납부한 경우
   가. 체납처분비
   나. 체납된 징수금과 그에 따른 연체금
3. 가산금과 그에 따른 연체금을 과오납부한 경우
   가. 체납처분비
   나. 체납된 가산금과 그에 따른 연체금

② 충당 후 금액이 남는 경우 : 공단은 제1항 제1호부터 제3호까지의 규정에 따라 충당한 후 남은 금액이 있는 경우에는 다음 각 호의 구분에 따라 충당할 수 있다.

1. 제1항 제1호에 따라 충당하고 남은 금액이 있는 경우 : 같은 항 제2호 각 목의 순서에 따라 충당하고, 그 다음에 같은 항 제3호 각 목의 순서에 따라 충당할 것
2. 제1항 제2호에 따라 충당하고 남은 금액이 있는 경우 : 같은 항 제1호 각 목의 순서에 따라 충당하고, 그 다음에 같은 항 제3호 각 목의 순서에 따라 충당할 것
3. 제1항 제3호에 따라 충당하고 남은 금액이 있는 경우 : 같은 항 제1호 각 목의 순서에 따라 충당하고, 그 다음에 같은 항 제2호 각 목의 순서에 따라 충당할 것

(2) 과오납금의 충당·지급 시 가산 이자 등(제52조)

① 납부의무자에 대한 통보 : 공단은 법 제86조 제1항에 따라 과오납금을 보험료 등·연체금 또는 체납처분비에 충당하거나 같은 조 제2항에 따라 충당하고 남은 금액을 환급하려는 경우에는 그 사실을 문서로 납부의무자에게 알려야 한다.

② 이자의 산정 : 법 제86조 제3항에서 "대통령령으로 정하는 이자"란 다음 각 호의 구분에 따른 날부터 과오납금을 보험료 등·연체금 또는 체납처분비에 충당하는 날(환급의 경우에는 환급통지서를 발송한 날을 말한다)까지의 기간에 대하여 과오납금에 국세기본법 시행령 제43조의3 제2항 본문에 따른 국세환급가산금의 이자율을 곱하여 산정한 금액을 말한다.

1. 보험료 등, 연체금 또는 체납처분비가 2회 이상 분할 납부된 경우에는 다음 각 목의 구분에 따른 분할납부일의 다음 날

   가. 해당 환급금이 최종 분할납부된 금액보다 적거나 같은 경우 : **최종 분할납부일**

   나. 해당 환급금이 최종 분할납부된 금액보다 많은 경우 : 해당 환급금이 가목의 경우에 해당될 때까지 최근 분할납부일의 순서로 소급하여 산정한 각 분할납부일

2. 공단이 제39조 제1항에 따라 그 **초과액을 사용자에게 반환**하는 경우에는 다음 각 목의 구분에 따른 날

   가. 사용자가 제35조 및 제38조에 따라 직장가입자에게 지급한 보수의 총액 등을 그 통보기한까지 공단에 통보한 경우 그 **통보기한일부터 7일이 지난 날**. 다만, 그 통보기한을 지나서 통보한 경우에는 **통보일부터 7일이 지난 날**

   나. 사용자가 제36조 제2항(제38조 제2항에서 준용하는 경우를 포함한다)에 따라 공단에 보수월액 변경을 신청한 경우 그 **신청일부터 7일이 지난 날**

3. 제38조 제2항에서 준용하는 제35조 제2항 각 호의 사유로 사용자의 보수월액보험료를 정산하는 경우나 직장가입자의 사용·임용·채용 관계가 끝나 공단이 제39조 제2항에 따라 사용자와 보수월액보험료를 다시 정산하여 반환하는 경우에는 다음 각 목의 구분에 따른 날

   가. 법 제9조 제1항에 따른 자격 변동이 있는 경우 : **자격 변동 신고를 한 날부터 7일이 지난 날**

   나. 법 제10조 제1항에 따른 자격 상실이 있는 경우 : **자격 상실 신고를 한 날부터 7일이 지난 날**

4. 제1호부터 제3호까지의 규정 외의 경우에는 **과오납부한 날의 다음 날**

07   이의신청 및 심판청구 등

1. 이의신청

(1) 이의신청위원회(제53조)

법 제87조 제1항 및 제2항에 따른 이의신청을 효율적으로 처리하기 위하여 공단 및 심사평가원에 각각 이의신청위원회를 설치한다.

(2) 이의신청위원회의 구성 등(제54조)

① 위원회의 구성 : 제53조에 따른 이의신청위원회("이의신청위원회")는 각각 위원장 1명을 포함한 25명의 위원으로 구성한다.

② 공단의 이의신청위원회 위원장과 위원 : 공단에 설치하는 이의신청위원회의 위원장은 공단의 이사장이 지명하는 공단의 상임이사가 되고, 위원은 공단의 이사장이 임명하거나 위촉하는 다음 각 호의 사람으로 한다.

1. 공단의 임직원 1명
    2. 사용자단체 및 근로자단체가 각각 4명씩 추천하는 8명
    3. 시민단체, 소비자단체, 농어업인단체 및 자영업자단체가 각각 2명씩 추천하는 8명
    4. 변호사, 사회보험 및 의료에 관한 학식과 경험이 풍부한 사람 7명
  ③ 심사평가원의 이의신청위원회 위원장과 위원 : 심사평가원에 설치하는 이의신청위원회의 위원장은 심사평가원의 원장이 지명하는 심사평가원의 상임이사가 되고, 위원은 심사평가원의 원장이 임명하거나 위촉하는 다음 각 호의 사람으로 한다.
    1. 심사평가원의 임직원 1명
    2. 가입자를 대표하는 단체(시민단체를 포함한다)가 추천하는 사람 5명
    3. 변호사, 사회보험에 관한 학식과 경험이 풍부한 사람 4명
    4. 의약 관련 단체가 추천하는 사람 14명
  ④ 위원의 임기 : 제2항과 제3항에 따라 위촉된 위원의 임기는 3년으로 한다.

(3) 이의신청위원회의 운영(제55조)

  ① 위원장의 역할과 직무대행 : 이의신청위원회의 위원장은 이의신청위원회 회의를 소집하고, 그 의장이 된다. 이 경우 위원장이 부득이한 사유로 직무를 수행할 수 없을 때에는 위원장이 지명하는 위원이 그 직무를 대행한다.
  ② 이의신청위원회의 회의 : 위원장과 위원장이 회의마다 지명하는 6명의 위원으로 구성한다.
  ③ 개의·의결 정족수 : 이의신청위원회의 회의는 제2항에 따른 구성원 과반수의 출석으로 개의하고, 출석위원 과반수의 찬성으로 의결한다.
  ④ 경비의 지급 : 이의신청위원회의 회의에 출석한 위원장 및 소속 임직원을 제외한 나머지 위원에게는 예산의 범위에서 수당과 여비, 그 밖에 필요한 경비를 지급할 수 있다.
  ⑤ 이의신청위원회의 회의에 부치는 안건의 범위, 그 밖에 이의신청위원회의 운영에 필요한 사항은 이의신청위원회의 의결을 거쳐 위원장이 정한다.

(4) 이의신청 등의 방식(제56조)

  법 제87조 제1항 및 제2항에 따른 이의신청 및 그에 대한 결정은 보건복지부령으로 정하는 서식에 따른다.

(5) 이의신청 결정의 통지(제57조)

  공단과 심사평가원은 이의신청에 대한 결정을 하였을 때에는 지체 없이 신청인에게 결정서의 정본을 보내고, 이해관계인에게는 그 사본을 보내야 한다.

(6) 이의신청 결정기간(제58조)

  ① 결정기간 : 공단과 심사평가원은 이의신청을 받은 날부터 60일 이내에 결정을 하여야 한다. 다만, 부득이한 사정이 있는 경우에는 30일의 범위에서 그 기간을 연장할 수 있다.
  ② 결정기간의 연장 : 공단과 심사평가원은 제1항 단서에 따라 결정기간을 연장하려면 결정기간이 끝나기 7일 전까지 이의신청을 한 자에게 그 사실을 알려야 한다.

2. 심판청구

(1) 심판청구서의 제출 등(제59조)

① 심판청구서 기재 사항 : 법 제88조 제1항에 따라 심판청구를 하려는 자는 다음 각 호의 사항을 적은 심판청구서를 공단, 심사평가원 또는 법 제89조에 따른 건강보험분쟁조정위원회("분쟁조정위원회")에 제출하여야 한다. 이 경우 정당한 권한이 없는 자에게 심판청구서가 제출되었을 때에는 심판청구서를 받은 자는 그 심판청구서를 정당한 권한이 있는 자에게 보내야 한다.

1. 청구인과 처분을 받은 자의 성명·주민등록번호 및 주소(법인인 경우에는 법인의 명칭, 법인등록번호 및 주사무소의 소재지를 말한다. 이하 제60조 제1호에서 같다)
2. 처분을 한 자(공단 이사장 또는 심사평가원 원장의 위임을 받아 분사무소의 장이 처분을 한 경우에는 그 분사무소의 장을 말한다. 이하 같다)
3. 처분의 요지 및 처분이 있음을 안 날
4. 심판청구의 취지 및 이유
5. 청구인이 처분을 받은 자가 아닌 경우에는 처분을 받은 자와의 관계
6. 첨부서류의 표시
7. 심판청구에 관한 고지의 유무 및 그 내용

② 공단과 심사평가원은 제1항에 따라 심판청구서를 받으면 그 심판청구서를 받은 날부터 10일 이내에 그 심판청구서에 처분을 한 자의 답변서 및 이의신청 결정서 사본을 첨부하여 분쟁조정위원회에 제출하여야 한다.

③ 분쟁조정위원회는 제1항에 따라 심판청구서를 받으면 지체 없이 그 사본 또는 부본을 공단 또는 심사평가원 및 이해관계인에게 보내고, 공단 또는 심사평가원은 그 사본 또는 부본을 받은 날부터 10일 이내에 처분을 한 자의 답변서 및 이의신청 결정서 사본을 분쟁조정위원회에 제출하여야 한다.

④ 제1항 후단에 따라 심판청구서를 정당한 권한이 있는 자에게 보냈을 때에는 지체 없이 그 사실을 청구인에게 알려야 한다.

⑤ 법 제88조 제1항 후단에 따른 심판청구 제기기간을 계산할 때에는 제1항에 따라 공단, 심사평가원, 분쟁조정위원회 또는 정당한 권한이 없는 자에게 심판청구서가 제출된 때에 심판청구가 제기된 것으로 본다.

(2) 심판청구 결정의 통지(제60조)

분쟁조정위원회의 위원장은 심판청구에 대하여 결정을 하였을 때에는 다음 각 호의 사항을 적은 결정서에 서명 또는 기명날인하여 지체 없이 청구인에게는 결정서의 정본을 보내고, 처분을 한 자 및 이해관계인에게는 그 사본을 보내야 한다.

1. 청구인의 성명·주민등록번호 및 주소
2. 처분을 한 자
3. 결정의 주문
4. 심판청구의 취지
5. 결정 이유
6. 결정 연월일

(3) 심판청구 결정기간(제61조)

① 결정기간 : 분쟁조정위원회는 제59조 제1항에 따라 심판청구서가 제출된 날부터 60일 이내에 결정을 하여야 한다. 다만, 부득이한 사정이 있는 경우에는 30일의 범위에서 그 기간을 연장할 수 있다.

② 결정기간의 연장 : 제1항 단서에 따라 결정기간을 연장하려면 결정기간이 끝나기 7일 전까지 청구인에게 그 사실을 알려야 한다.

3. 분쟁조정위원회

(1) 분쟁조정위원회의 구성 등(제62조)

① 위원장과 위원 : 분쟁조정위원회의 위원장은 보건복지부장관의 제청으로 대통령이 임명하고, 위원은 다음 각 호의 사람 중에서 보건복지부장관이 임명하거나 위촉한다.

    1. 4급 이상 공무원 또는 고위공무원단에 속하는 일반직공무원으로 재직 중이거나 재직하였던 사람

    2. 판사·검사 또는 변호사 자격이 있는 사람

    3. 고등교육법 제2조 제1호부터 제3호까지의 규정에 따른 학교에서 사회보험 또는 의료와 관련된 분야에 부교수 이상으로 재직하고 있는 사람

    4. 사회보험 또는 의료에 관한 학식과 경험이 풍부한 사람

② 당연직위원 : 법 제89조 제2항에 따른 당연직위원은 제1항 제1호의 위원 중 법 제88조에 따른 심판청구에 관한 업무를 담당하는 공무원으로 한다.

(2) 분쟁조정위원회 위원의 해임 및 해촉(제62조의2)

보건복지부장관은 제62조 제1항 각 호에 따른 분쟁조정위원회 위원이 다음 각 호의 어느 하나에 해당하는 경우에는 해당 분쟁조정위원회 위원을 해임하거나 해촉할 수 있다.

1. 심신장애로 인하여 직무를 수행할 수 없게 된 경우

2. 직무와 관련된 비위사실이 있는 경우

3. 직무태만, 품위손상이나 그 밖의 사유로 인하여 위원으로 적합하지 아니하다고 인정되는 경우

4. 제65조의2 제1항 각 호의 어느 하나에 해당하는 데에도 불구하고 회피하지 아니한 경우

5. 위원 스스로 직무를 수행하는 것이 곤란하다고 의사를 밝히는 경우

(3) 분쟁조정위원회 위원장의 직무(제63조)

① 분쟁조정위원회의 위원장·분쟁조정위원회를 대표하고, 분쟁조정위원회의 사무를 총괄한다.

② 위원장의 직무대행 : 분쟁조정위원회의 위원장이 부득이한 사유로 직무를 수행할 수 없을 때에는 위원장이 지명하는 위원이 그 직무를 대행한다.

(4) 분쟁조정위원회 위원의 임기(제64조)

분쟁조정위원회 위원의 임기는 3년으로 한다. 다만, 제62조 제1항 제1호에 따른 위원 중 공무원인 위원의 임기는 그 직위에 재임하는 기간으로 한다.

(5) 분쟁조정위원회의 회의(제65조)

① 위원장의 역할 : 분쟁조정위원회의 위원장은 분쟁조정위원회의 **회의를 소집**하고, 그 **의장**이 된다.

② 국민건강보험법 시행령에서 규정한 사항 외에 분쟁조정위원회 운영에 필요한 사항은 분쟁조정위원회의 의결을 거쳐 위원장이 정한다.

(6) 분쟁조정위원회 위원의 제척 · 기피 · 회피(제65조의2)

① 제척 사유 : 분쟁조정위원회의 위원("위원")이 다음 각 호의 어느 하나에 해당하는 경우에는 분쟁조정위원회의 심리 · 의결에서 제척된다.

    1. 위원 또는 그 배우자나 배우자였던 사람이 해당 안건의 당사자가 되거나 그 안건의 당사자와 공동권리자 또는 공동의무자인 경우

    2. 위원이 해당 안건의 당사자와 친족이거나 친족이었던 경우

    3. 위원이 해당 안건에 대하여 증언 · 진술 · 자문 · 연구 또는 용역을 한 경우

    4. 위원이나 위원이 속한 법인이 해당 안건의 당사자의 대리인이거나 대리인이었던 경우

    5. 위원이 해당 안건의 원인이 된 처분이나 부작위에 관여하거나 관여하였던 경우

② 기피 신청 : 당사자는 위원에게 공정한 심리 · 의결을 기대하기 어려운 사정이 있는 경우에는 **분쟁조정위원회에 기피 신청**을 할 수 있고, 분쟁조정위원회는 의결로 이를 결정한다. 이 경우 기피 신청의 대상인 위원은 그 의결에 참여하지 못한다.

③ 회피 사유 : 위원은 제1항 각 호에 따른 제척 사유에 해당하는 경우에는 **스스로 해당 안건의 심리 · 의결에서 회피**하여야 한다.

(7) 분쟁조정위원회의 간사(제66조)

① 분쟁조정위원회의 사무를 처리하기 위하여 분쟁조정위원회에 **간사 1명**을 둔다.

② 간사는 보건복지부 소속 공무원 중에서 보건복지부장관이 지명한다.

(8) 분쟁조정위원회 위원의 수당(제67조)

분쟁조정위원회에 출석한 위원에게는 예산의 범위에서 수당과 여비, 그 밖에 **필요한 경비를 지급**할 수 있다. 다만, 공무원인 위원이 소관 업무와 직접 관련하여 출석하는 경우에는 그러하지 아니하다.

---

08   보칙

1. 절차 및 자료

(1) 소득 축소 · 탈루 자료의 송부 절차(제68조)

① 자료의 제출 · 송부 : 공단은 법 제95조 제1항에 따라 다음 각 호의 어느 하나에 해당하는 경우에는 제2항에 따른 소득축소탈루심사위원회의 심사를 거쳐 관련 자료를 보건복지부장관에게 제출하고 국세청장에게 송부하여야 한다.

1. 법 제94조 제1항에 따라 사용자, 직장가입자 및 세대주가 신고한 보수 또는 소득 등("소득 등")이 다음 각 목의 어느 하나에 해당하는 경우
   가. 국세청에 신고한 소득 등과 차이가 있는 경우
   나. 해당 업종·직종별 평균 소득 등보다 낮은 경우
   다. 임금대장이나 그 밖의 소득 관련 서류 또는 장부 등의 내용과 다른 경우
2. 다음 각 목의 어느 하나에 해당하는 경우로서 소득 등의 축소 또는 탈루가 있다고 인정되는 경우
   가. 법 제94조 제1항에 따른 자료 제출을 하지 아니하거나 3개월 이상 늦게 제출한 경우
   나. 법 제94조 제2항에 따른 조사를 3회 이상 거부·방해·기피한 경우
② **소득축소탈루심사위원회의 설치** : 법 제95조 제1항에 따른 소득 등의 축소 또는 탈루 여부에 관한 사항을 심사하기 위하여 공단에 **소득축소탈루심사위원회**("소득축소탈루심사위원회")를 둔다.
③ **위원회의 구성** : 소득축소탈루심사위원회는 위원장 1명을 포함한 5명의 위원으로 구성한다.
④ **위원장의 임명** : 소득축소탈루심사위원회의 위원장은 공단 소속 임직원 중에서 공단의 이사장이 임명한다.
⑤ **위원의 임명** : 소득축소탈루심사위원회의 위원은 공단의 이사장이 임명하거나 위촉하는 다음 각 호의 사람으로 한다.
   1. 공단의 직원 1명
   2. 보건복지부 및 국세청 소속의 5급 이상 공무원 또는 고위공무원단에 속하는 일반직공무원 중에서 소속 기관의 장이 각각 1명씩 지명하는 사람 2명
   3. 세무사 또는 공인회계사 1명
⑥ 제3항부터 제5항까지에서 규정한 사항 외에 소득축소탈루심사위원회 운영에 필요한 사항은 공단의 이사장이 정한다.

(2) 국세청 회신자료의 반영(제69조)

법 제95조 제2항에 따라 국세청장으로부터 보수·소득에 관한 사항을 송부받은 공단은 그 결과를 해당 가입자의 보수 또는 소득에 반영하여야 한다.

(3) 제공 요청 자료 등(제69조의2)

① **주민등록·가족관계등록·국세·지방세·토지·건물·출입국관리 등의 자료** : 법 제96조 제1항에서 "대통령령으로 정하는 자료"란 별표 4의3 제1호에 따른 자료를 말한다.
② **주민등록·출입국관리·진료기록·의약품공급 등의 자료** : 법 제96조 제2항에서 "대통령령으로 정하는 자료"란 별표 4의3 제2호에 따른 자료를 말한다.
③ **자료의 제공 형태** : 법 제96조 제1항 또는 제2항에 따라 자료의 제공을 요청받은 국가, 지방자치단체, 요양기관, 보험업법에 따른 보험회사 및 보험료율 산출 기관, 공공기관의 운영에 관한 법률에 따른 공공기관, 그 밖의 공공단체 등은 제1항 또는 제2항의 자료가 디스켓, 자기테이프, 마이크로필름, 광디스크 등 **전산기록장치 또는 전산프로그램**을 이용하여 저장되어 있는 경우에는 **해당 형태로 자료를 제공**할 수 있다.

(4) 질문 · 검사 · 조사 · 확인 업무의 지원(제69조의3)

보건복지부장관은 법 제97조에 제7항에 따라 공단 또는 심사평가원으로 하여금 같은 조 제1항부터 제5항까지의 규정에 따른 질문 · 검사 · 조사 · 확인 업무를 지원하게 하려는 경우에는 공단 또는 심사평가원에 다음 각 호의 사항을 미리 통보해야 한다.

1. 해당 업무를 수행하는 공무원의 성명 및 직위
2. 공단 또는 심사평가원의 업무지원 내용 및 방법
3. 공단 또는 심사평가원의 업무지원 인력의 편성 규모 및 운영 계획
4. 그 밖에 공단 또는 심사평가원의 업무지원을 위해 보건복지부장관이 필요하다고 인정하는 사항

(5) 행정처분기준(제70조)

① 업무정지 · 과징금 기준 : 법 제98조 제1항 및 제99조 제1항에 따른 요양기관에 대한 업무정지 처분 및 과징금 부과의 기준은 별표 5와 같다.
② 제1항에 따른 과징금의 징수 절차는 보건복지부령으로 정한다.

2. 과징금

(1) 과징금의 부과기준(제70조의2)

① 요양급여 적용 정지의 갈음 : 보건복지부장관은 법 제41조의2 제3항에 따른 요양급여의 적용 정지 대상인 약제가 요양급여의 적용 정지 처분을 한 날이 속한 연도 또는 그 전년도에 요양기관으로부터 요양급여비용이 청구된 약제(제2항 각 호에 해당하는 약제는 제외한다)인 경우에는 법 제99조 제2항 제1호 또는 같은 조 제3항 제1호에 따라 요양급여의 적용 정지를 갈음하여 과징금을 부과할 수 있다.
② 보건복지부장관은 법 제41조의2 제3항에 따른 요양급여의 적용 정지 대상인 약제가 다음 각 호의 어느 하나에 해당하는 경우에는 법 제99조 제2항 제2호 또는 같은 조 제3항 제2호에 따라 요양급여의 적용 정지를 갈음하여 과징금을 부과할 수 있다.
   1. 퇴장방지의약품
   2. 희귀의약품
   3. 법 제41조 제3항에 따라 요양급여의 대상으로 고시한 약제가 단일 품목으로서 동일제제(투여경로 · 성분 · 함량 및 제형이 동일한 제품을 말한다)가 없는 의약품
   4. 그 밖에 보건복지부장관이 특별한 사유가 있다고 인정한 약제
③ 법 제99조 제3항에서 "대통령령으로 정하는 기간"이란 5년을 말한다.
④ 제1항 및 제2항에 따른 과징금의 부과기준은 별표 4의2와 같다.

(2) 과징금의 부과 및 납부(제70조의3)

① 과징금의 부과 : 보건복지부장관은 법 제99조 제1항부터 제3항까지의 규정에 따라 과징금을 부과하려는 때에는 과징금 부과대상이 되는 위반행위, 과징금의 금액, 납부기한 및 수납기관 등을 명시하여 이를 납부할 것을 서면으로 통지하여야 한다.
② 과징금의 납부 : 제1항에 따라 통지를 받은 자는 과징금 납입고지서에 기재된 납부기한까지 과징금을 수납기관에 납부해야 한다.

③ 제2항에 따른 수납기관은 과징금을 받은 경우 납부자에게 영수증을 내어주고, 지체 없이 납부사실을 보건복지부장관에게 통보하여야 한다.

(3) 과징금 미납자에 대한 처분(제70조의4)

① **독촉장의 발급** : 보건복지부장관은 법 제99조 제1항에 따라 과징금을 납부하여야 할 자가 납부기한까지 과징금을 내지 아니하면 같은 조 제5항 본문에 따라 납부기한이 지난 후 15일 이내에 독촉장을 발급하여야 한다. 이 경우 납부기한은 독촉장을 발급하는 날부터 10일 이내로 하여야 한다.

② **납부기한까지 과징금을 내지 않는 경우** : 보건복지부장관은 과징금을 납부하여야 할 자가 제1항에 따른 독촉장을 받고도 그 납부기한까지 과징금을 내지 아니하면 법 제99조 제5항 본문에 따라 과징금 부과처분을 취소하고 법 제98조 제1항에 따른 **업무정지 처분**을 하거나 **국세 체납처분의 예**에 따라 징수하여야 한다.

③ **서면 통지** : 보건복지부장관은 법 제99조 제5항 본문에 따라 과징금 부과처분을 취소하고 법 제98조 제1항에 따른 업무정지 처분을 하는 경우에는 **처분대상자에게 서면으로 그 내용을 통지**하여야 한다. 이 경우 그 서면에는 처분의 변경사유와 업무정지 처분의 기간 등 업무정지 처분에 필요한 사항이 포함되어야 한다.

(4) 과징금의 지원 규모 등(제71조)

① **과징금의 용도별 지원 규모** : 법 제99조 제1항, 같은 조 제2항 제2호 또는 같은 조 제3항 제2호에 따라 징수한 과징금의 용도별 지원 규모는 다음 각 호와 같다.
   1. 재난적의료비 지원에 관한 법률에 따른 **재난적의료비 지원사업**에 대한 지원 : 과징금 수입의 100분의 65
   2. 응급의료에 관한 법률에 따른 **응급의료기금** 지원 : 과징금 수입의 100분의 35

② **운용계획서와 사용실적 제출** : 공단의 이사장과 응급의료에 관한 법률 제19조 제2항에 따라 응급의료기금의 관리·운용을 위탁받은 자는 제1항에 따라 지원받은 과징금의 다음 해 **운용계획서**와 전년도 **사용실적**을 매년 4월 30일까지 보건복지부장관에게 제출하여야 한다.

③ **예산에 대한 반영** : 보건복지부장관은 제2항에 따라 제출받은 과징금 운용계획서와 과징금 사용실적을 고려하여 다음 해 과징금 지원액을 정한 후 이를 국가재정법령에서 정하는 바에 따라 **예산에 반영**하여야 한다.

3. 공표

(1) 공표 사항(제72조)

법 제100조 제1항 각 호 외의 부분 전단에서 "대통령령으로 정하는 사항"이란 다음 각 호의 사항을 말한다.
1. 해당 요양기관의 종류와 그 요양기관 대표자의 면허번호
2. 의료기관의 개설자가 법인인 경우에는 의료기관의 장의 성명
3. 그 밖에 다른 요양기관과의 구별을 위하여 법 제100조 제2항에 따른 건강보험공표심의위원회("공표심의위원회")가 필요하다고 인정하는 사항

(2) 공표심의위원회의 구성·운영 등(제73조)

① 위원회의 구성 : 공표심의위원회는 위원장 1명을 포함한 9명의 위원으로 구성한다.

② 위원장과 위원 : 공표심의위원회의 위원장은 제1호부터 제4호까지의 위원 중에서 호선하고, 위원은 보건복지부장관이 임명하거나 위촉하는 다음 각 호의 사람으로 한다.

1. 소비자단체가 추천하는 사람 1명
2. 언론인 1명
3. 변호사 등 법률 전문가 1명
4. 건강보험에 관한 학식과 경험이 풍부한 사람으로서 의약계를 대표하는 단체가 추천하는 사람 3명
5. 보건복지부의 고위공무원단에 속하는 일반직공무원 1명
6. 공단의 이사장 및 심사평가원의 원장이 각각 1명씩 추천하는 사람 2명

③ 위원의 임기 : 공표심의위원회 위원(제2항 제5호의 위원은 제외한다)의 임기는 2년으로 한다.

④ 위원장 : 공표심의위원회의 위원장은 공표심의위원회를 대표하고, 공표심의위원회의 업무를 총괄한다.

⑤ 위원장의 직무대행 : 공표심의위원회의 위원장이 부득이한 사유로 직무를 수행할 수 없을 때에는 위원장이 지명하는 위원이 그 직무를 대행한다.

⑥ 개의·의결 정족수 : 공표심의위원회의 회의는 재적위원 **과반수의 출석**으로 개의하고, 출석위원 과반수의 찬성으로 의결한다.

⑦ 제1항부터 제6항까지에서 규정한 사항 외에 공표심의위원회의 구성·운영 등에 필요한 사항은 공표심의위원회의 의결을 거쳐 위원장이 정한다.

(3) 공표심의위원회 위원의 해임 및 해촉(제73조의2)

보건복지부장관은 제73조 제2항 각 호에 따른 공표심의위원회 위원이 다음 각 호의 어느 하나에 해당하는 경우에는 해당 **공표심의위원회 위원**을 해임하거나 해촉할 수 있다.

1. 심신장애로 인하여 직무를 수행할 수 없게 된 경우
2. 직무와 관련된 비위사실이 있는 경우
3. 직무태만, 품위손상이나 그 밖의 사유로 인하여 위원으로 적합하지 아니하다고 인정되는 경우
4. 위원 스스로 직무를 수행하는 것이 곤란하다고 의사를 밝히는 경우

(4) 공표 절차 및 방법 등(제74조)

① 의견 진술 기회 부여 : 보건복지부장관은 법 제100조 제3항에 따라 공표대상자인 사실을 통지받은 요양기관에 대하여 그 통지를 받은 날부터 20일 동안 소명자료를 제출하거나 출석하여 의견을 진술할 기회를 주어야 한다.

② 공표 사항의 공고 : 보건복지부장관은 법 제100조 제4항에 따라 공표대상자로 선정된 요양기관에 대하여 보건복지부, 공단, 심사평가원, 관할 특별시·광역시·특별자치시·도·특별자치도와 시·군·자치구 및 보건소의 홈페이지에 6개월 동안 같은 조 제1항에 따른 공표 사항을 공고해야 하며, 추가로 게시판 등에도 공고할 수 있다.

③ 추가 공표 : 보건복지부장관은 법 제100조 제4항에 따라 공표대상자로 선정된 요양기관이 같은 조 제1항 각 호에 해당하는 거짓 청구를 반복적으로 하거나 그 거짓 청구가 중대한 위반행위에 해당하는 경우 등 추가 공표가 필요하다고 인정하는 경우에는 제2항에 따른 공고 외에 신문 등의 진흥에 관한 법률에 따른 신문 또는 방송법에 따른 방송에 추가로 공표할 수 있다.

④ 변경 사실의 반영 : 제2항에 따른 공고 대상인 요양기관을 관할하는 특별시장·광역시장·특별자치시장·도지사·특별자치도지사, 시장·군수·구청장 또는 보건소의 장은 의료법 제33조 제5항에 따른 변경허가·변경신고 등으로 제2항에 따른 공고기간 중 법 제100조 제1항에 따른 **공표 사항이 변경된 사실**이 확인되었을 때에는 지체 없이 보건복지부장관에게 그 사실을 알려야 한다. 이 경우 보건복지부장관은 그 변경 사항이 제2항에 따른 **공고 내용에 즉시 반영되도록 필요한 조치**를 해야 한다.

⑤ 제1항부터 제4항까지에서 규정한 사항 외에 공표 절차 및 방법, 공표 사항의 변경 등에 필요한 사항은 보건복지부장관이 정한다.

4. 산정 및 지급 기준

(1) 손실 상당액 산정기준 등(제74조의2)

① 손실 상당액의 산정 : 법 제101조 제3항에 따라 공단이 약사법에 따른 의약품의 제조업자·위탁제조판매업자·수입자·판매업자 및 의료기기법에 따른 의료기기 제조업자·수입업자·수리업자·판매업자·임대업자("제조업자 등")에 대하여 징수하는 손실에 상당하는 금액("손실 상당액")은 같은 조 제1항 제1호부터 제3호까지의 위반행위로 보험자·가입자 및 피부양자가 부당하게 부담하게 된 **요양급여비용 전액**으로 한다.

② 복수의 위반행위에 대한 손실 상당액 : 공단은 제조업자 등이 동일한 약제·치료재료에 대하여 법 제101조 제1항 제1호부터 제3호까지의 위반행위 중 둘 이상의 위반행위를 한 경우에는 각 위반행위에 따른 손실 상당액 중 **가장 큰 금액을 손실 상당액으로 징수**한다.

③ 문서 통지 내용 : 공단은 법 제101조 제3항에 따라 손실 상당액을 징수하려는 경우에는 다음 각 호의 사항을 포함한 문서로 약제·치료재료의 제조업자 등에게 알려야 한다.
  1. 위반행위의 내용 및 법적근거에 관한 사항
  2. 징수금액 및 산정내역 등에 관한 사항
  3. 납부기한, 납부방법 및 납부장소 등 납부에 필요한 사항

(2) 약제에 대한 쟁송 시 가산금 산정(제74조의3)

법 제101조의2 제5항에서 "대통령령으로 정하는 이자"란 법 제101조의2 제3항 또는 제4항에 따라 산정된 금액에 국세기본법 시행령 제43조의3 제2항 본문에 따른 **이자율을 곱하여 산정한 금액**을 말한다.

(3) 포상금의 지급 기준 등(제75조)

① 신고 대상 : 법 제104조 제1항의 각 호의 어느 하나에 해당하는 자 또는 은닉재산을 신고하려는 사람은 공단이 정하는 바에 따라 **공단에 신고**해야 한다. 이 경우 2명 이상이 공동명의로 신고할 때에는 대표자를 지정해야 한다.

② 지급 결정 통보 : 공단은 제1항에 따라 신고를 받으면 그 내용을 확인한 후 포상금 지급 여부를 결정하여 신고인(2명 이상이 공동명의로 신고한 경우에는 제1항 후단에 따른 대표자를 말한다. 이하 이 조에서 같다)에게 통보하여야 한다.

③ 지급 신청 : 제2항에 따라 포상금 지급 결정을 통보받은 신고인은 공단이 정하는 바에 따라 공단에 포상금 지급을 신청하여야 한다.

④ **포상금 지급** : 공단은 제3항에 따라 **포상금 지급 신청**을 받은 날부터 1개월 이내에 신고인에게 별표 6의 포상금 지급 기준에 따른 포상금을 지급하여야 한다.

⑤ **지급 예외** : 제1항에 따른 신고를 받은 후에 신고된 내용과 같은 내용의 신고를 한 사람에게는 포상 금을 지급하지 아니한다.

⑥ 법 제104조 제3항 제3호에서 "대통령령으로 정하는 재산"이란 법 제57조에 따른 징수금을 납부해야 하는 자의 명의로 등기 또는 등록된 재산으로서 국내에 있는 재산을 말한다.

⑦ 제1항부터 제6항까지에서 규정한 사항 외에 포상금의 지급 기준과 방법·절차 등에 관하여 필요한 사항은 공단이 정한다.

(4) 장려금의 지급 등(제75조의2)

① **지급 대상** : 공단은 법 제104조 제2항에 따라 다음 각 호의 어느 하나에 해당하는 방법으로 **건강보 험 재정 지출**을 절감하는 데에 이바지한 요양기관에 장려금을 지급한다.

    1. 성분 또는 효능이 같아 대체사용이 가능한 약제 중 요양급여비용이 보다 저렴한 약제를 처방하거나 조제하였을 것

    2. 제70조의2 제2항 제1호에 따라 퇴장방지의약품으로 지정·고시된 약제 중에서 다른 약제에 비하여 저가이면서 약제의 특성상 다른 약제를 대체하는 효과가 있는 약제를 처방하거나 조제하였 을 것

    3. 보건복지부장관이 정하여 고시하는 기간 동안 의약품을 상한금액보다 저렴하게 구입하거나 전년 도 약제 사용량보다 사용량을 줄였을 것

② **장려금 금액** : 장려금은 제1항에 따른 처방 또는 조제로 인하여 건강보험 재정 지출에서 절감된 금액 의 100분의 70을 넘지 아니하는 금액으로 한다.

③ **지급 청구** : 제1항 제1호 및 제2호에 따라 장려금을 지급받으려는 요양기관은 법 제47조 제2항에 따라 심사평가원에 요양급여비용의 심사청구를 할 때 함께 장려금 지급을 청구하여야 한다.

④ **금액 통보** : 제1항 제3호에 따라 지급하는 장려금은 심사평가원이 그 금액을 산출하여 보건복지부장 관의 승인을 받아 공단에 통보한다.

⑤ 제1항부터 제4항까지에서 규정한 사항 외에 장려금의 지급 기준과 방법·절차 등에 관하여 필요한 사항은 보건복지부장관이 정하여 고시한다.

5. 특례 조항

(1) 외국인 등의 가입자 및 피부양자 자격취득 제한(제76조)

법 제109조 제5항 제1호에서 "대통령령으로 정하는 사유"란 다음 각 호의 어느 하나에 해당하는 경우를 말한다.

1. 출입국관리법 제25조 및 재외동포의 출입국과 법적 지위에 관한 법률 제10조 제2항에 따라 **체류기간 연장허가**를 받지 아니하고 체류하는 경우

2. 출입국관리법 제59조 제3항에 따라 **강제퇴거명령서**를 발급받은 경우

체류기간 연장허가(출입국관리법 제25조)
① 외국인이 체류기간을 초과하여 계속 체류하려면 대통령령으로 정하는 바에 따라 체류기간이 끝나기 전에 법무부장관의 체류기간 연장허가를 받아야 한다.
② 제1항에 따른 체류기간 연장허가의 심사기준은 법무부령으로 정한다.

출입국과 체류(재외동포의 출입국과 법적 지위에 관한 법률 제10조 제2항)
법무부장관은 체류기간을 초과하여 국내에 계속 체류하려는 외국국적동포에게는 대통령령으로 정하는 바에 따라 체류기간 연장허가를 할 수 있다. 다만, 제5조 제2항 각 호의 어느 하나에 해당하는 사유가 있는 경우에는 그러하지 아니하다.

심사 후의 절차(출입국관리법 제59조 제3항)
지방출입국·외국인관서의 장은 강제퇴거명령을 하는 때에는 강제퇴거명령서를 용의자에게 발급하여야 한다.

(2) 외국인 등의 가입자 자격취득 시기 등(제76조의2)

① **가입자 자격취득 시기** : 국내에 체류하는 재외국민 또는 외국인("국내체류 외국인 등")은 법 제109조 제6항 단서에 따라 다음 각 호의 구분에 따른 날에 가입자의 자격을 얻는다.

1. 법 제109조 제3항 제2호에 해당하는 사람으로서 같은 항 제1호에 따른 기간 동안 국내에 거주한 경우 : 해당 기간이 경과한 날

2. 법 제109조 제3항 제2호에 해당하는 사람으로서 같은 항 제1호에 따라 국내에 지속적으로 거주할 것으로 예상할 수 있는 사유에 해당하는 경우 : 국내에 입국한 날

3. 그 밖에 보건복지부장관이 체류자격, 체류기간 및 체류경위 등을 고려하여 그 자격취득 시기를 국내거주 국민과 다르게 정할 필요가 있다고 인정하여 고시하는 경우 : 해당 고시에서 정하는 날

② **가입자 자격상실 시기** : 국내체류 외국인 등은 법 제109조 제6항 본문에서 준용하는 법 제10조에 따라 같은 조 제1항 제1호·제4호 및 제5호에 따른 날에 가입자의 자격을 잃는다. 다만, 법 제109조 제6항 단서에 따라 다음 각 호의 구분에 따른 날에도 그 자격을 잃는다.

1. **직장가입자** : 다음 각 목의 어느 하나에 해당하는 날

   가. 출입국관리법 제10조의2 제1항 제2호 및 재외동포의 출입국과 법적 지위에 관한 법률 제10조 제1항에 따른 체류기간이 종료된 날의 다음 날

   나. 출입국관리법 제59조 제3항에 따른 강제퇴거명령서를 발급받은 날의 다음 날

   다. 법 제109조 제5항 제2호에 따라 사용자가 직장가입자의 가입 제외를 신청한 날. 다만, 법 제8조 제2항에 따라 직장가입자 자격취득 신고를 한 날부터 14일 이내에 가입 제외를 신청한 경우에는 그 자격취득일로 한다.

   라. 그 밖에 보건복지부장관이 체류자격, 체류기간 및 체류경위 등을 고려하여 그 자격상실 시기를 국내거주 국민과 다르게 정할 필요가 있다고 인정하여 고시하는 경우 : 해당 고시에서 정하는 날

2. **지역가입자** : 다음 각 목의 어느 하나에 해당하는 날

   가. 제1호 가목 및 나목에 따른 날

   나. 재외국민 또는 체류기간이 종료되지 아니한 외국인이 출국 후 1개월이 지난 경우 : 그 출국한 날의 다음 날

다. 법 제109조 제5항 제2호에 따라 지역가입자가 가입 제외를 신청한 날. 다만, 보험료를 납부하지 않은 지역가입자 또는 최초로 보험료를 납부한 날부터 14일이 지나지 않은 지역가입자가 보건복지부장관이 정하여 고시하는 요건을 갖추고 가입 제외를 신청하는 경우에는 그 자격을 취득한 날로 한다.

라. 그 밖에 보건복지부장관이 체류자격, 체류기간 및 체류경위 등을 고려하여 그 자격상실 시기를 국내 거주 국민과 다르게 정할 필요가 있다고 인정하여 고시하는 경우 : 해당 고시에서 정하는 날

(3) 외국인 등의 피부양자 자격취득 시기 등(제76조의3)

① 피부양자 자격취득 시기 : 국내체류 외국인 등은 법 제109조 제6항 단서에 따라 다음 각 호의 구분에 따른 날에 피부양자의 자격을 얻는다.

1. 직장가입자의 자녀(배우자의 자녀를 포함한다)인 모자보건법 제2조 제4호에 따른 신생아의 경우 : 출생한 날

2. 법 제109조 제2항 각 호에 따른 주민등록, 국내거소신고 또는 외국인등록("주민등록 등")을 한 날부터 90일 이내에 피부양자 자격취득을 신청한 경우

   가. 피부양자 자격취득 신청일 기준으로 법 제109조 제4항 각 호에 따른 요건을 모두 충족한 경우 : 해당 주민등록등을 한 날. 다만, 주민등록등을 한 이후에 직장가입이 된 경우에는 해당 직장가입이 된 날로 한다.

   나. 피부양자 자격취득 신청일 기준으로 법 제109조 제4항 제3호에 따른 요건만을 충족하지 못한 경우 : 법 제109조 제4항 제3호에 따른 요건을 충족하게 된 날

3. 주민등록 등을 한 날부터 90일이 경과하여 피부양자 자격취득을 신청한 경우

   가. 피부양자 자격취득 신청일 기준으로 법 제109조 제4항 각 호에 따른 요건을 모두 충족한 경우 : 자격취득 신청일. 다만, 주민등록등을 한 이후에 직장가입이 된 경우로서 해당 직장가입이 된 날부터 90일 이내에 피부양자 자격취득을 신청한 경우에는 그 직장가입이 된 날로 한다.

   나. 피부양자 자격취득 신청일 기준으로 법 제109조 제4항 제3호에 따른 요건만을 충족하지 못한 경우 : 법 제109조 제4항 제3호에 따른 요건을 충족하게 된 날

4. 그 밖에 보건복지부장관이 체류자격, 체류기간 및 체류경위 등을 고려하여 그 자격취득 시기를 국내거주 국민과 다르게 정할 필요가 있다고 인정하여 고시하는 경우 : 해당 고시에서 정하는 날

② 피부양자 자격상실 시기 : 국내체류 외국인 등은 법 제109조 제6항 본문에서 준용하는 법 제5조에 따라 같은 조 제3항에서 정한 날(사망, 부양자의 직장가입자 자격상실 또는 의료급여를 받는 경우만 해당한다)에 피부양자의 자격을 잃는다. 다만, 법 제109조 제6항 단서에 따라 다음 각 호의 어느 하나에 해당하는 날에도 그 자격을 잃는다.

1. 출입국관리법 제10조의2 제1항 제2호 및 재외동포의 출입국과 법적 지위에 관한 법률 제10조 제1항에 따른 체류기간이 종료된 날의 다음 날

2. 출입국관리법 제59조 제3항에 따른 강제퇴거명령서를 발급받은 날의 다음 날

3. 그 밖에 보건복지부장관이 체류자격, 체류기간 및 체류경위 등을 고려하여 그 자격상실 시기를 국내거주 국민과 다르게 정할 필요가 있다고 인정하여 고시하는 경우 : 해당 고시에서 정하는 날

(4) 보험료 부과·징수 특례 대상 외국인(제76조의4)

법 제109조 제9항 단서에서 "대통령령으로 정하는 국내체류 외국인 등"이란 지역가입자인 국내체류 외국인 등 중에서 다음 각 호의 어느 하나에 해당하지 않는 사람을 말한다.
1. 출입국관리법 시행령 별표 1의2에 따른 결혼이민(F-6)의 체류자격이 있는 사람
2. 출입국관리법 시행령 별표 1의3에 따른 영주(F-5)의 체류자격이 있는 사람
3. 그 밖에 보건복지부장관이 체류경위, 체류목적 및 체류기간 등을 고려하여 국내거주 국민과 같은 보험료 부과·징수 기준을 적용할 필요가 있다고 인정하여 고시하는 체류자격이 있는 사람

(5) 임의계속가입자 적용기간(제77조)

① 직장가입자 자격 유지 : 법 제110조 제2항 본문에서 "대통령령으로 정하는 기간"이란 사용관계가 끝난 날의 다음 날부터 기산하여 36개월이 되는 날을 넘지 아니하는 범위에서 다음 각 호의 구분에 따른 기간을 말한다.
  1. 법 제110조 제1항에 따라 공단에 신청한 가입자("임의계속가입자")가 법 제9조 제1항 제2호에 따라 자격이 변동되기 전날까지의 기간
  2. 임의계속가입자가 법 제10조 제1항에 따라 그 자격을 잃기 전날까지의 기간
② 임의계속가입의 재적용 : 의료급여법 제3조 제1항 제2호에 따른 수급권자가 되어 법 제10조 제1항 제5호에 따라 가입자의 자격이 상실된 임의계속가입자가 법 제8조 제1항 제1호에 따라 가입자의 자격을 다시 취득한 경우로서 다시 취득한 날이 제1항에 따른 사용관계가 끝난 날의 다음 날부터 36개월 이내이면 공단이 정하는 기간 안에 임의계속가입의 재적용을 신청할 수 있다. 이 경우 신청자는 가입자의 자격을 다시 취득한 날부터 제1항에 따른 기간 동안 임의계속가입자로서의 자격을 유지한다.
③ 제2항에서 규정한 사항 외에 임의계속가입의 재적용 신청에 필요한 신청기간, 절차, 방법 등은 공단이 정하는 바에 따른다.

6. 위임·위탁 및 출연금

(1) 업무의 위탁(제78조)

공단은 법 제112조 제1항에 따라 같은 항 각 호의 업무를 체신관서, 금융기관 또는 그 밖의 자에게 위탁하려면 위탁받을 기관의 선정 및 위탁계약의 내용에 관하여 공단 이사회의 의결을 거쳐야 한다.

(2) 보험료 및 징수위탁보험료 등의 배분 등(제79조)

공단이 납부의무자의 신청에 따라 보험료 및 징수위탁보험료 등을 1개의 납입고지서로 통합하여 징수한 경우(법 제81조 및 징수위탁근거법에 따라 체납처분의 방법으로 징수한 경우는 제외한다)에 징수한 보험료와 그에 따른 징수금 또는 징수위탁보험료 등의 금액이 징수하여야 할 총액에 미치지 못하는 경우로서 납부의무자가 이를 납부하는 날까지 특별한 의사를 표시하지 아니한 경우에는 법 제113조 제1항 본문에 따라 공단이 징수하려는 각 보험별 금액(법 및 징수위탁근거법에 따른 연체금 및 가산금을 제외한 금액을 말한다)의 비율로 배분하여 납부 처리하여야 한다.

(3) 출연금의 관리(제80조)

공단은 법 제114조 제1항에 따른 출연금을 각각 별도의 계정을 설정하여 관리하여야 한다.

(4) 민감정보 및 고유식별정보의 처리(제81조)

① 공단의 경우 : 공단(법 제112조에 따라 공단의 업무를 위탁받은 자를 포함한다)은 다음 각 호의 사무를 수행하기 위하여 불가피한 경우 개인정보 보호법 제23조에 따른 건강에 관한 정보, 같은 법 시행령 제18조 제2호에 따른 범죄경력자료에 해당하는 정보, 같은 영 제19조 각 호에 따른 주민등록번호, 여권번호, 운전면허의 면허번호 또는 외국인등록번호가 포함된 자료를 처리할 수 있다.

　1. 법 제7조에 따른 사업장의 신고에 관한 사무

　2. 법 제14조 제1항에 따른 업무에 관한 사무

　3. 법 제60조에 따른 현역병 등에 대한 요양급여비용 지급에 관한 사무

　4. 법 제61조에 따른 요양급여비용의 정산에 관한 사무

　4의2. 법 제72조 및 제96조의2에 따른 금융정보 등의 제공 요청에 관한 사무

　4의3. 법 제81조의3에 따른 자료의 제공에 관한 사무

　5. 법 제83조에 따른 체납자 인적사항 등의 공개에 관한 사무

　6. 법 제87조 및 제90조에 따른 이의신청 및 행정소송에 관한 사무

　7. 법 제94조에 따른 신고 등에 관한 사무

　8. 법 제95조에 따른 소득 축소·탈루 자료의 송부에 관한 사무

　8의2. 법 제96조에 따른 자료의 제공 요청에 관한 사무

　9. 법 제104조에 따른 포상금 지급에 관한 사무

　10. 법 제112조에 따른 업무의 위탁에 관한 사무

② 심사평가원의 경우 : 심사평가원은 다음 각 호의 사무를 수행하기 위하여 불가피한 경우 개인정보 보호법 제23조에 따른 건강에 관한 정보, 같은 법 시행령 제19조에 따른 주민등록번호, 여권번호, 운전면허의 면허번호 또는 외국인등록번호가 포함된 자료를 처리할 수 있다.

　1. 법 제43조에 따른 요양기관의 시설·장비 및 인력 등의 현황 신고에 관한 사무

　1의2. 법 제48조에 따른 요양급여 대상 여부의 확인 등에 관한 사무

　2. 법 제63조 제1항에 따른 업무에 관한 사무

　3. 법 제87조 및 제90조에 따른 이의신청 및 행정소송에 관한 사무

　4. 법 제96조에 따른 자료의 제공 요청에 관한 사무

③ 요양기관의 경우 : 요양기관(제2호의 경우에는 법 제47조 제7항에 따라 요양기관을 대행하는 단체를 포함한다)은 다음 각 호의 사무를 수행하기 위하여 불가피한 경우 개인정보 보호법 제23조에 따른 건강에 관한 정보나 같은 법 시행령 제19조에 따른 주민등록번호, 여권번호, 운전면허의 면허번호 또는 외국인등록번호가 포함된 자료를 처리할 수 있다.

　1. 법 제41조 제1항에 따른 요양급여의 실시에 관한 사무

　2. 법 제47조 제1항 또는 제2항에 따른 요양급여비용의 청구에 관한 사무

④ 준요양기관의 경우 : 준요양기관("준요양기관")은 법 제49조 제3항에 따른 요양비 지급 청구에 관한 사무를 수행하기 위하여 불가피한 경우에는 개인정보 보호법 제23조에 따른 건강에 관한 정보나 같은 법 시행령 제19조에 따른 주민등록번호, 여권번호, 운전면허의 면허번호 또는 외국인등록번호가 포함된 자료를 처리할 수 있다.

⑤ 보조기기 판매업자의 경우 : 보조기기 판매업자("보조기기 판매업자")는 법 제51조 제2항 전단에 따른 보험급여 지급 청구에 관한 사무를 수행하기 위하여 불가피한 경우에는 개인정보 보호법 제23조에 따른 건강에 관한 정보나 같은 법 시행령 제19조에 따른 주민등록번호, 여권번호, 운전면허의 면허번호 또는 외국인등록번호가 포함된 자료를 처리할 수 있다.

⑥ 보건복지부장관의 경우 : 보건복지부장관(법 제111조에 따라 보건복지부장관의 권한을 위임받거나 위탁받은 자를 포함한다)은 다음 각 호의 사무를 수행하기 위하여 불가피한 경우 제1항에 따른 자료를 처리할 수 있다.
1. 법 제81조 제3항에 따른 체납처분 승인에 관한 사무
2. 법 제88조에 따른 심판청구에 관한 사무
3. 법 제97조에 따른 보고와 검사 등에 관한 사무
4. 법 제98조에 따른 업무정지 처분에 관한 사무
5. 법 제99조에 따른 과징금 부과·징수에 관한 사무
6. 법 제100조에 따른 위반사실 공표에 관한 사무

7. 기타 사항

(1) 규제의 재검토(제81조의2)

① 약제의 상한금액 감액 및 요양급여의 적용 정지 기준에 대한 재검토 : 보건복지부장관은 제18조의2 제4항 및 별표 4의2 제2호에 따른 약제의 상한금액 감액 및 요양급여의 적용 정지 기준에 대하여 2019년 7월 1일을 기준으로 5년마다(매 5년이 되는 해의 기준일과 같은 날 전까지를 말한다) 그 타당성을 검토하여 개선 등의 조치를 해야 한다.

② 본인일부부담금의 부담률 및 부담액에 대한 재검토 : 보건복지부장관은 제19조 제1항 및 별표 2에 따른 본인일부부담금의 부담률 및 부담액에 대하여 2022년 1월 1일을 기준으로 3년마다(매 3년이 되는 해의 1월 1일 전까지를 말한다) 그 타당성을 검토하여 개선 등의 조치를 해야 한다.

09 벌칙

1. 과태료

(1) 과태료의 부과기준(제82조)

법 제119조에 따른 과태료의 부과기준은 별표 7과 같다.

1 일반기준

가. 위반행위의 횟수에 따른 과태료의 부과기준은 최근 1년간 같은 위반행위로 과태료 부과처분을 받은 경우에 적용한다. 이 경우 기간의 계산은 위반행위에 대하여 과태료 부과처분을 받은 날과 그 처분 후 다시 같은 위반행위를 하여 적발된 날을 기준으로 한다.

나. 가목에 따라 가중된 부과처분을 하는 경우 가중처분의 적용 차수는 그 위반행위 전 부과처분 차수(가목에 따른 기간 내에 과태료 부과처분이 둘 이상 있었던 경우에는 높은 차수를 말한다)의 다음 차수로 한다.

다. 보건복지부장관은 다음의 어느 하나에 해당하는 경우에는 제2호의 개별기준에 따른 과태료 금액의 2분의 1 범위에서 그 금액을 줄일 수 있다. 다만, 과태료를 체납하고 있는 위반행위자에 대해서는 그렇지 않다.

1) 위반행위자가 질서위반행위규제법 시행령 제2조의2 제1항 각 호의 어느 하나에 해당하는 경우
2) 위반행위가 사소한 부주의나 오류로 인한 것으로 인정되는 경우
3) 위반행위자가 스스로 신고하였거나 조사에 협조하였다고 인정되는 경우
4) 그 밖에 위반행위의 정도, 위반행위의 동기와 그 결과 등을 고려하여 과태료 금액을 줄일 필요가 있다고 인정되는 경우

라. 보건복지부장관은 다음의 어느 하나에 해당하는 경우에는 제2호에 따른 과태료 금액의 2분의 1 범위에서 그 금액을 늘릴 수 있다. 다만, 늘리는 경우에도 법 제119조에 따른 과태료 금액의 상한을 넘을 수 없다.
1) 위반행위가 고의나 중대한 과실로 인한 것으로 인정되는 경우
2) 법 위반상태의 기간이 6개월 이상인 경우
3) 그 밖에 위반행위의 정도, 위반행위의 동기와 그 결과 등을 고려하여 과태료를 늘릴 필요가 있다고 인정되는 경우

2. 개별기준

(단위 : 만 원)

위반행위	근거 법조문	과태료 금액		
		1차 위반	2차 위반	3차 이상 위반
가. 법 제7조를 위반하여 신고를 하지 않거나 거짓으로 신고한 경우	법 제119조 제3항 제1호	150	300	500
나. 법 제12조 제4항을 위반하여 정당한 사유 없이 건강보험증이나 신분증명서로 가입자 또는 피부양자의 본인 여부 및 그 자격을 확인하지 않고 요양급여를 실시한 경우	법 제119조 제4항 제3호	30	60	100
다. 정당한 사유 없이 법 제94조 제1항을 위반하여 신고·서류제출을 하지 않거나 거짓으로 신고·서류제출을 한 경우	법 제119조 제3항 제2호	150	300	500
라. 법 제96조의3을 위반하여 서류를 보존하지 않은 경우	법 제119조 제4항 제4호	30	60	100
마. 정당한 사유 없이 법 제97조 제1항, 제3항부터 제5항까지의 규정을 위반하여 보고·서류제출을 하지 않거나 거짓으로 보고·서류제출을 한 경우	법 제119조 제3항 제3호	150	300	500
바. 법 제98조 제4항을 위반하여 행정처분을 받은 사실 또는 행정처분절차가 진행 중인 사실을 지체 없이 알리지 않은 경우	법 제119조 제3항 제4호	500	500	500
사. 정당한 사유 없이 법 제101조 제2항을 위반하여 서류를 제출하지 않거나 거짓으로 제출한 경우	법 제119조 제3항 제5호	150	300	500
아. 법 제103조에 따른 명령을 위반한 경우	법 제119조 제4항 제5호	30	60	100
자. 법 제105조를 위반한 경우	법 제119조 제4항 제6호	30	60	100

04 | 국민건강보험법 시행규칙

※ 수록 기준 : 법제처 보건복지부령 제1061호(시행 2024.10.4.)

1. 목적 및 피부양자

(1) 목적(제1조)

이 규칙은 국민건강보험법 및 같은 법 시행령에서 위임된 사항과 그 시행에 필요한 사항을 규정함을 목적으로 한다.

(2) 피부양자 자격의 인정기준 등(제2조)

① 자격의 인정기준 : 국민건강보험법("법") 제5조 제2항에 따른 피부양자 자격의 인정기준은 다음 각 호의 요건을 모두 충족하는 것으로 한다.

1. 별표 1에 따른 부양요건에 해당할 것
2. 별표 1의2에 따른 소득 및 재산요건에 해당할 것

② 자격취득 시기 : 피부양자는 다음 각 호의 어느 하나에 해당하는 날에 그 자격을 취득한다.

1. 신생아의 경우 : 출생한 날
2. 직장가입자의 자격 취득일 또는 가입자의 자격 변동일부터 90일 이내에 피부양자의 자격취득 신고를 한 경우 : 직장가입자의 **자격 취득일** 또는 해당 가입자의 **자격 변동일**
3. 직장가입자의 자격 취득일 또는 가입자의 자격 변동일부터 90일을 넘겨 피부양자 자격취득 신고를 한 경우 : 법 제13조에 따른 **국민건강보험공단**("공단")에 별지 제1호 서식의 **피부양자 자격(취득·상실) 신고서**를 제출한 날. 다만, 천재지변, 질병·사고 등 공단이 정하는 본인의 책임이 없는 부득이한 사유로 90일을 넘겨 피부양자 자격취득 신고를 한 경우에는 직장가입자의 자격 취득일 또는 가입자의 자격 변동일로 한다.

③ 자격상실 시기 : 피부양자는 다음 각 호의 어느 하나에 해당하게 된 날에 그 자격을 상실한다.

1. 사망한 날의 다음 날
2. 대한민국의 국적을 잃은 날의 다음 날
3. 국내에 거주하지 아니하게 된 날의 다음 날
4. 직장가입자가 자격을 상실한 날
5. 법 제5조 제1항 제1호에 따른 수급권자가 된 날
6. 법 제5조 제1항 제2호에 따른 유공자 등 의료보호대상자인 피부양자가 공단에 건강보험의 적용 배제 신청을 한 날의 다음 날
7. 직장가입자 또는 다른 직장가입자의 피부양자 자격을 취득한 경우에는 그 자격을 취득한 날
8. 피부양자 자격을 취득한 사람이 본인의 신고에 따라 피부양자 자격 상실 신고를 한 경우에는 신고한 날의 다음 날
9. 제1항에 따른 요건을 충족하지 아니하는 경우에는 공단이 그 요건을 충족하지 아니한다고 확인한 날의 다음 날

10. 제9호에도 불구하고 영 제41조의2 제3항에 따라 영 제41조 제1항 제3호 및 제4호의 소득("사업소득 등")의 발생 사실과 그 금액을 신고하여 공단이 제1항 제2호에 따른 소득요건을 충족하지 않는다고 확인한 경우에는 그 사업소득 등이 발생한 날이 속하는 달의 다음 달 말일

11. 제9호에도 불구하고 영 제41조의2 제3항에 따라 사업소득 등의 발생 사실과 그 금액을 신고하지 않았으나 공단이 제1항 제2호에 따른 소득요건을 충족하지 않음을 확인한 경우에는 그 사업소득 등이 발생한 날이 속하는 달의 말일

12. 제9호부터 제11호까지의 규정에도 불구하고 거짓이나 그 밖의 부정한 방법으로 영 제41조의2 제1항에 따른 소득월액의 조정 신청 또는 이 규칙에 따른 피부양자 자격 취득 신고를 하여 피부양자 자격을 취득한 것을 공단이 확인한 경우에는 그 자격을 취득한 날

④ **자격 취득·상실 신고** : 직장가입자가 피부양자 자격 취득 또는 상실 신고를 하거나 피부양자가 제3항 제8호에 따른 자격 상실 신고를 하려면 별지 제1호 서식의 **피부양자 자격(취득·상실) 신고서**에 다음 각 호의 서류(자격 취득 신고의 경우만 해당한다)를 첨부하여 공단에 **제출**하여야 한다. 다만, 공단이 법 제96조에 따라 국가 등으로부터 제공받은 자료로 피부양자 자격 취득 또는 상실 대상자를 확인할 수 있는 경우에는 신고서를 제출하지 아니한다.

1. 가족관계등록부의 증명서 1부(주민등록표 등본으로 제1항 각 호의 요건 충족 여부를 확인할 수 없는 경우만 해당한다)

2. 장애인복지법 제32조에 따라 등록된 장애인, 국가유공자 등 예우 및 지원에 관한 법률 제4조·제73조 및 제74조에 따른 국가유공자 등(법률 제11041호로 개정되기 전의 국가유공자 등 예우 및 지원에 관한 법률 제73조의2에 따른 국가유공자 등을 포함한다)으로서 같은 법 제6조의4에 따른 상이등급 판정을 받은 사람과 보훈보상대상자 지원에 관한 법률 제2조에 따른 보훈보상대상자로서 같은 법 제6조에 따른 상이등급 판정을 받은 사람임을 증명할 수 있는 서류 1부(장애인, 국가유공자 등 또는 보훈보상대상자의 경우만 해당한다)

더 알아보기

장애인 등록(장애인복지법 제32조 제1항)
장애인, 그 법정대리인 또는 대통령령으로 정하는 보호자("법정대리인 등")는 장애 상태와 그 밖에 보건복지부령이 정하는 사항을 특별자치시장·특별자치도지사·시장·군수 또는 구청장(자치구의 구청장을 말한다. 이하 같다)에게 등록하여야 하며, 특별자치시장·특별자치도지사·시장·군수·구청장은 등록을 신청한 장애인이 기준에 맞으면 장애인등록증("등록증")을 내주어야 한다.

3. 도시 및 주거환경정비법에 따른 주택재건축사업의 사업자등록증 사본 등 별표 1의2 제1호 다목에 해당하는 사실을 확인하기 위하여 공단이 요구하는 서류(피부양자가 되려는 사람이 별표 1의2 제1호 다목에 따른 인정을 받으려는 경우만 해당한다)

2. 가입자 및 사업장

(1) 사업장의 적용·변경·탈퇴 신고(제3조)

① **적용신고** : 사용자는 해당 사업장이 법 제6조 제2항에 따라 직장가입자가 되는 근로자·공무원 및 교직원을 사용하는 **사업장이 된 경우에는** 그때부터 **14일 이내**에 별지 제2호 서식의 사업장(기관) 적용신고서에 통장 사본 1부(자동이체를 신청하는 경우만 해당한다)를 첨부하여 **공단에 제출해야 한** 다. 이 경우 공단은 전자정부법 제36조 제2항에 따른 행정정보의 공동이용을 통하여 사업자등록증 명 및 법인 등기사항증명서를 확인해야 하며, 신고인이 사업자등록증명을 확인하는 것에 동의하지 않는 경우에는 사업자등록증 사본을 첨부하도록 해야 한다.

② **변경신고** : 사용자는 제1항에 따라 공단에 신고한 내용이 변경된 경우에는 변경된 날부터 **14일 이내**에 별지 제3호 서식의 사업장(기관)변경신고서를 **공단에 제출**해야 한다. 이 경우 공단은 전자정부법 제36조 제2항에 따른 행정정보의 공동이용을 통하여 사업자등록증명 및 법인 등기사항증명서를 확 인해야 하며, 신고인이 사업자등록증을 확인하는 것에 동의하지 않는 경우에는 사업자등록증 사본을 첨부하도록 해야 한다.

③ **탈퇴신고** : 사용자는 사업장이 다음 각 호의 어느 하나에 해당하게 된 경우에는 그 날부터 **14일 이내**에 별지 제4호 서식의 사업장 탈퇴신고서에 사업장 탈퇴 사실을 증명할 수 있는 서류를 첨부하여 **공단에 제출**하여야 한다. 이 경우 공단은 전자정부법 제36조 제2항에 따른 행정정보의 공동이용을 통하여 휴업·폐업 사실 증명원(사업장이 휴업·폐업한 경우만 해당한다) 및 법인 등기사항증명서 를 확인하여야 하며, 신고인이 휴업·폐업 사실 증명원을 확인하는 것에 동의하지 아니하는 경우에 는 이를 첨부하도록 하여야 한다.
1. 사업장이 **휴업·폐업**되는 경우
2. 사업장이 **합병**되는 경우
3. 사업장이 **폐쇄**되는 경우
4. 사업장에 **근로자가 없게** 되거나 영 제9조 제1호에 따른 근로자만을 고용하게 되는 경우

> **더 알아보기**
>
> 행정정보의 효율적 관리 및 이용(전자정부법 제36조 제2항)
> 행정정보를 수집·보유하고 있는 행정기관 등("행정정보보유기관")의 장은 다른 행정기관 등과 은행법에 따라 은행업의 인가를 받은 은행 및 대통령령으로 정하는 법인·단체 또는 기관으로 하여금 <u>행정정보보유기관의 행정정보를 공동으로 이용하게 할 수 있다.</u>

(2) 가입자 자격의 취득·변동·상실의 신고(제4조)

① **세대주의 신고** : 세대주는 그 세대의 구성원이 법 제6조 제3항·제8조 제1항 및 제9조 제1항에 따라 **지역가입자의 자격을 취득**한 경우 또는 지역가입자로 자격이 **변동**된 경우에는 별지 제5호 서식의 지역가입자 자격 취득·변동 신고서에 보험료 감면 증명자료를 첨부(법 제74조 및 제75조에 따라 보험료가 면제되거나 일부를 경감받는 사람만 해당하며, 공단이 법 제96조에 따라 국가 등으로부터 제공 받은 자료로 보험료 감면 대상자임을 확인할 수 있는 경우에는 첨부하지 않는다)해 **공단에 제출해야** 한다. 다만, 제4항 제2호에 따라 사용자가 별지 제8호 서식의 직장가입자 자격상실 신고서를 공단에 제출한 경우에는 별지 제5호 서식의 지역가입자 자격 취득·변동 신고서를 제출한 것으로 본다.

② **사용자의 신고** : 사용자는 법 제6조 제2항·제4항, 제8조 제1항 및 제9조 제1항에 따라 근로자·공무원 및 교직원이 다음 각 호의 어느 하나에 해당하는 경우에는 별지 제6호 서식의 **직장가입자 자격 취득 신고서를 공단에 제출해야 한다.** 이 경우 제2조 제1항 각 호의 요건을 갖추었는지 여부를 주민등록표 등본으로 확인할 수 없을 때에는 가족관계등록부의 증명서 1부를 첨부해야 한다.

1. 직장가입자가 아닌 사람이 직장가입자인 근로자·사용자·공무원 및 교직원이 된 경우
2. 직장가입자인 근로자·사용자가 다른 사업장의 직장가입자가 되거나 직장가입자인 공무원·교직원이 된 경우
3. 직장가입자인 공무원·교직원이 직장가입자인 근로자·사용자가 되거나 소속 기관장을 달리하는 기관으로 전출된 경우

③ **공단에 대한 통지** : 법 제9조 제3항에 따라 **국방부장관 또는 법무부장관이 공단에 통지해야 할 사항**은 다음 각 호와 같다.

1. 국방부장관 : 법 제54조 제3호에 해당하는 사람의 성명·주민등록번호·입대일·전역일 및 전환복무일
2. 법무부장관 : 법 제54조 제4호에 해당하는 사람의 성명·주민등록번호·입소일·출소일·수용기관명칭·코드 및 신분 구분

④ **자격상실 신고** : 법 제10조 제2항에 따른 **자격상실의 신고**는 다음 각 호의 구분에 따라 해야 한다.

1. 지역가입자 : **세대주가** 별지 제7호 서식의 지역가입자 자격상실 신고서를 공단에 제출
2. 직장가입자 : **사용자가** 별지 제8호 서식의 직장가입자 자격상실 신고서를 공단에 제출

⑤ **사용자의 변경신고** : 사용자는 제2항에 따라 공단에 신고한 **직장가입자의 내용이 변경된 경우에는** 변경된 날부터 14일 이내에 별지 제9호 서식의 **직장가입자 내용변경 신고서를 공단에 제출**해야 한다.

(3) 가입자 자격의 취득·변동의 고지사항(제4조의2)

공단은 법 제9조의2에 따라 자격 취득 또는 변동에 관한 사항을 알리는 경우에는 제48조에 따른 **납입고지서**에 다음 각 호의 사항을 명시해야 한다.

1. 가입자 자격의 취득 또는 변동이 발생한 가입자의 성명
2. 취득 또는 변동이 발생한 자격

3. 건강보험증 발급

(1) 건강보험증의 발급 신청 등(제5조)

① **제출 서류** : 가입자 또는 피부양자는 법 제12조 제1항에 따른 건강보험증을 발급받으려면 별지 제10호 서식의 건강보험증 발급 신청서를 공단에 제출해야 한다. 이 경우 정보통신망 이용촉진 및 정보보호 등에 관한 법률 제2조 제1항 제1호에 따른 **정보통신망("정보통신망")을 통하여 해당 서류를 제출**할 수 있다.

더 알아보기

정보통신망(정보통신망 이용촉진 및 정보보호 등에 관한 법률 제2조 제1항 제1호)
"정보통신망"이란 전기통신사업법 제2조 제2호에 따른 전기통신설비를 이용하거나 전기통신설비와 컴퓨터 및 컴퓨터의 이용기술을 활용하여 정보를 수집·가공·저장·검색·송신 또는 수신하는 정보통신체제를 말한다.

② 건강보험증의 발급 : 공단은 제1항에 따른 신청을 받으면 지체 없이 별지 제11호 서식 또는 별지 제11호의2 서식의 건강보험증을 신청인에게 발급해야 한다.

③ 신청 없이 발급할 수 있는 경우 : 공단은 법 제96조에 따라 제공받은 자료를 이용하여 가입자 또는 피부양자의 자격 취득·변동 사실을 확인한 경우에는 제2항에도 불구하고 가입자 또는 피부양자의 신청 없이 건강보험증을 발급할 수 있다.

④ 변경 신청 : 제2항 또는 제3항에 따라 건강보험증을 발급받은 가입자 또는 피부양자는 건강보험증에 기재된 내용이 변경된 경우에는 변경된 날부터 30일 이내에 별지 제10호 서식의 건강보험증 기재사항 변경 신청서를 공단에 제출해야 한다.

(2) 건강보험증의 재발급 등(제6조)

삭제

(3) 건강보험증을 대체하는 신분증명서(제7조)

법 제12조 제3항에서 "보건복지부령으로 정하는 본인 여부를 확인할 수 있는 신분증명서"란 다음 각 호의 증명서 또는 서류(관계 법령에서 인정하고 있는 전자적 방식의 증명서 또는 전자문서를 포함한다. 이하 이 조에서 같다)를 말한다. 이 경우 그 증명서 또는 서류에 유효기간이 적혀 있는 경우에는 그 유효기간이 지나지 않아야 한다.

1. 행정기관이나 공공기관이 발행한 증명서로서 사진이 붙어 있고, 주민등록번호 또는 외국인등록번호가 포함되어 본인임을 확인할 수 있는 국가보훈등록증, 장애인 등록증, 외국인 등록증, 그 밖에 신분을 확인할 수 있는 증명서

2. 행정기관이나 공공기관이 기록·관리하는 것으로서 사진이 붙어 있고, 주민등록번호 또는 외국인등록번호가 포함되어 본인임을 확인할 수 있는 서류

3. 전자서명법 제2조 제2호에 따른 전자서명(서명자의 실지명의를 확인할 수 있는 것을 말한다)이 첨부되어 있거나 정보통신망 이용촉진 및 정보보호 등에 관한 법률 제23조의3에 따른 본인확인기관이 제공하는 등 보건복지부장관이 정하여 고시하는 방법에 따라 본인 여부를 확인할 수 있는 증명서 또는 서류

(4) 본인 여부 및 자격 확인 등(제7조의2)

① 법 제12조 제4항 본문에 따라 요양기관이 가입자 또는 피부양자의 본인 여부 및 그 자격을 확인하는 경우에는 공단이 운영하는 정보시스템(공단이 가입자 또는 피부양자 자격 및 보험급여 관리를 위하여 구축·운영하는 정보시스템을 말한다. 이하 이 조에서 같다)을 통하여 그 자격을 확인해야 한다. 다만, 불가피한 사유로 정보시스템을 통한 자격 확인이 불가능한 경우에는 공단의 이사장이 정하는 방법으로 그 자격을 확인해야 한다.

② 법 제12조 제4항 단서에서 "보건복지부령으로 정하는 정당한 사유"란 다음 각 호의 어느 하나에 해당하는 경우를 말한다.

1. 응급의료에 관한 법률 제2조 제1호에 따른 응급환자에게 요양급여를 실시하는 경우 등 요양급여 실시가 지체되면 가입자 또는 피부양자의 생명 또는 신체에 위해가 발생할 우려가 있거나 그 밖에 이에 준하는 사유로 건강보험증이나 신분증명서를 제출하기 곤란한 경우

2. 그 밖에 가입자 또는 피부양자에 대한 본인 여부 및 자격 확인이 환자 진료에 불편이나 지장을 초래하는 등 부득이한 경우로서 보건복지부장관이 정하여 고시하는 경우

4. 국민건강보험공단

(1) 상임이사 후보 추천 절차 등(제8조)

① 상임이사추천위원회의 설치 : 법 제20조 제3항에 따른 상임이사 후보를 추천하기 위하여 공단에 상임이사추천위원회("상임이사추천위원회")를 둔다.

② 위원회의 구성 : 상임이사추천위원회는 위원장을 포함한 5명의 위원으로 구성한다. 이 경우 위원장은 공단의 인사업무를 담당하는 상임이사(인사업무를 담당하는 상임이사 후보를 추천하는 경우에는 이사장이 지명하는 이사)로 하고, 위원은 이사장이 위촉하는 다음 각 호의 사람으로 한다.
  1. 공단의 비상임이사 2명
  2. 공단의 업무에 관한 전문지식과 경험이 풍부한 사람으로서 공단의 임직원이 아닌 사람 2명

③ 제1항과 제2항에서 규정한 사항 외에 후보자 심사 및 추천 방법, 위원의 제척·기피·회피 등 상임이사추천위원회 운영 등에 필요한 사항은 공단의 정관 또는 내규로 정한다.

(2) 징수이사 후보의 자격기준 및 심사기준 등(제9조)

① 징수이사 후보의 자격 : 법 제21조 제1항에서 "보건복지부령으로 정하는 자격을 갖춘 사람"이란 법 제21조 제2항에 따른 징수이사추천위원회("징수이사추천위원회")가 정하는 단위 부서장 이상의 경력이 있는 사람으로서 법 제14조 제1항 제2호 및 제11호에 따른 업무에 관한 전문지식 및 경험을 갖추고 경영혁신을 추진할 수 있는 사람을 말한다.

② 징수이사 후보의 심사 : 법 제21조 제4항에 따른 심사는 징수이사추천위원회가 징수이사 후보가 다음 각 호의 요소를 갖추고 있는지를 평가하여 이를 점수로 환산하는 방법으로 한다. 이 경우 각 호의 요소별 배점이나 그 밖에 심사에 필요한 사항은 징수이사추천위원회가 정한다.
  1. 경영, 경제 및 사회보험에 관한 학식
  2. 문제에 대한 예측 및 예방조치 능력
  3. 조직관리 능력
  4. 그 밖에 징수이사로서의 자질과 능력을 평가할 수 있는 것으로서 징수이사추천위원회가 정하는 요소

③ 계약 조건의 협의 : 징수이사추천위원회는 법 제21조 제4항에 따라 징수이사 후보로 추천될 사람과 다음 각 호의 계약 조건에 대하여 협의하여야 한다.
  1. 법에 따라 징수하는 보험료, 국민연금법, 고용보험 및 산업재해보상보험의 보험료징수 등에 관한 법률, 임금채권보장법, 석면피해구제법의 위탁에 따라 징수하는 연금보험료, 고용보험료, 산업재해보상보험료, 부담금 및 분담금 등의 징수 목표 및 민원관리에 관한 사항
  2. 보수와 상벌 등 근로 조건에 관한 사항
  3. 해임 사유에 관한 사항
  4. 그 밖에 고용관계의 성립·소멸 등에 필요한 사항

④ 개의·의결 정족수 : 징수이사추천위원회의 회의는 재적위원 과반수의 출석으로 개의하고, 출석위원 과반수의 찬성으로 의결한다.

(3) 결산보고서 등의 공고(제10조)

공단은 법 제39조 제2항에 따라 결산보고서 및 사업보고서를 작성하여 보건복지부장관에게 보고한 경우에는 그 개요를 신문 등의 진흥에 관한 법률 제9조 제1항에 따라 전국을 보급지역으로 등록한 일반일간신문, 인터넷 홈페이지나 그 밖의 효과적인 방법으로 공고해야 한다.

5. 요양기관

(1) 요양기관의 인정 등(제11조)

① 전문요양기관 인정기준 : 법 제42조 제2항에 따른 전문요양기관의 인정기준은 별표 2와 같다.

② 제출 서류 : 법 제42조 제2항에 따라 전문요양기관으로 인정받으려는 요양기관은 별지 제12호 서식의 전문요양기관 인정신청서에 다음 각 호의 서류를 첨부하여 **보건복지부장관에게 제출**하여야 한다.

1. 시설, 장비 및 진료과목별 인력 현황 1부

2. 최근 6개월 동안의 입원환자 진료실적 1부

③ 인정서 발급 : 보건복지부장관은 요양기관을 전문요양기관으로 인정한 경우에는 별지 제13호 서식의 전문요양기관 인정서를 발급하여야 한다.

④ 제1항부터 제3항까지의 규정에 따른 인정기준의 세부 내용, 그 밖에 전문요양기관의 인정에 필요한 사항은 보건복지부장관이 정하여 고시한다.

(2) 요양기관 현황 신고 등(제12조)

① 제출 서류 : 요양기관은 법 제43조 제1항에 따라 **시설·장비 및 인력** 등에 대한 현황을 신고하려면 별지 제14호 서식의 요양기관 현황신고서[약국 및 약사법 제91조 제1항에 따라 설립된 **한국희귀·필수의약품센터**("한국희귀·필수의약품센터")의 경우에는 별지 제15호 서식의 요양기관 현황 신고서(약국 및 한국희귀·필수의약품센터용)를 말한다] 및 별지 제16호 서식의 **의료장비 현황(변경) 신고서**에 다음 각 호의 구분에 따른 서류를 첨부하여 **건강보험심사평가원**("심사평가원")에 제출하여야 한다. 다만, 법 제42조 제1항 제4호 및 제5호에 따른 요양기관은 다음 각 호의 구분에 따른 서류를 첨부하지 아니한다.

> **더 알아보기**
>
> 한국희귀·필수의약품센터의 설립(약사법 제91조 제1항)
> 다음 각 호의 의약품에 대한 각종 정보 제공 및 공급(조제 및 투약 업무를 포함한다) 등에 관한 업무를 하기 위하여 **한국희귀·필수의약품센터**("센터")를 둔다.
> 1. 희귀의약품
> 2. 국가필수의약품
> 3. 그 밖에 국민 보건상 긴급하게 도입할 필요가 있거나 안정적 공급 지원이 필요한 의약품으로서 식품의약품안전처장이 필요하다고 인정하는 의약품

1. 요양기관 현황 신고서의 경우에는 다음 각 목의 서류

    가. 의료기관 개설신고증, 의료기관 개설허가증, 약국 개설등록증 또는 한국희귀의약품센터 설립허가증 사본 1부

    나. 삭제

    다. 요양기관의 인력에 관한 면허나 자격을 확인할 수 있는 서류

    라. 통장 사본 1부

2. 의료장비 현황 신고서의 경우에는 다음 각 목의 서류

    가. 장비의 허가·신고·등록을 확인할 수 있는 서류

    나. 장비의 검사나 검사면제에 관한 사항을 확인할 수 있는 서류

    다. 장비를 구입하였거나 임차한 사실을 확인할 수 있는 서류

② 변경 신고 : 요양기관은 법 제43조 제2항에 따라 요양기관의 인력·시설·장비 등의 내용이 변경된 경우에는 별지 16호 서식의 **의료장비 현황(변경) 신고서** 및 별지 제17호 서식의 **요양기관 현황 변경 신고서**에 변경된 사항을 증명하는 서류를 첨부하여 **심사평가원에 제출**하여야 한다. 다만, 요양급여 비용 수령 계좌를 변경하려는 경우에는 개설자나 대표자의 인감증명서(법인인 경우에는 법인 인감증 명서를 말한다) 또는 본인서명사실 확인 등에 관한 법률 제2조 제3호에 따른 본인서명사실확인서를 첨부하여야 하며, 별지 제17호 서식의 요양기관 현황 변경신고서에 그 등록된 인감을 날인하거나 본인서명사실확인서와 동일한 서명을 하여야 한다.

더 알아보기

본인서명사실확인서의 정의(본인서명사실 확인 등에 관한 법률 제2조 제3호)
"본인서명사실확인서"란 **본인이 직접 서명한 사실을 발급기관이 확인한 종이문서**를 말한다.

③ **심사평가원의 확인 서류** : 제1항 및 제2항에 따른 신고서를 제출받은 심사평가원은 전자정부법 제 36조 제2항에 따른 행정정보의 공동이용을 통하여 **사업자등록증명**(신고인이 법 제42조 제1항 제4 호 및 제5호에 따른 요양기관인 경우는 제외한다) 및 **법인 등기사항증명서**(법인인 경우만 해당한다) 를 확인해야 하며, 신고인이 사업자등록증명을 확인하는 것에 동의하지 않는 경우에는 사업자등록증 사본을 첨부하도록 해야 한다.

④ **신고서 및 첨부 서류 제출의 생략** : 제1항 및 제2항에도 심사평가원은 특별시장·광역시장·특별자 치시장·도지사·특별자치도지사("시·도지사") 또는 시장·군수·구청장(자치구의 구청장을 말한 다. 이하 같다)으로부터 다음 각 호의 사항을 통보받은 경우에는 요양기관이 별표 2의2 각 호의 구분 에 따라 요양기관 현황(변경) 신고서 또는 의료장비 현황(변경) 신고서 및 첨부 서류를 **심사평가원에 제출**한 것으로 본다.
   1. 의료법 시행규칙 제30조의2 제2항에 따라 처리한 사항
   2. 약사법 시행규칙 제9조의2 제2항에 따라 처리한 사항
   3. 진단용 방사선 발생장치의 안전관리에 관한 규칙 제3조의2 제2항에 따라 처리한 사항
   4. 특수의료장비의 설치 및 운영에 관한 규칙 제4조의2 제2항에 따라 처리한 사항
   5. 약사법 제23조 제5항에 따라 보건복지부장관이 정하는 의료기관이 없는 지역 또는 약국이 없는 지역에 해당한다는 사실

⑤ **심사평가원의 통보 사항** : 심사평가원은 제2항에 따라 제출받은 요양기관 현황 변경 신고사항 중 다음 각 호의 사항을 소관 **시·도지사 또는 시장·군수·구청장에게 통보**하여야 한다.
   1. 의료법 제33조 제5항 및 같은 법 시행규칙 제26조 제1항 제2호에 따른 의료기관 개설자가 입원, 해외 출장 등으로 다른 의사·치과의사·한의사 또는 조산사에게 진료하게 할 경우 그 기간 및 해당 의사 등의 인적 사항
   2. 의료법 제33조 제5항 및 같은 법 시행규칙 제26조 제1항 제6호에 따른 의료기관의 의료인 수
   3. 의료법 제33조 제5항 및 같은 법 시행규칙 제28조 제1항 제5호에 따른 의료기관의 의료인 수

⑥ **공단에 대한 통보 사항** : 심사평가원은 제1항과 제2항에 따라 신고받은 사항 중 요양급여비용 지급 을 위하여 필요한 다음 각 호의 사항을 공단에 통보하여야 한다.
   1. 요양기관의 명칭, 기호 및 소재지
   2. 대표자의 성명 및 주민등록번호
   3. 개설 신고(허가·등록)일, 폐업일

4. 사업자등록번호

5. 금융기관의 계좌명세 등

⑦ 요양기관이 제1항 및 제2항에 따라 심사평가원에 신고하여야 하는 장비 등 요양기관의 현황을 관리하는 데에 필요한 사항은 보건복지부장관이 정하여 고시한다.

(3) 보건의료자원 통합신고포털의 설치 · 운영(제12조의2)

① 보건의료자원 통합신고포털의 설치 : 심사평가원은 제12조에 따른 요양기관 현황신고 등과 관련된 업무를 처리하기 위하여 전자정부법 제9조 제2항에 따른 전자민원창구("보건의료자원 통합신고포털")를 설치하여 운영할 수 있다.

> **더 알아보기**
>
> 방문에 의하지 아니하는 민원처리(전자정부법 제9조 제2항)
> **행정기관 등의 장은 민원처리제도를 시행하기 위하여 인터넷에 전자민원창구를 설치 · 운영할 수 있다.** 다만, 전자민원창구를 설치하지 아니하였을 때에는 통합전자민원창구에서 민원사항 등을 처리하게 할 수 있다.
> ※ 전자정부법 제9조는 2022년 1월 11일자로 삭제되었음(법률 제18744호)

② 요양기관은 보건의료자원 통합신고포털을 통하여 제12조 제1항부터 제4항까지의 규정에 따른 요양기관 현황 등에 대하여 신고하거나 그 내역 등을 확인할 수 있다.

③ 업무의 연계 처리 : 보건복지부장관, 시 · 도지사, 시장 · 군수 · 구청장 및 심사평가원은 보건의료자원 통합신고포털과 보건복지부장관 및 각 지방자치단체가 운영하는 정보시스템을 연계하여 다음 각 호의 업무를 처리할 수 있다.

1. 시 · 도지사 및 시장 · 군수 · 구청장이 제12조 제4항에 따라 심사평가원에 하는 통보

2. 심사평가원이 제12조 제5항에 따라 시 · 도지사 및 시장 · 군수 · 구청장에 하는 통보

3. 심사평가원이 법 제96조 제2항 및 영 제69조의2에 따라 요청하는 영 별표 4의3 제2호 마목 · 카목 및 타목에 해당하는 자료의 제공

4. 그 밖에 요양기관의 시설 · 장비 및 인력 등 보건의료자원의 통합신고를 위하여 필요하다고 심사평가원이 보건복지부장관의 승인을 받아 정한 사항

④ 보건복지부장관, 시 · 도지사, 시장 · 군수 · 구청장 및 심사평가원은 제3항 각 호의 업무를 위하여 불가피한 경우 개인정보 보호법 시행령 제19조 제1호 또는 제4호에 따른 주민등록번호 또는 외국인 등록번호가 포함된 자료를 처리할 수 있다.

⑤ 보건의료자원 통합신고포털의 설치 · 운영 방법, 정보시스템의 연계 운영 방법, 그 밖에 보건의료자원 통합신고포털을 관리하는 데에 필요한 사항은 보건복지부장관이 정하여 고시한다.

6. 요양급여비용

(1) 외래진료 등의 경우 요양급여비용 총액에 관한 조건 등(제13조)

① 외래진료 및 고가의 특수 의료장비를 이용한 진료의 경우에 영 별표 2 제1호 나목 및 제3호 파목에 따른 요양급여비용 총액에 관한 조건 및 본인부담액은 별표 3과 같다.

② 약국 또는 한국희귀 · 필수의약품센터를 이용한 경우에 영 별표 2 제1호 다목에 따른 요양급여비용 총액에 관한 조건 및 본인부담액은 별표 4와 같다.

(2) 본인부담액 경감 인정(제14조)

① 희귀난치성질환자의 경우 : 영 별표 2 제3호 라목에 따라 본인부담액을 경감받을 수 있는 요건을 갖춘 희귀난치성질환자 등은 본인부담액 경감 인정을 받으려면 경감 인정 신청서(전자문서를 포함한다)에 다음 각 호의 서류(전자문서를 포함한다)를 첨부하여 특별자치도지사·시장·군수·구청장에게 제출하여야 한다.

1. 영 별표 2 제3호 라목에 따른 부양의무자("부양의무자")와의 관계를 확인할 수 있는 가족관계등록부의 증명서(세대별 주민등록표 등본으로 부양의무자와의 관계를 확인할 수 없는 경우만 해당한다)

2. 임대차계약서(주택을 임대하거나 임차하고 있는 사람만 해당한다)

3. 요양기관이 발급한 진단서 1부(6개월 이상 치료를 받고 있거나 6개월 이상 치료가 필요한 사람만 해당한다)

② 신청의 대리 : 제1항에 따른 신청인의 가족, 친족, 이해관계인 또는 사회보장급여의 이용·제공 및 수급권자 발굴에 관한 법률 제43조에 따른 사회복지 전담공무원은 신청인이 신체적·정신적인 이유로 신청을 할 수 없는 경우에는 신청인을 대신하여 제1항에 따른 신청을 할 수 있다. 이 경우 다음 각 호의 구분에 따른 서류를 제시하거나 제출하여야 한다.

1. 신청인의 가족·친족 또는 이해관계인 : 신청인과의 관계를 증명하는 서류

2. 사회복지 전담공무원 : 공무원임을 증명하는 신분증

③ 공단에 대한 통보 : 제1항과 제2항에 따른 신청을 받은 특별자치도지사·시장·군수·구청장은 신청인이 제15조에 따른 기준에 해당하는지를 확인하여 부득이한 사유가 없으면 그 결과를 신청일부터 30일 이내에 공단에 통보하여야 한다. 다만, 다음 각 호의 어느 하나에 해당하는 경우에는 신청일부터 60일 이내에 통보할 수 있다.

1. 부양의무자의 소득 조사에 시간이 걸리는 특별한 사유가 있는 경우

2. 제1항에 따른 경감 인정 신청서를 제출한 희귀난치성질환자 등 또는 부양의무자가 같은 항 또는 관계 법령에 따른 조사나 자료제출 요구를 거부·방해 또는 기피하는 경우

④ 인정 여부의 결정 통보 : 공단은 제3항에 따른 확인 결과를 통보받았을 때에는 부득이한 사유가 없으면 통보를 받은 날부터 7일 이내에 영 별표 2 제3호 라목에 따른 인정 여부를 결정하여 그 결과를 신청인에게 통보하여야 한다.

⑤ 제1항부터 제4항까지에서 규정한 사항 외에 본인부담액의 경감 인정 절차 등에 관하여 필요한 사항은 보건복지부장관이 정한다.

(3) 본인부담액 경감 대상자의 기준(제15조)

영 별표 2 제3호 라목에 따른 소득인정액 산정의 기준이 되는 세대의 범위, 소득 및 재산의 범위, 소득인정액 산정방법 및 부양의무자가 부양능력이 없거나 부양을 받을 수 없는 경우의 구체적인 기준은 별표 5와 같다.

(4) 요양급여비용의 본인부담(제16조)

영 별표 2 제6호에 따라 본인이 요양급여비용을 부담하는 항목 및 부담률은 별표 6과 같다.

(5) 본인부담액 경감 적용 시기(제17조)

공단은 제14조 제4항에 따라 본인부담액 경감 인정 결정을 한 사람에 대해서는 **경감 인정 결정을 한 날부터 발생하는 본인부담액부터** 경감한다.

(6) 요양급여비용의 가감지급 기준(제18조)

법 제47조 제5항 후단에 따라 요양급여의 적정성 평가 결과에 따라 요양급여비용을 가산하거나 감액하여 지급하는 금액은 평가대상 요양기관의 평가대상기간에 대한 심사결정 공단부담액의 100분의 10 범위에서 보건복지부장관이 정하여 고시한 기준에 따라 산정한 금액으로 한다.

(7) 요양급여비용의 청구(제19조)

① 제출 서류 : 법 제47조 제1항에 따라 요양기관 또는 같은 조 제6항에 따른 대행청구단체가 요양급여비용을 청구하려면 요양급여비용 심사청구서에 급여를 받은 사람에 대한 요양급여비용 명세서를 첨부하여 **심사평가원**에 제출하여야 한다.

② 명세서 기재 사항 : 요양기관 또는 대행청구단체는 제1항에 따른 요양급여비용 명세서에 다음 각 호의 사항을 적어야 한다.

   1. 제2호 외의 경우: 다음 각 목의 사항

     가. 가입자(지역가입자의 경우에는 세대주를 말한다)의 성명 및 건강보험증 번호

     나. 요양급여를 받은 사람의 성명 및 주민등록번호

   2. 요양급여를 받은 사람이 위기 임신 및 보호출산 지원과 아동 보호에 관한 특별법 제2조 제3호에 따른 비식별화된 가명 또는 사회보장급여의 이용·제공 및 수급권자 발굴에 관한 법률 제7조의2 제1항에 따른 전산관리번호를 부여받은 경우 : 요양급여를 받은 사람의 성명 또는 가명, 전산관리번호 및 건강보험증 번호

   3. 질병명 또는 부상명

   4. 요양 개시 연월일 및 요양 일수

   5. 요양급여비용의 내용

   6. 본인부담금 및 비용청구액

   7. 처방전 내용 등

③ 요양급여비용의 청구방법, 요양급여비용 심사청구서 및 요양급여비용 명세서의 서식·작성요령, 그 밖에 요양급여비용의 청구에 필요한 사항은 보건복지부장관이 정하여 고시한다.

(8) 요양급여비용의 심사·지급(제20조)

① **요양급여비용의 심사** : 심사평가원은 요양급여비용에 대한 심사청구를 받으면 그 심사청구 내용이 법 제41조 제2항부터 제4항까지에 따른 요양급여의 기준 및 법 제45조 제4항에 따라 보건복지부장관이 고시한 요양급여비용의 명세에 적합한지를 보건복지부장관이 정하여 고시한 바에 따라 심사한다. 이 경우 심사평가원의 원장은 제12조, 제19조 및 법 제96조에 따라 제공받은 자료의 사실 여부를 확인할 필요가 있으면 소속 직원으로 하여금 현장 조사를 통하여 해당 사항을 확인하게 할 수 있다.

② 요양급여비용의 지급 : 심사평가원의 원장은 제1항에 따라 심사를 하는 경우에는 요양급여비용에 대한 심사청구를 받은 날부터 40일(정보통신망을 통하여 통보하는 경우에는 15일) 이내에 심사하여 그 내용이 기재된 요양급여비용 심사결과통보서를 공단 및 해당 요양기관에 각각 송부해야 하며, 요양급여비용 심사결과통보서를 받은 공단은 지체 없이 요양급여비용 지급명세가 기재된 요양급여비용 지급통보서에 따른 요양급여비용을 해당 요양기관에 지급해야 한다. 이 경우 심사기간을 산정할 때 심사평가원의 원장이 요양급여비용에 대한 심사를 청구한 요양기관에 심사에 필요한 자료를 요청한 경우 등 특별한 사유가 있는 경우에는 그에 걸리는 기간은 제외한다.

③ 공제 내용의 통보 : 공단은 법 제47조 제3항에 따라 요양기관에 지급할 요양급여비용에서 과다하게 납부된 본인부담액을 공제한 경우에는 그 공제 내용을 요양기관에 통보하여야 한다.

④ 요양급여비용 심사결과통보서 및 요양급여비용 지급통보서의 서식과 요양급여비용의 심사·지급에 필요한 사항은 보건복지부장관이 정하여 고시한다.

(9) 요양급여비용 지급 등의 특례(제21조)

① 우선 지급 사유 : 보건복지부장관은 제19조 제1항에 따른 요양기관 또는 대행청구단체의 요양급여비용 청구가 있음에도 불구하고 천재지변·파업 등 특별한 사유로 심사평가원이 제20조 제2항에 따른 기간 내에 요양급여비용 심사를 하는 것이 불가능하거나 현저히 곤란하다고 판단하는 경우에는 공단으로 하여금 요양급여비용의 전부 또는 일부를 요양기관에 우선 지급하게 할 수 있다.

② 요양급여비용의 정산 : 심사평가원은 공단이 제1항에 따라 요양급여비용을 요양기관에 우선 지급한 후 그 요양급여비용에 대하여 심사한 경우에는 요양급여비용 심사결과통보서를 공단 및 해당 요양기관에 각각 송부하여야 한다. 이 경우 공단은 심사평가원의 심사결과에 따라 제1항에 따라 요양기관에 지급한 요양급여비용을 정산하여야 한다.

③ 제1항과 제2항에 따른 요양급여비용의 청구, 지급 및 정산의 방법·절차 등에 관하여 필요한 사항은 보건복지부장관이 정하여 고시한다.

(10) 정보통신망 등에 의한 통보(제22조)

① 서류 제출 방법 : 요양기관은 요양급여비용 심사청구서 및 명세서 등의 서류를 전산매체 또는 정보통신망을 통하여 공단 또는 심사평가원에 제출할 수 있다. 이 경우 영 제28조 제2항에 따라 전산 관리에 관하여 보건복지부장관이 고시한 기준에 따라 적정하다고 결정된 소프트웨어를 사용해야 한다.

② 심사평가원은 요양급여비용 심사결과통보서 등을, 공단은 요양급여비용 지급통보서 등을 전산매체 또는 정보통신망을 이용하여 요양기관에 송부할 수 있다.

(11) 요양급여의 적정성 평가 기준 등(제22조의2)

① 법 제47조의4에 따른 요양급여의 적정성 평가("적정성 평가")는 의료의 안전성·효과성·효율성·환자중심성 등을 기준으로 하며, 세부적인 기준은 의약학적 타당성 및 계량화 가능성 등을 고려하여 심사평가원이 정하여 인터넷 홈페이지에 공개한다.

② 심사평가원은 요양기관별, 진료과목별, 지역별 및 질병·부상별로 구분하여 적정성 평가를 실시한다.

③ 심사평가원의 원장은 적정성평가를 위하여 법 제96조 제2항에 따라 제공받은 자료의 사실 여부를 확인할 필요가 있으면 소속 직원으로 하여금 해당 사항을 확인하게 할 수 있다.

④ 심사평가원은 매년 법 제66조 제1항에 따른 **진료심사평가위원회("심사위원회")**의 심의를 거쳐 다음 해의 적정성평가 계획을 수립해야 한다.

⑤ 제1항부터 제4항까지에서 규정한 사항 외에 적정성 평가에 필요한 세부적인 사항은 **보건복지부장관**이 정하여 고시한다.

(12) 요양급여 대상 여부의 확인 방법 · 절차 등(제22조의3)

① 가입자나 피부양자는 법 제48조 제1항에 따라 요양급여 대상에서 제외되는 비용인지 여부에 대한 확인을 요청하려면 별지 제17호의2 서식의 요양급여 대상 여부 확인 요청서에 진료비 또는 약제비 계산서 · 영수증을 첨부하여 **심사평가원**에 제출해야 한다.

② 제1항에 따라 확인 요청을 받은 심사평가원은 요청을 받은 날부터 15일 이내에 제1항에 따른 확인 요청인("요청인")에게 그 결과를 알려야 한다.

③ 법 제48조 제2항 후단에 따라 **과다본인부담금(요양기관이 요청인으로부터 받아야 할 금액보다 더 많이 징수한 금액을 말한다. 이하 이 조에서 같다)**이 있다는 통보를 받은 요양기관은 그 과다본인부담금을 요청인에게 지급할지 여부를 지체 없이 **심사평가원**에 알려야 한다.

④ **심사평가원**은 요양기관이 과다본인부담금을 지급하지 않겠다는 사실을 통보하거나 지급 여부에 대한 통보를 하지 않은 경우에는 그 사실을 **공단**에 알려야 한다.

⑤ 제4항에 따른 통보를 받은 **공단**은 지체 없이 해당 요양기관에 지급할 요양급여비용에서 과다본인부담금을 공제하여 이를 요청인에게 지급하고, 그 결과를 관련 **요양기관**에 알려야 한다.

⑥ 제1항부터 제5항까지에서 규정한 사항 외에 요양급여 대상 여부 확인 요청 및 처리에 필요한 세부적인 사항은 보건복지부장관이 정하여 고시한다.

(13) 요양비(제23조)

① 법 제49조 제1항에서 "보건복지부령으로 정하는 긴급하거나 그 밖의 부득이한 사유"란 다음 각 호의 어느 하나에 해당하는 경우를 말한다.
   1. 요양기관을 이용할 수 없거나 요양기관이 없는 경우
   2. 만성신부전증 환자가 의사의 요양비처방전(의사의 소견이나 처방기간 등을 적은 서류로서 보건복지부장관이 정하여 고시하는 서류를 말한다. 이하 같다)에 따라 복막관류액 또는 자동복막투석에 사용되는 소모성 재료를 요양기관 외의 의약품판매업소에서 구입 · 사용한 경우
   3. 산소치료를 필요로 하는 환자가 의사의 산소치료 요양비처방전에 따라 보건복지부장관이 정하여 고시하는 방법으로 산소치료를 받는 경우
   4. 당뇨병 환자가 의사의 요양비처방전에 따라 혈당검사 또는 인슐린주사에 사용되는 소모성 재료나 당뇨병 관리기기를 요양기관 외의 의료기기판매업소에서 구입 · 사용한 경우
   5. 신경인성 방광환자가 의사의 요양비처방전에 따라 자가도뇨에 사용되는 소모성 재료를 요양기관 외의 의료기기판매업소에서 구입 · 사용한 경우
   6. 보건복지부장관이 정하여 고시하는 질환이 있는 사람으로서 인공호흡기 또는 기침유발기를 필요로 하는 환자가 의사의 요양비처방전에 따라 인공호흡기 또는 기침유발기를 대여받아 사용하는 경우
   7. 수면무호흡증 환자가 의사의 요양비처방전에 따라 양압기(수면 중 좁아진 기도에 지속적으로 공기를 불어 넣어 기도를 확보해 주는 기구를 말한다)를 대여받아 사용하는 경우

② 법 제49조 제1항에서 "보건복지부령으로 정하는 기관"("준요양기관")이란 다음 각 호의 어느 하나에 해당하는 기관을 말한다.

1. 법 제42조 제1항 후단에 따라 요양기관에서 제외된 의료기관 등

2. 만성신부전증 환자 중 복막투석으로 요양급여를 받고 있는 사람에게 다음 각 목의 물품을 판매하는 요양기관 외의 의약품판매업소(나목의 경우 공단에 등록한 의약품판매업소만 해당한다)

   가. 복막관류액

   나. 자동복막투석에 사용되는 소모성 재료

3. 산소치료를 필요로 하는 환자에게 의료용 산소발생기 등으로 산소치료 서비스를 제공하는 요양기관 외의 기관으로서 공단에 등록한 기관(해당 환자가 제공받는 경우만 해당한다)

4. 당뇨병 환자에게 혈당검사 또는 인슐린주사에 사용되는 소모성 재료나 당뇨병 관리기기를 판매하는 요양기관 외의 의료기기판매업소로서 공단에 등록한 업소

5. 신경인성 방광환자에게 자가도뇨에 사용되는 소모성 재료를 판매하는 요양기관 외의 의료기기판매업소로서 공단에 등록한 업소

6. 인공호흡기 또는 기침유발기를 필요로 하는 환자에게 이를 대여하는 요양기관 외의 기관으로서 공단에 등록한 기관

7. 양압기를 필요로 하는 환자에게 이를 대여하는 요양기관 외의 기관으로서 공단에 등록한 기관

③ 가입자나 피부양자가 법 제49조 제1항에 따른 요양비를 지급받으려면 다음 각 호의 서류를 공단에 제출해야 한다.

1. 제1항 제1호에 해당하는 사유로 질병·부상·출산[사산(死産)의 경우에는 임신 16주 이상인 경우를 말한다]에 대하여 요양을 받은 경우에는 별지 제18호 서식의 요양비 지급청구서와 다음 각 목의 서류

   가. 요양비 명세서(약국의 경우에는 요양비처방전을 말한다) 또는 세금계산서[부가가치세법 제32조 제2항에 따른 전자세금계산서("전자세금계산서")를 포함한다. 이하 같다] 사본 1부

   나. 요양기관에서 요양을 받을 수 없었던 사유를 증명할 수 있는 서류 1부

2. 제1항 제2호 또는 제5호에 해당하는 경우에는 별지 제18호 서식의 요양비 지급청구서와 다음 각 목의 서류

   가. 의사의 요양비처방전 1부

   나. 세금계산서, 현금영수증 등 가입자나 피부양자가 지출한 금액 명세를 확인할 수 있는 서류 각 1부

3. 제1항 제3호에 해당하는 경우에는 별지 제19호 서식의 요양비 지급청구서와 다음 각 목의 서류

   가. 의사의 요양비처방전 1부

   나. 산소치료를 하였음을 증명할 수 있는 서류 1부

   다. 세금계산서, 현금영수증 등 가입자나 피부양자가 지출한 금액 명세를 확인할 수 있는 서류 각 1부

4. 제1항 제4호에 해당하는 경우에는 별지 제19호의2 서식 또는 별지 제19호의3 서식의 요양비 지급청구서와 다음 각 목의 서류

   가. 의사의 요양비처방전 1부

   나. 세금계산서, 현금영수증 등 가입자나 피부양자가 지출한 금액 명세를 확인할 수 있는 서류 각 1부

   다. 연속혈당측정용 전극을 구입한 경우에는 해당 전극의 고유식별번호를 확인할 수 있는 서류 1부

5. 제1항 제6호에 해당하는 경우에는 별지 제19호의4 서식의 요양비 지급청구서와 다음 각 목의 서류

　가. 의사의 요양비처방전 1부

　나. 인공호흡기 또는 기침유발기를 대여하였음을 증명할 수 있는 서류 1부

　다. 세금계산서, 현금영수증 등 가입자나 피부양자가 지출한 금액 명세를 확인할 수 있는 서류 각 1부

6. 제1항 제7호에 해당하는 경우에는 별지 제19호의5 서식의 요양비 지급청구서와 다음 각 목의 서류

　가. 의사의 요양비처방전 1부

　나. 양압기를 대여하였음을 증명할 수 있는 서류 1부

　다. 세금계산서, 현금영수증 등 가입자나 피부양자가 지출한 금액 명세를 확인할 수 있는 서류 각 1부

7. 요양기관 외의 장소에서 출산한 경우에는 별지 제18호 서식의 요양비 지급청구서와 출산 사실을 증명할 수 있는 서류 1부

④ 준요양기관이 법 제49조 제3항에 따라 공단에 요양비의 지급을 직접 청구하는 경우에는 다음 각 호의 서류를 공단에 제출해야 한다.

1. 제3항 각 호의 구분에 따른 서류

2. 별지 제19호의6 서식의 요양비 지급청구 위임장 1부

3. 가입자나 피부양자의 신분증 사본 1부

⑤ 제3항 및 제4항에도 불구하고 다음 각 호의 어느 하나에 해당하는 경우에는 해당 서류의 제출을 생략한다.

1. 다음 각 목의 어느 하나에 해당하는 경우 : 요양비처방전

　가. 요양비처방전을 발행한 의사가 그 요양비처방전을 요양비 관련 정보통신망(요양비 지급 청구 업무를 수행하기 위하여 공단이 관리·운영하는 정보통신망을 말한다. 이하 같다)을 통해 전송한 경우. 다만, 제1항 제1호 및 제2호에 해당하는 경우는 제외한다.

　나. 제1항 제3호, 제6호 또는 제7호에 해당하여 요양비를 지급받은 가입자나 피부양자가 같은 종류의 요양비를 지급받으려는 경우로서 이미 제출한 요양비처방전의 처방기간이 지나지 않은 경우

2. 별지 제18호 서식, 별지 제19호 서식 및 별지 제19호의2 서식부터 별지 제19호의5 서식까지의 요양비 지급청구서에 전자세금계산서 또는 현금영수증의 승인번호, 작성·거래일 및 합계금액을 모두 기재하여 공단에 제출한 경우 : 요양비 지급청구서에 기재된 승인번호에 해당하는 전자세금계산서 및 현금영수증

⑥ 공단은 제3항 또는 제4항에 따라 요양비의 지급청구를 받은 경우에는 청구를 받은 날부터 40일(요양비 관련 정보통신망을 통하여 제출받은 경우에는 15일) 이내에 그 내용의 적정성을 확인한 후 요양비를 지급해야 한다. 다만, 부득이한 사유가 있는 경우에는 30일의 범위에서 그 기한을 연장할 수 있다.

⑦ 제6항에도 불구하고 공단은 제2항 제1호에 해당하는 요양기관 등 또는 법 제98조 제1항에 따라 업무정지 중인 요양기관에서 요양을 받은 경우의 요양비 지급청구에 대해서는 심사평가원의 심사를 거쳐 요양비를 지급해야 한다.

⑧ 요양비의 지급금액은 보건복지부장관이 정하여 고시하는 금액으로 한다.

⑨ 제1항부터 제8항까지에서 규정한 사항 외에 요양비의 지급 기준·절차·방법 및 의약품판매업소 등의 등록 기준·절차·취소와 그 밖에 요양비 지급청구 등에 관하여 필요한 사항은 보건복지부장관이 정하여 고시한다.

7. 부가급여, 장애인에 대한 특례

(1) 임신·출산 진료비 이용권의 신청 및 발급 등(제24조)

① 이용권 신청 : 영 제23조 제4항에 따라 임신·출산 진료비 이용권("이용권")의 발급을 신청하려는 사람은 산부인과전문의 또는 의료법 제6조에 따른 조산사가 임신·출산 사실을 확인한 신청서를 공단에 제출해야 한다. 이 경우 임신 사실은 산부인과전문의만 확인할 수 있다.

더 알아보기

조산사 면허(의료법 제6조)
조산사가 되려는 자는 다음 각 호의 어느 하나에 해당하는 자로서 조산사 국가시험에 합격한 후 보건복지부장관의 면허를 받아야 한다.
1. 간호사 면허를 가지고 보건복지부장관이 인정하는 의료기관에서 1년간 조산 수습과정을 마친 자
2. 외국의 조산사 면허(보건복지부장관이 정하여 고시하는 인정기준에 해당하는 면허를 말한다)를 받은 자

② 이용권의 제시 : 영 제23조 제5항에 따라 이용권을 발급받은 사람은 영 제23조 제3항 각 호의 비용을 결제하려는 경우 요양기관에 이용권을 제시해야 한다.

③ 비용의 지급 : 공단은 임신·출산과 관련된 진료 등의 사실을 확인한 후 지체 없이 요양기관에게 제2항에 따라 결제된 비용을 지급해야 한다.

④ 제1항부터 제3항까지에서 규정한 사항 외에 이용권의 신청 및 발급 등에 필요한 세부적인 사항은 보건복지부장관이 정하여 고시한다.

(2) 이용권 사용 요양기관의 지정(제25조)

삭제

(3) 장애인 보조기기에 대한 보험급여기준 등(제26조)

① 보조기기에 대한 보험급여 : 법 제51조 제1항에 따른 보조기기(소모품을 포함하며, 이하 "보조기기"라 한다)에 대한 보험급여의 범위 및 공단의 부담금액 등은 별표 7과 같다.

② 보조기기 급여 지급청구 : 보조기기[제3항에 따른 활동형 수동휠체어, 틸팅형 수동휠체어(등받이 및 좌석 경사 조절형 수동휠체어를 말한다), 리클라이닝형 수동휠체어(등받이 경사 조절형 수동휠체어를 말한다), 전동휠체어, 의료용 스쿠터, 자세보조용구 및 이동식전동리프트는 제외한다]에 대한 보험급여를 받으려는 사람은 별지 제21호 서식의 보조기기 급여 지급청구서에 다음 각 호의 서류를 첨부하여 공단에 제출해야 한다.

1. 의료법 제77조 제4항 및 전문의의 수련 및 자격 인정 등에 관한 규정 제3조에 따른 전문과목 중 보조기기 유형별로 보건복지부장관이 정하여 고시하는 과목의 전문의가 발행한 별지 제22호 서식 및 별지 제22호의2 서식부터 별지 제22호의4 서식까지에 따른 보조기기 처방전과 해당 검사 결과 관련 서류 1부. 다만, 지팡이·목발·흰지팡이 또는 보조기기의 소모품[전동휠체어 및 의료용 스쿠터용 전지(電池)로 한정한다]에 대한 보험급여를 받으려는 경우에는 제외한다.

> **더 알아보기**
>
> 전문의의 전문과목(전문의의 수련 및 자격 인정 등에 관한 규정 제3조)
> 전문의의 전문과목은 내과, 신경과, 정신건강의학과, 외과, 정형외과, 신경외과, 심장혈관흉부외과, 성형외과, 마취통증의학과, 산부인과, 소아청소년과, 안과, 이비인후과, 피부과, 비뇨의학과, 영상의학과, 방사선종양학과, 병리과, 진단검사의학과, 결핵과, 재활의학과, 예방의학과, 가정의학과, 응급의학과, 핵의학 및 직업환경의학과로 한다.

1의2. 별지 제23호 서식의 보조기기 검수확인서 1부. 다만, 지팡이·목발·흰지팡이 또는 보조기기의 소모품(전동휠체어 및 의료용 스쿠터용 전지로 한정한다), 일반형 수동휠체어, 욕창예방방석, 욕창예방매트리스, 전·후방보행차, 돋보기 또는 망원경에 대한 보험급여를 받으려는 경우에는 제외한다.

2. 요양기관 또는 보조기기 제조·판매자가 발행한 세금계산서, 현금영수증 등 가입자나 피부양자가 지출한 금액 명세를 확인할 수 있는 서류 각 1부

3. 별표 7 제1호 나목 전단에 따른 보조기기에 대한 보험급여를 받으려는 경우에는 표준코드와 바코드를 확인할 수 있는 보조기기 사진 1장

③ 사전 승인 신청 : 보조기기 중 활동형 수동휠체어, 틸팅형 수동휠체어, 리클라이닝형 수동휠체어, 전동휠체어, 의료용 스쿠터, 자세보조용구 및 이동식전동리프트에 대한 보험급여를 받으려는 사람은 별지 제24호 서식의 보조기기 급여 사전 승인 신청서에 별지 제22호 서식 및 제22호의2 서식부터 별지 제22호의4 서식까지에 따른 보조기기 처방전과 해당 검사 결과 관련 서류를 첨부하여 공단에 보조기기 급여 사전 승인 신청을 해야 한다.

④ 급여비 지급청구 : 공단은 제3항에 따른 신청을 받으면 해당 처방전에 적힌 장애상태 등을 확인하여 신청인이 급여 대상에 해당하는지를 결정·통보해야 하고, 급여 대상으로 통보받은 신청인은 별지 제21호 서식의 보조기기 급여비 지급청구서에 다음 각 호의 서류를 첨부하여 공단에 제출해야 한다.

1. 별지 제23호 서식의 보조기기 검수확인서(자세보조용구만 해당한다)

2. 별표 7 제1호 나목 전단에 따른 보조기기에 대한 보험급여를 받으려는 경우에는 표준코드와 바코드를 확인할 수 있는 보조기기 사진 1장

3. 별표 7 제1호 다목에 따라 공단에 등록한 보조기기 업소에서 발행한 세금계산서, 현금영수증 등 가입자나 피부양자가 지출한 금액 명세를 확인할 수 있는 서류 각 1부

⑤ 보조기기 판매업자가 법 제51조 제2항 전단에 따라 공단에 보조기기 보험급여의 지급을 직접 청구하는 경우에는 다음 각 호의 서류를 공단에 제출해야 한다.

1. 제2항 각 호의 서류 또는 제4항 각 호의 서류 1부

2. 별지 제21호의2 서식의 보조기기 급여 지급청구 위임장 1부

3. 가입자나 피부양자의 신분증 사본 1부

4. 삭제

5. 장애인복지법에 따라 개설된 의지(義肢)·보조기 제조·수리업자이거나 의료기기법에 따라 허가받은 수입·제조·판매업자(보조기기 소모품 중 전동휠체어 및 의료용 스쿠터용 전지의 경우는 의료기기법에 따라 신고한 수리업자를 말한다)임을 증명하는 서류 1부. 다만, 다음 각 목의 어느 하나에 해당하는 경우에는 제외한다.

　　가. 별표 7 제1호 다목에 따라 공단에 등록한 보조기기 판매업자

　　나. 지팡이, 목발 또는 흰지팡이를 판매한 경우

　　다. 보조기기를 제조·수입한 자로서 해당 보조기기의 소모품 중 전동휠체어 및 의료용 스쿠터용 전지를 판매한 경우

⑥ **공단 부담금액의 지급** : 공단은 제2항, 제4항 및 제5항에 따른 지급청구를 받으면 청구된 내용의 적정성을 지체 없이 확인한 후 지급청구를 한 사람 또는 보조기기 판매업자에게 제1항에 따른 **공단의 부담금액을 지급해야** 한다.

⑦ 제1항부터 제6항까지에서 규정한 사항 외에 보조기기의 급여 기준 및 방법에 관한 세부적인 사항은 보건복지부장관이 정하여 고시한다.

8. 보험급여

(1) 급여 제한에 관한 통지(제27조)

① 공단은 법 제53조에 따라 **보험급여를 제한하는** 경우에는 문서로 그 내용과 사유를 가입자에게 알려야 한다.

② 공단은 법 제79조에 따라 **보험료의 납입고지를** 할 때에는 법 제53조 제3항에 따른 **급여 제한의 내용**을 안내하여야 한다.

(2) 제3자의 행위로 인한 급여 통보(제28조)

법 제58조에 따라 가입자(지역가입자의 경우에는 세대주를 포함한다)는 자신이나 피부양자에 대한 **보험급여 사유가 제3자의 행위로 인한 것인** 경우에는 별지 제25호 서식의 제3자의 행위로 인한 급여 통보서를 지체 없이 공단에 제출하여야 한다.

(3) 요양급여 등의 적정성 평가(제29조)

삭제

(4) 요양비의 심사 대상(제30조)

영 제28조 제1항 제2호에서 "보건복지부령으로 정하는 기관"이란 법 제98조 제1항에 따라 **업무정지 중인 요양기관** 및 영 제18조 제1항에 따라 **요양기관에서 제외된 의료기관**을 말한다.

9. 건강보험심사평가원 및 진료심사평가위원회

(1) 상임이사 후보의 추천 절차 등(제31조)

법 제65조 제3항에 따른 심사평가원의 상임이사 추천 등에 관하여는 **제8조를 준용한다**. 이 경우 "공단"은 "심사평가원"으로, "이사장"은 "원장"으로 본다.

(2) 심사위원회 위원의 자격(제32조)

심사위원회의 위원은 다음 각 호의 어느 하나에 해당하는 사람이어야 한다. 다만, 법 제23조에 따른 결격사유에 해당하는 사람은 제외한다.

1. 의사 면허를 취득한 후 10년이 지난 사람으로서 의과대학 또는 의료기관에서 종사한 사람
2. 치과의사 면허를 취득한 후 10년이 지난 사람으로서 치과대학 또는 의료기관에서 종사한 사람
3. 한의사 면허를 취득한 후 10년이 지난 사람으로서 한의과대학 또는 의료기관에서 종사한 사람
4. 약사 면허를 취득한 후 10년이 지난 사람으로서 약학대학·의료기관·약국 또는 한국희귀·필수의약품센터에서 종사한 사람
5. 고등교육법 제2조 제1호부터 제3호까지의 학교에서 전임강사 이상의 경력을 가진 사람으로서 보건의약관련 분야에 10년 이상 종사한 사람
6. 보건의약 또는 건강보험과 관련된 분야에 10년 이상 종사한 사람 중 보건복지부장관이 심사위원 자격이 있다고 인정하는 사람

(3) 심사위원의 임명 및 위촉(제33조)

① 상근 심사위원 : 법 제66조 제3항에서 "보건복지부령으로 정하는 사람"이란 다음 각 호의 사람을 말한다.
  1. 심사평가원 원장이 공개경쟁의 방법으로 선발한 사람
  2. 공단 또는 의약계단체가 추천한 사람
② 비상근 심사위원 : 법 제66조 제4항에서 "보건복지부령으로 정하는 사람"이란 관련 의약분야별 전문학회 또는 의약계단체, 공단, 소비자단체 및 심사평가원 이사회가 추천하는 사람을 말한다.
③ 제1항 제1호에 따라 공개경쟁의 방법으로 상근 심사위원을 임명하는 절차·방법 등은 심사평가원의 정관으로 정한다.

(4) 심사위원의 임기(제34조)

법 제66조 제6항에 따라 심사위원의 임기는 2년으로 한다.

(5) 심사위원회의 위원장(제35조)

① 위원장 : 심사위원회에는 위원장 1명을 둔다.
② 임명 : 심사위원회의 위원장은 심사평가원의 원장이 임명한다.
③ 직무대행 : 심사위원회의 위원장이 부득이한 사유로 그 직무를 수행할 수 없을 때에는 심사평가원의 원장이 지명하는 위원이 그 직무를 대행한다.
④ 임기 : 심사위원회 위원장의 임기는 2년으로 한다.

(6) 심사위원회의 회의 등(제36조)

① 회의의 소집 : 심사위원회와 법 제66조 제2항에 따른 진료과목별 분과위원회의 회의는 재적위원 3분의 1 이상이 요구할 때 또는 심사평가원 원장이나 심사위원회 위원장이 요구할 때에 소집한다.
② 개의·의결 정족수 : 위원장 및 분과위원회의 위원장은 제1항에 따른 각 회의의 의장이 되며, 각 회의는 재적위원 과반수의 출석으로 개의하고, 출석위원 과반수의 찬성으로 의결한다.
③ 제1항과 제2항에서 규정한 사항 외에 심사위원회와 분과위원회의 구성·운영 등에 필요한 사항은 심사평가원의 정관으로 정한다.

(7) 심사위원의 보수 등(제37조)

　심사위원에게는 예산의 범위에서 보수·수당·여비, 그 밖에 필요한 경비를 지급할 수 있다.

10. 자금의 조달 등

(1) 부담금 등(제38조)

　① 부담금의 산정 : 법 제67조 제1항에 따른 부담금("부담금")은 법 제36조 및 제68조에 따라 보건복지
　　부장관이 승인한 심사평가원의 예산에 계상된 금액으로 하되, 공단의 전전년도 보험료 수입의 1,000
　　분의 30을 넘을 수 없다.

　② 수수료의 산정 : 법 제67조 제2항에 따른 수수료는 심사평가원 원장이 업무를 위탁한 자와 계약으로
　　정하는 금액으로 하되, 의료급여비용 심사에 관한 비용은 보건복지부장관이 정하는 바에 따른다.

　③ 부담금이 확정되지 않은 경우 : 심사평가원은 부담금이 회계연도가 시작되기 전까지 확정되지 아니
　　한 경우에는 전년도 부담금에 준하여 해당 연도 부담금을 징수하고 부담금 확정 후 정산한다.

　④ 징수 주기 : 심사평가원은 부담금을 분기별로 징수하고, 제2항에 따른 수수료는 월별로 징수한다.

　⑤ 부담금 및 수수료의 징수·납부 절차 및 방법 등에 관하여 필요한 사항은 보건복지부장관이 정하는
　　바에 따른다.

(2) 준용 규정(제39조)

　심사평가원의 결산보고서 등의 공고에 관하여는 제10조를 준용한다. 이 경우 "공단"은 "심사평가원"으
로 본다.

11. 보수월액

(1) 보수 총액 등의 통보(제40조)

　사용자는 영 제35조에 따라 직장가입자의 보수 총액 및 종사기간 등을 공단에 통보할 때에는 다음 각
호의 구분에 따른 서류를 공단에 제출하여야 한다.

　1. 사용관계가 계속되는 경우 : 별지 제26호 서식의 **직장가입자 보수 총액 통보서**

　2. 연도 중 영 제35조 제2항 각 호의 어느 하나에 해당하게 된 경우 : 별지 제8호 서식의 **직장가입자**
　　자격상실 신고서

(2) 보수월액의 변경신청(제41조)

　사용자는 영 제36조에 따라 직장가입자의 보수월액 변경을 신청하려면 별지 제27호 서식의 **직장가입자**
보수월액 변경신청서를 공단에 제출하여야 한다.

(3) 보수월액의 결정·변경 등의 통지(제42조)

　공단은 영 제36조부터 제40조까지의 규정에 따라 가입자의 보수월액을 결정·변경한 경우 또는 보수월
액보험료의 초과액을 반환하거나 보수월액보험료의 부족액을 추가 징수하는 경우에는 지체 없이 그 사
실을 문서로 사용자에게 알려야 하며, 통지를 받은 사용자는 지체 없이 직장가입자에게 알려야 한다.

(4) 보수가 지급되지 아니하는 사용자의 소득(제43조)

영 제38조 제1항 제1호에서 "보건복지부령으로 정하는 수입"이란 소득세법 제19조에 따른 사업소득을 말한다.

> **더 알아보기**
>
> 사업소득(소득세법 제19조)
> ① 사업소득은 해당 과세기간에 발생한 다음 각 호의 소득으로 한다. 다만, 제21조 제1항 제8호의2에 따른 기타소득으로 원천징수하거나 과세표준확정신고를 한 경우에는 그러하지 아니하다.
> 1. 농업(작물재배업 중 곡물 및 기타 식량작물 재배업은 제외한다. 이하 같다)·임업 및 어업에서 발생하는 소득
> 2. 광업에서 발생하는 소득
> 3. 제조업에서 발생하는 소득
> 4. 전기, 가스, 증기 및 공기조절공급업에서 발생하는 소득
> 5. 수도, 하수 및 폐기물 처리, 원료 재생업에서 발생하는 소득
> 6. 건설업에서 발생하는 소득
> 7. 도매 및 소매업에서 발생하는 소득
> 8. 운수 및 창고업에서 발생하는 소득
> 9. 숙박 및 음식점업에서 발생하는 소득
> 10. 정보통신업에서 발생하는 소득
> 11. 금융 및 보험업에서 발생하는 소득
> 12. 부동산업에서 발생하는 소득. 다만, 공익사업을 위한 토지 등의 취득 및 보상에 관한 법률 제4조에 따른 공익사업과 관련하여 지역권·지상권(지하 또는 공중에 설정된 권리를 포함한다)을 설정하거나 대여함으로써 발생하는 소득은 제외한다.
> 13. 전문, 과학 및 기술서비스업(대통령령으로 정하는 연구개발업은 제외한다)에서 발생하는 소득
> 14. 사업시설관리, 사업 지원 및 임대 서비스업에서 발생하는 소득
> 15. 교육서비스업(대통령령으로 정하는 교육기관은 제외한다)에서 발생하는 소득
> 16. 보건업 및 사회복지서비스업(대통령령으로 정하는 사회복지사업은 제외한다)에서 발생하는 소득
> 17. 예술, 스포츠 및 여가 관련 서비스업에서 발생하는 소득
> 18. 협회 및 단체(대통령령으로 정하는 협회 및 단체는 제외한다), 수리 및 기타 개인서비스업에서 발생하는 소득
> 19. 가구 내 고용활동에서 발생하는 소득
> 20. 제160조 제3항에 따른 복식부기의무자가 차량 및 운반구 등 대통령령으로 정하는 사업용 유형자산을 양도함으로써 발생하는 소득. 다만, 양도소득에 해당하는 경우는 제외한다.
> 21. 제1호부터 제20호까지의 규정에 따른 소득과 유사한 소득으로서 영리를 목적으로 자기의 계산과 책임 하에 계속적·반복적으로 행하는 활동을 통하여 얻는 소득
> ② 사업소득금액은 해당 과세기간의 총수입금액에서 이에 사용된 필요경비를 공제한 금액으로 하며, 필요경비가 총수입금액을 초과하는 경우 그 초과하는 금액을 "결손금"이라 한다.
> ③ 제1항 각 호에 따른 사업의 범위에 관하여는 소득세법에 특별한 규정이 있는 경우 외에는 통계법에 따라 통계청장이 고시하는 한국표준산업분류에 따르고, 그 밖의 사업소득의 범위에 관하여 필요한 사항은 대통령령으로 정한다.

PART 2

(5) 소득 산정방법 및 평가기준(제44조)

① 소득 산정방법 : 영 제41조 제2항에 따라 법 제71조 제1항에 따른 소득월액(직장가입자의 경우에는 법 제71조 제1항에 따른 보수 외 소득월액을 말하고, 지역가입자의 경우에는 같은 조 제2항에 따른 소득월액을 말한다) 산정에 포함되는 소득은 다음 각 호의 구분에 따른 금액을 합산한 금액으로 한다. 다만, 제1호 및 제2호에도 불구하고 소득세법 제14조 제3항 제6호에 따른 소득이 1,000만 원 이하인 경우에는 해당 이자소득과 배당소득은 합산하지 않는다.

1. 영 제41조 제1항 제1호의 이자소득 : 소득세법 제16조 제2항에 따라 산정한 **이자소득금액**

2. 영 제41조 제1항 제2호의 배당소득 : 소득세법 제17조 제3항에 따라 산정한 **배당소득금액**

3. 영 제41조 제1항 제3호의 사업소득 : 소득세법 제19조 제2항에 따라 산정한 **사업소득금액**. 다만, 소득세법 제64조의2 제1항 제2호의 세액이 적용되는 같은 법 제14조 제3항 제7호에 따른 분리과세 주택임대소득에 대한 사업소득금액은 같은 법 제64조의2 제2항에 따라 산정한다.

4. 영 제41조 제1항 제4호의 근로소득 : 소득세법 제20조 제1항 각 호에 따른 소득의 금액의 합계액

5. 영 제41조 제1항 제5호의 연금소득 : 소득세법 제20조의3 제1항 각 호에 따른 소득의 금액의 합계액

6. 영 제41조 제1항 제6호의 기타소득 : 소득세법 제21조 제3항에 따라 산정한 **기타소득금액**

② 소득월액 산정방법 : 법 제71조 제1항에 따른 직장가입자의 보수 외 소득월액은 다음 각 호의 구분에 따라 평가한 금액을 합산하여 산정한다. 이 경우 각 호의 구분에 따른 소득은 법 제71조 제1항의 계산식을 적용하여 산출한 금액에 법 제71조 제1항에 따른 연간 보수 외 소득에서 각 호의 구분에 따른 소득이 차지하는 비율을 곱하여 산출한다.

1. 영 제41조 제1항 제1호부터 제3호까지 및 제6호의 소득 : 해당 소득 전액

2. 영 제41조 제1항 제4호 및 제5호의 소득 : 해당 소득의 100분의 50

③ 법 제71조 제2항에 따른 지역가입자의 소득월액 산정방법에 관하여는 제2항 전단을 준용한다. 다만, 지역가입자의 소득월액이 28만 원 이하인 경우에는 영 제32조 제2호 나목에 따른 월별 보험료액의 하한액을 영 제44조 제1항에 따른 보험료율로 나누어 얻은 값을 해당 지역가입자의 소득월액으로 한다.

(6) 보증금 및 월세금액의 평가방법(제45조)

영 별표 4 제1호 나목에서 "보건복지부령으로 정하는 기준"이란 별표 8에 따른 보증금 및 월세금액의 평가방법을 말한다.

12. 보험료 부담 및 납부

(1) 보험료 경감 대상자(제46조)

법 제75조 제1항 각 호 외의 부분에서 "보건복지부령으로 정하는 가입자"란 다음 각 호의 어느 하나에 해당하는 사람을 말한다.

1. 영 제45조 제1호에 해당하는 지역에 거주하는 가입자

2. 영 제45조 제2호에 해당하는 지역에 거주하는 지역가입자로서 다음 각 목의 어느 하나에 해당하는 사람. 다만, 영 제45조 제2호 나목 및 다목에 해당하는 지역의 경우 라목에 해당하는 사람은 제외한다.

가. 농어업·농어촌 및 식품산업 기본법 제3조 제2호에 따른 **농어업인**

나. 수산업법 제2조 제12호에 따른 **어업인**

다. 광업법 제3조 제2호에 따른 **광업에 종사하는 사람**

라. 소득세법 제19조에 따른 **사업소득이 연간 500만 원 이하인 사람**

3. 영 제45조 제3호에 해당하는 지역에 거주하는 직장가입자로서 보건복지부장관이 정하여 고시하는 사람

4. 법 제75조 제1항 제2호부터 제4호까지에 해당하는 지역가입자

5. 법 제75조 제1항 제5호에 해당하는 직장가입자 중 **휴직기간이 1개월 이상인 사람**

6. 법 제75조 제1항 제6호에 해당하는 가입자

(2) 보험료의 분기별 납부(제47조)

① **신청서 제출** : 법 제78조 제1항 단서에 따라 보험료(직장가입자의 경우에는 보수 외 소득월액보험료를 말한다. 이하 이 조에서 같다)를 분기별로 납부하려는 직장가입자 및 지역가입자는 분기가 시작되는 달의 전달 말일까지 별지 제28호 서식의 건강보험료 분기납부 신청서를 공단에 제출하여야 한다.

② **납부기한** : 법 제78조 제1항 단서에 따라 분기별로 납부하는 보험료의 납부기한은 해당 분기가 끝나는 달의 다음 달 10일로 한다.

③ **납부의 제한** : 공단은 분기별로 납부하는 보험료의 납부의무자가 제2항에 따른 **납부기한까지 보험료를 내지 아니하면** 공단의 정관으로 정하는 절차에 따라 납부 의사를 확인한 후 분기별 납부를 제한할 수 있다.

(3) 보험료 등의 납입고지 기한(제48조)

공단은 법 제79조에 따라 **보험료와 그 밖에 법에 따른 징수금("보험료 등")의 납입고지**를 할 때에는 납부의무자에게 보험료 등의 납부기한 10일 전까지 납입고지서를 발급하여야 한다.

(4) 납부기한의 연장(제48조의2)

① **납입 고지의 송달 지연 사유** : 법 제78조 제2항 전단에서 "납입 고지의 송달 지연 등 보건복지부령으로 정하는 사유가 있는 경우"란 다음 각 호의 어느 하나에 해당하는 경우를 말한다.

1. 납부의무자의 책임 없는 사유로 납입고지서가 납부기한이 지나서 송달된 경우

2. 자동 계좌이체의 방법으로 보험료를 내는 경우로서 정보통신망의 장애 등 납부의무자의 책임 없는 사유로 납부기한까지 이체되지 아니한 경우

3. 그 밖에 보건복지부장관이 인정하는 부득이한 사유가 있는 경우

② **신청서 제출** : 제1항 각 호의 사유로 납부기한의 연장을 신청하려는 사람은 해당 보험료의 **납부기한으로부터 1개월 이내에** 별지 제28호의2 서식의 보험료 납부기한 연장신청서를 공단에 제출하여야 한다.

③ **결정 통지** : 공단은 제2항에 따른 납부기한 연장 신청을 받으면 그 **연장 여부를 결정**하여 지체 없이 납부의무자에게 **문서 등으로 통지**하여야 한다.

(5) 보수월액보험료 납입고지 유예와 그 해지 신청 등(제50조)

① 납입고지 유예 신청 : 사용자는 법 제79조 제5항에 따라 휴직이나 그 밖의 사유로 보수의 전부 또는 일부가 지급되지 아니하는 직장가입자("휴직자 등")의 보수월액보험료에 대한 납입고지를 유예받으려면 휴직 등의 사유가 발생한 날부터 14일 이내에 별지 제30호 서식의 휴직자 등 직장가입자 보험료 납입고지 유예(유예 해지) 신청서를 공단에 제출하여야 한다.

② 납입고지 유예 해지 신청 : 사용자는 제1항에 따른 신청서가 제출된 후 납입 고지 유예 사유가 없어진 경우에는 그 사유가 없어진 날부터 14일 이내에 별지 제30호 서식의 휴직자 등 직장가입자 보험료 납입고지 유예(유예 해지) 신청서를 공단에 제출하여야 한다.

③ 납입고지 유예 보수월액보험료 : 제1항의 신청에 따라 납입고지가 유예되는 보수월액보험료는 그 사유가 발생한 날이 속하는 달의 다음 달(사유가 발생한 날이 매월 1일인 경우에는 그 사유가 발생한 날이 속하는 달을 말한다)부터 그 사유가 없어진 날이 속하는 달(사유가 없어진 날이 매월 1일인 경우에는 그 사유가 없어진 날이 속하는 달의 직전 달을 말한다)까지에 해당하는 **보수월액보험료** 및 그 기간 중 영 제39조 제1항에 따른 추가 징수 보수월액보험료로 한다.

④ 보험료율의 적용 : 공단은 제3항에 따라 납입고지가 유예된 보수월액보험료를 법 제70조 제2항에 따른 보수월액과 납입고지 유예기간 중의 보험료율을 적용하여 산정한다.

⑤ 보수월액보험료의 공제 : 사용자는 제3항에 따라 납입고지가 유예된 보수월액보험료를 그 사유가 없어진 후 보수가 지급되는 최초의 달의 보수에서 공제하여 납부하여야 한다. 다만, 납입고지가 유예된 보수월액보험료가 해당 직장가입자의 월 보수월액보험료의 3배 이상이고 해당 직장가입자가 원하는 경우에는 제2항에 따른 납입 고지 유예 해지 신청을 할 때에 해당 보수월액보험료의 분할납부를 함께 신청하여야 한다.

⑥ 분할납부 : 사용자가 제5항 단서에 따라 분할납부를 신청한 경우에는 10회의 범위에서 해당 보수월액보험료를 균등하게 분할하여 납부할 수 있다. 이 경우 매월 분할납부하는 금액은 해당 직장가입자의 월 보수월액보험료 이상이어야 한다.

13. 연체금과 체납처분

(1) 연체금 징수의 예외(제51조)

법 제80조 제3항에서 "보건복지부령으로 정하는 부득이한 사유"란 다음 각 호의 어느 하나에 해당하는 경우를 말한다.

1. 전쟁 또는 사변으로 인하여 체납한 경우
2. 연체금의 금액이 공단의 정관으로 정하는 금액 이하인 경우
3. 사업장 또는 사립학교의 폐업·폐쇄 또는 폐교로 체납액을 징수할 수 없는 경우
4. 화재로 피해가 발생해 체납한 경우
5. 그 밖에 보건복지부장관이 연체금을 징수하기 곤란한 부득이한 사유가 있다고 인정하는 경우

(2) 체납자에 대한 공매대행의 통지 등(제52조)

① 공매대행의 의뢰 : 공단은 법 제81조 제5항에 따라 압류재산의 공매를 대행하게 하는 경우에는 다음 각 호의 사항을 적어 금융회사부실자산 등의 효율적 처리 및 한국자산관리공사의 설립에 관한 법률에 따라 설립된 한국자산관리공사("한국자산관리공사")에 공매대행을 의뢰하여야 한다.

1. 체납자의 성명, 주소 또는 거소
2. 공매할 재산의 종류·수량·품질 및 소재지
3. 압류에 관계되는 보험료 등의 납부 연도·금액 및 납부기한
4. 그 밖에 공매대행에 필요한 사항

② 공매대행의 통지 : 공단은 제1항에 따라 공매대행을 의뢰한 경우에는 그 사실을 체납자, 담보물 소유자 및 그 재산에 전세권·질권·저당권 또는 그 밖의 권리를 가진 자와 압류한 재산을 보관하고 있는 자에게 알려야 한다.

③ 압류재산의 인도 : 공단이 점유하고 있거나 제3자로 하여금 보관하게 한 압류재산은 한국자산관리공사에 인도할 수 있으며, 이를 인수한 한국자산관리공사는 인계·인수서를 작성하여야 한다. 다만, 제3자로 하여금 보관하게 한 재산에 대해서는 그 제3자가 발행하는 그 재산의 보관증을 인도함으로써 압류재산의 인도를 갈음할 수 있다.

(3) 공매대행 수수료(제53조)

법 제81조 제6항에 따른 수수료 산정에 관하여는 국세징수법 시행규칙 제41조의5를 준용한다.

(4) 공매대행의 세부 사항(제54조)

이 규칙에서 규정한 사항 외에 한국자산관리공사가 공매를 대행하는 데에 필요한 사항은 공단이 한국자산관리공사와 협의하여 정한다.

(5) 납입고지서의 전자고지 등(제54조의2)

① 신청서 제출 : 법 제81조의6에 따른 전자문서를 통한 납입고지 및 독촉("전자고지")을 신청·변경·해지하려는 사람은 별지 제30호의2 서식의 전자고지 서비스 신규·변경·해지 신청서를 공단에 제출하여야 한다. 다만, 다음 각 호의 신고 또는 신청을 할 때에 전자고지를 신청한 경우에는 신청서를 제출한 것으로 본다.
1. 제3조 제1항에 따른 사업장 적용신고
2. 제4조 제1항에 따른 지역가입자의 자격 취득 또는 변동 신고
3. 제63조에 따른 임의계속가입 신청

② 정보통신망을 통한 전자고지 : 공단은 제1항에 따라 전자고지 신청을 접수한 경우에는 그 신청에 따라 전자우편, 휴대전화, 공단이 관리하는 전자문서교환시스템 또는 건강보험 업무를 수행하기 위하여 공단이 관리·운영하는 정보통신망을 통해 전자고지를 해야 한다. 다만, 공단은 정보통신망의 장애 등으로 전자고지가 불가능한 경우에는 문서로 보험료 등에 대한 납입고지 또는 독촉을 할 수 있다.

③ 개시·해지 적용 : 전자고지의 개시 및 해지는 제1항에 따른 신청서를 접수한 날의 다음 날부터 적용한다.

④ 재신청 : 전자고지의 신청을 해지한 사람은 해지한 날부터 30일이 지난 날 이후에 전자고지를 다시 신청할 수 있다.

⑤ 정보통신망의 정의 : 법 제81조의6 제2항에서 "보건복지부령으로 정하는 정보통신망"이란 공단이 관리하는 전자문서교환시스템 또는 건강보험 업무를 수행하기 위하여 공단이 관리·운영하는 정보통신망을 말한다.

(6) 체납보험료 분할납부의 승인 등(제55조)

① 신청서 제출 : 법 제82조에 따라 보험료를 3회 이상 체납한 자가 보험료 분할납부의 승인을 받으려는 경우에는 별지 제31호 서식의 건강보험 체납보험료 분할납부 신청서를 공단에 제출하여야 한다.

② 안내 사항 : 공단은 법 제82조 제2항에 따라 체납보험료 분할납부 신청의 절차·방법 등에 관한 사항을 법 제79조에 따라 보험료 등을 징수할 때 납입 고지하는 문서와 법 제81조 제4항에 따라 체납처분을 하기 전에 발송하는 통보서에 적어 안내하여야 하며, 필요한 경우에는 별도의 문서에 적거나 전화 통화, 휴대전화 문자전송 등의 방법으로 추가 안내할 수 있다.

③ 분할납부 승인 예외 : 공단은 제1항에 따라 분할납부를 신청한 자가 법 제82조 제3항에 따라 승인이 취소된 적이 있으면 분할납부의 승인을 하지 아니할 수 있다.

④ 분할납부 횟수 : 공단은 제1항에 따라 분할납부를 신청한 자가 제3항에 해당하지 않는 경우에는 특별한 사유가 없으면 분할납부를 승인해야 한다. 이 경우 분할납부하는 횟수는 24회 이내로 정하고, 매월 납부할 금액("분할보험료")은 해당 월별로 고지된 보험료 및 연체금 이상[제1항에 따라 분할납부를 신청한 달에 고지된 보험료가 영 제32조 제2호에 따른 월별 보험료액의 하한액에 해당하는 가입자가 보험료를 체납한 경우(직장가입자가 보수월액보험료를 체납한 경우는 제외한다)에는 해당 월별로 고지된 보험료 및 연체금의 100분의 50 이상]으로 정하여 신청인에게 통보해야 한다.

⑤ 납입고지서 발급 : 공단은 제4항에 따라 분할납부 승인을 받은 자("분할납부자")에게 매회 납부기일 10일 전까지 분할보험료 납입고지서를 발급하여야 한다. 다만, 분할납부자가 분할납부 승인을 신청할 때에 분할횟수에 해당하는 납입고지서를 모두 발급해 줄 것을 요청하면 이를 한꺼번에 발급할 수 있다.

⑥ 분할납부 승인 취소 통보 : 공단은 법 제82조 제3항에 따라 분할납부의 승인을 취소한 경우에는 지체 없이 그 사실을 해당 분할납부자에게 통보하여야 한다.

14. 서식 및 서류의 보존

(1) 이의신청의 서식 등(제56조)

법 제87조 제1항·제2항 및 영 제56조에 따라 공단의 처분에 대한 이의신청과 그 결정은 별지 제32호 서식 및 별지 제33호 서식에 따르고, 심사평가원의 처분 중 요양급여비용의 심사에 대한 이의신청과 그 결정은 별지 제34호 서식 및 별지 제35호 서식, 적정성평가에 대한 이의신청과 그 결정은 별지 제36호 서식 및 별지 제37호 서식에 따른다.

(2) 소득 축소·탈루 자료 송부의 서식 등(제57조)

공단이 법 제95조 제1항에 따라 국세청장에게 소득 축소·탈루 자료를 송부할 때에는 별지 제38호 서식의 소득 축소·탈루 혐의자료 통보서에 따른다. 이 경우 사용자나 세대주가 공단에 신고하거나 제출한 보수 또는 소득에 관한 자료와 공단이 조사한 증명자료를 첨부하여야 한다.

(3) 서류의 보존(제58조)

① 요양기관이 보존해야 하는 서류 : 요양기관이 법 제96조의4 제1항에 따라 보존해야 하는 서류는 다음 각 호와 같다.
1. 요양급여비용 심사청구서 및 요양급여비용 명세서

2. 약제·치료재료, 그 밖의 요양급여의 구성 요소의 구입에 관한 서류

3. 개인별 투약기록 및 처방전(약국 및 한국희귀·필수의약품센터의 경우만 해당한다)

4. 그 밖에 간호관리 등급료의 산정자료 등 요양급여비용 산정에 필요한 서류 및 이를 증명하는 서류

5. 제1호부터 제4호까지의 서류 등을 디스켓, 마그네틱테이프 등 전산기록장치를 이용하여 자기매체에 저장하고 있는 경우에는 해당 자료

② 처방전을 3년간 보존해야 하는 요양기관 : 법 제96조의4 제1항 단서에서 "약국 등 보건복지부령으로 정하는 요양기관"이란 약국 및 한국희귀·필수의약품센터를 말한다.

③ 사용자의 보존 서류 : 사용자가 법 제96조의4 제2항에 따라 보존해야 하는 서류는 다음 각 호와 같다.

1. 사업장의 현황, 직장가입자의 자격 취득·변동·상실 및 보험료 산정과 관련하여 관련 규정에 따라 공단에 신고 또는 통보한 내용을 입증할 수 있는 서류

2. 제1호의 서류를 디스켓, 마그네틱테이프 등 전산기록장치를 이용하여 자기매체에 저장하고 있는 경우에는 그 자료

④ 준요양기관의 보존 서류 : 준요양기관(법 제49조 제3항에 따라 요양비의 지급을 직접 청구한 경우만 해당한다)이 법 제96조의4 제3항에 따라 보존해야 하는 서류는 다음 각 호와 같다. 다만, 요양비 관련 정보통신망을 통하여 제출한 서류와 제23조 제5항 제1호 가목 및 같은 항 제2호에 따라 제출이 생략되는 서류는 제외한다.

1. 가입자나 피부양자에 대한 의사의 요양비처방전(제23조 제5항 제1호 가목에 따라 제출을 생략한 경우는 제외한다), 요양을 실시하였음을 증명하는 서류, 세금계산서, 현금영수증 등 요양비 청구에 관한 서류

2. 제1호의 서류를 디스켓, 마그네틱테이프 등 전산기록장치를 이용하여 자기매체에 저장하고 있는 경우에는 해당 자료

⑤ 보조기기 판매업자의 보존 서류 : 보조기기 판매업자(법 제51조 제2항에 따라 보조기기 보험급여의 지급을 직접 청구한 경우만 해당한다)가 법 제96조의4 제4항에 따라 보존해야 하는 서류는 다음 각 호와 같다.

1. 가입자나 피부양자에 대한 보조기기 처방전, 보조기기 검수확인서, 세금계산서, 현금영수증 등 보조기기에 대한 보험급여 청구에 관한 서류

2. 제1호의 서류를 디스켓, 마그네틱테이프 등 전산기록장치를 이용하여 자기매체에 저장하고 있는 경우에는 해당 자료

15 과징금 및 업무정지

(1) 과징금의 징수 절차(제59조)

영 제70조 제2항에 따른 과징금의 징수 절차에 관하여는 국고금 관리법 시행규칙을 준용한다.

(2) 행정처분 사실 등의 통지(제60조)

법 제98조 제4항에 따라 업무정지 처분을 받았거나 업무정지 처분의 절차가 진행 중인 자는 행정처분을 받은 사실 또는 행정처분절차가 진행 중인 사실을 우편법 시행규칙 제25조 제1항 제4호 가목에 따른 내용증명으로 양수인 또는 합병 후 존속하는 법인이나 합병으로 설립되는 법인에 지체 없이 알려야 한다.

(3) 약제에 대한 쟁송 시 손실상당액 징수·지급절차 등(제60조의2)

① 공단은 법 제101조의2 제1항 또는 제2항에 따라 손실에 상당하는 금액을 징수하거나 지급할 경우에는 미리 다음 각 호의 사항을 법 제41조의3 제2항에 따른 약제의 제조업자등("약제의 제조업자 등")에게 통지해야 한다.

  1. 법 제41조의2에 따른 요양급여비용 상한금액의 감액 및 요양급여의 적용 정지 또는 법 제41조의3에 따른 조정("조정 등")의 제목 및 조정 등의 대상이 된 약제
  2. 약제의 제조업자 등의 성명(법인인 경우 명칭 또는 상호를 말한다) 및 주소
  3. 법 제101조의2 제3항 또는 제4항에 따른 손실에 상당하는 금액 및 같은 조 제5항에 따른 가산금의 산정 내역
  4. 제3호에 따른 금액의 납부 또는 지급 방법 및 그 기한에 관한 사항
  5. 제3호 및 제4호에 대하여 의견을 제출할 수 있다는 뜻과 의견을 제출하지 않는 경우의 처리방법
  6. 제5호에 따른 의견제출 기한

② 공단은 제1항 제6호에 따른 의견제출 기간을 제1항에 따른 **통지를 받은 날부터 10일 이상**으로 정해야 한다.

③ 공단은 제1항 제6호에 따른 의견제출 기간 내에 정당한 이유 없이 의견 제출이 없거나 제출된 의견에 상당한 이유가 없는 경우에는 약제의 제조업자등에게 지체 없이 다음 각 호의 구분에 따른 문서를 송부해야 한다.

  1. 법 제101조의2 제1항에 따라 손실에 상당하는 금액을 징수하는 경우 : 법 제79조 제1항에 따른 납입고지서
  2. 법 제101조의2 제2항에 따라 손실에 상당하는 금액을 지급하는 경우 : 지급이유, 지급액, 지급방법 및 지급예정일이 기재된 문서

④ 공단은 법 제101조의2 제2항에 따라 행정심판이나 행정소송에 대한 **인용 재결 또는 판결이 확정된 날부터 1년 이내**에 손실에 상당하는 금액을 약제의 제조업자등에게 지급해야 한다.

⑤ 법 제101조의2 제3항 및 제4항에 따른 손실에 상당하는 금액 및 같은 법 제5항에 따른 가산금의 산정 기준은 별표 8의2에 따른다.

⑥ 제1항부터 제5항까지에서 규정한 사항 외에 손실에 상당하는 금액 및 가산금의 징수·지급절차, 산정기준 및 기간 등 징수 및 지급에 필요한 세부사항은 **보건복지부장관의 승인**을 받아 **공단의 이사장**이 정한다.

16. 특례 조항

(1) 외국인 등의 직장가입자 자격취득 신고 등(제61조)

① 자격취득 신고 : 사용자는 법 제109조 제2항에 따라 국내에 체류하는 재외국민 또는 외국인("국내체류 외국인 등")이 직장가입자가 되는 경우에는 그 직장가입자가 된 날부터 14일 이내에 별지 제6호 서식의 건강보험 직장가입자 자격취득 신고서에 다음 각 호의 구분에 따른 **서류를 첨부하여 공단에 제출**하여야 한다. 다만, 공단이 법 제96조에 따라 국가 등으로부터 제공받은 자료로 주민등록, 국내 거소신고 및 외국인등록 사실을 확인할 수 있는 경우에는 해당 서류를 첨부하지 아니한다.

1. 재외국민 : 주민등록표 등본 1부
2. 외국인 : 다음 각 목의 구분에 따른 서류
   가. 재외동포의 출입국과 법적지위에 관한 법률 제2조 제2호에 따른 외국국적동포 : 국내거소신
      고증 사본 또는 국내거소신고 사실증명 1부

> **더 알아보기**
>
> 재외동포의 정의(재외동포의 출입국과 법적 지위에 관한 법률 제2조 제2호)
> 대한민국의 국적을 보유하였던 자(대한민국정부 수립 전에 국외로 이주한 동포를 포함한다) 또는 그 직계비속
> 으로서 외국국적을 취득한 자 중 대통령령으로 정하는 자("외국국적동포")

   나. 그 밖의 외국인 : 외국인등록증 사본 또는 외국인등록 사실증명 1부
② **자격상실 신고** : 사용자는 법 제109조 제2항에 따라 직장가입자가 된 국내체류 외국인 등이 직장가
  입자의 자격을 잃은 경우에는 그 **자격을 잃은 날부터 14일 이내**에 별지 제8호 서식의 **건강보험 직장
  가입자 자격상실 신고서**를 공단에 제출하여야 한다.
③ 제1항 및 제2항에 따른 국내체류 외국인 등의 직장가입자 자격 취득 및 상실 신고의 절차 및 방법
  등에 필요한 세부 사항은 보건복지부장관이 정하여 고시한다.

(2) 외국인 등의 지역가입자 자격취득 신고 등(제61조의2)

① **지역가입자 자격취득 사유** : 법 제109조 제3항 제1호에서 "보건복지부령으로 정하는 기간"이란 6개
  월 이상의 기간을 말하고, "보건복지부령으로 정하는 사유"란 다음 각 호의 어느 하나에 해당하는
  경우를 말한다.
   1. 출입국관리법 제10조 제2호에 따른 **영주자격**을 받은 경우
   2. 출입국관리법 시행령 별표 1의2 제21호에 따른 **비전문취업(E-9)**의 체류자격을 받은 경우
   3. 출입국관리법 시행령 별표 1의2 제27호에 따른 **결혼이민**의 체류자격을 받은 경우
   4. 보건복지부장관이 정하여 고시하는 유학 또는 일반연수의 체류자격을 받은 경우
② **외국인등록을 한 사람으로서 체류자격이 있는 사람** : 법 제109조 제3항 제2호 나목에서 "보건복지
  부령으로 정하는 체류자격"이란 별표 9에 따른 체류자격을 말한다.
③ **자격취득 시 제출 서류** : 법 제109조 제3항에 따라 국내체류 외국인 등이 지역가입자가 된 경우에
  는 별지 제5호 서식의 **건강보험 지역가입자 자격취득신고서**에 다음 각 호의 구분에 따른 서류를 첨
  부하여 **공단에 제출**해야 한다. 다만, 공단이 법 제96조에 따라 국가 등으로부터 제공받은 자료로
  주민등록, 국내거소신고, 외국인등록 사실 및 보험료 부과에 필요한 사항을 확인할 수 있는 경우에
  는 그 확인으로 제출을 갈음한다.
   1. 재외국민 : 다음 각 목의 서류
      가. 주민등록표 등본 1부
      나. 소득명세서 등 보험료 부과에 필요한 서류로서 보건복지부장관이 정하여 고시하는 서류 각
         1부
   2. 외국인 : 다음 각 목의 서류
      가. 제61조 제1항 제2호의 서류 1부
      나. 소득명세서 등 보험료 부과에 필요한 서류로서 보건복지부장관이 정하여 고시하는 서류 각
         1부

④ 자격상실 시 제출 서류 : 법 제109조 제3항에 따라 지역가입자가 된 국내체류 외국인 등이 지역가입자의 자격을 잃은 경우에는 그 자격을 잃은 날부터 14일 이내에 별지 제7호 서식의 건강보험 지역가입자 자격상실 신고서를 공단에 제출해야 한다.

⑤ 제1항부터 제4항까지에서 규정한 사항 외에 외국인 등의 지역가입자 자격 취득 및 상실의 신청에 필요한 세부적인 사항은 보건복지부장관이 정해 고시한다.

(3) 외국인 등의 피부양자 자격취득 신고 등(제61조의3)

① 피부양자 자격취득 시 제출 서류 : 법 제109조 제4항에 따라 국내체류 외국인 등이 피부양자의 자격을 얻으려는 경우에는 별지 제1호 서식의 건강보험 피부양자 자격(취득·상실)신고서에 다음 각 호의 서류를 첨부하여 공단에 제출하여야 한다. 다만, 공단이 법 제96조에 따라 국가 등으로부터 제공받은 자료로 주민등록, 국내거소신고 및 외국인등록 사실을 확인할 수 있는 경우에는 해당 서류를 첨부하지 아니한다.
  1. 제61조 제1항 각 호의 구분에 따른 서류 1부
  2. 직장가입자와의 관계를 확인할 수 있는 서류로서 보건복지부장관이 정하여 고시하는 서류 1부

② 피부양자 자격상실 시 제출 서류 : 법 제109조 제4항에 따라 피부양자의 자격을 얻은 국내체류 외국인 등이 그 자격을 잃은 경우에는 별지 제1호 서식의 건강보험 피부양자 자격(취득·상실)신고서에 그 상실 사유를 입증하는 서류를 첨부하여 공단에 제출하여야 한다.

③ 제1항 및 제2항에 따른 국내체류 외국인 등의 피부양자 자격취득 및 상실의 신고 절차 및 방법 등에 필요한 세부 사항은 보건복지부장관이 정하여 고시한다.

(4) 외국인 등의 가입 제외 신청 등(제61조의4)

① 지역가입자의 가입 제외 신청 : 법 제109조 제5항 제2호에 해당되는 지역가입자가 가입 제외를 신청하려면 지역가입자가 별지 제7호 서식의 지역가입자 자격상실 신고서에 제3항 각 호의 구분에 따른 서류를 첨부하여 공단에 제출해야 한다.

② 직장가입자의 가입 제외 신청 : 법 제109조 제5항 제2호에 해당되는 직장가입자가 가입 제외를 신청하려면 사용자가 별지 제8호 서식의 직장가입자 자격상실 신고서에 제3항 각 호의 구분에 따른 서류를 첨부하여 공단에 제출해야 한다.

③ 가입 제외 신청 시 제출 서류 : 제1항 또는 제2항에 따라 지역가입자 또는 사용자가 공단에 제출해야 하는 서류는 다음 각 호의 구분에 따른다.
  1. 외국의 법령에 따라 의료보장을 받는 경우 : 다음 각 목의 서류
    가. 외국 법령의 적용 대상 여부에 대한 확인서 등 의료보장을 받을 수 있음을 증명하는 서류
    나. 국내체류 외국인 등이 건강보험에 가입하지 않겠다는 취지를 적은 서류
  2. 외국의 보험(법 제109조 제2항 각 호에 따른 등록 또는 신고를 하기 전에 가입한 보험으로 한정한다)에 따라 의료보장을 받는 경우 : 다음 각 목의 서류
    가. 보험계약서 등 의료보장을 받을 수 있음을 증명하는 서류
    나. 국내체류 외국인 등이 건강보험에 가입하지 않겠다는 취지를 적은 서류
  3. 사용자와의 계약 등에 따라 의료보장을 받는 경우 : 다음 각 목의 서류
    가. 근로계약서 등 의료보장을 받을 수 있음을 증명하는 서류
    나. 사용자가 의료비를 지급한 사실을 증명하는 서류
    다. 국내체류 외국인 등이 건강보험에 가입하지 않겠다는 취지를 적은 서류

④ 가입 제외 기간 : 제1항 또는 제2항에 따라 가입 제외를 신청한 사람은 보건복지부장관이 정하여 고시하는 기간 동안 가입이 제외되며, 그 기간이 경과한 후 다시 법 제109조 제5항 제2호에 해당되는 경우에는 제1항 또는 제2항에 따른 가입 제외 신청을 다시 할 수 있다.

⑤ 제1항부터 제4항까지에서 규정한 사항 외에 국내체류 외국인 등의 가입 제외 신청의 절차 및 방법 등에 필요한 세부 사항은 보건복지부장관이 정하여 고시한다.

(5) 임의계속가입을 위한 직장가입자 자격 유지 기간(제62조)

법 제110조 제1항에서 "보건복지부령으로 정하는 기간"이란 사용관계가 끝난 날 이전 18개월간을 말한다.

(6) 임의계속가입 · 탈퇴 및 자격 변동 시기 등(제63조)

① 임의계속가입 신청 시 제출 서류 : 법 제110조 제2항에 따른 임의계속가입자("임의계속가입자")가 되려는 사람은 별지 제39호 서식의 임의계속가입 신청서에 다음 각 호의 서류를 첨부하여 공단에 제출하여야 한다.

1. 제2조 제4항 제1호에 따른 서류(주민등록표 등본으로 피부양자와 해당 임의계속가입자의 관계를 확인할 수 없는 경우만 해당한다)
2. 제2조 제4항 제2호에 따른 서류(피부양자가 장애인, 국가유공자 등 또는 보훈보상대상자의 경우만 해당한다)
3. 제2조 제4항 제3호에 따른 서류(피부양자가 별표 1의2 제1호 다목에 따른 인정을 받으려는 경우만 해당한다)
4. 제61조 제1항 제1호 또는 제2호에 따른 서류 1부(재외국민 또는 외국인인 경우만 해당한다)

② 임의계속탈퇴 신청 시 제출 서류 : 임의계속가입자로서의 자격을 더 이상 유지하지 않으려는 사람은 별지 제39호 서식의 임의계속탈퇴 신청서를 공단에 제출하여야 한다.

③ 자격의 변동 시점 : 임의계속가입자는 다음 각 호의 어느 하나에 해당하는 날에 지역가입자 또는 직장가입자로 그 자격이 변동된다.

1. 영 제77조에 따른 기간이 끝나는 날의 다음 날
2. 제2항에 따른 임의계속탈퇴 신청서가 접수된 날의 다음 날
3. 직장가입자인 사용자, 근로자, 공무원 또는 교직원이 된 날

17. 위딕, 진자문서 및 김토 등

(1) 업무의 위탁(제64조)

① 위탁할 수 있는 업무 : 공단은 법 제112조 제2항에 따라 국가기관 · 지방자치단체 · 심사평가원 및 국민연금법에 따른 국민연금공단에 다음 각 호의 업무를 위탁할 수 있다.

1. 가입자의 자격 취득 · 변경 및 상실 신고의 접수 및 처리
2. 건강보험증의 발급 및 가입자의 민원접수 및 처리
3. 요양급여비용의 지급에 관한 업무
4. 체납된 보험료 등, 연체금 및 체납처분비의 조회 및 납부 사실 확인에 관한 업무

② 위탁의 승인 : 공단은 제1항에 따라 업무를 위탁하려면 수탁 기관 및 위탁 업무에 대하여 보건복지부장관의 승인을 받아야 한다.

③ 위탁의 구분 : 공단은 법 제112조 제2항에 따라 임신·출산 진료비의 신청과 지급에 관한 업무를 다음 각 호의 구분에 따라 위탁한다.
    1. 영 제23조 제4항 및 제5항에 따른 이용권의 발급 신청 접수 및 발급에 관한 업무 : 금융산업의 구조개선에 관한 법률 제2조 제1호에 따른 금융기관 또는 우체국예금·보험에 관한 법률에 따른 체신관서
    2. 제24조 제3항에 따른 비용의 지급 및 정산에 관한 업무 : 사회보장급여의 이용·제공 및 수급권자 발굴에 관한 법률 제29조에 따른 사회보장정보원 및 보건복지부장관이 정하여 고시하는 기관 또는 단체
④ 비용의 예탁 : 공단은 부득이한 경우를 제외하고는 매년 임신·출산 진료비의 지급에 들어갈 것으로 예상되는 비용을 제3항 제2호에 따른 기관 또는 단체에 미리 예탁하여야 한다.

(2) 전자문서를 이용한 업무 처리 등(제65조)

① 전자문서로의 처리 : 공단 및 심사평가원은 법·영 및 이 규칙에 따른 청구·신청·신고 등을 전자문서로 하도록 할 수 있고, 통지 등의 업무를 전산매체 또는 정보통신망을 이용하여 전자문서로 처리할 수 있다.
② 제1항에 따라 전자문서로 처리하는 경우에는 전자정부법 제2조 제7호 및 제7조를 준용한다.

더 알아보기

전자문서의 정의(전자정부법 제2조 제7호)
"전자문서"란 컴퓨터 등 정보처리능력을 지닌 장치에 의하여 전자적인 형태로 작성되어 송수신되거나 저장되는 표준화된 정보를 말한다.

전자정부서비스의 신청 등(전자정부법 제7조)
① 행정기관 등의 장(행정권한을 위탁받은 자를 포함한다. 이하 이 절에서 같다)은 해당 기관에서 제공하는 전자정부서비스에 대하여 관계 법령(지방자치단체의 조례 및 규칙을 포함한다. 이하 같다)에서 문서·서면·서류 등의 종이문서로 신청, 신고 또는 제출 등("신청 등")을 하도록 규정하고 있는 경우에도 전자문서로 신청 등을 하게 할 수 있다.
② 행정기관 등의 장은 제공하는 전자정부서비스에 관하여 그 제공결과를 관계 법령에서 문서·서면·서류 등의 종이문서로 통지, 통보 또는 고지 등("통지 등")을 하도록 규정하고 있는 경우에도 전자정부서비스 이용자가 원하거나 전자정부서비스를 전자문서로 신청 등을 하였을 때에는 이를 전자문서로 통지 등을 할 수 있다.
③ 제1항 및 제2항에 따라 전자문서로 신청 등 또는 통지 등을 하는 경우 전자문서에 첨부되는 서류는 전자화문서로도 할 수 있다.
④ 제1항부터 제3항까지의 규정에 따라 전자문서로 신청 등 또는 통지 등을 한 경우에는 해당 법령에서 정한 절차에 따라 신청 등 또는 통지 등을 한 것으로 본다.
⑤ 행정기관 등의 장이 제1항부터 제3항까지의 규정에 따라 제공하는 전자정부서비스에 관하여 전자문서 또는 전자화문서로 신청 등을 하게 하거나 통지 등을 하는 경우에는 인터넷을 통하여 미리 그 신청 등 또는 통지 등의 종류와 업무 처리절차를 국민에게 공표하여야 한다.
⑥ 전자화문서의 활용 및 진본성 확인 등을 위하여 필요한 사항은 국회규칙, 대법원규칙, 헌법재판소규칙, 중앙선거관리위원회규칙 및 대통령령으로 정한다.

(3) 규제의 재검토(제66조)

① 삭제
② 건강보험증 발급 신청서에 대한 재검토 : 보건복지부장관은 제5조에 따른 건강보험증 발급(기재사항 변경) 신청서의 내용에 대하여 2015년 1월 1일을 기준으로 2년마다(매 2년이 되는 해의 기준일과 같은 날 전까지를 말한다) 그 타당성을 검토하여 개선 등의 조치를 해야 한다.

05 | 국민건강보험 요양급여의 기준에 관한 규칙

※ 수록 기준 : 법제처 보건복지부령 제1054호(시행 2024.9.13.)

1. 목적

(1) 목적(제1조)

국민건강보험 요양급여의 기준에 관한 규칙은 국민건강보험법 제41조 제3항 및 제4항에 따라 요양급여의 방법·절차·범위·상한 및 제외대상 등 요양급여기준에 관하여 필요한 사항을 규정함을 목적으로 한다.

2. 요양병원, 요양급여

(1) 요양급여 대상의 여부 결정에 관한 원칙(제1조의2)

보건복지부장관은 의학적 타당성, 의료적 중대성, 치료효과성 등 임상적 유용성, 비용효과성, 환자의 비용부담 정도, 사회적 편익 및 건강보험 재정상황 등을 고려하여 요양급여대상의 여부를 결정해야 한다.

(2) 요양급여의 절차(제2조)

① 단계별 구분 : 요양급여는 1단계 요양급여와 2단계 요양급여로 구분하며, 가입자 또는 피부양자("가입자 등")는 1단계 요양급여를 받은 후 2단계 요양급여를 받아야 한다.

② 단계별 구분 기준 : 제1항의 규정에 의한 1단계 요양급여는 의료법 제3조의4에 따른 상급종합병원("상급종합병원")을 제외한 요양기관에서 받는 요양급여(건강진단 또는 건강검진을 포함한다)를 말하며, 2단계 요양급여는 상급종합병원에서 받는 요양급여를 말한다.

③ 예외 규정 : 제1항 및 제2항의 규정에 불구하고 가입자 등이 다음 각 호의 1에 해당하는 경우에는 상급종합병원에서 1단계 요양급여를 받을 수 있다.

1. 응급의료에 관한 법률 제2조 제1호에 해당하는 응급환자인 경우
2. 분만의 경우
3. 치과에서 요양급여를 받는 경우
4. 장애인복지법 제32조에 따른 등록 장애인 또는 단순 물리치료가 아닌 작업치료·운동치료 등의 재활치료가 필요하다고 인정되는 자가 재활의학과에서 요양급여를 받는 경우
5. 가정의학과에서 요양급여를 받는 경우
6. 당해 요양기관에서 근무하는 가입자가 요양급여를 받는 경우
7. 혈우병환자가 요양급여를 받는 경우

④ 제출 서류 : 가입자 등이 상급종합병원에서 2단계 요양급여를 받고자 하는 때에는 상급종합병원에서의 요양급여가 필요하다는 의사소견이 기재된 건강진단·건강검진결과서 또는 별지 제4호 서식의 요양급여의뢰서를 건강보험증 또는 신분증명서(주민등록증, 운전면허증 및 여권을 말한다. 이하 같다)와 함께 제출하여야 한다.

⑤ 제1항부터 제4항까지의 규정에도 불구하고 **보건복지부장관**은 재난 및 안전관리 기본법 제38조 제2항에 따른 심각 단계의 위기경보가 발령된 경우로서 특별히 필요하다고 인정하는 경우에는 법 제4조에 따른 **건강보험정책심의위원회("심의위원회")**의 심의를 거쳐 요양급여의 절차를 달리 정할 수 있다.

(3) 요양급여의 신청(제3조)

① **제출 증서** : 가입자 등이 요양기관에 요양급여를 신청하는 때에는 **건강보험증 또는 신분증명서**를 제출하여야 한다. 이 경우 가입자 등이 요양급여를 신청한 날(가입자 등이 의식불명 등 자신의 귀책사유 없이 건강보험증 또는 신분증명서를 제시하지 못한 경우에는 가입자 등임이 확인된 날로 한다)부터 14일 이내에 건강보험증 또는 신분증명서를 제출하는 경우에는 요양급여를 신청한 때에 건강보험증 또는 신분증명서를 제출한 것으로 본다.

② **자격확인 요청** : 제1항에도 불구하고 가입자 등이 건강보험증 또는 신분증명서를 제출하지 못하는 경우에는 가입자 등 또는 요양기관은 **국민건강보험법("법")** 제13조에 따른 **국민건강보험공단("공단")**에 자격확인을 요청할 수 있으며, 요청을 받은 공단은 자격이 있는지의 여부를 확인하여 이를 별지 제1호 서식의 건강보험자격확인통보서에 의하거나 전화, 팩스 또는 정보통신망을 이용하여 지체없이 해당 **가입자 등 또는 요양기관**에 통보하여야 한다.

③ **신분증명서 제출 인정** : 제2항에 따라 자격확인을 통보받은 경우에는 자격확인을 요청한 때에 건강보험증 또는 신분증명서를 제출한 것으로 본다.

④ **자격확인 요청을 위한 안내·게시** : 요양기관은 건강보험증 또는 신분증명서를 제출하지 못하는 가입자 등이 손쉽게 공단에 자격확인을 요청할 수 있도록 **공단의 전화번호 등**을 안내하거나 요양기관의 **진료접수창구**에 이를 게시하여야 한다.

(4) 요양병원 입원진료 현황의 고지(제3조의2)

① 입원진료 현황의 고지 요구 : 보건복지부장관은 의료법 제3조 제2항 제3호 라목에 따른 요양병원(장애인복지법 제58조 제1항 제4호에 따른 의료재활시설로서 의료법 제3조의2의 요건을 갖춘 의료기관인 요양병원은 제외한다. 이하 이 조에서 같다)의 장에게 해당 요양병원에서 입원진료를 받는 가입자 등의 입원·퇴원 일시 등 입원진료 현황을 공단에 알리도록 요구할 수 있다.

② 제1항에 따른 입원진료 현황의 내용, 고지 방법 및 절차 등에 관한 구체적인 사항은 보건복지부장관이 정하여 고시한다.

(5) 급여의 제한여부의 조회 등(제4조)

① 급여제한 여부 조회 : 요양기관은 가입자 등이 법 제53조 제1항·제2항 또는 법 제58조 제2항에 해당되는 것으로 판단되는 경우에도 요양급여를 실시하되, 지체없이 별지 제2호 서식에 의한 급여제한여부조회서에 의하여 공단에 급여제한 여부를 조회하여야 한다.

② 결정통보의 회신 : 제1항에 따라 조회 요청을 받은 공단은 7일(공휴일을 제외한다. 이하 같다) 이내에 급여제한 여부를 결정한 후 요양기관에 별지 제2호의2 서식의 급여제한 여부 결정통보서로 회신하여야 하며, 회신을 받은 요양기관은 공단의 결정내용을 요양급여를 개시한 날부터 소급하여 적용하여야 한다.

③ 요양급여의 인정 : 제2항의 규정에 불구하고 회신이 있기 전에 요양급여가 종료되거나 회신 없이 7일이 경과된 때에는 공단이 당해 요양기관에 대하여 요양급여를 인정한 것으로 본다. 다만, 공단이 7일이 경과된 후에 급여제한을 결정하여 회신한 때에는 요양기관은 회신을 받은 날부터 공단의 결정에 따라야 한다.

④ 부당이득의 징수 : 공단은 법 제53조 제1항·제2항 또는 법 제58조 제2항에 따라 요양급여를 제한하여야 함에도 불구하고 제3항의 규정에 의하여 요양급여를 받은 가입자 등에 대하여는 법 제57조에 따라 부당이득에 해당되는 금액을 징수한다.

⑤ 한도 초과의 경우 : 요양기관은 법 제53조 제2항의 한도를 초과하여 요양급여를 행한 경우에는 그날부터 7일 이내에 별지 제3호 서식에 의한 요양급여적용통보서에 의하여 그 사실을 공단에 알려야 한다.

(6) 요양급여일수의 확인(제4조의2)

가입자 등은 요양급여일수에 대한 확인을 공단에 요청할 수 있으며, 요청을 받은 공단은 요양급여비용이 청구되어 지급된 요양급여내역별 요양급여일수를 문서, 팩스 또는 정보통신망 등을 이용하여 지체 없이 해당가입자 등에게 통보하여야 한다.

(7) 요양급여의 적용기준 및 방법(제5조)

① 요양급여의 실시 : 요양기관은 가입자 등에 대한 요양급여를 별표 1의 요양급여의 적용기준 및 방법에 의하여 실시하여야 한다.

② 의견 청취 : 제1항에 따른 요양급여의 적용기준 및 방법에 관한 세부사항은 의약계·공단 및 건강보험심사평가원의 의견을 들어 보건복지부장관이 정하여 고시한다.

③ 고시의 개별 구분 : 조혈모세포이식 및 심실 보조장치 치료술의 요양급여의 적용기준 및 방법에 관한 세부사항은 의약계·공단 및 건강보험심사평가원의 의견을 들어 보건복지부장관이 따로 정하여 각각 고시한다.

④ 약제에 대한 요양급여의 적용 : 제2항에도 불구하고 국민건강보험법 시행령("영") 별표 2 제3호 마목에 따른 중증질환자("중증환자")에게 처방·투여하는 약제 중 보건복지부장관이 정하여 고시하는 약제에 대한 요양급여의 적용기준 및 방법에 관한 세부사항은 제5조의2에 따른 중증질환심의위원회의 심의를 거쳐 건강보험심사평가원장이 정하여 공고한다. 이 경우 건강보험심사평가원장은 요양기관 및 가입자 등이 해당 공고의 내용을 언제든지 열람할 수 있도록 관리하여야 한다.

⑤ 제2항부터 제4항까지의 규정에도 불구하고 다음 각 호의 어느 하나에 해당하는 경우로서 환자나 질병의 특성을 고려하여 요양급여의 적용기준 및 방법을 달리 적용할 필요가 있다고 보건복지부장관이 인정하여 고시하는 대상의 요양급여의 적용기준 및 방법에 관한 세부사항은 제5조의4에 따른 심사제도운영위원회의 심의를 거쳐 건강보험심사평가원장이 정하여 공고한다. 이 경우 건강보험심사평가원장은 요양기관 및 가입자등이 해당 공고의 내용을 언제든지 열람할 수 있도록 관리해야 한다.
1. 고혈압, 당뇨병 등 지속적인 관리가 필요한 만성질환(慢性疾患)의 경우
2. 감염성 또는 근골격계 질환 등 진료를 위한 의료자원의 효율적 활용이 요구되는 경우
3. 뇌졸중, 급성심근경색증 등 초기 적극적 치료가 필요한 의료적 중대성이 인정되는 경우

(8) 중증질환심의위원회(제5조의2)

① 중증질환심의위원회의 설치 : 중증환자에게 처방·투여되는 약제에 대한 요양급여 적용기준 및 방법에 대하여 심의하기 위하여 건강보험심사평가원에 중증질환심의위원회를 둔다.

② 위원회의 구성 : 중증질환심의위원회는 보건의료분야에 관한 학식과 경험이 풍부한 45인 이내의 위원으로 구성하되, 중증질환심의위원회의 구성 및 운영 등에 관하여 필요한 사항은 건강보험심사평가원의 정관으로 정한다.

(9) 동일성분 의약품의 중복 처방·조제 제한(제5조의3)

가입자 등이 3개 이상의 요양기관을 방문하여 동일한 상병으로 동일성분 의약품을 처방·조제받을 수 있는 일수는 6개월 동안 215일 미만으로 한다. 이 경우 구체적인 인정기준과 관리 등 필요한 사항은 보건복지부장관이 정하여 고시한다.

(10) 심사제도운영위원회(제5조의4)

① 심사제도운영위원회의 설치 : 제5조 제5항에 따른 요양급여 적용기준 및 방법에 대하여 심의하기 위하여 건강보험심사평가원에 심사제도운영위원회를 둔다.

② 위원회의 구성 : 심사제도운영위원회는 보건의료 분야에 학식과 경험이 풍부한 18명 이내의 위원으로 구성하되, 심사제도운영위원회의 구성 및 운영 등에 필요한 사항은 건강보험심사평가원장이 정한다.

(11) 요양급여의 의뢰 및 가입자 등의 회송 등(제6조)

① **요양급여의 의뢰** : 요양기관은 가입자 등에게 적절한 요양급여를 행하기 위하여 필요한 경우에는 다른 요양기관에게 요양급여를 의뢰할 수 있다.

② **가입자 등의 회송** : 제1항의 규정에 의하여 요양급여를 의뢰받은 요양기관은 가입자 등의 상태가 호전되었을 때에는 요양급여를 의뢰한 요양기관이나 1단계 요양급여를 담당하는 요양기관으로 가입자 등을 회송할 수 있다.

③ **요양급여 의뢰서 · 회송서의 발급** : 요양기관이 제1항에 따라 요양급여를 의뢰하는 경우에는 별지 제4호 서식에 따른 **요양급여 의뢰서**를, 제2항에 따라 **가입자 등을 회송**하는 경우에는 별지 제5호 서식에 따른 **요양급여 회송서**를 가입자 등에게 발급해야 한다. 이 경우 요양급여를 의뢰하거나 가입자 등을 회송하는 요양기관은 가입자 등의 동의를 받아 진료기록의 사본 등 요양급여에 관한 자료를 요양급여를 의뢰받거나 가입자 등을 회송받는 요양기관에 제공해야 한다.

④ **진료 의뢰 · 회송 중계시스템** : 건강보험심사평가원은 요양급여의 의뢰 및 가입자 등의 회송이 효율적으로 이루어질 수 있도록 **진료 의뢰 · 회송 중계시스템**을 설치하여 운영할 수 있다.

⑤ 제1항부터 제4항까지에서 규정한 사항 외에 요양급여의 의뢰, 가입자 등의 회송, 진료 의뢰 · 회송 중계시스템의 운영 방법 등에 필요한 사항은 **보건복지부장관이 정하여 고시한다.**

(12) 요양급여비용 계산서 · 영수증의 발급 및 보존(제7조)

① **계산서 · 영수증 발급** : 요양기관이 요양급여를 실시한 때에는 가입자 등에게 다음 각 호의 구분에 의한 계산서 · 영수증을 발급하여야 한다. 다만, 요양기관 중 종합병원 · 병원 · 치과병원 · 한방병원 및 요양병원을 제외한 요양기관이 외래진료를 한 경우에는 별지 제12호 서식의 간이 외래 진료비계산서 · 영수증을 발급할 수 있다.

　1. 입원 및 외래진료의 경우(한방의 경우를 제외한다) : 별지 제6호 서식 또는 별지 제7호 서식의 진료비 계산서 · 영수증

　2. 한방입원 및 한방외래진료의 경우 : 별지 제8호 서식 또는 별지 제9호 서식의 한방진료비 계산서 · 영수증

　3. 약국 및 한국희귀의약품센터의 경우 : 별지 제10호 서식 또는 별지 제11호 서식의 약제비 계산서 · 영수증

② **납입확인서 발급** : 요양기관은 가입자 등이 소득세법 제59조의4 제2항에 따른 의료비공제를 받기 위하여 당해 연도의 **진료비 또는 약제비 납입내역**의 확인을 요청한 경우에는 별지 제12호의2 서식의 진료비(약제비) 납입확인서를 발급하여야 한다.

③ **세부산정내역 제공** : 요양기관은 가입자 등이 제1항의 규정에 의한 계산서 · 영수증에 대하여 **세부산정내역**을 요구하는 경우에는 이를 제공하여야 한다. 이 경우 요양기관은 보건복지부장관이 정하여 고시하는 바에 따라 급여대상 및 비급여대상의 세부 항목별로 비용 단가, 실시 · 사용 횟수, 실시 · 사용기간 및 비용 총액 등을 산정하여 제공하되, 급여대상의 경우에는 세부 항목별로 본인부담금액과 공단부담금액을 구분하여 제공하여야 한다.

④ **세부내역 제공** : 요양기관은 제3항에도 불구하고 가입자 등이 제8조 제3항에 따라 질병군별로 하나의 포괄적인 행위로 고시된 요양급여를 받거나 제8조 제4항에 따라 1일당 행위로 고시된 요양급여를 받는 경우에는 다음 각 호에 한정하여 **세부내역을 제공**하여야 한다. 이 경우 세부내역의 제공 방법에 관하여는 제3항 후단을 준용한다.

1. 별표 2 제6호 또는 제6호의2에 따른 비급여대상
2. 국민건강보험법 시행규칙("건강보험규칙") 별표 6 제1호 자목 또는 차목에 따른 요양급여비용의 본인부담항목
3. 제8조 제3항 후단 또는 제4항 후단에 따라 보건복지부장관이 정하여 고시하는 포괄적인 행위 또는 1일당 행위에서 제외되는 항목

⑤ 보존기간 : 요양기관이 요양급여를 행한 경우에는 제1항의 규정에 의한 **계산서·영수증 부본**을 당해 **요양급여가 종료된 날부터 5년간 보존**하여야 한다. 다만, 요양기관이 별지 제13호 서식에 의한 본인부담금수납대장을 작성하여 보존하는 경우에는 이를 계산서·영수증 부본에 갈음한다.

⑥ 전자문서로의 기록 : 제5항에 따른 계산서·영수증 부본 및 본인부담금수납대장은 전자문서 및 전자거래 기본법 제2조 제1호에 따른 **전자문서로 작성·보존**할 수 있다.

(13) 요양급여대상의 고시(제8조)

① 삭제

② 급여목록표의 고시 : 보건복지부장관은 법 제41조 제2항에 따른 요양급여대상을 급여목록표로 정하여 고시하되, 법 제41조 제1항 각 호에 규정된 **요양급여행위("행위"), 약제 및 치료재료**(법 제41조 제1항 제2호에 따라 지급되는 약제 및 치료재료를 말한다. 이하 같다)로 **구분하여 고시**한다. 다만, 보건복지부장관이 정하여 고시하는 요양기관의 진료에 대하여는 행위·약제 및 치료재료를 묶어 1회 방문에 따른 행위로 정하여 고시할 수 있다.

③ 하나의 포괄적인 행위의 고시 : 보건복지부장관은 제2항에도 불구하고 영 제21조 제3항 제2호에 따라 보건복지부장관이 정하여 고시하는 질병군에 대한 입원진료의 경우에는 해당 질병군별로 별표 2 제6호에 따른 비급여대상, 건강보험규칙 별표 6 제1호 다목에 따른 요양급여비용의 본인부담 항목 및 같은 표 제1호 사목에 따른 이송처치료를 제외한 모든 **행위·약제 및 치료재료를 묶어 하나의 포괄적인 행위로 정하여 고시**할 수 있다. 이 경우 하나의 포괄적인 행위에서 제외되는 항목은 보건복지부장관이 정하여 고시할 수 있다.

④ 1일당 행위의 고시 : 보건복지부장관은 제2항에도 불구하고 영 제21조 제3항 제1호에 따른 요양병원의 입원진료나 같은 항 제3호에 따른 호스피스·완화의료의 입원진료의 경우에는 제2항의 **행위·약제 및 치료재료를 묶어 1일당 행위로 정하여 고시**할 수 있다. 이 경우 1일당 행위에서 제외되는 항목은 보건복지부장관이 정하여 고시할 수 있다.

⑤ 요양급여의 상대가치점수의 고시 : 보건복지부장관은 제2항부터 제4항까지의 규정에 따라 요양급여대상을 고시함에 있어 행위 또는 하나의 포괄적인 행위의 경우에는 영 제21조 제1항부터 제3항까지의 규정에 따른 요양급여의 상대가치점수("상대가치점수")를 함께 정하여 고시해야 한다.

(14) 의료연구개발기관의 임상연구에 대한 특례(제8조의2)

① 임상연구 대상자에 대한 요양급여의 실시 : 첨단의료복합단지 육성에 관한 특별법 제22조 제1항에 따라 보건복지부장관이 지정한 의료연구개발기관(의료기관만 해당하며, 이하 이 조에서 "지정 의료연구개발기관"이라 한다)이 의료연구개발을 위하여 의약품, 의료기기 및 의료기술을 임상연구 대상자에게 사용하는 경우에는 이 규칙이 정하는 바에 따라 다음 각 호의 요양급여를 실시한다.
 1. 진찰・검사
 2. 약제・치료재료의 지급
 3. 처치・수술 및 그 밖의 치료
 4. 재활
 5. 입원
 6. 간호
② 제외 조항 : 제1항에도 불구하고 다음 각 호의 어느 하나에 해당하는 경우에는 요양급여 대상에서 제외할 수 있다. 다만, 제1호 및 제2호에 해당하는 경우에는 요양급여 대상에서 제외하여야 한다.
 1. 별표 2에 따른 비급여대상에 해당하는 경우
 2. 임상연구로 인한 후유증에 해당한다고 보건복지부장관이 인정하는 경우
 3. 임상연구 대상자의 질병 및 질환의 특성・상태, 그 밖에 임상연구 대상자에게 행하는 행위・약제 또는 치료재료의 성격이나 내용 등에 비추어 요양급여를 실시하는 것이 현저히 곤란하다고 보건복지부장관이 인정하는 경우
③ 자료・의견의 제출 요청 : 보건복지부장관은 제1항 및 제2항에 따른 요양급여 또는 비급여의 적정성 여부 등을 판단하기 위하여 지정 의료연구개발기관이나 그 밖의 관계 기관・단체에 필요한 자료나 의견의 제출을 요청할 수 있다.

(15) 방문요양급여 실시 사유(제8조의3)

법 제41조의5에서 "질병이나 부상으로 거동이 불편한 경우 등 보건복지부령으로 정하는 사유에 해당하는 경우"란 다음 각 호의 어느 하나에 해당하여 의료기관을 방문하기 어려운 경우를 말한다.
 1. 장애인 건강권 및 의료접근성 보장에 관한 법률 제16조 제1항에 따른 장애인 건강 주치의 제도의 대상이 되는 중증장애인
 2. 호스피스・완화의료 및 임종과정에 있는 환자의 연명의료결정에 관한 법률 제2조 제3호에 따른 말기환자
 3. 가정형 인공호흡기를 사용하는 등 일정 수준 이상의 의료적 요구가 있어 방문요양급여를 제공받을 필요가 있는 18세 미만 환자
 4. 그 밖에 질병, 부상, 출산 등으로 거동이 불편하여 방문요양급여가 필요하다고 보건복지부장관이 정하여 고시하는 경우에 해당하는 사람

(16) 비급여대상(제9조)

① 법 제41조 제4항에 따라 요양급여의 대상에서 제외되는 사항("비급여대상")은 별표 2와 같다.
② 삭제

(17) 요양급여대상·비급여대상 여부 확인(제9조의2)

① 확인 신청 : 요양기관, 의료법 또는 약사법에 따른 의료인 단체, 의료기관 단체, 대한약사회 또는 대한한약사회("의약관련 단체"), 치료재료의 제조업자·수입업자(치료재료가 인체조직안전 및 관리 등에 관한 법률 제3조 제1호에 따른 인체조직인 경우에는 같은 법 제13조에 따른 조직은행의 장을 말하며, 의료기기법 제15조의2 제1항 각 호 외의 부분에 따른 희소·긴급도입 필요 의료기기인 경우에는 같은 법 제42조에 따른 한국의료기기안전정보원의 장을 말한다. 이하 같다)는 보건복지부장관에게 요양급여대상 또는 비급여대상 여부가 불분명한 행위에 대하여 의료법 제53조에 따른 신의료기술평가 및 신의료기술평가에 관한 규칙 제3조에 따른 신의료기술평가 유예 신청 전에 요양급여대상 또는 비급여대상 여부의 확인을 신청할 수 있다. 다만, 의료기기법 제6조 제1항 및 제15조 제1항에 따른 의료기기의 제조업자·수입업자가 신의료기술평가에 관한 규칙 제3조의2 제1항 및 제2항에 따라 신의료기술평가를 신청하는 경우에는 요양급여대상 또는 비급여대상 여부의 확인도 함께 신청할 수 있다.

② 확인 신청의 갈음 : 제1항에 따른 확인 신청은 그 확인을 신청하려는 자가 별지 제13호의2 서식의 요양급여대상·비급여대상 여부 확인 신청서에 다음 각 호의 서류를 첨부하여 건강보험심사평가원장(제1항 단서에 따른 확인 신청은 식품의약품안전처장을 거쳐야 한다)에게 요양급여대상·비급여대상 여부의 확인 신청을 함으로써 이를 갈음한다.

1. 다음 각 목 중 해당 서류(제1항 본문에 따른 확인 신청만 해당한다)

가. 소요 장비·재료·약제의 제조(수입) 허가증·인증서·신고증 및 관련 자료

나. 의료기기법 시행규칙 제64조에 따라 자료 제공 협조를 요청한 경우 제조(수입)허가·인증 신청서 및 접수증

2. 요양급여대상·비급여대상 여부에 대한 의견서

3. 국내·국외의 연구논문 등 그 밖의 참고자료

③ 확인 결과의 통보 : 보건복지부장관은 제1항 및 제2항에 따라 확인 신청을 받은 경우에는 요양급여대상·비급여대상 여부를 확인하고, 정당한 사유가 없는 한 확인 신청을 접수한 날부터 30일 이내에 신청인(제1항 단서에 따른 확인 신청에 대해서는 식품의약품안전처장을 거쳐야 한다)과 의료법 제54조에 따른 신의료기술평가위원회에 그 결과를 통보해야 한다. 다만, 기존 결정 사례 등에 근거한 확인이 곤란하여 심층적 검토가 필요한 경우에는 30일의 범위에서 그 통보기간을 한 차례 연장할 수 있다.

④ 이의신청 : 신청인은 제3항에 따른 결과에 이의가 있는 경우 통보받은 날부터 30일 이내에 보건복지부장관(제1항 단서에 따른 확인 신청 결과에 대해서는 식품의약품안전처장을 거쳐야 한다)에게 이의신청을 하여야 하며, 이 경우 제3항의 절차를 준용한다.

⑤ 전문평가위원회의 검토 : 보건복지부장관은 제3항에 따른 요양급여대상·비급여대상의 확인 또는 제4항에 따른 이의신청의 처리를 위하여 전문적 검토가 필요하다고 인정하는 경우에는 제11조 제8항에 따른 전문평가위원회로 하여금 검토하게 할 수 있다.

3. 요양급여 결정신청

(1) 행위·치료재료의 요양급여 결정신청(제10조)

① **행위·치료재료에 대한 결정신청** : 요양기관, 의약관련 단체 또는 치료재료의 제조업자·수입업자는 법 제41조의3 제1항에 따른 행위·치료재료에 대한 요양급여대상 여부의 결정신청을 하려는 경우에는 다음 각 호의 구분에 따른 날부터 30일 이내에 보건복지부장관에게 신청해야 한다.

1. 행위의 경우에는 다음 각 목에서 정한 날

    가. 신의료기술평가에 관한 규칙 제3조 제5항에 따른 신의료기술평가의 유예 고시("평가 유예 고시") 이후 가입자 등에게 최초로 실시한 날

    나. 신의료기술평가에 관한 규칙 제4조 제2항에 따른 신의료기술의 안전성·유효성 등의 **평가결과 고시("평가결과 고시")** 이후 가입자 등에게 최초로 실시한 날

    다. 신의료기술평가에 관한 규칙 제4조 제2항에 따른 혁신의료기술의 안전성 등의 평가결과 고시("혁신의료기술 고시") 이후 가입자 등에게 최초로 실시한 날

2. **치료재료의 경우에는 다음 각 목에서 정한 날**

    가. 약사법 또는 의료기기법에 따른 품목허가·인증 또는 품목신고 대상인 치료재료인 경우에는 식품의약품안전처장으로부터 품목허가·인증을 받거나 품목신고를 한 날. 다만, 품목허가·인증 또는 품목신고 대상이 아닌 치료재료의 경우에는 해당 치료재료를 가입자 등에게 최초로 사용한 날

    나. 인체조직안전 및 관리 등에 관한 법률 제3조 제1호에 따른 인체조직의 경우에는 식품의약품안전처장으로부터 조직은행 설립허가를 받은 날. 다만, 다음의 어느 하나의 경우에는 그 해당하는 날

        1) 수입인체조직의 경우에는 식품의약품안전처장이 정하는 바에 따라 안전성에 문제가 없다는 통지를 받은 날

        2) 조직은행 설립허가 당시의 취급품목이 변경된 경우에는 식품의약품안전처장이 그 변경사실을 확인한 날

    다. 의료기기법 제15조의2 제1항 각 호 외의 부분에 따른 희소·긴급도입 필요 의료기기의 경우에는 식품의약품안전처장으로부터 공급 결정에 관한 통보를 받은 날

    라. 가목부터 다목까지의 규정에도 불구하고 신의료기술평가 대상이 되는 치료재료의 경우에는 제1호 가목부터 다목까지에 따른 고시 이후 해당 치료재료를 가입자 등에게 최초로 사용한 날

    마. 가목부터 다목까지의 규정에도 불구하고 제9조의2 제1항 및 제2항에 따라 요양급여대상 또는 비급여대상 여부의 확인을 신청한 경우에는 같은 조 제3항에 따라 결과를 통보받은 날

3. 삭제

② **결정신청의 갈음** : 제1항에 따른 결정신청은 그 결정을 신청하려는 자가 다음 각 호의 구분에 따른 평가신청서에 해당 각 목의 서류를 첨부하여 **건강보험심사평가원장에게 요양급여대상여부의 평가신청을 함으로써 이를 갈음**한다. 다만, 치료재료에 대하여 의료기기법 제42조에 따른 한국의료기기안전정보원의 장이 결정신청을 하려는 경우에는 제3호 다목부터 사목까지의 서류를 첨부하지 않아도 된다.

1. **행위의 경우** : 별지 제14호 서식의 **요양급여행위평가신청서**

    가. 신의료기술의 안전성·유효성 등의 평가 유예 고시, 평가결과 고시 또는 혁신의료기술 고시

    나. 상대가치점수의 산출근거 및 내역에 관한 자료

다. 비용효과에 관한 자료(동일 또는 유사 행위와의 장·단점, 상대가치점수의 비교 등을 포함한다)

라. 국내외의 실시현황에 관한 자료(최초실시연도·실시기관명 및 실시건수 등을 포함한다)

마. 소요장비·소요재료·약제의 제조(수입) 허가증·인증서·신고증 및 관련 자료

바. 국내외의 연구논문 등 그 밖의 참고자료

2. 삭제

3. **치료재료의 경우** : 별지 제16호 서식의 **치료재료평가신청서**

가. 제조(수입) 허가증·인증서·신고증 사본(품목허가·인증을 받거나 품목신고를 한 치료재료만 해당한다)

나. 판매예정가 산출근거 및 내역에 관한 자료

다. 비용효과에 관한 자료(동일 또는 유사목적의 치료재료와의 장·단점, 판매가의 비교 등을 포함한다)

라. 국내외의 사용현황에 관한 자료(최초사용연도·사용기관명 및 사용건수 등을 포함한다)

마. 구성 및 부품내역에 관한 자료 및 제품설명서

바. 국내외의 연구논문 등 그 밖의 참고자료

사. 임상적 유용성, 기술 혁신성 등을 증명할 수 있는 평가 근거 자료

아. 희소·긴급도입 필요 의료기기에 해당하는 치료재료의 경우 의료기기의 사용목적 및 식품의약품안전처장의 공급 결정사유에 관한 자료

자. 신의료기술평가 대상이 되는 치료재료의 경우 신의료기술의 안전성·유효성 등의 평가 유예 고시, 평가결과 고시 또는 혁신의료기술 고시

4. **인체조직의 경우** : 별지 제16호의2 서식의 **인체조직평가신청서**

가. 조직은행설립허가증 사본(기재사항 변경내역을 포함한다). 다만, 수입인체조직의 경우에는 식품의약품안전처장이 정하는 바에 따라 안전성에 문제가 없다는 사실을 증명하는 서류를 함께 첨부하여야 한다.

나. 인체조직가격 산출근거 및 내역에 관한 자료

다. 비용효과에 관한 자료(동일 또는 유사목적의 인체조직과의 장·단점, 가격 비교 등을 포함한다)

라. 국내외의 사용현황에 관한 자료(최초 사용연도, 사용기관명 및 사용건수 등을 포함한다)

마. 인체조직에 대한 설명서

바. 국내외의 연구논문 등 그 밖의 참고자료

사. 신의료기술평가 대상이 되는 치료재료의 경우 신의료기술의 안전성·유효성 등의 평가 유예 고시, 평가결과 고시 또는 혁신의료기술 고시

③ 제1항에도 불구하고 신의료기술평가에 관한 규칙 제3조 제2항에 따라 신의료기술평가를 신청하려는 자가 이 조 제2항 각 호의 구분에 따른 **평가신청서 및 해당 서류를 함께 제출하는 경우**에는 **신의료기술평가의 신청과 요양급여대상 여부의 결정신청을** 함께 하는 것으로 본다. 다만, 해당 의료기술이 체외진단 검사 또는 유전자 검사가 아닌 경우에는 신의료기술평가 신청에 필요한 서류를 제출한 날부터 90일 이내에 이 조 제2항 각 호의 구분에 따른 평가신청서 및 해당 서류를 제출할 수 있다.

(2) 약제 요양급여의 결정신청 등(제10조의2)

① 약제의 제조업자·수입업자 등 : 법 제41조의3 제2항에서 "약사법에 따른 제조업자·수입업자 등 보건복지부령으로 정하는 자"란 다음 각 호의 어느 하나에 해당하는 자를 말한다.

1. 약사법 제31조 제1항에 따른 약제의 제조업자
2. 약사법 제31조 제3항에 따른 약제의 위탁제조판매업자
3. 약사법 제42조 제1항에 따른 약제의 수입자
4. 약사법 제91조에 따른 한국희귀·필수의약품센터의 장(같은 조 제1항 각 호의 의약품으로서 의약품 등의 안전에 관한 규칙 제57조 제1항 제1호에 따라 식품의약품안전처장이 환자의 치료를 위하여 긴급한 도입이 필요하다고 인정한 품목만 해당한다)

② 삭제

③ 결정신청의 갈음 : 법 제41조의3 제2항에 따라 요양급여대상 여부의 결정신청을 하려는 자는 별지 제17호 서식의 약제평가신청서에 다음 각 호의 구분에 따른 해당 서류를 첨부하여 건강보험심사평가원장에게 해당 약제의 경제성, 요양급여의 적정성 및 기준 등에 관한 평가신청을 함으로써 이를 갈음한다.

1. 제1항 제1호부터 제3호까지의 규정에 따른 약제의 제조업자·위탁제조판매업자·수입자의 경우
   가. 제조(수입)품목 허가증(신고서) 사본 또는 의약품 등의 안전에 관한 규칙 제12조의2에 따른 식품의약품안전처장의 안전성·유효성 검토결과 통보서(보건복지부장관이 따로 공고하는 약제만 해당한다)(품목허가를 받거나 품목신고를 한 약제만 해당한다)
   나. 판매예정가 산출근거 및 내역에 관한 자료
   다. 비용과 효과에 대한 자료(동일하거나 유사한 약제와의 장점·단점 및 판매가의 비교 등을 포함한다)
   라. 국내외의 사용현황에 관한 자료(개발국, 허가국가, 최초허가연도, 국내 사용건수 및 금액 등을 포함한다)
   마. 해당 약제의 예상 사용량, 요양급여비용의 예상 청구금액 및 그 근거에 관한 자료
   바. 국내외의 연구논문 등 그 밖의 참고자료
2. 제1항 제4호에 따른 한국희귀·필수의약품센터의 장("한국희귀·필수의약품센터의 장")의 경우
   가. 식품의약품안전처장의 인정에 관한 서류
   나. 판매예정가 산출근거 및 내역에 관한 자료

④ 신청의 반려 : 건강보험심사평가원장은 법 제41조의2 제1항 및 제2항에 따라 요양급여비용 상한금액이 감액되거나 이 규칙 제13조 제1항에 따라 요양급여대상 여부 또는 상한금액이 조정된 약제의 제조업자·위탁제조판매업자·수입자의 계열회사(독점규제 및 공정거래에 관한 법률에 따른 계열회사를 말한다)가 그 요양급여비용이 감액되거나 요양급여대상 여부 또는 상한금액이 조정된 약제와 투여경로·성분·제형이 동일한 약제에 대하여 제3항에 따른 평가신청을 한 경우에는 그 신청을 반려할 수 있다.

⑤ 보고 및 통보 : 건강보험심사평가원장은 제14조에 따라 보건복지부장관이 정하여 고시하는 약제 산정기준에 따라 상한금액이 정해지는 약제("산정대상약제")에 대하여 제3항에 따른 평가신청을 받은 경우에는 그 신청받은 내용을 보건복지부장관에게 보고하고, 공단 이사장에게 통보해야 한다.

⑥ 사전 협의 : 공단 이사장은 제5항에 따라 통보를 받은 경우에는 제11조의2 제7항에 따라 협상을 명받기 전에 해당 약제의 평가 신청인과 같은 항 제2호부터 제4호까지의 규정에 해당하는 사항을 사전 협의할 수 있다.

(3) 행위·치료재료에 대한 요양급여의 결정(제11조)

① 결정 기한 : 제10조에 따라 요양급여대상 여부의 결정신청을 받은 보건복지부장관은 정당한 사유가 없는 한 결정신청일부터 100일(신의료기술평가에 관한 규칙 제3조 제3항에 따라 서류를 송부받은 경우에는 평가결과 고시 이후 30일) 이내에 심의위원회 심의를 거쳐 요양급여대상 또는 비급여대상에의 해당 여부를 결정하여 고시해야 한다. 이 경우 요양급여대상으로 결정한 행위·치료재료에 대해서는 상대가치점수 또는 영 제22조 제1항에 따른 **상한금액**("상한금액")과 법 제41조의4 제1항에 따른 **선별급여**("선별급여") 본인부담률(선별급여의 요양급여비용 중 선별급여를 받는 사람이 부담하는 비율을 말한다. 이하 같다)을 함께 정하여 고시해야 한다.

② **전문평가위원회의 평가** : 보건복지부장관은 행위·치료재료의 경제성 및 급여의 적정성 등에 대하여 제8항에 따른 **전문평가위원회의 평가**를 거쳐, 행위·치료재료의 요양급여대상 여부를 결정한다. 이 경우 보건복지부장관은 다음 각 호의 사항을 정하는 때에는 전문평가위원회의 평가 외에 제14조의2 제1항에 따른 **적합성평가위원회**("적합성평가위원회")의 평가를 거치도록 할 수 있다.
   1. 법 제41조의4 제2항 및 영 제18조의4 제2항에 따른 선별급여의 적합성평가의 평가주기, 평가항목 및 평가방법
   2. 법 제42조의2 제1항에 따른 선별급여의 실시 조건("선별급여실시조건")
   3. 법 제44조 제1항 후단에 따른 선별급여의 본인일부부담금의 부담률 및 부담액

③ **통보 사항** : 건강보험심사평가원장은 제2항에 따라 전문평가위원회에서 치료재료(인체조직은 제외한다)에 대하여 평가한 경우에 평가가 끝난 날부터 15일 이내에 다음 각 호의 사항을 신청인에게 서면 또는 전자문서로 **통보**해야 한다.
   1. 평가결과(평가 시 원용된 전문가 의견, 학술연구 내용 등 평가근거에 관한 정보를 포함한다)
   2. 평가결과에 이견이 있으면 30일 이내에 재평가 또는 제13조의3에 따른 검토("독립적 검토")를 거친 재평가를 신청할 수 있다는 내용

④ **재평가 신청** : 제3항에 따른 통보를 받은 신청인은 **통보받은 날부터 30일 이내에 재평가 또는 독립적 검토를 거친 재평가를** 건강보험심사평가원장에게 신청할 수 있다. 이 경우 재평가(독립적 검토를 거친 재평가는 제외한다)는 다음 각 호의 어느 하나에 해당하는 경우에 신청할 수 있다.
   1. 치료재료에 관한 결정신청을 한 자가 전문평가위원회의 평가결과에 이견이 있는 경우로서 제10조 제2항 제3호 및 제4호에 따른 서류를 보완하여 제출하거나 그 밖의 자료를 제출하는 경우
   2. 직권결정 대상 치료재료의 제조업자·수입업자가 전문평가위원회의 평가결과에 이견이 있는 경우로서 제10조 제2항 제3호 및 제4호에 따른 서류를 보완하여 제출하거나 그 밖의 자료를 제출하는 경우

⑤ **재평가의 재심의·통보** : 제4항에 따라 재평가의 신청을 받은 건강보험심사평가원장은 신청 받은 날부터 60일 이내에 전문평가위원회의 재심의를 거쳐 재평가하고 재평가가 끝난 날부터 15일 이내에 그 결과를 신청인에게 통보해야 한다.

⑥ **독립적 검토에 따른 재평가의 심의·통보** : 제4항에 따라 **독립적 검토를 거친 재평가의 신청을** 받은 건강보험심사평가원장은 독립적 검토에 따른 보고서와 신청인의 의견(신청인이 의견을 제출한 경우만 해당한다)을 제출받아 전문평가위원회의 재심의를 거쳐 재평가하고 재평가가 끝난 날부터 15일 이내에 그 결과를 신청인에게 통보해야 한다.

⑦ **처리기한의 산정에서의 제외** : 제2항 후단 및 제3항부터 제6항까지의 절차에 걸리는 기간은 제1항 전단에 따른 처리기한의 산정에 포함하지 않는다.

⑧ 전문평가위원회의 설치 : 제2항에 따른 행위·치료재료에 대한 평가를 효율적으로 수행하기 위하여 건강보험심사평가원에 행위 및 치료재료별로 전문평가위원회를 둔다.

⑨ 소급 적용 : 제1항에 따른 행위·치료재료가 요양급여대상으로 결정되어 고시된 경우에 제10조 제1항의 규정에 의한 신청기간 내에 신청하지 않은 요양기관에 대해서는 제10조 제1항 각 호의 어느 하나에 해당하는 날부터 소급하여 요양급여대상으로 적용한다.

⑩ 제1항에도 불구하고 평가 유예 신의료기술의 경우에는 신의료기술평가에 관한 규칙 제3조의4에 따른 신의료기술평가 결과 안전성·유효성을 고시한 이후 행위·치료재료에 대한 요양급여의 결정 절차를 진행한다.

(4) 약제에 대한 요양급여의 결정(제11조의2)

① 평가 기한 및 통보 사항 : 제10조의2 제3항에 따라 약제에 대한 평가를 신청 받은 건강보험심사평가원장은 150일 이내(진료상 필수성, 대체약제의 유무 등을 고려하여 보건복지부장관이 정하는 약제는 해당하지 않는다)에 제14항에 따른 약제급여평가위원회("약제급여평가위원회")의 심의를 거쳐 평가(산정대상약제는 전문적 검토가 필요한 경우를 제외하고는 약제급여평가위원회의 심의를 거치지 않고 평가한다)하고 평가가 끝난 날부터 15일 이내에 다음 각 호의 사항을 신청인에게 서면 또는 전자문서로 통보해야 한다.
   1. 평가결과(평가 시 원용된 전문가 의견, 학술연구 내용 등 평가근거에 관한 정보를 포함한다)
   2. 평가결과에 이견이 있으면 30일 이내에 재평가 또는 독립적 검토를 거친 재평가를 신청할 수 있다는 내용
   3. 약제급여평가위원회가 평가한 금액 이하를 경제성 있는 가격으로 하여 공단 이사장과의 협상절차를 진행할 수 있다는 내용(임상적 유용성은 있으나 판매예정가의 비용효과성을 입증하지 못한 경우만 해당한다)
   4. 보건복지부장관이 정하여 고시하는 약가 협상의 생략을 위한 기준 금액("약가협상생략기준금액")을 상한금액으로 하는 것에 동의하는 경우 상한금액 협상절차를 생략하여 진행할 수 있다는 내용(임상적 유용성은 있으나 판매예정가가 약가협상생략기준금액보다 높은 경우만 해당한다)

② 재평가신청 및 통지 내용 : 제1항에 따른 통보를 받은 신청인은 통보받은 날부터 30일 이내에 건강보험심사평가원장에게 재평가 또는 독립적 검토를 거친 재평가를 신청하거나 다음 각 호의 어느 하나에 해당하는 통지를 할 수 있다.
   1. 제1항 제3호에 따라 약제급여평가위원회가 평가한 금액 이하를 경제성 있는 가격으로 하여 공단 이사장과의 협상절차를 진행하는 것에 동의한다는 내용의 통지
   2. 제1항 제4호에 따라 약가협상생략기준금액을 상한금액으로 하여 상한금액 협상절차를 생략하여 진행하는 것에 동의한다는 내용의 통지

③ 재평가신청에 따른 재평가결과 등의 통보 : 제2항에 따라 재평가신청을 받은 건강보험심사평가원장은 120일 이내에 약제급여평가위원회의 재심의를 거쳐 재평가(산정대상약제는 전문적 검토가 필요한 경우를 제외하고는 약제급여평가위원회의 재심의를 거치지 않고 재평가한다)하고 재평가가 끝난 날부터 15일 이내에 다음 각 호의 사항을 신청인에게 통보해야 한다.
   1. 재평가결과
   2. 약제급여평가위원회가 평가한 금액 이하를 경제성 있는 가격으로 하여 공단 이사장과의 협상절차를 진행할 수 있다는 내용(임상적 유용성은 있으나 판매예정가의 비용효과성을 입증하지 못한 경우만 해당한다)

3. 약가협상생략기준금액을 상한금액으로 하는 것에 동의하는 경우 상한금액 협상절차를 생략할 수 있다는 내용(임상적 유용성은 있으나 판매예정가가 약가협상생략기준금액보다 높은 경우만 해당한다)

④ **독립적 검토에 따른 재평가결과 등의 통보** : 제2항에 따라 독립적 검토를 거친 재평가의 신청을 받은 건강보험심사평가원장은 독립적 검토에 따른 보고서와 신청인의 의견(신청인이 의견을 제출한 경우만 해당한다)을 제출받아 **약제급여평가위원회의 재심의를 거쳐** 재평가하고 재평가가 끝난 날부터 15일 이내에 다음 각 호의 사항을 신청인에게 통보하여야 한다.

1. 재평가결과

2. 약제급여평가위원회가 평가한 금액 이하를 경제성 있는 가격으로 하여 공단 이사장과의 협상절차를 진행할 수 있다는 내용(임상적 유용성은 있으나 판매예정가의 비용효과성을 입증하지 못한 경우만 해당한다)

3. 약가협상생략기준금액을 상한금액으로 하는 것에 동의하는 경우 상한금액 협상절차를 생략할 수 있다는 내용(임상적 유용성은 있으나 판매예정가가 약가협상생략기준금액보다 높은 경우만 해당한다)

⑤ **동의 내용의 통지** : 제3항 제2호·제3호 또는 제4항 제2호·제3호에 따른 통보를 받은 신청인은 **통보받은 날부터 7일 이내에** 건강보험심사평가원장에게 다음 각 호의 어느 하나에 해당하는 통지를 할 수 있다.

1. 제3항 제2호 또는 제4항 제2호에 따라 약제급여평가위원회가 평가한 금액 이하를 경제성 있는 가격으로 하여 공단 이사장과의 협상절차를 진행하는 것에 동의한다는 내용의 통지

2. 제3항 제3호 또는 제4항 제3호에 따라 약가협상생략기준금액을 상한금액으로 하여 상한금액 협상절차를 생략하여 진행하는 것에 동의한다는 내용의 통지

⑥ **보고 및 통보** : 건강보험심사평가원장은 제1항 제1호에 따른 **평가결과**, 제3항 제1호 또는 제4항 제1호에 따른 **재평가결과** 및 제2항 또는 제5항에 따른 **통지 사실을** 보건복지부장관에게 보고하고, 공단 이사장에게 **통보해야 한다.** 이 경우 다음 각 호의 어느 하나에 해당하는 때에는 해당 약제에 대하여 제1항에 따라 약제급여평가위원회의 심의를 거쳐 평가를 마친 후 지체 없이 그 평가결과를 보건복지부장관에게 보고하고, 공단 이사장에게 통보해야 한다.

1. 신청인이 제2항 제2호 또는 제5항 제2호에 따른 통지를 하기 전에 약가협상생략기준금액을 상한금액으로 하여 상한금액 협상절차를 생략하는 것에 동의한 경우

2. 신청인의 판매예정가가 약가협상생략기준금액 이하인 경우

⑦ **협상 명령** : 보건복지부장관은 제6항에 따라 보고받은 약제 중 **요양급여대상으로 하는 것이 적정**하다고 평가 또는 재평가된 약제에 대하여 **공단 이사장에게** 다음 각 호의 어느 하나에 해당하는 사항을 해당 약제의 평가 또는 재평가 신청인과 **60일의 범위에서 협상하도록** 명해야 한다. 이 경우 협상이 지연되는 등의 사유로 공단 이사장이 요청할 때에는 추가로 60일의 범위에서 협상 기한을 연기하거나 **협상을 일시적으로 정지**하도록 명할 수 있다.

1. 약제의 상한금액안(산정대상약제는 제외한다)

2. 요양급여비용의 예상 청구금액안

3. 해당 약제의 제조업자·위탁제조판매업자·수입자가 이행할 조건

4. 그 밖에 약제의 안정적인 공급 및 품질관리 등에 관한 사항

⑧ 협상 및 결과 보고 : 제7항에 따라 협상을 명받은 공단 이사장은 건강보험 재정에 미치는 영향 및 약제급여평가위원회의 평가결과·재평가결과 등을 고려하여 약제의 평가 또는 재평가 신청인과 협상하고, 그 협상결과를 보건복지부장관에게 보고해야 한다. 이 경우 공단 이사장은 신청인별로 협상할 수 있다.

⑨ 보건복지부장관의 조치 : 보건복지부장관은 제8항에 따라 보고받은 사항에 대하여 다음 각 호에 정하는 바에 따라 조치해야 한다.

1. 제8항에 따른 협상 결과 합의가 이루어진 약제는 30일 이내에 심의위원회의 심의를 거쳐 요양급여대상여부 및 약제의 상한금액을 결정하여 고시해야 한다. 이 경우 심의위원회 심의 사항·예정일 등 심의 관련 사항 및 고시 예정일·시행일 등을 신청인에게 서면 또는 전자문서로 통보할 수 있다.

2. 제8항에 따른 협상 결과 합의가 이루어지지 않은 약제 중 환자의 진료에 반드시 필요하다고 인정되는 약제는 협상결과를 보고받은 날부터 60일 이내에 제15항에 따른 약제급여조정위원회("약제급여조정위원회")의 조정을 거친 후 심의위원회의 심의를 거쳐 요양급여대상 여부 및 약제의 상한금액을 결정하여 고시해야 한다.

⑩ 신청인에 대한 통보 : 보건복지부장관은 제9항 제2호에 따라 약제급여조정위원회에서 조정한 경우에 조정이 끝난 날부터 15일 이내에 다음 각 호의 사항을 신청인에게 서면 또는 전자문서로 통보하여야 한다.

1. 조정결과 및 그 근거

2. 조정결과에 이견이 있으면 30일 이내에 독립적 검토를 거친 재조정을 신청할 수 있다는 내용

⑪ 독립적 검토를 거친 재조정 신청 : 제10항에 따른 통보를 받은 신청인은 통보받은 날부터 30일 이내에 독립적 검토를 거친 재조정을 보건복지부장관에게 신청할 수 있다.

⑫ 약제급여조정위원회의 재조정 : 제11항에 따른 신청을 받은 보건복지부장관은 독립적 검토에 따른 보고서와 신청인의 의견(신청인이 의견을 제출한 경우만 해당한다)을 제출받아 약제급여조정위원회의 재조정을 거쳐야 한다.

⑬ 처리기한의 산정에서의 제외 : 제10항부터 제12항까지의 절차에 걸리는 기간은 제9항 제2호에 따른 처리기한의 산정에 포함하지 아니한다.

⑭ 약제급여평가위원회의 설치 : 약제에 대한 요양급여의 적정성 등을 효율적으로 평가하기 위하여 건강보험심사평가원에 약제급여평가위원회를 둔다. 이 경우 약제급여평가위원회의 구성, 운영, 평가 기준 및 절차 등에 관하여 필요한 사항은 건강보험심사평가원장이 정한다.

⑮ 약제급여조정위원회의 설치 : 약제에 대한 요양급여의 결정, 상한금액의 조정에 관한 사항은 심의하기 위하여 보건복지부에 약제급여조정위원회를 둔다. 이 경우 약제급여조정위원회의 구성, 운영 그 밖에 필요한 사항은 보건복지부장관이 정한다.

4. 조정 및 독립적 검토

(1) 상대가치점수 등의 조정 등(제12조)

① 이미 고시된 상대가치점수 등의 조정 신청 : 제10조 제1항 및 제10조의2 제1항에 따른 요양기관, 의약관련 단체, 약제·치료재료의 제조업자·위탁제조판매업자(약제의 경우만 해당한다)·수입자(치료재료가 인체조직인 경우에는 인체조직 안전 및 관리 등에 관한 법률 제13조에 따른 조직은행의 장을 말한다) 또는 가입자 등은 이미 고시된 요양급여대상의 상대가치점수·상한금액, 요양급여대상·비급여대상의 조정을 보건복지부장관이 정하여 고시하는 바에 따라 보건복지부장관에게 신청할 수 있다.

② 준용 규정 : 제1항에 따라 조정신청을 받은 보건복지부장관은 행위 및 치료재료의 경우에는 제11조(행위 및 인체조직의 경우에는 제11조 제3항부터 제6항까지의 규정은 제외한다)의 절차를 준용하고, 약제의 경우에는 제11조의2의 절차를 준용하여 상대가치점수·상한금액, 요양급여대상·비급여대상을 조정하여 고시할 수 있다.

(2) 직권결정 및 조정 등(제13조)

① 행위·치료재료에 대한 직권결정 : 보건복지부장관은 법 제41조의3 제4항에 따라 다음 각 호의 어느 하나에 해당하는 행위·치료재료에 대해서는 직권으로 제11조(행위 및 인체조직의 경우에는 제11조 제3항부터 제6항까지의 규정은 제외한다)의 절차를 준용하여 요양급여대상 또는 비급여대상으로 결정하여 고시하며, 요양급여대상으로 결정한 경우에는 상대가치점수 또는 상한금액과 선별급여 본인부담률을 함께 정하여 고시해야 한다. 이 경우 결정·고시된 요양급여대상은 제10조 제1항 각 호의 어느 하나에 해당되는 날부터 소급하여 요양급여대상으로 적용한다.
  1. 대체가능한 진료·치료 방법이 없는 경우
  2. 환자의 진료·치료를 위하여 긴급한 도입이 필요한 경우
  3. 의료기기법 시행령 제13조의2 제4항 제1호에 따른 의료기기 중 보건복지부장관이 필요하다고 인정하는 의료기기
  4. 그 밖에 행위·치료재료의 내용·금액과 환자에 대한 진료·치료의 성격·경위 등에 비추어 보건복지부장관이 직권으로 요양급여대상 여부를 결정하는 것이 필요하다고 인정하는 경우

② 약제에 대한 직권결정 : 보건복지부장관은 법 제41조의3 제4항에 따라 다음 각 호의 어느 하나에 해당하는 약제에 대해서는 직권으로 제11조의2의 절차를 준용하여 요양급여대상 여부 및 약제의 상한금액을 결정하고 고시한다.
  1. 다음 각 목의 요건을 모두 충족하는 경우
    가. 대체가능한 다른 약제 또는 치료법이 없는 경우
    나. 생명에 심각한 위해를 초래하는 질환에 사용되는 경우
    다. 임상적으로 유의미한 치료효과가 입증된 경우
  2. 건강보험심사평가원장이 환자의 진료상 반드시 필요하다고 보건복지부장관에게 요청하는 경우

③ 결정 절차의 준용 : 보건복지부장관은 이미 고시된 행위 및 치료재료에 대한 상대가치점수·상한금액·선별급여 본인부담률, 요양급여대상·비급여대상에 대해서는 직권으로 제11조(행위 및 인체조직의 경우에는 제11조 제3항부터 제6항까지의 규정은 제외한다)의 절차를 준용하여 조정하여 고시할 수 있다.

④ 이미 고시된 약제에 대한 직권 조정 : 보건복지부장관은 법 제41조의3 제5항에 따라 다음 각 호의 어느 하나에 해당하면 **이미 고시된 약제**의 요양급여대상 여부, 범위 및 요양급여비용 상한금액을 **직권으로 조정**하여 고시할 수 있다.

1. 협상 결과 합의된 요양급여비용 예상 청구금액을 초과하여 사용된 경우

2. 직전년도 요양급여비용 청구금액과 비교하여 보건복지부장관이 정하는 비율이나 금액 이상 증가된 경우

3. 제5조 제2항 및 제4항에 따른 요양급여의 적용기준 및 방법에 관한 세부사항의 개정 등으로 약제의 사용범위의 확대가 예상되는 경우

4. 제14조에 따라 보건복지부장관이 정하여 고시하는 약제 상한금액의 결정·조정 기준이 변경됨에 따라 보건복지부장관이 상한금액을 재평가할 필요가 있다고 인정하는 경우

5. 제11조의2에 따라 요양급여대상으로 결정된 약제와 투여경로·성분·제형이 동일한 약제가 제10조의2에 따라 결정신청된 경우

5의2. 제11조의2에 따라 요양급여대상으로 결정된 복합제(해당 복합제와 조성이 유사한 복합제로서 보건복지부장관이 고시하는 약제도 포함한다)의 가격산정의 기준이 되었던 품목(기준이 되었던 품목이 복합제인 경우에는 해당 복합제를 구성하는 개별 약제를 포함한다)과 투여경로·성분·제형이 동일한 약제가 제10조의2에 따라 결정신청된 경우

6. 제11조의2에 따라 요양급여대상으로 결정된 약제에 대한 개발목표제품(해당 약제의 품목허가를 위한 시험에서 비교대상으로 선택된 제품 중 주 약리작용을 나타내는 성분이 해당 약제와 같은 제품으로서 그 제품과 투여경로·성분·제형이 동일한 제제 중 가격산정의 기준이 되었던 품목을 말한다)과 투여경로·성분·제형이 동일한 약제가 제10조의2에 따라 결정신청된 경우

7. 환자의 진료에 반드시 필요하나 경제성이 없어 약제의 제조업자·위탁제조판매업자·수입자가 생산 또는 수입을 기피하는 약제로서 생산 또는 수입 원가의 보전이 필요한 경우

8. 최근 2년간 보험급여 청구실적이 없는 약제

8의2. 최근 3년간 생산실적 또는 수입실적이 없는 약제로서 그 유효기한 또는 사용기한이 도과된 경우

9. 건강보험심사평가원장이 경제성 또는 요양급여 적정성이 없거나 현저히 낮은 것으로 평가한 약제에 대하여 보건복지부장관에게 요청하는 경우

10. 약제의 제조업자·위탁제조판매업자·수입자 또는 한국희귀·필수의약품센터의 장이 급여목록표에서 삭제되기를 희망하는 약제. 다만, 보건복지부장관이 환자의 진료상 반드시 필요하다고 판단하는 약제는 예외로 한다.

11. 보건복지부장관이 정하여 고시한 바에 따른 약제 실거래가 조사결과 약제 상한금액 조정 대상이 된 약제

12. 약사법 제31조 또는 제41조에 따라 의약품의 품목허가 또는 품목신고를 받은 자가 보건복지부장관이 정하여 고시하는 행정처분(약사법 제76조에 따른 행정처분을 말한다)을 받은 경우

12의2. 약사법 제31조 또는 제41조에 따라 의약품의 품목허가 또는 품목신고를 받은 자가 스스로 그 허가증 또는 신고증을 반납한 경우

13. 약사법령에 따른 일반의약품으로서 건강증진, 건강유지 및 치료를 목적으로 하며, 의사 또는 치과의사의 처방에 의하지 아니하더라도 인체에 미치는 부작용이 적어 안전성 및 유효성을 기대할 수 있는 약제

14. 제11조의2 제8항에 따라 약제의 제조업자·위탁제조판매업자·수입자가 공단 이사장과 협상한 조건을 이행하지 아니하는 경우나 협상한 조건에서 정한 조정사유에 해당하는 경우

15. 약제의 주성분 등 약사법 제31조에 따라 품목허가를 받은 사항이 변경되어 보건복지부장관이 요양급여대상 여부 또는 상한금액을 조정할 필요가 있다고 인정하는 경우

16. 약사법 제31조 제9항 및 제42조 제1항에 따른 변경허가 또는 변경신고, 같은 법 제50조의6 및 제50조의9에 따른 의약품 판매금지와 관련하여 보건복지부장관이 요양급여대상 여부 및 상한금액을 조정할 필요가 있다고 인정하는 경우

17. 그 밖에 외국의 의약품 허가사항, 가격 및 보험등재 현황, 임상연구 관련 자료 등을 고려하여 보건복지부장관이 요양급여대상 여부 및 상한금액을 조정할 필요가 있다고 인정하는 경우

⑤ **직권 조정 시 절차의 준용** : 제4항에 따른 **직권 조정**에는 다음 각 호의 구분에 따른 **절차**를 준용한다.

1. 제4항 제1호 및 제2호의 경우 : 제11조의2 제7항부터 제9항까지의 절차

2. 제4항 제3호 및 제4호의 경우 : 제11조의2 제1항부터 제3항까지, 제6항부터 제9항까지의 절차. 다만, 이 조 제4항 제3호의 경우로서 다음 각 목의 어느 하나에 해당하는 경우에는 제11조의2 제1항부터 제9항까지의 절차를 준용한다.

   가. 제11조의2 제8항에 따라 약제의 제조업자·위탁제조판매업자·수입자가 이행할 조건을 고려하여 상한 금액이 정해진 약제로서 해당 약제의 사용범위가 확대될 것으로 충분히 예상되는 경우

   나. 제4항 제3호에 따른 약제의 사용범위 확대 예상에 따른 요양급여비용 예상 청구금액이 그 사용범위 확대 예상 이전의 요양급여비용 예상 청구금액보다 100억 원 이상 증가할 것으로 예상되는 경우

2의2. 제4항 제5호, 제5호의2 및 제6호의 경우 : 제11조의2 제1항부터 제3항까지, 제6항부터 제9항까지의 절차. 이 경우 제11조의2 제7항 각 호 외의 부분 전단 및 후단 중 "60일"은 각각 "20일"로 본다.

3. 제4항 제7호의 경우 : 제11조의2 제1항부터 제9항까지의 절차

4. 제4항 제8호, 제8호의2, 제10호부터 제12호까지 및 제12호의2의 경우 : 제11조의2 제1항부터 제3항까지, 제6항 및 같은 조 제9항 제1호의 절차

5. 제4항 제9호 및 제13호의 경우 : 제11조의2 제1항부터 제6항까지 및 같은 조 제9항 제1호의 절차

6. 제4항 제14호의 경우 : 다음 각 목의 구분에 따른 절차

   가. 제11조의2 제8항에 따라 약제의 제조업자·위탁제조판매업자·수입자가 공단 이사장과 협상한 조건을 이행하지 않은 경우 : 제11조의2 제1항부터 제3항까지, 제6항 및 같은 조 제9항 제1호의 절차

   나. 제11조의2 제8항에 따라 약제의 제조업자·위탁제조판매업자·수입자가 공단 이사장과 협상한 조건에서 정한 조정사유에 해당하는 경우 : 제11조의2 제1항부터 제3항까지 및 제6항부터 제9항까지의 절차

7. 제4항 제15호부터 제17호까지의 경우 : 제11조의2 제1항부터 제3항까지 및 제6항부터 제9항까지의 절차. 다만, 보건복지부장관이 직권 조정을 하기 위하여 필요하다고 인정하는 경우에는 제11조의2 제1항부터 제3항까지, 제6항 및 같은 조 제9항 제1호의 절차를 준용한다.

⑥ 사전 협의 : 제5항(같은 항 제4호, 제5호 및 제6호 가목은 제외한다)에 따라 준용되는 제11조의2 제6항에 따라 건강보험심사평가원장으로부터 평가결과 또는 재평가결과를 통보받은 공단 이사장은 보건복지부장관으로부터 같은 조 제7항에 따른 협상 명령을 받기 전부터 미리 조정 대상 약제의 제조업자·위탁제조판매업자·수입자 또는 한국희귀·필수의약품센터의 장과 같은 항 제4호의 사항에 관하여 협상에 필요한 사항을 협의할 수 있다.

⑦ 협상 명령 : 보건복지부장관은 이미 요양급여대상 여부 및 상한금액이 고시된 약제의 안정적인 공급 등을 위해 필요하다고 인정하는 경우에는 공단 이사장에게 해당 약제의 제조업자·위탁제조판매업자·수입자와 제11조의2 제7항 제4호의 사항에 대하여 협상하도록 명할 수 있다. 이 경우 제11조의2 제7항부터 제9항까지를 준용한다.

⑧ 절차의 생략 : 보건복지부장관은 제11조의2 제7항 제4호의 사항에 관한 협상이 필요한 경우로서 공단 이사장이 조정 대상 약제의 제조업자·위탁제조판매업자·수입자 또는 한국희귀·필수의약품센터의 장과 이미 같은 호의 사항에 관한 합의가 이루어져 있는 경우에는 제5항 및 제7항에도 불구하고 제11조의2 제7항 및 제8항의 절차를 생략할 수 있다. 이 경우 제11조의2 제9항 제1호를 준용한다.

⑨ 재협상 : 보건복지부장관은 제5항(제4항 제3호, 제5호, 제5호의2, 제6호 및 제7호는 제외한다) 또는 제7항에 따라 준용되는 제11조의2 제9항에 따른 조치를 하기 전에 필요하다고 인정되는 경우 1회에 한정하여 공단 이사장에게 같은 조 제7항 및 제8항에 따라 재협상을 하게 할 수 있다.

⑩ 재협상에 대한 약제급여평가위원회의 심의 : 보건복지부장관은 제9항에 따라 재협상을 하게 하기 전에 재협상의 필요 여부에 관하여 약제급여평가위원회의 심의를 거칠 수 있다. 이 경우 건강보험심사평가원장은 약제급여평가위원회의 심의 결과를 보건복지부장관에게 보고해야 한다.

⑪ 요양급여대상에서의 제외 : 보건복지부장관은 제5항 또는 제7항에 따라 준용되는 제11조의2 제8항에 따른 협상(이 조 제9항에 따른 재협상을 한 경우에는 재협상을 말한다)의 결과 합의가 이루어지지 않은 약제 중 환자의 진료에 반드시 필요하다고 인정되는 약제가 아닌 약제에 대해서는 심의위원회의 심의를 거쳐 요양급여대상에서 제외할 수 있다.

(3) 독립적 검토절차(제13조의2)

① 절차의 마련 : 보건복지부장관은 치료재료(인체조직은 제외한다. 이하 이 조와 제13조의3에서 같다) 및 약제의 요양급여대상 여부 및 상한금액에 관하여 보건복지부, 국민건강보험공단 및 건강보험심사평가원으로부터 독립적으로 검토할 수 있는 절차를 마련하여야 한다.

② 책임자·검토자의 위촉 : 보건복지부장관우 독립적 검토를 수행하게 하기 위하여 검토 절차를 총괄하는 1명의 책임자와 검토를 담당하는 30명 이내의 검토자를 위촉하여야 한다.

③ 책임자·검토자의 자격 : 책임자와 검토자는 치료재료 및 약제 분야의 학식과 경험이 풍부하고 보건복지부, 국민건강보험공단 및 건강보험심사평가원으로부터 독립적으로 검토를 할 수 있는 사람 중에서 위촉한다.

④ 책임자와 검토자의 자격, 임기, 위촉방법 등에 관한 사항은 보건복지부장관이 정한다.

(4) 독립적 검토(제13조의3)

① 검토의 신청 : 독립적 검토는 다음 각 호의 경우에 제11조 제4항 및 제11조의2 제2항·제11항(제12조 및 제13조에 따라 준용되는 경우를 포함한다)에 따라 신청할 수 있다.

    1. 치료재료에 관한 결정신청을 한 자가 전문평가위원회의 평가결과에 이견이 있는 경우

    2. 약제에 관한 결정신청을 한 자가 다음 각 목의 어느 하나의 결과에 이견이 있는 경우
        가. 약제급여평가위원회의 심의에 따른 평가결과
        나. 약제급여조정위원회의 조정결과

    3. 치료재료에 관한 조정신청을 한 자가 전문평가위원회의 평가결과에 이견이 있는 경우

    4. 약제에 관한 조정신청을 한 자가 다음 각 목의 어느 하나의 결과에 이견이 있는 경우
        가. 약제급여평가위원회의 심의에 따른 평가결과
        나. 약제급여조정위원회의 조정결과

    5. 직권결정 대상 치료재료의 제조업자·수입업자가 전문평가위원회의 평가결과에 이견이 있는 경우

    6. 직권결정 대상 약제의 제조업자·위탁제조판매업자·수입자가 다음 각 목의 어느 하나의 결과에 이견이 있는 경우
        가. 약제급여평가위원회의 심의에 따른 평가결과
        나. 약제급여조정위원회의 조정결과

    7. 직권조정 대상 치료재료의 제조업자·수입업자가 전문평가위원회의 평가결과에 이견이 있는 경우

    8. 직권조정 대상 약제(제13조 제4항 제7호, 제9호, 제10호 및 제13호의 경우만 해당한다)의 제조업자·위탁제조판매업자·수입자가 약제급여평가위원회의 심의에 따른 평가결과에 이견이 있는 경우

② 자료의 송부 : 보건복지부장관 또는 건강보험심사평가원장은 제1항에 따른 신청을 받으면 지체 없이 다음 각 호의 구분에 따른 **자료를 책임자에게 송부**하여야 한다.

    1. 제1항 제1호 및 제2호의 경우 : 결정신청 시 제출된 자료(같은 항 제2호 나목의 경우에는 약제급여조정위원회의 조정 시 검토된 자료를 포함한다)

    2. 제1항 제3호 및 제4호의 경우 : 조정신청 시 제출된 자료(같은 항 제4호 나목의 경우에는 약제급여조정위원회의 조정 시 검토된 자료를 포함한다)

    3. 제1항 제5호부터 제8호까지의 경우 : 직권 결정·조정을 위하여 검토된 자료(같은 항 제6호 나목의 경우에는 약제급여조정위원회의 조정 시 검토된 자료를 포함한다)

③ 검토의 의뢰 : 제2항에 따라 자료를 송부받은 책임자는 **검토자 중 1명을 선정**하여 **검토를 의뢰**하고 지체 없이 검토자를 보건복지부장관 또는 건강보험심사평가원장에게 알려야 한다.

④ 검토 결과의 제출 : 제3항에 따라 검토를 의뢰받은 검토자는 제2항에 따른 자료의 범위에서 검토를 수행하여야 하고, 그 **결과를 보고서로 작성하여 책임자에게 제출**하여야 한다.

⑤ 보고서의 제출 : 제4항에 따라 보고서를 제출받은 책임자는 이를 지체 없이 **보건복지부장관 또는 건강보험심사평가원장에게 제출**하여야 한다.

⑥ 제출 기한 : 제1항에 따른 신청부터 제5항에 따른 보고서 제출에 걸리는 기간은 다음 각 호의 구분에 따른 기간을 넘어서는 아니 된다.

    1. 제1항 제1호, 제3호 및 제5호의 경우 : 100일

    2. 제1항 제2호, 제4호 및 제6호의 경우 : 150일

    3. 제1항 제7호 및 제8호의 경우 : 45일

(5) 신청인의 의견 제출(제13조의4)

① 보고서의 송부 : 제13조의3 제5항에 따라 보고서를 제출받은 보건복지부장관 또는 건강보험심사평가원장은 제출받은 날부터 7일 이내에 보고서를 신청인에게 송부하여야 한다.

② 의견 제출 기한 : 제1항에 따라 보고서를 송부받은 신청인은 보고서의 내용에 의견이 있으면 송부받은 날부터 30일 이내에 보건복지부장관 또는 건강보험심사평가원장에게 의견을 제출할 수 있다.

(6) 재평가 등(제13조의5)

① 재평가 등의 기한 : 제13조의4 제2항에 따른 의견을 제출받거나 의견이 없음을 확인한 보건복지부장관 또는 건강보험심사평가원장은 50일 이내에 제11조 제6항 또는 제11조의2 제4항·제12항에 따라 전문평가위원회의 재평가, 약제급여평가위원회의 재심의를 거친 재평가 또는 약제급여조정위원회의 재조정을 거쳐야 한다.

② 전문평가위원회, 약제급여평가위원회 또는 약제급여조정위원회는 재평가, 재심의 또는 재조정할 때에 독립적 검토에 따른 보고서와 신청인의 의견에 구속되지 아니한다.

③ 이 규칙에서 정한 사항 외에 독립적 검토절차의 운영에 필요한 사항은 보건복지부장관이 정한다.

(7) 결정 및 조정 등의 세부사항(제14조)

상대가치점수·상한금액, 요양급여대상·비급여대상의 결정·조정, 요양급여대상·비급여대상 여부 확인 등에 필요한 세부사항과 제11조 제8항에 따른 전문평가위원회의 종류·구성·운영, 평가의 내용·절차·방법 등에 관하여는 보건복지부장관이 정하여 고시한다.

5. 급여평가위원회

(1) 적합성평가위원회의 설치 등(제14조의2)

① 위원회의 설치 : 법 제41조의4 제2항에 따른 선별급여의 적합성평가 및 선별급여실시조건 등에 필요한 사항을 심의하기 위하여 보건복지부장관 소속으로 적합성평가위원회를 둔다.

② 위원회의 구성 : 적합성평가위원회는 위원장 1명을 포함하여 20명 이내의 위원으로 구성한다.

③ 제1항 및 제2항에서 규정한 사항 외에 적합성평가위원회의 구성 및 운영 등에 필요한 사항은 보건복지부장관이 정하여 고시한다.

6. 선별급여 등

(1) 선별급여의 실시조건(제14조의3)

① **고려 사항** : 선별급여실시조건의 내용은 다음 각 호의 사항을 고려하여 보건복지부장관이 정한다.
1. 진료과목의 범위 및 종류 등에 관한 사항
2. 의료인의 정원 및 자격 등에 관한 사항
3. 의료시설 및 의료장비 등에 관한 사항
4. 환자의 요건 및 기준 등에 관한 사항
5. 선별급여의 실시에 따른 요양기관의 준수사항
6. 선별급여를 받는 사람이 요양급여비용 외에 추가로 부담하는 비용
7. 그 밖에 제1호부터 제6호까지의 규정에 준하는 사항으로서 선별급여의 실시를 위하여 보건복지부장관이 특히 필요하다고 인정하는 사항

② **의견 제출 요청** : 보건복지부장관은 선별급여실시조건을 정하거나 변경하기 위하여 필요하다고 인정하는 경우에는 **보건의료 관련 법인·단체 또는 전문가** 등에게 자료 또는 의견의 제출을 요청할 수 있다.

③ **실시조건의 공개** : 보건복지부장관은 선별급여실시조건을 정하거나 변경한 경우에는 **보건복지부 인터넷 홈페이지에 게재**하고, 의약관련 단체에 그 내용을 통보해야 한다.

④ **실시조건 충족 여부 입증** : 법 제42조의2 제1항에 따라 선별급여를 실시하려는 요양기관은 해당 선별급여를 실시하기 전에 **선별급여실시조건의 충족 여부를 입증하는 서류를 건강보험심사평가원장을 거쳐 보건복지부장관에게 제출**해야 한다.

⑤ 제1항부터 제4항까지의 규정에 따른 선별급여실시조건의 내용, 협조 요청, 내용 통보 또는 입증서류 제출 등에 필요한 세부 사항은 보건복지부장관이 정하여 고시한다.

(2) 선별급여의 적합성평가를 위한 자료 제출(제14조의4)

① **제출 자료의 범위** : 법 제42조의2 제1항에 따라 선별급여를 실시하는 요양기관("선별급여 실시기관")이 같은 조 제2항에 따라 제출하는 자료의 범위는 다음 각 호와 같다.
1. 선별급여의 실시 현황에 관한 자료
2. 해당 선별급여와 대체가능한 요양급여로서 보건복지부장관이 정하여 고시하는 요양급여의 실시 현황에 관한 자료
3. 선별급여의 실시에 따른 요양급여비용의 청구에 관한 자료
4. 선별급여실시조건에 대한 현황자료 및 변경자료(변경자료는 변경이 있는 경우만 해당한다)
5. 그 밖에 제1호부터 제4호까지의 규정에 준하는 자료로서 보건복지부장관이 선별급여의 적합성평가를 위하여 특히 필요하다고 인정하는 자료

② **연간 제출 횟수** : 법 제42조의2 제2항에 따라 선별급여 실시기관이 관련 자료를 제출하는 경우에는 보건복지부장관이 정하는 기준 및 절차에 따라 **연 1회 이상 제출**하여야 한다. 이 경우 선별급여 실시기관은 건강보험심사평가원장을 거쳐 보건복지부장관에게 제출하여야 한다.

③ 보건복지부장관은 법 제41조의4 제2항에 따른 선별급여의 적합성평가를 위하여 필요하다고 인정하는 경우에는 선별급여 실시기관에 대하여 **자료의 보완 또는 추가 자료의 제출** 등을 요청할 수 있다.

④ 제1항부터 제3항까지의 규정에 따른 자료의 범위, 작성 방법, 제출 방법 또는 보완 요청 등에 필요한 세부 사항은 보건복지부장관이 정하여 고시한다.

(3) 선별급여의 실시 제한(제14조의5)

① 실시 현황 확인 : 보건복지부장관은 법 제42조의2 제3항에 따라 선별급여의 실시 제한을 위하여 필요하다고 인정하는 경우에는 선별급여 실시기관에 대하여 **관련 자료를 요구**하거나 **선별급여의 실시 현황을 확인 · 점검**할 수 있다.

② 시정 명령 : 보건복지부장관은 선별급여 실시기관이 법 제42조의2 제3항에 따른 **선별급여의 실시 제한사유에 해당**하는 경우에는 보건복지부장관이 정하는 바에 따라 일정한 기간을 정하여 그 **시정을 명할** 수 있다.

③ 실시 제한 기간 : 보건복지부장관은 선별급여 실시기관이 제2항에 따른 시정명령을 이행하지 않는 경우에는 3개월의 범위에서 선별급여의 실시를 제한할 수 있다. 이 경우 위반행위의 내용 · 성격 · 결과 및 환자의 보호 등에 관한 사항을 종합적으로 고려하여 선별급여의 실시 제한기간을 정해야 한다.

④ 실시조건 충족 여부 입증 : 선별급여 실시기관이 제3항에 따른 선별급여 실시 제한기간이 끝난 후에 다시 선별급여를 실시하려는 경우에는 **선별급여실시조건의 충족 여부를 입증**하는 서류를 **건강보험심사평가원장을 거쳐 보건복지부장관에게 제출**해야 한다.

⑤ 제1항부터 제4항까지의 규정에 따른 자료요구, 확인 · 점검, 시정명령, 선별급여 실시 제한의 절차 및 방법 등에 필요한 세부 사항은 보건복지부장관이 정하여 고시한다.

(4) 규제의 재검토(제15조)

① 비급여대상 기준에 대한 재검토 : 보건복지부장관은 별표 2 제4호 가목 및 나목에 따른 비급여대상 기준에 대하여 2014년 7월 1일을 기준으로 3년마다(매 3년이 되는 해의 기준일과 같은 날 전까지를 말한다) 그 타당성을 검토하여 개선 등의 조치를 하여야 한다.

② 요양급여의 절차에 대한 재검토 : 보건복지부장관은 제2조에 따른 요양급여의 절차에 대하여 2021년 1월 1일을 기준으로 2년마다(매 2년이 되는 해의 1월 1일 전까지를 말한다) 그 타당성을 검토하여 개선 등의 조치를 해야 한다.

01 다음 중 건강보험심사평가원의 명칭이 변경된 순서로 옳은 것은?

① 의료보험조합연합회 – 전국의료보험협의회 – 의료보험협의회 – 의료보험연합회 – 건강보험심사평가원

② 의료보험연합회 – 전국의료보험협의회 – 의료보험조합연합회 – 의료보험협의회 – 건강보험심사평가원

③ 의료보험협의회 – 전국의료보험협의회 – 의료보험조합연합회 – 의료보험연합회 – 건강보험심사평가원

④ 전국의료보험협의회 –의료보험협의회 – 의료보험연합회 – 의료보험조합연합회 – 건강보험심사평가원

02 국민건강보험공단에서 요양기관에 요양급여비용의 지급을 보류한다는 문서를 통지하였다. 해당 요양기관이 이에 대해 이의가 있을 경우 통지를 받은 날부터 며칠 이내에 의견서를 제출해야 하는가?

① 7일   ② 10일

③ 14일   ④ 15일

03 다음 중 2단계 요양급여를 받는 상급종합병원에서 1단계 요양급여를 받을 수 있는 경우는?

① 내과에서 요양급여를 받는 경우

② 이비인후과에서 요양급여를 받는 경우

③ 비뇨기과에서 요양급여를 받는 경우

④ 치과에서 요양급여를 받는 경우

04 다음 중 국민건강보험제도의 특징으로 옳지 않은 것은?

① 소득수준 등 부담능력에 따라 보험료를 차등부과한다.
② 보험료의 부담 수준과 관계없이 의료적 필요에 따라 보험을 급여한다.
③ 10년 이상의 회계연도를 운영하는 장기보험에 해당한다.
④ 전체 국민의 가입과 보험료 납부의 강제를 위해 국가가 관리한다.

05 다음 중 국민건강보험공단 이사회의 회의에 대한 설명으로 옳은 것은?

① 정기회의는 매년 1회 정관으로 정하는 시기에 이사회 의장이 소집한다.
② 임시회의는 이사장을 제외한 재적이사 2분의 1 이상이 요구할 때 소집한다.
③ 이사회의 회의는 이사장을 제외한 재적이사 과반수의 출석으로 개의한다.
④ 이사회의 회의는 이사장을 포함한 재적이사 과반수의 찬성으로 의결한다.

06 다음 중 건강보험심사평가원의 5대 핵심가치로 옳지 않은 것은?

① 신뢰받는 심사
② 끊임없는 발전
③ 공정한 평가
④ 열린 전문성

07 다음 중 진료심사평가위원회의 위원장에 대한 설명으로 옳지 않은 것은?

① 진료심사평가위원회에는 1명의 위원장을 둔다.
② 진료심사평가위원회의 위원장은 건강보험심사평가원 원장의 임무를 겸임한다.
③ 진료심사평가위원회의 위원장은 건강보험심사평가원의 원장이 임명한다.
④ 진료심사평가위원회의 위원장이 부득이한 사유로 직무를 수행할 수 없으면 건강보험심사평가원의 원장이 지명하는 위원이 그 직무를 대행한다.

08 다음 〈보기〉 중 건강보험심사평가원의 중장기 경영목표(2025 ~ 2029년)로 옳은 것을 모두 고르면?

> **보기**
> ㉠ 선별집중심사 항목 수 72개(누적)
> ㉡ 필요의료 수가개선율 100%
> ㉢ 보건의료 빅데이터 활용지수 90점
> ㉣ 약품비 재평가 비율 30%

① ㉠, ㉡
② ㉠, ㉢
③ ㉡, ㉢
④ ㉡, ㉣

09 가입자가 요양급여를 받을 때에는 건강보험증을 요양기관에 제출해야 하나, 본인 여부를 확인할 수 있는 신분증명서로 요양기관이 그 자격을 확인할 수 있으면 건강보험증을 제출하지 않을 수 있다. 다음 중 이러한 신분증명서에 포함되지 않는 것은?

① 국가보훈처에서 발행한 국가보훈등록증
② 한국산업인력공단에서 발행했으며, 유효기간이 지난 국가기술자격증
③ 보건복지부에서 발행했으며, 유효기간이 지나지 않은 장애인 등록증
④ 서울출입국관리사무소에서 발행했으며, 유효기간이 지나지 않은 외국인 등록증

10 다음 중 요양급여 대상의 여부 결정에 대한 원칙으로 옳지 않은 것은?

① 환자의 경제성
② 임상적 유용성
③ 의료적 중대성
④ 환자의 비용부담 정도

11 다음 중 빈칸에 들어갈 서류에 대한 설명으로 옳지 않은 것은?

> 국민건강보험 가입자는 자신이나 피부양자에 대한 보험급여 사유가 제3자의 행위로 인한 것인 경우 _____을/를 지체 없이 국민건강보험공단에 제출하여야 한다.

① 가입자와 진료받은 사람의 주민등록번호를 적어야 한다.
② 제3자의 행위로 인한 상병명을 적어야 한다.
③ 부상을 입힌 사람이 외국인이라면 성명만 적는다.
④ 제3자의 행위로 인한 급여 통보서이다.

12 다음 중 피부양자 자격의 인정기준 중 부양요건에 대한 설명으로 옳지 않은 것은?

① 가입자의 배우자는 동거하든 동거하지 않든 부양요건을 충족한다.

② 가입자와 동거하지 않는 자녀가 미혼인 경우에는 부양요건을 충족한다.

③ 가입자와 동거하지 않는 직계비속의 배우자는 부양요건을 충족하지 못한다.

④ 법률상의 부모가 아닌 친생부모가 가입자와 동거하지 않으면 부양요건을 충족하지 못한다.

13 다음 중 소득월액의 평가기준이 옳지 않은 것은?

> 국민건강보험법 시행규칙 제44조(소득 산정방법 및 평가기준)에서 소득월액은 다음 구분에 따라 평가한 금액을 합산한 금액으로 한다.
>
> … (중략) …
>
> 1. 이자소득 : 해당 소득 전액
> 2. 배당소득 : 해당 소득 전액
> 3. 사업소득 : 해당 소득 전액
> 4. 근로소득 : 해당 소득의 100분의 50
> 5. 연금소득 : 해당 소득의 100분의 10
> 6. 기타소득 : 해당 소득 전액

① 이자소득 ② 사업소득

③ 근로소득 ④ 연금소득

14 다음 중 소득월액 산정에 포함되지 않는 소득은?

① 이자소득 ② 배당소득

③ 사업소득 ④ 비과세소득

15 다음 중 빈칸에 들어갈 말을 순서대로 바르게 나열한 것은?

> 국민건강보험법의 목적은 국민의 질병·____에 대한 예방·진단·치료·재활과 ____·사망 및
> 건강증진에 대하여 ____를 실시함으로써 국민보건 향상과 사회보장 증진에 이바지함을 목적으로
> 한다.

① 건강, 치료, 보험급여　　　　　　② 건강, 치료, 의료서비스
③ 부상, 생활, 의료행위　　　　　　④ 부상, 출산, 보험급여

16 국민건강보험법에 따르면 국민건강보험공단은 가산금이 소액인 경우 사용자에게 가산금을 징수하
지 않을 수 있다. 다음 중 국민건강보험공단이 사용자에게 징수하지 않을 수 있는 가산금의 금액은?

① 1,000원 미만　　　　　　　　　② 2,000원 미만
③ 3,000원 미만　　　　　　　　　④ 4,000원 미만

17 다음 중 빈칸 ㉠, ㉡에 들어갈 내용으로 옳은 것은?

> ① 직장가입자의 보험료율은 ___㉠___의 범위에서 심의위원회의 의결을 거쳐 대통령령으로 정한다.
> ② 국외에서 업무에 종사하고 있는 직장가입자에 대한 보험료율은 제1항에 따라 정해진 보험료율의
> ___㉡___으로 한다.

	㉠	㉡
①	1,000분의 60	100분의 30
②	1,000분의 60	100분의 40
③	1,000분의 80	100분의 40
④	1,000분의 80	100분의 50

18 다음 빈칸에 들어갈 대상으로 옳지 않은 것은?

> 보건복지부장관의 권한은 대통령령으로 정하는 바에 따라 그 일부를 _____에게 위임할 수 있다.

① 광역시장
② 도지사
③ 특별자치도지사
④ 국회의원

19 다음 중 국민건강보험법상 과징금에 대한 설명으로 옳지 않은 것은?

① 보건복지부장관이 정하는 특별한 사유가 있다고 인정되면 부당한 방법으로 부담하게 한 금액의 7배 이하의 금액을 과징금으로 부과·징수할 수 있다.
② 특별한 사유가 있다고 인정되는 때에는 해당 약제에 대한 요양급여비용 총액의 100분의 60을 넘지 아니하는 범위에서 과징금을 부과·징수할 수 있다.
③ 해당 약제에 대한 요양급여비용 총액을 정할 때에는 1년간의 요양급여 총액을 넘지 않는 범위에서 정하여야 한다.
④ 과징금을 납부하여야 할 자가 납부기한까지 이를 내지 아니하면 업무정지 처분을 하거나 국세 체납처분의 예에 따라 이를 징수한다.

20 다음 중 건강보험심사평가원이 제공하는 서비스가 아닌 것은?

① 건강검진 대상 조회
② 비급여 진료비 정보
③ 보건의료 빅데이터
④ 진료비 확인 서비스

21 다음은 보건복지부장관이 상한금액 감액의 대상이 되는 약제 중 상한금액을 감액하지 않을 수 있는 약제에 대한 설명이다. 이에 해당하는 의약품으로 옳은 것은?

> 적절한 대체의약품이 없어 긴급히 생산 또는 수입하여야 하는 약제로서 식품의약품안전처장이 정하는 의약품을 말한다.

① 퇴장방지의약품   ② 희귀의약품
③ 저가의약품   ④ 고가의약품

22 국민건강보험법에서는 직장가입자가 지급받는 보수를 기준으로 보수월액을 산정한다. 다음 〈보기〉 중 보수에 포함되지 않는 것을 모두 고르면?

> **보기**
> ㉠ 근로의 대가로 받은 상여금   ㉡ 퇴직금
> ㉢ 번역료   ㉣ 현상금

① ㉠, ㉡   ② ㉡, ㉢
③ ㉠, ㉢, ㉣   ④ ㉡, ㉢, ㉣

23 부당이득징수금체납정보공개심의위원회의 위원은 위원장 1명을 제외하면 8명으로 구성되어 있다. 다음 중 위원으로 임명 또는 위촉된 구성으로 옳은 것은?

	공단 소속 직원	보건복지부 소속 공무원	법률, 회계 또는 사회보험에 관한 학식과 경험이 풍부한 사람
①	1명	3명	4명
②	3명	2명	3명
③	3명	1명	4명
④	4명	3명	1명

24 다음 중 건강보험가입자의 자격상실 시기로 옳은 것은?

① 직장가입자의 피부양자가 된 날의 다음 날

② 국적을 잃은 날

③ 사망한 날의 다음 날

④ 건강보험의 적용배제신청을 한 날의 다음 날

25 다음 중 건강보험심사평가원의 미션으로 옳은 것은?

① 국민의 건강을 증진하고 생활안정을 도모한다.

② 민간복지 연계 활성화로 사회복지 증진에 기여한다.

③ 국민보건과 사회보장 증진으로 국민의 삶의 질을 향상한다.

④ 안전하고 수준 높은 의료 환경을 만들어 국민의 건강한 삶에 기여한다.

26 납부의무자가 분기별로 납부하는 보험료를 납부기한까지 내지 않았을 때, 국민건강보험공단이 취할 수 있는 조치로 옳은 것은?

① 납부 의사와 관계없이 분기별 납부를 제한할 수 있다.

② 납부 의사를 확인한 후 분기별 납부를 제한할 수 있다.

③ 납부 의사를 확인한 후 분기별 납부 금액을 올릴 수 있다.

④ 납부 의사와 관계없이 납부 금액을 올릴 수 있다.

27 다음 중 국민건강보험법상 건강보험의 보험자는 누구인가?

① 대통령   ② 국민건강보험공단

③ 건강보험심사평가원   ④ 보건복지부장관

28 다음 중 국민건강보험법에 의하여 지급되는 부가급여에 해당되는 것은?

① 건강 검진료

② 감염병 진료비

③ 임신 진료비

④ 중증외상 진료비

29 다음 〈보기〉 중 요양병원 입원진료 현황의 고지에 대한 설명으로 옳지 않은 것을 모두 고르면?

> 보기
>
> ㉠ 보건복지부장관은 요양병원의 장에게 해당 요양병원에서 입원진료를 받는 가입자 등의 입원ㆍ
> 퇴원 일시 등 입원진료 현황을 국민건강보험공단에 알리도록 요구할 수 있다.
> ㉡ 위의 ㉠에서 '요양병원'의 범위에는 장애인복지법에 따른 의료재활시설로서 의료법의 요건을 갖
> 춘 의료기관인 요양병원이 포함된다.
> ㉢ 위의 ㉠에 따른 입원진료 현황의 내용, 고지 방법 및 절차 등에 관한 구체적인 사항은 건강보험
> 심사평가원장이 정한다.

① ㉠

② ㉡

③ ㉠, ㉢

④ ㉡, ㉢

30 다음은 요양급여대상ㆍ비급여대상 여부 확인에 대한 설명이다. 빈칸 ㉠, ㉡에 들어갈 내용으로 옳은 것은?

> 보건복지부장관은 확인 신청을 받은 경우에는 요양급여대상ㆍ비급여대상 여부를 확인하고, 정당한
> 사유가 없는 한 확인 신청을 접수한 날부터 ___㉠___ 이내에 신청인과 신의료기술평가위원회에 그
> 결과를 통보해야 한다. 다만, 기존 결정 사례 등에 근거한 확인이 곤란하여 심층적 검토가 필요한
> 경우에는 ___㉡___의 범위에서 그 통보기간을 한 차례 연장할 수 있다.

	㉠	㉡
①	30일	10일
②	30일	20일
③	30일	30일
④	45일	20일

31 다음 중 국민건강보험공단이 소득축소탈루심사위원회의 심사를 거쳐 관련 자료를 보건복지부장관에게 제출하고 국세청장에게 송부해야 하는 경우로 옳지 않은 것은?

① 사용자가 관련 자료를 제출하지 않은 경우

② 세대주가 관련 자료에 대한 조사를 3회 이상 거부한 경우

③ 직장가입자가 신고한 소득이 국세청에 신고한 소득과 차이가 있는 경우

④ 직장가입자가 관련 자료를 2개월 이상 늦게 제출한 경우

32 다음 중 분쟁조정위원회 위원장의 역할로 옳은 것은?

① 의료에 관한 학식과 경험이 풍부한 사람을 분쟁조정위원회 위원으로 임명한다.

② 심신장애로 인하여 직무를 수행할 수 없게 된 분쟁조정위원회 위원을 해임한다.

③ 분쟁조정위원회의 사무를 총괄하고 운영에 필요한 사항을 정한다.

④ 보건복지부 소속 공무원 중 1명을 분쟁조정위원회의 간사로 지명한다.

33 다음은 국민건강보험법의 보험료 등의 독촉 및 체납처분과 관련된 조항의 일부이다. 밑줄 친 상황에 해당하지 않는 것은?

> **보험료 등의 독촉 및 체납처분(법 제81조 제4항)**
> 국민건강보험공단은 체납처분을 하기 전에 보험료 등의 체납 내역, 압류 가능한 재산의 종류, 압류 예정 사실 및 국세징수법 제41조 제18호에 따른 소액금융재산에 대한 압류금지 사실 등이 포함된 통보서를 발송하여야 한다. 다만, 법인 해산 등 긴급히 체납처분을 할 필요가 있는 경우로서 <u>대통령령으로 정하는 경우</u>에는 그러하지 아니하다.

① 국세의 체납으로 체납처분을 받는 경우

② 강제집행을 받는 경우

③ 경매가 종료된 경우

④ 어음교환소에서 거래정지처분을 받는 경우

34 다음은 행위·치료재료의 요양급여 결정신청에 대한 설명이다. 빈칸 ㉠, ㉡에 들어갈 내용으로 옳은 것은?

> 요양기관, 의약관련 단체 또는 치료재료의 제조업자·수입업자는 행위·치료재료에 대한 요양급여 대상 여부의 결정신청을 하려는 경우에는 신의료기술평가의 유예 고시 이후 가입자 등에게 최초로 행위를 실시한 날부터 ___㉠___ 이내에 ___㉡___ 에게 신청해야 한다.

	㉠	㉡
①	30일	보건복지부장관
②	45일	보건복지부장관
③	30일	국민건강보험공단 이사장
④	45일	국민건강보험공단 이사장

35 다음 중 국민건강보험공단이 해당 세대에서 분리하여 별도 세대로 구성할 수 있는 지역가입자에 해당하지 않는 사람은?

① 가계단위 및 생계를 달리하여 공단에 세대 분리를 신청한 사람
② 본인부담액을 경감받는 사람
③ 상근예비역으로 복무하는 사람
④ 현역병으로 입영한 사람

36 다음 중 보건복지부장관이 심의위원회 위원을 해임할 수 있는 경우로 옳지 않은 것은?

① 심신장애로 인하여 직무를 수행할 수 없게 된 경우
② 직무와 관련된 비위사실이 있는 경우
③ 직무태만, 품위손상의 이유로 위원으로 적합하지 않다고 인정되는 경우
④ 위원의 가족, 친지 중 1명이 위원이 된 경우

37 다음은 약제급여조정위원회의 조정에 대한 설명이다. 빈칸 ㉠, ㉡에 들어갈 내용으로 옳은 것은?

> 보건복지부장관은 약제급여조정위원회에서 조정한 경우에 조정이 끝난 날부터 ___㉠___ 이내에 조정
> 결과 및 그 근거, 조정결과에 이견이 있으면 ___㉡___ 이내에 독립적 검토를 거친 재조정을 신청할
> 수 있다는 내용을 신청인에게 통보해야 한다.

	㉠	㉡
①	15일	15일
②	15일	30일
③	30일	15일
④	30일	30일

38 다음은 중증질환심의위원회에 대한 설명이다. 빈칸 ㉠, ㉡에 들어갈 내용으로 옳은 것은?

> 중증환자에게 처방·투여되는 약제에 대한 요양급여 적용기준 및 방법을 심의하기 위하여 ___㉠___
> 에 중증질환심의위원회를 둔다. 이때 중증질환심의위원회는 보건의료분야에 관한 학식과 경험이 풍
> 부한 ___㉡___ 이내의 위원으로 구성한다.

	㉠	㉡
①	국민건강보험공단	30인
②	국민건강보험공단	45인
③	건강보험심사평가원	30인
④	건강보험심사평가원	45인

39 국민건강보험공단의 포상금 지급이 다음과 같은 과정으로 진행된다고 할 때, ㉠～㉣에 대한 설명으로 옳지 않은 것은?

> ㉠ 신고 → ㉡ 지급 여부 통보 → ㉢ 포상금 지급 신청 → ㉣ 포상금 지급

① ㉠ : 2명 이상이 공동명의로 신고할 경우 대표자를 지정한다.

② ㉡ : 국민건강보험공단은 신고 내용을 확인 후 포상금 지급 여부를 결정하여 신고인에게 통보한다.

③ ㉢ : 신고인은 국민건강보험공단이 정하는 바에 따라 국민건강보험공단에 포상금 지급을 신청한다.

④ ㉣ : 국민건강보험공단은 포상금 지급 신청을 받은 날부터 3개월 이내에 신고인에게 포상금을 지급한다.

40 다음은 독립적 검토절차에 대한 설명이다. 빈칸에 들어갈 내용으로 옳은 것은?

> 보건복지부장관은 독립적 검토를 수행하게 하기 위해 검토 절차를 총괄하는 1명의 책임자와 검토를 담당하는 _____ 이내의 검토자를 위촉해야 한다.

① 15명   ② 20명

③ 25명   ④ 30명

PART 3

전공지식

01 | 법학
적중예상문제

정답 및 해설 p.062

01 다음 중 소멸시효에 걸리는 권리는?(단, 다툼이 있는 경우 판례에 의한다)

① 지역권

② 유치권

③ 점유권

④ 공유물분할청구권

02 다음 중 상법이 명시적으로 규정하고 있는 회사로 옳지 않은 것은?

① 유한회사

② 유한책임회사

③ 다국적회사

④ 합자회사

03 다음 중 헌법상 통치구조에 대한 설명으로 옳지 않은 것은?

① 법원의 재판에 이의가 있는 자는 헌법재판소에 헌법소원심판을 청구할 수 있다.

② 헌법재판소는 지방자치단체 상호 간의 권한의 범위에 대한 분쟁에 대하여 심판한다.

③ 행정법원은 행정소송사건을 담당하기 위하여 설치된 것으로서, 3심제로 운영된다.

④ 법원의 재판에서 판결 선고는 항상 공개하여야 하지만 심리는 공개하지 않을 수 있다.

04 다음 중 사회권적 기본권에 대한 설명으로 옳은 것을 〈보기〉에서 모두 고르면?

> **보기**
> ㉠ 사회권은 국민의 권리에 해당한다.
> ㉡ 바이마르헌법에서 사회권을 최초로 규정하였다.
> ㉢ 사회권은 천부인권으로서의 인간의 권리이다.
> ㉣ 사회권은 강한 대국가적 효력을 가진다.

① ㉠, ㉡

② ㉠, ㉢

③ ㉡, ㉢

④ ㉡, ㉣

05 다음 중 형사소송법에 대한 설명으로 옳은 것은?

① 법관이 제척사유가 있는데도 불구하고 재판에 관여하는 경우 당사자의 신청에 의하여 그 법관을 직무집행에서 탈퇴시키는 제도를 회피라 한다.

② 형사사건으로 국가기관의 수사를 받는 자를 피고인이라 하며, 확정판결을 받은 수형자와 구별된다.

③ 수사기관은 주관적으로 범죄의 혐의가 있다고 판단하는 때에는 객관적 혐의가 없을 경우에도 수사를 개시할 수 있다.

④ 형사절차의 개시와 심리가 소추기관이 아닌 법원의 직권에 의하여 행해지는 것을 직권주의라고 한다.

06 다음 중 근대 입헌주의 헌법에 대한 설명으로 옳은 것은?

① 국법과 왕법을 구별하는 근본법 사상에 근거를 둔다.

② 영국을 제외하고 모든 나라는 헌법을 가지고 있다.

③ 국가라고 하는 법적 단체가 있는 곳에는 헌법이 있다.

④ 공산주의 국가에도 헌법은 있다.

07 다음 중 권리의 원시취득 사유에 해당하지 않는 것을 〈보기〉에서 모두 고르면?(단, 다툼이 있는 경우 판례에 의한다)

> **보기**
>
> ㉠ 무주물인 동산의 선점　　　　　　㉡ 피상속인의 사망에 의한 상속
> ㉢ 회사의 합병　　　　　　　　　　　㉣ 시효취득
> ㉤ 신축한 주택에 대한 소유권 취득

① ㉠, ㉡　　　　　　　　　　　　　　② ㉡, ㉢
③ ㉠, ㉢, ㉣　　　　　　　　　　　　④ ㉡, ㉢, ㉤

08 다음 〈보기〉 중 상법상 손해보험에 해당하는 것은 모두 몇 개인가?

> **보기**
>
> ㄱ. 책임보험　　　　　　　　　　　　ㄴ. 화재보험
> ㄷ. 해상보험　　　　　　　　　　　　ㄹ. 생명보험
> ㅁ. 상해보험　　　　　　　　　　　　ㅂ. 재보험

① 2개　　　　　　　　　　　　　　　② 3개
③ 4개　　　　　　　　　　　　　　　④ 5개

09 다음 중 현행 헌법상의 신체의 자유에 대한 설명으로 옳은 것은?

① 법률과 적법한 절차에 의하지 아니하고는 강제노역을 당하지 아니한다.

② 체포 · 구금을 받을 때에는 그 적부의 심사를 법원에 청구할 수 없다.

③ 체포, 구속, 수색, 압수, 심문에는 검사의 신청에 의하여 법관이 발부한 영장이 제시되어야 한다.

④ 법관에 대한 영장신청은 검사 또는 사법경찰관이 한다.

10 다음 중 법의 효력에 대한 설명으로 옳지 않은 것은?

① 법률의 시행기간은 시행일부터 폐지일까지이다.

② 법률은 특별한 규정이 없는 한 공포일로부터 30일을 경과하면 효력이 발생한다.

③ 범죄 후 법률의 변경이 피고인에게 유리한 경우에는 소급적용이 허용된다.

④ 외국에서 범죄를 저지른 한국인에게 우리나라 형법이 적용되는 것은 속인주의에 따른 것이다.

11 다음 중 탄핵소추에 대한 설명으로 옳지 않은 것은?

① 대통령이 그 직무집행에 있어서 헌법이나 법률을 위배한 때에는 탄핵소추의 대상이 된다.

② 대통령에 대한 탄핵소추는 국회 재적의원 3분의 2 이상의 찬성이 있어야 의결된다.

③ 탄핵결정으로 공직으로부터 파면되면 민사상의 책임은 져야 하나, 형사상의 책임은 면제된다.

④ 대통령이 탄핵소추의 의결을 받은 때에는 국무총리, 법률이 정한 국무위원의 순서로 그 권한을 대행한다.

12 다음 중 기본권존중주의에 대한 설명으로 옳지 않은 것은?

① 자유와 권리의 본질적 내용은 결코 침해되어서는 아니 된다.

② 법률의 형식에 의하기만 한다면 얼마든지 기본권을 제한할 수 있다.

③ 표현의 자유에 대한 사전 검열제는 금지되어야 한다.

④ 사회적 국가원리도 기본권존중주의의 기초가 된다.

13 다음 중 국가공무원법에 명시된 공무원의 복무의무로 옳지 않은 것은?

① 범죄 고발의 의무
② 친절·공정의 의무
③ 비밀 엄수의 의무
④ 정치 운동의 금지

14 다음 중 비례대표제에 대한 설명으로 옳지 않은 것은?

① 사표를 방지하여 소수자의 대표를 보장한다.
② 군소정당의 난립이 방지되어 정국의 안정을 가져온다.
③ 득표수와 정당별 당선의원의 비례관계를 합리화시킨다.
④ 국가의 정당사정을 고려하여 채택하여야 한다.

15 다음 중 법의 체계에 대한 설명으로 옳은 것은?

① 강행법과 임의법은 실정성 여부에 따른 구분이다.
② 고유법과 계수법은 적용대상에 따른 구분이다.
③ 공법과 사법으로 분류하는 것은 영미법계의 특징이다.
④ 일반법과 특별법은 적용되는 효력 범위에 따른 구분이다.

16 다음 중 판례의 법원성에 대해 규정하고 있는 법은?

① 대법원 규칙
② 국회법
③ 법원조직법
④ 형법

17 다음 중 상법의 우선순위를 순서대로 바르게 나열한 것은?

① 상법 → 민법 → 상관습법 → 민사특별법 → 조리
② 민법 → 상법 → 민사특별법 → 상관습법 → 조리
③ 민사특별법 → 상법 → 민법 → 상관습법 → 조리
④ 상법 → 상관습법 → 민사특별법 → 민법 → 조리

18 다음 중 권력분립론에 대한 설명으로 옳지 않은 것은?

① 권력분립론은 모든 제도를 정당화시키는 최고의 헌법원리이다.
② 몽테스키외(Montesquieu)의 권력분립론은 자의적인 권력 혹은 권력의 남용으로부터 개인의 자유와 권리를 보장하는 데 그 목적이 있다.
③ 로크(Locke)는 최고 권력은 국민에게 있고, 그 아래에 입법권, 입법권 아래에 집행권과 동맹권이 있어야 한다고 주장하였다.
④ 뢰벤슈타인(Lowenstein)은 권력분립에 대한 비판에서 국가작용을 정책결정, 정책집행, 정책통제로 구분하였다.

19 다음 중 미성년자가 단독으로 유효하게 할 수 없는 행위는?

① 부담 없는 증여를 받는 것
② 채무의 변제를 받는 것
③ 근로계약과 임금의 청구
④ 처분이 허락된 재산의 처분행위

20 다음 중 군주 단독의 의사에 의하여 제정되는 헌법은?

① 국약헌법   ② 민정헌법
③ 흠정헌법   ④ 명목적 헌법

02 | 행정학
적중예상문제

정답 및 해설 p.066

01 다음 중 조직구조에 대한 설명으로 옳지 않은 것은?

① 공식화의 수준이 높을수록 조직 구성원들의 재량이 증가한다.

② 통솔범위가 넓은 조직은 일반적으로 저층구조의 형태를 보인다.

③ 집권화의 수준이 높은 조직의 의사결정권한은 조직의 상층부에 집중된다.

④ 명령체계는 조직 내 구성원을 연결하는 연속된 권한의 흐름으로, 누가 누구에게 보고하는지를 결정한다.

02 다음 중 신공공관리론에 대한 설명으로 옳은 것을 〈보기〉에서 모두 고르면?

> **보기**
> ㄱ. 기업경영의 논리와 기법을 정부에 도입·접목하려는 노력이다.
> ㄴ. 정부 내의 관리적 효율성에 초점을 맞추고, 규칙중심의 관리를 강조한다.
> ㄷ. 거래비용이론, 공공선택론, 주인 – 대리인이론 등을 이론적 기반으로 한다.
> ㄹ. 중앙정부의 감독과 통제의 강화를 통해 일선공무원의 책임성을 강화시킨다.
> ㅁ. 효율성을 지나치게 강조하는 과정에서 민주주의의 책임성이 결여될 수 있다는 한계가 있다.

① ㄱ, ㄴ, ㄷ   ② ㄱ, ㄷ, ㄹ

③ ㄱ, ㄷ, ㅁ   ④ ㄴ, ㄷ, ㅁ

03 다음 중 예산제도에 대한 설명으로 옳지 않은 것은?

① 계획 예산제도(PPBS)는 기획, 사업구조화, 예산을 연계시킨 시스템적 예산제도이다.

② 계획 예산제도(PPBS)의 단점은 의사결정이 지나치게 집권화되고 전문화되어 외부통제가 어렵고, 대중적인 이해가 쉽지 않아 정치적 실현가능성이 낮다는 것이다.

③ 성과 예산제도(PBS)는 사업별, 활동별로 예산을 편성하고, 성과평가를 통하여 행정통제를 합리화할 수 있다.

④ 품목별 예산제도(LIBS)는 왜 돈을 지출해야 하는지, 무슨 일을 하는지에 대하여 구체적인 정보를 제공하는 장점이 있다.

04 다음 〈보기〉 중 포스트모더니즘 행정이론에 대한 설명으로 옳은 것을 모두 고르면?

> **보기**
>
> ㄱ. 파머는 전통적 관료제의 탈피를 통한 유기적인 조직구조를 강조하였다.
> ㄴ. 파머는 시민의 요구를 충족시키기 위해 정부의 권위 강화가 불가피함을 주장하였다.
> ㄷ. 담론이론에서는 소수의 이해관계에 따른 의사결정보다 심의 민주주의를 강조한다.

① ㄱ, ㄴ   ② ㄱ, ㄷ
③ ㄴ, ㄷ   ④ ㄱ, ㄴ, ㄷ

05 다음 중 시민들의 가치관 변화가 행정조직 문화에 미친 영향으로 옳지 않은 것은?

① 시민들의 프로슈머(Prosumer) 경향화는 관료주의적 문화와 적절한 조화를 형성할 것이다.
② 개인의 욕구를 중시하는 개인주의적 태도는 공동체적 가치관과 갈등을 빚기 시작했다.
③ 1990년대 이전까지는 경제성장과 국가안보라는 뚜렷한 국가 목표가 있었다고 볼 수 있다.
④ 시민들의 가치관과 태도의 다양화에도 불구하고 행정기관들은 아직도 행정조직 고유의 가치관과 행동양식을 강조하고 있다고 볼 수 있다.

06 다음 중 국세이며 간접세인 것을 〈보기〉에서 모두 고르면?

> **보기**
>
> ㄱ. 자동차세   ㄴ. 주세
> ㄷ. 담배소비세   ㄹ. 부가가치세
> ㅁ. 개별소비세   ㅂ. 종합부동산세

① ㄱ, ㄴ, ㄷ   ② ㄱ, ㄹ, ㅂ
③ ㄴ, ㄷ, ㅁ   ④ ㄴ, ㄹ, ㅁ

07 다음 중 국가공무원법 제1조, 지방공무원법 제1조, 그리고 지방자치법 제1조에서 공통적으로 규정하고 있는 우리나라의 기본적 행정가치로 옳은 것은?

① 합법성과 형평성   ② 형평성과 공정성
③ 공정성과 민주성   ④ 민주성과 능률성

08 다음 중 정책의제 설정에 대한 설명으로 옳지 않은 것은?

① 일반적으로 정책의제는 정치성, 주관성, 동태성 등의 성격을 가진다.

② 정책대안이 아무리 훌륭하더라도 정책문제를 잘못 인지하고 채택하여 정책문제가 여전히 해결되지 않은 상태로 남아있는 현상을 2종 오류라 한다.

③ 킹던(Kingdon)의 정책의 창 모형은 정책문제의 흐름, 정책대안의 흐름, 정치의 흐름이 어떤 계기로 서로 결합함으로써 새로운 정책의제로 형성되는 것을 말한다.

④ 콥(R.W. Cobb)과 엘더(C.D. Elder)의 이론에 의하면 정책의제 설정과정은 사회문제 – 사회적 이슈 – 체제의제 – 제도의제의 순서로 정책의제가 선택된다.

09 다음 중 제시된 가상 사례에 대한 설명으로 옳은 것은?

> 요즘 한 지방자치단체 공무원들 사이에는 민원 관련 허가를 미루려는 A국장의 기이한 행동이 입방아에 오르내리고 있다. A국장은 자기 손으로 승인여부에 대한 결정을 해야 하는 상황을 피하기 위해 자치단체장에 대한 업무보고도 과장을 시켜서 하는 등 단체장과 마주치지 않기 위해 피나는 노력을 하고 있다고 한다.
>
> 최근에는 해외일정을 핑계로 아예 장기간 자리를 뜨기도 했다. A국장이 승인여부에 대한 실무진의 의견을 제대로 올리지 않자 안달이 난 쪽은 다름 아닌 단체장이다. 단체장이 모든 책임을 뒤집어써야 하는 상황이 될 수도 있기 때문이다. A국장과 단체장이 서로 책임을 떠넘기려는 웃지 못할 해프닝이 일어나고 있는 것이다. 한 공무원은 "임기 말에 논란이 될 사안을 결정할 공무원이 누가 있겠느냐."라고 말했다.
>
> 이런 현상은 중앙부처의 정책결정 과정이나 자치단체의 일선행정 현장에서 모두 나타나고 있다. 그 사이에 정부 정책의 신뢰는 저하되고, 신뢰를 잃은 정책은 표류할 수밖에 없다.

① 관료들이 위험회피적이고 변화저항적이며 책임회피적인 보신주의로 빠지는 행태를 말한다.

② 관료제의 구조적 특성인 권위의 계층적 구조에서 상사의 명령까지 절대적으로 추종하는 행태를 말한다.

③ 업무수행지침을 규정한 공식적인 법규정만을 너무 고집하고 상황에 따른 유연한 대응을 하지 않는 행태를 말한다.

④ 관료제에서 공식적인 규칙이나 절차가 본래의 목적을 상실하여 조직과 국민에게 순응의 불편이나 비용을 초래하는 것을 말한다.

10 다음 중 관료제의 병리와 역기능에 대한 설명으로 옳지 않은 것은?

① 파킨슨의 법칙은 업무량과는 상관없이 기구와 인력을 팽창시키려는 역기능을 의미한다.

② 관료들은 상관의 권위에 무조건적으로 의존하는 경향이 있다.

③ 관료들은 보수적이며 변화와 혁신에 저항하는 경향이 있다.

④ 셀즈닉(P. Selznik)에 따르면 최고관리자의 관료에 대한 지나친 통제가 조직의 경직성을 초래하여 관료제의 병리현상이 나타난다.

11 다음 중 빈칸에 공통으로 들어갈 용어로 옳은 것은?

> _____은/는 밀러(Gerald J. Miller)가 비합리적 의사결정모형을 예산에 적용하여 1991년에 개발한 예산이론(모형)이다. _____은/는 독립적인 조직들이나 조직의 하위단위들이 서로 느슨하게 연결되어 독립성과 자율성을 누릴 수 있는 조직의 예산결정에 적합한 예산이론(모형)이다.

① 모호성 모형   ② 단절적 균형 이론

③ 다중합리성 모형   ④ 쓰레기통 모형

12 다음 중 행정통제에 대한 설명으로 옳은 것을 〈보기〉에서 모두 고르면?

> **보기**
>
> ㄱ. 행정통제는 통제시기의 적시성과 통제내용의 효율성이 고려되어야 한다.
> ㄴ. 옴부즈만 제도는 공무원에 대한 국민의 책임 추궁의 창구 역할을 하며 입법·사법통제의 한계를 보완하는 제도이다.
> ㄷ. 외부통제는 선거에 의한 통제와 이익집단에 의한 통제를 포함한다.
> ㄹ. 입법통제는 합법성을 강조하므로 위법행정보다 부당행정이 많은 현대행정에서는 효율적인 통제가 어렵다.

① ㄱ, ㄴ   ② ㄴ, ㄹ

③ ㄱ, ㄴ, ㄷ   ④ ㄱ, ㄷ, ㄹ

13 다음 글에서 설명하는 이론으로 옳은 것은?

> 경제학적인 분석도구를 관료행태, 투표자 행태, 정당정치, 이익집단 등의 비시장적 분석에 적용함으로써 공공서비스의 효율적 공급을 위한 제도적 장치를 탐색한다.

① 과학적 관리론   ② 공공선택론
③ 행태론   ④ 발전행정론

14 다음 중 행정학의 주요 이론과 그에 대한 비판이 바르게 연결되지 않은 것은?

① 공공선택론 – 인간을 이기적이고 합리적인 존재로 가정한 것은 지나친 단순화이다.
② 거버넌스론 – 내재화된 변수가 많고 변수 간의 유기적 관계를 강조하기 때문에 모형화가 어렵다.
③ 신제도론 – 제도와 행위 사이의 정확한 인과관계를 설명하는 데 한계가 있다.
④ 과학적 관리론 – 인간을 지나치게 사회심리적이고 감정적인 존재로 인식한다.

15 다음 중 비계량적 성격의 직무평가 방법으로 옳은 것을 〈보기〉에서 모두 고르면?

> 보기
>
> ㄱ. 점수법   ㄴ. 서열법
> ㄷ. 요소비교법   ㄹ. 분류법

① ㄱ, ㄴ   ② ㄱ, ㄷ
③ ㄴ, ㄷ   ④ ㄴ, ㄹ

16 다음 중 정책결정과 관련된 이론에 대한 설명으로 옳지 않은 것은?

① 쿠바 미사일 사태에 대한 사례 분석인 앨리슨(Allison) 모형은 정부의 정책결정 과정은 합리모형보다는 조직과정모형과 정치모형으로 설명하는 것이 더 바람직하다고 주장한다.

② 드로(Dror)가 주장한 최적모형은 기존의 합리적 결정 방식이 지나치게 수리적 완벽성을 추구해 현실성을 잃었다는 점을 지적하고 합리적 분석뿐만 아니라 결정자의 직관적 판단도 중요한 요소로 간주한다.

③ 쓰레기통 모형은 문제, 해결책, 선택 기회, 참여자의 네 요소가 독자적으로 흘러 다니다가 어떤 계기로 만나게 될 때 결정이 이루어진다고 설명한다.

④ 사이먼(Simon)의 만족모형에 의하면 정책담당자들은 경제인과 달리 최선의 합리성을 추구하기보다는 시간과 공간, 재정적 측면에서의 여러 요인을 고려해 만족할 만한 수준에서 정책을 결정하게 된다.

17 다음 중 빈칸에 공통으로 들어갈 용어로 옳은 것은?

> _____은/는 정부업무, 업무수행에 필요한 데이터, 업무를 지원하는 응용서비스 요소, 데이터와 응용시스템의 실행에 필요한 정보기술, 보안 등의 관계를 구조적으로 연계한 체계로서, 정보자원관리의 핵심수단이다. _____은/는 정부의 정보시스템 간의 상호운용성 강화, 정보자원 중복투자 방지, 정보화 예산의 투자효율성 제고 등에 기여한다.

① 블록체인 네트워크
② 정보기술 아키텍처
③ 제3의 플랫폼
④ 클라우드 – 클라이언트 아키텍처

18 다음 중 다면평가제도에 대한 설명으로 옳지 않은 것은?

① 평가대상자의 동료와 부하를 제외하고 상급자가 다양한 측면에서 평가한다.

② 일면평가보다 평가의 객관성과 신뢰성을 확보할 수 있다.

③ 평가결과의 환류를 통하여 평가대상자의 자기 역량 강화에 활용할 수 있다.

④ 평가항목을 부처별, 직급별, 직종별 특성에 따라 다양하게 설계하는 것이 바람직하다.

19 다음 〈보기〉의 행정이론을 시기 순서대로 바르게 나열한 것은?

> 보기
>
> (가) 최소의 노동과 비용으로 최대의 능률을 올릴 수 있는 표준적 작업절차를 정하고 이에 따라 예
> 정된 작업량을 달성하기 위한 가장 좋은 방법을 발견하려는 이론이다.
> (나) 기존의 거시적인 제도나 구조가 아닌 개인의 표출된 행태를 객관적·실증적으로 분석하는 이
> 론이다.
> (다) 조직구성원들의 사회적·심리적 욕구와 조직 내 비공식집단 등을 중시하며, 조직의 목표와 조직
> 구성원들의 목표 간의 균형 유지를 지향하는 민주적·참여적 관리 방식을 처방하는 이론이다.
> (라) 시민적 담론과 공익에 기반을 두고 시민에게 봉사하는 정부의 역할을 강조하는 이론이다.

① (가) – (나) – (다) – (라)
② (가) – (다) – (나) – (라)
③ (나) – (다) – (가) – (라)
④ (나) – (라) – (다) – (가)

20 다음 중 킹던(Kingdon)의 정책의 창 모형에 대한 내용으로 옳은 것을 〈보기〉에서 모두 고르면?

> 보기
>
> ㄱ. 방법론적 개인주의 ㄴ. 쓰레기통 모형
> ㄷ. 정치의 흐름   ㄹ. 점화장치
> ㅁ. 표준운영절차

① ㄱ, ㄴ, ㄷ
② ㄱ, ㄴ, ㄹ
③ ㄴ, ㄷ, ㄹ
④ ㄴ, ㄷ, ㅁ

PART 3

01 다음 중 기계적 조직과 유기적 조직에 대한 설명으로 옳지 않은 것은?

① 기계적 조직은 공식화 정도가 낮고 유기적 조직은 공식화 정도가 높다.

② 기계적 조직은 경영관리 위계가 수직적이고 유기적 조직은 경영관리 위계가 수평적이다.

③ 기계적 조직은 직무 전문화가 높고 유기적 조직은 직무 전문화가 낮다.

④ 기계적 조직은 의사결정권한이 집중화되어 있고 유기적 조직은 의사결정권한이 분권화되어 있다.

02 다음은 마이클 포터(Michael Porter)의 산업구조 분석모델(Five Forces Model)이다. 빈칸 A에 들어갈 용어는?

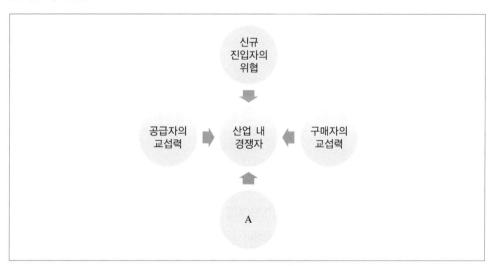

① 정부의 규제 완화

② 고객의 충성도

③ 공급업체의 규모

④ 대체재의 위협

03 다음 중 BCG 매트릭스와 GE 매트릭스를 비교한 내용으로 옳지 않은 것은?

① BCG 매트릭스는 GE 매트릭스에 비해 더 간단하며 BCG 매트릭스는 4개의 셀로 구성되는 반면, GE 매트릭스 9개의 셀로 구성된다.

② BCG 매트릭스의 기반이 되는 요인은 시장 성장과 시장점유율이고, GE 매트릭스의 기반이 되는 요인은 산업계의 매력과 비즈니스 강점이다.

③ BCG 매트릭스는 기업이 여러 사업부에 자원을 배치하는 데 사용되며, GE 매트릭스는 다양한 비즈니스 단위 간의 투자 우선순위를 결정하는 데 사용된다.

④ BCG 매트릭스는 기업이 그리드에서의 위치에 따라 제품 라인이나 비즈니스 유닛을 전략적으로 선택하는 데 사용하고, GE 매트릭스는 시장의 성장과 회사가 소유한 시장점유율을 반영한 성장 – 공유 모델로 이해할 수 있다.

04 다음 중 ESG경영에 대한 설명으로 옳지 않은 것은?

① ESG경영의 핵심은 효율을 최우선으로 착한 기업을 키워나가는 것을 목적으로 한다.

② ESG는 재무제표에는 드러나지 않지만 중장기적으로 기업 가치에 영향을 미치는 지속가능성 평가 지표이다.

③ ESG는 기업의 행동이 미치는 영향 등을 구체화하고 그 노력을 측정 가능하도록 지표화하여 투자를 이끌어 낸다.

④ ESG는 기업의 비재무적 요소인 '환경(Environment), 사회(Social), 지배구조(Governance)'의 약자이다.

05 다음 중 목표설정이론 및 목표관리(MBO)에 대한 설명으로 옳지 않은 것은?

① 목표는 구체적이고 도전적으로 설정하는 것이 바람직하다.

② 성과는 경영진이 평가하여 부하직원 개개인에게 통보한다.

③ 목표를 설정하는 과정에 부하직원이 함께 참여한다.

④ 조직의 목표를 구체적인 부서별 목표로 전환하게 된다.

06 다음 중 자본시장선(CML)과 증권시장선(SML)에 대한 설명으로 옳은 것은?

① 자본시장선을 이용하여 타인자본 비용을 산출할 수 있다.

② 자본시장선을 이용하여 비효율적 포트폴리오의 균형가격을 산출할 수 있다.

③ 증권시장선은 포트폴리오 기대수익률과 포트폴리오 표준편차간의 선형관계를 나타낸다.

④ 증권시장선 위에 존재하는 주식은 주가가 과소평가된 주식이다.

07 다음 중 슈퍼 리더십(Super Leadership)에 대한 설명으로 옳지 않은 것은?

① 부하에게 지적자극을 일으키고, 카리스마를 통한 비전을 제시한다.

② 자기 밑에 뛰어난 인재가 없다고 말하는 리더는 무능하다고 보며, 성공적인 리더가 되기 위해서는 평범한 사람을 인재로 키울 수 있는 능력이 있어야 한다고 생각한다.

③ 부하로 하여금 자발적으로 리더십을 발휘할 수 있도록 부하의 능력 개발 및 이를 발휘할 수 있는 여건을 조성한다.

④ 진정한 리더십은 구성원의 자각에서 비롯되기 때문에 구성원의 잠재력을 발현할 수 있게 하는 것이 리더의 역할이라고 생각한다.

08 A씨는 차량을 200만 원에 구입하여 40만 원은 현금으로 지급하고 잔액은 외상으로 하였다. 다음 중 거래결과로 옳은 것을 〈보기〉에서 모두 고르면?

> **보기**
> ㄱ. 총자산 감소　　　　　　　　　ㄴ. 총자산 증가
> ㄷ. 총부채 감소　　　　　　　　　ㄹ. 총부채 증가

① ㄱ, ㄷ　　　　　　　　　　　　② ㄱ, ㄹ
③ ㄴ, ㄷ　　　　　　　　　　　　④ ㄴ, ㄹ

09 다음 〈보기〉 중 가격책정 방법에 대한 설명으로 옳은 것을 모두 고르면?

> **보기**
>
> ㉠ 준거가격이란 구매자가 어떤 상품에 대해 지불할 용의가 있는 최고가격을 의미한다.
> ㉡ 명성가격이란 가격 – 품질 연상관계를 이용한 가격책정 방법이다.
> ㉢ 단수가격이란 판매가격을 단수로 표시하여 가격이 저렴한 인상을 소비자에게 심어주어 판매를 증대시키는 방법이다.
> ㉣ 최저수용가격이란 심리적으로 적당하다고 생각하는 가격 수준을 의미한다.

① ㉠, ㉡   ② ㉠, ㉢

③ ㉡, ㉢   ④ ㉡, ㉣

10 다음의 원가함수 형태를 보유한 S기업의 손익분기점 매출수량은?

- 원가함수 : $y = 10,000,000 + 5,000x$
- 단위당 판매가격 : 10,000원

① 1,000개   ② 1,500개

③ 2,000개   ④ 2,500개

11 다음 중 과학적 경영 전략에 대한 설명으로 옳지 않은 것은?

① 테일러의 과학적 관리법은 시간연구와 동작연구를 통해 노동자의 심리상태와 보상심리를 적용한 효과적인 과학적 경영 전략을 제시하였다.

② 포드 시스템은 노동자의 이동경로를 최소화하며 물품을 생산하거나 고정된 생산라인에서 노동자가 계속해서 생산하는 방식을 통하여 불필요한 절차와 행동 요소들을 없애 생산성을 향상시켰다.

③ 목표설정이론은 인간이 합리적으로 행동한다는 기본적인 가정에 기초하여 개인이 의식적으로 얻으려고 설정한 목표가 동기와 행동에 영향을 미친다는 이론이다.

④ 직무특성이론은 기술된 핵심 직무 특성이 종업원의 주요 심리 상태에 영향을 미치며, 이것이 다시 종업원의 직무 성과에 영향을 미친다고 주장한다.

12 다음 중 빈칸에 들어갈 말을 순서대로 바르게 나열한 것은?

> 최근 S기업의 회사채를 매입한 재연이는 회사채 수익률이 하락할 경우 회사채 가격이 _____하므로 _____을 본다.

① 상승, 이익　　　　　　　　　　② 상승, 손실

③ 하락, 이익　　　　　　　　　　④ 하락, 손실

13 다음 중 채권 금리가 결정되는 일반적인 원칙으로 옳은 것을 〈보기〉에서 모두 고르면?

> **보기**
>
> 가. 다른 조건이 같으면 만기가 길수록 채권 금리는 높아진다.
> 나. 경기가 좋아지면 국채와 회사채 간 금리 차이가 줄어든다.
> 다. 일반적으로 국채 금리가 회사채 금리보다 낮다.
> 라. 예상 인플레이션율이 낮을수록 금리는 높아진다.

① 가, 나　　　　　　　　　　② 나, 라

③ 다, 라　　　　　　　　　　④ 가, 나, 다

14 다음 중 자재소요계획(MRP)에 대한 설명으로 옳은 것은?

① MRP는 풀 생산방식(Pull System)의 전형적인 예로, 시장 수요가 생산을 촉발시키는 시스템이다.

② MRP는 독립수요를 갖는 부품들의 생산수량과 생산시기를 결정하는 방법이다.

③ 자재명세서의 부품별 계획 주문 발주시기를 근거로 MRP를 수립한다.

④ 생산 일정계획의 완제품 생산일정(MPS), 자재명세서(BOM), 재고기록철(IR) 정보를 근거로 MRP를 수립한다.

15 다음 자료에서 설명하는 이론은 무엇인가?

> • 매슬로의 욕구단계론이 직면한 문제점들을 극복하고자 실증적인 연구에 기반하여 제시한 수정이론이다.
> • 앨더퍼가 제시하였으며 인간의 욕구를 생존욕구, 대인관계욕구, 성장욕구로 구분한다.

① 호감득실이론   ② 사회교환이론
③ ERG 이론   ④ 기대 - 불일치이론

16 다음 제시된 사례에 해당하는 마케팅 기법은?

> 올해 8월 무더운 더위 속 팀원 모두가 휴가를 떠난 사이 홀로 사무실에 남아 업무를 보고 있는 A씨는 휴가를 떠나지 못했다고 해서 전혀 아쉽지 않다. 모두가 직장에 복귀하여 업무에 매진하는 9월 말에 A씨는 애인과 함께 갈 제주도 여행을 저렴한 가격으로 예약했기 때문이다.

① 니치 마케팅(Niche Marketing)
② 그린 마케팅(Green Marketing)
③ 노이즈 마케팅(Noise Marketing)
④ 동시화 마케팅(Synchro Marketing)

17 다음 중 조직설계에 대한 설명으로 옳은 것을 〈보기〉에서 모두 고르면?

> 보기
> 가. 환경의 불확실성이 높을수록 조직 내 부서의 분화 정도는 높아진다.
> 나. 많은 수의 제품을 생산하는 기업은 사업부 조직(Divisional Structure)이 적절하다.
> 다. 기업의 조직구조는 전략에 영향을 미친다.
> 라. 대량생산 기술을 사용하는 기업은 효율성을 중시하는 유기적 조직으로 설계하는 것이 적절하다.
> 마. 조직 내 부서 간 상호의존성이 증가할수록 수평적 의사소통의 필요성은 증가한다.

① 가, 나, 마   ② 가, 다, 라
③ 나, 다, 라   ④ 나, 라, 마

18 다음 중 재무제표에 대한 설명으로 옳지 않은 것은?

① 재무제표는 재무상태표, 포괄손익계산서, 자본변동표, 현금흐름표, 주석으로 구성된다.

② 재무제표 요소의 측정기준은 역사적 원가와 현행가치 등으로 구분된다.

③ 재무제표는 적어도 1년에 한 번은 작성하며, 현금흐름에 대한 정보를 제외하고는 발생기준의 가정하에 작성한다.

④ 기업이 경영활동을 청산 또는 중단할 의도가 있더라도, 재무제표는 계속기업의 가정하에 작성한다.

19 다음 중 마이클 포터가 제시한 경쟁우위 전략에 대한 설명으로 옳지 않은 것은?

① 원가우위 전략은 경쟁기업보다 낮은 비용에 생산하여 저렴하게 판매하는 것을 의미한다.

② 차별화 전략은 경쟁사들이 모방하기 힘든 독특한 제품을 판매하는 것을 의미한다.

③ 집중화 전략은 원가우위에 토대를 두거나 차별화우위에 토대를 둘 수 있다.

④ 마이클 포터는 기업이 성공하기 위해서는 한 제품을 통하여 원가우위 전략과 차별화 전략 두 가지 전략을 동시에 추구해야 한다고 보았다.

20 다음 중 작업 우선순위 결정 규칙에 대한 설명으로 옳지 않은 것은?

① 최소작업시간(SPT) : 작업시간이 짧은 순서대로 처리한다.

② 최소여유시간(STR) : 납기일까지 남은 시간이 적은 순서대로 처리한다.

③ 최소납기일(EDD) : 납기일이 빠른 순서대로 처리한다.

④ 선입선출(FCFS) : 먼저 도착한 순서대로 처리한다.

04 | 경제학
적중예상문제

정답 및 해설 p.075

01 다음은 소비의 결정요인에 대한 이론이다. 이 설명에 해당하는 가설은 무엇인가?

> 소비는 오직 현재 소득(처분가능소득)에 의해서만 결정된다. 타인의 소비행위와는 독립적이다. 소득이 증가하면 소비가 늘어나고, 소득이 감소하면 소비도 줄어든다. 따라서 정부의 재량적인 조세정책이 경기부양에 매우 효과적이다.

① 절대소득가설 ② 항상소득가설
③ 상대소득가설 ④ 생애주기가설

02 다음 중 기술보호주의에 대한 설명으로 옳지 않은 것을 〈보기〉에서 모두 고르면?

> **보기**
> ㄱ. 기술보호주의는 국제 거래에서 자국 상품의 기술적 우위를 지키고 자국의 무역 경쟁력을 높이기 위해 첨단 기술의 유출을 제한하는 것을 가리킨다.
> ㄴ. 기술보호주의는 이미 상당한 기술발전을 이룬 선진국보다 향후 기술발전의 잠재력이 더 큰 개발도상국에서 적극적으로 시행한다.
> ㄷ. M&A 등 외국인 직접투자에 대한 심사를 면제하는 것 또한 기술보호주의의 한 수단이다.
> ㄹ. 자유무역 기조의 확산으로 인해 외국의 상품 수출입을 제한하기 어려워진 것이 등장 배경이다.

① ㄱ, ㄴ ② ㄱ, ㄷ
③ ㄴ, ㄷ ④ ㄴ, ㄹ

03 다음 〈보기〉에서 변동환율제도에서 국내 원화의 가치가 상승하는 요인으로 옳은 것을 모두 고르면?

> **보기**
>
> ㉠ 외국인의 국내 부동산 구입 증가
> ㉡ 국내 기준금리 인상
> ㉢ 미국의 확대적 재정정책 시행
> ㉣ 미국의 국채이자율의 상승

① ㉠, ㉡ ② ㉠, ㉢

③ ㉡, ㉢ ④ ㉡, ㉣

04 A국과 B국은 각각 고구마와 휴대폰을 생산한다. A국은 고구마 1kg 생산에 200명이, 휴대폰 한 대 생산에 300명이 투입된다. 반면 B국은 고구마 1kg 생산에 150명이, 휴대폰 한 대 생산에 200명이 투입된다. 두 나라에 각각 6,000명의 투입 가능한 인력이 있다고 할 때 비교우위에 의한 생산을 바르게 계산한 것은?

① A국 휴대폰 20대, B국 고구마 30kg

② A국 휴대폰 20대, B국 고구마 40kg

③ A국 고구마 30kg, B국 휴대폰 30대

④ A국 고구마 30kg, B국 휴대폰 40대

05 다음 중 '브릿지론(Bridge Loan)'에 대한 설명으로 옳지 않은 것을 〈보기〉에서 모두 고르면?

> **보기**
>
> ㄱ. 브릿지론은 자금이 급히 필요한데 충분한 자금을 모을 때까지 시일이 걸릴 경우, 단기차입 등에 의해 필요자금을 일시적으로 조달하는 것을 의미한다.
> ㄴ. 주택구입자가 기존 주택을 팔고 새로운 주택을 구입할 때 발생하는 금융비용을 커버하기 위한 단기 융자도 브릿지론의 한 유형이다.
> ㄷ. 직거래가 어려운 기관 간에 중개기관을 넣어 약정된 금리나 조건으로 자금을 거래하는 것은 브릿지론에 포함되지 않는다.
> ㄹ. 기업이 자금을 대출할 때 기존의 부채를 일시 상환하고, 보다 유리한 장기부채로 전환할 때 생기는 일시적인 시간간격을 커버하기 위해 사용되는 임시자금대출은 브릿지론의 한 유형이다.

① ㄱ ② ㄷ

③ ㄱ, ㄴ ④ ㄴ, ㄹ

06 다음 중 수요의 가격탄력성에 대한 설명으로 옳은 것은?(단, 수요곡선은 우하향한다)

① 수요의 가격탄력성이 1보다 작은 경우, 가격이 하락하면 총수입은 증가한다.

② 수요의 가격탄력성이 작아질수록 물품세 부과로 인한 경제적 순손실은 커진다.

③ 소비자 전체 지출에서 차지하는 비중이 큰 상품일수록 수요의 가격탄력성은 작아진다.

④ 직선인 수요곡선 상에서 수요량이 많아질수록 수요의 가격탄력성은 작아진다.

07 다음 중 인플레이션에 대한 설명으로 옳지 않은 것은?

① 수요견인 인플레이션은 총수요의 증가가 인플레이션의 주요한 원인이 되는 경우이다.

② 물가상승과 불황이 동시에 나타나는 현상을 스태그플레이션이라고 한다.

③ 예상하지 못한 인플레이션은 채권자에게서 채무자에게로 소득재분배를 야기한다.

④ 예상한 인플레이션의 경우에는 메뉴비용이 발생하지 않는다.

08 다음 중 독점적 경쟁시장의 장기균형에 대한 설명으로 옳지 않은 것은?(단, P는 가격, SAC는 단기평균비용, LAC는 장기평균비용, SMC는 단기한계비용을 의미한다)

① $P = SAC$가 성립한다.

② $P = LAC$가 성립한다.

③ $P = SMC$가 성립한다.

④ 균형생산량은 SAC가 최소화되는 수준보다 작다.

09 다음 중 빈칸에 들어갈 용어를 순서대로 바르게 나열한 것은?

> 기업들에 대한 투자세액공제가 확대되면, 투자가 증가하므로 대부자금에 대한 수요가 _____ 한다.
> 이렇게 되면 실질이자율이 _____ 하고 저축이 늘어난다. 그 결과, 대부자금의 균형거래량은 _____ 한다
> (단, 실질이자율에 대하여 대부자금 수요곡선은 우하향하고, 대부자금 공급곡선은 우상향한다).

① 증가, 상승, 증가　　　　　　　　② 증가, 하락, 증가

③ 증가, 상승, 감소　　　　　　　　④ 감소, 하락, 증가

10 다음 중 디플레이션(Deflation)에 대한 설명으로 옳은 것을 〈보기〉에서 모두 고르면?

> **보기**
>
> 가. 명목금리가 마이너스(−)로 떨어져 투자수요와 생산 감소를 유발할 수 있다.
> 나. 명목임금의 하방경직성이 있는 경우 실질임금의 하락을 초래한다.
> 다. 기업 명목부채의 실질상환 부담을 증가시킨다.
> 라. 기업의 채무불이행 증가로 금융기관 부실화가 초래될 수 있다.

① 가, 나　　　　　　　　　　　② 나, 다
③ 나, 라　　　　　　　　　　　④ 다, 라

11 초기 노동자 10명이 생산에 참여할 때 1인당 평균생산량은 30단위였다. 노동자를 한 사람 더 고용하여 생산하니 1인당 평균생산량이 28단위로 줄었다. 이때, 추가된 노동자의 한계생산량은?

① 2단위　　　　　　　　　　　② 8단위
③ 10단위　　　　　　　　　　　④ 28단위

12 A근로자의 연봉이 올해 1,500만 원에서 1,650만 원으로 150만 원 인상되었다. 이 기간에 인플레이션율이 12%일 때, A근로자의 임금변동에 대한 설명으로 옳은 것은?

① 명목임금 2% 증가　　　　　　② 명목임금 2% 감소
③ 실질임금 2% 증가　　　　　　④ 실질임금 2% 감소

13 해외 원자재 가격 상승과 이상기온 현상 등의 문제로 국내 물가가 치솟고 있는 상황이다. 다음 중 국내 물가를 안정시키기 위한 정책으로 옳지 않은 것은?

① 기준금리를 인상하여 인플레이션을 억제시킨다.
② 한국은행은 통화안정증권을 시중은행에 매각한다.
③ 정부가 재정지출을 축소한다.
④ 원화가치의 하락세를 유도한다.

14 다음 중 우리나라의 실업통계에서 실업률이 높아지는 경우는?

① 취업자가 퇴직하여 전업주부가 되는 경우
② 취업을 알아보던 해직자가 구직을 단념하는 경우
③ 직장인이 교통사고를 당해 2주간 휴가 중인 경우
④ 대학생이 군 복무 후 복학한 경우

15 다음 국제거래 중 우리나라의 경상수지를 개선하는 사례는?

① 외국인이 우리나라 기업의 주식을 매입하였다.
② 우리나라 학생의 해외유학이 증가하였다.
③ 미국 기업은 우리나라에 자동차 공장을 건설하였다.
④ 우리나라 기업이 중국 기업으로부터 특허료를 지급받았다.

16 다른 조건이 일정할 때, 통화승수의 증가를 가져오는 요인으로 옳은 것을 〈보기〉에서 모두 고르면?

> 보기
>
> ㄱ. 법정지급준비금 증가
> ㄴ. 초과지급준비율 증가
> ㄷ. 현금통화비율 하락

① ㄱ   ② ㄷ
③ ㄱ, ㄴ   ④ ㄴ, ㄷ

17 다음 중 노동수요의 임금탄력성에 대한 설명으로 옳지 않은 것은?

① 노동수요의 임금탄력성은 단기보다 장기에서 더 크다.
② 노동수요의 임금탄력성은 총생산비 중 노동비용이 차지하는 비중에 의해 영향을 받는다.
③ 노동수요는 노동을 생산요소로 사용하는 최종생산물 수요의 가격탄력성에 영향을 받는다.
④ 노동을 대체할 수 있는 다른 생산요소로의 대체가능성이 클수록 동일한 임금상승에 대하여 고용
    감소는 작아진다.

18 다음 중 도덕적 해이(Moral Hazard)를 해결하는 방안으로 옳은 것을 〈보기〉에서 모두 고르면?

> **보기**
>
> 가. 스톡옵션(Stock Option)
> 나. 은행담보대출
> 다. 자격증 취득
> 라. 전자제품 다년간 무상수리
> 마. 사고 건수에 따른 보험료 할증

① 가, 나   ② 가, 라
③ 다, 마   ④ 가, 나, 마

19 다음 중 독점기업의 가격전략에 대한 설명으로 옳지 않은 것은?

① 영화관 조조할인은 제3급 가격차별의 사례이다.
② 제1급 가격차별의 경우 생산량은 완전경쟁시장과 같다.
③ 제3급 가격차별의 경우 재판매가 불가능해야 가격차별이 성립한다.
④ 독점기업이 시장에서 한계수입보다 높은 수준으로 가격을 책정하는 것은 가격차별전략이다.

20 다음 중 경제활동인구에 포함되는 사람을 〈보기〉에서 모두 고르면?

> **보기**
>
> 가. 실망실업자
> 나. 파트타임 일자리를 구하고 있는 주부
> 다. 중소기업에 취업한 장애인
> 라. 건강상 이유로 1년간 휴직한 취업자
> 마. 부모가 운영하는 식당에서 주당 2시간 유급으로 일한 대학생

① 가, 나, 다   ② 나, 라, 마
③ 다, 라, 마   ④ 나, 다, 라, 마

얼마나 많은 사람들이 책 한 권을 읽음으로써
인생에 새로운 전기를 맞이했던가.

– 헨리 데이비드 소로 –

최종점검 모의고사

최종점검 모의고사

■ 취약영역 분석

| 01 | 직업기초능력평가

번호	O/×	영역	번호	O/×	영역	번호	O/×	영역
01		의사소통능력	16		수리능력	31		정보능력
02			17			32		
03			18			33		
04			19			34		
05			20			35		
06			21			36		
07			22			37		
08			23			38		
09			24			39		
10			25			40		
11		수리능력	26		문제해결능력			
12			27					
13			28					
14			29					
15			30					

| 02 | 보건의료지식 + 전공(행정직)

번호	41	42	43	44	45	46	47	48	49	50	51	52	53	54	55	56	57	58	59	60
O/×																				
번호	61	62	63	64	65	66	67	68	69	70	71	72	73	74	75	76	77	78	79	80
O/×																				

| 03 | 보건의료지식(심사직)

번호	41	42	43	44	45	46	47	48	49	50	51	52	53	54	55	56	57	58	59	60
O/×																				
번호	61	62	63	64	65	66	67	68	69	70	71	72	73	74	75	76	77	78	79	80
O/×																				

평가문항	80문항	평가시간	100분
시작시간	:	종료시간	:
취약영역			

---

01 **직업기초능력평가**

01 다음 중 (가) ~ (라)의 문단별 주제로 적절하지 않은 것은?

> (가) 건강보험제도는 질병이나 부상으로 인해 발생한 고액의 진료비로 가계에 과도한 부담이 되는 것을 방지하기 위하여, 국민들이 평소에 보험료를 내고 보험자인 국민건강보험공단이 이를 관리·운영하다가 필요할 때 보험급여를 제공함으로써 국민 상호 간 위험을 분담하고 필요한 의료서비스를 받을 수 있도록 하는 사회보장제도이다.
>
> (나) 의료보장제도는 일반적으로 사회보험과 국민보건서비스 2가지로 구분된다. 사회보험은 국가가 기본적으로 의료보장에 대한 책임을 지지만, 의료비에 대한 국민의 자기 책임을 일정부분 인정하는 체계이다. 반면, 국민보건서비스는 국민의 의료문제는 국가가 모두 책임져야 한다는 관점에서 정부가 일반조세로 재원을 마련하고 모든 국민에게 무상으로 의료를 제공하여 국가가 직접적으로 의료를 관장하는 방식이다. 건강보험은 사회보험과 마찬가지로 사회 연대성을 기반으로 보험의 원리를 도입한 의료보장체계이지만, 다수 보험자를 통해 운영되는 전통적인 사회보험 방식과 달리 단일한 보험자가 국가 전체의 건강보험을 관리·운영한다.
>
> (다) 건강보험은 피보험대상자 모두에게 필요한 기본적 의료를 적정한 수준까지 보장함으로써 그들의 의료문제를 해결하고 누구에게나 균등하게 적정수준의 급여를 제공한다. 사회보험으로써 건강에 대한 사회 공동의 책임을 강조하여 비용(보험료)부담은 소득과 능력에 따라 부담하고 가입자 모두에게 균등한 급여를 제공함으로써 사회적 연대를 강화하고 사회통합을 이루는 기능도 가지고 있다.
>
> (라) 민간보험은 보장의 범위, 질병 위험의 정도, 계약의 내용 등에 따라 보험료를 부담하는 데 비해 사회보험방식으로 운영되는 건강보험은 사회적 연대를 기초로 의료비 문제를 해결하는 것을 목적으로 하므로 소득수준 등 보험료 부담능력에 따라서 보험료를 부과한다. 또한 민간보험은 보험료 수준과 계약 내용에 따라 개인별로 다르게 보장되지만, 사회보험인 건강보험은 보험료 부담 수준과 관계없이 관계 법령에 의하여 균등하게 보험급여가 이루어진다.

① (가) : 건강보험제도의 의의
② (나) : 건강보험제도의 목적
③ (다) : 건강보험제도의 기능
④ (라) : 건강보험제도의 특성

02 다음 중 어느 빈칸에도 옳지 않은 단어는?

> • 그때의 감정은 4년이 지난 지금, 다시 떠올려도 _____할 길이 없다.
> • 그렇게 올곧은 사람이 왜 그 사건은 _____하고 넘어갔는지 모르겠다.
> • 태풍으로 인해 비행기가 어쩔 수 없이 연착되는 것을 _____해 줄 것을 부탁했다.
> • 팀원들의 _____을/를 구하지 않고 막무가내로 결정하는 그의 행동은 정말 불쾌하다.
> • 1년 반만의 취업으로 _____할 수 없는 기쁨을 느꼈다.

① 형언   ② 묵인
③ 양해   ④ 공인

PART 4

03 다음 제시된 글을 읽고 이어질 문단을 논리적 순서대로 바르게 나열한 것은?

> 봄에 TV를 켜면 황사를 조심하라는 뉴스를 볼 수 있다. 많은 사람이 알고 있듯이, 황사는 봄에 중국으로 부터 바람에 실려 날아오는 모래바람이다. 그러나 황사를 단순한 모래바람으로 치부할 수는 없다.

> (가) 물론 황사도 나름대로 장점은 존재한다. 황사에 실려 오는 물질들이 알칼리성이기 때문에 토양의 산성화를 막을 수 있다. 그러나 이러한 장점만으로 황사를 방지하지 않아도 된다는 것은 아니다.
>
> (나) 그러므로 황사에는 중국에서 발생하는 매연이나 화학물질 모두 함유되어 있다. TV에서 황사를 조심하라는 것은 단순히 모래바람을 조심하라는 것이 아니라 중국 공업지대의 유해물질을 조심하라는 것과 같은 말이다.
>
> (다) 황사는 중국의 내몽골자치구나 고비 사막 등의 모래들이 바람에 실려 중국 전체를 돌고 나서 한국 방향으로 넘어오게 된다. 중국 전체를 돈다는 것은 중국 대기의 물질을 모두 흡수한다는 것이다.
>
> (라) 개인적으로는 황사 마스크를 쓰고 외출 후에 손발을 청결히 하는 등 황사 피해에 대응할 수 있겠지만, 국가적으로는 쉽지 않다. 국가적으로는 모래바람이 발생하지 않도록 나무를 많이 심고, 공장지대의 매연을 제한해야 하기 때문이다.

① (나) – (가) – (다) – (라)   ② (나) – (다) – (가) – (라)
③ (다) – (가) – (나) – (라)   ④ (다) – (나) – (가) – (라)

다음 글의 내용으로 가장 적절한 것은?

한국, 중국 등 동아시아 사회에서 오랫동안 유지되었던 과거제는 세습적 권리와 무관하게 능력주의적인 시험을 통해 관료를 선발하는 제도라는 점에서 합리성을 갖추고 있었다. 정부의 관직을 두고 정기적으로 시행되는 공개 시험인 과거제가 도입되면서 높은 지위를 얻기 위해서는 신분이나 추천보다 시험 성적이 더욱 중요해졌다.

명확하고 합리적인 기준에 따른 관료 선발 제도라는 공정성을 바탕으로 과거제는 보다 많은 사람들에게 사회적 지위 획득의 기회를 줌으로써 개방성을 제고하여 사회적 유동성 역시 증대시켰다. 응시 자격에 일부 제한이 있었다 하더라도, 비교적 공정한 제도였음은 부정하기 어렵다. 시험 과정에서 익명성의 확보를 위한 여러 가지 장치를 도입한 것도 공정성 강화를 위한 노력을 보여준다.

과거제는 여러 가지 사회적 효과를 가져왔는데, 특히 학습에 강력한 동기를 제공함으로써 교육의 확대와 지식의 보급에 크게 기여했다. 그 결과 통치에 참여할 능력을 갖춘 지식인 집단이 폭넓게 형성되었다. 시험에 필요한 고전과 유교 경전이 주가 되는 학습의 내용은 도덕적인 가치 기준에 대한 광범위한 공유를 이끌어 냈다. 또한 국가는 최종 단계까지 통과하지 못한 사람들에게도 여러 특권을 부여하고, 그들이 지방 사회에 기여하도록 하여 경쟁적 선발 제도가 가져올 수 있는 부작용을 완화하고자 노력했다.

동아시아에서 과거제가 천 년이 넘게 시행된 것은 과거제의 합리성이 사회적 안정에 기여했음을 보여준다. 과거제는 왕조의 교체와 같은 변화에도 불구하고 동질적인 엘리트층의 연속성을 가져왔다. 그리고 이 연속성은 관료 선발 과정뿐 아니라 관료제에 기초한 통치의 안정성에도 기여했다.

과거제를 장기간 유지한 것은 세계적으로 드문 현상이었다. 과거제에 대한 정보는 선교사들을 통해 유럽에 전해져 많은 관심을 불러일으켰다. 일군의 유럽 계몽사상가들은 학자의 지식이 귀족의 세습적 지위보다 우위에 있는 체제를 정치적인 합리성을 갖춘 것으로 보았다. 이러한 관심은 사상적 동향뿐 아니라 실질적인 사회 제도까지 영향을 미쳐서 관료 선발에 시험을 통한 경쟁이 도입되기도 했다.

① 계몽사상가들은 귀족의 지위가 학자의 지식보다 우위에 있는 체제가 합리적이라고 여겼다.
② 시험을 통한 관료 선발 제도는 동아시아에만 있었던 제도이다.
③ 과거제는 몇몇 상위 지식인 집단을 만들어 통치에 기여하도록 했다.
④ 국가는 경쟁을 바탕으로 한 과거제의 부작용을 완화하고자 노력하였다.

05 다음 글의 빈칸에 들어갈 문장을 〈보기〉에서 찾아 논리적 순서대로 바르게 나열한 것은?

A대학 연구팀은 스마트폰의 청색광(Blue Light)이 망막 세포를 파괴할 수 있다는 연구 결과를 발표했다. 청색광은 어떻게 발생하며, 사람에게 얼마나 해로울까? 스마트폰의 청색광이 일으키는 피해를 줄이려면 어떻게 해야 할까?

스마트폰의 화면은 백라이트(Back Light)에서 나온 빛이 컬러 필터를 통과하면서 색상을 표현하는 구조로 되어 있다. 백라이트에서 지속적으로 빛을 내보내면서 원하지 않는 색을 내는 부분은 액정이 막아 다양한 색상을 구현하게 된다. 백색의 빛을 비추는 백라이트는 전류를 흘려주면 발광하는 반도체 소자의 일종인 엘이디(LED)를 사용한다. _____ 스마트폰의 백라이트는 백색을 내기 위해 청색 엘이디에 노란색 형광 물질을 씌워 만들기 때문에 필연적으로 청색광이 발생한다.

이러한 청색광은 가시광선 중에서도 자외선에 가까운 빛으로, 파장이 짧고 강한 에너지를 가진다. _____ 연구팀의 연구 결과에 따르면 눈이 청색광에 직접적으로 노출되었을 때 다른 빛에 비해 망막 세포가 손상되는 정도가 심하게 나타난다고 한다. 특히 어두운 곳에서 스마트폰을 사용하면 청색광에 의한 시력 저하 현상이 심해져서 눈 건강에 해롭다고 한다.

현대인은 스마트폰을 일상적으로 사용할 수밖에 없는 환경에서 살고 있기 때문에 스마트폰으로부터 자유로워지기 어렵다. _____ 대부분의 스마트폰에는 청색광을 줄여 화면을 노랗게 바꿔주는 청색광 감소 기능이 있어 화면을 변경할 수 있다. 이 기능을 사용하면 스마트폰의 청색광이 어느 정도 줄어든다.

보기

㉠ 엘이디는 적색, 녹색, 청색 등의 색깔을 만들 수 있지만, 태양광처럼 직접 백색을 낼 수는 없다.

㉡ 하지만 스마트폰의 화면을 따뜻한 계열의 색상으로 조절하는 것만으로도 눈의 부담을 덜어줄 수 있다.

㉢ 이 때문에 눈에 있는 세포를 강하게 자극하여 눈의 피로감을 크게 유발한다.

① ㉠, ㉡, ㉢
② ㉠, ㉢, ㉡
③ ㉡, ㉠, ㉢
④ ㉡, ㉢, ㉠

다음 문단을 논리적 순서대로 바르게 나열한 것은?

먹을거리가 풍부한 현대인의 가장 큰 관심사 중 하나는 웰빙과 다이어트일 것이다. 현대 사회에서는 날씬한 몸매에 대한 열망이 지나쳐서 비만한 사람들이 나태하다고 생각되기도 하고, 심지어는 거식증으로 인해 사망한 패션모델까지 있었다. 이러한 사회적 경향 때문에 우리가 먹는 음식물에 포함된 지방이나 기름 성분은 몸에 좋지 않은 '나쁜 성분'으로 매도당하기도 한다. 물론 과도한 지방 섭취, 특히 몸에 좋지 않은 지방의 섭취는 비만의 원인이 되고 당뇨병, 심장병, 고혈압과 같은 각종 성인병을 유발하지만, 사실 지방은 우리 몸이 정상적으로 활동하는 데 필수적인 성분이다.

(가) 먹을 것이 풍족하지 않은 상황에서 생존에 필수적인 능력은 다름 아닌 에너지를 몸에 축적하는 능력이었다.

(나) 사실 비만과 다이어트의 문제는 찰스 다윈(Charles R. Darwin)의 진화론과 밀접한 관련이 있다. 찰스 다윈은 19세기 영국의 생물학자로, 『종의 기원』이라는 책을 써서 자연선택을 통한 생물의 진화 과정을 설명하였다.

(다) 약 100년 전만 해도 우리나라를 비롯한 전 세계 대부분의 국가는 식량이 그리 풍족하지 않았다. 실제로 수십만 년 동안 지속된 인류의 역사에서 인간이 매일 끼니 걱정을 하지 않고 살게 된 것은 최근 수십 년간의 일이다.

(라) 생물체가 살아남고 번식을 해서 자손을 남길 수 있느냐 하는 것은 주위 환경과의 관계가 중요한 역할을 하는데, 자연선택이란 주위 환경에 따라 생존하기에 적합한 성질 또는 기능을 가진 종들이 그렇지 못한 종들보다 더 잘 살아남게 되어 자손을 남기게 된다는 개념이다.

그러므로 이러한 축적 능력이 유전적으로 뛰어난 사람들이 그렇지 않은 사람들보다 상대적으로 더 잘 살아남았을 것이다. 그렇게 살아남은 자들의 후손인 현대인들이 달거나 기름진 음식을 본능적으로 좋아하게 된 것은 진화의 당연한 결과였다. 그리하여 음식이 풍부한 현대 사회에서는 이러한 유전적 특성이 단점으로 작용하게 되었다. 지방이 풍부한 음식을 찾는 경향은 지나치게 지방을 축적하게 했고, 결국 부작용으로 이어졌다.

① (나) – (다) – (가) – (라)
② (나) – (라) – (다) – (가)
③ (다) – (가) – (나) – (라)
④ (다) – (라) – (가) – (나)

다음 글을 읽고 추론한 내용으로 가장 적절한 것은?

두뇌 연구는 지금까지 뉴런을 중심으로 진행되어 왔다. 뉴런 연구로 노벨상을 받은 카얄은 뉴런이 '생각의 전화선'이라는 이론을 확립하여 사고와 기억 등 두뇌에서 일어나는 모든 현상을 뉴런의 연결망과 뉴런 간의 전기 신호로 설명했다. 그러나 두뇌에는 뉴런 외에도 신경교 세포가 존재한다. 신경교 세포는 뉴런처럼 그 수가 많지만 전기 신호를 전달하지는 못한다. 이 때문에 과학자들은 신경교 세포가 단지 두뇌 유지에 필요한 영양 공급과 두뇌 보호를 위한 전기 절연의 역할만을 가진다고 여겼다.

하지만 최근 과학자들은 신경교 세포에서 그 이상의 기능을 발견했다. 신경교 세포 중에도 '성상세포'라 불리는 별 모양의 세포는 자신만의 화학적 신호를 가진다는 것이 밝혀졌다. 성상세포는 뉴런처럼 전기를 이용하지는 않지만, '뉴런송신기'라고 불리는 화학물질을 방출하고 감지한다. 과학자들은 이러한 화학적 신호의 연쇄반응을 통해 신경교 세포가 전체 뉴런을 조정한다고 추론했다.

A연구팀은 신경교 세포가 전체 뉴런을 조정하면서 기억력과 사고력을 향상시킨다고 예상하고, 이를 확인하기 위해 인간의 신경교 세포를 갓 태어난 생쥐의 두뇌에 주입했다. 쥐가 자라면서 주입된 인간의 신경교 세포도 성장했다. 이 세포들은 쥐의 뉴런들과 완벽하게 결합되어 쥐의 두뇌 전체에 걸쳐 퍼지게 되었다. 심지어 어느 두뇌 영역에서는 쥐의 뉴런의 숫자를 능가하기도 했다. 뉴런과 달리 쥐와 인간의 신경교 세포는 비교적 쉽게 구별된다. 인간의 신경교 세포는 매우 길고 무성한 섬유질을 가지기 때문이다. 쥐에 주입된 인간의 신경교 세포는 그 기능을 그대로 간직한다. 그렇게 성장한 쥐들은 다른 쥐들과 잘 어울렸고, 다른 쥐들의 관심을 끄는 것에 흥미를 보였다. 또한 이 쥐들은 미로를 통과해 치즈를 찾는 테스트에서 더 뛰어났다. 보통의 쥐들은 네다섯 번의 시도 끝에 올바른 길을 배웠지만, 인간의 신경교 세포를 주입받은 쥐들은 두 번 만에 학습했다.

① 인간의 신경교 세포를 쥐에게 주입하면, 쥐의 뉴런은 전기 신호를 전달하지 못할 것이다.

② 인간의 뉴런 세포를 쥐에게 주입하면, 쥐의 두뇌에는 화학적 신호의 연쇄 반응이 더 활발해질 것이다.

③ 인간의 뉴런 세포를 쥐에게 주입하면, 그 뉴런 세포는 쥐의 두뇌 유지에 필요한 영양을 공급할 것이다.

④ 인간의 신경교 세포를 쥐에게 주입하면, 그 신경교 세포는 쥐의 뉴런을 보다 효과적으로 조정할 것이다.

다음 글의 제목으로 가장 적절한 것은?

영양분이 과도하게 많은 물에서는 오히려 물고기가 생존하기 어렵다. 농업용 비료나 하수 등에서 배출되는 질소와 인 등으로 영양분이 많아진 하천의 수온이 상승하면 식물성 플랑크톤이 대량으로 증식하게 된다. 녹색을 띠는 플랑크톤이 수면을 뒤덮으면 물속으로 햇빛이 닿지 못하고 결국 물속의 산소가 고갈되어 물고기는 숨을 쉬기 어려워진다. 즉, 물속의 과도한 영양분이 오히려 물고기의 생존을 위협하는 것이다.

이처럼 부영양화된 물에서의 플랑크톤 증식으로 인한 녹조 현상은 경제발전과 각종 오염물질 배출량의 증가로 인해 심각한 사회문제가 되고 있다. 녹조는 냄새를 유발하는 물질과 함께 독소를 생성하여 수돗물의 수질을 저하시킨다. 특히 독성물질을 배출하는 녹조를 유해 녹조로 지정하여 관리하고 있는 현실을 고려하면 이제 녹조는 생태계뿐만 아니라 먹는 물의 안전까지도 위협한다.

하천의 생태계를 보호하고 우리가 먹는 물을 보호하기 위해서는 녹조의 발생 원인을 사전에 제거해야 한다. 이를 위해서는 무엇보다 생활 속에서의 작은 실천이 중요하다. 질소나 인이 첨가되지 않은 세제를 사용하고, 농가에서는 화학 비료의 사용을 최소화하며 하천에 오염된 물이 흘러 들어가지 않도록 철저히 관리하는 노력을 기울여야 한다.

① 물고기의 생존을 위협하는 하천의 수질 오염
② 녹조를 가속화하는 이상 기온 현상
③ 물고기와 인간의 안전을 위협하는 하천의 부영양화
④ 녹조 예방을 위한 정부의 철저한 관리의 필요성

09 다음 글의 빈칸에 들어갈 문장을 〈보기〉에서 찾아 순서대로 바르게 나열한 것은?

한 조사 기관에 따르면, 해마다 척추 질환으로 병원을 찾는 청소년들이 연평균 5만 명에 이르며 그 수가 지속적으로 증가하고 있다. 청소년의 척추 질환은 성장을 저해하고 학업의 효율성을 저하시킬 수 있다. _____(가)_____ 따라서 청소년 척추 질환의 원인을 알고 예방하기 위한 노력이 필요하다. 전문가들은 앉은 자세에서 척추에 가해지는 하중이 서 있는 자세에 비해 1.4배 정도 크기 때문에 책상 앞에 오래 앉아 있는 청소년들의 경우, 척추 건강에 적신호가 켜질 가능성이 매우 높다고 말한다. 또한 전문가들은 청소년들의 운동 부족도 청소년 척추 질환의 원인이라고 강조한다. 척추 건강을 위해서는 기립근과 장요근 등을 강화하는 근력 운동이 필요하다. 그런데 실제로 질병관리본부의 조사에 따르면, 청소년들 가운데 주 3일 이상 근력 운동을 하고 있다고 응답한 비율은 남성이 약 33%, 여성이 약 9% 정도밖에 되지 않았다.

청소년들이 생활 속에서 비교적 쉽게 척추 질환을 예방할 수 있는 방법은 무엇일까? 첫째, 바른 자세로 책상 앞에 앉아 있는 습관을 들여야 한다. _____(나)_____ 또한 책을 보기 위해 고개를 아래로 많이 숙이는 행동은 목뼈가 받는 부담을 크게 늘려 척추 질환을 유발하므로 책상 높이를 조절하여 목과 허리를 펴고 반듯하게 앉아 책을 보는 것이 좋다. 둘째, 틈틈이 척추 근육을 강화하는 운동을 해 준다. _____(다)_____

그리고 발을 어깨보다 약간 넓게 벌리고 서서 양손을 허리에 대고 상체를 서서히 뒤로 젖혀 준다. 이러한 동작들은 척추를 지지하는 근육과 인대를 강화시켜 척추가 휘어지거나 구부러지는 것을 막아 준다. 따라서 이런 운동은 척추 건강을 위해 반드시 필요하다.

보기

㉠ 허리를 곧게 펴고 앉아 어깨를 뒤로 젖히고 고개를 들어 하늘을 본다.
㉡ 그렇기 때문에 적절한 대응 방안이 마련되지 않으면 문제가 더욱 심각해질 것이다.
㉢ 의자에 앉아 있을 때는 엉덩이를 의자 끝까지 밀어 넣고, 등받이에 반듯하게 상체를 기대 척추를 꼿꼿하게 유지해야 한다.

	(가)	(나)	(다)
①	㉡	㉠	㉢
②	㉡	㉢	㉠
③	㉢	㉠	㉡
④	㉢	㉡	㉠

10 다음 글의 내용으로 적절하지 않은 것은?

> 골격근에서 전체 근육은 근육섬유를 뼈에 연결시키는 주변 조직인 힘줄과 결합조직을 모두 포함한다. 골격근의 근육섬유가 수축할 때 전체 근육의 길이가 항상 줄어드는 것은 아니다. 근육 수축의 종류 중 근육섬유가 수축함에 따라 전체 근육의 길이가 변화하는 것을 '등장수축'이라고 하는데, 등장수축은 근육섬유 수축과 함께 전체 근육의 길이가 줄어드는 '동심 등장수축'과 전체 근육의 길이가 늘어나는 '편심 등장수축'으로 나뉜다.
>
> 반면에 근육섬유가 수축함에도 불구하고 전체 근육의 길이가 변하지 않는 수축을 '등척수축'이라고 한다. 예를 들어 아령을 손에 들고 팔꿈치의 각도를 일정하게 유지하고 있는 상태에서 위팔의 이두근 근육섬유는 끊임없이 수축하고 있지만, 이 근육에서 만드는 장력이 근육에 걸린 부하량, 즉 아령의 무게와 같아 전체 근육의 길이가 변하지 않기 때문에 등척수축을 하는 것이다. 등척수축은 골격근의 주변 조직과 근육섬유 내에 있는 탄력섬유의 작용에 의해 일어난다. 근육에 부하가 걸릴 때, 이 부하를 견디기 위해 탄력섬유가 늘어나기 때문에 근육섬유는 수축하지만 전체 근육의 길이는 변하지 않는 등척수축이 일어날 수 있다.

① 골격근의 근육섬유가 수축할 때 전체 근육 길이가 항상 줄어든다.

② 등척수축에서는 근육섬유가 수축할 때 전체 근육 길이가 변하지 않을 수도 있다.

③ 등척수축은 탄력섬유의 작용에 의해 일어난다.

④ 골격근은 힘줄과 결합조직을 모두 포함한다.

11 S사에서 파견 근무를 나갈 10명을 뽑아 팀을 구성하려 한다. 새로운 팀 내에서 팀장 1명과 회계 담당 2명을 뽑으려고 할 때, 가능한 경우의 수는 모두 몇 가지인가?

① 300가지   ② 320가지

③ 348가지   ④ 360가지

12 종욱이는 25,000원짜리 피자 두 판과 8,000원짜리 샐러드 세 개를 주문했다. 통신사 멤버십 혜택으로 피자는 15%, 샐러드는 25% 할인받을 수 있고, 깜짝 할인으로 총금액의 10%를 추가 할인받았다고 한다. 이때, 총 할인된 금액은 얼마인가?

① 12,150원   ② 13,500원

③ 18,600원   ④ 19,550원

13 S사의 출근 시각은 오전 9시이다. S사는 지하철역에서 S사 정문까지 셔틀버스를 운행한다. 정문에 셔틀버스가 출근 시각에 도착할 확률은 $\frac{1}{2}$, 출근 시각보다 늦게 도착할 확률은 $\frac{1}{8}$, 출근 시각보다 일찍 도착할 확률은 $\frac{3}{8}$ 이다. 지하철역에서 셔틀버스 3대가 동시에 출발할 때, 2개의 버스는 출근 시각보다 일찍 도착하고, 1대의 버스는 출근 시각에 도착할 확률은?

① $\frac{1}{128}$ ② $\frac{3}{128}$

③ $\frac{9}{128}$ ④ $\frac{27}{128}$

14 장난감 A기차와 B기차가 4cm/s의 일정한 속력으로 달리고 있다. A기차가 12초, B기차는 15초에 0.3m 길이의 터널을 완전히 지났을 때, A기차와 B기차의 길이의 합은 얼마인가?

① 46cm   ② 47cm

③ 48cm   ④ 49cm

15 다음은 S사진관이 올해 찍은 사진의 용량 및 개수를 나타낸 자료이다. 올해 찍은 사진을 모두 모아서 한 개의 USB에 저장하려고 할 때, 최소 몇 GB의 USB가 필요한가?[단, 1MB=1,000KB, 1GB=1,000MB이며, 합계 파일 용량(GB)은 소수점 첫째 자리에서 버림한다]

〈올해 사진 자료〉

구분	크기(cm)	용량	개수
반명함	3×4	150KB	8,000개
신분증	3.5×4.5	180KB	6,000개
여권	5×5	200KB	7,500개
단체사진	10×10	250KB	5,000개

① 3.5GB   ② 4.0GB

③ 4.5GB   ④ 5.0GB

16 다음은 우리나라 부패인식지수(CPI)의 연도별 변동 추이에 대한 자료이다. 이에 대한 설명으로 옳지 않은 것은?

〈우리나라 부패인식지수(CPI)의 연도별 변동 추이〉

구분		2017년	2018년	2019년	2020년	2021년	2022년	2023년
CPI	점수	4.5	5.0	5.1	5.1	5.6	5.5	5.4
	조사대상국	146	159	163	180	180	180	178
	순위	47	40	42	43	40	39	39
	백분율	32.2	25.2	25.8	23.9	22.2	21.6	21.9
OECD	회원국	30	30	30	30	30	30	30
	순위	24	22	23	25	22	22	22

※ 점수가 높을수록 청렴함을 의미한다.

① CPI 점수를 확인해 볼 때 우리나라는 다른 해에 비해 2021년에 가장 청렴했다고 볼 수 있다.

② CPI 순위는 2022년에 처음으로 30위권에 진입했다.

③ 우리나라의 OECD 순위는 2017년부터 현재까지 상위권이라 볼 수 있다.

④ CPI 조사대상국은 2020년까지 증가하고 이후 2022년까지 유지되었다.

17 다음은 우리나라 건강보험 재정현황에 대한 자료이다. 이에 대한 설명으로 옳지 않은 것은?

〈건강보험 재정현황〉

(단위 : 조 원)

구분	2016년	2017년	2018년	2019년	2020년	2021년	2022년	2023년
수입	33.6	37.9	41.9	45.2	48.5	52.4	55.7	58.0
보험료 등	28.7	32.9	36.5	39.4	42.2	45.3	48.6	51.2
정부지원	4.9	5.0	5.4	5.8	6.3	7.1	7.1	6.8
지출	34.9	37.4	38.8	41.6	43.9	48.2	52.7	57.3
보험급여비	33.7	36.2	37.6	40.3	42.5	46.5	51.1	55.5
관리운영비 등	1.2	1.2	1.2	1.3	1.4	1.7	1.6	1.8
수지율(%)	104	98	93	92	91	92	95	99

※ $[\text{수지율(\%)}] = \dfrac{(\text{지출})}{(\text{수입})} \times 100$

① 2016년 대비 2023년 건강보험 수입의 증가율과 건강보험 지출의 증가율의 차이는 15%p 이상이다.
② 2017년부터 건강보험 수지율이 전년 대비 감소하는 해에는 정부지원 수입이 전년 대비 증가했다.
③ 2021년 보험료 등이 건강보험 수입에서 차지하는 비율은 75% 이상이다.
④ 2017년부터 2019년까지 건강보험 지출 중 보험급여비가 차지하는 비중은 매년 90%를 초과한다.

PART 4

18 S기업은 창고업체에 아래 세 제품군에 대한 보관비를 지급하려고 한다. A제품군은 매출액의 1%, B제품군은 1CUBIC당 20,000원, C제품군은 톤당 80,000원을 지급하기로 되어 있다면 전체 지급액은 얼마인가?

구분	매출액(억 원)	용량	
		용적(CUBIC)	무게(톤)
A제품군	300	3,000	200
B제품군	200	2,000	300
C제품군	100	5,000	500

① 3억 2천만 원
② 3억 4천만 원
③ 3억 6천만 원
④ 3억 8천만 원

※ 다음은 2023년 정부지원금 수혜자 200명을 대상으로 조사한 자료이다. 이어지는 질문에 답하시오.
[19~20]

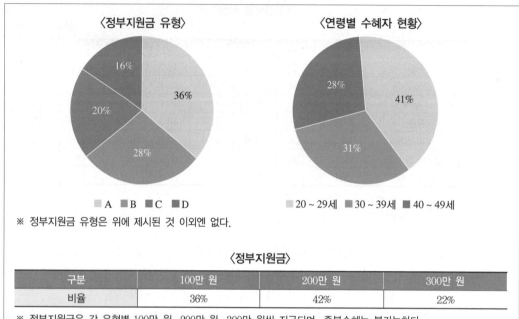

〈정부지원금 유형〉

16%
36%
20%
28%

■ A ■ B ■ C ■ D

〈연령별 수혜자 현황〉

28%
41%
31%

■ 20 ~ 29세 ■ 30 ~ 39세 ■ 40 ~ 49세

※ 정부지원금 유형은 위에 제시된 것 이외엔 없다.

〈정부지원금〉

구분	100만 원	200만 원	300만 원
비율	36%	42%	22%

※ 정부지원금은 각 유형별 100만 원, 200만 원, 300만 원씩 지급되며, 중복수혜는 불가능하다.
※ 제시된 자료는 한 사람당 정부지원금 수령 총금액이다.

19 다음 중 자료에 대한 설명으로 옳지 않은 것은?

① 정부지원금에 들어간 총비용은 30,000만 원 이상이다.

② 정부지원금 유형 A 수령자가 모두 20대라고 할 때, 전체 20대 중 정부지원금 유형 A 수령자가 차지하는 비율은 85% 이하이다.

③ 모든 20대의 정부지원금 금액이 200만 원이라고 할 때, 200만 원 수령자 중 20대가 차지하는 비율은 95% 이상이다.

④ 정부지원금 수혜자가 2배 증가하고 수혜자 현황 비율이 동일하다면, 정부지원금에 들어간 비용도 2배이다.

20 정부지원금 300만 원 수령자의 반은 20대이고, 나머지 반은 30대이다. 20대·30대에서 정부지원금 300만 원 미만 수령자가 차지하는 비율은?(단, 소수점 첫째 자리에서 반올림한다)

① 55%　　　　　　　　　　② 61%

③ 69%　　　　　　　　　　④ 74%

21 다음은 부서별 핵심역량 중요도와 신입사원들의 핵심역량 평가결과를 나타낸 자료이다. 이를 토대로 C사원과 E사원이 배치될 부서를 바르게 연결한 것은?(단, '-'는 중요도를 따지지 않는다는 표시이다)

〈핵심역량 중요도〉

구분	창의성	혁신성	친화력	책임감	윤리성
영업팀	-	중	상	중	-
개발팀	상	상	하	중	상
지원팀	-	중	-	상	하

〈핵심역량 평가결과〉

구분	창의성	혁신성	친화력	책임감	윤리성
A사원	상	하	중	상	상
B사원	중	중	하	중	상
C사원	하	상	상	중	하
D사원	하	하	상	하	중
E사원	상	중	중	상	하

	C	E
①	개발팀	지원팀
②	영업팀	지원팀
③	개발팀	영업팀
④	지원팀	개발팀

※ S회사는 업무의 효율적인 관리를 위해 새롭게 부서를 통합하고 사무실을 옮기려고 한다. 다음 〈조건〉을 토대로 이어지는 질문에 답하시오. [22~23]

• 팀 조직도

디자인	경영관리	경영기획	인사	총무	VM	법무	영업기획	영업관리	콘텐츠개발	마케팅	전산

※ VM(Visual Marketing)팀

• 사무실 배치도

1	2
3	4

4F

1	2
3	4

5F

1	2
3	4

6F

조건
• 4층은 디자인과 마케팅뿐만 아니라 영업까지 전부 담당하기 위해 영업홍보부서로 개편한다.
• 경영기획관리부서는 새로운 콘텐츠 발굴부터 매장의 비주얼까지 전부 관리할 것이다.
• 6층에서는 회사의 인사, 급여, 전산관리와 같은 전반적인 일들을 관리할 것이다.
• 팀명에 따라 가나다순으로 1 ~ 4팀으로 배치되며, 영어이름일 경우 한글로 변환하여 가나다순으로 배치한다.

22 부서마다 4개의 팀이 배정된다고 할 때, 영업홍보부서에 포함될 팀으로 옳지 않은 것은?

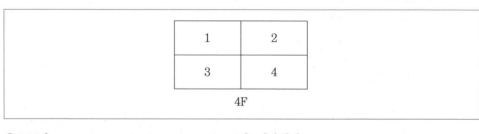

1	2
3	4

4F

① VM팀   ② 디자인팀
③ 마케팅팀   ④ 영업관리팀

23 S공사는 팀 배정을 끝마치고 각자 내선번호를 부여하기로 했다. 〈조건〉을 바탕으로 할 때, 변경된 내선번호가 바르게 짝지어진 것은?

> **조건**
> 내선번호는 3자리 숫자이다.
> • 첫 번째 번호는 층 번호이다.
> • 두 번째 번호는 각 층의 팀 이름 순번으로 1 ~ 4까지 부여한다.
> • 세 번째 번호는 직급으로, 부장, 과장, 대리, 사원 순서로 1 ~ 4까지 부여한다.

[받는 이] H대리(VM팀)

[내용] 안녕하십니까? 부서 개편으로 인해 내선번호가 새롭게 부여되었음을 안내드립니다. H대리님의 번호는 00 - __(가)__ 이며 이에 대한 궁금한 점이 있으시다면 00 - __(나)__ 로 연락주시기 바랍니다.

[보낸 이] A사원(총무팀)

	(가)	(나)
①	321	622
②	422	544
③	533	644
④	544	632

24 다음 명제가 모두 참일 때, 옳지 않은 것은?

> • 건강한 사람은 건강한 요리를 좋아한다.
> • 건강한 요리를 좋아하면 혈색이 좋다.
> • 건강하지 않은 사람은 나쁜 인상을 갖는다.
> • 건강한 요리를 좋아하는 사람은 그렇지 않은 사람보다 콜레스테롤 수치가 낮다.

① 건강한 사람은 혈색이 좋다.
② 좋은 인상을 가진 사람은 건강한 요리를 좋아한다.
③ 건강한 사람은 그렇지 않은 사람보다 콜레스테롤 수치가 낮다.
④ 좋은 인상을 가진 사람은 그렇지 않은 사람보다 콜레스테롤 수치가 높다.

최종점검 모의고사 • **319**

PART 4

25 다음은 포화 수증기량에 대한 글과 날짜별 기온 및 수증기량에 대한 자료이다. 이에 대한 설명으로 옳은 것을 〈보기〉에서 모두 고르면?(단, 모두 맑은 날이고, 해발 0m에서 수증기량을 측정하였다)

수증기는 온도에 따라 공기에 섞여 있을 수 있는 양이 다르다. 온도에 따라 공기 $1m^3$ 중에 섞여 있는 수증기량의 최댓값을 포화 수증기량이라고 하며 기온에 따른 포화 수증기량의 변화를 그린 그래프를 포화 수증기량 곡선이라 한다. 공기에 섞여 있는 수증기량이 포화 수증기량보다 적으면 건조공기, 포화 수증기량에 도달하면 습윤공기이다.

아래 그래프에서 수증기가 $1m^3$당 X만큼 섞여 있고 온도가 T인 어떤 공기 P가 있다고 하자. 이 공기가 냉각되면 기온이 하강하더라도 섞여 있는 수증기량은 변하지 않으므로 점 P는 왼쪽으로 이동한다. 이동한 점이 포화 수증기량 곡선과 만나면 수증기는 응결되어 물이 된다. 이때 온도를 이슬점(T_D)이라고 한다.

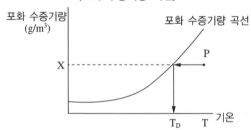

〈포화 수증기량 곡선〉

공기가 상승하면 단열팽창되어 건조한 공기는 100m 상승할 때마다 온도는 약 1℃ 하강하고 습윤한 공기는 100m 상승할 때마다 온도는 약 0.5℃ 하강한다. 반대로 건조한 공기가 100m 하강할 때는 단열압축되어 온도는 약 1℃ 상승하고 습윤한 공기는 100m 하강할 때마다 온도는 약 0.5℃씩 상승하게 된다.

기온이 하강하여 이슬점이 되면 수증기는 응결되어 구름이 되고 더 많은 수증기가 응결되면 비가 되어 내리게 된다.

〈일자별 기온 및 수증기〉

구분	4월 5일	4월 12일	4월 19일	4월 26일	5월 3일	5월 10일
기온(℃)	20	16	18	18	22	20
수증기량(g/m³)	15	13	10	15	8	16

보기

ㄱ. 가장 건조한 날은 5월 3일이다.
ㄴ. 4월 5일에 측정한 공기와 4월 26일에 측정한 공기가 응결되는 높이는 같다.
ㄷ. 4월 19일에 측정한 공기는 4월 26일에 측정한 공기보다 더 높은 곳에서 응결된다.
ㄹ. 공기 중에 수증기가 가장 많이 있을 수 있는 날은 4월 12일이다.

① ㄱ, ㄷ
② ㄱ, ㄹ
③ ㄴ, ㄷ
④ ㄴ, ㄹ

26 S직원은 팀 회식을 위해 회식장소를 예약하고자 한다. 제시된 회식장소 정보와 〈조건〉을 참고할 때, 가장 적절한 회식장소는?

〈회식장소 정보〉

구분	상세정보
A수산	• 예상비용 : 총 377,200원 • 영업시간 : 11:00 ~ 23:00 • 특이사항 : 하루 전 예약 필요
B치킨	• 예상비용 : 총 292,000원 • 영업시간 : 19:00 ~ 02:00 • 특이사항 : 예약 필요 없음
C갈비	• 예상비용 : 총 375,300원 • 영업시간 : 11:00 ~ 23:00 • 특이사항 : 하루 전 예약 필요
D뷔페	• 예상비용 : 총 388,700원 • 영업시간 : 17:30 ~ 21:00 • 특이사항 : 일주일 전 예약 필요

• 회식은 팀의 모든 직원(13명)이 참여한다.
• 책정된 회식비는 1인당 3만 원이다.
• 회식은 3일 뒤인 9월 22일 18시에 진행한다.
• 팀원 중 해산물을 먹지 못하는 사람이 있다.

① A수산 ② B치킨
③ C갈비 ④ D뷔페

※ 다음 이유식 상품번호에 대한 자료를 보고 이어지는 질문에 답하시오. [27~28]

〈상품번호 분류〉

권장연령	4~6개월	7~9개월	10~12개월	13개월 이상
	MUM	MG	JBB	IGBB
상품종류	아기밥	아기반찬	아기국	아기덮밥류
	01	11	10	00
보관방법	상온보관	냉장보관	냉동보관	–
	T	R	F	–
인증내역	유기농인증	무항생제인증	GAP인증	HACCP인증
	OC	NAC	GC	HC
소고기함유량	해당 없음	7% 이하	8% 초과 13% 이하	21% 이상
	B00	B07	B13	B21

* GAP인증 : 농산물우수관리제도
* HACCP인증 : 식품안전관리인증제도
* 인증내역의 경우, 중복된 내용이 있으면 차례로 모두 입력한다.

27 이유식 상품번호가 다음과 같을 때 이에 대한 설명으로 옳은 것은?

JBB11TOCNACB00

① 갓 태어난 아기가 섭취하기 적절한 상품이다.
② 밥과 곁들여 먹기에 좋은 상품이다.
③ 보관방법 상 냉장고가 필수적이다.
④ 상품은 3가지 인증을 받았다.

28 다음 주문내용을 보고 배송해야 하는 상품번호로 옳은 것은?

아기가 지난달에 돌이어서 이제 덮밥종류를 한번 먹여볼까 해서 주문하게 되었어요. 저는 보통 이유식을 만들어주는 편인데 외출할 때는 챙기기 번거로워서 상온보관이 가능한 이유식을 들고 다니는데 혹시 여기도 상온보관 가능한 이유식이 있을까요? 그리고 소고기 함유량은 21% 이상이었음 합니다. 무항생제 인증 받은 제품으로 부탁드립니다.

① JBB00TNACB20
② IGBB01TNACB20
③ JBB00TNACB21
④ IGBB00TNACB21

29 다음 〈조건〉을 바탕으로 추론한 〈보기〉에 대한 판단으로 옳은 것은?

조건

- 1교시부터 4교시까지 국어, 수학, 영어, 사회 4과목의 수업이 한 시간씩 있다.
- 국어는 1교시가 아니다.
- 영어는 2교시가 아니다.
- 영어는 국어와 수학 시간 사이에 있다.

보기

A : 2교시가 수학일 때 1교시는 사회이다.
B : 3교시는 영어이다.

① A만 옳다.
② B만 옳다.
③ A, B 모두 옳다.
④ A, B 모두 틀리다.

30 다음은 S음료회사에 대한 SWOT 분석 결과이다. 이를 바탕으로 경영 전략을 세웠을 때, 적절하지 않은 것은?

〈S음료회사에 대한 SWOT 분석〉	
강점(Strength)	• 높은 브랜드 가치 • 우리나라에서 가장 큰 음료회사 • 강력한 마케팅 및 광고
약점(Weakness)	• 탄산음료에 치중 • 다각화 부족 • 부정적인 평판
기회(Opportunity)	• 음료 소비 성장세 • 생수 수요 증가 • 생산 재료 가격의 하락
위협(Threat)	• 경쟁자 음료를 찾는 변화된 수요 • 탄산음료 산업에서 경쟁 심화 • 국가별로 강력한 현지 브랜드 존재

① 사회공헌 활동을 통해 '착한 기업' 이미지를 확보하여 경쟁시장에서 이길 수 있도록 한다.
② K음료회사의 차별화된 광고를 통해 음료 소비의 성장세를 극대화하도록 한다.
③ 현재의 부정적인 평판을 극복하기 위해 소비자들을 위한 효과적인 마케팅을 계획한다.
④ 탄산음료만이 아닌 건강음료를 개발하여 생수를 선호하는 건강시대에 발맞춰 생산한다.

31 다음은 기획안을 제출하기 위한 정보수집 전에 어떠한 정보를 어떻게 수집할지에 대한 '정보의 전략적 기획'의 사례이다. K사원에게 필요한 정보로 적절하지 않은 것은?

> S공사의 K사원은 상사로부터 세탁기 신상품에 대한 기획안을 제출하라는 업무를 받았다. 먼저 K사원은 기획안을 작성하기 위해 자신에게 어떠한 정보가 필요한지를 생각해 보았다. 개발하려는 세탁기 신상품은 중년층을 대상으로 한 실용적이고 경제적이며 조작하기 쉬운 것을 대표적인 특징으로 삼고 있다.

① 기존에 세탁기를 구매한 고객들의 데이터베이스로부터 정보가 필요할 수 있다.
② 현재 세탁기를 사용하면서 불편한 점은 무엇인지에 대한 정보가 필요하다.
③ 데이터베이스로부터 성별에 따른 세탁기 선호 디자인에 대한 정보가 필요하다.
④ 고객들의 세탁기에 대한 부담 가능한 금액은 얼마인지에 대한 정보도 필요할 것이다.

32 다음 중 온라인에서의 개인정보 오남용으로 인한 피해를 예방하기 위한 행동으로 옳지 않은 것은?

① 회원가입을 하거나 개인정보를 제공할 때 개인정보 취급방침 및 약관을 꼼꼼히 살핀다.
② 회원가입 시 비밀번호를 타인이 유추하기 어렵도록 설정하고 이를 주기적으로 변경한다.
③ 온라인에 자료를 올릴 때 개인정보가 포함되지 않도록 한다.
④ 금융거래 시 금융정보 등은 암호화하여 저장하고, 되도록 PC방, 공용 컴퓨터 등 개방 환경을 이용한다.

33 다음 글에서 설명하는 함수로 옳은 것은?

> 주어진 조건에 의해 지정된 셀들의 합계를 구하는 함수로, 특정 문자로 시작하는 셀들의 합계를 구하는 경우, 특정 금액 이상의 셀 합계를 구하는 경우, 구분 항목별 합계를 구하는 경우 등 다양하게 사용할 수 있다.

① SUM   ② COUNT
③ AVERAGEA   ④ SUMIF

34 다음 순서도에 의해 출력되는 값으로 옳은 것은?

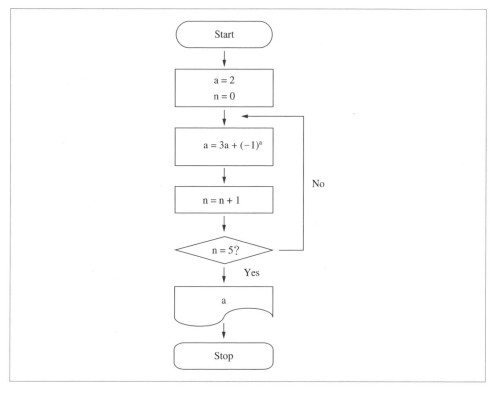

① 547　　　　　　　　　　② 545

③ 543　　　　　　　　　　④ 541

35 다음 글을 읽고 S대학교의 문제를 해결하기 위한 대안으로 가장 적절한 것은?

> S대학교는 현재 학생 관리 프로그램, 교수 관리 프로그램, 성적 관리 프로그램의 3개의 응용 프로그램을 갖추고 있다. 학생 관리 프로그램은 학생 정보를 저장하고 있는 파일을 이용하고 교수 관리 프로그램은 교수 정보 파일, 성적 관리 프로그램은 성적 정보 파일을 이용한다. 즉, 각각의 응용 프로그램들은 개별적인 파일을 이용한다.
>
> 이런 경우, 파일에는 많은 정보가 중복 저장되어 있다. 그렇기 때문에 중복된 정보가 수정되면 관련된 모든 파일을 수정해야 하는 불편함이 있다. 예를 들어, 한 학생이 자퇴하게 되면 학생 정보 파일뿐만 아니라 교수 정보 파일, 성적 정보 파일도 수정해야 하는 것이다.

① 데이터베이스 구축　　　　② 유비쿼터스 구축

③ RFID 구축　　　　　　　　④ NFC 구축

36 다음 워크시트를 참고할 때, 수식 「=INDEX(A3:E9,MATCH(SMALL(B3:B9,2),B3:B9,0),5)」의 결괏값은?

◢	A	B	C	D	E
1					(단위 : 개, 원)
2	상품명	판매수량	단가	판매금액	원산지
3	참외	5	2,000	10,000	대구
4	바나나	12	1,000	12,000	서울
5	감	10	1,500	15,000	부산
6	포도	7	3,000	21,000	대전
7	사과	20	800	16,000	광주
8	오렌지	9	1,200	10,800	전주
9	수박	8	10,000	80,000	춘천

① 21,000   ② 대전

③ 15,000   ④ 광주

37 다음 프로그램의 실행 결과로 옳은 것은?

```
#include <stdio.h>
void main( ) {
  char arr[ ] = "hello world";
  printf("%d₩n",strlen(arr));
}
```

① 12   ② 13

③ 14   ④ 15

38 다음은 사내 동호회 활동 현황에 대해 정리한 자료이다. 사원번호 중에서 오른쪽 숫자 네 자리만 추출하려고 할 때, [F13] 셀에 입력해야 할 함수식으로 옳은 것은?

	A	B	C	D	E	F
1	사내 동호회 활동 현황					
2	사원번호	사원명	부서	구내번호	직책	
3	AC1234	고상현	영업부	1457	부장	
4	AS4251	정지훈	기획부	2356	사원	
5	DE2341	김수호	홍보부	9546	사원	
6	TE2316	박보영	기획부	2358	대리	
7	PP0293	김지원	홍보부	9823	사원	
8	BE0192	이성경	총무부	3545	과장	
9	GS1423	이민아	영업부	1458	대리	
10	HS9201	장준하	총무부	3645	부장	
11						
12						사원번호
13						1234
14						4251
15						2341
16						2316
17						0293
18						0192
19						1423
20						9201

① =CHOOSE(2,A3,A4,A5,A6)

② =LEFT(A3,3)

③ =RIGHT(A3,4)

④ =MID(A3,1,2)

※ 병원에서 근무하는 A씨는 건강검진 관리 현황을 정리하고 있다. 이어지는 질문에 답하시오. [39~40]

	A	B	C	D	E	F
1	〈건강검진 관리 현황〉					
2	이름	검사구분	주민등록번호	검진일	검사항목 수	성별
3	강민희	종합검진	960809-2******	2024-11-12	18	
4	김범민	종합검진	010323-3******	2024-03-13	17	
5	조현진	기본검진	020519-3******	2024-09-07	10	
6	최진석	추가검진	871205-1******	2024-11-06	6	
7	한기욱	추가검진	980232-1******	2024-04-22	3	
8	정소희	종합검진	001015-4******	2024-02-19	17	
9	김은정	기본검진	891025-2******	2024-10-14	10	
10	박미옥	추가검진	011002-4******	2024-07-21	5	

39 다음 중 2024년 하반기에 검진받은 사람의 수를 확인할 때 사용해야 할 함수는?

① COUNT
② COUNTA
③ SUMIF
④ COUNTIF

40 다음 중 주민등록번호를 통해 성별을 구분하려고 할 때, 각 셀에 필요한 함수식으로 옳은 것은?

① F3 : =IF(AND(MID(C3,8,1)="2",MID(C3,8,1)="4"),"여자","남자")

② F4 : =IF(AND(MID(C4,8,1)="2",MID(C4,8,1)="4"),"여자","남자")

③ F7 : =IF(OR(MID(C7,8,1)="2",MID(C7,8,1)="4"),"여자","남자")

④ F9 : =IF(OR(MID(C9,8,1)="1",MID(C9,8,1)="3"),"여자","남자")

41 다음 중 건강보험심사평가원의 인재상으로 옳지 않은 것은?

① 상호존중의 자세로 내·외부와 협력하는 인재

② 공정하고 균형 잡힌 업무 수행으로 신뢰받는 인재

③ 국민 안전과 건강 증진을 최우선으로 생각하는 인재

④ 전문성을 갖추기 위해 끊임없이 배우고 노력하는 인재

42 다음은 건강보험심사평가원의 임원에 대한 설명이다. 빈칸에 들어갈 내용으로 옳은 것은?

> 건강보험심사평가원의 원장은 임원추천위원회가 복수로 추천한 사람 중에서 보건복지부장관의 제
> 청으로 ____㉠____ 이/가 임명한다. 이때, 건강보험심사평가원장의 임기는 ____㉡____ 으로 한다.

	㉠	㉡
①	대통령	3년
②	대통령	4년
③	행정안전부장관	3년
④	행정안전부장관	4년

43 다음 중 건강보험심사평가원의 의료보장제도에 대한 설명으로 옳지 않은 것은?

① 국민의 건강권을 보호하기 위하여 요구되는 필요한 보건의료서비스를 국가나 사회가 제도적으로 제공하는 것을 말하며, 건강보험, 의료급여, 산재보험을 포괄한다.

② 상대적으로 과다한 재정의 부담을 경감시킬 수 있으며, 국민의 주인의식과 참여의식을 조장할 수 있다.

③ 개인의 위험을 사회적·국가적 위험으로 인식하여 위험의 분산 및 상호부조인식을 제고하기 위한 제도이다.

④ 비스마르크(Bismarck)형 방식만 존재하며, 개인의 기여를 기반으로 한 보험료를 주재원으로 한다.

44 다음 중 건강보험심사평가원의 전략방향으로 옳지 않은 것은?

① 신뢰받는 심사 기반 적정진료 환경 조성
② 평가체계 개선을 통한 의료 수준 향상
③ 보건의료체계 정립으로 글로벌 표준 제정
④ 디지털 기반 국민서비스 체감 향상

45 다음 중 요양급여비용 계산서·영수증의 보존 기간으로 옳은 것은?

① 2년   ② 3년
③ 4년   ④ 5년

46 다음 중 희귀난치성질환자가 직접 본인부담액 경감을 신청할 수 없는 경우 신청인을 대신해 신청할 수 있는 사람을 〈보기〉에서 모두 고르면?

> **보기**
> ㉠ 신청인의 가족·친족
> ㉡ 신청인의 이해관계인
> ㉢ 사회복지 전담공무원

① ㉠   ② ㉠, ㉢
③ ㉡, ㉢   ④ ㉠, ㉡, ㉢

47 다음 중 요양기관의 장려금 지급 청구 대상으로 옳은 것은?

① 보건복지부   ② 국민연금공단
③ 건강보험심사평가원   ④ 국민건강보험공단

48 다음 중 건강보험심사평가원의 의약품 유통정보 관리의 운영 성과로 옳지 않은 것은?

① 의약품 국가 표준코드 관리로 의약품 유통의 투명성을 확보한다.

② 의약품 유통정보 제공으로 제약 산업의 건전한 육성을 도모한다.

③ 의약품 공급내역과 사용내역 연계 분석을 통해 건강보험 재정을 절감한다.

④ 의약품의 원활한 유통을 통해 한정된 의료자원을 합리적으로 배분한다.

49 다음 중 보조기기에 대한 보험급여기준에 대한 설명으로 옳지 않은 것은?

① 원칙적으로는 보조기기의 형태·기능 및 종류 등을 고려하여 내구연한 내에 1인당 1회만 보험급여를 한다.

② 진료담당 의사가 장애인의 성장으로 계속 장착하기 부적절하다고 판단해 처방전을 발행한 경우 내구연한 내에도 보험급여를 할 수 있다.

③ 뇌병변장애인에 대한 수동휠체어는 보행이 불가능하거나 현저하게 제한된 경우에만 보험급여를 한다.

④ 의료용 스쿠터용 전지에 대한 보험급여는 의료용 스쿠터에 대한 보험급여를 받은 사람이 해당 보조기기를 구입한 날부터 1년이 지난 때부터 지급한다.

50 다음 중 가입자의 개인정보를 누설할 경우에 받을 수 있는 처벌은?

① 3년 이하의 징역 또는 3,000만 원 이하의 벌금

② 3년 이하의 징역 또는 5,000만 원 이하의 벌금

③ 5년 이하의 징역 또는 3,000만 원 이하의 벌금

④ 5년 이하의 징역 또는 5,000만 원 이하의 벌금

51 다음 중 법률행위의 취소에 대한 설명으로 옳지 않은 것은?

① 취소의 효과는 선의의 제3자에게 대항할 수 없는 것이 원칙이다.

② 취소할 수 있는 법률행위는 취소의 원인이 종료되기 전에 추인을 할 수 있는 것이 원칙이다.

③ 취소된 법률행위는 처음부터 무효인 것으로 보는 것이 원칙이다.

④ 취소할 수 있는 의사표시를 한 자의 대리인도 그 행위를 취소할 수 있다.

52 다음 중 빈칸에 들어갈 용어를 순서대로 바르게 나열한 것은?

> 보험계약은 _____가 약정한 보험료를 지급하고 재산 또는 생명이나 신체에 불확정한 사고가 발생할 경우에 _____가 일정한 보험금이나 그 밖의 급여를 지급할 것을 약정함으로써 효력이 생긴다.

① 피보험자, 보험수익자   ② 피보험자, 보험계약자

③ 보험계약자, 피보험자   ④ 보험계약자, 보험자

53 다음 중 아파트 경비원이 근무 중 인근의 상가 건물에 화재가 난 것을 보고 달려가서 화재를 진압한 행위에 대한 설명으로 옳지 않은 것은?

① 경비업무의 범위를 벗어난 행위이기 때문에 경비원에게 화재를 진압할 법적 의무가 없다.

② 경비원은 상가 건물주에게 이익이 되는 방법으로 화재를 진압해야 한다.

③ 상가 건물주의 이익에 반하지만 공공의 이익을 위해 화재를 진압하다가 손해를 끼친 경우, 경비원은 과실이 없더라도 손해를 배상할 책임이 있다.

④ 경비원이 상가 건물 임차인의 생명을 구하기 위해 화재를 진압하다가 발생한 손해는 고의나 중과실이 없으면 배상할 책임이 없다.

54 다음 중 국회의 예산심의에 대한 설명으로 옳은 것을 〈보기〉에서 모두 고르면?

> **보기**
> ㄱ. 상임위원회의 예비심사를 거친 예산안은 예산결산특별위원회에 회부된다.
> ㄴ. 예산결산특별위원회의 심사를 거친 예산안은 본회의에 부의된다.
> ㄷ. 예산결산특별위원회를 구성할 때에는 그 활동기한을 정하여야 한다. 다만, 본회의의 의결로 그 기간을 연장할 수 있다.
> ㄹ. 예산결산특별위원회는 소관 상임위원회의 동의 없이 새 비목을 설치할 수 있다.

① ㄱ, ㄴ　　　　　　　　　　　　② ㄴ, ㄹ
③ ㄱ, ㄴ, ㄷ　　　　　　　　　　④ ㄱ, ㄷ, ㄹ

55 완전경쟁시장에 100개의 개별기업이 존재하며, 모든 기업은 동일한 비용함수 $C=5q^2+10$(단, C는 생산비용, q는 산출량)을 가진다. 시장의 수요함수가 $Q=350-60P$(단, P는 시장가격, Q는 시장산출량)일 경우 완전경쟁시장의 단기균형가격은 얼마인가?

① 5　　　　　　　　　　　　　　② 10
③ 15　　　　　　　　　　　　　　④ 20

56 중국과 인도의 근로자 한 사람의 시간당 의복과 자동차 생산량은 다음과 같다. 리카도(D. Ricardo)의 비교우위이론에 따르면, 양국은 각각 어떤 제품을 수출하는가?

구분	의복(벌)	자동차(대)
중국	40	30
인도	20	10

　　　　　　중국　　　　　　인도
① 　　　의복　　　　　자동차
② 　　자동차　　　　　의복
③ 의복과 자동차　수출하지 않음
④ 수출하지 않음　의복과 자동차

57 다음 중 코터(J. P. Kotter)의 변화관리 모형의 8단계를 순서대로 바르게 나열한 것은?

① 위기감 조성 → 변화추진팀 구성 → 비전 개발 → 비전 전달 → 임파워먼트 → 단기 성과 달성
→ 지속적 도전 → 변화의 제도화

② 위기감 조성 → 비전 개발 → 비전 전달 → 임파워먼트 → 단기 성과 달성 → 변화의 제도화
→ 변화추진팀 구성 → 지속적 도전

③ 단기 성과 달성 → 위기감 조성 → 변화추진팀 구성 → 비전 개발 → 비전 전달 → 임파워먼트
→ 지속적 도전 → 변화의 제도화

④ 변화추진팀 구성 → 비전 개발 → 비전 전달 → 임파워먼트 → 단기 성과 달성 → 지속적 도전
→ 위기감 조성 → 변화의 제도화

58 다음 중 공급사슬관리(SCM)의 목적으로 옳은 것은?

① 제품 생산에 필요한 자재의 소요량과 소요시기를 결정한다.
② 기업 내 모든 자원의 흐름을 정확히 파악하여 자원을 효율적으로 배치한다.
③ 자재를 필요한 시각에 필요한 수량만큼 조달하여 낭비 요소를 근본적으로 제거한다.
④ 자재의 흐름을 효과적으로 관리하여 불필요한 시간과 비용을 절감한다.

59 다음 중 ABC 재고관리에 대한 설명으로 옳은 것은?

① A등급은 재고가치가 낮은 품목들이 속한다.
② A등급 품목은 로트 크기를 크게 유지한다.
③ C등급 품목은 재고유지비가 높다.
④ 재고품목을 연간 사용금액에 따라 등급으로 구분한다.

60 다음 중 타인의 범죄행위로 생명과 신체에 중대한 피해를 받은 자가 취할 수 있는 조치는?

① 국가를 상대로 손해배상을 청구할 수 있다.

② 검찰청에 범죄피해자구조를 청구할 수 있다.

③ 헌법상 보장된 형사보상을 청구할 수 있다.

④ 검찰청에 행정심판을 청구할 수 있다.

61 다음 중 정책평가에서 인과관계의 타당성을 저해하는 여러 가지 요인에 대한 설명으로 옳지 않은 것은?

① 성숙효과 : 정책으로 인하여 그 결과가 나타난 것이 아니라 그냥 가만히 두어도 시간이 지나면서 자연스럽게 변화가 일어나는 경우이다.

② 회귀인공요소 : 정책대상의 상태가 정책의 영향력과는 관계없이 자연스럽게 평균값으로 되돌아 가는 경향이다.

③ 호손효과 : 정책효과가 나타날 가능성이 높은 집단을 의도적으로 실험집단으로 선정함으로써 정책의 영향력이 실제보다 과대평가되는 경우이다.

④ 혼란변수 : 정책 이외에 제3의 변수도 결과에 영향을 미치는 경우 정책의 영향력을 정확히 평가하기 어렵게 만드는 변수이다.

62 기업의 경영자는 출자뿐만 아니라 기업을 경영하는 기능까지 수행하는 소유경영자와 기업의 대규모화와 복잡화에 따라 전문적인 경영지식을 갖춘 전문경영자로 구분할 수 있다. 다음 중 전문경영자에 대한 설명으로 옳지 않은 것은?

① 상대적으로 강력한 리더십을 발휘할 수 있다.

② 소유와 경영의 분리로 계속기업이 가능하다.

③ 자신의 이해관계를 주주의 이해관계보다 더 중시할 수 있다.

④ 재직기간 동안의 단기적 이익 창출만을 중시할 수 있다.

63 다음 중 외부효과로 인한 시장의 문제점을 해결하기 위한 방법으로 제시된 코즈의 정리에 대한 설명으로 옳은 것을 〈보기〉에서 모두 고르면?

> **보기**
>
> 가. 외부효과를 발생시키는 재화에 대해 시장을 따로 개설해 주면 시장의 문제가 해결된다.
> 나. 외부효과를 발생시키는 재화에 대해 조세를 부과하면 시장의 문제가 해결된다.
> 다. 외부효과를 발생시키는 재화의 생산을 정부가 직접 통제하면 시장의 문제가 해결된다.
> 라. 외부효과를 발생시키는 재화에 대해 소유권을 인정해 주면 이해당사자들의 협상을 통하여 시장의 문제가 해결된다.
> 마. 코즈의 정리와 달리 현실에서는 민간주체들이 외부효과 문제를 항상 해결할 수 있는 것은 아니다.

① 가, 다   ② 라, 마

③ 가, 나, 라   ④ 나, 다, 마

64 다음 중 연구조사방법론에서 사용하는 타당성(Validity)에 대한 설명으로 옳지 않은 것은?

① 내용 타당성(Content Validity)은 측정도구를 구성하는 측정지표 간의 일관성이다.

② 구성 타당성(Construct Validity)은 연구에서 이용된 이론적 구성개념과 이를 측정하는 측정수단 간에 일치하는 정도를 의미한다.

③ 기준 타당성(Criterion Related Validity)은 하나의 측정도구를 이용하여 측정한 결과와 다른 기준을 적용하여 측정한 결과를 비교했을 때 도출된 연관성의 정도이다.

④ 수렴적 타당성(Convergent Validity)은 동일한 개념을 다른 측정 방법으로 측정했을 때 측정된 값 간의 상관관계를 의미한다.

65 다음 중 보증채무에 대한 설명으로 옳지 않은 것은?

① 주채무가 소멸하면 보증채무도 소멸한다.

② 보증채무는 주채무가 이행되지 않을 때 비로소 이행하게 된다.

③ 채무를 변제한 보증인은 선의의 주채무자에 대해서는 구상권을 행사하지 못한다.

④ 채권자가 보증인에 대하여 이행을 청구하였을 때, 보증인은 주채무자에게 먼저 청구할 것을 요구할 수 있다.

66 다음 중 부패의 접근방법에 대한 설명으로 옳지 않은 것은?

① 권력문화적 접근법은 공직자들의 잘못된 의식구조를 공무원 부패의 원인으로 본다.

② 제도적 접근법은 행정통제 장치의 미비를 대표적인 부패의 원인으로 본다.

③ 사회문화적 접근법은 특정한 지배적 관습이나 경험적 습성 등이 부패와 밀접한 관련이 있다고 본다.

④ 체제론적 접근법은 문화적 특성, 제도상 결함, 구조상 모순, 행태 등 다양한 요인들에 의해 복합적으로 부패가 나타난다고 본다.

67 다음 중 경비견을 보관하는 경비원의 책임에 대한 설명으로 옳지 않은 것은?

① 경비원의 과실로 경비견이 고객의 애완동물을 죽인 경우, 형사상 재물손괴죄의 책임을 진다.

② 경비견이 지나가는 행인을 물어 사망케 한 경우, 형사상 과실치상죄의 책임을 질 수 있다.

③ 경비견이 지나가는 행인을 물어 손해를 가한 경우, 민사상 손해배상책임이 있다.

④ 경비견의 보관에 상당한 주의의무를 다한 것을 입증한 경우, 민사상 손해배상책임을 지지 않는다.

68 다음 중 집약적 유통채널에 대한 설명으로 옳은 것은?

① 특정 지역에서 단일의 유통업자와 거래한다.

② 주로 과자나 저가 소비재 등 소비자들이 구매의 편의성을 중시하는 품목에서 채택한다.

③ 고도의 상품지식을 필요로 하는 전문 품목에서 채택한다.

④ 제조업자의 통제력이 매우 높다.

69 다음 중 생산자의 단기 생산 활동에 대한 설명으로 옳지 않은 것은?

① 가변요소의 투입량이 증가할 때 평균생산성은 증가하다가 감소한다.

② 가변요소의 투입량이 증가할 때 한계생산성은 증가하다가 감소한다.

③ 수확체감의 법칙은 한계생산성이 지속적으로 감소하는 구간에서 발생한다.

④ 한계생산물곡선은 평균생산물곡선의 극대점을 통과하므로 한계생산물과 평균생산물이 같은 점에서는 총생산물이 극대가 된다.

70 다음 중 오쿤의 법칙(Okun's Law)에 대한 설명으로 옳은 것은?

① 어떤 시장을 제외한 다른 모든 시장이 균형 상태에 있으면 그 시장도 균형을 이룬다는 법칙이다.

② 실업률이 1% 늘어날 때마다 국민총생산이 2.5%의 비율로 줄어든다는 법칙이다.

③ 소득수준이 낮을수록 전체 생계비에서 차지하는 식료품 소비의 비율이 높아진다는 법칙이다.

④ 가난할수록 총지출에서 차지하는 주거비의 지출 비율이 높아진다는 법칙이다.

71 다음 중 재무회계의 한계점에 대한 설명으로 옳지 않은 것은?

① 계량적인 자료를 중심으로 정보를 분석하므로 비계량적 요소와 질적 요소를 반영할 수 없다.

② 과거의 정보를 분석하므로 의사결정을 위한 미래정보의 제공이 어렵다.

③ 기업 내부정보이용자를 위한 회계시스템이므로 외부정보이용자에게 인정받기 어렵다.

④ 회계처리에 여러 대체적인 방법이 존재하여 기업 간 비교가능성이 저하되므로 정보자체의 유용성이 떨어질 수 있다.

72 다음 중 피들러(Fiedler)의 리더십 상황이론에 대한 설명으로 옳지 않은 것을 〈보기〉에서 모두 고르면?

> 보기
>
> ㉠ 과업지향적 리더십과 관계지향적 리더십을 모두 갖춘 리더가 가장 높은 성과를 달성한다.
> ㉡ LPC 설문에 의해 리더의 특성을 측정하였다.
> ㉢ 상황변수로서 리더 – 구성원 관계, 과업구조, 부하의 성숙도를 고려하였다.
> ㉣ 리더가 처한 상황이 호의적인 경우, 관계지향적 리더십이 적합하다.
> ㉤ 리더가 처한 상황이 비호의적인 경우, 과업지향적 리더십이 적합하다.

① ㉠, ㉡

② ㉠, ㉣

③ ㉡, ㉣

④ ㉠, ㉢, ㉣

73 다음 중 IS-LM 모형에 대한 설명으로 옳은 것을 〈보기〉에서 모두 고르면?

> **보기**
>
> ㄱ. 투자의 이자율탄력성이 클수록 IS곡선과 총수요곡선은 완만한 기울기를 갖는다.
> ㄴ. 소비자들의 저축성향 감소는 IS곡선과 총수요곡선을 왼쪽으로 이동시킨다.
> ㄷ. 화폐수요의 이자율 탄력성이 클수록 LM곡선과 총수요곡선은 완만한 기울기를 갖는다.
> ㄹ. 물가수준의 상승은 LM곡선을 왼쪽으로 이동시키지만 총수요곡선을 이동시키지는 못한다.
> ㅁ. 통화량의 증가는 LM곡선과 총수요곡선을 오른쪽으로 이동시킨다.

① ㄱ, ㄷ, ㄹ　　　　　　　　　② ㄱ, ㄹ, ㅁ
③ ㄴ, ㄷ, ㅁ　　　　　　　　　④ ㄴ, ㄹ, ㅁ

74 다음 중 법 앞의 평등에 대한 설명으로 옳지 않은 것은?(단, 다툼이 있는 경우 판례에 따른다)

① 법 앞의 평등은 절대적인 것이 아니고 상대적인 것이다.
② 법의 적용뿐만 아니라 법 내용의 평등까지 요구한다.
③ 독일에서는 자의의 금지를, 미국에서는 합리성을 그 기준으로 들고 있다.
④ 차별금지사유인 성별, 종교, 사회적 신분 등은 열거적 규정이다.

75 다음 중 정책결정의 혼합 모형(Mixed Scanning Model)에 대한 설명으로 옳은 것은?

① 비정형적인 결정의 경우 직관의 활용, 가치판단, 창의적 사고, 브레인스토밍을 통한 초합리적 아이디어까지 고려할 것을 주장한다.
② 거시적이고 장기적인 안목에서 대안의 방향성을 탐색하는 한편 그 방향성 안에서 심층적이고 대안적인 변화를 시도하는 것이 바람직하다.
③ 불확실성과 혼란이 심한 상태로 정상적인 권위구조와 결정규칙이 작동하지 않는 상황에 주로 적용된다.
④ 목표와 수단이 분리될 수 없으며 전체를 하나의 패키지로 하여 정치적 지지와 합의를 이끌어 내는 것이 중요하다.

76 다음 중 국내총생산(GDP) 통계에 대한 설명으로 옳은 것을 〈보기〉에서 모두 고르면?

> **보기**
>
> 가. 여가가 주는 만족은 삶의 질에 매우 중요한 영향을 미치므로 GDP에 반영된다.
> 나. 환경오염으로 파괴된 자연을 치유하기 위해 소요된 지출은 GDP에 포함된다.
> 다. 한국은행은 우리나라의 지하경제를 포함하여 GDP를 측정한다.
> 라. 가정주부의 가사노동은 GDP에 불포함되지만 가사도우미의 가사노동은 GDP에 포함된다.

① 가, 다 　　　　　　　　　　② 가, 라
③ 나, 다 　　　　　　　　　　④ 나, 라

77 다음 중 투자안 분석기법으로서의 순현가(NPV)법에 대한 설명으로 옳은 것은?

① 순현가는 투자의 결과 발생하는 현금유입의 현재가치에서 현금유입의 미래가치를 차감한 것이다.
② 순현가법에서는 수익과 비용에 의하여 계산한 회계적 이익을 사용한다.
③ 순현가법에서는 투자안의 내용연수 동안 발생할 미래의 모든 현금흐름을 반영한다.
④ 순현가법에서는 현금흐름을 최대한 큰 할인율로 할인한다.

78 다음 중 장·단기 비용함수에 대한 설명으로 옳은 것을 〈보기〉에서 모두 고르면?

> **보기**
>
> 가. 기업은 단기에 주어진 시설규모하에서 산출량만 조정할 수 있다.
> 나. 장기에는 시설규모의 조정이 가능하므로 동일한 생산량을 최소한의 비용으로 생산할 수 있는
>   규모와 생산량을 동시에 결정할 수 있다.
> 다. 장기비용은 단기비용보다 높을 수 없으므로 장기총비용곡선은 단기총비용곡선의 포락선이 된다.
> 라. 장기한계비용곡선도 단기한계비용곡선의 포락선이 된다.

① 가, 나 　　　　　　　　　　② 가, 다
③ 가, 나, 다 　　　　　　　　④ 가, 나, 라

79 다음 중 법치행정에 대한 설명으로 옳지 않은 것은?(단, 다툼이 있는 경우 판례에 따른다)

① 공공기관의 운영에 관한 법률 규정에 따른 '입찰참가자격의 제한기준 등에 관하여 필요한 사항은 기획재정부령으로 정한다.'라는 부분은 의회유보원칙에 위배되지 않는다.

② 개인택시기사가 음주운전사고로 사망한 경우 음주운전이 운전면허취소사유로만 규정되어 있으므로 관할 관청은 당해 음주운전사고를 이유로 개인택시운송사업면허를 바로 취소할 수는 없다.

③ 복종의무가 있는 군인은 상관의 지시와 명령에 대하여 재판청구권을 행사하기 이전에 군인복무규율에 규정된 내부적 절차를 거쳐야 한다.

④ 공개적 토론의 필요성과 상충하는 이익 사이의 조정 필요성이 클수록 국회의 법률에 의하여 직접 규율될 필요성은 증대된다.

80 현물환율이 1,000원/달러, 선물환율이 1,200원/달러, 한국의 이자율이 3%, 미국의 이자율이 2%이고, 이자율평가설이 성립할 때, 다음 〈보기〉 중 옳지 않은 것을 모두 고르면?

> **보기**
> 가. 한국의 이자율이 상승할 것이다.
> 나. 미국의 이자율이 상승할 것이다.
> 다. 현물환율이 상승할 것이다.
> 라. 현재 한국에 투자하는 것이 유리하다.

① 가, 나   ② 가, 다
③ 나, 다   ④ 나, 라

41 다음 중 건강보험심사평가원이 만든 포털은?

① 국가암정보센터
② 국가건강정보포털
③ 휴일지킴이약국
④ 요양기관업무포털

42 다음 중 국민건강보험법상 보험급여를 받을 권리의 소멸시효는?

① 1년   ② 3년
③ 5년   ④ 10년

43 다음은 전문요양기관의 인정에 대한 설명이다. 빈칸 ㉠, ㉡에 들어갈 내용으로 옳은 것은?

> 전문요양기관으로 인정받으려는 요양기관은 전문요양기관 인정신청서에 시설, 장비 및 진료과목별 인력 현황 1부와 최근 ___㉠___ 동안의 입원환자 진료실적 1부의 서류를 첨부하여 _____㉡_____에게 제출하여야 한다.

	㉠	㉡
①	6개월	보건복지부장관
②	6개월	건강보험심사평가원장
③	1년	보건복지부장관
④	1년	건강보험심사평가원장

44 다음 중 심의위원회의 회의에 대한 설명으로 옳지 않은 것은?

① 심의위원회의 위원장은 회의를 소집하고, 그 의장이 된다.

② 심의위원회의 회의는 재적위원 2분의 1 이상이 요구할 때 소집한다.

③ 심의위원회의 회의는 재적위원 과반수의 출석으로 개의한다.

④ 심의위원회는 효율적인 심의를 위하여 필요한 경우에는 분야별로 소위원회를 구성할 수 있다.

45 다음 중 보수월액 산정을 위한 보수 등의 통보에 대한 설명으로 옳지 않은 것은?

① 사용자는 보수월액의 산정을 위해 매년 3월 10일까지 전년도 직장가입자에게 지급한 보수의 총액을 국민건강보험공단에 통보해야 한다.

② 사용자는 사업장이 폐업했을 경우 그때까지 사용·임용 또는 채용한 모든 직장가입자에게 지급한 보수의 총액 등을 국민건강보험공단에 통보해야 한다.

③ 사용자는 일부 직장가입자가 퇴직한 경우 해당 직장가입자에게 지급한 보수의 총액 등 보수월액 산정에 필요한 사항을 국민건강보험공단에 통보해야 한다

④ 사용자는 공립학교가 폐교된 경우 그때까지 사용·임용 또는 채용한 모든 직장가입자에게 지급한 보수의 총액 등을 국민건강보험공단에 통보해야 한다.

46 다음 빈칸에 들어갈 내용으로 옳은 것은?

> 가입자가 자격을 잃은 경우 직장가입자의 사용자와 지역가입자의 세대주는 그 명세를 보건복지부령으로 정하는 바에 따라 자격을 잃은 날부터 ____ 이내에 보험자에게 신고하여야 한다.

① 5일

② 7일

③ 14일

④ 20일

47 다음 중 가입자 자격의 취득·변동·상실의 신고에 대한 설명으로 옳은 것을 〈보기〉에서 모두 고르면?

<보기>

㉠ 사용자는 직장가입자가 아닌 사람이 직장가입자인 공무원이 된 경우에 직장가입자 자격취득 신고서를 국민건강보험공단에 제출해야 한다.

㉡ ㉠의 경우 부양요건과 소득 및 재산요건을 갖추었는지 여부를 주민등록표 등본으로 확인할 수 없을 때에는 가족관계등록부의 증명서 1부를 첨부해야 한다.

㉢ 세대주는 그 세대의 구성원이 지역가입자의 자격을 취득한 경우 지역가입자 자격 취득 신고서에 보험료 감면 증명자료를 첨부해 국민건강보험공단에 제출해야 한다.

㉣ ㉢의 경우 국민건강보험공단이 국가로부터 제공받은 자료로 보험료 감면 대상자임을 확인할 수 있는 경우에는 보험료 감면 증명자료를 첨부하지 않는다.

㉤ ㉢의 경우 사용자가 직장가입자 자격상실 신고서를 국민건강보험공단에 제출한 경우에는 지역가입자 자격취득·변동 신고서를 제출한 것으로 본다.

① ㉠, ㉡, ㉢   ② ㉡, ㉢, ㉣

③ ㉡, ㉢, ㉣, ㉤   ④ ㉠, ㉡, ㉢, ㉣, ㉤

48 다음 중 국민건강보험공단 재정운영위원회의 구성에서 각 단체마다 추천하는 위원의 인원이 바르게 연결된 것은?

	농어업인 단체	도시자영업자단체	시민단체
①	2명	3명	3명
②	3명	2명	3명
③	3명	3명	4명
④	4명	4명	3명

49 다음은 상대가치점수 등의 조정 등에 대한 설명이다. 빈칸 ㉠, ㉡에 들어갈 내용으로 옳은 것은?

> 요양기관, 의약관련 단체, 약제·치료재료의 제조업자·위탁제조판매업자(약제의 경우에만 해당)·수입자 또는 가입자 등은 이미 고시된 요양급여대상의 상대가치점수·상한금액, 요양급여대상·비급여대상의 조정을 ㉠ 이 정해 고시하는 바에 따라 ㉡ 에게 신청할 수 있다.

	㉠	㉡
①	보건복지부장관	보건복지부장관
②	보건복지부장관	건강보험공단의 이사장
③	건강보험공단의 이사장	보건복지부장관
④	건강보험공단의 이사장	건강보험심사평가원의 원장

PART 4

50 다음 중 요양기관이 건강보험심사평가원에 현황을 신고할 때 장비 등 요양기관의 현황을 관리하는 데 필요한 사항을 정하는 주체는?

① 기획재정부장관
② 보건복지부장관
③ 국민건강보험공단 이사장
④ 건강보험심사평가원장

51 다음 〈보기〉의 환자분류 체계 개선 업무 수행 절차를 순서대로 바르게 나열한 것은?

> **보기**
> ㉠ 개선 방향성 수립
> ㉡ 분석자료 수집·구축
> ㉢ 개선안 도출
> ㉣ 분류 타당성 검토
> ㉤ 개정 적용·공개

① ㉠ → ㉡ → ㉣ → ㉢ → ㉤
② ㉠ → ㉡ → ㉣ → ㉤ → ㉢
③ ㉡ → ㉠ → ㉣ → ㉢ → ㉤
④ ㉡ → ㉠ → ㉣ → ㉤ → ㉢

52 다음 중 전문요양기관을 지정할 수 있는 자는?

① 시장·군수·구청장 　　　　　 ② 시·도지사

③ 보건소장 　　　　　　　　　 ④ 보건복지부장관

53 다음 중 국민건강보험법상 업무의 위탁에 대한 설명으로 옳지 않은 것은?

① 국민건강보험공단은 보험료와 징수위탁보험료 등의 징수 업무를 국가기관에 위탁할 수 있다.

② 국민건강보험공단은 보험급여비용의 지급에 관한 업무를 금융기관에 위탁할 수 있다.

③ 국민건강보험공단은 징수위탁근거법의 위탁에 따라 징수하는 연금보험료, 고용보험료, 산업재해 보상보험료, 부담금 및 분담금 등의 수납 업무를 금융기관에 위탁할 수 있다.

④ 국민건강보험공단은 보험료의 수납 또는 보험료납부의 확인에 관한 업무를 금융기관에 위탁할 수 있다.

54 다음 건강보험심사평가원의 사회적 책임 전략체계의 추진전략 중 지속가능경영과 연계하는 사회적 책임의 내용으로 옳지 않은 것은?

① 국민 중심의 비급여 진료비 확인 서비스 혁신

② 의학적 필수의료의 급여화 및 생애 맞춤형 의료보장 확대

③ 일·가정 양립을 위한 가족친화 경영 실천

④ 환경경영 체계 구축 및 공감대 형성

55 다음 중 선별급여의 적합성 평가항목으로 옳은 것을 〈보기〉에서 모두 고르면?

> **보기**
>
> ㉠ 비용 효과에 관한 사항
> ㉡ 치료 효과의 개선에 관한 사항
> ㉢ 국민건강에 대한 잠재적 이득에 관한 사항
> ㉣ 다른 부가급여와의 대체가능성에 관한 사항

① ㉠, ㉡, ㉢   ② ㉠, ㉡, ㉣
③ ㉠, ㉢, ㉣   ④ ㉡, ㉢, ㉣

56 다음 중 빈칸 ㉠, ㉡에 들어갈 내용으로 옳은 것은?

> 공단은 회계연도마다 결산상의 잉여금 중에서 그 연도의 보험급여에 든 비용의 ___㉠___ 이상에 상당하는 금액을 그 연도에 든 비용의 ___㉡___ 에 이를 때까지 준비금으로 적립하여야 한다.

	㉠	㉡
①	100분의 1	100분의 50
②	100분의 5	100분의 50
③	100분의 10	100분의 60
④	100분의 20	100분의 60

57 다음 중 사용자가 직장가입자의 보수 총액 및 종사기간 등을 공단에 통보할 때 사용관계가 계속되는 경우에 제출하여야 하는 것은?

① 직장가입자 자격상실 신고서
② 임의계속(가입, 탈퇴) 신청서
③ 전문요양기관 인정신청서
④ 직장가입자 보수 총액 통보서

58 다음 중 후보자 심사 및 추천 방법, 위원의 제척·기피·회피 등 상임이사추천위원회 운영 등에 필요한 사항을 정하는 기준은 무엇인가?

① 총리령
② 대통령령
③ 보건복지부령
④ 국민건강보험공단의 정관 또는 내규

59 보수가 지급되지 않는 사용자의 보수월액을 산정할 때는 해당 연도 중 해당 사업장에서 발생한 보건복지부령으로 정하는 수입으로서 객관적인 자료를 통하여 확인된 금액을 적용한다. 이때 '보건복지부령으로 정하는 수입'은 무엇에 따른 사업소득을 말하는가?

① 법인세법
② 부가가치세법
③ 소득공제
④ 소득세법

60 다음 중 요양기관이 시설·장비 및 인력 등에 대한 현황을 건강보험심사평가원에 신고하는 경우에 요양기관 현황 신고서 및 의료장비 현황(변경) 신고서에 첨부해 제출해야 하는 서류로 옳은 것을 〈보기〉에서 모두 고르면?

> **보기**
>
> ㉠ 통장 사본
> ㉡ 사업자등록증 사본
> ㉢ 요양기관의 인력에 관한 면허나 자격을 확인할 수 있는 서류
> ㉣ 의료기관 개설신고증, 의료기관 개설허가증, 약국 개설등록증 또는 한국희귀의약품센터 설립허가증 사본

① ㉠, ㉢
② ㉡, ㉣
③ ㉠, ㉡, ㉢
④ ㉠, ㉢, ㉣

61 다음 중 HIRA 시스템의 주요 기능으로 옳지 않은 것은?

① 진료비 청구 운영

② 의약품안심서비스(DUR)

③ 환자분류체계 개발

④ 의약품 개발

62 국민건강보험법상 보건복지부장관이 임명 또는 위촉하는 건강보험정책심의위원회 위원으로 옳지 않은 사람은?

① 의료계를 대표하는 단체가 추천하는 자

② 지방자치법으로 정하는 특별시·광역시·특별자치시·도·특별자치도 소속 공무원

③ 소비자단체가 추천하는 자

④ 근로자단체 및 사용자단체가 추천하는 자

63 다음 중 국민건강보험법상 제조업자 등의 금지행위에 대한 설명으로 옳지 않은 것은?

① 보건복지부장관은 제조업자에게 약제·치료재료와 관련하여 위반한 사실이 있는지 여부를 확인하기 위해 제조업자에게 서류의 제출을 명할 수 있다.

② 국민건강보험공단은 보험자·가입자 및 피부양자에게 손실을 주는 행위를 한 제조업자에 대하여 손실에 상당하는 금액을 징수한다.

③ 국민건강보험공단은 징수한 손실 상당액 중 가입자 및 피부양자의 손실에 해당되는 금액을 그 가입자나 피부양자에게 지급하여야 한다.

④ 국민건강보험공단은 가입자나 피부양자에게 지급하여야 하는 손실 상당액을 그 가입자 및 피부양자가 내야 하는 보험료 등과 상계할 수 없다.

64 다음 중 국민건강보험공단의 건강검진에 대한 빈칸 ㉠, ㉡에 들어갈 내용으로 옳은 것은?

> 건강검진은 ___㉠___ 마다 1회 이상 실시하되, 사무직에 종사하지 않는 직장가입자에 대해서는 ___㉡___ 에 1회 실시한다.

	㉠	㉡
①	1년	1년
②	2년	1년
③	2년	2년
④	3년	1년

65 다음 중 국민건강보험공단에서 직장가입자의 자격을 취득한 사람의 보수가 연·분기·월·주로 정해지는 경우 보수월액의 결정은?

① 그 보수액을 그 기간의 총 일수로 나눈 금액의 30배에 상당한 금액

② 그 보수액을 그 기간의 총 일수로 나눈 금액의 40배에 상당한 금액

③ 자격을 취득한 달의 같은 업무에 종사하고 있는 사람이 받는 보수액의 평균금액

④ 자격을 취득한 달의 전 1개월 동안 같은 업무에 종사하는 사람이 받는 보수액의 평균금액

66 다음 중 밑줄 친 "대통령령으로 정하는 횟수"로 옳은 것은?

> **급여의 제한(국민건강보험법 제53조 제3항)**
> 국민건강보험공단은 가입자가 대통령령으로 정하는 기간 이상 소득월액보험료와 세대단위의 보험료를 체납한 경우 그 체납한 보험료를 완납할 때까지 그 가입자 및 피부양자에 대하여 보험급여를 실시하지 아니할 수 있다. 다만, 월별 보험료의 총체납횟수(이미 납부된 체납보험료는 총체납횟수에서 제외하며, 보험료의 체납기간은 고려하지 아니한다)가 <u>대통령령으로 정하는 횟수</u> 미만이거나 가입자 및 피부양자의 소득·재산 등이 대통령령으로 정하는 기준 미만인 경우에는 그러하지 아니하다.

① 5회　　　　　　　　　　　　② 6회

③ 7회　　　　　　　　　　　　④ 8회

67 다음 〈보기〉의 건강보험심사평가원의 의약품 안전사용서비스(DUR)의 서비스 절차를 순서대로 바르게 나열한 것은?

ㄱ 의사는 처방단계에서 환자의 처방(의약품) 정보를 건강보험심사평가원으로 전송한다.
ㄴ 의사는 처방을 변경하거나 임상적 필요에 의해 부득이하게 처방 시에는 예외사유를 기재하여 처방을 완료하고, 그 정보를 건강보험심사평가원에 전송한다.
ㄷ 건강보험심사평가원은 환자의 투약이력 및 DUR 기준과 비교해서 문제되는 의약품이 있으면 의사의 컴퓨터화면에 0.5초 이내로 경고 메시지를 띄운다.

① ㄱ → ㄴ → ㄷ
② ㄱ → ㄷ → ㄴ
③ ㄴ → ㄱ → ㄷ
④ ㄴ → ㄷ → ㄱ

68 사업장의 사용자는 해당 직장가입자의 보수가 이번 달인 11월 16일에 인상되어 공단에 보수월액의 변경을 신청하려고 한다. 이때 사용자가 신청해야 하는 기간으로 옳은 것은?(단, 상시 100명 이상의 근로자가 소속되어 있는 사업장이다)

① 11월 31일까지
② 12월 10일까지
③ 12월 15일까지
④ 12월 30일까지

69 다음 중 국민건강보험공단에 비상임이사로 추천하는 공무원인 임원은 몇 명인가?

① 1명
② 2명
③ 3명
④ 4명

70 다음은 본인부담액 경감 적용 시기에 대한 설명이다. 빈칸에 들어갈 내용으로 옳은 것은?

> 국민건강보험공단은 본인부담액 경감 인정 결정을 한 사람에 대해서는 경감 인정 _____ 부터 발생하는 본인부담액부터 경감한다.

① 결정을 한 날
② 결정을 한 날에서 7일 이후
③ 결정을 한 날에서 15일 이후
④ 결정을 한 날에서 21일 이후

71 다음 중 건강보험심사평가원의 진료비 지불제도의 유형에 대한 설명으로 옳지 않은 것은?

① 행위별수가제(Fee – for – Service)는 진료에 소요되는 약제 또는 재료비를 별도로 산정하고, 의료인이 제공한 진료행위 하나하나마다 항목별로 가격을 책정하여 진료비를 지급하도록 하는 제도이다.

② 인두제(Capitation)는 문자 그대로 의사가 맡고 있는 환자수, 즉 자기의 환자가 될 가능성이 있는 일정지역의 주민수에 일정금액을 곱하여 이에 상응하는 보수를 지급받는 방식이다.

③ 포괄수가제(Bundled – Payment)는 한 가지 치료행위가 기준이 아니고, 환자가 어떤 질병의 진료를 위하여 입원했는가에 따라 질병군(또는 환자군)별로 미리 책정된 일정액의 진료비를 지급하는 제도이다.

④ 총액계약제(Global Budget)는 전체 보건의료체계 또는 보건의료체계의 특정 부문에 국한하지 않고 적용이 가능하다.

72 다음은 차입금에 대한 설명이다. 빈칸에 들어갈 내용으로 옳은 것은?

> 국민건강보험공단은 지출할 현금이 부족한 경우에는 차입할 수 있다. 다만, _____ 이상 장기로 차입하려면 보건복지부장관의 승인을 받아야 한다.

① 6개월
② 1년
③ 1년 6개월
④ 2년

73 다음 중 국민건강보험법상 보고와 검사에 대한 설명으로 옳지 않은 것은?

① 보건복지부장관은 보험급여를 받은 자에게 해당 보험급여의 내용에 관해 보고하게 할 수 있다.

② 보건복지부장관은 사용자, 직장가입자 또는 세대주에게 가입자의 이동·보수·소득에 관한 보고 또는 서류 제출을 명할 수 있다.

③ 보건복지부장관은 요양급여비용의 심사청구를 대행하는 단체에 필요한 자료의 제출을 명할 수 있다.

④ 보건복지부장관을 통해 소속 공무원은 그 권한을 표시하는 증표가 없어도 질문·검사·조사할 수 있다.

74 다음 중 국민건강보험법상 보험료를 경감 받을 수 있는 사람으로 옳지 않은 것은?

① 섬·벽지·농어촌에 거주하는 사람

② 휴직자

③ 60세 이상인 사람

④ 국가유공자 등 예우 및 지원에 관한 법률에 따른 국가유공자

75 다음 중 소득축소탈루심사위원회에 대한 설명으로 옳지 않은 것은?

① 사용자 또는 세대주가 신고한 소득 등의 축소 또는 탈루 여부에 관한 사항을 심사한다.

② 위원장 1명과 4명의 위원으로 구성된다.

③ 위원장은 국민건강보험공단에 소속된 임직원이어야 한다.

④ 위원장이 임명하는 위원 중 1명은 반드시 국민건강보험공단의 직원이어야 한다.

76 다음 중 지역가입자의 보험료부과점수당 금액으로 옳은 것은?

① 202.5원
② 203.2원
③ 205.8원
④ 208.4원

77 다음 중 벌칙과 과태료에 대한 설명으로 옳은 것은?

① 요양비 명세서나 요양 명세를 적은 영수증을 내주지 아니한 자는 1,000만 원 이하의 벌금에 처한다.
② 정당한 사유 없이 신고·서류제출을 하지 아니하거나 거짓으로 신고·서류제출을 한 자는 1,000만 원 이하의 과태료를 부과한다.
③ 업무를 수행하면서 알게 된 정보를 누설하거나 직무상 목적 외의 용도로 이용 또는 제3자에게 제공한 자는 3년 이하의 징역 또는 1,000만 원 이하의 벌금에 처한다.
④ 거짓이나 그 밖의 부정한 방법으로 보험급여를 받거나 타인으로 하여금 보험급여를 받게 한 사람은 2년 이하의 징역 또는 2,000만 원 이하의 벌금에 처한다.

78 다음은 요양급여의 신청에 대한 설명이다. 빈칸에 들어갈 내용으로 옳은 것은?

> 가입자 등이 요양급여를 신청하는 때에는 건강보험증 또는 신분증명서를 제출하여야 한다. 이 경우 가입자 등이 요양급여를 신청한 날부터 _____ 이내에 건강보험증 또는 신분증명서를 제출하는 경우에는 요양급여를 신청한 때에 건강보험증 또는 신분증명서를 제출한 것으로 본다.

① 7일
② 14일
③ 21일
④ 35일

79 다음 중 납입고지서의 전자고지에 대한 설명으로 옳지 않은 것은?

① 전자고지의 개시 및 해지는 신청서를 접수한 날의 다음 날부터 적용한다.

② 전자고지 서비스 신규·변경·해지 신청서를 국민건강보험공단에 제출하면 전자고지를 신청·변경·해지할 수 있다.

③ 국민건강보험공단은 전자고지 신청을 접수한 경우에는 그 신청에 따라 전자우편, 휴대전화번호를 통해서만 전자고지를 할 수 있다.

④ 보건복지부령으로 정하는 정보통신망이란 국민건강보험공단이 관리하는 전자문서교환시스템 또는 건강보험 업무를 수행하기 위하여 국민건강보험공단이 관리·운영하는 정보통신망을 말한다.

80 다음 중 요양급여의 적용기준 및 방법에 대한 설명으로 옳은 것을 〈보기〉에서 모두 고르면?

> **보기**
> ㉠ 요양급여의 적용기준 및 방법에 관한 세부사항은 의약계·국민건강보험공단의 의견을 들어 건강보험심사평가원장이 정해 고시한다.
> ㉡ 심실 보조장치 치료술의 요양급여의 적용기준 및 방법에 관한 세부사항은 의약계·국민건강보험공단 및 건강보험심사평가원의 의견을 들어 보건복지부장관이 따로 정해 고시한다.
> ㉢ 중증질환자에게 처방·투여하는 약제 중 보건복지부장관이 정해 고시하는 약제에 대한 요양급여의 적용기준 및 방법에 관한 세부사항은 중증질환심의위원회의 심의를 거쳐 보건복지부장관이 정해 고시한다.

① ㉠

② ㉡

③ ㉢

④ ㉠, ㉢

배우고 때로 익히면, 또한 기쁘지 아니한가.

– 공자 –

PART 5

합격의 공식 시대에듀 www.sdedu.co.kr

채용 가이드

01 | 블라인드 채용 소개

1. 블라인드 채용이란?

채용 과정에서 편견이 개입되어 불합리한 차별을 야기할 수 있는 출신지, 가족관계, 학력, 외모 등의 편견요인은 제외하고, 직무능력만을 평가하여 인재를 채용하는 방식입니다.

2. 블라인드 채용의 필요성

- 채용의 공정성에 대한 사회적 요구
  - 누구에게나 직무능력만으로 경쟁할 수 있는 균등한 고용기회를 제공해야 하나, 아직도 채용의 공정성에 대한 불신이 존재
  - 채용상 차별금지에 대한 법적 요건이 권고적 성격에서 처벌을 동반한 의무적 성격으로 강화되는 추세
  - 시민의식과 지원자의 권리의식 성숙으로 차별에 대한 법적 대응 가능성 증가
- 우수인재 채용을 통한 기업의 경쟁력 강화 필요
  - 직무능력과 무관한 학벌, 외모 위주의 선발로 우수인재 선발기회 상실 및 기업경쟁력 약화
  - 채용 과정에서 차별 없이 직무능력중심으로 선발한 우수인재 확보 필요
- 공정한 채용을 통한 사회적 비용 감소 필요
  - 편견에 의한 차별적 채용은 우수인재 선발을 저해하고 외모·학벌 지상주의 등의 심화로 불필요한 사회적 비용 증가
  - 채용에서의 공정성을 높여 사회의 신뢰수준 제고

3. 블라인드 채용의 특징

편견요인을 요구하지 않는 대신 직무능력을 평가합니다.

블라인드 채용 = 편견유발 요인제외 + 직무능력 중심평가

※ 직무능력중심 채용이란?
기업의 역량기반 채용, NCS기반 능력중심 채용과 같이 직무수행에 필요한 능력과 역량을 평가하여 선발하는 채용방식을 통칭합니다.

4. 블라인드 채용의 평가요소

직무수행에 필요한 지식, 기술, 태도 등을 과학적인 선발기법을 통해 평가합니다.

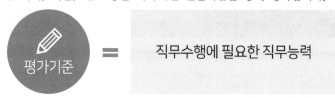

※ 과학적 선발기법이란?
　직무분석을 통해 도출된 평가요소를 서류, 필기, 면접 등을 통해 체계적으로 평가하는 방법으로 입사지원서, 자기소개서, 직무수행능력평가, 구조화 면접 등이 해당됩니다.

5. 블라인드 채용 주요 도입 내용

- 입사지원서에 인적사항 요구 금지
  - 인적사항에는 출신지역, 가족관계, 결혼여부, 재산, 취미 및 특기, 종교, 생년월일(연령), 성별, 신장 및 체중, 사진, 전공, 학교명, 학점, 외국어 점수, 추천인 등이 해당
  - 채용 직무를 수행하는 데 있어 반드시 필요하다고 인정될 경우는 제외
    - 예 특수경비직 채용 시 : 시력, 건강한 신체 요구
    　　 연구직 채용 시 : 논문, 학위 요구 등
- 블라인드 면접 실시
  - 면접관에게 응시자의 출신지역, 가족관계, 학교명 등 인적사항 정보 제공 금지
  - 면접관은 응시자의 인적사항에 대한 질문 금지

6. 블라인드 채용 도입의 효과성

- 구성원의 다양성과 창의성이 높아져 기업 경쟁력 강화
  - 편견을 없애고 직무능력 중심으로 선발하므로 다양한 직원 구성 가능
  - 다양한 생각과 의견을 통하여 기업의 창의성이 높아져 기업경쟁력 강화
- 직무에 적합한 인재선발을 통한 이직률 감소 및 만족도 제고
  - 사전에 지원자들에게 구체적이고 상세한 직무요건을 제시함으로써 허수 지원이 낮아지고, 직무에 적합한 지원자 모집 가능
  - 직무에 적합한 인재가 선발되어 직무이해도가 높아져 업무효율 증대 및 만족도 제고
- 채용의 공정성과 기업이미지 제고
  - 블라인드 채용은 사회적 편견을 줄인 선발 방법으로 기업에 대한 사회적 인식 제고
  - 채용과정에서 불합리한 차별을 받지 않고 실력에 의해 공정하게 평가를 받을 것이라는 믿음을 제공하고, 지원자들은 평등한 기회와 공정한 선발과정 경험

02 | 서류전형 가이드

01 채용공고문

1. 채용공고문의 변화

기존 채용공고문	변화된 채용공고문
• 취업준비생에게 불충분하고 불친절한 측면 존재 • 모집분야에 대한 명확한 직무관련 정보 및 평가기준 부재 • 해당분야에 지원하기 위한 취업준비생의 무분별한 스펙 쌓기 현상 발생	• NCS 직무분석에 기반한 채용공고를 토대로 채용전형 진행 • 지원자가 입사 후 수행하게 될 업무에 대한 자세한 정보 공지 • 직무수행내용, 직무수행 시 필요한 능력, 관련된 자격, 직업기초능력 제시 • 지원자가 해당 직무에 필요한 스펙만을 준비할 수 있도록 안내
• 모집부문 및 응시자격 • 지원서 접수 • 전형절차 • 채용조건 및 처우 • 기타사항	• 채용절차 • 채용유형별 선발분야 및 예정인원 • 전형방법 • 선발분야별 직무기술서 • 우대사항

2. 지원 유의사항 및 지원요건 확인

채용 직무에 따른 세부사항을 공고문에 명시하여 지원자에게 적격한 지원 기회를 부여함과 동시에 채용과정에서의 공정성과 신뢰성을 확보합니다.

구성	내용	확인사항
모집분야 및 규모	고용형태(인턴 계약직 등), 모집분야, 인원, 근무지역 등	채용직무가 여러 개일 경우 본인이 해당되는 직무의 채용규모 확인
응시자격	기본 자격사항, 지원조건	지원을 위한 최소자격요건을 확인하여 불필요한 지원을 예방
우대조건	법정 · 특별 · 자격증 가점	본인의 가점 여부를 검토하여 가점 획득을 위한 사항을 사실대로 기재
근무조건 및 보수	고용형태 및 고용기간, 보수, 근무지	본인이 생각하는 기대수준에 부합하는지 확인하여 불필요한 지원을 예방
시험방법	서류 · 필기 · 면접전형 등의 활용방안	전형방법 및 세부 평가기법 등을 확인하여 지원전략 준비
전형일정	접수기간, 각 전형 단계별 심사 및 합격자 발표일 등	본인의 지원 스케줄을 검토하여 차질이 없도록 준비
제출서류	입사지원서(경력 · 경험기술서 등), 각종 증명서 및 자격증 사본 등	지원요건 부합 여부 및 자격 증빙서류 사전에 준비
유의사항	임용취소 등의 규정	임용취소 관련 법적 또는 기관 내부 규정을 검토하여 해당여부 확인

02 직무기술서

직무기술서란 직무수행의 내용과 필요한 능력, 관련 자격, 직업기초능력 등을 상세히 기재한 것으로 입사 후 수행하게 될 업무에 대한 정보가 수록되어 있는 자료입니다.

1. 채용분야

[설명]

NCS 직무분류 체계에 따라 직무에 대한 「대분류 – 중분류 – 소분류 – 세분류」 체계를 확인할 수 있습니다. 채용 직무에 대한 모든 직무기술서를 첨부하게 되며 실제 수행 업무를 기준으로 세부적인 분류정보를 제공합니다.

채용분야	분류체계			
사무행정	대분류	중분류	소분류	세분류
분류코드	02. 경영·회계·사무	03. 재무·회계	01. 재무	01. 예산
				02. 자금
			02. 회계	01. 회계감사
				02. 세무

2. 능력단위

[설명]

직무분류 체계의 세분류 하위능력단위 중 실질적으로 수행할 업무의 능력만 구체적으로 파악할 수 있습니다.

능력단위	(예산)	03. 연간종합예산수립　　04. 추정재무제표 작성 05. 확정예산 운영　　　　06. 예산실적 관리
	(자금)	04. 자금운용
	(회계감사)	02. 자금관리　　　　　　04. 결산관리 05. 회계정보시스템 운용　06. 재무분석 07. 회계감사
	(세무)	02. 결산관리　　　　　　05. 부가가치세 신고 07. 법인세 신고

3. 직무수행내용

[설명]

세분류 영역의 기본정의를 통해 직무수행내용을 확인할 수 있습니다. 입사 후 수행할 직무내용을 구체적으로 확인할 수 있으며, 이를 통해 입사서류 작성부터 면접까지 직무에 대한 명확한 이해를 바탕으로 자신의 희망직무 인지 아닌지, 해당 직무가 자신이 알고 있던 직무가 맞는지 확인할 수 있습니다.

직무수행내용	(예산) 일정 기간 예상되는 수익과 비용을 편성, 집행하며 통제하는 일
	(자금) 자금의 계획 수립, 조달, 운용을 하고 발생 가능한 위험 관리 및 성과평가
	(회계감사) 기업 및 조직 내·외부에 있는 의사결정자들이 효율적인 의사결정을 할 수 있도록 유용한 정보를 제공, 제공된 회계정보의 적정성을 파악하는 일
	(세무) 세무는 기업의 활동을 위하여 주어진 세법범위 내에서 조세부담을 최소화시키는 조세전략을 포함하고 정확한 과세소득과 과세표준 및 세액을 산출하여 과세당국에 신고·납부하는 일

4. 직무기술서 예시

태도	(예산) 정확성, 분석적 태도, 논리적 태도, 타 부서와의 협조적 태도, 설득력
	(자금) 분석적 사고력
	(회계 감사) 합리적 태도, 전략적 사고, 정확성, 적극적 협업 태도, 법률준수 태도, 분석적 태도, 신속성, 책임감, 정확한 판단력
	(세무) 규정 준수 의지, 수리적 정확성, 주의 깊은 태도
우대 자격증	공인회계사, 세무사, 컴퓨터활용능력, 변호사, 워드프로세서, 전산회계운용사, 사회조사분석사, 재경관리사, 회계관리 등
직업기초능력	의사소통능력, 문제해결능력, 자원관리능력, 대인관계능력, 정보능력, 조직이해능력

5. 직무기술서 내용별 확인사항

항목	확인사항
모집부문	해당 채용에서 선발하는 부문(분야)명 확인 예 사무행정, 전산, 전기
분류체계	지원하려는 분야의 세부직무군 확인
주요기능 및 역할	지원하려는 기업의 전사적인 기능과 역할, 산업군 확인
능력단위	지원분야의 직무수행에 관련되는 세부업무사항 확인
직무수행내용	지원분야의 직무군에 대한 상세사항 확인
전형방법	지원하려는 기업의 신입사원 선발전형 절차 확인
일반요건	교육사항을 제외한 지원 요건 확인(자격요건, 특수한 경우 연령)
교육요건	교육사항에 대한 지원요건 확인(대졸 / 초대졸 / 고졸 / 전공 요건)
필요지식	지원분야의 업무수행을 위해 요구되는 지식 관련 세부항목 확인
필요기술	지원분야의 업무수행을 위해 요구되는 기술 관련 세부항목 확인
직무수행태도	지원분야의 업무수행을 위해 요구되는 태도 관련 세부항목 확인
직업기초능력	지원분야 또는 지원기업의 조직원으로서 근무하기 위해 필요한 일반적인 능력사항 확인

1. 입사지원서의 변화

기존지원서		능력중심 채용 입사지원서	
직무와 관련 없는 학점, 개인신상, 어학점수, 자격, 수상경력 등을 나열하도록 구성	VS	해당 직무수행에 꼭 필요한 정보들을 제시할 수 있도록 구성	

직무기술서

직무수행내용

요구지식 / 기술

관련 자격증

사전직무경험

➡

인적사항	성명, 연락처, 지원분야 등 작성 (평가 미반영)
교육사항	직무지식과 관련된 학교교육 및 직업교육 작성
자격사항	직무관련 국가공인 또는 민간자격 작성
경력 및 경험사항	조직에 소속되어 일정한 임금을 받거나(경력) 임금 없이(경험) 직무와 관련된 활동 내용 작성

2. 교육사항

- 지원분야 직무와 관련된 학교 교육이나 직업교육 혹은 기타교육 등 직무에 대한 지원자의 학습 여부를 평가하기 위한 항목입니다.
- 지원하고자 하는 직무의 학교 전공교육 이외에 직업교육, 기타교육 등을 기입할 수 있기 때문에 전공 제한 없이 직업교육과 기타교육을 이수하여 지원이 가능하도록 기회를 제공합니다.
 (기타교육 : 학교 이외의 기관에서 개인이 이수한 교육과정 중 지원직무와 관련이 있다고 생각되는 교육내용)

구분	교육과정(과목)명	교육내용	과업(능력단위)

3. 자격사항

- 채용공고 및 직무기술서에 제시되어 있는 자격 현황을 토대로 지원자가 해당 직무를 수행하는 데 필요한 능력을 가지고 있는지를 평가하기 위한 항목입니다.
- 채용공고 및 직무기술서에 기재된 직무관련 필수 또는 우대자격 항목을 확인하여 본인이 보유하고 있는 자격사항을 기재합니다.

자격유형	자격증명	발급기관	취득일자	자격증번호

4. 경력 및 경험사항

- 직무와 관련된 경력이나 경험 여부를 표현하도록 하여 직무와 관련한 능력을 갖추었는지를 평가하기 위한 항목입니다.
- 해당 기업에서 직무를 수행함에 있어 필요한 사항만을 기록하게 되어 있기 때문에 직무와 무관한 스펙을 갖추지 않아도 됩니다.
- 경력 : 금전적 보수를 받고 일정 기간 동안 일했던 경우
- 경험 : 금전적 보수를 받지 않고 수행한 활동

※ 기업에 따라 경력 / 경험 관련 증빙자료 요구 가능

구분	조직명	직위 / 역할	활동기간(년 / 월)	주요과업 / 활동내용

Tip

입사지원서 작성 방법

○ 경력 및 경험사항 작성

- 직무기술서에 제시된 지식, 기술, 태도와 지원자의 교육사항, 경력(경험)사항, 자격사항과 연계하여 개인의 직무역량에 대해 스스로 판단 가능

○ 인적사항 최소화

- 개인의 인적사항, 학교명, 가족관계 등을 노출하지 않도록 유의

부적절한 입사지원서 작성 사례

- 학교 이메일을 기입하여 학교명 노출
- 거주지 주소에 학교 기숙사 주소를 기입하여 학교명 노출
- 자기소개서에 부모님이 재직 중인 기업명, 직위, 직업을 기입하여 가족관계 노출
- 자기소개서에 석 · 박사 과정에 대한 이야기를 언급하여 학력 노출
- 동아리 활동에 대한 내용을 학교명과 더불어 언급하여 학교명 노출

1. 자기소개서의 변화

- 기존의 자기소개서는 지원자의 일대기나 관심 분야, 성격의 장·단점 등 개괄적인 사항을 묻는 질문으로 구성되어 지원자가 자신의 직무능력을 제대로 표출하지 못합니다.
- 능력중심 채용의 자기소개서는 직무기술서에 제시된 직업기초능력(또는 직무수행능력)에 대한 지원자의 과거 경험을 기술하게 함으로써 평가 타당도의 확보가 가능합니다.

1. 우리 회사와 해당 지원 직무분야에 지원한 동기에 대해 기술해 주세요.
2. 자신이 경험한 다양한 사회활동에 대해 기술해 주세요.
3. 지원 직무에 대한 전문성을 키우기 위해 받은 교육과 경험 및 경력사항에 대해 기술해 주세요.
4. 인사업무 또는 팀 과제 수행 중 발생한 갈등을 원만하게 해결해 본 경험이 있습니까? 당시 상황에 대한 설명과 갈등의 대상이 되었던 상대방을 설득한 과정 및 방법을 기술해 주세요.
5. 과거에 있었던 일 중 가장 어려웠던(힘들었었던) 상황을 고르고, 어떤 방법으로 그 상황을 해결했는지를 기술해 주세요.

PART 5

자기소개서 작성 방법

① 자기소개서 문항이 묻고 있는 평가 역량 추측하기

예시

- 팀 활동을 하면서 갈등 상황 시 상대방의 니즈나 의도를 명확히 파악하고 해결하여 목표 달성에 기여했던 경험에 대해서 작성해 주시기 바랍니다.
- 다른 사람이 생각해내지 못했던 문제점을 찾고 이를 해결한 경험에 대해 작성해 주시기 바랍니다.

② 해당 역량을 보여줄 수 있는 소재 찾기(시간×역량 매트릭스)

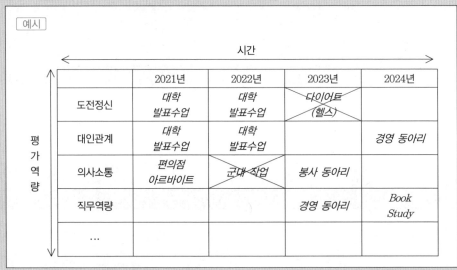

예시

시간

평가역량		2021년	2022년	2023년	2024년
	도전정신	대학 발표수업	대학 발표수업	~~다이어트 (헬스)~~	
	대인관계	대학 발표수업	대학 발표수업		경영 동아리
	의사소통	편의점 아르바이트	~~군대 작업~~	봉사 동아리	
	직무역량			경영 동아리	Book Study
	...				

③ 자기소개서 작성 Skill 익히기

- 두괄식으로 작성하기
- 구체적 사례를 사용하기
- '나'를 중심으로 작성하기
- 직무역량 강조하기
- 경험 사례의 차별성 강조하기

03 | 인성검사 소개 및 모의테스트

01 인성검사 유형

인성검사는 지원자의 성격특성을 객관적으로 파악하고 그것이 각 기업에서 필요로 하는 인재상과 가치에 부합하는가를 평가하기 위한 검사입니다. 인성검사는 KPDI(한국인재개발진흥원), K-SAD(한국사회적성개발원), KIRBS(한국행동과학연구소), SHR(에스에이치알) 등의 전문기관을 통해 각 기업의 특성에 맞는 검사를 선택하여 실시합니다. 대표적인 인성검사의 유형에는 크게 다음과 같은 세 가지가 있으며, 채용 대행업체에 따라 달라집니다.

1. KPDI 검사

조직적응성과 직무적합성을 알아보기 위한 검사로 인성검사, 인성역량검사, 인적성검사, 직종별 인적성 검사 등의 다양한 검사 도구를 구현합니다. KPDI는 성격을 파악하고 정신건강 상태 등을 측정하고, 직무 검사는 해당 직무를 수행하기 위해 기본적으로 갖추어야 할 인지적 능력을 측정합니다. 역량검사는 특정 직무 역할을 효과적으로 수행하는 데 직접적으로 관련 있는 개인의 행동, 지식, 스킬, 가치관 등을 측정합니다.

2. KAD(Korea Aptitude Development) 검사

K-SAD(한국사회적성개발원)에서 실시하는 적성검사 프로그램입니다. 개인의 성향, 지적 능력, 기호, 관심, 흥미도를 종합적으로 분석하여 적성에 맞는 업무가 무엇인가 파악하고, 직무수행에 있어서 요구되는 기초능력과 실무능력을 분석합니다.

3. SHR 직무적성검사

직무수행에 필요한 종합적인 사고 능력을 다양한 적성검사(Paper and Pencil Test)로 평가합니다. SHR의 모든 직무능력검사는 표준화 검사입니다. 표준화 검사는 표본집단의 점수를 기초로 규준이 만들어진 검사이므로 개인의 점수를 규준에 맞추어 해석·비교하는 것이 가능합니다. S(Standardized Tests), H(Hundreds of Version), R(Reliable Norm Data)을 특징으로 하며, 직군·직급별 특성과 선발 수준에 맞추어 검사를 적용할 수 있습니다.

PART 5

인성검사는 특히 면접질문과 관련성이 높습니다. 면접관은 지원자의 인성검사 결과를 토대로 질문을 하기 때문입니다. 일관적이고 이상적인 답변을 하는 것이 가장 좋지만, 실제 시험은 매우 복잡하여 전문가라 해도 일정 성격을 유지하면서 답변을 하는 것이 힘듭니다. 또한, 인성검사에는 라이 스케일(Lie Scale) 설문이 전체 설문 속에 교묘하게 섞여 들어가 있으므로 겉치레적인 답을 하게 되면 회답태도의 허위성이 그대로 드러나게 됩니다. 예를 들어 '거짓말을 한 적이 한 번도 없다.'에 '예'로 답하고, '때로는 거짓말을 하기도 한다.'에 '예'라고 답하여 라이 스케일의 득점이 올라가게 되면 모든 회답의 신빙성이 사라지고 '자신을 돋보이게 하려는 사람'이라는 평가를 받을 수 있으므로 주의해야 합니다. 따라서 모의테스트를 통해 인성검사의 유형과 실제 시험 시 어떻게 문제를 풀어야 하는지 연습해 보고 체크한 부분 중 자신의 단점과 연결되는 부분은 면접에서 질문이 들어왔을 때 어떻게 대처해야 하는지 생각해 보는 것이 좋습니다.

1. 기업의 인재상을 파악하라!

인성검사를 통해 개인의 성격 특성을 파악하고 그것이 기업의 인재상과 가치에 부합하는지를 평가하는 시험이기 때문에 해당 기업의 인재상을 먼저 파악하고 시험에 임하는 것이 좋습니다. 모의테스트에서 인재상에 맞는 가상의 인물을 설정하고 문제에 답해 보는 것도 많은 도움이 됩니다.

2. 일관성 있는 대답을 하라!

짧은 시간 안에 다양한 질문에 답을 해야 하는데, 그 안에는 중복되는 질문이 여러 번 나옵니다. 이때 앞서 자신이 체크했던 대답을 잘 기억해뒀다가 일관성 있는 답을 하는 것이 중요합니다.

3. 모든 문항에 대답하라!

많은 문제를 짧은 시간 안에 풀려다 보니 다 못 푸는 경우도 종종 생깁니다. 하지만 대답을 누락하거나 끝까지 다 못했을 경우 좋지 않은 결과를 가져올 수도 있으니 최대한 주어진 시간 안에 모든 문항에 답할 수 있도록 해야 합니다.

※ 모의테스트는 질문 및 답변 유형 연습을 위한 것으로 실제 시험과 다를 수 있습니다.
※ 인성검사는 정답이 따로 없는 유형의 검사이므로 결과지를 제공하지 않습니다.

번호	내용	예	아니요
001	나는 솔직한 편이다.	☐	☐
002	나는 리드하는 것을 좋아한다.	☐	☐
003	법을 어겨서 말썽이 된 적이 한 번도 없다.	☐	☐
004	거짓말을 한 번도 한 적이 없다.	☐	☐
005	나는 눈치가 빠르다.	☐	☐
006	나는 일을 주도하기보다는 뒤에서 지원하는 것을 선호한다.	☐	☐
007	앞일은 알 수 없기 때문에 계획은 필요하지 않다.	☐	☐
008	거짓말도 때로는 방편이라고 생각한다.	☐	☐
009	사람이 많은 술자리를 좋아한다.	☐	☐
010	걱정이 지나치게 많다.	☐	☐
011	일을 시작하기 전 재고하는 경향이 있다.	☐	☐
012	불의를 참지 못한다.	☐	☐
013	처음 만나는 사람과도 이야기를 잘 한다.	☐	☐
014	때로는 변화가 두렵다.	☐	☐
015	나는 모든 사람에게 친절하다.	☐	☐
016	힘든 일이 있을 때 술은 위로가 되지 않는다.	☐	☐
017	결정을 빨리 내리지 못해 손해를 본 경험이 있다.	☐	☐
018	기회를 잡을 준비가 되어 있다.	☐	☐
019	때로는 내가 정말 쓸모없는 사람이라고 느낀다.	☐	☐
020	누군가 나를 챙겨주는 것이 좋다.	☐	☐
021	자주 가슴이 답답하다.	☐	☐
022	나는 내가 자랑스럽다.	☐	☐
023	경험이 중요하다고 생각한다.	☐	☐
024	전자기기를 분해하고 다시 조립하는 것을 좋아한다.	☐	☐

PART 5

025	감시받고 있다는 느낌이 든다.	☐	☐
026	난처한 상황에 놓이면 그 순간을 피하고 싶다.	☐	☐
027	세상엔 믿을 사람이 없다.	☐	☐
028	잘못을 빨리 인정하는 편이다.	☐	☐
029	지도를 보고 길을 잘 찾아간다.	☐	☐
030	귓속말을 하는 사람을 보면 날 비난하고 있는 것 같다.	☐	☐
031	막무가내라는 말을 들을 때가 있다.	☐	☐
032	장래의 일을 생각하면 불안하다.	☐	☐
033	결과보다 과정이 중요하다고 생각한다.	☐	☐
034	운동은 그다지 할 필요가 없다고 생각한다.	☐	☐
035	새로운 일을 시작할 때 좀처럼 한 발을 떼지 못한다.	☐	☐
036	기분 상하는 일이 있더라도 참는 편이다.	☐	☐
037	업무능력은 성과로 평가받아야 한다고 생각한다.	☐	☐
038	머리가 맑지 못하고 무거운 느낌이 든다.	☐	☐
039	가끔 이상한 소리가 들린다.	☐	☐
040	타인이 내게 자주 고민상담을 하는 편이다.	☐	☐

※ 모의테스트는 질문 및 답변 유형 연습을 위한 것으로 실제 시험과 다를 수 있습니다.
※ 인성검사는 정답이 따로 없는 유형의 검사이므로 결과지를 제공하지 않습니다.

※ 이 성격검사의 각 문항에는 서로 다른 행동을 나타내는 네 개의 문장이 제시되어 있습니다. 이 문장들을 비교하여, 자신의 평소 행동과 가장 가까운 문장을 'ㄱ' 열에 표기하고, 가장 먼 문장을 'ㅁ' 열에 표기하십시오.

01 나는 _____

	ㄱ	ㅁ
A. 실용적인 해결책을 찾는다.	☐	☐
B. 다른 사람을 돕는 것을 좋아한다.	☐	☐
C. 세부 사항을 잘 챙긴다.	☐	☐
D. 상대의 주장에서 허점을 잘 찾는다.	☐	☐

02 나는 _____

	ㄱ	ㅁ
A. 매사에 적극적으로 임한다.	☐	☐
B. 즉흥적인 편이다.	☐	☐
C. 관찰력이 있다.	☐	☐
D. 임기응변에 강하다.	☐	☐

03 나는 _____

	ㄱ	ㅁ
A. 무서운 영화를 잘 본다.	☐	☐
B. 조용한 곳이 좋다.	☐	☐
C. 가끔 울고 싶다.	☐	☐
D. 집중력이 좋다.	☐	☐

04 나는 _____

	ㄱ	ㅁ
A. 기계를 조립하는 것을 좋아한다.	☐	☐
B. 집단에서 리드하는 역할을 맡는다.	☐	☐
C. 호기심이 많다.	☐	☐
D. 음악을 듣는 것을 좋아한다.	☐	☐

PART 5

05 나는 _____

	ㄱ	ㅁ
A. 타인을 늘 배려한다.	☐	☐
B. 감수성이 예민하다.	☐	☐
C. 즐겨하는 운동이 있다.	☐	☐
D. 일을 시작하기 전에 계획을 세운다.	☐	☐

06 나는 _____

	ㄱ	ㅁ
A. 타인에게 설명하는 것을 좋아한다.	☐	☐
B. 여행을 좋아한다.	☐	☐
C. 정적인 것이 좋다.	☐	☐
D. 남을 돕는 것에 보람을 느낀다.	☐	☐

07 나는 _____

	ㄱ	ㅁ
A. 기계를 능숙하게 다룬다.	☐	☐
B. 밤에 잠이 잘 오지 않는다.	☐	☐
C. 한 번 간 길을 잘 기억한다.	☐	☐
D. 불의를 보면 참을 수 없다.	☐	☐

08 나는 _____

	ㄱ	ㅁ
A. 종일 말을 하지 않을 때가 있다.	☐	☐
B. 사람이 많은 곳을 좋아한다.	☐	☐
C. 술을 좋아한다.	☐	☐
D. 휴양지에서 편하게 쉬고 싶다.	☐	☐

09 나는 _____

	ㄱ	ㅁ
A. 뉴스보다는 드라마를 좋아한다.	☐	☐
B. 길을 잘 찾는다.	☐	☐
C. 주말엔 집에서 쉬는 것이 좋다.	☐	☐
D. 아침에 일어나는 것이 힘들다.	☐	☐

10 나는 _____

	ㄱ	ㅁ
A. 이성적이다.	☐	☐
B. 할 일을 종종 미룬다.	☐	☐
C. 어른을 대하는 게 힘들다.	☐	☐
D. 불을 보면 매혹을 느낀다.	☐	☐

11 나는 _____

	ㄱ	ㅁ
A. 상상력이 풍부하다.	☐	☐
B. 예의 바르다는 소리를 자주 듣는다.	☐	☐
C. 사람들 앞에 서면 긴장한다.	☐	☐
D. 친구를 자주 만난다.	☐	☐

12 나는 _____

	ㄱ	ㅁ
A. 나만의 스트레스 해소 방법이 있다.	☐	☐
B. 친구가 많다.	☐	☐
C. 책을 자주 읽는다.	☐	☐
D. 활동적이다.	☐	☐

04 · 면접전형 가이드

1. 면접전형의 변화

기존 면접전형에서는 일상적이고 단편적인 대화나 지원자의 첫인상 및 면접관의 주관적인 판단 등에 의해서 입사 결정 여부를 판단하는 경우가 많았습니다. 이러한 면접전형은 면접 내용의 일관성이 결여되거나 직무 관련 타당성이 부족하였고, 면접에 대한 신뢰도에 영향을 주었습니다.

기존 면접(전통적 면접)		능력중심 채용 면접(구조화 면접)

• 일상적이고 단편적인 대화
• 인상, 외모 등 외부 요소의 영향
• 주관적인 판단에 의존한 총점 부여
 	
⇩
 	
• 면접 내용의 일관성 결여
• 직무관련 타당성 부족
• 주관적인 채점으로 신뢰도 저하
	VS	• 일관성
		  – 직무관련 역량에 초점을 둔 구체적 질문 목록
		  – 지원자별 동일 질문 적용
		• 구조화
		  – 면접 진행 및 평가 절차를 일정한 체계에 의해 구성
		• 표준화
		  – 평가 타당도 제고를 위한 평가 Matrix 구성
		  – 척도에 따라 항목별 채점, 개인 간 비교
		• 신뢰성
		  – 면접진행 매뉴얼에 따라 면접위원 교육 및 실습

2. 능력중심 채용의 면접 유형

① 경험 면접
- 목적 : 선발하고자 하는 직무 능력이 필요한 과거 경험을 질문합니다.
- 평가요소 : 직업기초능력과 인성 및 태도적 요소를 평가합니다.

② 상황 면접
- 목적 : 특정 상황을 제시하고 지원자의 행동을 관찰함으로써 실제 상황의 행동을 예상합니다.
- 평가요소 : 직업기초능력과 인성 및 태도적 요소를 평가합니다.

③ 발표 면접
- 목적 : 특정 주제와 관련된 지원자의 발표와 질의응답을 통해 지원자 역량을 평가합니다.
- 평가요소 : 직무수행능력과 인지적 역량(문제해결능력)을 평가합니다.

④ 토론 면접
- 목적 : 토의과제에 대한 의견수렴 과정에서 지원자의 역량과 상호작용능력을 평가합니다.
- 평가요소 : 직무수행능력과 팀워크를 평가합니다.

1. 경험 면접

① 경험 면접의 특징

- 주로 직업기초능력에 관련된 지원자의 과거 경험을 심층 질문하여 검증하는 면접입니다.
- 직무능력과 관련된 과거 경험을 평가하기 위해 심층 질문을 하며, 이 질문은 지원자의 답변에 대하여 '꼬리에 꼬리를 무는 형식'으로 진행됩니다.

- 능력요소, 정의, 심사 기준
  - 평가하고자 하는 능력요소, 정의, 심사기준을 확인하여 면접위원이 해당 능력요소 관련 질문을 제시합니다.
- Opening Question
  - 능력요소에 관련된 과거 경험을 유도하기 위한 시작 질문을 합니다.
- Follow-up Question
  - 지원자의 경험 수준을 구체적으로 검증하기 위한 질문입니다.
  - 경험 수준 검증을 위한 상황(Situation), 임무(Task), 역할 및 노력(Action), 결과(Result) 등으로 질문을 구분합니다.

경험 면접의 형태

[면접관 1] [면접관 2] [면접관 3]

[면접관 1] [면접관 2] [면접관 3]

[지원자]

〈일대다 면접〉

[지원자 1] [지원자 2] [지원자 3]

〈다대다 면접〉

② 경험 면접의 구조

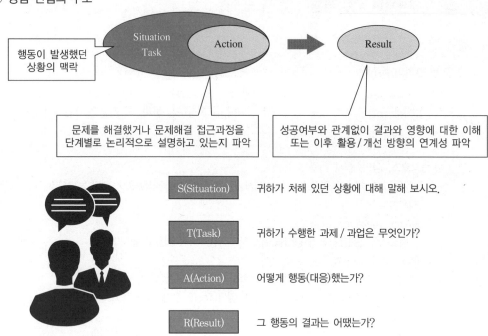

S(Situation) 귀하가 처해 있던 상황에 대해 말해 보시오.

T(Task) 귀하가 수행한 과제 / 과업은 무엇인가?

A(Action) 어떻게 행동(대응)했는가?

R(Result) 그 행동의 결과는 어땠는가?

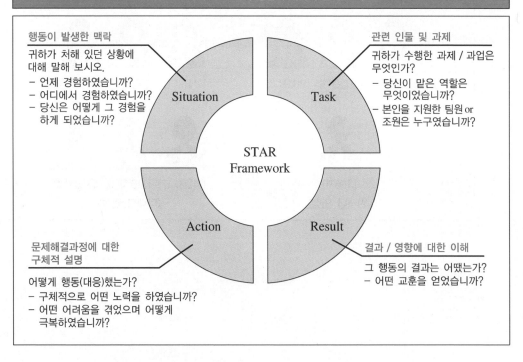

③ 경험 면접 질문 예시(직업윤리)

시작 질문	
1	남들이 신경 쓰지 않는 부분까지 고려하여 절차대로 업무(연구)를 수행하여 성과를 낸 경험을 구체적으로 말해 보시오.
2	조직의 원칙과 절차를 철저히 준수하며 업무(연구)를 수행한 것 중 성과를 향상시킨 경험에 대해 구체적으로 말해 보시오.
3	세부적인 절차와 규칙에 주의를 기울여 실수 없이 업무(연구)를 마무리한 경험을 구체적으로 말해 보시오.
4	조직의 규칙이나 원칙을 고려하여 성실하게 일했던 경험을 구체적으로 말해 보시오.
5	타인의 실수를 바로잡고 원칙과 절차대로 수행하여 성공적으로 업무를 마무리하였던 경험에 대해 말해 보시오.

후속 질문		
상황 (Situation)	상황	구체적으로 언제, 어디에서 경험한 일인가?
		어떤 상황이었는가?
	조직	어떤 조직에 속해 있었는가?
		그 조직의 특성은 무엇이었는가?
		몇 명으로 구성된 조직이었는가?
	기간	해당 조직에서 얼마나 일했는가?
		해당 업무는 몇 개월 동안 지속되었는가?
	조직규칙	조직의 원칙이나 규칙은 무엇이었는가?
임무 (Task)	과제	과제의 목표는 무엇이었는가?
		과제에 적용되는 조직의 원칙은 무엇이었는가?
		그 규칙을 지켜야 하는 이유는 무엇이었는가?
	역할	당신이 조직에서 맡은 역할은 무엇이었는가?
		과제에서 맡은 역할은 무엇이었는가?
	문제의식	규칙을 지키지 않을 경우 생기는 문제점 / 불편함은 무엇인가?
		해당 규칙이 왜 중요하다고 생각하였는가?
역할 및 노력 (Action)	행동	업무 과정의 어떤 장면에서 규칙을 철저히 준수하였는가?
		어떻게 규정을 적용시켜 업무를 수행하였는가?
		규정은 준수하는 데 어려움은 없었는가?
	노력	그 규칙을 지키기 위해 스스로 어떤 노력을 기울였는가?
		본인의 생각이나 태도에 어떤 변화가 있었는가?
		다른 사람들은 어떤 노력을 기울였는가?
	동료관계	동료들은 규칙을 철저히 준수하고 있었는가?
		팀원들은 해당 규칙에 대해 어떻게 반응하였는가?
		규칙에 대한 태도를 개선하기 위해 어떤 노력을 하였는가?
		팀원들의 태도는 당신에게 어떤 자극을 주었는가?
	업무추진	주어진 업무를 추진하는 데 규칙이 방해되진 않았는가?
		업무수행 과정에서 규정을 어떻게 적용하였는가?
		업무 시 규정을 준수해야 한다고 생각한 이유는 무엇인가?

결과 (Result)	평가	규칙을 어느 정도나 준수하였는가?
		그렇게 준수할 수 있었던 이유는 무엇이었는가?
		업무의 성과는 어느 정도였는가?
		성과에 만족하였는가?
		비슷한 상황이 온다면 어떻게 할 것인가?
	피드백	주변 사람들로부터 어떤 평가를 받았는가?
		그러한 평가에 만족하는가?
		다른 사람에게 본인의 행동이 영향을 주었다고 생각하는가?
	교훈	업무수행 과정에서 중요한 점은 무엇이라고 생각하는가?
		이 경험을 통해 느낀 바는 무엇인가?

2. 상황 면접

① 상황 면접의 특징

직무 관련 상황을 가정하여 제시하고 이에 대한 대응능력을 직무관련성 측면에서 평가하는 면접입니다.

> • 상황 면접 과제의 구성은 크게 2가지로 구분
> – 상황 제시(Description) / 문제 제시(Question or Problem)
> • 현장의 실제 업무 상황을 반영하여 과제를 제시하므로 직무분석이나 직무전문가 워크숍 등을 거쳐 현장성을 높임
> • 문제는 상황에 대한 기본적인 이해능력(이론적 지식)과 함께 실질적 대응이나 변수 고려능력(실천적 능력) 등을 고르게 질문해야 함

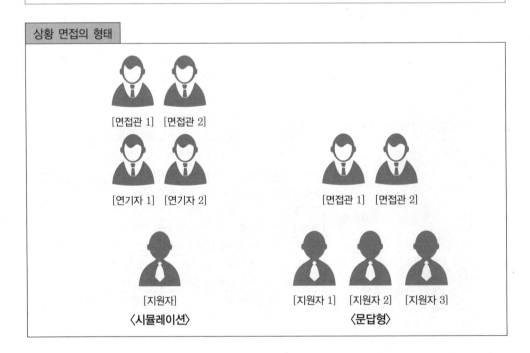

상황 면접의 형태

[면접관 1] [면접관 2]

[연기자 1] [연기자 2]   [면접관 1] [면접관 2]

[지원자]   [지원자 1] [지원자 2] [지원자 3]

〈시뮬레이션〉   〈문답형〉

② 상황 면접 예시

	인천공항 여객터미널 내에는 다양한 용도의 시설(사무실, 통신실, 식당, 전산실, 창고 면세점 등)이 설치되어 있습니다.	실제 업무 상황에 기반함
상황 제시	금년에 소방배관의 누수가 잦아 메인 배관을 교체하는 공사를 추진하고 있으며, 당신 은 이번 공사의 담당자입니다.	배경 정보
	주간에는 공항 운영이 이루어져 주로 야간에만 배관 교체 공사를 수행하던 중, 시공하 는 기능공의 실수로 배관 연결 부위를 잘못 건드려 고압배관의 소화수가 누출되는 사고가 발생하였으며, 이로 인해 인근 시설물에 누수에 의한 피해가 발생하였습니다.	구체적인 문제 상황
문제 제시	일반적인 소방배관의 배관연결(이음)방식과 배관의 이탈(누수)이 발생하는 원인 에 대해 설명해 보시오.	문제 상황 해결을 위한 기본 지식 문항
	담당자로서 본 사고를 현장에서 긴급히 처리하는 프로세스를 제시하고, 보수완료 후 사후적 조치가 필요한 부분 및 재발방지 방안에 대해 설명해 보시오.	문제 상황 해결을 위한 추가 대응 문항

3. 발표 면접

① 발표 면접의 특징
  • 직무관련 주제에 대한 지원자의 생각을 정리하여 의견을 제시하고, 발표 및 질의응답을 통해 지원자
    의 직무능력을 평가하는 면접입니다.
  • 발표 주제는 직무와 관련된 자료로 제공되며, 일정 시간 후 지원자가 보유한 지식 및 방안에 대한
    발표 및 후속 질문을 통해 직무적합성을 평가합니다.

  > • 주요 평가요소
  >   – 설득적 말하기 / 발표능력 / 문제해결능력 / 직무관련 전문성
  > • 이미 언론을 통해 공론화된 시사 이슈보다는 해당 직무분야에 관련된 주제가 발표면접의 과제로 선
  >   정되는 경우가 최근 들어 늘어나고 있음
  > • 짧은 시간 동안 주어진 과제를 빠른 속도로 분석하여 발표문을 작성하고 제한된 시간 안에 면접관에
  >   게 효과적인 발표를 진행하는 것이 핵심

발표 면접의 형태

[면접관 1] [면접관 2]   [면접관 1] [면접관 2]

[지원자]   [지원자 1] [지원자 2] [지원자 3]

〈개별 과제 발표〉   〈팀 과제 발표〉

※ 면접관에게 시각적 효과를 사용하여 메시지를 전달하는 쌍방향 커뮤니케이션 방식
※ 심층면접을 보완하기 위한 방안으로 최근 많은 기업에서 적극 도입하는 추세

② 발표 면접 예시

1. 지시문

당신은 현재 A사에서 직원들의 성과평가를 담당하고 있는 팀원이다. 인사팀은 지난주부터 사내 조직문화관련 인터뷰를 하던 도중 성과평가제도에 관련된 개선 니즈가 제일 많다는 것을 알게 되었다. 이에 팀장님은 인터뷰 결과를 종합하려 성과평가제도 개선 아이디어를 A4용지에 정리하여 신속 보고할 것을 지시하셨다. 당신에게 남은 시간은 1시간이다. 자료를 준비하는 대로 당신은 팀원들이 모인 회의실에서 5분 간 발표할 것이며, 이후 질의응답을 진행할 것이다.

2. 배경자료

〈성과평가제도 개선에 대한 인터뷰〉

최근 A사는 회사 사세의 급성장으로 인해 작년보다 매출이 두 배 성장하였고, 직원 수 또한 두 배로 증가하였다. 회사의 성장은 임금, 복지에 대한 상승 등 긍정적인 영향을 주었으나 업무의 불균형 및 성과보상의 불평등 문제가 발생하였다. 또한 수시로 입사하는 신입직원과 경력직원, 퇴사하는 직원들까지 인원들의 잦은 변동으로 인해 평가해야 할 대상이 변경되어 현재의 성과평가제도로는 공정한 평가가 어려운 상황이다.

[생산부서 김상호]
우리 팀은 지난 1년 동안 생산량이 급증했기 때문에 수십 명의 신규인력이 급하게 채용되었습니다. 이 때문에 저희 팀장님은 신규 입사자들의 이름조차 기억 못할 때가 많이 있습니다. 성과평가를 제대로 하고 있는지 의문이 듭니다.

[마케팅 부서 김흥민]
개인의 성과평가의 취지는 충분히 이해합니다. 그러나 현재 평가는 실적기반이나 정성적인 평가가 많이 포함되어 있어 객관성과 공정성에는 의문이 드는 것이 사실입니다. 이러한 상황에서 평가제도를 재수립하지 않고, 인센티브에 계속 반영한다면, 평가제도에 대한 반감이 커질 것이 분명합니다.

[교육부서 홍경민]
현재 교육부서는 인사팀과 밀접하게 일하고 있습니다. 그럼에도 인사팀에서 실시하는 성과평가제도에 대한 이해가 부족한 것 같습니다.

[기획부서 김경호 차장]
저는 저의 평가자 중 하나가 연구부서의 팀장님인데, 일 년에 몇 번 같이 일하지 않는데 어떻게 저를 평가할 수 있을까요? 특히 연구팀은 저희가 예산을 배정하는데, 저에게는 좋지만….

4. 토론 면접

① 토론 면접의 특징
- 다수의 지원자가 조를 편성해 과제에 대한 토론(토의)을 통해 결론을 도출해가는 면접입니다.
- 의사소통능력, 팀워크, 종합인성 등의 평가에 용이합니다.

> - 주요 평가요소
>   - 설득적 말하기, 경청능력, 팀워크, 종합인성
> - 의견 대립이 명확한 주제 또는 채용분야의 직무 관련 주요 현안을 주제로 과제 구성
> - 제한된 시간 내 토론을 진행해야 하므로 적극적으로 자신 있게 토론에 임하고 본인의 의견을 개진할 수 있어야 함

토론 면접의 형태

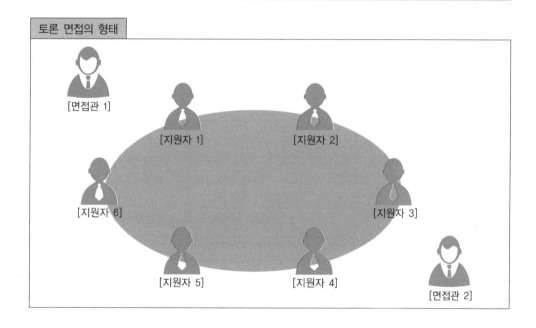

② 토론 면접 예시

고객 불만 고충처리

1. 들어가며

최근 우리 상품에 대한 고객 불만의 증가로 고객고충처리 TF가 만들어졌고 당신은 여기에 지원해 배치받았다. 당신의 업무는 불만을 가진 고객을 만나서 애로사항을 듣고 처리해 주는 일이다. 주된 업무로는 고객의 니즈를 파악해 방향성을 제시해 주고 그 해결책을 마련하는 일이다. 하지만 경우에 따라서 고객의 주관적인 의견으로 인해 제대로 된 방향으로 의사결정을 하지 못할 때가 있다. 이럴 경우 설득이나 논쟁을 해서라도 의견을 관철시키는 것이 좋을지 아니면 고객의 의견대로 진행하는 것이 좋을지 결정해야 할 때가 있다. 만약 당신이라면 이러한 상황에서 어떤 결정을 내릴 것인지 여부를 자유롭게 토론해 보시오.

2. 1분 자유 발언 시 준비사항

- 당신은 의견을 자유롭게 개진할 수 있으며 이에 따른 불이익은 없습니다.
- 토론의 방향성을 이해하고, 내용의 장점과 단점이 무엇인지 문제를 명확히 말해야 합니다.
- 합리적인 근거에 기초하여 개선방안을 명확히 제시해야 합니다.
- 제시한 방안을 실행 시 예상되는 긍정적 · 부정적 영향요인도 동시에 고려할 필요가 있습니다.

3. 토론 시 유의사항

- 토론 주제문과 제공해드린 메모지, 볼펜만 가지고 토론장에 입장할 수 있습니다.
- 사회자의 지정 또는 발표자가 손을 들어 발언권을 획득할 수 있으며, 사회자의 통제에 따릅니다.
- 토론회가 시작되면, 팀의 의견과 논거를 정리하여 1분간의 자유발언을 할 수 있습니다. 순서는 사회자가 지정합니다. 이후에는 자유롭게 상대방에게 질문하거나 답변을 하실 수 있습니다.
- 핸드폰, 서적 등 외부 매체는 사용하실 수 없습니다.
- 논제에 벗어나는 발언이나 지나치게 공격적인 발언을 할 경우, 위에서 제시한 유의사항을 지키지 않을 경우 불이익을 받을 수 있습니다.

1. 면접 Role Play 편성

- 교육생끼리 조를 편성하여 면접관과 지원자 역할을 교대로 진행합니다.
- 지원자 입장과 면접관 입장을 모두 경험해 보면서 면접에 대한 적응력을 높일 수 있습니다.

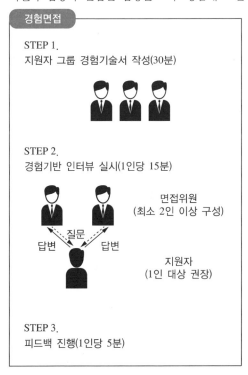

경험면접

STEP 1.
지원자 그룹 경험기술서 작성(30분)

STEP 2.
경험기반 인터뷰 실시(1인당 15분)

면접위원
(최소 2인 이상 구성)

질문

답변   답변

지원자
(1인 대상 권장)

STEP 3.
피드백 진행(1인당 5분)

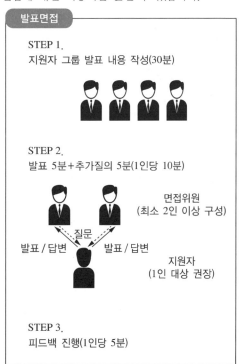

발표면접

STEP 1.
지원자 그룹 발표 내용 작성(30분)

STEP 2.
발표 5분+추가질의 5분(1인당 10분)

면접위원
(최소 2인 이상 구성)

질문

발표 / 답변   발표 / 답변

지원자
(1인 대상 권장)

STEP 3.
피드백 진행(1인당 5분)

> **Tip**
>
> 면접 준비하기
> 1. 면접 유형 확인 필수
>   - 기업마다 면접 유형이 상이하기 때문에 해당 기업의 면접 유형을 확인하는 것이 좋음
>   - 일반적으로 실무진 면접, 임원면접 2차례에 거쳐 면접을 실시하는 기업이 많고 실무진 면접과 임원 면접에서 평가요소가 다르기 때문에 유형에 맞는 준비방법이 필요
> 2. 후속 질문에 대한 사전 점검
>   - 블라인드 채용 면접에서는 주요 질문과 함께 후속 질문을 통해 지원자의 직무능력을 판단
>   → STAR 기법을 통한 후속 질문에 미리 대비하는 것이 필요

PART 5

05 | 건강보험심사평가원 면접 기출질문

건강보험심사평가원의 면접심사는 다대일 집중면접과 다대다 토론면접으로 진행된다. 다대일 집중면접은 직무적합성, 개인별 역량, 조직적합성 및 인성을 종합적으로 평가하는 심층 인성면접의 방식으로 진행되고, 다대다 토론면접은 개인 간 상호작용 및 집단 내에서의 개인행동에 대한 평가로 진행된다.

1. 2024년 기출질문

[심층면접]
- AI나 빅데이터를 이용해서 업무를 진행해 본 경험이 있는지 말해 보시오.
- 최신 기술을 따라가기 위해 어떤 노력이 필요한지 말해 보시오.
- 우리나라의 사회보장제도에 대해 아는 대로 말해 보시오.
- 우리나라의 건강보험제도에 대해 아는 대로 말해 보시오.
- 행위별수가제의 장단점에 대해 말해 보시오.
- 포괄수가제의 장단점에 대해 말해 보시오..
- 신포괄수가제도에 대해 설명해 보시오.
- 상급종합병원의 기준에 대해 말해 보시오.
- 선별급여 적용기준을 아는 대로 말해 보시오.
- NHI와 NHS를 비교하여 말해 보시오.
- 건강보험심사평가원의 요양급여대상 여부의 적용 4단계와 각 고려요소에 대해 말해 보시오.
- 디지털시대 고객만족 CS에 대해 말해 보시오.
- 행정처분 시 병원이 해야 하는 절차에 대해서 말해 보시오.
- 그린벨트에 대한 찬성 / 반대 입장을 말해 보시오.
- 종량제봉투 실명화에 대한 찬성 / 반대 입장을 말해 보시오.
- 수능 논술화에 대한 찬성 / 반대 입장을 말해 보시오.
- 인터넷 실명제에 대한 찬성 / 반대 입장을 말해 보시오.

[인성면접]
- 본인과 잘 맞는 상사와 그렇지 않은 상사의 유형에 대해 말해 보시오.
- 건강보험심사평가원의 첫인상에 대해 말해 보시오.
- 입사 후 기여할 수 있는 점에 대해 말해 보시오.
- 대인관계를 유지하는 방법에 대해 말해 보시오.
- 본인의 역량을 발휘할 수 있는 부서는 어디인지 말해 보시오.
- 원칙과 상황 중 어느 것을 중요하게 생각하는지 말해 보시오.
- 업무를 익히는 노하우에 대해 말해 보시오.
- 본인의 강점을 직무와 연관지어 말해 보시오.
- 본인의 단점으로 인해 발생할 수 있는 문제와 이를 개선하기 위한 방안을 말해 보시오.

2. 2023년 기출질문

[심층면접]
- 건강보험심사평가원의 발전에 기여할 수 있는 아이디어를 말해 보시오.
- 건강보험심사평가원의 업무 중 더 효율적으로 개선할 수 있는 부분에 대한 본인의 생각을 말해 보시오.

[인성면접]
- 인생을 살면서 가장 몰입했던 일이 무엇인지 말해 보시오.
- 그 일에 몰입하게 된 이유에 대해 말해 보시오.
- 꾸준히 해온 자기계발이 있다면 말해 보시오.
- 신뢰를 받은 경험이 있다면 말해 보시오.
- 건강보험심사평가원에서 가장 관심 있게 본 것에 대해 말해 보시오.
- 건강보험심사평가원의 업무에서 발휘할 수 있는 자신의 역량은 무엇인지 말해 보시오.
- 고객 서비스 정신이란 무엇이라고 생각하는지 말해 보시오.
- 팀원들과 함께 해오던 프로젝트를 갈아 엎어야 하는 상황이 발생한다면 어떻게 대처할지 말해 보시오.
- 힘들지만 끝까지 해낸 경험이 있다면 말해 보시오.
- 건강보험심사평가원의 가치 중 가장 중요하다 생각하는 것은 무엇인지 말해 보시오.
- 건강보험심사평가원에서 해보고 싶은 업무가 있다면 무엇인지 말해 보시오.

3. 2022년 기출질문

[심층면접]
- 건강보험심사평가원이 독립적으로 존재해야 하는 이유에 대해 말해 보시오.
- 자보 심사를 건강보험심사평가원에서 하는 이유에 대해 말해 보시오.
- 건강보험심사평가원의 부족한 점에 대해 생각하는 대로 말해 보시오.
- 요양급여대상을 확인하는 방법과 이의신청에 대하여 말해 보시오.
- 한 부위를 절개하여 두 가지 수술을 동시 진행할 시 첫 수술은 100% 요양급여 적용이고, 두 번째 수술은 50%(종합병원은 70%) 적용인 부분에 대하여 본인의 생각을 말해 보시오.

[인성면접]
- 식상이란 무엇이라고 생각하는지 말해 보시오.
- 본인의 장점이 건강보험심사평가원의 어떤 점과 잘 맞을 거라고 생각하는지 말해 보시오.
- 건강보험심사평가원 홈페이지에서 좋았던 점이 있다면 말해 보시오.
- 옆에 지원자와 본인 중 한 사람만 붙어야 한다면 누가 합격해야 하는지 말해 보시오.
- 비윤리적이지만 법적으로 문제가 되지는 않는 상사의 지시를 어떻게 할 것인지 말해 보시오.
- 지원분야에서 자신의 강점을 말해 보시오.
- 최근에 읽었던 책과 가장 감명 깊었던 책에 대하여 말해 보시오.
- 살면서 가장 아쉬웠던 경험을 말해 보시오.
- 성격을 바꿀 수 있다면 어떤 점을 바꾸고 싶은지 말해 보시오.
- 건강보험심사평가원이 나아가야 할 방향을 제시해 보시오.

4. 2021년 기출질문

[심층면접]
- 건강보험심사평가원의 역할 중 가장 중요한 것이 무엇이라고 생각하는지 말해 보시오.
- 건강보험심사평가원의 사업에 대해 아는 대로 말해 보시오.
- 건강보험심사평가원이 가장 잘하고 있는 제도와 못한다고 생각하는 제도에 대해 말하고, 그 개선방안에 대해 말해 보시오.
- 건강보험심사평가원의 미션 및 비전을 달성하기 위한 방안에 대해 말해 보시오.
- 건강보험심사평가원과 관련된 기사와 본인의 의견을 말해 보시오.
- 상급종합병원의 조건에 대해 말해 보시오.

[인성면접]
- 동료와 협업하여 성과를 낸 경험을 말해 보시오.
- 청탁을 받은 경험이 있다면 말해 보시오. 없을 경우 청탁을 받았을 때 어떻게 대처할 것인지 말해 보시오.
- 원칙을 지키거나 어긴 경험을 말해 보시오.
- 건강보험심사평가원에 지원하게 된 동기를 말해 보시오.
- 전화 응대를 잘할 수 있는 방법에 대해 말해 보시오.
- 사소하거나 귀찮은 일을 지원해서 도맡은 경험이 있다면 말해 보시오.
- 본인이 주도해 문제를 해결한 경험을 말해 보시오.
- 본인의 인생 가치관에 대해 말해 보시오.

5. 2020년 기출질문

[심층면접]
- 공보험과 사보험의 차이에 대해 아는 대로 말해 보시오.
- 포괄수가제에 대해 아는 대로 말해 보시오.

[인성면접]
- 직장생활에서 꼭 필요한 점 2가지를 말해 보시오.
- 본인의 단점과 그것을 극복한 경험에 대해 말해 보시오.
- 요구만 하는 민원인을 어떻게 응대할 것인지 말해 보시오.
- 직장에서 업무를 진행하면서 전문용어 때문에 어려움을 겪은 사례와 어떻게 해결했는지 말해 보시오.
- 건강보험심사평가원에 대해 알고 있는 것을 자유롭게 말해 보시오.
- 많은 사람 앞에서 프레젠테이션을 한 경험이 있다면 말해 보시오.
- 아무도 몰라주는데 희생한 경험에 대해 말해 보시오.

6. 2019년 기출질문

[심층면접]
- 빅데이터를 활용한 아이디어를 말해 보시오.
- 건강보험심사평가원에 접목할 수 있는 4차 산업혁명의 기술은 어떠한 것이 있겠는가?
- 건강보험심사평가원의 보안 솔루션에 대해 말해 보시오.
- 건강보험심사평가원의 공공데이터 중 가장 유용한 정보는 무엇이라고 생각하는가?
- 고객의 공공데이터 접근성을 높이기 위한 방법에는 어떤 것이 있겠는가?
- 우리나라 중증질환자 증가율이 OECD 평균 중증질환자 증가율과 비교하면 어떠한지 말해 보시오.
- 건강보험심사평가원의 미션 및 비전이 필요한 이유를 말해 보시오.

[인성면접]
- 다른 사람들이 하기 싫어하는 일을 자진해서 해본 경험을 말해 보시오.
- 의사들의 민원이 많은데 악성민원을 어떻게 대처할 것인지 말해 보시오.
- 건강보험심사평가원에 지원하게 된 이유와 본인의 장점을 1분 안에 말해 보시오.
- 건강보험심사평가원의 단점을 말해 보시오.
- 일하고 싶은 부서를 말하고, 본인이 해당 부서에 어떻게 기여할 수 있을지 말해 보시오.
- 건강보험심사평가원의 비전에 기여할 방안을 향후 10년 계획으로 말해 보시오.
- 직업윤리에 대한 본인의 생각을 말해 보시오.
- 청렴에 대한 본인의 생각을 말해 보시오.
- 본인만의 소통 방법에 대해 말해 보시오.
- 본인의 비전을 한 단어로 말해 보시오.
- 협업을 통해 팀워크를 발휘한 경험을 말해 보시오.

7. 2018년 기출질문

[심층면접]
- 건강보험심사평가원에서 하는 일을 아는 대로 말해 보시오.
- 공직자의 직업윤리에 대해 설명해 보시오.
- PA간호사에 대해 설명해 보시오.
- PA간호사 인력에 대한 찬성 / 반대 입장을 말해 보시오.
- 통일 시 HIRA 시스템, 인프라 구축, 남·북 의료인력 자격기준, 의료인력배치 등에 대해 말해 보시오.
- 건강보험심사평가원의 사회적 역할 두 가지는 무엇인가?

[인성면접]
- 상사와 의견이 다를 때 어떻게 설득할 것인지 말해 보시오.
- 희망하는 부서와 그 부서에 본인이 적합하다고 생각하는 이유를 경험과 관련지어 말해 보시오.
- 건강보험심사평가원에서 인턴으로 근무하면서 배우고 싶은 것은 무엇인가?
- 전에 일했던 근무지의 규모와 어떤 일을 했는지 말해 보시오.
- 자기소개를 본인의 경험과 관련해서 하고, 본인의 강점을 말해 보시오.
- 학교 때 가장 힘들었던 과목과 그 이유를 말해 보시오.
- 병원이나 조직생활 시 갈등을 해결했던 경험이 있는가?
- 지켜야 할 규정의 기준이 정확하지 않을 때 어떻게 할 것인가?
- 본인의 장단점을 말해 보시오.

8. 2017년 기출질문

[심층면접]
- 건강보험심사평가원에 대한 기사 중 최근에 읽은 것이 무엇인가?
- 건강보험심사평가원의 외부 청렴도를 높이기 위한 방안에 대해 말해 보시오.
- 건강보험심사평가원의 평가와 심사의 다른 점은 무엇인가?
- 비트코인에 대해 설명해 보시오.
- 구글의 프로젝트 중 아는 것을 설명해 보시오.
- 필터버블에 대해 아는 것을 설명해 보시오.
- 사회복지재원의 부당한 사용에 대해 어떻게 생각하는지 말해 보시오.
- 원주 혁신도시에 대해 어떻게 생각하는지 말해 보시오.
- 전문성이란 무엇인가?

현재 나의 실력을 객관적으로 파악해 보자!

모바일 OMR
답안채점 / 성적분석 서비스

도서에 수록된 모의고사에 대한 객관적인 결과(정답률, 순위)를 종합적으로 분석하여 제공합니다.

OMR 입력   성적분석   채점결과

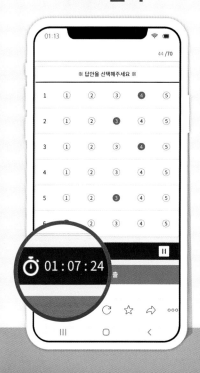 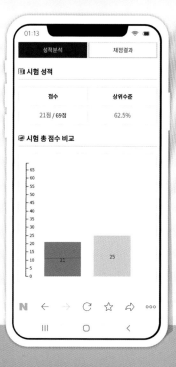 

※OMR 답안채점 / 성적분석 서비스는 등록 후 30일간 사용 가능합니다.

도서 내 모의고사 우측 상단에 위치한 QR코드 찍기 → 로그인 하기 → '시작하기' 클릭 → '응시하기' 클릭 → 나의 답안을 모바일 OMR 카드에 입력 → '성적분석 & 채점결과' 클릭 → 현재 내 실력 확인하기

S

2025
전면개정판

판매량
1위
YES24
건강보험심사
평가원

기출복원문제부터
대표기출유형 및
모의고사까지

한 권으로
마무리!

건강보험
심사평가원

정답 및 해설

NCS+전공+최종점검 모의고사 4회

편저 | SDC(Sidae Data Center)

SDC
SDC는 시대에듀 데이터 센터의 약자로
약 30만 개의 NCS·적성 문제 데이터를
바탕으로 최신 출제경향을 반영하여
문제를 출제합니다.

시대에듀

Add+

합격의 공식 시대에듀 www.sdedu.co.kr

특별부록

끝까지 책임진다! 시대에듀!

QR코드를 통해 도서 출간 이후 발견된 오류나 개정법령, 변경된 시험 정보, 최신기출문제, 도서 업데이트 자료 등이 있는지 확인해 보세요! **시대에듀 합격 스마트 앱**을 통해서도 알려 드리고 있으니 구글 플레이나 앱 스토어에서 다운받아 사용하세요. 또한, 파본 도서인 경우에는 구입하신 곳에서 교환해 드립니다.

01

기출복원문제

01 | 직업기초능력평가

01	02	03	04	05	06	07	08	09	10	11									
②	③	①	③	③	③	④	①	③	①	②									

01

정답 ②

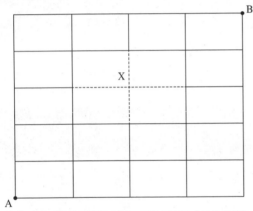

위와 같이 가상의 경로를 지나는 전체 경우의 수에서 X점을 지나는 경우의 수를 제외한다.

가상의 경로를 지나는 전체 경우의 수는 $\dfrac{9!}{4!5!}=126$가지이고, X점을 지나는 경우의 수는 $\dfrac{5!}{2!3!}\times\dfrac{4!}{2!2!}=10\times6=60$가지이다.

따라서 구하고자 하는 경우의 수는 $126-60=66$가지이다.

02

정답 ③

남성 합격자가 32명이고, 남성 합격자 수와 여성 합격자 수의 비율이 2 : 3이므로 여성 합격자는 48명이다.

남성 불합격자 수와 여성 불합격자 수를 모두 a명이라 하면 다음과 같이 정리할 수 있다.

(단위 : 명)

구분	합격자	불합격자	전체 지원자
남성	32	a	$a+32$
여성	48	a	$a+48$

남성 전체 지원자 수는 $(a+32)$명이고, 여성 전체 지원자 수는 $(a+48)$명이다.

$(a+32):(a+48)=6:7$

$\rightarrow 6\times(a+48)=7\times(a+32)$

$\rightarrow a=(48\times6)-(32\times7)$

$\therefore a=64$

따라서 전체 지원자 수는 $2a+80=(64\times2)+80=128+80=208$명이다.

03

정답 ①

(건강보험료)=(보수월액)×(건강보험료율)이고, 2023년 1월 1일 이후 (장기요양보험료)=(건강보험료)×$\dfrac{(장기요양보험료율)}{(건강보험료율)}$이므로 (장기요양보험료)=(보수월액)×(건강보험료율)×$\dfrac{(장기요양보험료율)}{(건강보험료율)}$이다. 그러므로 (보수월액)=$\dfrac{(장기요양보험료)}{(장기요양보험료율)}$이다.

따라서 A씨의 2023년 장기요양보험료는 35,120원이므로 보수월액은 $\dfrac{35,120}{0.9082\%}=\dfrac{35,120}{0.9082}\times100≒3,866,990$원이다.

04

정답 ③

~율/률의 앞 글자가 'ㄱ' 받침을 가지고 있으므로 '출석률'이 옳은 표기이다.

> **~율과 ~률의 구별**
> • ~율 : 앞 글자의 받침이 없거나 받침이 'ㄴ'인 경우 → 비율, 환율, 백분율
> • ~률 : 앞 글자의 받침이 있는 경우(단, 'ㄴ' 받침 제외) → 능률, 출석률, 이직률, 합격률

05

정답 ③

제시문은 ADHD의 원인과 치료 방법에 대한 글이다. 첫 번째 문단에서는 ADHD가 유전적 원인에 의해 발생한다고 설명하고, 두 번째 문단에서는 환경적 원인에 의해 발생한다고 설명하고 있다. 이를 종합하면 ADHD는 다양한 원인이 복합적으로 작용하는 질환임을 알 수 있다. 또한 빈칸 뒤에서도 다양한 원인에 부합하는 맞춤형 치료와 환경 조성이 필요하다고 하였으므로 빈칸에 들어갈 내용으로 가장 적절한 것은 ③이다.

06

정답 ③

다용도 테이프, 화이트보드, 서류꽂이는 S문구의 회원인 A사원은 항상 할인받을 수 있다. 반면 메모홀더는 5개 이상을 구매해야 할인이 가능하므로 할인을 받을 수 없다. 이를 바탕으로 품목별로 할인이 적용된 1개당 가격을 정리하면 다음과 같다.
• 스테이플러 : 5,000원(2개 이상 구매 시 4,000원)
• 메모홀더 : 5,000원
• 다용도 테이프 : 2,700원
• 화이트보드 : 16,000원
• 서류꽂이 : 9,000원
먼저 모든 품목을 1개씩 구매하면 다음과 같다.
5,000+5,000+2,700+16,000+9,000=37,700원 → 남은 예산 : 60,000-37,700=22,300원
다음으로 가장 가격이 낮은 다용도 테이프를 최대한 구매(3개 추가 구매)하면 남은 예산은 다음과 같다.
22,300-(2,700×3)=14,200원
남은 예산으로 스테이플러나 메모홀더 중 할인을 받을 수 있는 스테이플러를 구매해야 하며, 이미 구입한 스테이플러 1개를 할인가격으로 환산하여 구매 가능한 개수(n개)를 구하면 다음과 같다.
14,200+5,000(초기 스테이플러 1개의 정가)>n×4,000(스테이플러 할인가)
19,200>4,000n → 4.8>n
그러므로 스테이플러는 최대 4개를 살 수 있다.
따라서 S문구에서 구매 가능한 최대 물품 수는 스테이플러 4개, 메모홀더 1개, 다용도 테이프 4개, 화이트보드 1개, 서류꽂이 1개로 총 11개이다.

07

B와 C의 진술이 서로 모순되므로 둘 중 한 명은 거짓을 말하고 있으며, 거짓을 말하는 사람이 한 명이므로 A와 D는 모두 참을 말하고 있다. 즉, B와 C는 모두 회의에 참석했다. 이때 B와 C의 진술을 살펴보면 다음과 같다.

• B의 진술이 거짓일 경우

　D는 회의에 참석했으며, D의 진술이 참이 되므로 B 또한 회의에 참석했다. 이 경우 A ~ D 모두 회의에 참석한 것이 되므로 모순이 발생한다.

• C의 진술이 거짓일 경우

　A와 D 중 회의에 참석하지 않은 사람이 있다. 또한 B의 진술이 참이 되므로 D는 회의에 참석하지 않았다. 따라서 A는 회의에 참석했으며, A와 D의 진술에 의해 B와 C가 모두 회의에 참석했으므로 회의에 참석하지 않은 사람은 D이다.

따라서 거짓을 말하고 있는 사람은 C이며, 어제 회의에 참석하지 않은 사람은 D이다.

08

'가명처리'란 개인정보의 일부를 삭제하거나 일부 또는 전부를 대체하는 등의 방법으로 추가 정보가 없이는 특정 개인을 알아볼 수 없도록 처리하는 것을 말한다(개인정보보호법 제2조 제1의2호).

[오답분석]

② 개인정보보호법 제2조 제3호
③ 개인정보보호법 제2조 제1호 가목
④ 개인정보보호법 제2조 제2호

09

「=COUNTIF(범위,조건)」 함수는 조건을 만족하는 범위 내 인수의 개수를 셈하는 함수이다. 이때, 열 전체에 적용하려면 해당 범위에서 숫자를 제외하면 된다. 따라서 B열에서 값이 100 이하인 셀의 개수를 구하는 함수는 「=COUNTIF(B:B,"<=100")」이다.

10

• 초등학생의 한 달 용돈의 합계는 B열부터 E열까지 같은 행에 있는 금액의 합이다. 따라서 (A)에 들어갈 함수는 「=SUM(B2:E2)」 이다.

• 한 달 용돈이 150,000원 이상인 학생 수는 [F2] 셀부터 [F7] 셀까지 금액이 150,000원 이상인 셀의 개수로 구할 수 있다. 따라서 (B)에 들어갈 함수는 「=COUNTIF(F2:F7,">=150,000")」이다.

11

빅데이터 분석을 기획하고자 할 때는 먼저 범위를 설정한 다음 프로젝트를 정의해야 한다. 그 후에 수행 계획을 수립하고 위험 계획을 수립해야 한다. 따라서 빅데이터 분석 기획 절차를 순서대로 나열한 것은 ②이다.

01	02	03	04	05	06	07	08	09	10										
④	④	③	①	①	④	③	③	②	①										

01   정답 ④

공단·심사평가원의 처분에 대한 이의신청은 처분이 있음을 안 날부터 90일 이내에 문서(전자문서를 포함한다)로 하여야 하며 처분이 있은 날부터 180일을 지나면 제기하지 못한다(법 제87조 제3항).

02   정답 ④

포괄수가제의 장점
- 환자에게 좋은 점
  - 본인부담금이 줄어들고, 건강보험의 보장성(혜택)이 확대된다.
  - 병원비를 미리 가늠할 수 있으며 계산이 간편해진다.
  - 건강보험의 지속가능성을 실현한다.
  - 환자가 적정한 수준의 진료를 받을 수 있게 된다.
- 의료기관에 좋은 점
  - 꼭 필요한 진료만 하게 되므로 의료기관의 경영이 효율적으로 이루어진다.
  - 진료비 심사로 인한 마찰이 줄어든다.
  - 병원의 진료비 청구와 계산방법이 간소화된다.
  - 건강보험 진료비의 지급이 빨라진다.

03   정답 ③

업무(영 제28조 제1항)
법 제63조 제1항 제8호(보험급여 비용의 심사와 보험급여의 적정성 평가)에서 대통령령으로 정한 업무는 다음과 같다.
1. 요양급여비용의 심사청구와 관련된 소프트웨어의 개발·공급·검사 등 전산 관리
2. 요양급여의 적정성 평가 결과의 공개
3. 지급되는 요양비 중 보건복지부령으로 정하는 기관에서 받은 요양비에 대한 심사
4. 심사평가원의 업무를 수행하기 위한 환자 분류체계 및 요양급여 관련 질병·부상 분류체계의 개발·관리
5. 심사평가원의 업무와 관련된 교육·홍보

04   정답 ①

부가급여(법 제50조)
공단은 이 법에서 정한 요양급여 외에 대통령령으로 정하는 바에 따라 임신·출산 진료비, 장제비, 상병수당, 그 밖의 급여 등의 부가급여를 실시할 수 있다.

[오답분석]
② 선별급여의 정의이다(영 제18조의4 제1항 제1호).
④ 선별급여의 정의이다(영 제18조의4 제1항 제2호).
③ 방문요양급여의 정의이다(법 제41조의5).

05

정답 ①

상급종합병원에서 1단계 요양급여를 받을 수 있는 자(요양급여 규칙 제2조 제3항)

1. 응급의료에 관한 법률에 해당하는 응급환자인 경우
2. 분만의 경우
3. 치과에서 요양급여를 받는 경우
4. 장애인복지법에 따른 등록 장애인 또는 단순 물리치료가 아닌 작업치료 · 운동치료 등의 재활치료가 필요하다고 인정되는 자가 재활의학과에서 요양급여를 받는 경우
5. 가정의학과에서 요양급여를 받는 경우
6. 당해 요양기관에서 근무하는 가입자가 요양급여를 받는 경우
7. 혈우병환자가 요양급여를 받는 경우

06

정답 ④

정보통신망으로 요양급여비용을 청구할 경우 입원진료는 퇴원일이 속한 날의 다음 주 월요일부터 청구할 수 있다(요양급여비용 청구방법, 심사청구서 · 명세서서식 및 작성요령 제9조 제1항, HIRA 전자자료 – 2024년 7월판 기준).

[오답분석]

① 요양병원의 환자평가표는 해당 진료분의 명세서 접수 전에 제출하여야 한다(요양급여비용 청구방법, 심사청구서 · 명세서서식 및 작성요령 제9조 제7항, HIRA 전자자료 – 2024년 7월판 기준).
② 의약품관리료의 경우에는 일괄하여 청구한다(요양급여비용 청구방법, 심사청구서 · 명세서서식 및 작성요령 제9조 제4항 단서, HIRA 전자자료 – 2024년 7월판 기준).
③ 요양병원형 수가를 적용하는 요양급여비용은 청구매체 및 입원기간에 관계없이 월별로 구분하여 진료월 다음 달 초일부터 청구한다(요양급여비용 청구방법, 심사청구서 · 명세서서식 및 작성요령 제9조 제9항, HIRA 전자자료 – 2024년 7월판 기준).

07

정답 ③

약품비고가도지표란 해당 요양기관의 약품비 발생수준을 나타내는 상대평가 지표를 말한다(장려금의 지급에 관한 기준 제2조 제4호, HIRA 전자자료 – 2024 건강보험심사평가원 기능과 역할 511p 참고).

[오답분석]

① 구입약가(장려금의 지급에 관한 기준 제2조 제3호)
② 실제약품비(장려금의 지급에 관한 기준 제2조 제6호, 2024 건강보험심사평가원 기능과 역할 511p 참고)
④ 기대약품비(장려금의 지급에 관한 기준 제2조 제5호 나목, 2024 건강보험심사평가원 기능과 역할 511p 참고)

08

정답 ③

- 사회보험 : 최저생계보장 또는 기본적 의료보장을 위해 강제 가입하는 집단보험으로 주로 정률제로 형식으로 보험료를 부담한다(HIRA 전자자료 – 2024 건강보험심사평가원 기능과 역할 33p 참고).
- 공공부조 : 생활능력이 없는 국민(극빈자, 장애인, 실업자, 저소득계층)을 원조하기 위해 정부가 일반 조세나 국가의 재정기금으로 지원하는 일종의 구빈제도이다(HIRA 전자자료 – 2024 건강보험심사평가원 기능과 역할 33p 참고)..
- 사회서비스 : 복지사회를 건설할 목적으로 법률이 정하는 바에 의하여 특정인에게 사회보장 급여를 국가 재정부담으로 실시하여 주는 제도이다(HIRA 전자자료 – 2024 건강보험심사평가원 기능과 역할 34p 참고)..

따라서 바르게 설명한 것은 ㉡, ㉣, ㉭이다.

09

보건복지부장관은 관계 행정기관의 장에게 제41조의 2에 따른 약제에 대한 요양급여비용 상한금액의 감액 및 요양급여의 적용정지를 위하여 필요한 자료를 제공하도록 요청할 수 있다(법 제96조 제3항).

오답분석
① 국가, 지방자치단체, 요양기관, 보험료율 산출 기관 그 밖의 공공기관 및 공공단체가 공단 또는 심사평가원에 제공하는 자료에 대하여는 사용료와 수수료 등을 면제한다(법 제96조 제6항).
③ 공단은 국가나 지방자치단체에 대하여 건강보험사업의 수행을 위하여 국세·지방세 등의 자료를 제공하도록 요청할 수 있다(법 제96조 제1항 제1호).
④ 공단 또는 심사평가원은 요양기관, 보험회사 및 보험료율 산출 기관에 자료의 제공을 요청하는 경우 자료 제공 요청 근거 및 사유, 자료 제공 대상자, 대상기간, 자료 제공 기한, 제출 자료 등이 기재된 자료제공요청서를 발송하여야 한다(법 제96조 제5항).

10

조정신청의 사유(약제의 결정 및 조정 기준 제3조 제1항, HIRA 전자자료 – 2023년 약제업무 규정 모음집 829p 참고)
요양급여기준에 따라 이미 고시된 약제의 상한금액 또는 요양급여대상의 조정을 신청할 수 있는 사유는 다음의 어느 하나에 해당하는 경우로 한다.
1. 고시된 약제의 상한금액이 현저히 불합리하다고 판단되는 경우
2. 고시된 약제의 요양급여결정이 현저히 불합리하다고 판단되는 경우
3. 고시된 약제의 상한금액을 인하하려고 하는 경우

03 법학

01	02	03	04																
②	①	①	④																

01

자유권은 주관적·구체적 권리로서의 성격이, 생존권(생활권)은 객관적·추상적 권리로서의 성격이 강하다.

자유권과 생존권의 비교

구분	자유권	생존권
이념적 기초	• 자유주의·개인주의 • 시민적 법치국가를 전제	• 단체주의·사회적 기본권 • 사회적 복지국가를 전제
법적 성격	• 소극적·방어적 권리 • 전국가적·초국가적인 자연권 • 구체적 권리·포괄적 권리	• 적극적 권리 • 국가 내적인 실정권 • 추상적 권리·개별적 권리
주체	• 자연인(원칙), 법인(예외) • 인간의 권리	• 자연인 • 국민의 권리
내용 및 효력	• 국가권력의 개입이나 간섭 배제 • 모든 국가권력 구속, 재판규범성이 강함 • 제3자적 효력(원칙)	• 국가적 급부나 배려 요구 • 입법조치문제, 재판규범성이 약함 • 제3자적 효력(예외)
법률 유보	• 권리제한적 법률유보	• 권리형성적 법률유보
제한 기준	• 주로 안전보장·질서 유지에 의한 제한 • 소극적 목적	• 주로 공공복리에 의한 제한 • 적극적 목적

02

정답 ①

범죄피해자의 고소나 고발이 있어야만 공소를 제기할 수 있는 범죄는 친고죄이다. 형법상 친고죄에는 비밀침해죄, 업무상 비밀누설죄, 친족 간 권리행사방해죄, 사자명예훼손죄, 모욕죄 등이 있다.

03

정답 ①

①은 죄수론의 상상적 경합에 대한 설명이다. 성립요건에서는 1개의 행위가 1개의 죄이냐 수개의 죄이냐는 문제가 되지 않는다.

> **범죄의 성립요건**
> • 형법상 범죄가 성립되기 위해서는 구성요건에 해당하는 위법한 행위를 한 자에게 책임이 있어야 한다. 구성요건해당성·위법성·책임성(유책성)을 범죄의 성립요건이라고 한다.
> • 만일에 이들 3요소 중 어느 하나라도 결여되면 범죄는 성립하지 않게 된다. 구성요건에 해당하고 위법한 행위일지라도 책임능력이 없는 자의 행위는 범죄가 되지 아니하므로 위법행위가 모두 범죄인 것은 아니다.

04

정답 ④

변론주의에 대한 설명이다. 변론주의의 내용으로는 사실의 주장책임, 자백의 구속력, 증거신청주의가 있다.

04 행정학

01	02	03																	
④	②	①																	

01

정답 ④

오답분석

ㄱ. 보수주의 정부관에 따르면 정부에 대한 불신이 강하고 정부실패를 우려한다.

ㄴ. 공공선택론은 정부를 공공재의 생산자로 규정하고 있다. 그러나 대규모 관료제에 의한 행정은 효율성을 극대화하지 못한다고 비판하므로 옳은 내용이 아니다.

보수주의·진보주의 정부관

구분	보수주의	진보주의
추구 가치	• 자유 강조(국가로부터의 자유) • 형식적 평등, 기회의 평등 중시 • 교환적 정의 중시	• 자유를 열렬히 옹호(국가에 의한 자유) • 실질적 평등, 결과의 평등 중시 • 배분적 정의 중시
인간관	• 합리적이고 이기적인 경제인	• 오류가능성의 여지 인정
정부관	• 최소한의 정부 – 정부 불신	• 적극적인 정부 – 정부 개입 인정
경제 정책	• 규제완화, 세금감면, 사회복지정책의 폐지	• 규제옹호, 소득재분배정책, 사회보장정책
비고	• 자유방임적 자본주의	• 복지국가, 사회민주주의, 수정자본주의

02

정답 ②

우리나라의 지방자치단체의 기관구성 형태는 의결기관과 집행기관이 분리되어 있는 기관대립형이다.

오답분석

① 지방자치단체는 법령의 범위 안에서 그 사무에 관하여 조례를 제정할 수 있다. 다만, 주민의 권리 제한 또는 의무 부과에 관한 사항이나 벌칙을 정할 때에는 법률의 위임이 있어야 한다(지방자치법 제22조).
③ 우리나라는 지방자치단체장에 대한 불신임권은 인정되지 않는다.
④ 조례안이 지방의회에서 의결되면 의장은 의결된 날부터 5일 이내에 그 지방자치단체의 장에게 이를 이송하여야 한다(지방자치법 제26조 제1항).

03

정답 ①

정책참여자의 범위는 이슈네트워크, 정책공동체, 하위정부모형 순으로 넓다.

05 　경영학

01	02																		
②	④																		

01

정답 ②

오답분석

① 횡축은 상대적 시장점유율, 종축은 시장성장률이다.
③ 별 영역은 시장성장률과 상대적 시장점유율 모두 높다.
④ 자금젖소 영역은 시장점유율이 높아 자금투자보다 자금산출이 많다.

02

정답 ④

ⓒ 자동화기계 도입에 따른 다기능공 활용이 늘어나면, 작업자는 여러 기능을 숙달해야 하는 부담이 증가한다.
ⓔ 혼류 생산을 통해 공간 및 설비 이용률을 향상시킨다.

오답분석

ⓐ 현상 낭비 제거를 통해 원가를 낮추고 생산성을 향상시킨다.
ⓑ 소 LOT 생산을 통해 재고율을 감소시켜, 재고비용, 공간 등을 줄일 수 있다.

01	02																			
②	①																			

01

정답 ②

㉠ 생산비용 절감 또는 생산기술 발전 시 공급이 늘어나 공급곡선이 오른쪽으로 이동한다.

㉢ A의 가격이 높아지면 대체재인 B의 가격이 상대적으로 낮아져 수요가 늘어나게 된다.

오답분석

㉡ 정상재의 경우 수입이 증가하면 수요가 늘어나 수요곡선이 오른쪽으로 이동한다.

㉣ 상품의 가격이 높아질 것으로 예상되면 나중에 더 높은 가격에 팔기 위해 공급이 줄어들게 되므로 공급곡선이 왼쪽으로 이동한다.

02

정답 ①

문제에서 주어진 조건으로 보면 S국 구리 생산업체들의 국내 판매의 가격은 4이고 판매량은 4일 것이다. 하지만 국제 시장가격이 5이므로 S국 구리 생산업체들은 국제 시장가격으로 가격과 공급량을 결정할 것이다. 그렇다면 S국 구리 생산업체들의 판매가격은 5, 공급량은 5가 되는데 이때 국내에서도 5의 가격에서 2개의 수요가 있으므로 국내 판매량이 2라고 하면 수출량은 공급량 5에서 국내 판매량 2를 뺀 3이 된다.

01	02	03	04	05	06	07	08	09	10	11	12	13	14	15	16	17	18	19	20
④	③	⑤	③	③	③	④	④	③	⑤	③	④	②	①	③	④	⑤	④	③	④

21	22	23	24	25	26	27	28	29	30	31	32	33	34	35	36	37	38	39	40
③	②	⑤	③	⑤	③	④	④	③	①	①	④	③	①	④	③	④	④	④	③

41	42	43	44	45	46	47	48	49	50
②	③	②	③	①	④	④	⑤	②	②

01
정답 ④

쉼이란 대화 도중에 잠시 침묵하는 것을 말한다. 쉼을 사용하는 대표적인 경우는 다음과 같다.
- 이야기의 전이 시(흐름을 바꾸거나 다른 주제로 넘어갈 때)
- 양해, 동조, 반문의 경우
- 생략, 암시, 반성의 경우
- 여운을 남길 때

위와 같은 목적으로 쉼을 활용함으로써 논리성, 감정 제고, 동질감 등을 확보할 수 있다.
반면, 연단공포증은 면접이나 발표 등 청중 앞에서 이야기할 때 가슴이 두근거리고, 입술이 타고, 식은땀이 나고, 얼굴이 달아오르는 생리적인 현상으로, 쉼과는 관련이 없다. 연단공포증은 90% 이상의 사람들이 호소하는 불안이므로 극복하기 위해서는 연단공포증에 대한 걱정을 떨쳐내고 이러한 심리현상을 잘 통제하여 의사 표현하는 것을 연습해야 한다.

02
정답 ③

미국의 심리학자인 도널드 키슬러는 대인관계 의사소통 방식을 체크리스트로 평가하여 8가지 유형으로 구분하였다. 이 중 친화형은 따뜻하고 배려심이 깊으며, 타인과의 관계를 중시하는 유형이다. 또한 협동적이고 조화로운 성격으로, 자기희생적인 경향이 강하다.

> **키슬러의 대인관계 의사소통 유형**
> - 지배형 : 자신감이 있고 지도력이 있으나 논쟁적이고 독단이 강하여 대인 갈등을 겪을 수 있으므로 타인의 의견을 경청하고 수용하는 자세가 필요하다.
> - 실리형 : 이해관계에 예민하고 성취 지향적으로 경쟁적인 데다 자기중심적이어서 타인의 입장을 배려하고 관심을 갖는 자세가 필요하다.
> - 냉담형 : 이성적인 의지력이 강하고 타인의 감정에 무관심하며 피상적인 대인관계를 유지하므로 타인의 감정 상태에 관심을 가지고 긍정적인 감정을 표현하는 것이 필요하다.
> - 고립형 : 혼자 있는 것을 선호하고 사회적 상황을 회피하며 지나치게 자신의 감정을 억제하므로 대인관계의 중요성을 인식하고 타인에 대한 비현실적인 두려움의 근원을 성찰하는 것이 필요하다.
> - 복종형 : 수동적이고 의존적이며 자신감이 없으므로 적극적인 자기표현과 주장이 필요하다.
> - 순박형 : 단순하고 솔직하며 자기주관이 부족하므로 자기주장을 하는 노력이 필요하다.
> - 친화형 : 따뜻하고 인정이 많고 자기희생적이나 타인의 요구를 거절하지 못하므로 타인과의 정서적인 거리를 유지하는 노력이 필요하다.
> - 사교형 : 외향적이고 인정하는 욕구가 강하며, 타인에 대한 관심이 많아서 간섭하는 경향이 있고 흥분을 잘 하므로 심리적 안정과 지나친 인정욕구에 대한 성찰이 필요하다.

03

정답 ⑤

철도사고는 달리는 도중에도 발생할 수 있으므로 먼저 인터폰을 통해 승무원에게 사고를 알리고, 열차가 멈춘 후에 안내방송에 따라 비상핸들이나 비상콕크를 돌려 문을 열고 탈출해야 한다. 만일 화재가 발생했을 경우에는 승무원에게 사고를 알리고 곧바로 119에도 신고를 해야 한다.

오답분석

① 침착함을 잃고 패닉에 빠지게 되면, 적절한 행동요령에 따라 대피하기 어렵다. 따라서 사고현장에서 대피할 때는 승무원의 안내에 따라 질서 있게 대피해야 한다.
② 화재사고 발생 시 승객들은 여유가 있을 경우 전동차 양 끝에 비치된 소화기를 통해 초기 진화를 시도해야 한다.
③ 역이 아닌 곳에서 열차가 멈췄을 경우 감전의 위험이 있으므로 반드시 승무원의 안내에 따라 반대편 선로의 열차 진입에 유의하며 대피 유도등을 따라 침착하게 비상구로 대피해야 한다.
④ 전동차에서 대피할 때는 부상자, 노약자, 임산부 등 탈출이 어려운 사람부터 먼저 대피할 수 있도록 배려하고 도와주어야 한다.

04

정답 ③

하향식 읽기 모형은 독자의 배경지식을 바탕으로 글의 맥락을 먼저 파악하는 읽기 전략이다. ③의 경우 제품 설명서를 통해 세부 기능과 버튼별 용도를 파악하고 기계를 작동시켰으므로 상향식 읽기를 수행한 사례이다. 제품 설명서를 하향식으로 읽는다면 제품 설명서를 읽기 전 제품을 보고 배경지식을 바탕으로 어떤 기능이 있는지 예측하고, 해당 기능을 수행하는 세부 방법을 제품 설명서를 통해 찾아봐야 한다.

오답분석

① 회의의 주제에 대한 배경지식을 가지고 회의 안건을 예상한 후 회의 자료를 파악하였으므로 하향식 읽기 모형에 해당한다.
② 헤드라인을 먼저 읽어 배경지식을 바탕으로 전체적인 내용을 파악하고 상세 내용을 읽었으므로 하향식 읽기 모형에 해당한다.
④ 요리에 대한 경험과 지식을 바탕으로 요리 과정을 파악하였으므로 하향식 읽기 모형에 해당한다.
⑤ 해당 분야에 대한 기본적인 지식을 바탕으로 서문이나 목차를 통해 책의 전체적인 흐름을 파악하였으므로 하향식 읽기 모형에 해당한다.

05

정답 ③

농도가 15%인 소금물 200g의 소금의 양은 $200 \times \frac{15}{100} = 30g$이고, 농도가 20%인 소금물 300g의 소금의 양은 $300 \times \frac{20}{100} = 60g$이다. 따라서 두 소금물을 섞었을 때의 농도는 $\frac{30+60}{200+300} \times 100 = \frac{90}{500} \times 100 = 18\%$이다.

06

정답 ③

여직원끼리 인접하지 않는 경우는 남직원과 여직원이 번갈아 앉는 경우뿐이다. 이때 여직원 D의 자리를 기준으로 남직원 B가 옆에 앉는 경우를 다음과 같이 나눌 수 있다.
• 첫 번째, 여섯 번째 자리에 여직원 D가 앉는 경우
  남직원 B가 여직원 D 옆에 앉는 경우는 1가지뿐으로, 남은 자리에 남직원, 여직원이 번갈아 앉아 경우의 수는 $2 \times 1 \times 2! \times 2! = 8$가지이다.
• 두 번째, 세 번째, 네 번째, 다섯 번째 자리에 여직원 D가 앉는 경우
  각 경우에 대하여 남직원 B가 여직원 D 옆에 앉는 경우는 2가지이다. 남은 자리에 남직원, 여직원이 번갈아 앉으므로 경우의 수는 $4 \times 2 \times 2! \times 2! = 32$가지이다.
따라서 구하고자 하는 경우의 수는 $8 + 32 = 40$가지이다.

07

제시된 수열은 홀수 항일 때 +12, +24, +48, …씩 증가하고, 짝수 항일 때 +20씩 증가하는 수열이다.
따라서 빈칸에 들어갈 수는 13+48=61이다.

08

정답 ④

2022년에 중학교에서 고등학교로 진학한 학생의 비율은 99.7%이고, 2023년 중학교에서 고등학교로 진학한 학생의 비율은 99.6%
이다. 따라서 진학한 비율이 감소하였으므로 중학교에서 고등학교로 진학하지 않은 학생의 비율은 증가하였음을 알 수 있다.

오답분석

① 중학교의 취학률이 가장 낮은 해는 97.1%인 2020년이다. 이는 97% 이상이므로 중학교의 취학률은 매년 97% 이상이다.
② 매년 초등학교의 취학률이 가장 높다.
③ 고등교육기관의 취학률은 2020년 이후로 계속해서 70% 이상을 기록하였다.
⑤ 고등교육기관의 취학률이 가장 낮은 해는 2016년이고, 고등학교의 상급학교 진학률이 가장 낮은 해 또한 2016년이다.

09

정답 ③

오답분석

① B기업의 매출액이 가장 많은 때는 2024년 3월이지만, 그래프에서는 2024년 4월의 매출액이 가장 많은 것으로 나타났다.
② 2024년 2월에는 A기업의 매출이 더 많지만, 그래프에서는 B기업이 더 많은 것으로 나타났다.
④ A기업의 매출액이 가장 적은 때는 2024년 4월이지만, 그래프에서는 2024년 3월의 매출액이 가장 적은 것으로 나타났다.
⑤ A기업과 B기업의 매출액의 차이가 가장 큰 때는 2024년 1월이지만, 그래프에서는 2024년 5월과 6월의 매출액 차이가 더
큰 것으로 나타났다.

10

정답 ⑤

스마트 팜 관련 정부 사업 참여 경험은 K사의 강점 요인이다. 또한 정부의 적극적인 지원은 스마트 팜 시장 성장에 따른 기회
요인이다. 따라서 스마트 팜 관련 정부 사업 참여 경험을 바탕으로 정부의 적극적인 지원을 확보하는 것은 내부의 강점을 통해
외부의 기회 요인을 극대화하는 SO전략에 해당한다.

오답분석

①·②·③·④ 외부의 기회를 이용하여 내부의 약점을 보완하는 WO전략에 해당한다.

11

정답 ③

A~F 모두 문맥을 무시하고 일부 문구에만 집착하여 뜻을 해석하고 있으므로 '과대해석의 오류'를 범하고 있다. 과대해석의 오류는
전체적인 상황이나 맥락을 고려하지 않고 특정 단어나 문장에만 집착하여 의미를 해석하는 오류로, 글의 의미를 지나치게 확대하거
나 축소하여 생각하고, 문자 그대로의 의미에만 너무 집착하여 다른 가능성이나 해석을 배제하게 되는 논리적 오류이다.

오답분석

① 무지의 오류 : '신은 존재하지 않는다가 증명되지 않았으므로 신은 존재한다.'처럼 증명되지 않았다고 해서 그 반대의 주장이
참이라고 생각하는 오류이다.
② 연역법의 오류 : '조류는 날 수 있다. 펭귄은 조류이다. 따라서 펭귄은 날 수 있다.'처럼 잘못된 삼단논법에 의해 발생하는 논리적
오류이다.
④ 허수아비 공격의 오류 : '저 사람은 과거에 거짓말을 한 적이 있으니 이번에 일어난 사기 사건의 범인이다.'처럼 개별적 인과관계
를 입증하지 않고 전혀 상관없는 별개의 논리를 만들어 공격하는 논리적 오류이다.
⑤ 권위나 인신공격에 의존한 논증 : '제정신을 가진 사람이면 그런 주장을 할 수가 없다.'처럼 상대방의 주장 대신 인격을 공격하거
나, '최고 권위자인 A교수도 이런 말을 했습니다.'처럼 자신의 논리적인 약점을 권위자를 통해 덮으려는 논리적 오류이다.

12

A~E열차의 운행시간 단위를 시간 단위로, 평균 속력의 단위를 시간당 운행거리로 통일하여 정리하면 다음과 같다.

구분	운행시간	평균 속력	운행거리
A열차	900분=15시간	50m/s=(50×60×60)m/h=180km/h	15×180=2,700km
B열차	10시간 30분=10.5시간	150km/h	10.5×150=1,575km
C열차	8시간	55m/s=(55×60×60)m/h=198km/h	8×198=1,584km
D열차	720분=12시간	2.5km/min=(2.5×60)km/h=150km/h	12×150=1,800km
E열차	10시간	2.7km/min=(2.7×60)m/h=162km/h	10×162=1,620km

따라서 C열차의 운행거리는 네 번째로 길다.

13

K대학교 기숙사 운영위원회는 단순히 '기숙사에 문제가 있다.'라는 큰 문제에서 벗어나 식사, 시설, 통신환경이라는 세 가지 주요 문제를 파악하고 문제별로 다시 세분화하여 더욱 구체적으로 인과관계 및 구조를 파악하여 분석하고 있다. 따라서 제시문에서 나타난 문제해결 절차는 '문제 도출'이다.

> **문제해결 절차 5단계**
> 1. 문제 인식 : 해결해야 할 전체 문제를 파악하여 우선순위를 정하고 선정 문제에 대한 목표를 명확히 하는 단계
> 2. 문제 도출 : 선정된 문제를 분석하여 해결해야 할 것이 무엇인지를 명확히 하는 단계로, 현상에 대한 문제를 분해하여 인과관계 및 구조를 파악하는 단계
> 3. 원인 분석 : 파악된 핵심 문제에 대한 분석을 통해 근본 원인을 도출해 내는 단계
> 4. 해결안 개발 : 문제로부터 도출된 근본 원인을 효과적으로 해결할 수 있는 최적의 해결 방안을 수립하는 단계
> 5. 실행 및 평가 : 해결안 개발을 통해 만들어진 실행 계획을 실제 상황에 적용하는 단계로, 해결안을 통해 문제의 원인들을 제거해 나가는 단계

14

공공사업을 위해 투입된 세금을 본래의 목적에 사용하지 않고 무단으로 다른 곳에 쓴 상황이므로 '예정되어 있는 곳에 쓰지 아니하고 다른 데로 돌려서 씀'을 의미하는 '전용(轉用)'이 가장 적절한 단어이다.

[오답분석]
② 남용(濫用) : 일정한 기준이나 한도를 넘어서 함부로 씀
③ 적용(適用) : 알맞게 이용하거나 맞추어 씀
④ 활용(活用) : 도구나 물건 따위를 충분히 잘 이용함
⑤ 준용(遵用) : 그대로 좇아서 씀

15

시조새는 비대칭형 깃털을 가진 최초의 동물로, 현대의 날 수 있는 조류처럼 바람을 맞는 곳의 깃털은 짧고, 뒤쪽은 긴 형태로 이루어졌으며, 이와 같은 비대칭형 깃털이 양력을 제공하여 짧은 거리의 활강을 가능하게 하였다. 따라서 비행을 하기 위한 시조새의 신체 조건은 날개의 깃털이 비대칭 구조로 형성되어 있는 것이다.

[오답분석]
① 제시문에서 언급하지 않은 내용이다.
②·④ 세 개의 갈고리 발톱과 척추뼈가 꼬리까지 이어지는 구조는 공룡의 특징을 보여주는 신체 조건이다.
⑤ 시조새는 현대 조류처럼 가슴뼈가 비행에 최적화된 형태로 발달되지 않았다고 언급하고 있다.

16

정답 ④

제시문은 서양의학에 중요한 영향을 준 히포크라테스와 갈레노스에 대해 소개하고 있다. 히포크라테스는 자연적 관찰을 통해 의사를 과학적인 기반 위의 직업으로 만들었으며, 히포크라테스 선서와 같이 전문직업으로써의 윤리적 기준을 마련한 서양의학의 상징이라고 소개하고 있으며, 갈레노스는 실제 해부와 임상 실험을 통해 의학 이론을 증명하고 방대한 저술을 남겨 후대 의학 발전에 큰 영향을 주었음을 설명하고 있다. 따라서 '히포크라테스와 갈레노스가 서양의학에 끼친 영향과 중요성'이 제시문의 주제이다.

[오답분석]
① 갈레노스의 의사로서의 이력은 언급하고 있지만, 생애에 대해 구체적으로 밝히는 글은 아니다.
② 갈레노스가 해부와 실험을 통해 의학 이론을 증명하였음을 설명할 뿐이며, 해부학의 발전 과정에 대해 설명하는 글은 아니다.
③ 히포크라테스 선서는 히포크라테스가 서양의학에 남긴 중요한 윤리적 기준이지만, 이를 중심으로 설명하는 글은 아니다.
⑤ 히포크라테스와 갈레노스 모두 4체액설과 같은 부분에서는 현대 의학과는 거리가 있었음을 밝히고 있다.

17

정답 ⑤

'비상구'는 '화재나 지진 따위의 갑작스러운 사고가 일어날 때에 급히 대피할 수 있도록 특별히 마련한 출입구'이다. 따라서 이와 가장 비슷한 단어는 '갇힌 곳에서 빠져나가거나 도망하여 나갈 수 있는 출구'를 의미하는 '탈출구'이다.

[오답분석]
① 진입로 : 들어가는 길
② 출입구 : 나갔다가 들어왔다가 하는 어귀나 문
③ 돌파구 : 가로막은 것을 쳐서 깨뜨려 통과할 수 있도록 뚫은 통로나 목
④ 여울목 : 여울물(강이나 바다 따위의 바닥이 얕거나 폭이 좁아 물살이 세게 흐르는 곳의 물)이 턱진 곳

18

정답 ④

A열차의 속력을 V_a, B열차의 속력을 V_b라 하고, 터널의 길이를 l, 열차의 전체 길이를 x라 하자.

A열차가 터널을 진입하고 빠져나오는 데 걸린 시간은 $\dfrac{l+x}{V_a}=14$초이다. B열차가 A열차보다 5초 늦게 진입하고 5초 빠르게 빠져나왔으므로 터널을 진입하고 빠져나오는 데 걸린 시간은 $14-5-5=4$초이다. 그러므로 $\dfrac{l+x}{V_b}=4$초이다.

따라서 $V_a=14(l+x)$, $V_b=4(l+x)$이므로 $\dfrac{V_a}{V_b}=\dfrac{14(l+x)}{4(l+x)}=3.5$배이다.

19

정답 ③

A팀은 5일마다, B팀은 4일마다 회의실을 사용하므로 두 팀이 회의실을 사용하고자 하는 날은 20일마다 겹친다. 첫 번째 겹친 날에 A팀이 먼저 사용했으므로 20일 동안 A팀이 회의실을 사용한 횟수는 4회이다. 두 번째 겹친 날에는 B팀이 사용하므로 40일 동안 A팀이 회의실을 사용한 횟수는 7회이고, 세 번째로 겹친 날에는 A팀이 회의실을 사용하므로 60일 동안 A팀은 회의실을 11회 사용하였다. 이를 표로 정리하면 다음과 같다.

겹친 횟수	첫 번째	두 번째	세 번째	네 번째	다섯 번째	⋯	$(n-1)$번째	n번째
회의실 사용 팀	A팀	B팀	A팀	B팀	A팀	⋯	A팀	B팀
A팀의 회의실 사용 횟수	4회	7회	11회	14회	18회	⋯		

겹친 날을 기준으로 A팀은 9회, B팀은 8회를 사용하였으므로 다음으로는 B팀이 회의실을 사용할 순서이다. 이때, B팀이 m번째로 회의실을 사용할 순서라면 A팀이 이때까지 회의실을 사용한 횟수는 $7m$회이다. 따라서 B팀이 겹친 날을 기준으로 회의실을 8회까지 사용하였고, 9번째로 사용할 순서이므로 이때까지 A팀이 회의실을 사용한 횟수는 최대 $7\times9=63$회이다.

20

마지막 조건에 따라 광물 B는 인회석이고, 광물 B로 광물 C를 긁었을 때 긁힘 자국이 생기므로 광물 C는 인회석보다 무른 광물이다. 한편, 광물 A로 광물 C를 긁었을 때 긁힘 자국이 생기므로 광물 A는 광물 C보다 단단하고, 광물 A로 광물 B를 긁었을 때 긁힘 자국이 생기지 않으므로 광물 A는 광물 B보다는 무른 광물이다. 따라서 가장 단단한 광물은 B이며, 그다음으로 A, C 순으로 단단하다.

[오답분석]
① 광물 C는 인회석보다 무른 광물이므로 석영이 아니다.
② 광물 A는 인회석보다 무른 광물이지만, 방해석인지는 확인할 수 없다.
③ 가장 무른 광물은 C이다.
⑤ 광물 B는 인회석이므로 모스 굳기 단계는 5단계이다.

21
정답 ③

에너지바우처를 신청하기 위해서는 소득기준과 세대원 특성기준을 모두 충족해야 한다. C는 생계급여 수급자이므로 소득기준을 충족하고, 65세 이상이므로 세대원 특성기준도 충족한다. 그러나 C의 경우 보장시설인 양로시설에 거주하는 보장시설 수급자이므로 지원 제외 대상이다. 따라서 C는 에너지바우처를 신청할 수 없다.

[오답분석]
① A의 경우 의료급여 수급자이므로 소득기준을 충족하고, 7세 이하의 영유아가 있으므로 세대원 특성기준도 충족한다. 따라서 에너지바우처를 신청할 수 있다.
② B의 경우 교육급여 수급자이므로 소득기준을 충족하고, 한부모가족이므로 세대원 특성기준도 충족한다. 또한 4인 이상 세대에 해당하므로 바우처 지원금액은 716,300원으로 70만 원 이상이다.
④ 동절기 에너지바우처 지원방법은 요금차감과 실물카드 2가지 방법이 있다. 이 중 D의 경우 연탄보일러를 이용하고 있으므로 실물카드를 받아 연탄을 직접 결제하는 방식으로 지원받아야 한다.
⑤ E의 경우 생계급여 수급자이므로 소득기준을 충족하고, 희귀질환을 앓고 있는 어머니가 세대원으로 있으므로 세대원 특성기준도 충족한다. 또한 2인 세대에 해당하므로 하절기 바우처 지원금액인 73,800원이 지원된다. 이때, 하절기는 전기요금 고지서에서 요금을 자동으로 차감해 주므로 전기비에서 73,800원이 차감될 것이다.

22
정답 ②

A가족과 B가족 모두 소득기준과 세대원 특성기준이 에너지바우처 신청기준을 충족한다. A가족의 경우 5명이므로 총 716,300원을 지원받을 수 있다. 그러나 이미 연탄쿠폰을 발급받았으므로 동절기 에너지바우처는 지원받을 수 없다. 따라서 하절기 지원금액인 117,000원을 지원받는다. B가족의 경우 2명이므로 총 422,500원을 지원받을 수 있으며, 지역난방을 이용 중이므로 하절기와 동절기 모두 요금차감의 방식으로 지원받는다. 따라서 두 가족의 에너지바우처 지원 금액은 117,000+422,500=539,500원이다.

23
정답 ⑤

J공사의 지점 근무 인원이 71명이므로 가용 인원수가 부족한 B오피스는 제외된다. 또한, 시설 조건에서 스튜디오와 회의실이 필요하다고 했으므로 스튜디오가 없는 D오피스도 제외된다. 나머지 A, C, E오피스는 모두 교통 조건을 충족하므로 임대비용만 비교하면 된다. A, C, E오피스의 5년 임대비용은 다음과 같다.
• A오피스 : 600만×71×5=213,000만 원 → 21억 3천만 원
• C오피스 : 3,600만×12×5=216,000만 원 → 21억 6천만 원
• E오피스 : (3,800만×12×0.9)×5=205,200만 원 → 20억 5천 2백만 원
따라서 사무실 이전 조건을 바탕으로 가장 저렴한 공유 오피스인 E오피스로 이전한다.

24

제시된 프로그램은 'result'의 초기 값을 0으로 정의한 후 'result' 값이 2를 초과할 때까지 하위 명령을 실행하는 프로그램이다. 이때 'result' 값을 1 증가시킨 후 그 값을 출력하고, 다시 1을 빼므로 $0 \rightarrow 1 \rightarrow 1$ 출력 $\rightarrow 0 \rightarrow 1 \rightarrow 1$ 출력 $\rightarrow 0 \rightarrow 1 \rightarrow$ 1 출력 $\rightarrow \cdots$ 과정을 무한히 반복하게 된다. 따라서 1이 무한히 출력된다.

25

ROUND 함수는 인수를 지정한 자릿수로 반올림한 값을 구하는 함수로, 「＝ROUND(인수,자릿수)」로 표현한다. 이때 자릿수는 다음과 같이 나타낸다.

만의 자리	천의 자리	백의 자리	십의 자리	일의 자리	소수점 첫째 자리	소수점 둘째 자리	소수점 셋째 자리
-4	-3	-2	-1	0	1	2	3

따라서 「＝ROUND(D2,-1)」는 [D2] 셀에 입력된 117.3365의 값을 십의 자리로 반올림하여 나타내므로, 출력되는 값은 120이다.

26

1번째 바둑돌의 개수는 1개, 2번째 바둑돌의 개수는 3개, 3번째 바둑돌의 개수는 5개, 4번째 바둑돌의 개수는 7개이다. 바둑돌은 2개씩 늘어나므로 n번째에 놓은 바둑돌의 개수는 $(2n-1)$개이다. 따라서 100번째 바둑돌의 수는 $2 \times 100 - 1 = 199$개이다.

27

2021년의 광업 및 제조업의 전체 원재료비는 $400 + 803,400 = 803,400$십억 원이고, 2023년의 광업 및 제조업의 전체 원재료비는 $600 + 1,171,600 = 1,172,200$십억 원이다. 따라서 구하고자 하는 증가율은 $\frac{1,172,200 - 803,400}{803,400} \times 100 = 45.9\%$이다.

28

직각삼각형 밑변의 길이와 높이의 비가 $3:4$이므로 밑변의 길이와 빗변의 길이의 비는 $3 : \sqrt{3^2 + 4^2} = 3 : 5$이다. 빗변의 길이가 15cm이므로 밑변의 길이는 9cm, 높이는 12cm이다. 삼각형 OAC의 둘레의 길이와 삼각형 OBC의 둘레의 길이의 차는 변 OA, 변 OB, 변 OC의 길이가 같으므로 밑변과 높이의 차와 같다. 따라서 두 삼각형의 둘레의 길이의 차는 $12 - 9 = 3$cm이다.

29

제시된 사례는 모두 상대방의 주장에 대한 반박으로 상대방의 도덕성이나 비일관성 등을 근거로 제시하는 오류인 '피장파장의 오류'가 나타나고 있다. 타인이 어떤 행위나 어떤 의견을 주장하므로 본인의 행위 또는 주장 또한 정당하다고 호소하는 것 또한 이에 해당한다.

[오답분석]
① 확증 편향의 오류 : 어떤 정보의 진위여부와는 무관하게 자신의 신념, 가치관과 일치하는 것만 받아들이고, 그 외의 정보는 무시하는 사고의 오류이다.
② 무지에 호소하는 오류 : 주장이나 정보가 진실이라는 근거를 제시할 수 없으므로 거짓이라고 주장하거나, 거짓이라는 근거를 제시할 수 없으므로 진실이라고 주장하는 오류이다.
④ 논점 일탈의 오류 : 어떤 주장에 대한 근거가 다른 결론으로 나아갈 때 발생하는 오류이다.

30

문제해결 절차는 '문제 인식 – 문제 도출 – 원인 분석 – 해결안 개발 – 실행 및 평가'로 5단계 과정을 거친다.

31

정답 ①

A, B의 2월 21부터 3월 31일까지의 근무 일정은 다음과 같다.

근무일	02/21	02/22	02/23	02/24	02/25	02/26	02/27	02/28	03/01	03/02
A										
B										
근무일	03/03	03/04	03/05	03/06	03/07	03/08	03/09	03/10	03/11	03/12
A										
B										
근무일	03/13	03/14	03/15	03/16	03/17	03/18	03/19	03/20	03/21	03/22
A										
B										
근무일	03/23	03/24	03/25	03/26	03/27	03/28	03/29	03/30	03/31	04/01
A										
B										

따라서 3월에 A, B가 동시에 쉬는 날은 6일, 7일, 12일, 21일, 26일, 27일로 6일이다.

32

정답 ④

A, B의 2월 근무일정은 다음과 같다.

근무일	02/01	02/02	02/03	02/04	02/05	02/06	02/07	02/08	02/09	02/10
A										
B										
근무일	02/11	02/12	02/13	02/14	02/15	02/16	02/17	02/18	02/19	02/20
A										
B										
근무일	02/21	02/22	02/23	02/24	02/25	02/26	02/27	02/28	03/01	03/02
A										
B										

이때, A만 쉬는 날인 2월 24일, 25일을 B만 쉬는 날인 2월 6일, 7일, 12일 13일, 21일 중 2일을 골라 바꾸면 B는 5일 연이어 쉴 수 있다.

33

정답 ③

GMT를 기준으로 서울은 런던보다 9시간 빠르고, 워싱턴은 런던보다 4시간 느리다.
따라서 워싱턴은 서울보다 13시간 느리므로 서울의 시각이 12일 9시이면 워싱턴은 그보다 13시간 느린 11일 20시이다.

34

정답 ①

㉠ 짜깁기 : 기존의 글이나 영화 따위를 편집하여 하나의 완성품으로 만드는 일
㉡ 뒤처지다 : 어떤 수준이나 대열에 들지 못하고 뒤로 처지거나 남게 되다.

오답분석
• 짜집기 : 짜깁기의 비표준어형
• 뒤쳐지다 : 물건이 뒤집혀서 젖혀지다.

35

공문서에서 날짜를 작성할 때 날짜 다음에 괄호를 사용할 경우에는 마침표를 찍지 않아야 한다.

> **공문서 작성 시 유의사항**
> • 한 장에 담아내는 것이 원칙이다.
> • 마지막엔 반드시 '끝'자로 마무리한다.
> • 날짜 다음에 괄호를 사용할 경우에는 마침표를 찍지 않는다.
> • 복잡한 내용은 항목별로 구분한다('-다음-', 또는 '-아래-').
> • 대외문서이며 장기간 보관되는 문서이므로 정확하게 기술한다.

36

정답 ③

영서가 1시간 동안 빚을 수 있는 만두의 수를 x개, 어머니가 1시간 동안 만두를 빚을 수 있는 만두의 수를 y개라 할 때 다음 식이 성립한다.

$$\frac{2}{3}(x+y)=60 \cdots \bigcirc$$

$$y=x+10 \cdots \bigcirc$$

$\bigcirc \times \frac{3}{2}$에 $\bigcirc$을 대입하면

$$x+(x+10)=90$$

$$\rightarrow 2x=80$$

$$\therefore x=40$$

따라서 영서는 혼자서 1시간 동안 40개의 만두를 빚을 수 있다.

37

정답 ④

• 1,000 이상 10,000 미만
  맨 앞과 맨 뒤의 수가 같은 경우는 1 ~ 9의 수가 올 수 있으므로 9가지이고, 각각의 경우에 따라 두 번째 수와 네 번째 수로 0 ~ 9의 수가 올 수 있으므로 경우의 수는 10가지이다. 그러므로 모든 네 자리 대칭수의 개수는 $9 \times 10 = 90$개이다.
• 10,000 이상 50,000 미만
  맨 앞과 맨 뒤의 수가 같은 경우는 1, 2, 3, 4의 수가 올 수 있으므로 4가지이고, 각각의 경우에 따라 두 번째 수와 네 번째 수로 0 ~ 9의 수가 올 수 있으므로 경우의 수는 10가지, 그 각각의 경우에 따라 세 번째에 올 수 있는 수 또한 0 ~ 9의 수가 올 수 있으므로 경우의 수는 10가지이다. 그러므로 10,000 ~ 50,000 사이의 대칭수의 개수는 $4 \times 10 \times 10 = 400$개이다.

따라서 1,000 이상 50,000 미만의 모든 대칭수의 개수는 $90 + 400 = 490$개이다.

38

정답 ④

어떤 자연수의 모든 자릿수의 합이 3의 배수일 때, 그 자연수는 3의 배수이다. 그러므로 $2+5+\Box$의 값이 3의 배수일 때, $25\Box$는 3의 배수이다. $2+5=7$이므로, $7+\Box$의 값이 3의 배수가 되도록 하는 $\Box$의 값은 2, 5, 8이다. 따라서 가능한 모든 수의 합은 $2+5+8=15$이다.

39

바이올린(V), 호른(H), 오보에(O), 플루트(F) 중 첫 번째 조건에 따라 호른과 바이올린을 묶었을 때 가능한 경우는 3!=6가지로 다음과 같다.
- (HV) – O – F
- (HV) – F – O
- F – (HV) – O
- O – (HV) – F
- F – O – (HV)
- O – F – (HV)

이때 두 번째 조건에 따라 오보에는 플루트 왼쪽에 위치하지 않으므로 (HV) – O – F, O – F – (HV) 2가지는 제외된다.
따라서 왼쪽에서 두 번째 칸에는 바이올린, 호른, 오보에만 위치할 수 있으므로 플루트는 배치할 수 없다.

40

사회적 기업은 수익 창출을 통해 자립적인 운영을 추구하고, 사회적 문제 해결과 경제적 성장을 동시에 달성하려는 특징을 가진 기업 모델로, 영리 조직에 해당한다.

> **영리 조직과 비영리 조직**
> - 영리 조직 : 이윤 추구를 주된 목적으로 하는 집단으로, 일반적인 사기업이 해당된다.
> - 비영리 조직 : 사회적 가치 실현을 위해 공익을 추구하는 집단으로 자선단체, 의료기관, 교육기관, 비정부기구(NGO) 등이 해당된다.

41

(영업이익률)=$\frac{(영업이익)}{(매출액)}\times100$이고, 영업이익을 구하기 위해서는 매출총이익을 먼저 계산해야 한다. 따라서 2022년 4분기의 매출총이익은 60-80=-20십억 원이고, 영업이익은 -20-7=-27십 억 원이므로 영업이익률은 $-\frac{27}{60}\times100=-45\%$이다.

42

1시간은 3,600초이므로 36초는 36초$\times\frac{1시간}{3,600초}$=0.01시간이다. 그러므로 무빙워크의 전체 길이는 5×0.01=0.05km이다.

따라서 무빙워크와 같은 방향으로 4km/h의 속력으로 걸을 때의 속력은 5+4=9km/h이므로 걸리는 시간은 $\frac{0.05}{9}=\frac{5}{900}=\frac{5}{900}$

$\times\frac{3,600초}{1시간}$=20초이다.

43

A프로그램 찾기 → 프로그램 보유(NO) → 관련 데이터 보유(YES) → [데이터] 출력 → STOP
따라서 데이터 메시지가 출력된다.

44

방문 사유 → 파손 관련(NO) → 침수 관련(NO) → 데이터 복구 관련(YES) → ◎ 출력 → STOP

따라서 출력되는 도형은 ◎이다.

45

상품코드의 맨 앞 자릿수가 '9'이므로 2 ~ 7번째 자릿수의 이진코드 변환 규칙은 'ABBABA'를 따른다. 이를 변환하면 다음과 같다.

3	8	7	6	5	5
A	B	B	A	B	A
0111101	0001001	0010001	0101111	0111001	0110001

따라서 주어진 수를 이진코드로 바르게 변환한 것은 ①이다.

46

안전 스위치를 누르는 동안에만 스팀이 나온다고 하였으므로 안전 스위치를 누르는 등의 외부 입력이 없다면 스팀은 발생하지 않는다.

[오답분석]

① 기본형 청소구로 카펫를 청소하면 청소 효율이 떨어질 뿐이며, 카펫 청소는 가능하다고 언급되어 있다.

② 스팀 청소 완료 후 충분히 식지 않은 상태에서 통을 분리하면 뜨거운 물이 새어 나와 화상의 위험이 있다고 언급되어 있다.

③ 기본형 청소구의 돌출부를 누른 상태에서 잡아당기면 좁은 흡입구를 꺼낼 수 있다고 언급되어 있다.

⑤ 스팀 청소구의 물통에 물을 채우는 작업, 걸레판에 걸레를 부착하는 작업 모두 반드시 전원을 분리한 상태에서 진행해야 한다고 언급되어 있다.

47

바닥에 물이 남는다면 스팀 청소구를 좌우로 자주 기울이지 않도록 주의하거나 젖은 걸레를 교체해야 한다.

48

팀 목표를 달성하도록 팀원을 격려하는 환경을 조성하기 위해서는 동료의 피드백이 필요하다. 긍정이든 부정이든 피드백이 없다면 팀원들은 개선을 이루거나 탁월한 성과를 내고자 하는 노력을 게을리하게 된다.

동료의 피드백을 장려하는 4단계

1. 간단하고 분명한 목표와 우선순위를 설정하라.
2. 행동과 수행을 관찰하라.
3. 즉각적인 피드백을 제공하라.
4. 뛰어난 수행성과에 대해 인정하라.

49

업무적으로 내적 동기를 유발하기 위해서는 업무 관련 교육을 꾸준히 하여야 한다.

내적 동기를 유발하는 방법
- 긍정적 강화법 활용하기
- 새로운 도전의 기회 부여하기
- 창의적인 문제해결법 찾기
- 자신의 역할과 행동에 책임감 갖기
- 팀원들을 지도 및 격려하기
- 변화를 두려워하지 않기
- 지속적인 교육 실시하기

50

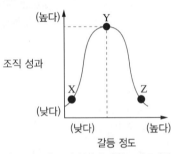

갈등 정도와 조직 성과에 대한 그래프에서 갈등이 X점 수준일 때에는 조직 내부의 의욕이 상실되고 환경의 변화에 대한 적응력도 떨어져 조직 성과가 낮아진다. 갈등이 Y점 수준일 때에는 갈등의 순기능이 작용하여 조직 내부에 생동감이 넘치고 변화 지향적이며 문제해결능력이 발휘되어 조직 성과가 높아진다. 반면, 갈등이 Z점 수준일 때에는 오히려 갈등의 역기능이 작용하여 조직 내부에 혼란과 분열이 발생하고 조직 구성원들이 비협조적이 되어 조직 성과는 낮아지게 된다.

03 | 2024 ~ 2023년 주요 공기업
전공 기출복원문제

01 법학

01	02	03	04	05															
④	①	③	⑤	②															

01

정답 ④

근로자참여 및 협력증진에 관한 법은 집단적 노사관계법으로, 노동조합과 사용자단체 간의 노사관계를 규율한 법이다. 노동조합 및 노동관계조정법, 근로자참여 및 협력증진에 관한 법, 노동위원회법, 교원의 노동조합설립 및 운영 등에 관한 법률, 공무원직장협의회법 등이 이에 해당한다.

나머지는 근로자와 사용자의 근로계약을 체결하는 관계에 대해 규율한 법으로, 개별적 근로관계법이라고 한다. 근로기준법, 최저임금법, 산업안전보건법, 직업안정법, 남녀고용평등법, 선원법, 산업재해보상보험법, 고용보험법 등이 이에 해당한다.

02

정답 ①

용익물권은 타인의 토지나 건물 등 부동산의 사용가치를 지배하는 제한물권으로, 민법상 지상권, 지역권, 전세권이 이에 속한다.

용익물권의 종류
- 지상권 : 타인의 토지에 건물이나 수목 등을 설치하여 사용하는 물권
- 지역권 : 타인의 토지를 자기 토지의 편익을 위하여 이용하는 물권
- 전세권 : 전세금을 지급하고 타인의 토지 또는 건물을 사용 · 수익하는 물권

03

정답 ③

- 선고유예 : 형의 선고유예를 받은 날로부터 2년이 경과한 때에는 면소된 것으로 간주한다(형법 제60조).
- 집행유예 : 양형의 조건을 참작하여 그 정상에 참작할 만한 사유가 있는 때에는 1년 이상 5년 이하의 기간 형의 집행을 유예할 수 있다(형법 제62조 제1항).

04
정답 ⑤

몰수의 대상(형법 제48조 제1항)
1. 범죄행위에 제공하였거나 제공하려고 한 물건
2. 범죄행위로 인하여 생겼거나 취득한 물건
3. 제1호 또는 제2호의 대가로 취득한 물건

05

정답 ②

상법상 법원에는 상사제정법(상법전, 상사특별법령, 상사조약), 상관습법, 판례, 상사자치법(회사의 정관, 이사회 규칙), 보통거래약관, 조리 등이 있다. 조례는 해당되지 않는다.

01	02	03	04	05	06	07	08	09	10	11	12	13	14	15	16	17			
④	④	③	④	③	②	④	②	②	④	①	②	②	②	②	①	②			

01

정답   ④

목적세는 통일성의 원칙에 대한 예외이다. 통일성의 원칙에 대한 예외로는 특별회계, 기금, 목적세, 수입대체경비, 수입금마련지출이 있다.

오답분석

① 단일성의 원칙에 대한 예외로는 추가경정예산, 특별회계, 기금이 있다.
② 사전의결의 원칙에 대한 예외로는 준예산, 사고이월, 예비비 지출, 전용, 긴급재정경제처분이 있다.
③ 한계성의 원칙에 대한 예외로는 예산의 이용, 전용, 국고채무부담행위, 계속비, 이월(명시이월, 사고이월), 지난 연도 수입, 지난 연도 지출, 조상충용, 추가경정예산, 예비비가 해당된다.

02

정답   ④

정책의 대략적인 방향을 정책결정자가 정하고 정책집행자들은 이 목표의 구체적인 집행에 필요한 폭넓은 재량권을 위임받아 정책을 집행하는 유형은 재량적 실험가형에 해당한다.

03

정답   ③

현대에는 민주주의의 심화 및 분야별 전문 민간기관의 성장에 따라 정부 등 공식적 참여자보다 비공식적 참여자의 중요도가 높아지고 있다.

오답분석

① 의회와 지방자치단체는 정부, 사법부 등과 함께 대표적인 공식적 참여자에 해당된다.
② 정당과 NGO, 언론 등은 비공식적 참여자에 해당된다.
④ 사회적 의사결정에서 정부의 역할이 줄어들면 비공식적 참여자가 해당 역할을 대체하므로 중요도가 높아진다.

04

정답   ④

효율 증대에 따른 이윤 추구라는 경제적 결정이 중심인 기업경영의 의사결정에 비해, 정책문제는 사회효율 등 수단적 가치뿐만 아니라 형평성, 공정성 등 목적적 가치들도 고려가 필요하므로 고려사항이 더 많고 복잡하다는 특성을 갖는다.

05

정답   ③

회사모형은 사이어트와 마치가 주장한 의사결정 모형으로, 준독립적이고 느슨하게 연결되어 있는 조직들의 상호 타협을 통해 의사결정이 이루어진다고 설명한다.

오답분석

① 드로어는 최적모형에 따른 의사결정 모형을 제시했다.
② 합리적 결정과 점증적 결정이 누적 및 혼합되어 의사결정이 이루어진다고 본 것은 혼합탐사모형이다.
④ 정책결정 단계를 초정책결정 단계, 정책결정 단계, 후정책결정 단계로 구분하여 설명한 것은 최적모형이다.

06

ㄱ. 호혜조직의 1차적 수혜자는 조직 구성원이 맞으나, 은행, 유통업체는 사업조직에 해당되며, 노동조합, 전문가단체, 정당, 사교클럽, 종교단체 등이 호혜조직에 해당된다.

ㄷ. 봉사조직의 1차적 수혜자는 이들과 접촉하는 일반적인 대중이다.

07

정답 ④

특수한 경우를 제외하고 일반적으로 해당 구성원 간 동일한 인사 및 보수 체계를 적용받는 구분은 직급이다.

08

정답 ②

실적주의에서는 개인의 역량, 자격에 따라 인사행정이 이루어지기 때문에 정치적 중립성 확보가 강조되지만, 엽관주의에서는 정치적 충성심 및 기여도에 따라 인사행정이 이루어지기 때문에 조직 수반에 대한 정치적 정합성이 더 강조된다.

[오답분석]

③ 공공조직에서 엽관주의적 인사가 이루어지는 경우 정치적 충성심에 따라 구성원이 변경되므로, 정치적 사건마다 조직 구성원들의 신분유지 여부에 변동성이 생겨 불안정해진다.

09

정답 ②

발생주의 회계는 거래가 발생한 기간에 기록하는 원칙으로, 영업활동 관련 기록과 현금 유출입이 일치하지 않지만, 수익 및 비용을 합리적으로 일치시킬 수 있다는 장점이 있다.

[오답분석]

①·③·④·⑤ 현금흐름 회계에 대한 설명이다.

10

정답 ④

ㄴ. X이론에서는 부정적인 인간관을 토대로 보상과 처벌, 권위적이고 강압적인 지도성을 경영전략으로 강조한다.

ㄹ. Y이론의 적용을 위한 대안으로 권한의 위임 및 분권화, 직무 확대, 업무수행능력의 자율적 평가, 목표 관리전략 활용, 참여적 관리 등을 제시하였다.

[오답분석]

ㄷ. Y이론에 따르면 인간은 긍정적이고 적극적인 존재이므로, 직접적 통제보다는 자율적 통제가 더 바람직한 경영전략이라고 보았다.

11

정답 ①

독립합의형 중앙인사기관의 위원들은 임기를 보장받으며, 각 정당의 추천인사나 초당적 인사로 구성되는 등 중립성을 유지하기 유리하다는 장점을 지닌다. 이로 인해 행정부 수반에 의하여 임명된 기관장 중심의 비독립단독형 인사기관에 비해 엽관주의 영향을 최소화하고, 실적 중심의 인사행정을 실현하기에 유리하다.

[오답분석]

② 비독립단독형 인사기관은 합의에 따른 의사결정 과정을 거치지 않으므로, 의견 불일치 시 조율을 하는 시간이 불필요하여 상대적으로 의사결정이 신속히 이루어진다.

③ 비독립단독형 인사기관은 기관장의 의사가 강하게 반영되는 만큼 책임소재가 분명한 데 비해, 독립합의형 인사기관은 다수의 합의에 따라 의사결정이 이루어지므로 책임소재가 불분명하다.

④ 독립합의형 인사기관의 개념에 대한 옳은 설명이다.

CHAPTER 03 2024 ~ 2023년 주요 공기업 전공 기출복원문제 • **25**

12

정답 ②

㉠ 정부가 시장에 대해 충분한 정보를 확보하는 데 실패함으로써 정보 비대칭에 따른 정부실패가 발생한다.

㉢ 정부행정은 단기적 이익을 중시하는 정치적 이해관계의 영향을 받아 사회에서 필요로 하는 바보다 단기적인 경향을 보인다.
이처럼 정치적 할인율이 사회적 할인율보다 높기 때문에 정부실패가 발생한다.

오답분석

㉡ 정부는 독점적인 역할을 수행하기 때문에 경쟁에 따른 개선효과가 미비하여 정부실패가 발생한다.

㉣ 정부의 공공재 공급은 사회적 무임승차를 유발하여 지속가능성을 저해하기 때문에 정부실패가 발생한다.

13

정답 ②

공익, 자유, 복지는 행정의 본질적 가치에 해당한다.

> **행정의 가치**
> • 본질적 가치(행정을 통해 실현하려는 궁극적인 가치) : 정의, 공익, 형평, 복지, 자유, 평등
> • 수단적 가치(본질적 가치 달성을 위한 수단적인 가치) : 합법성, 능률성, 민주성, 합리성, 효과성, 가외성, 생산성, 신뢰성,
> 투명성

14

정답 ②

영국의 대처주의와 미국의 레이거노믹스는 경쟁과 개방, 위임의 원칙을 강조하는 신공공관리론에 입각한 정치기조이다.

오답분석

① 뉴거버넌스는 시민 및 기업의 참여를 통한 공동생산을 지향하며, 민영화와 민간위탁을 통한 서비스의 공급은 뉴거버넌스가
제시되기 이전 거버넌스의 내용이다.

③ 뉴거버넌스는 정부가 사회의 문제해결을 주도하는 것이 아니라, 민간 주체들이 논의를 주도할 수 있도록 조력자의 역할을 하는
것을 추구한다.

④ 신공공관리론은 정부실패의 대안으로 등장하였으며, 작고 효율적인 시장지향적 정부를 추구한다.

15

정답 ②

네트워크를 통한 기기 간의 연결을 활용하지 않으므로 사물인터넷을 사용한 것이 아니다.

오답분석

① 스마트 팜을 통해 각종 센서를 기반으로 온도와 습도, 토양 등에 대한 정보를 정확하게 확인하고 필요한 영양분(물, 비료, 농약
등)을 시스템이 알아서 제공해 주는 것은 사물인터넷을 활용한 경우에 해당된다.

③ 커넥티드 카는 사물인터넷 기술을 통해 통신망에 연결된 차량으로, 가속기, 브레이크, 속도계, 주행 거리계, 바퀴 등에서 운행
데이터를 수집하여 운전자 행동과 차량 상태를 모두 모니터링할 수 있다.

16

정답 ①

ㄱ. 강임은 현재보다 낮은 직급으로 임명하는 것으로, 수직적 인사이동에 해당한다.

ㄴ. 승진은 직위가 높아지는 것으로, 수직적 인사이동에 해당한다.

오답분석

ㄷ. 전보는 동일 직급 내에서 다른 관직으로 이동하는 것으로, 수평적 인사이동에 해당한다.

ㄹ. 전직은 직렬을 변경하는 것으로, 수평적 인사이동에 해당한다.

17

국립공원 입장료는 2007년에 폐지되었다.

오답분석

ㄱ. 2023년 5월에 문화재보호법이 개정되면서 국가지정문화재 보유자 및 기관에 대해 정부 및 지방자치단체가 해당 비용을 지원할 수 있게 되어, 많은 문화재에 대한 관람료가 면제되었다. 그러나 이는 요금제가 폐지된 것이 아니라 법규상 유인책에 따라 감면된 것에 해당된다. 원론적으로 국가지정문화재의 소유자가 관람자로부터 관람료를 징수할 수 있음은 유효하기도 했다. 2023년 8월 새로운 개정을 통해 해당 법에서 칭하던 '국가지정문화재'가 '국가지정문화유산'으로 확대되었다.

---

03 경영학

01	02	03	04	05	06	07	08	09	10	11	12	13	14	15	16	17	18	19	20
③	⑤	④	③	⑤	④	③	③	①	①	④	②	①	①	④	③	④	③	③	④
21	22	23	24	25															
④	③	③	④	④															

01

정답 ③

테일러의 과학적 관리법은 하루 작업량을 과학적으로 설정하고 과업 수행에 따른 임금을 차별적으로 설정하는 차별적 성과급제를 시행한다.

오답분석

①·② 시간연구와 동작연구를 통해 표준 노동량을 정하고 해당 노동량에 따라 임금을 지급하여 생산성을 향상시킨다.
④ 각 과업을 전문화하여 관리한다.
⑤ 근로자가 노동을 하는 데 필요한 최적의 작업조건을 유지한다.

02

정답 ⑤

기능목록제도는 종업원별로 기능보유색인을 작성하여 데이터베이스에 저장하여 인적자원관리 및 경력개발에 활용하는 제도이며, 근로자의 직무능력 평가에 있어 필요한 정보를 파악하기 위해 개인능력평가표를 활용한다.

오답분석

① 자기신고제도 : 근로자에게 본인의 직무내용, 능력수준, 취득자격 등에 대한 정보를 직접 자기신고서에 작성하여 신고하게 하는 제도이다.
② 직능자격제도 : 직무능력을 자격에 따라 등급화하고 해당 자격을 취득하는 경우 직위를 부여하는 제도이다.
③ 평가센터제도 : 근로자의 직무능력을 객관적으로 발굴 및 육성하기 위한 제도이다.
④ 직무순환제도 : 담당직무를 주기적으로 교체함으로써 직무 전반에 대한 이해도를 높이는 제도이다.

03

정답 ④

데이터베이스 마케팅(DB 마케팅)은 고객별로 맞춤화된 서비스를 제공하기 위해 정보 기술을 이용하여 고객의 정보를 데이터베이스로 구축하여 관리하는 마케팅 전략이다. 이를 위해 고객의 성향, 이력 등 관련 정보가 필요하므로 기업과 고객 간 양방향 의사소통을 통해 1 : 1 관계를 구축하게 된다.

04
정답 ③

공정성 이론에 따르면 공정성 유형은 크게 절차적 공정성, 상호작용적 공정성, 분배적 공정성으로 나누어진다.
• 절차적 공정성 : 과정통제, 접근성, 반응속도, 유연성, 적정성
• 상호작용적 공정성 : 정직성, 노력, 감정이입
• 분배적 공정성 : 형평성, 공평성

05
정답 ⑤

e-비즈니스 기업은 비용절감 등을 통해 더 낮은 가격으로 우수한 품질의 상품 및 서비스를 제공할 수 있다는 장점이 있다.

06
정답 ④

조직시민행동은 조직 구성원의 내재적 만족으로 인해 촉발되므로 구성원에 대한 처우가 합리적일수록 자발적으로 일어난다.

07
정답 ③

협상을 통해 공동의 이익을 확대(Win – Win)하는 것은 통합적 협상에 대한 설명이다.

분배적 협상과 통합적 협상의 비교
• 분배적 협상
 − 고정된 자원을 대상으로 합리적인 분배를 위해 진행하는 협상이다.
 − 한정된 자원량으로 인해 제로섬 원칙이 적용되어 갈등이 발생할 가능성이 많다.
 − 당사자 간 이익 확보를 목적으로 하며, 협상 참여자 간 관계는 단기적인 성격을 나타낸다.
• 통합적 협상
 − 당사자 간 이해관계를 조율하여 더 큰 이익을 추구하기 위해 진행하는 협상이다.
 − 협상을 통해 확보할 수 있는 자원량이 변동될 수 있어 갈등보다는 문제해결을 위해 노력한다.
 − 협상 참여자의 이해관계, 우선순위 등이 달라 장기적인 관계를 가지고 통합적인 문제해결을 추구한다.

08
정답 ③

워크 샘플링법은 전체 작업과정에서 무작위로 많은 관찰을 실시하여 직무활동에 대한 정보를 얻는 방법으로, 여러 직무활동을 동시에 기록하기 때문에 전체 직무의 모습을 파악할 수 있다.

[오답분석]
① 관찰법 : 조사자가 직접 조사대상과 생활하면서 관찰을 통해 자료를 수집하는 방법이다.
② 면접법 : 조사자가 조사대상과 직접 대화를 통해 자료를 수집하는 방법이다.
④ 질문지법 : 설문지로 조사내용을 작성하고 자료를 수집하는 방법이다.
⑤ 연구법 : 기록물, 통계자료 등을 토대로 자료를 수집하는 방법이다.

09
정답 ①

가구, 가전제품 등은 선매품에 해당한다. 전문품에는 명품제품, 자동차, 아파트 등이 해당한다.

10

연속생산은 동일제품을 대량생산하기 때문에 규모의 경제가 적용되어 여러 가지 제품을 소량생산하는 단속생산에 비해 단위당 생산원가가 낮다.

오답분석

② 연속생산의 경우, 표준화된 상품을 대량으로 생산함에 따라 운반에 따른 자동화 비율이 매우 높고, 속도가 빨라 운반비용이 적게 소요된다.

③·④ 제품의 수요가 다양하거나 제품의 수명이 짧은 경우 단속생산 방식이 적합하다.

⑤ 연속생산은 작업자의 숙련도와 관계없이 작업에 참여가 가능하다.

11

정답 ④

ELS는 주가연계증권으로, 사전에 정해진 조건에 따라 수익률이 결정되며 만기가 있다.

오답분석

① 주가연계펀드(ELF)에 대한 설명이다.

② 주가연계파생결합사채(ELB)에 대한 설명이다.

③ 주가지수연동예금(ELD)에 대한 설명이다.

⑤ 주가연계신탁(ELT)에 대한 설명이다.

12

정답 ②

브룸은 동기 부여에 대해 기대이론을 적용하여 기대감, 수단성, 유의성을 통해 구성원의 직무에 대한 동기 부여를 결정한다고 주장하였다.

오답분석

① 로크의 목표설정이론에 대한 설명이다.

③ 매슬로의 욕구 5단계이론에 대한 설명이다.

④ 맥그리거의 XY이론에 대한 설명이다.

⑤ 허즈버그의 2요인이론에 대한 설명이다.

13

정답 ①

시장세분화 단계에서는 시장을 기준에 따라 세분화하고, 각 세분시장의 고객 프로필을 개발하여 차별화된 마케팅을 실행한다.

오답분석

②·③ 표적시장 선정 단계에서는 각 세분시장의 매력도를 평가하여 표적시장을 선정한다.

④ 포지셔닝 단계에서는 각각의 시장에 대응하는 포지셔닝을 개발하고 전달한다.

⑤ 재포지셔닝 단계에서는 자사와 경쟁사의 경쟁위치를 분석하여 포지셔닝을 조정한다.

14

정답 ①

감정적 치유는 서번트 리더십의 구성요소에 해당한다.

변혁적 리더십의 구성요소

• 카리스마 : 변혁적 리더십의 가장 핵심적인 구성요소로, 명확한 비전을 제시하고 집합적인 행동을 위해 동기를 부여하며, 환경 변화에 민감하게 반응하는 일련의 과정을 의미한다.

• 영감적 동기화 : 구성원에게 영감을 주고 격려를 통해 동기를 부여하는 것을 의미한다.

• 지적 자극 : 구성원들이 기존 조직의 가치관, 신념, 기대 등에 대해 끊임없이 의문을 가지도록 지원하는 것을 의미한다.

• 개별 배려 : 구성원을 개별적으로 관리하며, 개인적인 욕구, 관심 등을 파악하여 만족시키고자 하는 것을 의미한다.

15

정답 ④

변혁적 리더십에서 구성원의 성과 측정뿐만 아니라 구성원들을 리더로 얼마나 육성했는지도 중요한 평가 요소라 할 수 있다.

16

정답 ③

수익이 많고 안정적이어서 현상을 유지하는 것이 필요한 사업은 현금젖소(Cash Cow)이다. 스타(Star)는 성장률과 시장 점유율이 모두 높아 추가적인 자금흐름을 통해 성장시킬 필요가 있는 사업을 의미한다.

> **BCG 매트릭스의 영역**
> • 물음표(Question) : 성장률은 높으나 점유율이 낮아 수익이 적고 현금흐름이 마이너스인 사업이다.
> • 스타(Star) : 성장률과 시장 점유율이 모두 높아 수익이 많고, 더 많은 투자를 통해 수익을 증대하는 사업이다.
> • 현금젖소(Cash Cow) : 성장률은 낮으나 점유율이 높아 안정적인 수익이 확보되는 사업으로, 투자 금액이 유지·보수 차원에서 머물게 되어 자금 투입보다 자금 산출이 많다.
> • 개(Dog) : 성장률과 시장 점유율이 모두 낮아 수익이 적거나 마이너스인 사업이다.

17

정답 ④

매트릭스 조직은 기존의 기능별 조직구조 상태를 유지하면서 특정한 프로젝트를 수행할 때는 다른 부서의 인력과도 함께 일하는 조직설계 방식으로, 서로 다른 부서 구성원이 함께 일하면서 효율적인 자원 사용과 브레인스토밍을 통한 창의적인 대안 도출도 가능하다.

[오답분석]
① 매트릭스 조직은 조직 목표와 외부 환경 간 발생하는 갈등이 내재하여 갈등과 혼란을 초래할 수 있다.
② 복수의 상급자를 상대해야 하므로 역할에 대한 갈등 등으로 구성원이 심한 스트레스에 노출될 수 있다.
③ 힘의 균형이 치우치게 되면 조직의 구성이 깨지기 때문에 경영자의 개입 등으로 힘의 균형을 유지하기 위한 노력이 필요하다.

18

정답 ③

가치사슬(Value Chain)은 기업의 경쟁적 지위를 파악하고 이를 향상할 수 있는 지점을 찾기 위해 사용하는 모형으로, 고객에게 가치를 제공함에 있어서 부가가치 창출에 직·간접적으로 관련된 일련의 활동·기능·프로세스의 연계를 뜻한다. 가치사슬의 각 단계에서 가치를 높이는 활동을 어떻게 수행할 것인지, 비즈니스 과정이 어떻게 개선될 수 있는지를 조사·분석하여야 한다.

> **가치사슬 분석의 효과**
> • 프로세스 혁신 : 생산, 물류, 서비스 등 기업의 전반적 경영활동을 혁신할 수 있다.
> • 원가 절감 : 낭비요소를 사전에 파악하여 제거함으로써 원가를 절감할 수 있다.
> • 품질 향상 : 기술개발 등을 통해 더욱 양질의 제품을 생산할 수 있다.
> • 기간 단축 : 조달, 물류, CS 등을 분석하여 고객에게 제품을 더욱 빠르게 납품할 수 있다.

19

정답 ③

• (당기순이익)=(총수익)−(총비용)=35억−20억=15억 원
• (기초자본)=(기말자본)−(당기순이익)=65억−15억=50억 원
• (기초부채)=(기초자산)−(기초자본)=100억−50억=50억 원

20

상위에 있는 욕구를 충족시키지 못하면 하위에 있는 욕구는 더욱 크게 증가하여, 하위욕구를 충족시키기 위해 훨씬 더 많은 노력이 필요하게 된다.

오답분석
① 심리학자 앨더퍼가 인간의 욕구에 대해 매슬로의 욕구 5단계설을 발전시켜 주장한 이론이다.
②·③ 존재욕구를 기본적 욕구로 정의하며, 관계욕구, 성장욕구로 계층화하였다.

21

사업 다각화는 무리하게 추진할 경우 수익성에 악영향을 줄 수 있다는 단점이 있다.

오답분석
① 지속적인 성장을 추구하여 미래 유망산업에 참여하고, 구성원에게 더 많은 기회를 줄 수 있다.
② 기업이 한 가지 사업만 영위하는 데 따르는 위험에 대비할 수 있다.
③ 보유자원 중 남는 자원을 활용하여 범위의 경제를 실현할 수 있다.

22

종단분석은 시간과 비용의 제약으로 인해 표본 규모가 작을수록 좋으며, 횡단분석은 집단의 특성 또는 차이를 분석해야 하므로 표본이 일정 규모 이상일수록 정확하다.

23

채권이자율이 시장이자율보다 높아지면 채권가격은 액면가보다 높은 가격에 거래된다. 단, 만기에 가까워질수록 채권가격이 하락하여 가격위험에 노출된다.

오답분석
①·②·④ 채권이자율이 시장이자율보다 낮은 할인채에 대한 설명이다.

24

물음표(Question Mark) 사업은 신규 사업 또는 현재 시장점유율은 낮으나, 향후 성장 가능성이 높은 사업이다. 기업 경영 결과에 따라 개(Dog) 사업 또는 스타(Star) 사업으로 바뀔 수 있다.

오답분석
① 스타(Star) 사업 : 성장 가능성과 시장점유율이 모두 높아서 계속 투자가 필요한 유망 사업이다.
② 현금젖소(Cash Cow) 사업 : 높은 시장점유율로 현금창출은 양호하나, 성장 가능성은 낮은 사업이다.
③ 개(Dog) 사업 : 성장 가능성과 시장점유율이 모두 낮아 철수가 필요한 사업이다.

25

테일러의 과학적 관리법에서는 작업에 사용하는 도구 등을 표준화하여 관리 비용을 낮추고 효율성을 높이는 것을 추구한다.

오답분석
① 과학적 관리법의 특징 중 동기부여에 대한 설명이다.
② 과학적 관리법의 특징 중 표준화에 대한 설명이다.
③ 과학적 관리법의 특징 중 통제에 대한 설명이다.

01	02	03	04	05	06	07	08	09	10	11	12	13	14	15				
⑤	②	①	④	⑤	①	④	③	③	④	④	③	①	③	④				

01
정답 ⑤

가격탄력성이 1보다 크면 탄력적이라고 할 수 있다.

오답분석

①·② 수요의 가격탄력성은 가격의 변화에 따른 수요의 변화를 의미하는 것으로, 분모는 상품 가격의 변화량을 상품 가격으로 나눈 값이고, 분자는 수요량의 변화량을 수요량으로 나눈 값이다.

③ 대체재가 많을수록 해당 상품 가격 변동에 따른 수요의 변화는 더 크게 반응하게 된다.

02
정답 ②

GDP 디플레이터는 명목 GDP를 실질 GDP로 나누어 물가상승 수준을 예측할 수 있는 물가지수로, 국내에서 생산된 모든 재화와 서비스 가격을 반영한다. 따라서 GDP 디플레이터를 구하는 계산식은 (명목 GDP)÷(실질 GDP)×100이다.

03
정답 ①

한계소비성향은 소비의 증가분을 소득의 증가분으로 나눈 값으로, 소득이 1,000만 원 늘었을 때 현재 소비자들의 한계소비성향이 0.7이므로 소비는 700만 원이 늘었다고 할 수 있다. 따라서 소비의 변화폭은 700이다.

04
정답 ④

㉠ 환율이 상승하면 제품을 수입하기 위해 더 많은 원화를 필요로 하고, 이에 따라 수입이 감소하게 되므로 순수출이 증가한다.

㉡ 국내이자율이 높아지면 국내자산 투자수익률이 좋아져 해외로부터 자본유입이 확대되고, 이에 따라 환율은 하락한다.

㉢ 국내물가가 상승하면 상대적으로 가격이 저렴한 수입품에 대한 수요가 늘어나 환율은 상승한다.

05
정답 ⑤

독점적 경쟁시장은 광고, 서비스 등 비가격경쟁이 가격경쟁보다 더 활발히 진행된다.

06
정답 ①

케인스학파는 경기침체 시 정부가 적극적으로 개입하여 총수요의 증대를 이끌어야 한다고 주장하였다.

오답분석

② 고전학파의 거시경제론에 대한 설명이다.

③ 케인스학파의 거시경제론에 대한 설명이다.

④ 고전학파의 이분법에 대한 설명이다.

⑤ 케인스학파의 화폐중립성에 대한 설명이다.

07

정답 ④

① 매몰비용의 오류 : 이미 투입한 비용과 노력 때문에 경제성이 없는 사업을 지속하여 손실을 키우는 것을 의미한다.
② 감각적 소비 : 제품을 구입할 때, 품질, 가격, 기능보다 디자인, 색상, 패션 등을 중시하는 소비 패턴을 의미한다.
③ 보이지 않는 손 : 개인의 사적 영리활동이 사회 전체의 공적 이익을 증진시키는 것을 의미한다.
⑤ 희소성 : 사람들의 욕망에 비해 그 욕망을 충족시켜 주는 재화나 서비스가 부족한 현상을 의미한다.

08

정답 ③

- (실업률)=(실업자)÷(경제활동인구)×100
- (경제활동인구)=(취업자)+(실업자)
∴ 5,000÷(20,000+5,000)×100=20%

09

정답 ③

(한계비용)=(총비용 변화분)÷(생산량 변화분)
- 생산량이 50일 때 총비용 : 16(평균비용)×50(생산량)=800
- 생산량이 100일 때 총비용 : 15(평균비용)×100(생산량)=1,500
따라서 한계비용은 700÷50=14이다.

10

정답 ④

A국은 노트북을 생산할 때 기회비용이 더 크기 때문에 TV 생산에 비교우위가 있고, B국은 TV를 생산할 때 기회비용이 더 크기 때문에 노트북 생산에 비교우위가 있다.

구분	노트북 1대	TV 1대
A국	TV 0.75	노트북 1.33
B국	TV 1.25	노트북 0.8

11

정답 ④

다이내믹 프라이싱의 단점은 소비자 후생이 감소해 소비자의 만족도가 낮아진다는 것이다. 이로 인해 기업이 소비자의 불만에 직면할 수 있다는 리스크가 발생한다.

12

정답 ③

ⓒ 빅맥 지수는 동질적으로 판매되는 상품의 가치는 동일하다는 가정하에 나라별 화폐로 해당 제품의 가격을 평가하여 구매력을 비교하는 것이다.
ⓒ 맥도날드의 대표적 햄버거인 빅맥 가격을 기준으로 한 이유는 전 세계에서 가장 동질적으로 판매되고 있기 때문이며, 이처럼 품질, 크기, 재료가 같은 물건이 세계 여러 나라에서 팔릴 때 나라별 물가를 비교하기 수월하다.

㉠ 빅맥 지수는 영국 경제지인 이코노미스트에서 최초로 고안하였다.
㉣ 빅맥 지수에 사용하는 빅맥 가격은 제품 가격만 반영하고 서비스 가격은 포함하지 않기 때문에 나라별 환율에 대한 상대적 구매력 평가 외에 다른 목적으로 사용하기에는 측정값이 정확하지 않다.

13

확장적 통화정책은 국민소득을 증가시켜 이에 따른 보험료 인상 등 세수확대 요인으로 작용한다.

오답분석

② 이자율이 하락하고, 소비 및 투자가 증가한다.
③·④ 긴축적 통화정책이 미치는 영향이다.

14

토지, 설비 등이 부족하면 한계 생산가치가 떨어지기 때문에 노동자를 많이 고용하는 게 오히려 손해이다. 따라서 노동 수요곡선은 왼쪽으로 이동한다.

오답분석

① 노동 수요는 재화에 대한 수요가 아닌 재화를 생산하기 위해 파생되는 수요이다.
② 상품 가격이 상승하면 기업은 더 많은 제품을 생산하기 위해 노동자를 더 많이 고용한다.
④ 노동에 대한 인식이 긍정적으로 변화하면 노동시장에 더 많은 노동력이 공급된다.

15

S씨가 달리기를 선택할 경우 (기회비용)=1(순편익)+8(암묵적 기회비용)=9로 기회비용이 가장 작다.

오답분석

① 헬스를 선택할 경우
   (기회비용)=2(순편익)+8(암묵적 기회비용)=10
② 수영을 선택할 경우
   (기회비용)=5(순편익)+8(암묵적 기회비용)=13
③ 자전거를 선택할 경우
   (기회비용)=3(순편익)+7(암묵적 기회비용)=10

PART 1

합격의 공식 시대에듀 www.sdedu.co.kr

직업기초능력평가

01 | 의사소통능력

대표기출유형 01 | 기출응용문제

01

정답 ④

박쥐가 많은 바이러스를 보유하고 있는 것은 밀도 높은 군집 생활을 하기 때문이며, 그에 대항하는 면역도 갖추었기 때문에 긴 수명을 가질 수 있었다.

오답분석

① 박쥐의 수명이 대다수의 포유동물보다 길다는 것은 맞지만, 평균적인 포유류 수명보다 짧은지는 알 수 없다.
② 박쥐는 뛰어난 비행 능력으로 먼 거리까지 날아서 이동할 수 있었다.
③ 박쥐는 현재 강력한 바이러스 대항 능력을 갖추었다.

02

정답 ③

은행뿐 아니라 제2금융권의 참여 확대를 위해 오픈플랫폼을 오픈뱅킹 공동업무 서비스로 전환하였다는 내용을 통해 제2금융권도 참여할 수 있음을 알 수 있다.

오답분석

① 오픈뱅킹은 금융서비스를 개발하는 오픈 API와 테스트 할 수 있는 테스트베드 등으로 구분된다.
② 기존에는 핀테크 서비스를 출시하려면 모든 관련 은행과 개별적으로 협약을 맺어야 했지만, 오픈뱅킹을 통해 이를 해결할 수 있다.
④ 이용대상에는 핀테크 사업자, 핀테크 산업 분류업종 기업, 전자금융업자, 오픈뱅킹 운영기관 인정기업, 일반고객 등이 있다.

03

정답 ③

두 번째 문단에서 1948년 대한민국 정부가 수립된 이후 애국가가 현재의 노랫말과 함께 공식 행사에 사용되었다고 하였으므로 1896년 『독립신문』에는 현재의 노랫말이 게재되지 않았다는 것을 알 수 있다.

오답분석

① 두 번째 문단에서 1935년 해외에서 활동 중이던 안익태가 오늘날 우리가 부르고 있는 국가를 작곡하였고 이 곡은 해외에서만 퍼져나갔다고 하였으므로 1940년에 해외에서는 애국가 곡조를 들을 수 있었다는 것을 알 수 있다.
② 네 번째 문단에서 국기강하식 방송, 극장에서의 애국가 상영 등은 1980년대 후반 중지되었다고 하였으므로 1990년대 초반에 애국가 상영이 의무화되었다는 말은 적절하지 않다.
④ 두 번째 문단에 따르면 안익태가 애국가를 작곡한 때는 1935년, 대한민국 정부 공식 행사에 사용된 해는 1948년이므로 13년이 걸렸다는 것을 알 수 있다.

대표기출유형 02 기출응용문제

01
정답 ③

(다) 문단에서 보건복지부와 국립암센터에서 국민 암 예방 수칙의 하나를 '하루 한두 잔의 소량 음주도 피하기'로 개정하였으며, 뉴질랜드 연구진의 연구에 따르면 '소량에서 적당량의 알코올 섭취도 몸에 상당한 부담으로 작용한다.'고 하였으므로 '가벼운 음주라도 몸에 위험하다.'는 결과를 끌어낼 수 있다. 따라서 가벼운 음주, 대사 촉진에 도움이 된다는 소제목은 적절하지 않다.

02
정답 ④

제시문에서는 '장애인 편의 시설에 대한 새로운 시각'이 필요하다고 밝히고, 장애인 편의 시설이 '우리 모두에게 유용함'을 강조하고 있다. 또한 마지막 문단에서 보편적 디자인의 시각으로 바라볼 때 '장애인 편의 시설은 우리 모두에게 편리하고 안전한 시설로 인식될 것'이라고 하였다. 따라서 제시문의 주제로 가장 적절한 것은 ④이다.

03
정답 ①

기사문은 안전띠를 제대로 착용하지 않은 경우 사고가 났을 때 일어날 수 있는 상해 가능성을 제시하며, 안전띠의 중요성을 언급하고 있다. 따라서 기사의 제목으로는 ①이 가장 적절하다.

대표기출유형 03 기출응용문제

01
정답 ①

제시문은 인간의 질병 구조가 변화하고 있고 우리나라는 고령화 시대를 맞이함에 따라 만성질환이 증가하였으며 이에 따라 간호사가 많이 필요해진 상황에 대해 말하고 있다. 하지만 간호사를 많이 채용하지 않고 있으며 뒤처진 의료 환경과 제도에 대한 아쉬움에 대해 설명하고 있는 글이다. 따라서 (나) 변화한 인간의 질병 구조 – (가) 고령화 시대를 맞아 증가한 만성질환 – (다) 간호사가 필요한 현실과는 맞지 않는 고용 상황 – (라) 간호사의 필요성과 뒤처진 의료 제도에 대한 안타까움 순서대로 나열하는 것이 가장 적절하다.

02
정답 ③

제시문은 헤겔이 생각한 시민사회의 한계점과 문제 해결 방안에 대하여 설명하고 있다. 따라서 (가) 헤겔이 활동하던 19세기 초 프러시아의 시대적 과제 → (라) 공리주의를 통해 해결할 수 없는 사회문제 → (나) 문제를 해결하기 위해 에셀리 세시안 시민사회에 대한 정의 → (다) 빈곤과 계급 갈등을 근원적으로 해결하기 위한 시민사회의 역할의 순서대로 나열하는 것이 가장 적절하다.

03
정답 ②

제시문은 신앙 미술에 나타난 동물의 상징적 의미와 사례, 변화와 그 원인, 그리고 동물의 상징적 의미가 지닌 문화적 가치에 대하여 설명하고 있다. 따라서 (나) 신앙 미술에 나타난 동물의 상징적 의미와 그 사례 → (다) 동물의 상징적 의미의 변화 → (라) 동물의 상징적 의미가 변화하는 원인 → (가) 동물의 상징적 의미가 지닌 문화적 가치의 순서대로 나열하는 것이 가장 적절하다.

04

제시문은 실제 일어났던 전쟁을 배경으로 한 작품들이 전쟁을 어떤 방식으로 다루고 있는지 비교하는 글로, 『박씨전』과 『시장과 전장』을 통해 전쟁 소설이 실재했던 전쟁을 새롭게 인식하려 함을 설명한다. 따라서 (가) 실존 인물을 허구의 인물로 물리침으로써 패전의 치욕을 극복하고자 한 『박씨전』 → (라) 패전의 슬픔을 위로하고 희생자를 추모하여 연대감을 강화하고자 한 『박씨전』 → (나) 전쟁이 남긴 상흔을 직시하고 좌절하지 않으려는 작가의 의지가 드러나는 『시장과 전장』 → (다) 『시장과 전장』에서 나타나는 개인의 연약함과 존엄의 탐색의 순서대로 나열하는 것이 가장 적절하다.

대표기출유형 04 | 기출응용문제

01

보기는 소송에서의 '입증'이라는 용어를 정의한 것이므로 제시문에서 '입증'이라는 용어가 가장 먼저 나온 곳의 바로 뒤에 나와야 하고, 보기 뒤에서는 법관의 확신에 대해 이야기하고 있어야 한다. 따라서 보기의 위치는 (가)가 가장 적절하다.

02

• (가) : ©은 빈칸 앞 문장의 '음원의 위치가 정중앙이 아니라 어느 한쪽으로 치우쳐 있으면, 소리가 두 귀 중에서 어느 한쪽에 먼저 도달한다.'는 내용을 보충 설명한다. 따라서 빈칸에는 ©이 적절하다.
• (나) : 빈칸 앞의 내용에서는 '소리의 크기를 통해 음원의 위치를 알 수 있다.'고 하였는데, 빈칸 뒤에서는 '소리가 저주파로만 구성되어 있는 경우 소리의 크기 차이를 이용한 위치 추적은 효과적이지 않다.'고 하였다. 따라서 빈칸에는 저주파에서는 소리의 크기 차이가 일어나지 않는다는 내용의 ©이 적절하다.
• (다) : 빈칸 앞의 내용에서 '머리와 귓바퀴의 굴곡'이 '고막에 도달하기 전'의 소리를 변형시키는 필터 역할을 한다고 하였으므로 빈칸에는 이러한 굴곡으로 인해 두 고막에 도달하는 소리의 음색 차이가 생긴다는 내용의 ⊙이 적절하다.

03

미생물을 끓는 물에 노출하면 영양세포나 진핵포자는 죽일 수 있으나, 세균의 내생포자는 사멸시키지 못한다. 멸균은 포자, 박테리아, 바이러스 등을 완전히 파괴하거나 제거하는 것이므로 물을 끓여서 하는 열처리 방식으로는 멸균이 불가능함을 알 수 있다. 따라서 빈칸에 들어갈 내용으로는 '소독은 가능하지만, 멸균은 불가능하다.'는 ④가 가장 적절하다.

대표기출유형 05 | 기출응용문제

01

제시문에서는 건강 불평등 격차를 줄여 모든 국민의 건강권을 보장하고자 하는 네덜란드의 의료복지 정책에 대해 설명하며, 건강 불평등 격차가 큰 우리나라의 현재 상황을 제시하고 있다. 따라서 제시문의 뒤에 이어질 내용으로는 네덜란드의 보험 제도를 참고하여 우리나라의 건강 불평등 해소 방향을 생각해볼 수 있다는 ②가 가장 적절하다.

02

보기에 제시된 C형 간염 바이러스는 사람에 따라 증세가 나타나거나 나타나지 않기도 하고, 나중에 나타나기도 하므로 만성감염에 해당하는 것을 알 수 있다. 따라서 C형 간염 바이러스에 감염된 사람은 감염성 바이러스가 숙주로부터 계속 배출되어 증세와 상관없이 항상 다른 사람에게 옮길 수 있다.

① 만성감염은 감염성 바이러스가 항상 검출되는 감염 상태이므로 적절하지 않다.
② 증상이 사라졌다가 특정 조건에서 다시 바이러스가 재활성화되는 것은 잠복감염에 대한 설명이므로 적절하지 않다.
③ 반드시 특정 질병을 유발한다는 것은 지연감염에 대한 설명이므로 적절하지 않다.

03
정답 ④

제시문에 따르면 일반적으로 다의어의 중심 의미는 주변 의미보다 사용 빈도가 높다. 다만, '사회생활에서의 관계나 인연'의 의미와 '길이로 죽 벌이거나 늘여 있는 것'의 의미는 모두 '줄'의 주변 의미에 해당하므로 두 가지 의미의 사용 빈도는 서로 비교하기 어렵다.

오답분석
① 문법적 제약이나 의미의 추상성·관련성 등은 제시문에서 설명하는 다의어의 특징이므로 이를 통해 동음이의어와 다의어를 구분할 수 있음을 추론할 수 있다.
② '손'이 '노동력'의 의미로 쓰일 때는 '부족하다, 남다' 등의 용언과만 함께 쓰일 수 있으므로 '넣다'와는 사용될 수 없다.
③ 다의어의 문법적 제약은 주변 의미로 사용될 때 나타나며, 중심 의미로 사용된다면 '물을 먹이다.' '물이 먹히다.'와 같이 제약 없이 사용될 수 있다.

대표기출유형 06 　 기출응용문제

01
정답 ④

- ㉠ : 앞 문장에서 다양한 바이러스에 의해 발생하는 감기와 달리 독감은 특정 인플루엔자 바이러스로 인해 발생한다고 하므로 역접의 접속어인 '그러나'가 들어가는 것이 적절하다.
- ㉡ : 뒤 문장에서 독감은 예방이 어려운 감기와 달리 접종을 통해 예방할 수 있다고 하므로 '그러나'가 들어가는 것이 적절하다.
- ㉢ : 접종 2주 후 생기는 항체가 6개월 동안 지속된다는 앞 문장은 10 ~ 11월 사이에 독감 예방 접종을 하는 것이 좋다는 뒤 문장의 원인이 되므로 '따라서'가 들어가는 것이 적절하다.

02
정답 ④

먹고 난 뒤의 그릇을 씻어 정리하는 일을 뜻하는 단어는 '설거지'이다.

오답분석
① ~로서 : 지위나 신분 또는 자격을 나타내는 격조사
② 왠지 : 왜 그런지 모르게. 또는 뚜렷한 이유도 없이
③ 드러나다 : 가려 있거나 보이지 않던 것이 보이게 됨

03
정답 ④

'자극'과 '반응'은 조건과 결과의 관계이다. 따라서 입력과 출력의 관계가 가장 유사하다.

오답분석
① 개별과 집합의 관계이다.
② 대등 관계이자 상호보완 관계이다.
③ 존재와 생존의 조건 관계이다.

02 | 수리능력

대표기출유형 01 | 기출응용문제

01

정답 ④

8명이 경기를 하므로 4개의 조를 정하는 것과 같다. 이때 1~4위까지의 선수들이 서로 만나지 않게 하려면 각 조에 1~4위 선수가 한 명씩 배치되어야 한다. 이 선수들을 먼저 배치하고 다른 선수들이 남은 자리에 들어가는 경우의 수는 4!=24가지이다. 다음으로 만들어진 4개의 조를 두 개로 나누는 경우의 수를 구하면 $_4C_2 \times _2C_2 \times \frac{1}{2!} = 3$가지이다.

따라서 가능한 대진표의 경우의 수는 $24 \times 3 = 72$가지이다.

02

정답 ③

A소금물에 첨가한 물의 양은 ag, 버린 B소금물의 양은 bg이고, 늘어난 A소금물과 줄어든 B소금물을 합친 소금물의 양은 500g이다. 또한 합쳐진 소금물의 농도는 10%라고 하였으므로 다음 식이 성립한다.

$(200+a)+(300-b)=500 \rightarrow a-b=0 \cdots \bigcirc$

$(200 \times 0.1)+(300-b) \times 0.2 = 500 \times 0.1 \rightarrow 20+60-0.2b=50 \rightarrow 0.2b=30 \rightarrow b=150 \cdots \bigcirc$

따라서 $\bigcirc$을 $\bigcirc$에 대입하면 $a=150$이므로, A소금물에 첨가한 물의 양은 150g이다.

03

정답 ①

열차의 이동 거리는 $200+40=240$m이므로, 열차의 속력은 $\frac{240}{10}=24$m/s이다.

길이가 320m인 터널을 완전히 통과한다고 하였으므로, 총 이동 거리는 $320+40=360$m이고, 속력은 24m/s이다.

따라서 걸린 시간은 $\frac{360}{24}=15$초이다.

04

정답 ③

수호네 집에서 학원까지의 거리는 1.5km=1,500m이며, 걸어간 거리를 xm라 하면 달린 거리는 $(1,500-x)$m이다.

$\frac{x}{40}+\frac{1,500-x}{160}=15$

$\rightarrow 4x+1,500-x=2,400$

$\therefore x=300$

따라서 수호가 걸어간 거리는 300m이다.

05

사과와 배, 귤을 각각 20개씩 구입한다면 사과는 120원×20=2,400원, 배는 260원×20=5,200원, 귤은 40원×20=800원의 금액이 필요하다. 총예산에서 이 금액을 제외하면 20,000−(2,400+5,200+800)=11,600원이 남는다. 남은 돈에서 사과와 배, 귤을 똑같은 개수씩 더 구입한다면 11,600÷(120+260+40)≒27.6이므로 27개씩 구입이 가능하다.

사과와 배, 귤을 각각 27개씩 추가로 구입한다면 27×(120+260+40)=11,340원이므로 각각 47개씩 구입하고 남은 금액은 11,600−11,340=260원이 된다. 이때, 남은 금액으로 한 개의 배(260원)를 더 구입할 수 있다.

따라서 배를 가장 많이 구입했을 때 배의 최소 개수는 20+27+1=48개이다.

06

정답 ④

전체 신입사원 인원을 x명이라 하자.

$\frac{1}{5}x+\frac{1}{4}x+\frac{1}{2}x+100=x$

→ $x-(0.2x+0.25x+0.5x)=100$

→ $0.05x=100$

∴ $x=2,000$

따라서 전체 신입사원은 2,000명이다.

07

정답 ④

흰색 카드에서 숫자 9를 두 번 뽑고, 빨간색 숫자 중 4를 뽑아 가장 큰 세 자리 수인 994를 만들 수 있고, 흰색 카드에서 숫자 1을 2번, 빨간색에서 2를 뽑으면 가장 작은 수인 112를 만들 수 있다.

따라서 가장 큰 수와 작은 수의 차이는 994−112=882이다.

08

정답 ③

제품의 원가를 x원이라고 하자.

제품의 정가는 $(1+0.2)x=1.2x$원이고, 판매가는 $1.2x(1-0.15)=1.02x$원이다.

50개를 판매한 금액이 127,500원이므로

$1.02x×50=127,500$

→ $1.02x=2,550$

∴ $x=2,500$

따라서 원가는 2,500원이다.

09

정답 ④

B를 거치는 A와 C의 최단 경로는 A와 B 사이의 경로와 B와 C 사이의 경로를 나눠서 구할 수 있다.

• A와 B의 최단 경로의 경우의 수 : $\frac{5!}{3!×2!}=10$가지

• B와 C의 최단 경로의 경우의 수 : $\frac{3!}{1!×2!}=3$가지

따라서 B를 거치는 A와 C의 최단 경로의 경우의 수는 3×10=30가지이다.

01
정답 ④

2023년 관광 수입이 가장 많은 국가는 중국(44,400백만 달러)이며, 가장 적은 국가는 한국(17,300백만 달러)이다. 두 국가의 2024년 관광 지출 대비 관광 수입 비율을 계산하면 다음과 같다.

- 한국 : $\frac{13,400}{30,600} \times 100 ≒ 43.8\%$

- 중국 : $\frac{32,600}{257,700} \times 100 ≒ 12.7\%$

따라서 두 국가의 비율 차이는 $43.8 - 12.7 = 31.1\%$p이다.

02
정답 ④

작년 전체 실적은 $45 + 50 + 48 + 42 = 185$억 원이며, $1 \sim 2$분기와 $3 \sim 4$분기의 실적의 비중을 각각 구하면 다음과 같다.

- $1 \sim 2$분기 비중 : $\frac{45 + 50}{185} \times 100 ≒ 51.4\%$

- $3 \sim 4$분기 비중 : $\frac{48 + 42}{185} \times 100 ≒ 48.6\%$

03
정답 ②

'부서별 신청자 수 현황'에 따르면 전체 부서의 직원은 $8 + 10 + 9 + 13 = 40$명이며, 그중 컴퓨터활용을 신청한 직원은 $2 + 4 + 2 + 3 = 11$명이다. 따라서 '컴퓨터활용'을 신청한 직원은 전체 부서 직원에서 $\frac{11}{40} \times 100 = 27.5\%$를 차지한다.

04
정답 ④

영어회화를 신청한 직원은 9명이고, 수강료는 1인당 10만원이며, 회계이론을 신청한 직원은 3명이고, 수강료는 1인당 12만 원이다. 따라서 두 수업에 지원해 주는 금액은 총 $9 \times 10 + 3 \times 12 = 90 + 36 = 126$만 원이다.

05
정답 ③

'한 달 수업일수 및 하루 수업시간' 그래프에서 각 수업의 한 달 동안 받는 수업시간을 계산하면 다음과 같다.
- 영어회화 : $6 \times 1 = 6$시간
- 컴퓨터활용 : $8 \times 1.5 = 12$시간
- 회계이론 : $5 \times 2 = 10$시간
- 영어문서 작성 : $6 \times 2 = 12$시간

따라서 한 달에 가장 적은 시간을 수업하는 프로그램은 '영어회화'이며, 한 달 수강료는 10만 원이다.

01

그래프의 수치가 명확하지 않은 경우에는 간격이 몇 칸인지로 판단하는 것이 더 효율적이다.

ㄱ. 20g일 때와 60g일 때를 비교하면 약품 A는 2칸, B는 2칸 이상, C는 3칸의 차이를 보이고 있다. 따라서 A의 오염물질 제거량 차이(약 10g)가 가장 작다.

ㄴ. 각 약품의 투입량이 20g일 때, 약품별 오염물질 제거량은 A가 7칸이며, C가 3칸이다. 따라서 A가 C의 2배 이상이다.

오답분석

ㄷ. 오염물질 30g를 제거하기 위해 필요한 약품 A∼C의 투입량은 각각 10g, 30g, 60g으로 A의 약품 투입량이 가장 적다.

ㄹ. 약품 투입량 20∼40g 구간에서 오염물질 제거량 차이는 약 2칸 차이로 7g 이상이다.

02

환경오염 사고는 2023년에 전년 대비 $\frac{116-246}{246}\times100≒-52.8\%p$의 감소율을 보였다.

오답분석

① 전기(감전) 사고는 2020년부터 2023년까지 매년 605건, 569건, 558건, 546건으로 감소하는 모습을 보이고 있다.

② 전체 사고 건수에서 화재 사고는 2017년부터 2023년까지 약 14.9%, 15.3%, 14.2%, 13.9%, 14.2%, 14.1%, 14.3%로 매년 13% 이상 차지하고 있다.

③ 해양 사고는 2023년에 2017년 대비 $\frac{2,839-1,627}{1,627}\times100≒74.5\%p$의 증가율을 보였다.

03

수도권은 서울과 인천·경기를 합한 지역을 의미한다. 따라서 전체 마약류 단속 건수 중 수도권의 마약류 단속 건수의 비중은 22.1+35.8=57.9%이다.

오답분석

① • 대마 단속 전체 건수 : 167건
   • 마약 단속 전체 건수 : 65건
   65×3=195>167이므로 옳지 않은 설명이다.

③ 마약 단속 건수가 없는 지역은 강원, 충북, 제주로 3곳이다.

④ • 대구·경북 지역의 향정신성의약품 단속 건수 : 138건
   • 광주·전남 지역의 향정신성의약품 단속 건수 : 38건
   38×4=152>138이므로 옳지 않은 설명이다.

03 | 문제해결능력

대표기출유형 01 | 기출응용문제

01

정답 ①

A ~ E 중 살아남은 A, B, C 가운데 2명은 늑대 인간이며, 남은 1명은 드라큘라이다. 또한 D, E의 캐릭터는 서로 같지 않으므로 D와 E는 각각 늑대 인간 또는 드라큘라를 선택하였다. 따라서 이 팀의 3명은 늑대 인간 캐릭터를, 2명은 드라큘라 캐릭터를 선택하였다.

오답분석

② B는 드라큘라일 수도 늑대 인간일 수도 있다.
③ C는 늑대 인간일 수도 드라큘라일 수도 있다.
④ 늑대 인간의 수가 드라큘라의 수보다 많다.

02

정답 ④

제시된 조건들을 순서대로 논리 기호화하면 다음과 같다.
- 첫 번째 조건 : 재고
- 두 번째 조건 : ~설비투자 → ~재고(대우)
- 세 번째 조건 : 건설투자 → 설비투자('~때에만'이라는 한정 조건이 들어가면 논리 기호의 방향이 바뀐다)

첫 번째 조건이 참이므로 두 번째 조건의 대우(재고 → 설비투자)에 따라 설비를 투자한다. 세 번째 조건은 건설투자를 늘릴 때에만 이라는 한정 조건이 들어갔으므로 역(설비투자 → 건설투자) 또한 참이다. 이를 토대로 공장을 짓는다는 결론을 얻기 위해서는 '건설투자를 늘린다면, 공장을 짓는다(건설투자 → 공장건설).'라는 명제가 필요하다.

03

정답 ④

제시된 조건들을 순서대로 논리 기호화하면 다음과 같다.
- 두 번째 조건 : 머그컵 → ~노트
- 세 번째 조건 : 노트
- 네 번째 조건 : 태블릿PC → 머그컵
- 마지막 조건 : ~태블릿PC → (가습기 ∧ ~컵받침)

세 번째 조건에 따라 노트는 반드시 선정되며, 두 번째 조건의 대우(노트 → ~머그컵)에 따라 머그컵은 선정되지 않는다. 그리고 네 번째 조건의 대우(~머그컵 → ~태블릿PC)에 따라 태블릿PC도 선정되지 않으며, 마지막 조건에 따라 가습기는 선정되고 컵받침은 선정되지 않는다. 총 3개의 경품을 선정한다고 하였으므로 노트, 가습기와 함께 펜이 경품으로 선정된다.

04

정답 ④

한 분야의 모든 사람이 한 팀에 들어갈 수는 없으므로 가와 나는 한 팀이 될 수 없다.

오답분석

① 한 분야의 모든 사람이 한 팀에 들어갈 수 없기 때문에 갑과 을이 한 팀이 되는 것과 상관없이 가와 나는 반드시 다른 팀이어야 한다.

② 두 팀에 남녀가 각각 2명씩 들어갈 수도 있지만, (남자 셋, 여자 하나), (여자 셋, 남자 하나)의 경우도 있다.
③ a와 c는 성별이 다르기 때문에 같은 팀에 들어갈 수 있다.

05

 정답 ③

다음의 논리 순서에 따라 주어진 조건을 정리하면 쉽게 접근할 수 있다.
• 첫 번째 조건 : B부장의 자리는 출입문과 가장 먼 10번 자리에 배치된다.
• 두 번째 조건 : C대리와 D과장은 마주봐야 하므로 2·7번 또는 4·9번 자리에 앉을 수 있다.
• 세 번째 조건 : E차장은 B부장과 마주보거나 옆자리이므로 5번과 9번에 배치될 수 있지만, 다섯 번째 조건에 따라 옆자리가 비어 있어야 하므로 5번 자리에 배치된다.
• 다섯 번째 조건 : E차장의 옆자리는 공석이므로 4번 자리는 아무도 앉을 수가 없어 C대리는 7번 자리에 앉고, D과장은 2번 자리에 앉아야 한다.
• 일곱 번째 조건 : 과장끼리 마주보거나 나란히 앉을 수 없으므로 G과장은 3번 자리에 앉을 수 없고, 6번과 9번에 앉을 수 있다.
• 여섯 번째 조건 : F대리와 마주보는 자리에 아무도 앉지 않아야 하므로 F대리는 9번 자리에 배치되어야 하고, G과장은 6번 자리에 앉아야 한다.
주어진 조건에 맞게 자리 배치를 정리하면 다음과 같다.

출입문				
1 – 신입사원	2 – D과장	×	×	5 – E차장
6 – G과장	7 – C대리	8 – A사원	9 – F대리	10 – B부장

따라서 배치된 자리와 직원이 바르게 연결된 것은 ③이다.

대표기출유형 02　기출응용문제

01

 정답 ④

게임 규칙과 결과를 토대로 경우의 수를 따져보면 다음과 같다.

라운드	벌칙 제외	총 퀴즈 개수
3	A	15
4	B	19
5	C	21
	D	
	C	22
	E	
	D	22
	E	

ㄴ. 총 22개의 퀴즈가 출제되었다면, E가 정답을 맞혀 벌칙에서 제외된 것이다.
ㄷ. 게임이 종료될 때까지 총 21개의 퀴즈가 출제되었다면 C, D가 벌칙에서 제외된 경우로 5라운드에서 E에게는 정답을 맞힐 기회가 주어지지 않았다. 따라서 퀴즈를 푸는 순서가 벌칙을 받을 사람 선정에 영향을 준 것을 알 수 있다.

오답분석
ㄱ. 5라운드까지 4명의 참가자가 벌칙에서 제외되었으므로 정답을 맞힌 퀴즈는 8개, 벌칙을 받을 사람이 5라운드까지 정답을 맞힌 퀴즈는 0개나 1개이므로 총 정답을 맞힌 퀴즈는 8개나 9개이다.

02

• 1단계 : 주민등록번호 앞 12자리 숫자에 가중치를 곱하면 다음과 같다.

숫자	2	4	0	2	0	2	8	0	3	7	0	1
가중치	2	3	4	5	6	7	8	9	2	3	4	5
결과	4	12	0	10	0	14	64	0	6	21	0	5

• 2단계 : 1단계에서 구한 값의 합을 계산한다.

$4+12+0+10+0+14+64+0+6+21+0+5=136$

• 3단계 : 2단계에서 구한 값을 11로 나누어 나머지를 구한다.

$136 \div 11 = 12 \cdots 4$

• 4단계 : 11에서 3단계의 나머지를 뺀 수를 10으로 나누어 나머지를 구한다.

$(11-4) \div 10 = 0 \cdots 7$

따라서 빈칸에 들어갈 수는 7이다.

03

자사보유 전세버스 현황에서 소형버스(RT)는 RT-25-KOR-18-0803, RT-16-DEU-23-1501, RT-25-DEU-12-0904, RT-23-KOR-07-0628, RT-16-USA-09-0712로 소형버스는 총 5대이며, 이 중 독일에서 생산된 것은 2대이다. 따라서 이는 소형버스 전체의 40%를 차지하므로 ①은 옳지 않다.

대표기출유형 03 | 기출응용문제

01

예산이 가장 많이 드는 B사업과 E사업은 사업기간이 3년이므로 최소 1년은 겹쳐야 한다. 이를 바탕으로 정리하면 다음과 같다.

연도 예산 사업명	1차 20조 원	2차 24조 원	3차 28.8조 원	4차 34.5조 원	5차 41.5조 원
A	-	1조 원	4조 원	-	-
B	-	15조 원	18조 원	21조 원	-
C	-	-	-	-	15조 원
D	15조 원	8조 원	-	-	-
E	-	-	6조 원	12조 원	24조 원
실질 사용 예산 합계	15조 원	24조 원	28조 원	33조 원	39조 원

따라서 D사업을 첫해에 시작해야 한다.

02

제시된 문제는 각각의 조건에서 해당되지 않는 쇼핑몰을 체크하여 선지에서 하나씩 제거하는 방법으로 푸는 것이 좋다.
• 철수 : C, D, F는 포인트 적립이 안 되므로 해당 사항이 없다(②·④ 제외).
• 영희 : A는 배송비가 없으므로 해당 사항이 없다.
• 민수 : A, B, C는 주문 취소가 가능하므로 해당 사항이 없다(① 제외).
• 철호 : 환불 및 송금수수료, 배송비가 포함되었으므로 A, D, E, F에는 해당 사항이 없다.

03

A가 서브한 게임에서 전략팀이 득점하였으므로 이어지는 서브권은 A가 가지며, 전략팀이 총 4점을 득점한 상황이므로 팀 내에서 선수끼리 자리를 교체하여 A가 오른쪽에서 서브를 해야 한다. 그리고 서브를 받는 총무팀은 서브권이 넘어가지 않았기 때문에 선수끼리 코트 위치를 바꾸지 않는다. 따라서 ④가 가능하다.

대표기출유형 04 기출응용문제

01

기회는 외부환경요인 분석에 속하므로 회사 내부를 제외한 외부의 긍정적인 면으로 작용하는 것을 말한다. 따라서 ④는 외부의 부정적인 면으로 위협 요인에 해당한다.

[오답분석]
①·②·③ 외부환경의 긍정적인 요인으로 볼 수 있어 기회 요인에 속한다.

02

초고령화 사회는 실버산업(기업)의 외부환경 요소로 볼 수 있으며, 기회 요인으로 보는 것이 가장 적절하다.

[오답분석]
① 제품의 우수한 품질은 기업의 내부환경 요소로 볼 수 있으며, 강점 요인으로 보는 것이 가장 적절하다.
③ 기업의 비효율적인 업무 프로세스는 기업의 내부환경 요소로 볼 수 있으며, 약점 요인으로 보는 것이 가장 적절하다.
④ 살균제 달걀 논란은 기업의 외부환경 요소로 볼 수 있으며, 위험 요인으로 보는 것이 가장 적절하다.

04 | 정보능력

대표기출유형 01 | 기출응용문제

01
정답 ③

전산보안팀에서 발신한 업무 메일 내용에는 검색기록 삭제 시 기존에 체크되어 있는 항목 외에도 모든 항목을 체크하여 삭제하라고 되어 있다. 그러나 괄호 안에 '즐겨찾기 데이터 보존'은 체크 해제할 것이라고 명시되어 있으므로 모든 항목을 체크하여 삭제하는 행동은 옳지 않다.

02
정답 ④

RFID 태그의 종류에 따라 반복적으로 데이터를 기록하는 것이 가능하며, 물리적인 손상이 없는 한 반영구적으로 이용할 수 있다.

> **RFID**
> 무선 주파수(RF; Radio Frequency)를 이용하여 대상을 식별(IDentification)하는 기술로, 정보가 저장된 RFID 태그를 대상에 부착한 뒤 RFID 리더를 통하여 정보를 인식한다. 기존의 바코드를 읽는 것과 비슷한 방식으로 이용되나, 바코드와 달리 물체에 직접 접촉하지 않고도 데이터를 인식할 수 있으며, 여러 개의 정보를 동시에 인식하거나 수정할 수 있다. 또한, 바코드에 비해 많은 양의 데이터를 허용함에도 데이터를 읽는 속도가 매우 빠르며 데이터의 신뢰도 또한 높다.

03
정답 ③

바이오스란 컴퓨터에서 전원을 켜면 맨 처음 컴퓨터의 제어를 맡아 가장 기본적인 기능을 처리해 주는 프로그램으로, 모든 소프트웨어는 바이오스를 기반으로 움직인다.

오답분석
① ROM(Read Only Memory)에 대한 설명이다.
② RAM(Random Access Memory)에 대한 설명이다.
④ 스풀링(Spooling)에 대한 설명이다.

04
정답 ④

전략정보 시스템은 기업의 전략을 실현하여 경쟁우위를 확보하기 위한 목적으로 사용되는 정보시스템으로, 기업의 궁극적 목표인 이익에 직접 영향을 줄 수 있는 시장점유율 향상, 매출신장, 신상품 전략, 경영전략 등의 전략계획에 도움을 준다.

오답분석
① 비지니스 프로세스 관리 : 기업 내외의 비즈니스 프로세스를 실제로 드러나게 하고, 비즈니스의 수행과 관련된 사람 및 시스템을 프로세스에 맞게 실행·통제하며, 전체 비즈니스 프로세스를 효율적으로 관리하고 최적화할 수 있는 변화 관리 및 시스템 구현 기법이다.
② 전사적 자원관리 : 인사·재무·생산 등 기업의 전 부문에 걸쳐 독립적으로 운영되던 각종 관리시스템의 경영자원을 하나의 통합시스템으로 재구축함으로써 생산성을 극대화하려는 경영혁신기법이다.
③ 경영정보 시스템 : 기업 경영정보를 총괄하는 시스템으로, 의사결정 등을 지원하는 종합시스템이다.

05

정답 ①

정보관리의 3원칙
- 목적성 : 사용목표가 명확해야 한다.
- 용이성 : 쉽게 작업할 수 있어야 한다.
- 유용성 : 즉시 사용할 수 있어야 한다.

대표기출유형 02   기출응용문제

01

정답 ③

'볼펜은 행사에 참석한 직원 1인당 1개씩 지급한다.'라고 되어 있고 퇴직자가 속한 부서의 팀원 수가 [C2:C11]에 나와 있으므로 옳은 설명이다.

(오답분석)

㉠ '퇴직하는 직원이 소속된 부서당 화분 1개가 필요하다.'라고 되어 있고 자료를 보면 각 퇴직자의 소속부서가 모두 다르기 때문에 화분은 총 10개가 필요하다.
㉡ '근속연수 20년 이상인 직원에게 명패를 준다.'라고 되어 있으므로 입사년도가 2006년 이하인 직원부터 해당된다. 퇴직자 중에서는 B씨, C씨, F씨, I씨 총 4명이지만 주어진 자료만 보고 행사에 참석하는 모든 직원의 입사년도를 알 수 없으므로 옳지 않은 설명이다.

02

정답 ④

상품이 '하모니카'인 매출액의 평균을 구해야 하므로 AVERAGEIF 함수를 사용해야 한다. 「=AVERAGEIF(계산할 셀의 범위, 평균을 구할 셀의 정의, 평균을 구하는 셀)」로 표시되기 때문에 [E11] 셀에는 「=AVERAGEIF(B2:B9, "하모니카", E2:E9)」를 입력해야 한다.

03

정답 ④

「=INDEX(범위, 행, 열)」는 해당하는 범위 안에서 지정한 행, 열의 위치에 있는 값을 출력한다. 따라서 [B2:D9]의 범위에서 2행 3열에 있는 값 23,200,000이 결괏값이 된다.

04

정답 ①

엑셀 고급 필터 조건 범위의 해석법은 다음과 같다. 우선 같은 행의 값은 '이고'로 해석한다(AND 연산 처리). 다음으로 다른 행의 값은 '거나'로 해석한다(OR 연산 처리). 그리고 엑셀에서는 AND 연산이 OR 연산에 우선한다(행우선).
그리고 [G3] 셀의 「=C2>=AVERAGE($C$2:$C$8)」는 [C2] ~ [C8]의 실적이 [C2:C8]의 실적 평균과 비교되어 그 이상이 되면 TRUE(참)를 반환하고, 미만이라면 FALSE(거짓)를 반환하게 된다.
따라서 부서가 '영업1팀'<u>이고</u> 이름이 '수'로 끝나<u>거나</u>, 부서가 '영업2팀'<u>이고</u> 실적이 실적의 평균 이상인 데이터가 나타난다.

05

정답 ④

UPPER 함수는 알파벳 소문자를 대문자로 변경하며, TRIM 함수는 불필요한 공백을 제거하므로 'MNG−002KR'이 결괏값으로 출력된다.

01

sum은 정수형으로 정의해야 한다. float, double, long double은 실수형이다.

02

```
#include <stdio.h>
void main()
{
    int sum=2;
    while (sum < 50)
                                    sum *= 2;
    printf("%d", sum);
}
```

sum에 2를 넣어 프로그램을 실행하면 64로 출력된다.

03

```
#include <stdio.h>
void main()
{
    int sum=5;
    while (sum < 50)
                                    sum *= 2;
    printf("%d", sum);
}
```

sum에 5를 넣어 프로그램을 실행하면 80으로 출력된다.

01

다익스트라 알고리즘을 구현할 때, 선형 탐색구조로 알고리즘을 구현할 때의 시간복잡도는 $O(N^2)$이고, 우선순위 큐 구조로 알고리즘을 구현할 때의 시간복잡도는 $O(E\log N)$이다.

02

제시된 순서도는 result 값이 6을 초과할 때까지 2씩 증가하고, result 값이 6을 초과하면 그 값을 출력하는 순서도이다.
따라서 result 값이 5일 때 2를 더하여 5+2=7이 되어 6을 초과하므로 출력되는 값은 7이다.

PART **2**

보건의료지식

06 | 보건의료지식
적중예상문제

01	02	03	04	05	06	07	08	09	10	11	12	13	14	15	16	17	18	19	20
③	①	④	③	④	②	②	①	②	①	③	④	④	④	④	③	④	④	①	①
21	22	23	24	25	26	27	28	29	30	31	32	33	34	35	36	37	38	39	40
②	④	③	③	④	②	③	③	④	③	④	③	①	④	④	④	②	④	④	④

01   정답 ③

건강보험심사평가원의 명칭은 의료보험협의회(1976~1977) → 전국의료보험협의회(1977.11~1981) → 의료보험조합연합회(1981.10~1987) → 의료보험연합회(1987.12~2000.6) → 건강보험심사평가원(2000.7~현재) 순으로 변경되었다.

02   정답 ①

통지를 받은 요양기관은 지급 보류에 이의가 있는 경우에는 통지를 받은 날부터 7일 이내에 요양급여비용의 지급 보류에 대한 의견서에 이의 신청의 취지와 이유를 적고 필요한 자료를 첨부하여 국민건강보험공단에 제출하여야 한다(영 제22조의2 제2항).

03   정답 ④

치과에서 요양급여를 받는 경우 상급종합병원에서 1단계 요양급여를 받을 수 있다(요양급여 규칙 제2조 제3항 제3호).

04   정답 ③

국민건강보험제도는 1년 단위의 회계연도로 운영하는 단기보험에 해당한다.

국민건강보험제도의 특징
- 강제가입 : 국민 상호 간 위험부담을 통해 의료비를 해결하고자 하며, 보험료 납부의 강제성을 부여하여 보험에 대한 강제가입 실효성을 확보한다.
- 차등부과 : 국민의 소득 수준 등 부담능력에 따라 보험료를 차등으로 부과하는 것으로, 사회적 연대를 기초로 하는 사회보험의 특징 중 하나이며, 민간보험의 보험료 부과방식과 차이를 보인다.
- 균등수혜 : 보험료의 부담 수준과 관계없이 의료적 필요에 따라 보험을 급여하는 것을 말한다.
- 단기보험 : 1년 단위의 회계연도로 운영한다.
- 국가책임 : 건강보장은 사회보장의 일종으로, 전체 국민의 가입과 보험료 납부 강제를 위하여 국가가 관리한다.

05

정답 ④

이사회의 회의는 재적이사(이사장 포함) 과반수의 출석으로 개의하고, 재적이사 과반수의 찬성으로 의결한다(영 제12조 제4항).

[오답분석]
① 정기회의는 매년 2회 정관으로 정하는 시기에 이사회의 의장이 소집한다(영 제12조 제2항).
② 임시회의는 재적이사(이사장 포함) 3분의 1 이상이 요구할 때 또는 이사장이 필요하다고 인정할 때에 이사회의 의장이 소집한다(영 제12조 제3항).
③ 이사회의 회의는 재적이사(이사장 포함) 과반수의 출석으로 개의하고, 재적이사 과반수의 찬성으로 의결한다(영 제12조 제4항).

06

정답 ②

건강보험심사평가원 5대 핵심가치
• 신뢰받는 심사
• 공정한 평가
• 열린 전문성
• 함께하는 소통
• 지속적인 혁신

07

정답 ②

심사위원회의 위원장(규칙 제35조)
① 심사위원회에는 위원장 1명을 둔다.
② 심사위원회의 위원장은 건강보험심사평가원의 원장이 임명한다.
③ 심사위원회의 위원장이 부득이한 사유로 그 직무를 수행할 수 없을 때에는 건강보험심사평가원의 원장이 지명하는 위원이 그 직무를 대행한다.
④ 심사위원회 위원장의 임기는 2년으로 한다.

08

정답 ①

건강보험심사평가원 전략목표(2025 ~ 2029년)
• 선별집중심사 항목 수 72개(누적)
• 데이터 기반 경향관리제 확대지수 100점
• 의료 수준 우수기관 관리 성과 35% 이상
• 의료 수준 향상 취약기관 관리 성과 13% 이하
• 필수의료 수가개선율 100%
• 약품비 재평가 비율 10%
• 보건의료 빅데이터 활용지수 100점
• 부적절한 의약품 사용 예방 성과 78%
• ESG경영 이행 100%
• 종합청렴도 1등급

09

정답 ②

건강보험증을 대체하는 신분증명서(규칙 제7조)
법 제12조 제3항에서 "보건복지부령으로 정하는 본인 여부를 확인할 수 있는 신분증명서"란 다음 각 호의 증명서 또는 서류(관계 법령에서 인정하고 있는 전자식 방식의 증명서 또는 전자문서를 포함한다. 이하 이 조에서 같다)를 말한다. 이 경우 그 증명서 또는 서류에 유효기간이 적혀 있는 경우에는 그 유효기간이 지나지 않아야 한다.
1. 행정기관이나 공공기관이 발행한 증명서로서 사진이 붙어 있고, 주민등록번호 또는 외국인등록번호가 포함되어 본인임을 확인할 수 있는 국가보훈등록증, 장애인 등록증, 외국인 등록증, 그 밖에 신분을 확인할 수 있는 증명서
2. 행정기관이나 공공기관이 기록·관리하는 것으로서 사진이 붙어 있고, 주민등록번호 또는 외국인등록번호가 포함되어 본인임을 확인할 수 있는 서류
3. 전자서명법 제2조 제2호에 따른 전자서명(서명자의 실지명의를 확인할 수 있는 것을 말한다)이 첨부되어 있거나 정보통신망 이용촉진 및 정보보호 등에 관한 법률 제23조의3에 따른 본인확인기관이 제공하는 등 보건복지부장관이 고시하는 방법에 따라 본인 여부를 확인할 수 있는 증명서 또는 서류

10

정답 ①

요양급여 대상의 여부 결정에 관한 원칙(요양급여 규칙 제1조의2)
보건복지부장관은 의학적 타당성, 의료적 중대성, 치료효과성 등 임상적 유용성, 비용효과성, 환자의 비용부담 정도, 사회적 편익 및 건강보험 재정상황 등을 고려하여 요양급여대상의 여부를 결정해야 한다.

11

정답 ③

빈칸에 들어갈 서류는 '제3자의 행위로 인한 급여 통보서'로, 부상을 입은 사람이 외국인인 경우에는 외국인등록번호를 적는다(규칙 제28조 별지 제25호 서식).

12

정답 ④

법률상의 부모가 아닌 친생부모와 비동거 시 친생부모의 배우자 또는 동거하고 있는 직계비속이 없거나, 있어도 보수 또는 소득이 없는 경우 부양 인정한다(규칙 제2조 제1항 제1호, 별표 1).

[오답분석]
① 가입자와 동거 시 부양 인정, 가입자와 비동거 시에도 부양 인정한다.
② 가입자와 동거하지 않는 자녀(법률상의 자녀가 아닌 친생자녀 포함)인 직계비속이 미혼(이혼·사별한 경우 포함)인 경우 부양 인정한다. 다만, 이혼·사별한 경우 자녀인 직계비속이 없거나, 있어도 보수 또는 소득이 없는 경우 부양 인정한다.
③ 가입자와 비동거 시 부양 불인정한다.

13

정답 ④

근로소득 및 연금소득은 해당 소득의 100분의 50으로 평가한다(규칙 제44조 제2항 제2호).

14

소득월액(영 제41조 제1항)

법 제71조 제1항에 따른 소득월액 산정에 포함되는 소득은 다음 각 호와 같다. 이 경우 소득세법에 따른 비과세소득은 제외한다.

1. 이자소득 : 소득세법 제16조에 따른 소득
2. 배당소득 : 소득세법 제17조에 따른 소득
3. 사업소득 : 소득세법 제19조에 따른 소득
4. 근로소득 : 소득세법 제20조에 따른 소득
5. 연금소득 : 소득세법 제20조의3에 따른 소득
6. 기타소득 : 소득세법 제21조에 따른 소득

15

목적(법 제1조)

국민건강보험법은 국민의 질병·부상에 대한 예방·진단·치료·재활과 출산·사망 및 건강증진에 대하여 보험급여를 실시함으로써 국민보건 향상과 사회보장 증진에 이바지함을 목적으로 한다.

16

가산금이 3,000원 미만인 경우 가산금을 징수하지 않을 수 있다(영 제46조의3 제2항 제1호).

17

보험료율 등(법 제73조 제1항 및 제2항)

① 직장가입자의 보험료율은 1,000분의 80(㉠)의 범위에서 심의위원회의 의결을 거쳐 대통령령으로 정한다.
② 국외에서 업무에 종사하고 있는 직장가입자에 대한 보험료율은 제1항에 따라 정해진 보험료율의 100분의 50(㉡)으로 한다.

18

국민건강보험법에 따른 보건복지부장관의 권한은 대통령령으로 정하는 바에 따라 그 일부를 특별시장·광역시장·특별자치시장·도지사 또는 특별자치도지사에게 위임할 수 있다(법 제111조 제1항).

19

보건복지부장관은 요양기관이 법 제98조 제1항 제1호 또는 제3호에 해당하여 업무정지 처분을 하여야 하는 경우로서 그 업무정지 처분이 해당 요양기관을 이용하는 사람에게 심한 불편을 주거나 보건복지부장관이 정하는 특별한 사유가 있다고 인정되면 업무정지 처분을 갈음하여 속임수나 그 밖의 부당한 방법으로 부담하게 한 금액의 5배 이하의 금액을 과징금으로 부과·징수할 수 있다. 이 경우 보건복지부장관은 12개월의 범위에서 분할납부를 하게 할 수 있다(법 제99조 제1항).

[오답분석]
② 법 제99조 제2항 제2호에 해당한다.
③ 법 제99조 제4항에 해당한다.
④ 법 제99조 제5항에 해당한다.

20

건강보험심사평가원은 병원 평가 정보, 비급여 진료비 정보, 보건의료 빅데이터, 진료비 확인, 각종 보험 및 제도 등의 정보와 서비스를 제공하고 있다. ①의 건강검진 대상 조회는 국민건강보험공단이 제공하는 서비스이다.

21

보건복지부장관은 상한금액 감액의 대상이 되는 약제 중 희귀의약품(적절한 대체의약품이 없어 긴급히 생산 또는 수입하여야 하는 약제로서 식품의약품안전처장이 정하는 의약품을 말한다)에 대해서는 상한금액을 감액하지 아니할 수 있다(영 제18조의2 제3항 제2호).

오답분석
① 보건복지부장관은 상한금액 감액의 대상이 되는 약제 중 퇴장방지의약품(환자의 진료에 반드시 필요하나 경제성이 없어 약사법에 따른 제조업자·위탁제조판매업자·수입자가 생산 또는 수입을 기피하는 약제로서 보건복지부장관이 지정·고시하는 의약품을 말한다)에 대해서는 상한금액을 감액하지 아니할 수 있다(영 제18조의2 제3항 제1호).
③ 보건복지부장관은 상한금액 감액의 대상이 되는 약제 중 저가의약품(상한금액이 보건복지부장관이 정하여 고시하는 기준금액 이하인 약제로서 보건복지부장관이 정하여 고시하는 의약품을 말한다)에 대해서는 상한금액을 감액하지 아니할 수 있다(영 제18조의2 제3항 제3호).

22

보수에 포함되는 금품 등(영 제33조 제1항)
보수는 근로자 등이 근로를 제공하고 사용자·국가 또는 지방자치단체로부터 지급받는 금품(실비변상적인 성격을 갖는 금품은 제외한다)으로서 대통령령으로 정하는 것을 말한다(법 제70조 제3항 전단). 이때 "대통령령으로 정하는 것"이란 근로의 대가로 받은 봉급, 급료, 보수, 세비, 임금, 상여, 수당, 그 밖에 이와 유사한 성질의 금품으로서 다음 각 호의 것을 제외한 것을 말한다.
1. 퇴직금
2. 현상금, 번역료 및 원고료
3. 소득세법에 따른 비과세근로소득. 다만, 소득세법 제12조 제3호 차목·파목 및 거목에 따라에 따라 비과세되는 소득은 제외한다.

23

부당이득징수금체납정보공개심의위원회의 구성 및 운영(영 제26조의4 제2항 전단 외의 부분)
부당이득징수금체납정보공개심의위원회의 위원은 공단의 이사장이 임명하거나 위촉하는 다음 각 호의 사람으로 한다.
1. 공단 소속 직원 3명
2. 보험급여 비용의 부당이득 징수에 관한 사무를 담당하는 보건복지부 소속 4급 또는 5급 공무원 1명
3. 법률, 회계 또는 사회보험에 관한 학식과 경험이 풍부한 사람 4명

24

가입자는 사망한 날의 다음 날에 그 자격을 잃는다(법 제10조 제1항 제1호).

오답분석
① 가입자는 직장가입자의 피부양자가 된 날에 그 자격을 잃는다(법 제10조 제1항 제4호).
② 가입자는 국적을 잃은 날의 다음 날에 그 자격을 잃는다(법 제10조 제1항 제2호).
④ 가입자는 건강보험을 적용받고 있던 사람이 유공자 등 의료보호대상자가 되어 건강보험의 적용배제신청을 한 날에 그 자격을 잃는다(법 제10조 제1항 제6호).

25

건강보험심사평가원의 미션은 '안전하고 수준 높은 의료 환경을 만들어 국민의 건강한 삶에 기여한다.'이다.

26
정답 ②

국민건강보험공단은 분기별로 납부하는 보험료의 납부의무자가 납부기한까지 보험료를 내지 아니하면 공단의 정관으로 정하는 절차에 따라 납부 의사를 확인한 후 분기별 납부를 제한할 수 있다(규칙 제47조 제3항).

27
정답 ②

보험자(법 제13조)
건강보험의 보험자는 국민건강보험공단으로 한다.

28
정답 ③

부가급여(법 제50조)
국민건강보험공단은 국민건강보험법에서 정한 요양급여 외에 대통령령으로 정하는 바에 따라 임신·출산 진료비, 장제비, 상병수당, 그 밖의 급여를 실시할 수 있다.

29
정답 ④

ⓒ 장애인복지법에 따른 의료재활시설로서 의료법의 요건을 갖춘 의료기관인 요양병원은 제외한다(요양급여 규칙 제3조의2 제1항 제외 조항).
ⓒ ㉠에 따른 입원진료 현황의 내용, 고지 방법 및 절차 등에 관한 구체적인 사항은 보건복지부장관이 정하여 고시한다(요양급여 규칙 제3조의2 제2항).

오답분석
㉠ 보건복지부장관은 의료법에 따른 요양병원의 장에게 해당 요양병원에서 입원진료를 받는 가입자 등의 입원·퇴원 일시 등 입원 진료 현황을 국민건강보험공단에 알리도록 요구할 수 있다(요양급여 규칙 제3조의2 제1항).

30
정답 ③

보건복지부장관은 확인 신청을 받은 경우에는 요양급여대상·비급여대상 여부를 확인하고, 정당한 사유가 없는 한 확인 신청을 접수한 날부터 30일(㉠) 이내에 신청인과 신의료기술평가위원회에 그 결과를 통보해야 한다. 다만, 기존 결정 사례 등에 근거한 확인이 곤란하여 심층적 검토가 필요한 경우에는 30일(ⓒ)의 범위에서 그 통보기간을 한 차례 연장할 수 있다(요양급여 규칙 제9조의2 제3항).

31
정답 ④

국민건강보험공단은 사용자, 직장가입자 및 세대주가 가입자의 거주지 변경, 가입자의 보수·소득, 그 밖에 건강보험사업을 위하여 필요한 자료 제출을 하지 아니하거나 3개월 이상 늦게 제출한 경우로서 소득 등의 축소 또는 탈루가 있다고 인정되는 경우 소득축소탈루심사위원회의 심사를 거쳐 관련 자료를 보건복지부장관에게 제출하고 국세청장에게 송부하여야 한다(법 제95조 제1항).

오답분석
① 영 제68조 제1항 제2호 가목에 해당한다.
② 영 제68조 제1항 제2호 나목에 해당한다.
③ 영 제68조 제1항 제1호 가목에 해당한다.

32

정답 ③

• 분쟁조정위원회의 위원장은 분쟁조정위원회를 대표하고, 분쟁조정위원회의 사무를 총괄한다(영 제63조 제1항).
• 이 영에서 규정한 사항 외에 분쟁조정위원회 운영에 필요한 사항은 분쟁조정위원회의 의결을 거쳐 위원장이 정한다(영 제65조 제2항).

오답분석

① 보건복지부장관은 사회보험 또는 의료에 관한 학식과 경험이 풍부한 사람을 분쟁조정위원회의 위원으로 임명하거나 위촉한다(영 제62조 제1항 제4호).
② 보건복지부장관은 분쟁조정위원회 위원이 심신장애로 인하여 직무를 수행할 수 없게 된 경우에는 해당 분쟁조정위원회 위원을 해임하거나 해촉할 수 있다(영 제62조의2 제1호).
④ 분쟁조정위원회의 사무를 처리하기 위하여 분쟁조정위원회에 간사 1명을 둔다(영 제66조 제1항). 간사는 보건복지부 소속 공무원 중에서 보건복지부장관이 지명한다(동조 제2항).

33

정답 ③

국민건강보험공단은 보험료 등을 체납한 자가 경매가 시작된 경우, 법인이 해산한 경우, 재산의 은닉·탈루, 거짓 계약이나 그 밖의 부정한 방법으로 체납처분의 집행을 면하려는 행위가 있다고 인정되는 경우에는 보험료 등의 체납 내역, 압류 가능한 재산의 종류, 압류 예정 사실 및 국세징수법에 따른 소액금융재산에 대한 압류금지 사실 등이 포함된 통보서를 발송하지 않는다(법 제81조 제4항 단서, 영 제46조의5 제5호부터 제7호).

오답분석

① 영 제46조의5 제1호에 해당한다.
② 영 제46조의5 제3호에 해당한다.
④ 영 제46조의5 제4호에 해당한다.

34

정답 ①

요양기관, 의약관련 단체 또는 치료재료의 제조업자·수입업자는 행위·치료재료에 대한 요양급여대상 여부의 결정신청을 하려는 경우에는 신의료기술평가의 유예 고시 이후 가입자 등에게 최초로 행위를 실시한 날부터 30일(㉠) 이내에 보건복지부장관(㉡)에게 신청해야 한다(요양급여 규칙 제10조 제1항 제1호 가목).

35

정답 ④

오답분석

① 공단은 지역가입자가 해당 세대와 가계단위 및 생계를 달리하여 공단에 세대 분리를 신청한 사람에 해당하는 경우에는 그 가입자를 해당 세대에서 분리하여 별도 세대로 구성할 수 있다(영 제43조 제1호).
② 공단은 지역가입자가 희귀난치성질환 또는 중증질환("희귀난치성질환자 등")으로서 본인부담액을 경감받는 사람에 해당하는 경우에는 그 가입자를 해당 세대에서 분리하여 별도 세대로 구성할 수 있다(영 제43조 제2호).
③ 공단은 지역가입자가 병역법에 따라 소집되어 상근예비역 또는 사회복무요원으로 복무하는 사람에 해당하는 경우에는 그 가입자를 해당 세대에서 분리하여 별도 세대로 구성할 수 있다(영 제43조 제3호).

36

위원의 가족, 친지 중 1명이 위원이 되어도 보건복지부장관이 심의위원회 위원을 해임할 수 있는 경우에는 해당되지 않는다.

오답분석

① 보건복지부장관은 심의위원회 위원이 심신장애로 인하여 직무를 수행할 수 없게 된 경우에는 해당 심의위원회 위원을 해임하거나 해촉할 수 있다(영 제4조의2 제1호).
② 보건복지부장관은 심의위원회 위원이 직무와 관련된 비위사실이 있는 경우에는 해당 심의위원회 위원을 해임하거나 해촉할 수 있다(영 제4조의2 제2호).
③ 보건복지부장관은 심의위원회 위원이 직무태만, 품위손상이나 그 밖의 사유로 인하여 위원으로 적합하지 아니하다고 인정되는 경우에는 해당 심의위원회 위원을 해임하거나 해촉할 수 있다(영 제4조의2 제3호).

37

보건복지부장관은 약제급여조정위원회에서 조정한 경우에 조정이 끝난 날부터 <u>15일(㉠)</u> 이내에 조정결과 및 그 근거, 조정결과에 이견이 있으면 <u>30일(㉡)</u> 이내에 독립적 검토를 거친 재조정을 신청할 수 있다는 내용을 신청인에게 서면 또는 전자문서로 통보하여야 한다(요양급여 규칙 제11조의2 제10항 제1호 · 제2호).

38

중증질환심의위원회(요양급여 규칙 제5조의2)
① 중증환자에게 처방 · 투여되는 약제에 대한 요양급여 적용기준 및 방법에 대하여 심의하기 위하여 <u>건강보험심사평가원(㉠)</u>에 중증질환심의위원회를 둔다.
② 중증질환심의위원회는 보건의료분야에 관한 학식과 경험이 풍부한 <u>45인(㉡)</u> 이내의 위원으로 구성하되, 중증질환심의위원회의 구성 및 운영 등에 관하여 필요한 사항은 건강보험심사평가원의 정관으로 정한다.

39

국민건강보험공단은 포상금 지급 신청을 받은 날부터 <u>1개월</u> 이내에 신고인에게 포상금 지급 기준에 따른 포상금을 지급하여야 한다(영 제75조 제4항).

오답분석

① 2명 이상이 공동명의로 신고할 때에는 대표자를 지정해야 한다(영 제75조 제1항 후단).
② 국민건강보험공단은 신고를 받으면 그 내용을 확인한 후 포상금 지급 여부를 결정하여 신고인(2명 이상이 공동명의로 신고한 경우에는 대표자를 말한다)에게 통보하여야 한다(영 제75조 제2항).
③ 포상금 지급 결정을 통보받은 신고인은 국민건강보험공단이 정하는 바에 따라 국민건강보험공단에 포상금 지급을 신청하여야 한다(영 제75조 제3항).

40

보건복지부장관은 독립적 검토를 수행하게 하기 위하여 검토 절차를 총괄하는 1명의 책임자와 검토를 담당하는 <u>30명</u> 이내의 검토자를 위촉하여야 한다(요양급여 규칙 제13조의2 제2항).

무언가를 위해 목숨을 버릴 각오가 되어 있지 않는 한 그것이 삶의 목표라는 어떤
확신도 가질 수 없다.

– 체 게바라 –

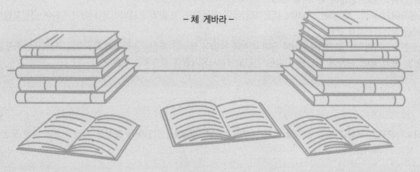

PART 3

합격의 공식 시대에듀 www.sdedu.co.kr

전공지식

01	02	03	04	05	06	07	08	09	10	11	12	13	14	15	16	17	18	19	20
①	③	①	①	③	①	②	③	①	②	③	②	①	②	④	③	④	①	②	③

01
정답 ①

지상권과 지역권은 20년의 소멸시효에 걸린다(민법 제162조 제2항).

02
정답 ③

상법에서 명시적으로 규정하고 있는 회사의 종류는 합명회사, 합자회사, 유한책임회사, 주식회사, 유한회사이다. 이때 사원의 인적 신용이 회사신용의 기초가 되는 회사를 인적 회사(예 개인주의적 회사, 합명회사 · 합자회사)라 하고, 회사재산이 회사신용의 기초가 되는 회사를 물적 회사(예 단체주의적 회사, 주식회사 · 유한회사)라 한다.

회사의 종류

구분	유형	내용
인적 회사	합명회사	무한책임사원만으로 구성되는 회사
	합자회사	무한책임사원과 유한책임사원으로 구성되는 복합적 조직의 회사
물적 회사	유한회사	사원이 회사에 대하여 출자금액을 한도로 책임을 질 뿐, 회사채권자에 대하여 아무 책임도 지지 않는 사원으로 구성된 회사
	유한책임회사	주주들이 자신의 출자금액 한도에서 회사채권자에 대하여 법적인 책임을 부담하는 회사로서 이사, 감사의 선임의무가 없으며 사원이 아닌 자를 업무집행자로 선임할 수 있다.
	주식회사	사원인 주주(株主)의 출자로 이루어지며 권리 · 의무의 단위로서의 주식으로 나누어진 일정한 자본을 가지고 모든 주주는 그 주식의 인수가액을 한도로 하는 출자의무를 부담할 뿐, 회사채무에 대하여 아무런 책임도 지지 않는 회사

03
정답 ①

헌법소원은 공권력의 행사 또는 불행사로 인하여 헌법상 보장된 자신의 기본권이 직접적 · 현실적으로 침해당했다고 주장하는 국민의 기본권침해구제청구에 대하여 심판하는 것이다. 이를 제기하기 위해서는 다른 구제절차를 모두 거쳐야 하므로 법원에 계류 중인 사건에 대해서는 헌법소원을 청구할 수 없다.

04
정답 ①

오답분석

ⓒ 천부인권으로서의 인간의 권리는 자연권을 의미한다.
ⓔ 대국가적 효력이 강한 권리는 자유권이다. 사회권은 국가 내적인 권리인 동시에 적극적인 권리이며, 대국가적 효력이 약하고 예외적으로 대사인적 효력을 인정한다.

05

수사는 수사기관이 범죄의 혐의가 있다고 판단하는 때에 개시되며, 범죄혐의는 수사기관의 주관적 혐의를 의미한다.

오답분석

① 기피에 대한 설명이다. 회피란 법관 스스로 기피의 원인이 있다고 판단할 때 자발적으로 직무집행에서 탈퇴하는 제도이다.
② 공소제기 전에 수사기관에 의하여 수사의 대상이 되는 자는 피의자이고 공소가 제기된 자는 피고인이다.
④ 규문주의에 대한 설명이다.

06

정답 ①

근대 입헌주의 헌법은 국법과 왕법을 구별하는 근본법(국법) 사상에 근거를 두고, 국가권력의 조직과 작용에 대한 사항을 정함과 동시에 국가권력의 행사를 제한하여 국민의 자유와 권리 보장을 이념으로 하고 있다.

07

정답 ②

• 원시취득 : 신축한 주택에 대한 소유권 취득, 무주물에 대한 선점, 유실물 습득, 동산의 선위취득, 인격권・신분권 등의 취득, 시효취득
• 승계취득 : 매매, 상속, 타인의 토지에 지상권을 설정하여 이를 취득, 회사의 합병

08

정답 ③

상법 제4편 제2장의 손해보험에는 화재보험(ㄴ), 운송보험, 해상보험(ㄷ), 책임보험(ㄱ), 자동차보험, 보증보험이 있고 재보험(ㅂ)은 책임보험의 규정을 준용(상법 제726조)하므로 손해보험에 포함시킨다.

오답분석

생명보험(ㄹ), 상해보험(ㅁ)은 인보험에 해당한다.

09

정답 ①

헌법 제12조 제1항에 따르면 누구든지 법률과 적법한 절차에 의하지 아니하고는 강제노역을 받지 아니한다.

오답분석

② 우리 헌법은 구속적부심사청구권을 인정하고 있다(헌법 제12조 제6항).
③ 심문은 영장주의 적용대상이 아니다(헌법 제12조 제3항).
④ 영장발부신청권자는 검사에 한한다(헌법 제12조 제3항).

10

정답 ②

법률은 특별한 규정이 없는 한 공포한 날부터 20일이 경과함으로써 효력을 발생한다(헌법 제53조 제7항).

11

정답 ③

탄핵결정은 공직으로부터 파면함에 그친다. 그러나 이에 의하여 민・형사상의 책임이 면제되지는 않는다(헌법 제65조 제4항).

오답분석

① 헌법 제65조 제1항에 해당한다.
② 헌법 제65조 제2항 단서에 해당한다.
④ 헌법 제71조에 해당한다.

CHAPTER 01 법학 • 63

12
정답 ②

기본권 보장은 국가권력의 남용으로부터 국민의 기본권을 보호하려는 것이기 때문에 국가의 입법에 의한 제한에도 불구하고 그 본질적인 내용의 침해는 금지된다.

13
정답 ①

공무원의 복무(국가공무원법 제7장)
- 성실 의무
- 직장 이탈 금지
- 종교중립의 의무
- 청렴의 의무
- 영리 업무 및 겸직 금지
- 집단 행위의 금지
- 복종의 의무
- 친절·공정의 의무
- 비밀 엄수의 의무
- 품위 유지의 의무
- 정치 운동의 금지

14
정답 ②

비례대표제는 각 정당에게 득표수에 비례하여 의석을 배분하는 대표제로, 군소정당의 난립을 가져와 정국의 불안을 가져온다는 것이 일반적 견해이다.

15
정답 ④

오답분석
① 강행법과 임의법은 당사자 의사의 상관성 여부에 따른 구분이다.
② 고유법과 계수법은 연혁에 따른 구분이다.
③ 공법과 사법은 법이 규율하는 생활관계에 따라 분류하는 것으로, 대륙법계의 특징에 해당한다.

16
정답 ③

우리나라는 법원조직법에서 판례의 법원성에 대해 규정하고 있다.

우리나라 불문법의 법원성

판례법	법원의 판결은 본래 어떤 구체적인 사건의 해결방법으로서의 의미만을 가질 뿐이나 실제로는 사실상 뒤의 재판을 강력하게 기속하는 구속력이 있으므로, 같은 내용의 사건에 대해서는 같은 내용의 판결이 내려지게 된다. 판례법이란 이와 같이 거듭되는 법원의 판결을 법으로 보는 경우에 있다. 영미법계의 국가에서는 이러한 판례의 구속력이 인정되나, 대륙법계의 국가에서는 대체로 성문법주의이기 때문에 판례법은 제2차적 법원에 지나지 않는다. 우리나라의 경우에도 성문법 중심의 대륙법계의 법체계를 따르고 있어 판례법의 구속력은 보장되지 않는다. 그러나 법원조직법에서 상급법원의 판단은 해당 사건에 관하여 하급법원에 기속력을 지닌다고 규정(제8조)하는 한편, 대법원에서 종전의 판례를 변경하려면 대법관 전원의 3분의 2 이상의 합의가 있어야 한다고 엄격한 절차를 규정(제7조 제1항 제3호)하고 있어 하급법원은 상급법원의 판결에 기속된다. 따라서 우리나라의 경우 판례는 사실상의 구속력을 지닌다고 볼 수 있다.
관습법	사회생활상 일정한 사실이 장기간 반복되어 그 생활권의 사람들을 구속할 수 있는 규범으로 발전된 경우 사회나 국가로부터 법적 확신을 획득하여 법적 가치를 가진 불문법으로서 관행의 존재와 그에 대한 법적 확신, 또한 관행이 선량한 풍속이나 사회질서에 반하지 않을 것이며 그러한 관행을 반대하는 법령이 없을 때 혹은 법령의 규정에 의하여 명문으로 인정한 관습일 때에 관습법으로 성립되며 성문법을 보충한다.
조리	법원은 구체적 사건에 적용할 법규가 없는 경우에도 재판을 거부할 수 없으며, 조리는 이러한 법의 흠결 시에 재판의 준거가 된다. 또한 법률행위의 해석의 기준이 되기도 한다. 우리나라 민법 제1조에는 '민사에 관하여 법률에 규정이 없으면 관습법에 의하고 관습법이 없으면 조리에 의한다.'라고 규정하고 있다.

17

정답 ④

상사에 관하여는 상법에 규정이 없으면 상관습법에 의하고 상관습법이 없으면 민법의 규정에 의한다(상법 제1조)는 점을 주의하여야 한다. 따라서 상법의 적용순서는 '상법 → 상관습법 → 민사특별법 → 민법 → 민사관습법 → 조리'이다.

18

정답 ①

모든 제도를 정당화시키는 최고의 헌법원리는 국민주권의 원리이다.

19

정답 ②

채무의 변제를 받는 것은 이로 인하여 권리를 상실하는 것이므로, 단순히 권리만 얻거나 의무만을 면하는 행위에 속하지 않는다. 따라서 미성년자 단독으로 유효하게 할 수 없고 법정대리인의 동의를 얻어서 해야 하는 행위에 속한다.

미성년자의 행위능력

원칙	• 법정대리인의 동의를 요하고 이를 위반한 행위는 취소할 수 있다.
예외 (단독으로 할 수 있는 행위)	• 단순히 권리만을 얻거나 또는 의무만을 면하는 행위 • 처분이 허락된 재산의 처분행위 • 허락된 영업에 관한 미성년자의 행위 • 혼인을 한 미성년자의 행위(성년의제) • 대리행위 • 유언행위(만 17세에 달한 미성년자의 경우) • 법정대리인의 허락을 얻어 회사의 무한책임사원이 된 미성년자가 사원자격에 기해서 한 행위(상법 제7조) • 근로계약과 임금의 청구(근로기준법 제67조 · 제68조)

20

정답 ③

흠정헌법은 군주가 제정한다고 하여 군주헌법이라고도 한다. 전제군주제를 취했던 나라에서 군주의 권력을 유보하고 국민에게 일정한 권리나 자유를 은혜적으로 인정하면서 제정한 헌법(입헌군주제로의 이행)을 말한다. 일본의 명치헌법, 19세기 전반의 독일 각 연방헌법 등이 이에 해당한다.

[오답분석]

① 국약헌법 : 둘 이상의 국가 간의 합의의 결과로 국가연합을 구성하여 제정한 헌법(예 미합중국 헌법)이다.
② 민정헌법 : 국민의 대표자로 구성된 제헌의회를 통하여 제정된 헌법(예 오늘날 자유민주주의 국가 대부분)이다.
④ 명목적 헌법 : 헌법을 이상적으로 제정하였으나, 사회여건은 이에 불일치하는 헌법(예 남미 여러 나라의 헌법)이다.

02 | 행정학
적중예상문제

01	02	03	04	05	06	07	08	09	10	11	12	13	14	15	16	17	18	19	20
①	③	④	②	①	④	④	②	①	④	①	③	②	④	④	①	②	①	②	③

01
정답 ①

공식화의 수준이 높을수록 구성원들의 재량은 줄어들게 된다. 공식화의 수준이 높다는 것은 곧 하나의 직무를 수행할 때 지켜야 할 규칙이 늘어난다는 것을 의미한다. 지나친 표준화는 구성원들의 재량권을 감소시키고 창의력을 저해시킨다.

02
정답 ③

ㄱ. 신공공관리론은 기업경영의 논리와 기법을 정부에 도입·접목하려는 노력이다.
ㄷ. 신공공관리론은 거래비용이론, 공공선택론, 주인 – 대리인이론 등을 이론적 기반으로 한다.
ㅁ. 신공공관리론은 가격과 경쟁에 의한 행정서비스 공급으로 공공서비스의 생산성을 강조하기 때문에 민주주의의 책임성이 결여될 수 있다.

오답분석
ㄴ. 신공공관리론은 법규나 규칙중심의 관리보다는 임무와 사명중심의 관리를 강조한다.
ㄹ. 중앙정부의 감독과 통제를 강화하는 것은 전통적인 관료제 정부의 특징이다. 반면 신공공관리론은 분권을 강조한다.

03
정답 ④

품목별 예산제도는 지출대상 중심으로 분류를 사용하기 때문에 지출의 대상은 확인할 수 있으나 지출의 주체나 목적은 확인할 수 없다.

04
정답 ②

ㄱ. 파머는 유기적 행정을 위해 행정조직의 구조가 유연해져야 한다고 주장하였다.
ㄷ. 담론이론에서 행정은 시민들이 민주적으로 참여하고 토론하는 공간이 되어야 한다고 주장하였다.

오답분석
ㄴ. 파머는 타인을 자신과 동등한 주체로 인식하는 것을 바탕으로 개방적이고 반권위적 시민참여 행정을 강조하였다.

05
정답 ①

프로슈머는 생산자와 소비자를 합한 의미로, 소비자가 단순한 소비자에서 나아가 생산에 참여하는 역할도 함께 수행하는 것을 말한다. 시민들이 프로슈머 경향을 띠게 될수록 시민들은 공공재의 생산자인 관료의 행태를 쇄신하려 하고 시민 자신들의 의견을 투입시키려 할 것이기 때문에, 이러한 경향은 현재의 관료주의적 문화와 마찰을 빚게 될 것이다. 따라서 프로슈머와 관료주의적 문화가 적절한 조화를 이루게 될 것이라는 ①은 옳지 않다.

06

주세, 부가가치세, 개별소비세는 국세이며, 간접세이다.

[오답분석]

ㄱ. 자동차세는 지방세이며, 직접세이다.

ㄷ. 담배소비세는 지방세이며, 간접세이다.

ㅂ. 종합부동산세는 국세이며, 직접세이다.

직접세와 간접세

구분	직접세	간접세
과세 대상	소득이나 재산 (납세자＝담세자)	소비 행위 (납세자 ≠ 담세자)
세율	누진세	비례세
조세 종류	소득세, 법인세, 재산세 등	부가가치세, 특별소비세, 주세(담배소비세) 등
장점	소득 재분배 효과, 조세의 공정성	조세 징수의 간편, 조세 저항이 작음
단점	조세 징수가 어렵고 저항이 큼	저소득 계층에게 불리함

07

제시된 3가지 법 조항은 행정의 양대가치인 민주성과 능률성에 대해 규정하고 있다.

> **목적(국가공무원법 제1조)**
> 각급 기관에서 근무하는 모든 국가공무원에게 적용할 인사행정의 근본 기준을 확립하여 그 공정을 기함과 아울러 국가공무원에게 국민 전체의 봉사자로서 행정의 민주적이며 능률적인 운영을 기하게 하는 것을 목적으로 한다.
>
> **목적(지방공무원법 제1조)**
> 지방자치단체의 공무원에게 적용할 인사행정의 근본 기준을 확립하여 지방자치행정의 민주적이며 능률적인 운영을 도모함을 목적으로 한다.
>
> **목적(지방자치법 제1조)**
> 지방자치단체의 종류와 조직 및 운영, 주민의 지방자치행정 참여에 관한 사항과 국가와 지방자치단체 사이의 기본적인 관계를 정함으로써 지방자치행정을 민주적이고 능률적으로 수행하고, 지방을 균형 있게 발전시키며, 대한민국을 민주적으로 발전시키려는 것을 목적으로 한다.

08

정책문제 자체를 잘못 인지한 상태에서 계속 해결책을 모색하여 정책문제가 해결되지 못하고 남아있는 상태는 3종 오류이다. 1종 오류는 옳은 가설을 틀리다고 판단하여 기각하는 오류이고, 2종 오류는 틀린 가설을 옳다고 판단하여 채택하는 오류를 말한다.

09

해외일정을 핑계로 책임과 결정을 미루는 A국장의 행위와 같은 사례는 관료들이 위험회피적이고 변화저항적이며 책임회피적인 보신주의로 빠지는 행태를 말한다.

10
최고관리자의 관료에 대한 지나친 통제가 조직의 경직성을 초래하여 관료제의 병리현상이 나타난다고 주장한 학자는 머튼(Merton)이다.

11
밀러(Miller)의 모호성 모형은 대학조직(느슨하게 연결된 조직), 은유와 해석의 강조, 제도와 절차의 영향(강조) 등을 특징으로 한다. 밀러는 목표의 모호성, 이해의 모호성, 역사의 모호성, 조직의 모호성 등을 전제로 하며, 예산결정은 해결해야 할 문제, 그 문제에 대한 해결책, 결정에 참여해야 할 참여자, 결정의 기회 등 결정의 요소가 우연히 서로 잘 조화되어 합치될 때 이루어지며 그렇지 않은 경우 예산결정이 이루어지지 않는다고 주장한다.

12
ㄱ. 행정통제는 통제시기의 적시성과 통제내용의 효율성이 고려되어야 한다(통제의 비용과 통제의 편익 중 편익이 더 커야 한다).
ㄴ. 옴부즈만 제도는 사법 통제의 한계를 보완하기 위해 도입되었다.
ㄷ. 선거에 의한 통제와 이익집단에 의한 통제 등은 외부통제에 해당한다.

[오답분석]
ㄹ. 합법성을 강조하는 통제는 사법통제이다. 사법통제는 부당한 행위에 대한 통제가 제한된다.

13
공공선택론은 유권자, 정치가, 관료를 포함하는 정치제도 내에서 자원배분과 소득분배에 대한 결정이 어떻게 이루어지는지를 분석하고, 이를 기초로 하여 정치적 결정의 예측 및 평가를 목적으로 한다.

[오답분석]
① 과학적 관리론 : 최소의 비용으로 최대의 성과를 달성하고자 하는 민간기업의 경영합리화 운동으로, 객관화된 표준과업을 설정하고 경제적 동기 부여를 통하여 절약과 능률을 달성하고자 하였던 고전적 관리연구이다.
③ 행태론 : 면접이나 설문조사 등을 통해 인간행태에 대한 규칙성과 유형성·체계성 등을 발견하여 이를 기준으로 종합적인 인간관리를 도모하려는 과학적·체계적인 연구를 말한다.
④ 발전행정론 : 환경을 의도적으로 개혁해 나가는 행정인의 창의적·쇄신적인 능력을 중요시한다. 또한, 행정을 독립변수로 간주해 행정의 적극적 기능을 강조한 이론이다.

14
과학적 관리론은 인간을 지나치게 합리적이고 경제적인 존재로 인식한다. 인간을 지나치게 사회심리적이고 감정적인 존재로 인식하는 것은 인간관계론에 대한 설명이다.

과학적 관리론

공헌	• 고전적 행정학의 성립에 기여 • 미국 행정학 성립과정에 있어 개혁운동의 운동력으로 작용
한계	• 인간을 경제적인 존재로만 인식하여 편향된 인간관을 가짐 • 비공식적인 요소는 경시하면서 공식적인 구조만을 중시

15

직무평가란 직무의 각 분야가 기업 내에서 차지하는 상대적 가치의 결정으로, 크게 비계량적 평가 방법과 계량적 평가 방법으로 나눌 수 있다. 비계량적 평가 방법에는 서열법과 분류법이 있으며, 계량적 평가 방법에는 점수법과 요소비교법이 있다.

직무평가 방법

구분		설명
계량적	점수법	직무를 구성 요소별로 나누고, 각 요소에 점수를 매겨 평가하는 방법
	요소비교법	직무를 몇 개의 중요 요소로 나누고, 이들 요소를 기준직위의 평가 요소와 비교하여 평가하는 방법
비계량적	서열법	직원들의 근무 성적을 평정함에 있어 평정 대상자(직원)들을 서로 비교하여 서열을 정하는 방법
	분류법	미리 작성한 등급기준표에 따라 평가하고자 하는 직위의 직무를 어떤 등급에 배치할 것인가를 결정하는 방법

16

앨리슨 모형은 1960년대 초 쿠바 미사일 사건과 관련된 미국의 외교정책 과정을 분석한 후 정부의 정책결정 과정을 설명하고 예측하기 위한 분석틀로서, 세 가지 의사결정모형인 합리모형, 조직과정모형, 관료정치모형을 제시하여 설명한 것이다. 앨리슨은 이 중 어느 하나가 아니라 세 가지 모두 적용될 수 있다고 설명하였다.

17

정보기술 아키텍처는 건축물의 설계도처럼 조직의 정보화 환경을 정확히 묘사한 밑그림으로서, 조직의 비전, 전략, 업무, 정보기술 간 관계에 대한 현재와 목표를 문서화한 것이다.

[오답분석]

① 블록체인 네트워크 : 가상화폐를 거래할 때 해킹을 막기 위한 기술망에서 출발한 개념이며, 블록에 데이터를 담아 체인형태로 연결, 수많은 컴퓨터에 동시에 이를 복제해 저장하는 분산형 데이터 저장 기술을 말한다.
③ 제3의 플랫폼 : 전통적인 ICT 산업인 제2플랫폼(서버, 스토리지)과 대비되는 모바일, 빅데이터, 클라우드, 소셜네트워크 등으로 구성된 새로운 플랫폼을 말한다.
④ 클라우드 – 클라이언트 아키텍처 : 인터넷에 자료를 저장하여 사용자가 필요한 자료 등을 자신의 컴퓨터에 설치하지 않고도 인터넷 접속을 통해 언제나 이용할 수 있는 서비스를 말한다.

18

다면평가제도는 말 그대로 피평정자의 능력을 여러 시각에서 평정한다는 뜻으로 상급자, 동료, 민원인 등이 평정에 가담하는 제도이다. 따라서 동료와 부하를 다면평정의 평정자에서 제외시킨다는 내용은 옳지 않다.

다면평가제도

장점	단점
• 구성원의 장점 및 단점에 대한 의견 수렴이 가능 • 객관성·공정성·신뢰성 제고 • 피평정자들의 승복 증가 • 국민중심의 충성심 증가 • 분권화 촉진 • 민주적 리더십 발전 • 공정한 평가로 인한 동기유발과 자기개발의 촉진	• 갈등과 스트레스 • 절차가 복잡하고 시간소모가 많음 • 신뢰성·정확성·형평성 저하 • 대인관계에만 급급하게 될 가능성 증가 • 피평정자의 무지와 이탈된 행동의 가능성

19

'(가) 1910년대 과학적 관리론 → (다) 1930년대 인간관계론 → (나) 1940년대 행정행태론 → (라) 1990년대 후반 신공공서비스론' 의 순서이다.

20

ㄴ. 킹던의 정책의 창 모형은 쓰레기통 모형을 한층 발전시켜 우연한 기회에 이루어지는 결정을 흐름으로 설명하고 있다.

ㄷ·ㄹ. 킹던은 정책과정은 문제 흐름, 정책 흐름, 정치 흐름 등 세 가지 독립적인 흐름으로 개념화될 수 있으며, 각 흐름의 주도적인 행위자도 다르다고 보았다. 킹던은 정치 흐름과 문제 흐름이 합류할 때 정책의제가 설정되고, 정책 흐름에 의해서 만들어진 정책대안은 이들 세 개의 흐름이 서로 같이 만나게 될 때 정책으로 결정될 기회를 갖게 된다고 보았다. 이러한 복수 흐름을 토대로 정책의 창이 열리고 닫히는 이유를 제시하고 그 유형을 구분하였는데, 세 흐름을 합류시키는 데 주도적인 역할을 담당하는 정책기업가의 노력이나 점화장치가 중요하다고 보았다.

[오답분석]

ㄱ. 방법론적 개인주의와 정책의 창 모형은 관련이 없다.

ㅁ. 표준운영절차는 회사모형을 설명하는 주요 개념이다.

03 경영학 적중예상문제

01	02	03	04	05	06	07	08	09	10	11	12	13	14	15	16	17	18	19	20
①	④	④	①	②	④	①	④	③	③	①	①	④	④	③	④	①	④	④	②

01

정답 ①

기계적 조직과 유기적 조직의 일반적 특징

구분	전문화	공식화	집권화
기계적 조직	고	고	고
유기적 조직	저	저	저

02

정답 ④

마이클 포터(Michael Porter)의 산업구조 분석모델은 산업에 참여하는 주체를 기존기업(산업 내 경쟁자), 잠재적 진입자(신규 진입자), 대체재, 공급자, 구매자로 나누고 이들 간의 경쟁 우위에 따라 기업 등의 수익률이 결정되는 것으로 본다.

[오답분석]

① 정부의 규제 완화 : 정부의 규제 완화는 시장 진입장벽이 낮아지게 만들며, 신규 진입자의 위협으로 볼 수 있다.
② 고객의 충성도 : 고객의 충성도 정도에 따라 신규 진입자의 위협도가 달라진다.
③ 공급업체의 규모 : 공급업체의 규모에 따라 공급자의 교섭력에 영향을 준다.

03

정답 ④

BCG 매트릭스는 자금의 투입과 산출의 측면에서 사업이 현재 처해있는 상황을 파악하고 이에 맞는 처방을 내리는 데 사용한다. 반면, GE 매트릭스는 기업이 그리드에서의 위치에 따라 제품 라인이나 비즈니스 유닛을 전략적으로 선택하는 데 사용하며 다중요인 포트폴리오 매트릭스라고도 부른다.

04

정답 ①

ESG경영의 주된 목적은 착한 기업을 키우는 것이 아니라 불확실성 시대의 환경, 사회, 지배구조라는 복합적 리스크에 잘 대응하고 지속적 경영으로 이어 나가도록 하는 것이다.

05

정답 ②

목표관리는 목표의 설정뿐 아니라 성과평가 과정에도 부하직원이 참여하는 관리기법이다.

[오답분석]

① 목표설정이론은 명확하고 도전적인 목표가 성과에 미치는 영향을 분석한다.
③ 조직의 상·하 구성원이 모두 협의하여 목표를 설정한다.
④ 조직의 목표를 부서별, 개인별 목표로 전환하여 조직 구성원 각자의 책임을 정하고, 조직의 효율성을 향상시킬 수 있다.

06

오답분석

① 자본시장선은 시장포트폴리오와 무위험자산에 대한 자산배분을 통하여 구성된 자본배분선으로, 부채를 사용할 때 지급하는 대가인 타인자본 비용과는 관계가 없다.

② 자본배분선은 무위험자산이 있는 경우 효율적 투자자가 어떻게 투자를 하는지를 표시한 수익률 – 위험 간 관계선이다.

③ 증권시장선은 비효율적인 포트폴리오 혹은 개별증권들에 대한 위험과 수익률 간의 관계를 결정해 준다.

07

정답 ①

①은 변혁적 리더십의 특징이다. 변혁적 리더십의 요인으로는 카리스마, 지적자극, 이상적인 역할모델, 개인화된 배려가 있으며, 부하가 가지는 욕구보다 더 높은 수준의 욕구를 활성화시킴으로서 기대하는 것보다 훨씬 높은 성과를 부하로 하여금 올리도록 하는 리더십이다.

08

정답 ④

A씨는 차량을 200만 원에 구입하여 40만 원을 지급한 상태이므로 총자산은 증가하였다고 볼 수 있다. 그리고 아직 치르지 않은 잔액 160만 원이 외상으로 존재하므로 총부채 역시 증가하였다고 볼 수 있다.

09

정답 ③

ⓒ 명성가격은 가격이 높으면 품질이 좋다고 판단하는 경향으로 인해 설정되는 가격이다.

ⓒ 단수가격은 가격을 단수(홀수)로 적어 소비자에게 싸다는 인식을 주는 가격이다(예 9,900원).

오답분석

㉠ 구매자가 어떤 상품에 대해 지불할 용의가 있는 최고가격은 유보가격이다.

㉢ 심리적으로 적당하다고 생각하는 가격 수준은 준거가격이다. 최저수용가격이란 소비자들이 품질에 대해 의심 없이 구매할 수 있는 가장 낮은 가격을 의미한다.

10

정답 ③

고정비는 10,000,000원이고, 단위당 판매가격은 10,000원이며, 단위당 변동비가 5,000원이므로 변동비율은 0.5이다.

- (손익분기점의 매출액)$=\dfrac{(고정비)}{(공헌이익률)}=\dfrac{(고정비)}{1-(변동비율)}=\dfrac{10,000,000}{1-0.5}=20,000,000$원

- (손익분기점 매출수량)$=\dfrac{(고정비)}{(단위당 공헌이익)}=\dfrac{(고정비)}{(단위당 판매가격)-(단위당 변동비)}=\dfrac{10,000,000}{10,000-5,000}=2,000$개

11

정답 ①

테일러(Tailor)의 과학적 관리법은 노동자의 심리상태와 인격은 무시하고, 노동자를 단순한 숫자 및 부품으로 바라본다는 한계점이 있다. 이러한 한계점으로 인해 직무특성이론과 목표설정이론이 등장하게 되었다.

12

정답 ①

채권수익률과 채권가격은 역의 관계로, 채권수익률이 하락하면 회사채 가격은 상승한다. 따라서 채권 매수자는 채권수익률이 높을 때 매수하고 매도자는 채권수익률이 낮을 때 매도하는 것이 유리하다.

13

정답 ④

금리는 만기가 길수록, 유동성이 작을수록, 기대 인플레이션이 높을수록, 위험도가 클수록 높아진다. 일반적으로 채권의 만기가 길면 길수록 투자금의 유동성에 제약을 받기 때문에 이자율은 높아진다. 국채는 회사채보다 채무불이행 위험이 적기 때문에 금리가 회사채보다 낮게 형성되며, 경기가 좋아질수록 채무불이행 위험이 줄어들기 때문에 국채와 회사채 간 금리 차이가 줄어든다.

14

정답 ④

자재소요계획(MRP)은 생산 일정계획의 완제품 생산일정(MPS)과 자재명세서(BOM), 재고기록철(IR)에 대한 정보를 근거로 수립하여 재고 관리를 모색한다.

오답분석

① MRP는 푸시 생산방식(Push System)이다.
② MRP는 종속수요를 갖는 부품들의 생산수량과 생산시기를 결정하는 방법이다.
③ 부품별 계획 주문 발주시기는 MRP의 결과물이다.

15

정답 ③

오답분석

① 호감득실이론 : 자신을 처음부터 계속 좋아해 주던 사람보다 자신을 싫어하다가 좋아하는 사람을 더 좋아하게 되고, 반대로 자신을 처음부터 계속 싫어하던 사람보다 자신을 좋아하다가 싫어하는 사람을 더 싫어하게 된다고 주장하는 이론이다.
② 사회교환이론 : 두 사람의 인간관계에서 비용과 보상을 주고받는 과정을 사회교환과정이라 하고, 보상에서 비용을 제한 결과에 따라 그 관계의 존속여부가 결정된다는 이론이다.
④ 기대 – 불일치이론 : 1981년 올리버(Oliver)에 의해 제시된 이론으로, 성과가 기대보다 높아 긍정적 불일치가 발생하면 만족하고, 성과가 기대보다 낮아 부정적 불일치가 발생하면 불만족을 가져온다는 이론이다.

16

정답 ④

동시화 마케팅은 불규칙적 수요 상태에서 바람직한 수요의 시간 패턴에 실제 수요의 시간 패턴을 맞추기 위한 마케팅 기법으로, 모두가 휴가에서 돌아오는 9월 말 비수기인 여행 산업에서 요금을 할인하여 저렴한 가격에 예약을 한 A씨의 사례에 해당한다.

17

정답 ①

오답분석

다. 기업의 조직구조가 전략에 영향을 미치는 것이 아니라 조직의 전략이 정해지면 그에 맞는 조직구조를 선택하므로, 조직의 전략이 조직구조에 영향을 미친다.
라. 대량생산 기술을 사용하는 조직은 기계적 조직구조에 가깝게 설계해야 한다. 기계적 조직구조는 효율성을 강조하며 고도의 전문화, 명확한 부서화, 좁은 감독의 범위, 높은 공식화, 하향식 의사소통의 특징을 갖는다. 반면, 유기적 조직구조는 유연성을 강조하며 적응성이 높고 환경변화에 빠르게 적응하는 것을 강조한다.

18

계속기업의 가정이란 보고기업이 예측 가능한 미래에 영업을 계속하여 영위할 것이라는 가정이다. 기업이 경영활동을 청산 또는 중단할 의도가 있다면, 계속기업의 가정이 아닌 청산가치 등을 사용하여 재무제표를 작성한다.

오답분석

① 재무제표는 재무상태표, 포괄손익계산서, 자본변동표, 현금흐름표, 주석으로 구성된다. 법에서 이익잉여금처분계산서 등의 작성을 요구하는 경우, 주석으로 공시한다.

② 재무제표 요소의 측정기준에서 역사적 원가는 측정일의 조건을 반영하지 않고, 현행가치는 측정일의 조건을 반영한다. 현행가치는 다시 현행원가, 공정가치, 사용가치(이행가치)로 구분된다.

③ 재무제표는 원칙적으로 최소 1년에 한 번씩은 작성해야 하며, 현금흐름표 등 현금흐름에 관한 정보는 현금주의에 기반한다.

19

마이클 포터는 원가우위 전략과 차별화 전략을 동시에 추구하는 것을 이도저도 아닌 어정쩡한 상황이라고 언급하였으며, 둘 중 한 가지를 선택하여 추구하는 것이 효과적이라고 주장했다.

20

정답 ②

최소여유시간(STR)은 남아있는 납기일수와 작업을 완료하는 데 소요되는 일수와의 차이를 여유시간이라고 할 때 이 여유시간이 짧은 것부터 순서대로 처리하는 것이다.

CHAPTER

04 | 경제학 적중예상문제

01	02	03	04	05	06	07	08	09	10	11	12	13	14	15	16	17	18	19	20
①	③	①	③	②	④	④	③	①	④	②	④	④	①	④	②	④	④	④	④

01 정답 ①

절대소득가설은 경제학자 케인스가 주장한 소비이론이다. 현재 소득이 소비를 결정하는 가장 중요한 요인으로, 소득 이외 요인은 소비에 2차적인 영향만 미친다는 것이다. 하지만 현재 소비를 설명하기 위해 현재 소득에만 큰 비중을 두고 금융자산, 이자율, 장래소득의 기대 등 소비에 영향을 끼치는 다른 변수는 간과했다는 지적이 있다.

02 정답 ③

ㄴ. 기술보호주의는 지식기반산업이 발달한 선진국에서 적극적으로 시행한다.
ㄷ. M&A 등 외국인 직접투자에 대한 심사를 면제하는 것은 기술개방주의적인 수단이다.

오답분석
ㄱ. 기술보호주의의 정의에 대한 옳은 설명이다.
ㄹ. WTO와 같은 자유무역의 기조가 전 세계적으로 확산되면서 세계 각국은 더 이상 상품의 수출입을 제한하기 어려워졌다. 수출입 제한이 아닌 제품생산을 위한 선진기술 유출을 통제하는 기술보호주의는 이러한 자유무역에서도 자국의 무역 경쟁력을 효과적으로 높일 수 있기 때문에 선진국들은 기술보호주의를 적극적으로 시행하고 있다.

03 정답 ①

외국인의 국내 부동산 구입 증가와 국내 기준금리 인상은 자본유입이 발생하므로 외환의 공급이 증가하여 환율이 하락한다(원화가치 상승).

오답분석
ⓒ · ⓔ 미국의 이자율이 상승하면서 자본유출이 발생하므로 외환의 수요가 증가하여 환율이 상승한다(원화가치 하락).

04 정답 ③

A국과 B국이 고구마와 휴대폰을 생산하는 데 투입되는 노동력을 표로 정리하면 다음과 같다.

구분	A국	B국
고구마(1kg)	200	150
휴대폰(1대)	300	200

A국은 B국보다 고구마와 휴대폰을 각각 1단위 구입하기 위해 필요로 하는 노동력이 더 많으므로 B국이 절대우위를 가진다. 한편, A국은 고구마 1kg을 생산하기 위해 휴대폰 1대를 생산하기 위한 노동력의 약 $66.7\%\left(=\frac{2}{3}\times100\right)$가 필요하고, B국은 약 $75\%\left(=\frac{3}{4}\times100\right)$가 필요하다. 따라서 상대적으로 A국은 고구마 생산에, B국은 휴대폰 생산에 비교우위가 있다. 이 경우 A국과 B국은 각각 고구마와 휴대폰에 생산을 특화한 뒤 서로 생산물을 교환하면 소비량을 늘릴 수 있다. 따라서 두 나라 각각 6,000명 투입이 가능하므로 A국은 고구마 30kg, B국은 휴대폰 30대를 생산한다.

05

브릿지론은 일시적인 자금난에 빠질 경우 일시적으로 자금을 연결하는 다리(Bridge)가 되는 대출(Loan)이며, 한 마디로 '임시방편 자금대출'이다. ㄷ의 경우도 단기로 비용을 조달하는 것이므로 브릿지론에 포함된다.

오답분석

ㄱ. 브릿지론의 정의이다.
ㄴ. 주택구입자 개인을 대상으로 한 브릿지론에 대한 옳은 설명이다.
ㄹ. 브릿지론의 한 유형이다.

> **브릿지론 유형**
> • 주택구입자가 기존 주택을 팔고 새로운 주택을 구입할 때 발생하는 금융비용을 커버하기 위한 단기 융자
> • 자금을 대출할 때 기존의 부채를 일시 상환하고 보다 유리한 장기부채로 전환할 때 생기는 일시적인 시간간격을 커버하기 위해 사용되는 임시자금대출
> • 일반은행에 의한 장기 금융을 기대하면서 국제통화기금(IMF) 및 세계금융(World Bank)을 통하여 마련된 저개발국가에 대한 연장된 단기 다국적 신용대출
> • 직거래가 어려운 기관 간에 중개기관을 넣어 약정된 금리나 조건으로 자금을 거래하는 것
> • 투신사들이 고객이 맡긴 신탁 계정의 돈을 콜로 빌려 고유계정의 부족한 자금을 메우는 일종의 편법 차입

06

오답분석

① 수요의 가격탄력성이 1보다 작은 경우, 가격이 하락하면 총수입은 감소한다.
② 수요의 가격탄력성이 커질수록 물품세 부과로 인한 경제적 순손실은 커진다.
③ 소비자 전체 지출에서 차지하는 비중이 큰 상품일수록 수요의 가격탄력성은 커진다.

07

예상한 인플레이션과 예상하지 못한 인플레이션의 경우 모두에서 메뉴비용이 발생한다.
• 물가변화에 따라 가격을 조정하려면 가격표 작성비용(메뉴비용)이 발생한다.
• 메뉴비용이 커서 가격조정이 즉각적으로 이루어지지 않은 경우에는 재화의 상대가격이 변화하고 이에 따라 자원배분의 비효율성이 발생한다.

08

독점적 경쟁시장의 장기균형에서는 $P > SMC$가 성립한다.

오답분석

①·② 독점적 경쟁시장의 장기균형은 수요곡선과 단기평균비용곡선, 장기평균비용곡선이 접하는 점에서 달성된다.
④ 균형생산량은 단기평균비용의 최소점보다 왼쪽에서 달성된다.

09

정답 ①

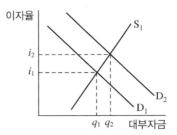

기업들에 대한 투자세액공제가 확대되면, 투자가 증가하므로 대부자금에 대한 수요가 증가($D_1 \to D_2$)한다. 이렇게 되면 실질이자율이 상승($i_1 \to i_2$)하고 저축이 늘어난다. 그 결과, 대부자금의 균형거래량은 증가($q_1 \to q_2$)한다.

10

정답 ④

다. 디플레이션이 발생하면 기업의 실질적인 부채부담이 증가한다.
라. 기업의 채무불이행이 증가하면 금융기관 부실화가 초래된다.

[오답분석]

가. 피셔효과에 따르면 '(명목이자율)=(실질이자율)+(예상인플레이션율)'의 관계식이 성립하므로 예상인플레이션율이 명목이자율을 상회할 경우 실질이자율은 마이너스($-$) 값이 될 수 있다. 하지만 명목이자율은 마이너스($-$) 값을 가질 수 없다.
나. 명목임금이 하방경직적일 때 디플레이션으로 인해 물가가 하락하면 실질임금은 상승하게 된다.

11

정답 ②

노동자가 10명일 때 1인당 평균생산량이 30단위이므로 총생산량은 300단위($=10 \times 30$)이다. 노동자가 11명일 때 1인당 평균생산량이 28단위이므로 총생산량은 308($=11 \times 28$)이다. 따라서 11번째 노동자의 한계생산량은 8단위이다.

12

정답 ④

명목임금은 150만 원 인상되었으므로 10% 증가했지만, 인플레이션율 12%를 고려한 실질임금은 12$-$10$=$2% 감소하였다.

13

정답 ④

원화가치 하락, 즉 환율 상승은 수출기업의 채산성을 호전시키지만 수입물가 상승으로 인해 전반적인 물가를 상승시킨다.

14

정답 ①

• (실업률)$=\dfrac{(\text{실업자 수})}{(\text{경제활동인구})}\times 100=\dfrac{(\text{실업자 수})}{(\text{취업자 수})+(\text{실업자 수})}\times 100$

실업자는 경제활동인구 중 일할 뜻이 있는 데도 일자리를 갖지 못한 사람이다. 따라서 일할 능력이 있어도 의사가 없다면 실업률 계산에서 제외되며, 학생이나 주부는 원칙적으로 실업률 통계에서 빠지지만 수입을 목적으로 취업하면 경제활동인구에 포함된다. 또한, 군인, 수감자 등은 대상에서 제외한다. 따라서 취업자가 퇴직하여 전업주부가 되는 경우는 취업자가 빠져나가 경제활동인구가 감소, 즉 분모 값이 작아지게 되는 것을 의미하므로 실업률이 높아지게 된다.

15

특허료 수취는 서비스수지(경상수지)를 개선하는 사례이다.

[오답분석]

①·③ 투자수지(자본수지) 개선에 대한 사례이다.
② 서비스수지(경상수지) 악화에 대한 사례이다.

16

통화승수는 통화량을 본원통화로 나눈 값이다.

통화승수 $m = \dfrac{1}{c + z(1-c)}$ 이므로, 현금통화비율(c)이 하락하거나 지급준비율(z)이 낮아지면 통화승수가 커진다.

17

노동수요에 대한 탄력성은 상품생산에 투입되는 다른 생산요소와의 대체가능성에 의해 영향을 받는다. 임금이 상승할 때 노동 대신 다른 생산요소로의 대체가능성이 높을수록, 즉 요소간 대체가능성이 높을수록 노동수요에 대한 탄력성은 커지게 되므로 임금 상승에 대하여 고용감소는 커진다.

18

[오답분석]

다·라. 역선택의 해결방안에 해당한다.

19

독점기업이 시장에서 한계수입보다 높은 수준으로 가격을 책정하는 것은 독점전략이다.

독점기업의 가격차별전략
• 제1급 가격차별 : 각 단위의 재화에 대하여 소비자들이 지불할 용의가 있는 최대금액을 설정하는 것(한계수입과 가격이 같은 점에서 생산량 결정)이다.
• 제2급 가격차별 : 재화 구입량에 따라 각각 다른 가격을 설정하는 것이다.
• 제3급 가격차별 : 소비자들의 특징에 따라 시장을 몇 개로 분할하여 각 시장에서 서로 다른 가격을 설정하는 것이다.

20

경제활동인구란 일할 능력과 일할 의사가 있는 인구이다. 실망실업자의 경우에는 일할 능력은 있지만 일할 의사가 없으므로 비경제활동인구에 포함된다. 일자리를 구하는 중인 주부는 경제활동인구 중 실업자에 포함되며, 취업한 장애인, 일시적으로 휴직한 취업자, 부모가 운영하는 식당에서 유급으로 일한 대학생은 취업자에 해당하므로 경제활동인구에 포함된다.

PART 4

최종점검 모의고사

최종점검 모의고사

01	02	03	04	05	06	07	08	09	10	11	12	13	14	15	16	17	18	19	20
②	④	④	④	②	②	④	③	②	①	④	④	④	③	④	③	①	④	②	③
21	22	23	24	25	26	27	28	29	30	31	32	33	34	35	36	37	38	39	40
②	①	③	④	③	②	②	④	③	③	③	④	④	①	①	②	①	③	④	③

01 글의 주제
정답 ②

(나) 문단에서는 의료보장제도의 사회보험과 국민보건서비스 유형에 대해 먼저 설명하고, 건강보험제도의 운영 방식에 대해 설명하고 있다. 따라서 (나) 문단의 주제로는 '건강보험제도의 유형'이 가장 적절하다.

02 어휘
정답 ④

• 그때의 감정은 4년이 지난 지금, 다시 떠올려도 (형언)할 길이 없다.
• 그렇게 올곧은 사람이 왜 그 사건은 (묵인)하고 넘어갔는지 모르겠다.
• 태풍으로 인해 비행기가 어쩔 수 없이 연착되는 것을 (양해)해 줄 것을 부탁했다.
• 팀원들의 (양해)를 구하지 않고 막무가내로 결정하는 그의 행동은 정말 불쾌하다.
• 1년 반 만의 취업으로 (형언)할 수 없는 기쁨을 느꼈다.

[오답분석]
'공인'이라는 어휘 속에도 '인정하다'라는 뜻이 있어 모호할 수 있다. 하지만 인정함의 주체가 '국가'나 '공공단체 또는 사회단체'이기 때문에, 빈칸의 어떠한 곳에도 '공인'은 문맥상 어울리지 않음을 알 수 있다.
• 공인하다(公認−) : 국가나 공공 단체 또는 사회단체 등이 어느 행위나 물건에 대하여 인정하다.

03 문단 나열
정답 ④

제시문은 황사의 정의와 위험성 그리고 대응책에 대하여 설명하고 있다. 따라서 '황사를 단순한 모래바람으로 치부할 수는 없다.'는 제시된 문단의 뒤에는 (다) 중국의 전역을 거쳐 대기물질을 모두 흡수하고 한국으로 넘어오는 황사 − (나) 매연과 화학물질 등 유해물질이 포함된 황사 − (가) 황사의 장점과 방지의 강조 − (라) 황사의 개인적·국가적 대응책의 순서대로 나열하는 것이 가장 적절하다.

04 문서 내용 이해

정답 ④

제시문의 세 번째 문단에서 국가가 최종 단계까지 통과하지 못한 사람들이 지방 사회에 기여하도록 하여 과거제의 부작용을 완화하고자 노력했다는 내용을 확인할 수 있다.

[오답분석]

① 다섯 번째 문단에서 일군의 유럽 계몽사상가들은 학자의 지식이 귀족의 세습적 지위보다 우위에 있는 체제를 정치적인 합리성을 갖춘 것으로 보았다고 했으므로 적절하지 않다.

② 다섯 번째 문단에서 동아시아에서 실시된 과거제가 유럽에 전해져 유럽에서도 관료 선발에 시험을 통한 경쟁이 도입되기도 했었다고 했으므로 적절하지 않다.

③ 세 번째 문단에서 과거제로 인해 통치에 참여할 능력을 갖춘 지식인 집단이 폭넓게 형성되었다고 했으므로 적절하지 않다.

05 빈칸 삽입

정답 ②

• 첫 번째 빈칸 : ㉠은 빈칸 앞 문장의 '백라이트에 사용되는 엘이디'의 단점을 이야기하고 있다. 이때, 빈칸 뒤의 '백색을 내기 위해 청색 엘이디에 노란색 형광 물질을 씌운다.'는 내용을 통해 ㉠으로 인해 '스마트폰의 백라이트에서 필연적으로 청색광이 발생한다.'는 것을 알 수 있다. 따라서 빈칸에는 ㉠이 가장 적절하다.

• 두 번째 빈칸 : 빈칸 앞 문장에서는 자외선에 가까운 빛인 청색광이 파장이 짧고 강한 에너지를 가진다고 하였으므로 빈칸에는 이러한 강한 에너지가 눈의 세포를 강하게 자극하여 눈의 피로감을 유발한다는 내용의 ㉢이 가장 적절하다.

• 세 번째 빈칸 : 현대인은 스마트폰으로부터 자유로워지기 어렵다는 빈칸 앞의 내용과 스마트폰의 청색광 감소 기능을 사용하여 청색광을 줄일 수 있다는 빈칸 뒤의 내용을 통해 빈칸에는 스마트폰의 화면을 조절하는 것만으로도 눈의 부담을 줄일 수 있다는 내용의 ㉡이 가장 적절하다.

06 문단 나열

정답 ②

제시문의 서론에서 지방은 건강에 반드시 필요한 것이라고 서술하고 있으며, 결론에서는 현대인들의 지방이 풍부한 음식을 찾는 경향이 부작용으로 이어졌다고 한다. 따라서 본론은 (나) 비만과 다이어트의 문제는 찰스 다윈의 진화론과 관련 있음 - (라) 자연선택에서 생존한 종들이 번식하여 자손을 남기게 됨 - (다) 인류의 역사에서 인간이 끼니 걱정을 하지 않고 살게 된 것은 최근 수십 년간의 일임 - (가) 생존에 필수적인 능력은 에너지를 몸에 축적하는 능력이었음의 순서로 나열해야 한다.

07 내용 추론

정답 ④

제시문의 세 번째 문단에 따르면 A연구팀은 신경교 세포가 전체 뉴런을 조정하면서 기억력과 사고력을 향상시킨다는 가설하에 인간의 신경교 세포를 갓 태어난 생쥐의 두뇌에 주입하는 실험을 하였다. 그리고 그 실험은 이와 같은 가설을 뒷받침해주는 결과를 가져왔으므로 ④가 가장 적절하다.

[오답분석]

① 인간의 신경교 세포를 생쥐의 두뇌에 주입하였더니 쥐가 자라면서 주입된 인간의 신경교 세포도 성장했고, 이 세포들이 주위의 뉴런들과 완벽하게 결합되어 쥐의 뇌 전체에 실처럼 퍼지게 되었다고 하였다. 그러나 이 과정에서 쥐의 뉴런에 어떠한 영향을 주는지에 대해서는 언급하고 있지 않다.

②·③ 제시문의 실험은 인간의 신경교 세포를 쥐의 두뇌에 주입했을 때의 변화를 살펴본 것이며, 인간의 뉴런 세포를 주입한 것이 아니므로 추론할 수 없는 내용이다.

08 글의 제목

정답 ③

제시문의 첫 번째 문단에서는 하천의 과도한 영양분이 플랑크톤을 증식시켜 물고기의 생존을 위협한다고 이야기하며, 두 번째 문단에서는 이러한 녹조 현상이 우리가 먹는 물의 안전까지도 위협하고 있다고 이야기한다. 마지막 문단에서는 생활 속 작은 실천을 통해 생태계와 인간의 안전을 위협하는 녹조를 예방해야 한다고 주장하므로 글의 제목으로는 ③이 가장 적절하다.

09   빈칸 삽입   정답 ②

- (가) : 청소년의 척추 질환을 예방하는 대응 방안과 관련된 ⓒ이 적절하다.
- (나) : 책상 앞에 앉아 있는 바른 자세와 관련된 ⓒ이 적절하다.
- (다) : 틈틈이 척추 근육을 강화하는 운동을 해 주는 것과 관련된 자세인 ⑦이 적절하다.

10   문서 내용 이해   정답 ①

첫 번째 문단에서 골격근의 근육섬유가 수축할 때 전체 근육의 길이가 항상 줄어드는 것은 아니라고 설명하고 있다.

11   응용 수리   정답 ④

- 팀장 1명을 뽑는 경우의 수 : $_{10}C_1 = 10$가지
- 회계 담당 2명을 뽑는 경우의 수 : $_9C_2 = \dfrac{9 \times 8}{2!} = 36$가지

따라서 구하고자 하는 경우의 수는 $10 \times 36 = 360$가지이다.

12   응용 수리   정답 ④

할인받기 전 종욱이가 내야 할 금액은 $(25,000 \times 2) + (8,000 \times 3) = 74,000$원이다.
통신사 할인과 깜짝 할인을 적용한 후의 금액은 $[(25,000 \times 2 \times 0.85) + (8,000 \times 3 \times 0.75)] \times 0.9 = 54,450$원이다.
따라서 총 할인된 금액은 $74,000 - 54,450 = 19,550$원이다.

13   응용 수리   정답 ④

3대의 셔틀버스 중 출근 시각보다 일찍 도착할 2대의 버스를 고르는 경우의 수는 $_3C_2 = 3$가지이다.
따라서 구하고자 하는 확률은 $3 \times \dfrac{3}{8} \times \dfrac{3}{8} \times \dfrac{1}{2} = \dfrac{27}{128}$이다.

14   응용 수리   정답 ③

장난감 A기차와 B기차가 터널을 완전히 지났을 때의 이동거리는 터널의 길이에 기차의 길이를 더한 값이다. A, B기차의 길이를 각각 $a$cm, $b$cm로 가정하고, 터널을 나오는 데 걸리는 시간에 대한 식을 세우면 다음과 같다.
- A기차 길이 : $12 \times 4 = 30 + a \rightarrow 48 = 30 + a \rightarrow a = 18$
- B기차 길이 : $15 \times 4 = 30 + b \rightarrow 60 = 30 + b \rightarrow b = 30$

따라서 A, B기차의 길이는 각각 18cm, 30cm이며, 합은 48cm이다.

15   자료 계산   정답 ④

사진별 개수에 따른 총용량을 구하면 다음과 같다.
- 반명함 : $150 \times 8,000 = 1,200,000$KB
- 신분증 : $180 \times 6,000 = 1,080,000$KB
- 여권 : $200 \times 7,500 = 1,500,000$KB
- 단체사진 : $250 \times 5,000 = 1,250,000$KB

사진 용량 단위 KB를 MB로 전환하면 다음과 같다.
- 반명함 : $1,200,000 \div 1,000 = 1,200$MB
- 신분증 : $1,080,000 \div 1,000 = 1,080$MB
- 여권 : $1,500,000 \div 1,000 = 1,500$MB
- 단체사진 : $1,250,000 \div 1,000 = 1,250$MB

따라서 모든 사진의 총용량을 더하면 1,200+1,080+1,500+1,250=5,030MB이고, 5,030MB는 5.03GB이므로 필요한 USB의 최소 용량은 5GB이다.

16 자료 이해 　　　　　　　　　　　　　　　　　　　　　　　　　　　　　　정답 ③

우리나라는 30개의 회원국 중에서 OECD 순위가 매년 20위 이하이므로 상위권이라 볼 수 없다.

17 자료 이해 　　　　　　　　　　　　　　　　　　　　　　　　　　　　　　정답 ①

2016년 대비 2023년 건강보험 수입의 증가율은 $\frac{58-33.6}{33.6}\times100≒72.6\%$이고, 건강보험 지출의 증가율은 $\frac{57.3-34.9}{34.9}\times100≒$ 64.2%이다. 따라서 증가율의 차이는 72.6−64.2=8.4%p이므로 15%p 이하이다.

[오답분석]

② 건강보험 수지율이 전년 대비 감소하는 2017년, 2018년, 2019년, 2020년 모두 정부지원 수입이 전년 대비 증가했다.

③ 2021년 보험료 등이 건강보험 수입에서 차지하는 비율은 $\frac{45.3}{52.4}\times100≒86.5\%$이다.

④ 건강보험 지출 중 보험급여비가 차지하는 비중은 2017년에 $\frac{36.2}{37.4}\times100≒96.8\%$, 2018년에 $\frac{37.6}{38.8}\times100≒96.9\%$, 2019년에 $\frac{40.3}{41.6}\times100≒96.9\%$로 매년 90%를 초과한다.

18 자료 계산 　　　　　　　　　　　　　　　　　　　　　　　　　　　　　　정답 ④

• A : 300×0.01=3억 원
• B : 2,000×20,000=4천만 원
• C : 500×80,000=4천만 원

따라서 전체 지급금액은 3억 원+4천만 원+4천만 원=3억 8천만 원이다.

19 자료 이해 　　　　　　　　　　　　　　　　　　　　　　　　　　　　　　정답 ②

정부지원금 유형 A의 수령자는 200×0.36=72명, 20대는 200×0.41=82명이므로 20대 중 정부지원금 유형 A의 수령자가 차지하는 비율은 $\frac{72}{82}\times100≒87.8\%$이다.

[오답분석]

① 정부지원금에 들어간 총비용은 100만 원×(200×0.36)+200만 원×(200×0.42)+300만 원×(200×0.22)=37,200만 원이다.

③ 20대 수혜자 수는 200×0.41=82명이고, 정부지원금 금액이 200만 원인 사람은 200×0.42=84명이다. 따라서 200만 원 수령자 중 20대가 차지하는 비율은 $\frac{82}{84}\times100≒97.6\%$이다.

④ 정부지원금 수혜자가 2배가 되고, 비율은 동일하다면 각 항목별 수혜자 수는 2배 만큼 증가할 것이다. 따라서 정부지원금에 들어간 총비용은 2배가 된다.

20 자료 계산 　　　　　　　　　　　　　　　　　　　　　　　　　　　　　　정답 ③

정부지원금 300만 원 수령자는 200×0.22=44명이고, 20·30대의 수령자는 200×(0.41+0.31)=144명이다. 따라서 20대·30대 수혜자 중에서 정부지원금 300만 원 미만 수령자가 차지하는 비율은 $\frac{144-44}{144}\times100≒69\%$이다.

21 자료 해석 　　　　　　　　　　　　　　　　　　　　　　　　　　　　　　　정답 ②

C사원은 혁신성, 친화력, 책임감이 '상 − 상 − 중'으로 영업팀의 핵심역량 중요도에 부합하며, 창의성과 윤리성은 '하'이지만 영업팀에서 중요하게 생각하지 않는 역량이기에 영업팀으로의 부서배치가 적절하다. 반면, E사원은 혁신성, 책임감, 윤리성이 '중 − 상 − 하'로 지원팀의 핵심역량 중요도에 부합하므로 지원팀으로의 부서배치가 적절하다.

22 명제 추론 　　　　　　　　　　　　　　　　　　　　　　　　　　　　　　　정답 ①

매장의 비주얼은 경영기획관리부서에서 관리한다고 하였으므로 VM팀은 4층이 아닌 5층에 배정된다. 따라서 4층에는 영업홍보부서인 디자인, 마케팅, 영업기획, 영업관리팀이 배정된다.

23 규칙 적용 　　　　　　　　　　　　　　　　　　　　　　　　　　　　　　　정답 ③

- (가) : VM팀은 5층에 있으므로 첫 번째 번호는 5이고, 5층에는 경영관리팀, 경영기획팀, VM팀, 콘텐츠개발팀이 있다. 따라서 VM을 한글로 변환하면 '비주얼 마케팅'이므로 두 번째 번호는 3이며, 대리에 부여되는 번호는 3이므로 VM팀의 H대리의 내선번호는 00 − 5330이다.
- (나) : 총무팀은 6층에 있으므로 첫 번째 번호는 6이고, 6층에는 인사팀, 총무팀, 법무팀, 전산팀이 있다. 따라서 두 번째 번호는 4이며, 사원에 부여되는 번호는 4이므로 총무팀의 A사원의 내선번호는 00 − 6444이다.

24 명제 추론 　　　　　　　　　　　　　　　　　　　　　　　　　　　　　　　정답 ④

오답분석

① 첫 번째 명제와 두 번째 명제를 통해 추론할 수 있다.
② 세 번째 명제의 대우와 첫 번째 명제를 통해 추론할 수 있다.
③ 첫 번째 명제와 네 번째 명제를 통해 추론할 수 있다.

25 자료 해석 　　　　　　　　　　　　　　　　　　　　　　　　　　　　　　　정답 ①

ㄱ. $1m^3$당 섞여 있는 수증기량이 가장 적은 날은 5월 3일이다.
ㄷ. 4월 19일 공기와 4월 26일 공기의 기온은 같고 수증기량은 4월 19일이 더 적으므로 이슬점은 4월 19일이 더 낮다. 따라서 4월 19일 공기는 4월 26일 공기보다 더 높은 곳에서 응결된다.

오답분석

ㄴ. 4월 5일 공기와 4월 26일 공기의 수증기량은 같고 기온은 4월 5일이 더 높으므로 이슬점과의 차이는 4월 5일이 더 높다. 따라서 4월 5일 공기는 4월 26일 공기보다 더 높은 곳에서 응결된다.
ㄹ. 기온이 높을수록 포화 수증기량이 많으므로 포화 수증기량이 가장 많은 날은 기온이 가장 높은 5월 3일이다.

26 자료 해석 　　　　　　　　　　　　　　　　　　　　　　　　　　　　　　　정답 ③

첫 번째 조건과 두 번째 조건에 따라 책정된 총 회식비는 13×3＝39만 원이며, 이를 초과하는 회식장소는 없다. 다음으로 세 번째 조건에 따라 회식은 3일 뒤에 진행하므로 일주일 전에 예약이 필요한 D뷔페와 19시에 영업을 시작하는 B치킨은 제외된다. 마지막으로 팀원 중 해산물을 먹지 못하는 사람이 있으므로 A수산은 제외된다. 따라서 모든 조건을 충족하는 회식장소는 C갈비이다.

27 규칙 적용

정답 ②

이 상품은 아기반찬(11)으로 밥과 함께 먹기에 적절한 상품이다.

오답분석

① 권장연령이 JBB(10 ~ 12개월)로 갓 태어난 아기가 먹기에 적절하지 않다.
③ 상품은 상온보관 상품으로 냉장고가 필수적이지 않다.
④ 상품은 OC(유기농인증)와 NAC(무항생제인증)으로 총 2가지 인증을 받았다.

28 규칙 적용

정답 ④

상품번호 구성 순으로 주문내용을 정리하면 다음과 같다.
• 권장연령 : 지난달에 돌이었으므로 13개월 이상에 해당 → IGBB
• 상품종류 : 덮밥류 → 00
• 보관방법 : 상온 → T
• 인증내역 : 무항생제 인증 → NAC
• 소고기함유량 : 21% 이상 → B21
따라서 배송해야 하는 상품번호는 'IGBB00TNACB21'이다.

29 명제 추론

정답 ③

조건을 바탕으로 가능한 경우를 정리하면 다음과 같다.

구분	1교시	2교시	3교시	4교시
경우 1	사회	국어	영어	수학
경우 2	사회	수학	영어	국어
경우 3	수학	사회	영어	국어

따라서 2교시가 수학일 때 1교시는 사회이며, 3교시는 항상 영어임을 알 수 있다.

30 SWOT 분석

정답 ③

현재의 부정적인 평판은 약점(Weakness)으로, 소비자들을 위한 효과적인 마케팅은 강점(Strength)으로 볼 수 있다. 약점 – 강점 전략은 SWOT 분석에 의한 경영 전략에 포함되지 않는다.

오답분석

① '착한 기업' 이미지를 통해 부정적인 평판(약점)을 보완하여 경쟁시장(위협)에서 이길 수 있도록 하는 WT전략(약점 – 위협 전략)으로 볼 수 있다.
② 차별화된 광고(강점)를 통해 음료 소비의 성장세(기회)를 극대화하도록 함으로써 SO전략(강점 – 기회 전략)으로 볼 수 있다.
④ 탄산음료(약점)가 아닌 건강음료를 개발하여 생수를 선호(기회)하는 건강시대에 발맞춰 생산함으로써 WO전략(약점 – 기회 전략)으로 볼 수 있다.

31 정보 이해

정답 ③

세탁기 신상품은 중년층을 대상으로 하기 때문에 성별이 아닌 연령에 따라 자료를 분류해야 하며, 중년층의 세탁기 선호 디자인에 대한 정보가 필요함을 알 수 있다.

32 정보 이해

정답 ④

금융 거래 시 신용카드 번호와 같은 금융정보 등을 저장할 경우 암호화하여 저장하고, 되도록 PC방, 공용 컴퓨터와 같은 개방 환경을 이용하지 않도록 해야 한다.

33 엑셀 함수

오답분석
① 셀들의 합계를 구할 때 사용하는 함수이다.
② 숫자가 들어 있는 셀의 개수를 구할 때 사용하는 함수이다.
③ 수치가 아닌 셀을 포함하는 인수의 평균값을 구할 때 사용하는 함수이다.

34 알고리즘

정답 ①

a	n
2	0
$3 \times 2 + (-1)^2 = 7$	1
$3 \times 7 + (-1)^7 = 20$	2
$3 \times 20 + (-1)^{20} = 61$	3
$3 \times 61 + (-1)^{61} = 182$	4
$3 \times 182 + (-1)^{182} = 547$	5

35 정보 이해

정답 ①

데이터베이스(DB; Data Base)란 어느 한 조직의 여러 응용 프로그램들이 공유하는 관련 데이터들의 모임이다. 대학 내 서로 관련 있는 데이터들을 하나로 통합하여 데이터베이스로 구축하게 되면 학생 관리 프로그램, 교수 관리 프로그램, 성적 관리 프로그램은 이 데이터베이스를 공유하여 사용하게 된다. 이처럼 데이터베이스는 여러 사람에 의해 사용될 목적으로 통합하여 관리되는 데이터의 집합을 말하며, 자료 항목의 중복을 없애고 자료를 구조화하여 저장함으로써 자료 검색과 갱신의 효율을 높인다.

오답분석
② 유비쿼터스 : 사용자가 네트워크나 컴퓨터를 의식하지 않고 장소에 상관없이 자유롭게 네트워크에 접속할 수 있는 정보통신 환경을 의미한다.
③ RFID : 극소형 칩에 상품정보를 저장하고 안테나를 달아 무선으로 데이터를 송신하는 장치를 말한다.
④ NFC : 전자태그(RFID)의 하나로, 13.56MHz 주파수 대역을 사용하는 비접촉식 근거리 무선통신 모듈이며, 10cm의 가까운 거리에서 단말기 간 데이터를 전송하는 기술을 말한다.

36 엑셀 함수

정답 ②

• 「=SMALL(B3:B9,2)」은 [B3:B9] 범위에서 2번째로 작은 값을 구하는 함수이므로 7이 출력된다.
• 「=MATCH(7,B3:B9,0)」는 [B3:B9] 범위에서 7의 위치 값을 나타내므로 4가 출력된다.
따라서 「=INDEX(A3:E9,4,5)」의 결괏값은 [A3:E9]의 범위에서 4행, 5열에 위치한 대전이다.

37 프로그램 언어(코딩)

정답 ①

문자열을 할당할 때 배열의 크기를 생략하면 문자열의 길이(hello world)와 마지막 문자(₩0)가 포함된 길이가 배열의 크기가 되므로 11(hello world)+1(₩0)=12이다.

38 엑셀 함수

정답 ③

RIGHT는 오른쪽에서부터 문자를 추출하는 함수이다. RIGHT(문자열,추출할 문자 수)이므로 「=RIGHT(A3,4)」를 입력해야 한다.

39 엑셀 함수

• COUNTIF : 지정한 범위 내에서 조건에 맞는 셀의 개수를 구한다.
• 함수식 : =COUNTIF(D3:D10,">=2024-07-01")

오답분석
① COUNT : 범위에서 숫자가 포함된 셀의 개수를 구한다.
② COUNTA : 범위가 비어 있지 않은 셀의 개수를 구한다.
③ SUMIF : 주어진 조건에 의해 지정된 셀들의 합을 구한다.

40 엑셀 함수

정답 ③

오답분석
①·② AND 함수는 인수의 모든 조건이 참(TRUE)일 경우에 성별을 구분하여 표시할 수 있으므로 적절하지 않다.
④ 함수식에서 "남자"와 "여자"가 바뀌었다.

---

02 보건의료지식 + 전공(행정직)

41	42	43	44	45	46	47	48	49	50	51	52	53	54	55	56	57	58	59	60
④	①	④	③	④	④	③	④	④	④	②	④	③	①	①	②	①	④	④	②
61	62	63	64	65	66	67	68	69	70	71	72	73	74	75	76	77	78	79	80
③	①	②	①	③	①	①	②	④	②	③	④	②	④	②	④	③	③	③	④

41

정답 ④

건강보험심사평가원의 인재상
창의성과 열린 전문성을 갖추고 공정한 업무수행으로 국민에게 신뢰받는 심평인
• 국민을 위하는 인재
  − 국민 안전과 건강 증진을 최우선으로 생각하는 인재
• 공정함으로 신뢰받는 인재
  − 공정하고 균형 잡힌 업무 수행으로 신뢰받는 인재
• 소통하고 협력하는 인재
  − 상호존중의 자세로 내·외부와 협력하는 인재
• 열린 전문성을 갖춘 창의적 인재
  − 열린 사고로 전문성을 키우고 창의성을 발휘하는 인재
• 혁신적 사고로 성장하는 인재
  − 혁신적 사고로 변화에 유연하며 끊임없이 성장하는 인재

42

정답 ①

• 건강보험심사평가원의 원장은 임원추천위원회가 복수로 추천한 사람 중에서 보건복지부장관의 제청으로 <u>대통령(㉠)</u>이 임명한다(법 제65조 제2항).
• 건강보험심사평가원 원장의 임기는 <u>3년(㉡)</u>, 이사(공무원인 이사는 제외한다)와 감사의 임기는 각각 2년으로 한다(법 제65조 제7항).

43   정답 ④

건강보험심사평가원 의료보장제도의 유형은 개인의 기여를 기반으로 한 보험료를 주재원으로 하는 비스마르크(Bismarck)형과 국민의 의료문제를 국가가 책임져야 한다는 관점에서 조세를 재원으로 모든 국민에게 국가가 직접 제공하는 비버리지(Beveridge)형 2가지로 나뉜다.

44   정답 ③

건강보험심사평가원의 전략방향
• 신뢰받는 심사 기반 적정진료 환경 조성
• 평가체계 개선을 통한 의료 수준 향상
• 지속가능한 건강보험 체계 확립
• 디지털 기반 국민서비스 체감 향상
• 경영혁신을 통한 책임 · ESG경영 강화

45   정답 ④

요양기관이 요양급여를 행한 경우에는 제1항의 규정에 의한 계산서 · 영수증 부본을 당해 요양급여가 종료된 날부터 5년간 보존하여야 한다. 다만, 요양기관이 별지 제13호 서식에 의한 본인부담금수납대장을 작성하여 보존하는 경우에는 이를 계산서 · 영수증 부본에 갈음한다(요양급여 규칙 제7조 제5항).

46   정답 ④

본인부담액 경감 인정(규칙 제14조 제2항)
신청인의 가족, 친족, 이해관계인 또는 사회보장급여의 이용 · 제공 및 수급권자 발굴에 관한 법률 제43조에 따른 사회복지 전담공무원은 신청인이 신체적 · 정신적인 이유로 신청을 할 수 없는 경우에는 신청인을 대신하여 제1항에 따른 신청을 할 수 있다. 이 경우 다음 각 호의 구분에 따른 서류를 제시하거나 제출하여야 한다.
1. 신청인의 가족 · 친족 또는 이해관계인 : 신청인과의 관계를 증명하는 서류
2. 사회복지 전담공무원 : 공무원임을 증명하는 신분증

47   정답 ③

장려금을 지급받으려는 요양기관은 심사평가원에 요양급여비용의 심사청구를 할 때 함께 장려금 지급을 청구하여야 한다(영 제75조의2 제3항).

48   정답 ④

건강보험심사평가원의 의약품 유통정보 관리 운영 성과
• 의약품 국가 표준코드 관리로 의약품 유통의 투명성 확보
• 의약품 유통정보 제공으로 제약 산업의 건전한 육성 도모
• 의약품 공급내역과 사용내역 연계 분석을 통한 건강보험 재정 절감
• 사물인터넷(IoT; Internet of Things) 등 첨단 ICT 기술 활용을 통한 실시간 의약품 유통정보 관리로 국민건강 보호
• 의약품 유통정보를 기반으로 국가통계 생산(생산, 수입실적 등)

49   정답 ④

보조기기 소모품 중 전동휠체어 및 의료용 스쿠터용 전지에 대한 보험급여는 전동휠체어 또는 의료용 스쿠터에 대한 보험급여를 받은 사람이 해당 보조기기를 지속적으로 사용하고, 해당 보조기기를 구입한 날부터 1년 6개월이 지난 때부터 지급한다(규칙 제26조 제1항, 별표 7 제1호 자목).

① 규칙 제26조 제1항, 별표 7 제1호 라목에 해당한다.
② 규칙 제26조 제1항, 별표 7 제1호 마목에 해당한다.
③ 규칙 제26조 제1항, 별표 7 제1호 사목에 해당한다.

50　정답 ④

제102조 제1호를 위반하여 가입자 및 피부양자의 개인정보를 누설하거나 직무상 목적 외의 용도로 이용 또는 정당한 사유 없이 제3자에게 제공한 자는 5년 이하의 징역 또는 5,000만 원 이하의 벌금에 처한다(법 제115조 제1항).

> **정보의 유지 등(법 제102조)**
> 공단, 심사평가원 및 대행청구단체에 종사하였던 사람 또는 종사하는 사람은 다음 각 호의 행위를 하여서는 안 된다.
> 1. 가입자 및 피부양자의 개인정보를 누설하거나 직무상 목적 외의 용도 또는 정당한 사유 없이 제3자에게 제공하는 행위
> 2. 업무를 수행하면서 알게 된 정보(제1호의 개인정보는 제외한다)를 누설하거나 직무상 목적 외의 용도로 이용 또는 제3자에게 제공하는 행위

51　정답 ②

추인은 취소의 원인이 소멸된 후에 하여야만 효력이 있다(민법 제144조 제1항).

52　정답 ④

보험계약은 당사자 일방(보험계약자)이 약정한 보험료를 지급하고 재산 또는 생명이나 신체에 불확정한 사고가 발생할 경우에 상대방(보험자)이 일정한 보험금이나 그 밖의 급여를 지급할 것을 약정함으로써 효력이 생긴다(상법 제638조).

53　정답 ③

아파트 경비원이 상가 건물주의 이익에 반하지만 공공의 이익을 위해 화재를 진압하다가 손해를 끼친 경우 경비원에게 중대한 과실이 없으면 배상할 책임이 없다(민법 제734조 제3항).

① 경비업무의 범위를 벗어난 화재 진압은 경비업무의 법적의무 사항이 아니다.
② 민법 제734조 제1항에 해당한다.
④ 민법 제735조에 해당한다.

> **사무관리의 내용(민법 제734조)**
> ① 의무없이 타인을 위하여 사무를 관리하는 자는 그 사무의 성질에 좇아 가장 본인에게 이익되는 방법으로 이를 관리하여야 한다.
> ② 관리자가 본인의 의사를 알거나 알 수 있는 때에는 그 의사에 적합하도록 관리하여야 한다.
> ③ 관리자가 전2항의 규정에 위반하여 사무를 관리한 경우에는 과실없는 때에도 이로 인한 손해를 배상할 책임이 있다. 그러나 그 관리행위가 공공의 이익에 적합한 때에는 중대한 과실이 없으면 배상할 책임이 없다.
>
> **긴급사무관리(민법 제735조)**
> 관리자가 타인의 생명, 신체, 명예 또는 재산에 대한 급박한 위해를 면하게 하기 위하여 그 사무를 관리한 때에는 고의나 중대한 과실이 없으면 이로 인한 손해를 배상할 책임이 없다.

54

오답분석

ㄷ. 예산결산특별위원회는 상설특별위원회이기 때문에 따로 활동기한을 정하지 않는다.

ㄹ. 예산결산특별위원회는 소관 상임위원회가 삭감한 세출예산의 금액을 증액하거나 새 비목을 설치하려는 경우에는 소관 상임위원회의 동의를 얻어야 한다.

55

정답 ①

완전경쟁기업은 가격과 한계비용이 같아지는($P=MC$) 점에서 생산하므로, 주어진 비용함수를 미분하여 한계비용을 구하면 $MC=10q$이다. 시장전체의 단기공급곡선은 개별 기업의 공급곡선을 수평으로 합한 것이므로 시장전체의 단기공급곡선은 $P=\frac{1}{10}Q$로 도출된다. 이제 시장수요함수와 공급함수를 연립해서 계산하면 $350-60P=10P$, $P=5$이다.

56

정답 ②

중국은 의복과 자동차 생산에 있어 모두 절대우위를 갖는다. 그러나 리카도는 비교우위론에서 양국 중 어느 한 국가가 절대우위에 있는 경우라도 상대적으로 생산비가 낮은 재화 생산에 특화하여 무역을 한다면 양국 모두 무역으로부터 이익을 얻을 수 있다고 본다. 이때 생산하는 재화를 결정하는 것은 재화의 국내생산비로 재화 생산의 기회비용을 말한다. 주어진 표를 바탕으로 각 재화 생산의 기회비용을 구하면 다음과 같다.

구분	의복(벌)	자동차(대)
중국	0.5	0.33
인도	2	3

중국은 의복을 생산할 때 기회비용이 더 크기 때문에 자동차 생산에 비교우위가 있고, 중국은 자동차를 생산할 때 기회비용이 더 크기 때문에 의복 생산에 비교우위가 있다. 따라서 중국은 자동차를 수출하고, 인도는 의복을 수출한다.

57

정답 ①

코터(J. P. Kotter)는 변화관리 모형을 '위기감 조성 → 변화추진팀 구성 → 비전 개발 → 비전 전달 → 임파워먼트 → 단기 성과 달성 → 지속적 도전 → 변화의 제도화'의 8단계로 제시하였다.

58

정답 ④

공급사슬관리(SCM)란 공급자로부터 최종 고객에 이르기까지 자재 조달, 제품 생산, 유통, 판매 등의 흐름을 적절히 관리하는 것으로, 자재의 조달 시간을 단축하고, 재고 비용이나 유통 비용 등을 절감할 수 있다.

오답분석

① 자재소요량계획(MRP)에 대한 설명이다.

② 업무재설계(BPR)에 대한 설명이다.

③ 적시생산방식(JIT)에 대한 설명이다.

59

정답 ④

ABC 재고관리는 재고품목을 연간 사용금액에 따라 A등급, B등급, C등급으로 나눈다.

• A등급 : 상위 15% 정도, 연간 사용금액이 가장 큰 항목, 아주 엄격한 재고 통제

• B등급 : 35% 정도, 연간 사용금액이 중간인 항목, 중간 정도의 재고 통제

• C등급 : 50% 정도, 연간 사용금액이 작은 항목, 느슨한 재고 통제

① A등급은 재고가치가 높은 품목들이 속한다.
② A등급 품목은 로트 크기를 작게 유지한다.
③ C등급 품목은 재고유지비가 낮다.

60

타인의 범죄행위로 생명과 신체에 중대한 피해를 받은 자는 검찰청(각 지방검찰청에 범죄피해구조심의회를 두는데 이를 지구심의회라 한다)에 범죄피해자구조를 청구할 수 있다.

① 공무원이 직무를 집행하면서 고의 또는 과실로 법령을 위반하여 손해를 입힌 경우에 그 피해자는 국가 또는 지방자치단체를 상대로 손해배상을 청구할 수 있다.

61

크리밍효과에 대한 설명이다. 크리밍효과는 정책효과가 나타날 가능성이 높은 집단을 의도적으로 실험집단으로 선정함으로써 정책의 영향력이 실제보다 과대평가되는 경우를 말한다. 반면, 호손효과는 실험집단 구성원이 실험의 대상이라는 사실로 인해 평소와 달리 특별한 심리적 또는 감각적 행동을 보이는 현상으로, 외적타당도를 저해하는 대표적 요인이다. 실험조작의 반응효과라고도 하며 1927년에 호손실험으로 발견되었다.

62

기업의 지배권을 가진 소유경영자는 전문경영자에 비해 상대적으로 더 강력한 리더십을 발휘할 수 있다. 주식회사의 대형화와 복잡화에 따라 조직의 경영을 위한 전문지식과 기술을 가진 전문경영자를 고용하여 기업의 운영을 전담시키게 되는데 전문경영자의 장점은 합리적 의사결정, 기업문화와 조직 혁신에 유리, 지배구조의 투명성 등이 있다. 반면 단점으로는 책임에 대한 한계, 느린 의사결정, 단기적인 이익에 대한 집착, 대리인 문제의 발생 등이 있다.

63

라. 코즈의 정리란 재산권(소유권)이 명확하게 확립되어 있고, 거래비용 없이도 자유롭게 매매할 수 있다면 권리가 어느 경제 주체에 귀속되는가와 상관없이 당사자 간의 자발적 협상에 의한 효율적인 자원배분이 가능해진다는 이론이다.
마. 현실적으로 거래비용의 존재, 외부성 측정의 어려움, 이해당사자의 모호성, 정보의 비대칭성, 협상능력의 차이 등으로 코즈의 정리로 문제를 해결하는 데는 한계가 있다.

64

측정도구를 구성하는 측정지표(측정문항) 간의 일관성은 신뢰도를 의미한다. 내용 타당성이란 처치와 결과 사이의 관찰된 관계로부터 도달하게 된 인과적 결론의 적합성 정도를 말한다.

65

주채무자의 부탁으로 보증인이 된 자가 과실없이 변제 기타의 출재로 주채무를 소멸하게 한 때에는 주채무자에 대하여 구상권이 있다(민법 제441조 제1항).

66

권력문화적 접근법은 권력남용에 의해 부패가 유발된다고 보는 것이며, 공직자들의 잘못된 의식구조를 부패의 원인으로 보는 것은 구조적 접근법에 해당한다.

67

정답 ①

형사상 재물손괴죄는 과실로 인한 손괴의 경우에는 성립하지 않기 때문에 민법상 손해배상은 청구할 수 있으나 형사상의 책임은 발생하지 않는다.

68

정답 ②

집약적 유통채널은 가능한 많은 중간상들에게 자사의 제품을 취급하도록 하는 것으로, 과자, 저가 소비재 등과 같이 소비자들이 구매의 편의성을 중시하는 품목에서 채택한다.

[오답분석]
①·④ 전속적 유통채널에 대한 설명이다.
③ 선택적 유통채널에 대한 설명이다.

69

정답 ④

생산에 투입된 가변요소인 노동의 양이 증가할수록 총생산이 체증적으로 증가하다가 일정 단위를 넘어서면 체감적으로 증가하기 때문에 평균생산과 한계생산은 증가하다가 감소한다. 한계생산물곡선은 평균생산물곡선의 극대점을 통과하므로 한계생산물과 평균생산물이 같은 점에서는 평균생산물이 극대가 된다.

70

정답 ②

오쿤의 법칙에 따르면 경기 회복기에는 고용의 증가 속도보다 국민총생산의 증가 속도가 더 크고, 불황기에는 고용의 감소 속도보다 국민총생산의 감소 속도가 더 크다. 즉, 실업률이 1% 늘어날 때마다 국민총생산은 2.5%의 비율로 줄어든다.

[오답분석]
① 왈라스의 법칙(Walars' Law)에 대한 설명이다.
③ 엥겔의 법칙(Engel's Law)에 대한 설명이다.
④ 슈바베의 법칙(Schwabe's Law)에 대한 설명이다.

71

정답 ③

재무회계는 기업 외부정보이용자를 위한 회계이다. 내부정보이용자를 위한 회계는 관리회계이다.

72

정답 ④

㉠ 피들러(Fiedler)의 리더십 상황이론에 따르면 리더십 스타일은 리더가 가진 고유한 특성으로, 한 명의 리더가 과업지향적 리더십과 관계지향적 리더십을 모두 가질 수 없다. 그렇기 때문에 어떤 상황에 어떤 리더십이 어울리는가를 분석한 것이다.
㉢ 상황이 호의적인지 비호의적인지를 판단하는 상황변수로 리더 – 구성원 관계, 과업구조, 리더의 직위권력을 고려하였다.
㉣ 상황변수들을 고려하여 총 8가지 상황을 분류하였고, 이를 다시 호의적인 상황, 보통의 상황, 비호의적인 상황으로 구분하였다. 리더가 처한 상황이 호의적이거나 비호의적인 경우, 과업지향적 리더십이 적합하다. 반면 상황이 보통인 경우에는 관계지향적 리더십이 적합하다.

ⓒ LPC 설문을 통해 리더의 특성을 측정하였다. LPC 점수가 낮으면 과업지향적 리더십, 높으면 관계지향적 리더십으로 정의한다.
ⓜ 리더가 처한 상황이 호의적이거나 비호의적인 경우, 과업지향적 리더십이 적합하다.

73 정답 ②

ㄴ. 소비자들의 저축성향 감소는 한계소비성향이 커지는 것을 의미한다. 한계소비성향이 커지면 IS곡선의 기울기는 감소하게 되면서 곡선은 우측으로 이동한다.
ㄷ. 화폐수요의 이자율 탄력성이 커지면 LM곡선은 완만하게 되고 총수요곡선은 가파르게 된다.

74 정답 ④

헌법 제11조 제1항에서는 차별금지 사유로 성별·종교·사회적 신분만을 열거하고 있고 모든 사유라는 표현이 없어 그것이 제한적 열거규정이냐 예시규정이냐의 문제가 제기된다. 다만 우리의 학설과 판례의 입장은 예시규정으로 보고 있다.

75 정답 ②

혼합 모형은 정책결정을 근본적 결정과 세부적 결정으로 나누어, 근본적 결정은 합리 모형에 따라 거시적·장기적인 안목에서 대안의 방향성을 탐색하고, 세부적 결정은 점증 모형에 따라 심층적이고 대안적인 변화를 시도하는 것이 바람직하다고 본다.

① 최적 모형에 해당한다.
③ 쓰레기통 모형에 해당한다.
④ 점증 모형에 해당한다.

76 정답 ④

가. 여가, 자원봉사 등의 활동은 생산활동이 아니므로 GDP에 포함되지 않는다.
다. GDP는 마약밀수 등의 지하경제를 반영하지 못하는 한계점이 있다.

77 정답 ③

순현가법에서는 내용연수 동안의 모든 현금흐름을 통해 현가를 비교한다.

① 순현가는 현금유입의 현가를 현금유출의 현가로 나눈 것이다.
④ 최대한 큰 할인율이 아니라 적절한 할인율로 할인한다.

78 정답 ③

라. 장기한계비용곡선은 단기한계비용곡선의 포락선이 아니다. 다만, 장기한계비용곡선은 장기평균비용곡선의 최저점을 지난다.

79

건의 제도의 취지는 위법 또는 오류의 의심이 있는 명령을 받은 부하가 명령 이행 전에 상관에게 명령권자의 과오나 오류에 대하여 자신의 의견을 제시할 수 있도록 함으로써 명령의 적법성과 타당성을 확보하고자 하는 것일 뿐, 그것이 군인의 재판청구권 행사에 앞서 반드시 거쳐야 하는 군 내 사전절차로서의 의미를 갖는다고 보기 어렵다(대판 2018. 3. 22, 2012두26401).

오답분석

① 제재처분의 본질적인 사항, 즉 입찰참가자격 제한처분의 주체, 사유, 대상, 기간 및 내용 등을 법률에서 규정하고, 이 사건 위임조항은 이 사건 제한조항을 기준으로 한 세부적인 입찰참가자격의 제한기준 등에 관하여 필요한 사항을 기획재정부령으로 정하도록 위임하고 있는 이상, 이 사건 위임조항이 의회유보원칙에 위배된다고 볼 수 없다(헌재결 2017. 8. 31, 2015헌바388).
② 개인택시운송사업자가 음주운전을 하다가 사망한 경우 그 망인에 대하여 음주운전을 이유로 운전면허 취소처분을 하는 것은 불가능하고, 음주운전은 운전면허의 취소사유에 불과할 뿐 개인택시운송사업면허의 취소사유가 될 수는 없으므로, 음주운전을 이유로 한 개인택시운송사업면허의 취소처분은 위법하다(대판 2008. 5. 15, 2007두26001).
④ 규율대상이 기본권적 중요성을 가질수록 그리고 그에 관한 공개적 토론의 필요성 내지 상충하는 이익 간 조정의 필요성이 클수록, 그것이 국회의 법률에 의해 직접 규율될 필요성 및 그 규율밀도의 요구정도는 그만큼 더 증대되는 것으로 보아야 한다(헌재결 2004. 3. 25, 2001 헌마882).

80

정답 ④

이자율평가설에 따르면, 현물환율(S), 선물환율(F), 자국의 이자율(r), 외국의 이자율(r_f) 사이에 다음과 같은 관계가 존재한다.

$$(1+r)=(1+r_f)\frac{F}{S}$$

공식의 좌변은 자국의 투자수익률, 우변은 외국의 투자수익률을 의미한다. 즉, 균형에서는 양국 간의 투자수익률이 일치하게 된다. 문제에 주어진 자료를 공식에 대입해보면 $1.03<1.02\times\frac{1,200}{1,000}$ 으로서, 미국의 투자수익률이 더 큰 상태이다. 이 상태에서 균형을 달성하기 위해서는 좌변이 커지거나 우변이 작아져야 한다. 따라서 한국의 이자율이 상승하거나, 미국의 이자율이 하락하거나, 선물환율이 하락하거나, 현물환율이 상승해야 한다. 그리고 현재 미국의 투자수익률이 더 큰 상태이므로, 미국에 투자하는 것이 유리하다.

41	42	43	44	45	46	47	48	49	50	51	52	53	54	55	56	57	58	59	60
④	②	①	②	④	③	④	③	①	②	①	④	①	③	①	②	④	④	④	④
61	62	63	64	65	66	67	68	69	70	71	72	73	74	75	76	77	78	79	80
④	②	④	②	①	②	②	③	③	①	④	②	④	③	④	④	④	②	③	②

41
정답 ④

오답분석
① 보건복지부에서 만든 포털이다.
② 질병관리청에서 만든 포털이다.
③ 대한약사회에서 만든 포털이다.

42
정답 ②

국민건강보험법상 보험급여를 받을 권리의 소멸시효는 3년이다(법 제91조 제1항 제3호).

43
정답 ①

요양기관의 인정 등(규칙 제11조 제2항)
전문요양기관으로 인정받으려는 요양기관은 전문요양기관 인정신청서에 다음 각 호의 서류를 첨부하여 보건복지부장관(ⓒ)에게 제출하여야 한다.
1. 시설, 장비 및 진료과목별 인력 현황 1부
2. 최근 6개월(㉠) 동안의 입원환자 진료실적 1부

44
정답 ②

심의위원회의 회의는 재적위원 3분의 1 이상이 요구할 때 또는 위원장이 필요하다고 인정할 때에 소집한다(영 제6조 제2항).

오답분석
① 영 제6조 제1항에 해당한다.
③ 영 제6조 제3항에 해당한다.
④ 영 제6조 제5항에 해당한다.

45
정답 ④

사용자는 보수월액 산정을 위하여 사립학교가 폐교된 경우 그때까지 사용·임용 또는 채용한 모든 직장가입자에게 지급한 보수의 총액 등 보수월액 산정에 필요한 사항을 국민건강보험공단에 통보하여야 한다(영 제35조 제2항 제2호).

오답분석
① 용자는 보수월액의 산정을 위하여 매년 3월 10일까지 전년도 직장가입자에게 지급한 보수의 총액(가입자별로 1월부터 12월까지 지급한 보수의 총액)과 직장가입자가 해당 사업장·국가·지방자치단체·사립학교 또는 그 학교경영기관에 종사한 기간 등 보수월액 산정에 필요한 사항을 국민건강보험공단에 통보하여야 한다(영 제35조 제1항 전단).
②·③ 사용자는 보수월액 산정을 위하여 사업장이 폐업·도산하거나 이에 준하는 사유가 발생한 경우 또는 일부 직장가입자가 퇴직한 경우 그때까지 사용·임용 또는 채용한 모든 직장가입자에게 지급한 보수의 총액 등 보수월액 산정에 필요한 사항을 국민건강보험공단에 통보하여야 한다(영 제35조 제2항 제1호·제3호).

PART 4

46

가입자가 자격을 잃은 경우 직장가입자의 사용자와 지역가입자의 세대주는 그 명세를 보건복지부령으로 정하는 바에 따라 자격을 잃은 날부터 <u>14일</u> 이내에 보험자에게 신고하여야 한다(법 제10조 제2항).

47

㉠·㉡ 사용자는 직장가입자가 아닌 사람이 직장가입자인 근로자·사용자·공무원 및 교직원이 된 경우에는 직장가입자 자격취득 신고서를 국민건강보험공단에 제출해야 한다. 이 경우 부양요건과 소득 및 재산요건을 갖추었는지 여부를 주민등록표 등본으로 확인할 수 없을 때에는 가족관계등록부의 증명서 1부를 첨부해야 한다(규칙 제4조 제2항 제1호).

㉢·㉣·㉤ 세대주는 그 세대의 구성원이 지역가입자의 자격을 취득한 경우 또는 지역가입자로 자격이 변동된 경우에는 지역가입자 자격 취득·변동 신고서에 보험료 감면 증명자료를 첨부(보험료가 면제되거나 일부를 경감받는 사람만 해당하며, 국민건강보험공단이 국가 등으로부터 제공받은 자료로 보험료 감면 대상자임을 확인할 수 있는 경우에는 첨부하지 않는다)해 국민건강보험공단에 제출해야 한다. 다만, 사용자가 직장가입자 자격상실 신고서를 국민건강보험공단에 제출한 경우에는 지역가입자 자격취득·변동 신고서를 제출한 것으로 본다(규칙 제4조 제1항).

48

재정운영위원회의 구성에서 농어업인 단체 및 도시자영업자단체는 위원을 각각 3명씩 추천하고, 시민단체는 위원을 4명 추천한다(영 제14조 제1항).

49

요양기관, 의약관련 단체, 약제·치료재료의 제조업자·위탁제조판매업자(약제의 경우만 해당한다)·수입자(치료재료가 인체조직인 경우에는 조직은행의 장을 말한다) 또는 가입자 등은 이미 고시된 요양급여대상의 상대가치점수·상한금액, 요양급여대상·비급여대상의 조정을 <u>보건복지부장관(㉠)</u>이 정하여 고시하는 바에 따라 <u>보건복지부장관(㉡)</u>에게 신청할 수 있다(요양급여 규칙 제12조 제1항).

50

요양기관이 건강보험심사평가원에 신고하여야 하는 장비 등 요양기관의 현황을 관리하는 데에 필요한 사항은 <u>보건복지부장관</u>이 정하여 고시한다(규칙 제12조 제7항).

51

환자분류체계 개선 업무 수행 절차
1. 개선 방향성 수립
2. 분석자료 수집·구축
3. 분류 타당성 검토
4. 개선안 도출
5. 개정 적용·공개

52
정답 ④

<u>보건복지부장관</u>은 효율적인 요양급여를 위하여 필요하면 보건복지부령으로 정하는 바에 따라 시설·장비·인력 및 진료과목 등 보건복지부령으로 정하는 기준에 해당하는 요양기관을 전문요양기관으로 인정할 수 있다. 이 경우 해당 전문요양기관에 인정서를 발급하여야 한다(법 제42조 제2항).

53
정답 ①

국민건강보험공단은 그 업무의 일부를 국가기관, 지방자치단체 또는 다른 법령에 따른 사회보험 업무를 수행하는 법인이나 그 밖의 자에게 위탁할 수 있다. 다만, 보험료와 징수위탁보험료 등의 징수 업무는 그러하지 아니하다(법 제112조 제2항).

[오답분석]
② 법 제112조 제1항 제2호에 해당한다.
③ 법 제112조 제1항 제3호에 해당한다.
④ 법 제112조 제1항 제1호에 해당한다.

54
정답 ③

건강보험심사평가원의 지속가능경영과 연계하는 사회적 책임
• 국민 중심 비급여 진료비 확인 서비스 혁신
• 의학적 필수의료의 급여화 및 생애 맞춤형 의료보장 확대
• 안전경영 체계 운영 고도화
• 근로자·협력업체·지역사회를 포괄하는 안전강화 활동 및 현장관리
• 환경경영 체계 구축 및 공감대 형성
• 친환경 건물 및 저탄소 환경 구축

55
정답 ①

선별급여의 적합성 평가항목(영 제18조의4 제2항 제2호)
가. 치료 효과 및 치료 과정의 개선에 관한 사항
나. 비용 효과에 관한 사항
다. 다른 요양급여와의 대체가능성에 관한 사항
라. 국민건강에 대한 잠재적 이득에 관한 사항
마. 그 밖에 가목부터 라목까지의 규정에 준하는 사항으로서 보건복지부장관이 적합성평가를 위하여 특히 필요하다고 인정하는 사항

56
정답 ②

공단은 회계연도마다 결산상의 잉여금 중에서 그 연도의 보험급여에 든 비용의 <u>100분의 5</u> 이상에 상당하는 금액을 그 연도에 든 비용의 <u>100분의 50</u>에 이를 때까지 준비금으로 적립하여야 한다(법 제38조 제1항).

PART 4

57

④

보수 총액 등의 통보(규칙 제40조)
사용자는 직장가입자의 보수 총액 및 종사기간 등을 공단에 통보할 때에는 다음 각 호의 구분에 따른 서류를 공단에 제출하여야 한다.
1. 사용관계가 계속되는 경우 : 직장가입자 보수 총액 통보서
2. 연도 중 영 제35조 제2항 각 호의 어느 하나에 해당하게 된 경우 : 직장가입자 자격상실 신고서

> **보수월액 산정을 위한 보수 등의 통보(영 제35조 제2항)**
> 사용자는 보수월액 산정을 위하여 그 사업장이 다음 각 호의 어느 하나에 해당하면 그때까지 사용·임용 또는 채용한 모든 직장가입자에게 지급한 보수의 총액 등 보수월액 산정에 필요한 사항을 공단에 통보하여야 한다.
> 1. 사업장이 폐업·도산하거나 이에 준하는 사유가 발생한 경우
> 2. 사립학교가 폐교된 경우
> 3. 일부 직장가입자가 퇴직한 경우

58

정답 ④

후보자 심사 및 추천 방법, 위원의 제척·기피·회피 등 상임이사추천위원회 운영 등에 필요한 사항은 <u>국민건강보험공단의 정관 또는 내규</u>로 정한다(규칙 제8조 제3항).

59

정답 ④

보수가 지급되지 아니하는 사용자의 소득(규칙 제43조)
"보건복지부령으로 정하는 수입"이란 <u>소득세법</u>에 따른 사업소득을 말한다.

60

정답 ④

요양기관은 시설·장비 및 인력 등에 대한 현황을 신고하려면 요양기관 현황 신고서 및 의료장비 현황(변경) 신고서에 의료기관 개설신고증, 의료기관 개설허가증, 약국 개설등록증 또는 한국희귀의약품센터 설립허가증 사본 1부, 요양기관의 인력에 관한 면허나 자격을 확인할 수 있는 서류, 통장 사본 1부를 첨부하여 건강보험심사평가원에 제출하여야 한다(규칙 제12조 제1항).

61

정답 ④

HIRA 시스템의 주요 기능
• 의료서비스 기준 설정
• 모니터링 & 피드백
  – 진료비 청구 운영
  – 진료비 심사 운영
  – 의료의 질 평가 운영
  – 의약품안심서비스(DUR)
  – 현지조사
  – 진료비 확인 서비스
• 인프라 관리
  – 의료자원관리
  – 의약품유통정보관리
  – 환자분류체계 개발
  – 건강보험제도 운영교육
  – 보건의료 빅데이터 분석

62

건강보험정책심의위원회(법 제4조 제4항)
심의위원회의 위원은 다음 각 호에 해당하는 사람을 보건복지부장관이 임명 또는 위촉한다.
1. 근로자단체 및 사용자단체가 추천하는 각 2명
2. 시민단체(비영리민간단체지원법에 따른 비영리민간단체를 말한다), 소비자단체, 농어업인단체 및 자영업자단체가 추천하는 각 1명
3. 의료계를 대표하는 단체 및 약업계를 대표하는 단체가 추천하는 8명
4. 다음 각 목에 해당하는 8명
    가. 대통령령으로 정하는 중앙행정기관 소속 공무원 2명
    나. 국민건강보험공단의 이사장 및 건강보험심사평가원의 원장이 추천하는 각 1명
    다. 건강보험에 관한 학식과 경험이 풍부한 4명

63

정답 ④

국민건강보험공단은 징수한 손실 상당액 중 가입자 및 피부양자의 손실에 해당되는 금액을 그 가입자나 피부양자에게 지급하여야 한다. 이 경우 국민건강보험공단은 가입자나 피부양자에게 지급하여야 하는 금액을 그 가입자 및 피부양자가 내야 하는 보험료 등과 상계할 수 있다(법 제101조 제4항).

[오답분석]
① 법 제101조 제2항 전단에 해당한다.
② 법 제101조 제3항에 해당한다.
③ 법 제101조 제4항 전단에 해당한다.

64

정답 ②

건강검진은 2년(㉠)마다 1회 이상 실시하되, 사무직에 종사하지 않는 직장가입자에 대해서는 1년(㉡)에 1회 실시한다. 다만, 암검진은 암관리법 시행령에서 정한 바에 따르며, 영유아건강검진은 영유아의 나이 등을 고려하여 보건복지부장관이 정하여 고시하는 바에 따라 검진주기와 검진횟수를 다르게 할 수 있다(영 제25조 제1항).

65

정답 ①

국민건강보험공단은 직장가입자의 자격을 취득하거나 다른 직장가입자로 자격이 변동되거나 지역가입자에서 직장가입자로 자격이 변동된 사람이 있을 때에는 연·분기·월·주 또는 그 밖의 일정기간으로 보수가 정해지는 경우에 그 보수액을 그 기간의 총 일수로 나눈 금액의 30배에 상당하는 금액을 해당 직장가입자의 보수월액으로 결정한다(영 제37조 제1호).

66

정답 ②

법 제53조 제3항에서 "대통령령으로 정하는 횟수"란 6회를 말한다(영 세26조 제2항).

67

정답 ②

건강보험심사평가원 DUR 서비스 절차
1. 의사는 처방단계에서 환자의 처방(의약품) 정보를 건강보험심사평가원으로 전송한다.
2. 건강보험심사평가원은 환자의 투약이력 및 DUR 기준과 비교해서 문제되는 의약품이 있으면 의사의 컴퓨터화면에 0.5초 이내로 경고 메시지를 띄운다.
3. 의사는 처방을 변경하거나 임상적 필요에 의해 부득이하게 처방 시에는 예외사유를 기재하여 처방을 완료하고, 그 정보를 건강보험심사평가원에 전송한다.

68

보수월액의 결정 등(영 제36조 제2항)

사용자는 해당 직장가입자의 보수가 인상되거나 인하되었을 때에는 공단에 보수월액의 변경을 신청할 수 있다. 다만, 상시 100명 이상의 근로자가 소속되어 있는 사업장의 사용자는 다음 각 호에 따라 공단에 그 보수월액의 변경을 신청하여야 한다.

1. 해당 월의 보수가 14일 이전에 변경된 경우 : 해당 월의 15일까지
2. 해당 월의 보수가 15일 이후에 변경된 경우 : 해당 월의 다음 달 15일까지

따라서 해당 월 보수가 15일 이후에 변경되었으므로 다음 달인 12월 15일까지 변경을 신청하여야 한다.

69

정답 ③

공무원인 임원(영 제10조)

기획재정부장관, 보건복지부장관 및 인사혁신처장은 해당 기관 소속의 3급 공무원 또는 고위공무원단에 속하는 일반직공무원 중에서 각 1명씩을 지명하는 방법으로 국민건강보험공단의 비상임이사를 추천한다.

70

정답 ①

본인부담액 경감 적용 시기(규칙 제17조)

국민건강보험공단은 본인부담액 경감 인정 결정을 한 사람에 대해서는 경감 인정 결정을 한 날부터 발생하는 본인부담액부터 경감한다.

71

정답 ④

총액계약제(Global Budget)는 보험자 측과 의사단체(보험의협회) 간에 국민에게 제공되는 의료서비스에 대한 진료비 총액을 추계하고 협의한 후 사전에 결정된 진료비 총액을 지급하는 방식으로(의사단체는 행위별 수가기준 등에 의하여 각 의사에게 진료비를 배분함) 독일의 보험의에게 적용되는 방식이다. 전체 보건의료체계 또는 보건의료체계의 특정 부문에 국한하여 적용이 가능하다.

72

정답 ②

차입금(법 제37조)

국민건강보험공단은 지출할 현금이 부족한 경우에는 차입할 수 있다. 다만, 1년 이상 장기로 차입하려면 보건복지부장관의 승인을 받아야 한다.

73

정답 ④

질문·검사·조사 또는 확인을 하는 소속 공무원은 그 권한을 표시하는 증표를 지니고 관계인에게 보여주어야 한다(법 제97조 제6항).

[오답분석]
① 법 제97조 제3항에 해당한다.
② 법 제97조 제1항에 해당한다.
③ 법 제97조 제4항에 해당한다.

74

보험료의 경감(법 제75조 제1항)

다음 각 호의 어느 하나에 해당하는 가입자 중 보건복지부령으로 정하는 가입자에 대하여는 그 가입자 또는 그 가입자가 속한 세대의 보험료의 일부를 경감할 수 있다.

1. 섬·벽지(僻地)·농어촌 등 대통령령으로 정하는 지역에 거주하는 사람
2. 65세 이상인 사람
3. 장애인복지법에 따라 등록한 장애인
4. 국가유공자 등 예우 및 지원에 관한 법률 제4조 제1항 제4호, 제6호, 제12호, 제15호 및 제17호에 따른 국가유공자
5. 휴직자
6. 그 밖에 생활이 어렵거나 천재지변 등의 사유로 보험료를 경감할 필요가 있다고 보건복지부장관이 정하여 고시하는 사람

75

소득축소탈루심사위원회의 위원은 국민건강보험공단의 이사장이 임명하거나 위촉한다(영 제68조 제5항).

[오답분석]

① 영 제68조 제2항에 해당한다.
② 영 제68조 제3항에 해당한다.
③ 영 제68조 제4항에 해당한다.

76

지역가입자의 보험료부과점수당 금액은 208.4원으로 한다(영 제44조 제2항).

77

거짓이나 그 밖의 부정한 방법으로 보험급여를 타거나 타인으로 하여금 보험급여를 받게 한 사람은 2년 이하의 징역 또는 2,000만 원 이하의 벌금에 처한다(법 제115조 제4항).

[오답분석]

① 요양비 명세서나 요양 명세를 적은 영수증을 내주지 아니한 자는 500만 원 이하의 벌금에 처한다(법 제117조).
② 정당한 사유 없이 신고·서류제출을 하지 아니하거나 거짓으로 신고·서류제출을 한 자는 500만 원 이하의 과태료를 부과한다(법 제119조 제3항 제2호).
③ 업무를 수행하면서 알게 된 정보를 누설하거나 직무상 목적 외의 용도로 이용 또는 제3자에게 제공한 자는 3년 이하의 징역 또는 3,000만 원 이하의 벌금에 처한다(법 제115조 제2항 제2호).

78

가입자 등이 요양기관에 요양급여를 신청하는 때에는 건강보험증 또는 신분증명서를 제출하여야 한다. 이 경우 가입자 등이 요양급여를 신청한 날(가입자 등이 의식불명 등 자신의 귀책사유 없이 건강보험증 또는 신분증명서를 제시하지 못한 경우에는 가입자 등임이 확인된 날로 한다)부터 14일 이내에 건강보험증 또는 신분증명서를 제출하는 경우에는 요양급여를 신청한 때에 건강보험증 또는 신분증명서를 제출한 것으로 본다(요양급여 규칙 제3조 제1항).

79

국민건강보험공단은 전자고지 신청을 접수한 경우에는 그 신청에 따라 전자우편, 휴대전화, 공단이 관리하는 전자문서교환시스템 또는 건강보험 업무를 수행하기 위하여 공단이 관리ㆍ운영하는 정보통신망을 통해 전자고지를 해야 한다. 다만, 공단은 정보통신망의 장애 등으로 전자고지가 불가능한 경우에는 문서로 보험료 등에 대한 납입고지 또는 독촉을 할 수 있다(규칙 제54조의2 제2항).

[오답분석]

① 규칙 제54조의2 제3항에 해당한다.
② 규칙 제54조의2 제1항에 해당한다.
④ 규칙 제54조의2 제5항에 해당한다.

80

정답 ②

조혈모세포이식 및 심실 보조장치 치료술의 요양급여의 적용기준 및 방법에 관한 세부사항은 의약계ㆍ국민건강보험공단 및 건강보험심사평가원의 의견을 들어 보건복지부장관이 따로 정하여 각각 고시한다(요양급여 규칙 제5조 제3항).

[오답분석]

㉠ 요양급여의 적용기준 및 방법에 관한 세부사항은 의약계ㆍ공단 및 건강보험심사평가원의 의견을 들어 보건복지부장관이 정하여 고시한다(요양급여 규칙 제5조 제2항).
㉢ 중증질환자에게 처방ㆍ투여하는 약제 중 보건복지부장관이 정하여 고시하는 약제에 대한 요양급여의 적용기준 및 방법에 관한 세부사항은 중증질환심의위원회의 심의를 거쳐 건강보험심사평가원장이 정하여 공고한다(요양급여 규칙 제5조 제4항 전단).

건강보험심사평가원 필기시험 답안카드

〈절취선〉

성 명

지원 분야

문제지 형별기재란
( )형   Ⓐ Ⓑ

수 험 번 호

⓪	⓪	⓪	⓪	⓪		
①	①	①	①	①	①	①
②	②	②	②	②	②	②
③	③	③	③	③	③	③
④	④	④	④	④	④	④
⑤	⑤	⑤	⑤	⑤	⑤	⑤
⑥	⑥	⑥	⑥	⑥	⑥	⑥
⑦	⑦	⑦	⑦	⑦	⑦	⑦
⑧	⑧	⑧	⑧	⑧	⑧	⑧
⑨	⑨	⑨	⑨	⑨	⑨	⑨

감독위원 확인
(인)

번호	①	②	③	④	번호	①	②	③	④	번호	①	②	③	④	번호	①	②	③	④
1	①	②	③	④	21	①	②	③	④	41	①	②	③	④	61	①	②	③	④
2	①	②	③	④	22	①	②	③	④	42	①	②	③	④	62	①	②	③	④
3	①	②	③	④	23	①	②	③	④	43	①	②	③	④	63	①	②	③	④
4	①	②	③	④	24	①	②	③	④	44	①	②	③	④	64	①	②	③	④
5	①	②	③	④	25	①	②	③	④	45	①	②	③	④	65	①	②	③	④
6	①	②	③	④	26	①	②	③	④	46	①	②	③	④	66	①	②	③	④
7	①	②	③	④	27	①	②	③	④	47	①	②	③	④	67	①	②	③	④
8	①	②	③	④	28	①	②	③	④	48	①	②	③	④	68	①	②	③	④
9	①	②	③	④	29	①	②	③	④	49	①	②	③	④	69	①	②	③	④
10	①	②	③	④	30	①	②	③	④	50	①	②	③	④	70	①	②	③	④
11	①	②	③	④	31	①	②	③	④	51	①	②	③	④	71	①	②	③	④
12	①	②	③	④	32	①	②	③	④	52	①	②	③	④	72	①	②	③	④
13	①	②	③	④	33	①	②	③	④	53	①	②	③	④	73	①	②	③	④
14	①	②	③	④	34	①	②	③	④	54	①	②	③	④	74	①	②	③	④
15	①	②	③	④	35	①	②	③	④	55	①	②	③	④	75	①	②	③	④
16	①	②	③	④	36	①	②	③	④	56	①	②	③	④	76	①	②	③	④
17	①	②	③	④	37	①	②	③	④	57	①	②	③	④	77	①	②	③	④
18	①	②	③	④	38	①	②	③	④	58	①	②	③	④	78	①	②	③	④
19	①	②	③	④	39	①	②	③	④	59	①	②	③	④	79	①	②	③	④
20	①	②	③	④	40	①	②	③	④	60	①	②	③	④	80	①	②	③	④

건강보험심사평가원 필기시험 답안카드

성 명	

지원 분야	

문제지 형별기재란	Ⓐ Ⓑ
( )형	

수 험 번 호

⓪	①	②	③	④	⑤	⑥	⑦	⑧	⑨
⓪	①	②	③	④	⑤	⑥	⑦	⑧	⑨
⓪	①	②	③	④	⑤	⑥	⑦	⑧	⑨
⓪	①	②	③	④	⑤	⑥	⑦	⑧	⑨
⓪	①	②	③	④	⑤	⑥	⑦	⑧	⑨
⓪	①	②	③	④	⑤	⑥	⑦	⑧	⑨
⓪	①	②	③	④	⑤	⑥	⑦	⑧	⑨

감독위원 확인	(인)

답안 마킹란

번호	1	2	3	4	번호	1	2	3	4	번호	1	2	3	4	번호	1	2	3	4
1	①	②	③	④	21	①	②	③	④	41	①	②	③	④	61	①	②	③	④
2	①	②	③	④	22	①	②	③	④	42	①	②	③	④	62	①	②	③	④
3	①	②	③	④	23	①	②	③	④	43	①	②	③	④	63	①	②	③	④
4	①	②	③	④	24	①	②	③	④	44	①	②	③	④	64	①	②	③	④
5	①	②	③	④	25	①	②	③	④	45	①	②	③	④	65	①	②	③	④
6	①	②	③	④	26	①	②	③	④	46	①	②	③	④	66	①	②	③	④
7	①	②	③	④	27	①	②	③	④	47	①	②	③	④	67	①	②	③	④
8	①	②	③	④	28	①	②	③	④	48	①	②	③	④	68	①	②	③	④
9	①	②	③	④	29	①	②	③	④	49	①	②	③	④	69	①	②	③	④
10	①	②	③	④	30	①	②	③	④	50	①	②	③	④	70	①	②	③	④
11	①	②	③	④	31	①	②	③	④	51	①	②	③	④	71	①	②	③	④
12	①	②	③	④	32	①	②	③	④	52	①	②	③	④	72	①	②	③	④
13	①	②	③	④	33	①	②	③	④	53	①	②	③	④	73	①	②	③	④
14	①	②	③	④	34	①	②	③	④	54	①	②	③	④	74	①	②	③	④
15	①	②	③	④	35	①	②	③	④	55	①	②	③	④	75	①	②	③	④
16	①	②	③	④	36	①	②	③	④	56	①	②	③	④	76	①	②	③	④
17	①	②	③	④	37	①	②	③	④	57	①	②	③	④	77	①	②	③	④
18	①	②	③	④	38	①	②	③	④	58	①	②	③	④	78	①	②	③	④
19	①	②	③	④	39	①	②	③	④	59	①	②	③	④	79	①	②	③	④
20	①	②	③	④	40	①	②	③	④	60	①	②	③	④	80	①	②	③	④

건강보험심사평가원 필기시험 답안카드

1	① ② ③ ④	21	① ② ③ ④	41	① ② ③ ④	61	① ② ③ ④
2	① ② ③ ④	22	① ② ③ ④	42	① ② ③ ④	62	① ② ③ ④
3	① ② ③ ④	23	① ② ③ ④	43	① ② ③ ④	63	① ② ③ ④
4	① ② ③ ④	24	① ② ③ ④	44	① ② ③ ④	64	① ② ③ ④
5	① ② ③ ④	25	① ② ③ ④	45	① ② ③ ④	65	① ② ③ ④
6	① ② ③ ④	26	① ② ③ ④	46	① ② ③ ④	66	① ② ③ ④
7	① ② ③ ④	27	① ② ③ ④	47	① ② ③ ④	67	① ② ③ ④
8	① ② ③ ④	28	① ② ③ ④	48	① ② ③ ④	68	① ② ③ ④
9	① ② ③ ④	29	① ② ③ ④	49	① ② ③ ④	69	① ② ③ ④
10	① ② ③ ④	30	① ② ③ ④	50	① ② ③ ④	70	① ② ③ ④
11	① ② ③ ④	31	① ② ③ ④	51	① ② ③ ④	71	① ② ③ ④
12	① ② ③ ④	32	① ② ③ ④	52	① ② ③ ④	72	① ② ③ ④
13	① ② ③ ④	33	① ② ③ ④	53	① ② ③ ④	73	① ② ③ ④
14	① ② ③ ④	34	① ② ③ ④	54	① ② ③ ④	74	① ② ③ ④
15	① ② ③ ④	35	① ② ③ ④	55	① ② ③ ④	75	① ② ③ ④
16	① ② ③ ④	36	① ② ③ ④	56	① ② ③ ④	76	① ② ③ ④
17	① ② ③ ④	37	① ② ③ ④	57	① ② ③ ④	77	① ② ③ ④
18	① ② ③ ④	38	① ② ③ ④	58	① ② ③ ④	78	① ② ③ ④
19	① ② ③ ④	39	① ② ③ ④	59	① ② ③ ④	79	① ② ③ ④
20	① ② ③ ④	40	① ② ③ ④	60	① ② ③ ④	80	① ② ③ ④

※ 본 답안지는 마킹연습용 모의 답안지입니다.

건강보험심사평가원 필기시험 답안카드

성 명		
지원 분야		
문제지 형별기재란	Ⓐ Ⓑ ( )형	
수험번호		
감독위원 확인	(인)	

	1	2	3	4			21	1	2	3	4			41	1	2	3	4			61	1	2	3	4
1	①	②	③	④		21		①	②	③	④		41		①	②	③	④		61		①	②	③	④
2	①	②	③	④		22		①	②	③	④		42		①	②	③	④		62		①	②	③	④
3	①	②	③	④		23		①	②	③	④		43		①	②	③	④		63		①	②	③	④
4	①	②	③	④		24		①	②	③	④		44		①	②	③	④		64		①	②	③	④
5	①	②	③	④		25		①	②	③	④		45		①	②	③	④		65		①	②	③	④
6	①	②	③	④		26		①	②	③	④		46		①	②	③	④		66		①	②	③	④
7	①	②	③	④		27		①	②	③	④		47		①	②	③	④		67		①	②	③	④
8	①	②	③	④		28		①	②	③	④		48		①	②	③	④		68		①	②	③	④
9	①	②	③	④		29		①	②	③	④		49		①	②	③	④		69		①	②	③	④
10	①	②	③	④		30		①	②	③	④		50		①	②	③	④		70		①	②	③	④
11	①	②	③	④		31		①	②	③	④		51		①	②	③	④		71		①	②	③	④
12	①	②	③	④		32		①	②	③	④		52		①	②	③	④		72		①	②	③	④
13	①	②	③	④		33		①	②	③	④		53		①	②	③	④		73		①	②	③	④
14	①	②	③	④		34		①	②	③	④		54		①	②	③	④		74		①	②	③	④
15	①	②	③	④		35		①	②	③	④		55		①	②	③	④		75		①	②	③	④
16	①	②	③	④		36		①	②	③	④		56		①	②	③	④		76		①	②	③	④
17	①	②	③	④		37		①	②	③	④		57		①	②	③	④		77		①	②	③	④
18	①	②	③	④		38		①	②	③	④		58		①	②	③	④		78		①	②	③	④
19	①	②	③	④		39		①	②	③	④		59		①	②	③	④		79		①	②	③	④
20	①	②	③	④		40		①	②	③	④		60		①	②	③	④		80		①	②	③	④